# 법교육학입문

곽한영·김자영·김해성·김현철·박성혁·오승호

박영story

# 개정판 머리말

우리나라의 학생들은 초·중·고등학교를 거치면서 약 12년간 수많은 과목들을 배운다. 내용도 방식도 모두 다른 교과서들이지만 이런 초·중등교육을 아우르는 하나의 교육목표를 말한다면 '민주시민교육'으로 정리할 수 있을 것이다. 즉, 우리가 살아가는 민주사회의 구성원으로서 올바른 의식과 기능을 가지고 참여할 수 있는 사람을 기르는 것이 초·중등교육의 궁극적인 목표인 것이다. 그런 차원에서 본다면 우리 사회의 규범을 배우고 적극적으로 참여하도록 유도하는 법교육은 여러 교육 내용 가운데서도 핵심적 영역이라 해도 과언이 아닐 것이다.

이러한 비중에 비추어보았을 때 지난 세월동안 법교육은 충분한 관심과 지원을 받지 못해왔다. 최초의 근대학교인 원산학사에서부터 이미 법교육은 주요 과목으로 포함되어 있었고 해방 후 교수요목기를 거쳐 현재에 이르기까지 꾸준히 법관련 내용들이 사회 교과에 포함되어 있었지만 독립된 과목이 된 것은 1997년 7차 교육과정 이후의 일이었고 그마저도 2009 교육과정을 계기로 '법과 정치'로 다시 통합된 후 '정치와 법'으로 이름이 바뀌었다가 차기 2022 교육과정에서는 일반선택과목이 아닌 진로선택과목으로 위상이 약화될 예정이다.

이러한 법교육의 부침에는 여러 사회적 상황도 작용하였겠지만 학문으로서 법교육의 위상이 충분히 자리 잡지 못한 데에도 큰 원인이 있을 것이다. 법률전문가를 양성하는 법학교육과 시민을 양성하는 법교육의 내용과 목표에 큰 차이가 있음에도 불구하고 법교육이 고유의 내용과 방법론을 제대로 정립하지 못하여 법학적 내용의 축소판처럼 여겨진 것이 교육 현장에서의 혼란과 교육상의 어려움을 배가시켜, 법관련 내용이나 과목을 외면하도록 한 측면이 다분히 있는 것이다. 아울러 중등교원임용시험을 준비하는 예비교사들의 입장에서는 사법고시를 준비하듯이 모든 법 내용을 섭렵할 수도 없고 그렇다고 적당한 수험준비서를 찾을 수도 없어 역시 많은 어려움을 겪어왔다. 본서는 이러한 상황을 반성하고 대안을 제시하기 위한 목적으로 집필되었다.

본서를 준비하면서 필자들은 크게 두 가지 목적을 설정하였다.

첫째, 학문으로서 법교육의 위상을 세운다. 이를 위해 책의 제목을 '법교육학입문'이라고 정하였다. 교과교육학(PCK)은 내용학과 교육학의 유기적 결합물로 만들어진 제3의 영역이다. 마치 구리와 주석이 결합하여 청동이라는 전혀 다른 금속이 만들어지는 것처럼 법학과 교육학의 만남으로 만들어진 '법교육학'은 민주시민의 양성이라는 중등교육의 목표에 맞추어 법의 내용과 의의를 새로이 설정하고 이를 교육학의 방법론과 결합시킨다. 이러한 학문적 흐름은 근래에 새로이 제시된 것이 아니라 미국 등 법교육이 오랜 기간 자리잡은 나라에서는 이미 보편적으로 인정받고 있는 개념이며 우리나라에서도 2008년 제정된 「법교육지원법」을 통해 법교육이 법학교육과 다른 별개의 영역임을 이미 확인한 바 있다. 본서에서는 이러한 학문적 흐름과 역사를 소개하기 위해 '1부 법교육의 기초 이해'에서 법교육의 개념과 역사적 과정을 설명하였다. 아울러 법교육의 핵심적인 목표가 시민교육에 있음을 명확히 하고 그 의의를 밝히고자 '2부 시민교육과 법교육'에서는 시민교육에서 법교육이 갖는 의의를 기존의 시민교육 관련 논의들을 종합하며 제시하였다. 또한 법교육에 고유한 교육방법론들과 실제로 시행되고 있는 다양한 프로그램들에 관한 내용을 '4부 법교육의 방법과 실제'에서 소개하였다.

둘째, 법교육이 당면한 현실적인 어려움과 혼란의 해소에 기여한다. 법교육을 접하면서 가장 곤혹스러워 하는 사람들은 교원임용시험을 준비하는 예비교사들이다. 예비교사들이 겪는 어려움은 법과 관련한 내용이 지나치게 방대하고 어려워서 어떤 내용이 어느 수준으로 출제될지 가늠조차 할 수 없다는 것이다. 기본적으로 임용시험은 교육과정 및 교과서 범위 내로 출제를 제한하고 있으나 현실적으로는 지나치게 좁은 범위이기 때문에 이를 넘어서는 문제들이 자주 출제되고 있는 상황이다. 이를 해소하기 위해 본서에서는 '3부 법교육의 내용요소'를 통해 예비 교사들이 알아야 할 핵심적인 법적 내용들을 제시하고자 했다. 이는 개개의 내용들을 이 책을 통해 이해한다는 의의도 있지만 그보다는 학생들이 알아야 하는, 또한 시험에서 출제되는 것이 타당한 지식수준의 범위를 한정짓는(sealing) 차원에 보다 중점을 두었다. 즉, 여기에 제시되는 내용 수준만큼은 학생들이 알아두어야 하고 동시에 임용시험 출제자들은 최대한 이정도 범위를 넘지 않는 수준에서 출제하도록 유도하여 임용시험의 예측가능성, 학습가능성을 높이려는 것이다. 또한 이는 현재 법교육 관련 개론서가 매우 부족하여 현실적으로 임용시험이 법학개론서를 중심으로 출제되는 상황을 개선하는 데도 도움이 될 것으로 생각한다. 학습에 도움을 주기 위해 임용시험 법관련 영역 기출문제들을 각 영역별로 해설과 함께 덧붙여 참고가 되도록 했다.

현장에서 법관련 내용의 교수 학습에 어려움을 겪는 현장교사들도 비슷한 문제들을 안고 있다. 교과서의 수준만으로는 모의고사나 수능 시험을 준비시킬 수가 없다는 현실적인 이유로 어떤 내용을 어디까지 알려줘야 하는지 혼란을 겪는 경우가 많고 또한 법교육적 관점에서 교육을 한다는 것이 어떤 것인지, 어떤 교수학습방법을 활용할 수 있는지 막막해하는 경우가 많았다. 이런 현장 교사들의 고민을 일부 해소하는 데에도 본서가 도움이 될 수 있기를 기대한다.

본서의 최초 기획과 집필에는 3년이 넘는 시간이 걸렸다. 그럼에도 불구하고 미비한 부분은 계속해서 발견되었으나 현장에서는 법교육의 길잡이 역할을 할 개론서의 출간을 요구하는 목소리가 높아져 저자들의 입장에서는 만족스럽지 못한 상태에서 2012년 첫 출간에 이르게 되었다. 이후 법교육에 관심이 있는 많은 예비교사, 현장교사 및 대학교육 현장으로부터 환영을 받았으나 2017년 절판되었고 그 후 개정판 출간에 대한 요청을 지속적으로 받아왔다.

이번에 대학교재의 영역에서 오랜 역사와 경험을 지닌 박영사에서 개정판을 출간하여 오랜 요청에 부응할 수 있게 되어 저자들로서는 오랜 짐을 내려놓은 느낌이다. 개정판에서는 앞서 언급한 '내용수준의 제한'이라는 목적에 부응하기 위해 내용영역을 추가하거나 확장하기보다는 기존 원고에서 발견된 일부 오류들을 바로잡고 전체적인 원고의 분량을 줄이는 한편, 출간 이후 임용시험에서 출제되었던 문제들을 추가하는 수준으로 개정범위를 최소화했다. 이 책이 예비교사, 현장교사 그리고 대학에서 강의를 하시는 강사분들과 교수님들의 관심과 애정 속에 우리나라에 법교육이 올바로 뿌리내리는 데 작은 밑거름의 역할을 할 수 있기를 기대한다.

2022년<br>저자 일동

# 목 차

## 1부 법교육의 기초 이해



## 2부 시민교육과 법교육

1부

# 법교육의 기초 이해

## ❖ 목차

1부

법교육의 기초 이해

# Ⅰ. 법교육의 발달과 전개

## 1. 사회와 법 그리고 법교육

사람이 일상을 영위하려면 음식과 의복 그리고 주거 공간 등이 필요한 것처럼, 법은 사회를 유지하고 발전시키는 데 있어 없어서는 안 되는 중요한 것이다. 왜냐하면 법은 한 사회를 살아가는 구성원들에게 개인적으로는 자신의 생명과 자유 그리고 재산을 지키고, 사회적으로는 분쟁을 예방하여 공동생활의 질서와 안정 그리고 평화적인 변화와 발전을 보장하는 기본 메커니즘이기 때문이다. 법이 지배하지 않는 사회는 이른바 만인의 만인에 대한 투쟁으로 점철되는 혼란한 사회가 될 수밖에 없다.

사회가 복잡해지고 다원화될수록 서로의 이해관계가 충돌할 가능성은 더욱 커지기 마련이며, 자연히 서로의 갈등을 미리 예방하여 질서 있고 평화로운 공동체 생활을 영위하기 위한 규범의 필요성은 더욱 커진다. 이러한 사회 구성원들의 행위에 규범력을 가하는 행위 규칙으로는 종교, 도덕, 관습, 법 등이 있지만, 현대 사회에서 가장 큰 기능을 발휘하는 것은 역시 법이라고 할 수 있다. 사회 있는 곳에 법이 있다는 법언이 있을 정도로, 법이 없는 사회, 법질서가 파괴된 사회는 발전은커녕 존재하기도 어렵다.

법은 개인의 권리와 의무를 실현하는 수단이며 한편으로는 국가 사회의 전반적인 운영 규범이기도 하다. 따라서 법에 대한 올바른 의식을 형성하는 것은 사회 발전과 진정한 민주 사회의 건설에 직결되고 있음은 다시 말할 필요도 없다. 하지만 법은 사회 구성원들에 의하여 준수될 때 비로소 법다운 법이 된다고 할 수 있다. 일찍이 고대 로마에서는 지금의 초등학교 수준의 연령에 해당하는 어린이들에게 벌써 로마 12표법을 암송하도록 했다고 한다. 12표법이란 로마에서 기원전 5세기경에 제정된 시민의 권리를 보호하기 위한 법률로서, 법조문이 열두 개의 표로 나누어져 편찬되어 있으며 제일 첫 조문이 “누군가가 너를 법원에 나오라고 부를 때에는 나가야 한다.”는 것이었다고 한다.

요즘 우리 사회에서는 법의 권위와 규범력을 무시하는 일이 비일비재하다. 문제를 해결하기 위해서 정해진 법 절차보다는 떼를 쓰는 것이 더 효과적이라는 생각이 널리 퍼져있을 정도다. 심지어 ‘준법 투쟁’이라는 말이 있을 정도다. 법을 준수하는 게 오히려 저항 수단이 될 정도로 법의 권위는 흔들리고 있다. 그래서 우리 사회에서는 되는 것도 없고, 안 되는 일도 없다는 말을 흔히 듣게 된다. 이는 한 마디로 무엇인가 원리 원칙이 없다는 의미이며, 곧 국가 구성원의 행동 원리이기도 한 법이 제 기능을 충분하게 하지 못한다는 의미이기도 하다. 특히 한국인의 법의식이 심각한 수준에 처해 있음은 여러 연구를 통해서 증명되고 있다.

이러한 현상은 청소년도 예외가 아니다. 최근 날로 늘어나는 청소년 비행, 학교 폭력 등은 심각한 사회문제의 하나라고 볼 수 있다. 이는 학교 현장의 시민교육에 대한 회의를 자아내기에 충분하다고 할 수 있다. 이런 문제와 관련하여 미국사회과교육협의회(National Council for the Social Studies)는 학교 시민교육의 개선 필요성을 강조하면서, 학교에서 시민교육을 직접적으로 담당하고 있는 사회과 교육의 구체적인 하위 목표 영역들로서 타인의 존엄과 행복의 존중, 모든 개인의 권리와 자유의 존중, 법질서에 대한 존중, 정부의 구조와 기능의 이해 등을 강조하고 있다. 또한 Gerlach & Lamprecht(1978)는 민주시민교육은 법 원칙과 문제의 이해, 법 지식의 실생활에의 적용 능력의 향상, 법적 문제와 상황에 대한 신중한 분석력, 긍정적인 법의식의 형성 등을 추구해야 한다고 강조함으로써 법교육의 중요성을 역설하였다.

동서양을 막론하고 전통적으로 법은 교육내용의 중요한 부분으로 인식되어왔다. 세계에서 가장 오래된 법전으로 알려진 함무라비 법전이 제정된 것은 지금으로부터 약 4천 년 전인데, 그 시대에도 법에 대한 지식은 상당히 발달되었던 것으로 알려져 있다. 또한 고대 로마시대에는 법 지식이 상당히 발달했으며 특히 법학이 발달하였음은 널리 알려진 사실이다. 로마에서는 소년들을 건강하고 강하게 키우며 또 신과 부모 및 법률을 존경하고 존중하는 사상을 불어넣어 주는 것을 교육의 목적으로 생각했다. 특히 오늘날의 초등학교 단계에서 벌써 12표법을 동요로 만들어 암송하게 한 것은 앞에서 기술한 바와 같다. 우리나라에서도 삼국시대부터 법교육이 있었다고 할 수 있다. 신라의 율령전 박사나 고려

시대 국자감의 교육내용으로서 법학이 존재한 점이 그런 사실을 말해 준다. 또 조선 후기에 예학이 유달리 발달한 것도 임진왜란과 병자호란 후에 혼란해진 사회 질서를 재확립할 필요성에 기인한 것이었는데, 이런 것도 크게 보면 규범교육 내지 법교육의 강화라는 관점으로 이해할 수 있다.

이런 법교육의 전통은 오늘날까지 이어져 현재는 대부분의 나라가 초등학교 교육 단계에서부터 법교육을 실시하는 것이 일반적이다. 특히 현대 민주주의 사회에서 개인들은 사회가 복잡해지면서 자기의 권리를 행사하고 의무를 이행해야 할 기회가 대단히 많아졌다. 하지만 일반적으로 개인들의 법 지식은 부족한 편이어서, 법이 자기에게 부여한 권리를 행사하는 것은 고사하고 자기에게 주어진 권리가 무엇인지조차도 모르는 경우가 많다. 법이 아무리 권리를 부여하였다 하더라도, 이를 행사하지 않으면 그 권리는 사장되고 만다. 그것은 자신에 대한 의무뿐만 아니라 동시에 사회에 대한 의무도 다하지 못하게 되는 결과를 낳는다.

그래서 일찍이 예링(Jhering)은 개인이 자기의 권리를 주장하는 것이 곧 사회 공공에 대한 의무라고 강조함으로써, 권리의 주장이 자기 자신만을 위한 것이 아님을 분명히 한 바 있다. 권리가 공공성 내지 의무성을 띠게 되는 이유는, 사회 구성원이 법률상 부여받은 자기 권리를 주장할 줄 모르고 권리를 침해당해도 그것을 의식적 또는 무의식적으로 감수하는 사회에서는 민주주의의 기반도 확고해질 수 없기 때문이다. 따라서 자기 자신이나 사회 공공의 이익을 위하여 권리를 주장하려면 먼저 권리의 존재와 행사 방법을 알아야만 한다. 법교육이 시민교육으로서 가지는 중요한 의미가 이런 데 있다.

이상과 같은 논의는 법에 대한 불신감, 무력감과 기피 성향을 극복하고 적극적이고 긍정적인 법의식을 함양하는 것이, 더불어 살아가는 현대 민주 사회의 시민으로서 갖추어야 할 필수적인 자질이라는 점을 말해주고 있다. 과거에는 법을 공부하는 것이 전문 법조인들의 몫으로만 여기는 경향이 있었지만, 오늘날에는 예전과는 달리 교사나 법조인 그리고 일반 시민들 사이에서 법이 우리의 일상생활에 너무나 중요하기 때문에 법조인에게만 맡겨 놓을 수는 없다는 생각이 점차 늘어나고 있다. 바꾸어 말하면 학생을 포함한 비전문가로서의 일반 시민도 법을 알고 이해할 수 있는 기본적 능력을 배양하는 것이 중요하다는 인식이 확대되고 있다.

이와 같은 법교육의 중요성에 대한 인식의 확대는 민주시민교육의 내실화를 위해서 바람직한 현상이라 생각된다. 만일 청소년이 법과 법체계에 대한 지식과 능력을 갖추지 않은 채 사회로 나가는 것은, 일상생활 속에서 발생하는 분쟁이나 기타 법적 문제를 만났을 때, 민주시민으로서 합리적으로 대응하기보다는 오히려 그러한 분쟁으로부터 쉽게 상처받기 쉬운 불완전한 인간으로 살아가는 것과 같다. 요컨대 자라나는 청소년들이나 일반인들에게 법적 학습 경험을 제공해 주지 않는 것은, 우리 사회의 본질과 그것의 탐구를 외면하는 것이며, 결과적으로 시민교육을 불완전하게 만드는 결과를 낳게 될 우려가 있다.

## 2. 사회과 교육과 법교육

일반적으로 동서양 할 것 없이 전통 사회에서 법은 일반인에게 의무를 부과하고 귀족층들의 특권을 유지하는 등 신분제 사회를 지탱해 주는 중요한 역할을 해왔다. 신분제 사회의 특성상 일반 서민들이 그 사회의 기본적인 법원리나 각종 제도, 자기의 권리 등을 배울 수 있는 기회는 한계가 있었다. 이는 곧 일반 서민의 법적 무지와 한정된 계층에 의한 법 지식의 독점으로 이어졌으며, 그 결과 법은 한정된 계층의 사회적 특권을 공고히 해주는 역할을 하게 되었다. 서민들에게 법은 전문가들만 알 수 있는 신비한 것이고, 다만 자신들은 그 속에서 신민(臣民)으로서 부담해야 할 의무만 알고 있으면 되었다. 동서양 할 것 없이 어느 사회에서나 자라나는 세대를 대상으로 하여 다양한 방식으로 법교육을 실시해 왔지만, 법교육의 내용이 시민교육에서 중요시하는 개인의 권리 위주의 교육이 아니라 주로 의무 본위의 교육이었던 까닭이 이런 데 있다.

따라서 학교 교과의 하나인 사회과(social studies)에서 그 사회의 정치적 삶의 기본적 설계도에 해당하는 헌법 내용뿐 아니라, 일상 속에서 개인이 누리는 각종 권리를 중심으로 하는 생활법 내용을 포함하는 것은 우연한 일이 아니다. 사회과의 본질이 시민교육이라는 점을 적극적으로 인식한 결과라고 할 수 있다. 따라서 큰 흐름으로 보면, 법교육은 예적 의무 또는 종교적 의무를 중시하는 전통 사회의 법교육에서, 전체 공동체의 기본적 삶의 양태에 관한 헌법교육을 중시하는 법교육을 거쳐서, 일상생활 속에서 개인이 누리는 권리를 중시하는 현대적 법교육으로 변화해 왔다고 볼 수 있다. 다만 전통 사회의 법교육이 경전 또는 성경 교육을 중심으로 하는 일반 교양교육 속에서 폭넓게 이루어진 반면, 학교교육이 일반화된 오늘날에는 학교의 교과 가운데 시민교육을 주로 담당하는 사회과 교육의 일환으로 이루어지고 있다는 차이가 있을 뿐이다.

### 1) 우리나라의 사회과 도입과 법교육

우리나라의 학교교육에 사회과가 도입된 것은 1945년 해방 이후 미 군정기부터라고 할 수 있다. 1946년 군정청 문교부에 의해 교수요목이 제정·공포됨으로써 사회과가 학교 교육의 정규 교과목으로 채택되었으며, 다음 해인 1947년에 구체적인 교수요목집이 발간됨과 동시에 사회과는 전국적으로 일제히 실시를 보게 되었다. 그 후 대한민국의 헌법과 교육법에 기초한 새로운 교육과정이 1955년에 제정·공포됨으로써 사회과는 정식 교과목으로 재확인되었다. 1945년 해방 직후 가장 시급한 교육 과제는 제국주의 일본의 교육 방식을 빨리 제거하고, 새로 출범하는 대한민국이라는 민주주의 사회의 시민을 양성하는 것이었다. 그래서 군정청 문교부는 교수요목 제정위원회를 조직하여 교수요목을 구상하면서 한편으로는 교재편찬 위원회를 두어 교과서를 편찬하게 하여 1945년에 『공민』을 출간하였다.

이 교수요목기에 출간된 공민 교과서의 명칭은 그 후 중학교와 고등학교 각각 '중등공민', '사회', '정치문제', '정치와 사회', '정치·경제', '사회 I·II' 등으로 그 명칭이 변화해 왔을 뿐 아니라, 내용 요소도 시대적 상황에 따라 수차례에 걸쳐 변화를 거듭하였다. 이와 같이 중등학교 사회과 교과서가 명칭에서부터 내용 요소에 이르기까지 변화를 거듭해 온 까닭은, 해방 이후 오늘날에 이르기까지 시대적 상황에 따라 특히 정책 교과로서의 성격이 강한 사회과의 교과과정이 변천해 오면서 사회과의 구조 형태도 따라서 바뀌게 된 데에 기인한다.

사회과가 처음 도입된 교수요목기(1946~1954)부터 제2차 교육과정기(1964~1974)까지 중등학교 사회과의 학습 내용 가운데 법 영역은 대부분 헌법 내용이었고, 법 생활에 필요한 기초 이론이나 시민들의 일상생활과 직접 연관되는 생활 관련 법 내용은 제대로 다루어지지 않았다. 그 후 제3차 교육과정기(1975~1981)에 들어와서, 고등학교 사회과의 학습 영역에 헌법뿐만 아니라 법 기초 이론과 사법(私法) 영역 기타 생활 관련 법 영역이 처음 포함되었을 뿐 아니라, 이런 내용이 모두 필수과목으로 지정됨으로써 사회과의 법교육 영역이 크게 확대·강화되었다. 하지만 제4차 교육과정(1982~1987) 이후 법 영역의 내용 가운데 법 기초 이론과 사법(私法) 기타 생활 관련 법 영역은 필수과목(사회 I)으로, 그리고 헌법 영역은 선택과목(사회 II)으로 분리되면서 사회과의 법교육이 다시 위축되었다. 하지만 제7차 교육과정에 들어와 기존의 헌법과 법 기초 이론 위주의 내용 이외에 다양한 일상의 생활 관련 법을 내용으로 하는 '법과 사회' 과목이 신설됨으로써 새로운 전기를 맞았다. 이후에도 사회과 교육과정은 내용 요소의 변화, 선택과목의 명칭이 '정치와 법'으로 변화하는 등 수 차례 변화를 거쳤지만, 크게 보면 기본적 법 생활에 필요한 법 기초 이론 영역과 생활법교육 영역이 각각 공통과목과 선택과목으로 구분되어 현재에 이르고 있다.

### 2) 미국 법교육의 발전과 전개

20세기 초 사회과가 처음 태동된 미국의 경우, 사회과 법 영역의 학습 내용에 헌법뿐만 아니라 개인의 일상적 권리 영역이 적극적으로 취급되기 시작한 것은 1950년대 후반부터였다. 이는 당시까지 사회과 법교육 영역의 주요한 학습 내용을 차지하였던 헌법 내용이 여전히 중요하기는 하지만, 개인의 일상적 삶이 헌법보다는 사법적 영역과의 관련성이 점점 커지고 있는 사회 현실을 적극적으로 인식한 결과였다. 현대 사회의 시민적 자질 가운데 가장 중요한 것 중의 하나가 자신이 살아가는 공동체의 기본적 법원리나 절차에 대한 이해도 중요하지만, 개인의 일상적 삶 속에서 자신이 가지고 있는 구체적인 권리와 의무를 아는 것이 더욱 현실적으로 중요하다는 점을 인식한 결과 사회과의 법교육 영역에 변화가 생기기 시작한 것이다.

사회과 법 영역의 강조점이 추상적 원리나 내용에서 일상의 구체적 삶에 직접적으로 필요한 생활 관련 법으로 변화하기 시작한 배경에는 스타(Isidore Starr), 먼로(Vivian Monroe), 그리고 자워스키(Leon Jaworski) 등 세 사람의 치열한 노력이 있다. 특히 당시 법교육운동(law studies movement)을 주도하였던 스타는 학교 시민교육의 개혁을 위해서는 헌법적 지식의 기술과 열거에 치중하는 교육보다는 근로 현장, 교육 현장, 거래, 계약 등 일상의 구체적 상황과 사례 속에서 자신의 권리와 의무를 학습할 수 있는 교육으로 전환되어야 한다고 강조하였다. 또한 스타는 이를 위한 구체적인 교수–학습방법으로 전통적으로 법학대학원(law school)의 수업 방식으로 많이 활용되던 '사례를 활용한 탐구 방식'을 강조하기도 하였다. 스타는 일상생활 속에서 경험하는 구체적인 법적 사례를 수업에 직접 활용함으로써, 학생들이 해당 사례를 탐구하고 해결하는 과정을 통하여 법 문제의 해결에 필요한 독특한 사고력(법적문제해결력)을 함양할 수 있으며, 교수–학습과정에 대한 학생의 참여를 촉진할 수 있다고 보았다.

스타를 중심으로 하여, 당시 사회과에서 법교육운동(law studies movement)을 주도하던 사람들은 법교육의 목적이나 성격을 법학의 입문 과정으로서 법 지식의 획득과 법적 사고력의 함양 또는 비행 행위에 대한 예방 및 교정교육이 아닌 시민교육의 측면에서 찾았다. 그들은 일상에서 자신의 권리가 어떻게 보호되는지, 그리고 자신이 사는 사회가 법의 틀 안에서 어떻게 민주적으로 작동하고 있는지 그리고 서로의 가치관이 달라서 찬성하지 않는 것과 폭력적으로 반발하는 것이 어떻게 다른지 등과 같은 내용이 시민교육에 핵심적인 것들이며 또한 이런 내용이 시민교육을 본질로 하는 사회과의 주요한 학습 내용이 되어야 한다고 생각하였다.

한편 1960년대 이후 들어 법률 전문가인 변호사 단체가 학교 법교육 개선 운동에 참여하기 시작하였고 또한 사회적 지원이 증가함에 따라, 법교육은 한 단계 더 발전하는 계기를 맞았다. 즉, 공동체 생활의 기본 원리인 헌법 내용에 대한 암기와 이해를 중요시하던 법교육으로부터, 개인의 일상생활과 관련 깊은 권리교육 위주로 개선하려는 사회과 교육자들의 법교육 운동을 외부의 전문가들이 지원하기 시작하면서, 법교육 운동이 한층 더 구체적으로 발전하기 시작한 것이다.

사회과 교사들에 의한 법교육 개선 운동이 사회의 전문가 단체와 연결되면서 더욱 활성화되는 데 이바지한 대표적 단체가 1963년 먼로(Vivian Monroe)에 의해 설립된 기본권재단(Constitutional Right Foundation, CRF)이다. 이 단체는 지역 변호사 단체나 지역 유지들의 재정적 지원을 받아 고등학교 시민교육의 학습 보조 자료를 개발하여 보급하기 시작하였다. 프로그램에 참여하는 변호사들이 지역자원 인사로 학습과정에 직접 참여하여 학생들에게 기본권을 가르칠 수 있도록 고안되기도 하였다. 구체적으로 각 단원은 모의재판(mock trial)이나 경찰순찰놀이게임(police patrol game) 등 학생들에게 활동 중심의 학습 경험을 주는 것들이 개발되어 보급되기 시작한 것이다. 그 후 먼로는 지역 교육청의 도움으로 법교육을 위한 교사용 지도서, 교사 연수 도서 등을 계속 개발, 보급하였다.

기본권재단(CRF) 이외에도 법교육의 활성화에 기여한 단체로는 1964년에 UCLA 대학교 부속 기구로 설립된 시민교육위원회(Committee on Civic Education, CCE)를 들 수 있다. 시민교육위원회(CCE)는 지역 학술 재단의 지원을 받아 초등학교 고학년－중학교 학생용 시민교육 교육과정을 개발하여, UCLA 부속 초등학교에 실험적으로 적용해 보았다. 이후 이 사업은 시 교육위원회와 연방정부 교육부의 지원으로 점점 확대되어 1978년까지 약 4,500명 이상의 교사가 이 단체가 개발하여 제공하는 'Law in a Free Society' 교육과정 연수에 참여하였다. 이 교육과정은 책자와 시청각 자료로 구성되어 있는데, 교재를 통해 전달하는 주요 법개념은 권위, 사생활, 정의, 책임, 자유, 재산권, 참여, 다양성 등이다. 'Law in a Free Society' 교육과정은 그 후 몇 번에 걸쳐 수정·보완되어 유치원에서 12학년용까지 확대되어 캘리포니아주 전체 학교 교육청으로 확대·적용되어 갔다.

한편 캘리포니아주의 법교육 개선 노력은 법과대학원에서 주로 사용하는 교재와 학습 방법을 중등학교의 교실 수업에 적용함으로써, 학교 법교육을 지식과 개념 위주에서 실용적인 법교육으로 발전시키려는 노력으로 이어졌다. 이런 노력은 동부 지역의 대학과 변호사들에 의하여 주도되기 시작하였다. 실용적 법교육을 추구하는 이런 노력의 중심에는 1971년 설립된 조지타운대학교 법학연구소(Georgetown University Law Center)가 있었다.

조지타운대학교 법과대학원의 학생들은 사회과 교사들의 법교육 수업에 도움을 주기 위하여 직접 학교 현장을 방문하기 시작하였으며, 더 나아가 그들은 사회과 교사의 법교육을 보조하는 데 그치지 않고 직접 교육과정을 개발하기도 하였다. 그 내용은 헌법상의 기본권을 소비자 문제, 주택 문제, 범죄 문제, 가족관계 등과 같은 실용적이고 일상적인 경험 속에서 학습할 수 있는 단원으로 재구성한 것들이었다. 이런 법과대학원 학생들의 노력과 요청으로 학교 현장에는 생활법(street law) 위주의 법교육 과목이 도입되기 시작하였다. 그 결과 1970년대에 들어와서는 생활법(street law) 위주의 실용적 법교육 과목이 학교에 보급되기 시작함으로써, 법 지식과 개념 중심의 학교 법교육은 실용적 법교육으로 발전해 갔다.

이후 법교육은 텍사스주 변호사협회 회장, 뉘른베르그 전범재판소의 군검찰관, 워터게이트 사건 특별 검사 등을 역임한 자워스키(Leon Jaworski)의 노력에 힘입어 전국적으로 확산되는 계기를 맞았다. 자워스키는 자신의 법조 경험에 비추어 법은 자유 사회를 지키는 최후의 보루지만, 사회 구성원들이 법의 기초를 이해하지 못하면, 제도로서의 법 자체는 사상누각(砂上樓閣)이라는 점을 깨달았다. 1971년 미국변호사협회(American Bar Association)의 회장이던 자워스키는 변호사협회지의 회장 인사란을 통해서, 우리가 사는 자유 사회의 기본적인 법 원칙에 대한 교육이 붕괴되어 있다고 개탄하면서, 법교육을 전국적으로 확산하는 노력을 하기 시작하였다. 이를 위하여 같은 해 자워스키는 미국변호사협회 산하에 청소년시민교육특별위원회(Special Committee on Youth Education for Citizenship, YEFC)를 설치하여 공교육 개선 활동을 담당하게 하였다. 청소년시민교육특별위원회는 기본권재단이나 시민교육위원회처럼 학교 법교육을 위한 교수-학습 교재를 개발하는 대신, 법률가와 교육학자, 교사 그리고 지역사회 지도자들 간의 협조 체계를 구축하여 공민(civics), 역사(history), 민주주의의 여러 문제(problems of democracy) 등 법 영역과 관련 있는 고등학교 사회과 과목의 수업에 도움을 주고 더 나아가 청소년의 비행을 예방하고 교정하는 것을 목적으로 하는 프로그램 위주의 법교육 활동을 펼치기 시작하였다.

이로써 법교육의 성격은 또 한 번의 큰 변화를 겪게 되었다. 지금까지의 교실 수업 위주의 법교육 뿐만 아니라 학교 밖의 청소년 비행을 예방·교정하기 위한 프로그램 위주의 법교육으로 확대되기 시작한 것이다. 이러한 변화를 반영하여 법교육을 지칭하는 용어도 초창기에 스타가 사용한 법교육[law studies]에서 법교육[law-related education]으로 달리 사용되기 시작하였다. 이제 법교육은 각 지역 변호사협회의 폭넓은 후원에 힘입어 학교와 지역사회가 협력하여 운영하는 다양한 교육 프로그램까지 포괄하는 용어로 개념의 내포와 외연이 확대되었다.

### 3) 정리

이상의 내용을 요약하자면, 우리나라의 사회과 법교육 영역은 교수요목기(1946~1955)부터 제2차 교육과정기(1964~1974)까지는 주로 헌법의 주요 개념과 원리 위주로 구성되어 있었으며, 제3차 교육과정기(1975~1981)에 들어와서 헌법뿐만 아니라 기초법에 관한 내용과 개인의 권리와 의무에 관한 사법 영역이 비로소 포함되었다. 그러나 그 후 법 영역은 다시 위축되어 헌법과 기초법 위주로 명맥을 유지하다가, 제7차 교육과정에 들어와 기존의 헌법과 기초법 내용 이외에 다양한 일상의 생활법을 중심으로 하는 '법과 사회'과목이 신설됨으로써 새로운 전기를 맞았다. 한편 미국의 경우 1950년대 후반기부터 학교 현장의 사회과 교사들을 중심으로, 헌법의 주요 개념과 원리를 암기하며 이해하는 것을 중요시하는 전통적인 법교육에서 탈피하고, 일상생활 속의 구체적 법적 사례를 이용하여 자신의 권리를 학습하고 이를 바탕으로 법적 사고력과 문제 해결력의 함양을 지향하는 법교육 개선 운동이 시작되었다. 이런 법교육 개선 운동은 1960년대에 들어와서 변호사 단체와 법과대학원의 지원으로 한 단계 더 발전하게 되었다. 즉, 법률 전문가 단체에서 학교의 사회과수업을 지원하고 더 나아가 생활법(street law) 중심의 각종 교육과정이나 학습 보조 자료를 직접 개발·보급함으로써, 지식과 개념 위주의 전통적 법교육이 구체적이고 실용적인 법교육으로 발전하기 시작한 것이다.

이런 흐름의 학교 법교육 개선 운동에 더하여, 1970년대 이후에는 학교교육을 전제한 법교육(law studies)뿐 아니라 학교 안팎의 청소년 비행을 예방·교정하고자 하는 적극적인 프로그램 위주의 법교육(law-related education)으로 확대되었다. 물론 이렇게 법교육의 중점이 초창기에는 학교의 사회과 교육 강화 차원에서 시작하다가, 점점 청소년 비행의 예방·방지를 목적으로 하는 프로그램 위주의 교육 방식으로 확대해 간 배경에는, 청소년 비행의 심각성에 대한 사회적 인식이 커진 탓도 있지만, 법교육의 본질에 대한 인식이 변화한 결과이기도 하다. 즉, 청소년들로 하여금 국가의 법과 정부의 기본 원칙들을 이해시켜서 올바른 준법 의식과 태도를 함양시키고 또한 그를 통하여 궁극적으로는 점점 심각해지는 청소년 비행이라는 사회적 문제에 적극적으로 대응하는 것이 법교육의 본질이라는 실용적인 교육관이 확립된 결과라고 볼 수 있다.

## 3. 시민교육으로서의 법교육

일반적으로 법을 배우고 연구하는 것은 주로 법학을 전공하는 학자나 전문 법조인들의 몫이라는 생각이 많았다. 일반인에게 법은 쉽게 접근할 수 있는 대상이 아니었다. 이는 법을 일반인이 이해하기에는 너무나 어렵고 전문적이어서, 그 분야에서 전문적인 훈련을 받고 숙련된 사고를 할 수 있는 사람들만이 이해하고 해석할 수 있다는 일반적 생각 때문이었다. 하지만 오늘날처럼 복잡하고 다원화된 시대에, 청소년을 자신이 사는 사회에 관한 법과 법체계에 대한 적절한 지식과 이해 없이 현실 세계로 내보내는 것은, 그런 지식과 이해가 있었다면 피할 수 있었던 일상생활 속의 법적 문제와 갈등 속으로 개인을 내버려 두는 것과 같은 것이다.

사회의 역사와 전통 그리고 문화 속에서 법이 중요한 부분을 차지하고 있다는 것은 부인할 수 없는 사실이다. 따라서 법은 진지한 연구와 비판적 분석을 할 가치가 있으며, 사회적으로 중요한 영향력이자 제도로서의 의미를 가진다. 따라서 학교와 사회에서 청소년이나 일반 시민들을 대상으로 시민교육을 할 때, 법 현상을 학습 주제에서 제외하는 것은 역사와 사회과학 연구의 본질을 왜곡하는 것이며, 결과적으로 시민교육을 불완전하게 하는 것과 같다. 다만 법교육을 전문가교육이 아닌 시민교육의 하나로 실시할 때, 법교육을 인식하는 기본적 관점 그리고 어떻게 가르치는 것이 타당할지 또 어느 수준까지 가르치는 것이 타당한지 하는 점은 먼저 생각해 볼 필요가 있다.

### 1) 법교육의 기본 관점

앞에서 살펴본 것처럼 법교육은 몇 차례의 흐름과 단계를 거치면서 구체적인 개념의 내포와 외연이 변화해 왔다. 첫째, 1950년대 후반 교사들이 사회과 법 영역의 학습 내용을 추상적 수준의 헌법 내용을 암기하고 이해시키는 데 치중하던 전통적 법교육을 다양한 일상생활 속의 구체적 사례를 활용한 권리교육으로 발전을 꾀하던 초기 흐름, 둘째, 거기에 더하여 1960년대 이후 학교 밖의 전문가 단체가 학교 법교육을 지원하여 고등학교 시민교육의 학습 보조 자료를 개발·보급하기 시작함으로써 법 지식과 개념 위주의 법교육을 생활법을 활용한 실용적 법교육으로 발전시키려던 흐름, 그리고 셋째, 1970년대 이후 교실 수업이 아니라 학교와 사회가 연결하여 청소년의 비행을 예방하고 이를 교정하려는 프로그램 위주의 법교육이 발전하는 단계 등을 거치면서 계속 발전해 왔다고 할 수 있다.

이렇게 법교육이 강조하는 학습의 장(場)과 학습 내용 그리고 학습방법 등이 시기적으로 변화해 왔음에도 불구하고, 법교육이 궁극적으로 지향하는 목표는 기본적으로 같다고 할 수 있다. 즉, 법교육은 전문가를 양성하기 위한 교육이 아니라 청소년이나 일반 시민을 대상으로 하는 시민교육을 본질로 한다는 점이다. 따라서 법교육은 학습자로 하여금 법현상을 이해하고 일상의 법적 문제나 쟁점을 합법적으로 판단하고 행동할 수 있는 능력을 갖추며, 이를 바탕으로 궁극적으로는 준법 의식을 갖춘 책임 있는 민주시민을 양성하는 것을 목표로 한다. 여기서 중요한 문제는 법교육을 이해하는 기본 관점이다. 즉, 이런 일반적 목표, 즉 준법 의식을 갖춘 책임 있는 민주시민을 양성하기 위하여 학습자에게 어떤 성격의 학습 경험을 어떤 방법으로 제공할 것인가 하는 점이다.

법교육에 대한 기본 관점은 학습 경험의 성격에 따라 크게 세 가지 범주로 구분할 수 있다. 즉, 학습자를 준법 의식을 갖춘 책임 있는 민주시민으로 이끌기 위하여, 부정적 성격의 학습 경험을 활용하는 방식과 이와는 정반대로 긍정적·이상적 성격의 학습 경험을 활용하는 방식 그리고 부정적 성격과 긍정적 성격이 뒤섞인 법 현실을 있는 그대로 활용하는 방식이다.[1] 다시 설명하면, 위법 행위나 불법 행위를 함으로써 겪게 될 고통이나 부정적인 결과 위주의 학습 경험을 제공하여 학습자에게 준법을 강요하는 방식, 사회 구성원의 준법 의식이 잘 발휘될 때 경험하게 될 이상적인 결과 위주의 학습 경험을 제공하여 학습자의 준법을 기대하는 방식 그리고 준법 행위와 위법 행위 그리고 불법 행위가 함께 존재하는 현실 상황을 학습 경험으로 제공하여 학습자가 이를 반성적으로 탐구함으로써 스스로 준법의 필요성을 깨닫게 하려는 방식 등 세 가지의 범주로 구분할 수 있다.

첫째, 위협형(scared straight approach) 법교육 방식이다. 이는 학습자의 준법 의식을 형성하는 가장 손쉬운 방법 가운데 하나로서, 법교육의 학습 경험을 위법 행위나 불법 행위로 인한 부정적 결과에 관한 정보 위주로 구성하여 제공함으로써 학습자가 준법하기를 강요하는 방법이다. 일반적으로 사람들은 자신들이 법을 지키지 않을 때 어떤 불이익을 받는지, 어떤 수모를 받을 수 있는지 등을 알게 되면, 법을 지켜야겠다는 생각을 가지게 된다. 왜냐하면 분명히 사람들은 좋지 않은 결과를 피하려고 어떤 행동을 의식적으로 하지 않는 경우가 많기 때문이다. 법교육에 대한 기본적 인식관 가운데 하나인 위협형은 바로 이런 생각을 바탕으로 하고 있다.

따라서 법교육에 있어서 위협형 방식의 이론적 근거는 강요와 다름없다고 할 수 있다.

---

1) Fox는 법교육의 기본적 관점을 학습 경험의 성격에 따라, 학습자의 준법을 강요하는 위협형(scared straight approach)과 학습자의 준법을 기대하는 우화형(emperor's clothes approach, 벌거벗은 임금님 방식) 그리고 학습자의 준법을 깨닫게 하려는 참여형(participatory approach) 등 세 가지 유형으로 구분하고 있다(Fox, J. W., 1997).

마음속에 두려움을 심어주어 준법하게 하려는 발상을 교육적으로 바람직하다고 보기 어렵고 또 그렇게 하여 형성된 준법 의식과 태도가 얼마나 효과적일지 하는 의문이 있다. 하지만 학교의 교과교육과 생활교육 또 학교 밖의 시민교육을 포괄하는 넓은 의미의 법교육에 이런 인식관이 존재하고 있으며 때로는 현실적으로 필요하다는 점을 전면적으로 부인하기도 어렵다. 이런 관점에 의하면 교사의 역할은 전달자로서, 법의 징벌적 측면에 관한 지식을 학습자에게 전달함으로써 법에 대한 두려움을 불러일으키고, 이를 기초로 하여 학습자의 준법 의식을 강요하는 교수–학습관을 취하게 된다.

둘째, 우화형(emperor's clothes approach)[2] 법교육 방식이다. 이는 위협형 법교육 방식과 달리, 학습 경험을 준법으로 인한 질서와 안정 그리고 편리함 등과 같은 이상적 결과에 관한 지식 위주로 구성하여 제공함으로써, 학습자가 준법하기를 기대하는 방법이다. 이러한 접근 방법은 사회의 법 현실이 그렇지 않음에도 불구하고, 사회 구성원들이 법을 준수할 때 기대할 수 있는 이상적·이론적 모습을 제공함으로써, 법에 대한 존경과 무비판적 수용을 기대하는 방식이다. 일반적으로 사람들은 자신들이 법과 질서를 준수하면 사회가 어떻게 나아지는지, 즉 법이 추구하는 당위적이고 이상적인 모습에 관한 사실 수준의 법 지식을 가지고 있으면 법을 지켜야겠다는 생각을 가질 수 있다. 왜냐하면 분명히 사람들은 현실보다 더 나은 모습을 추구하기 위하여 어떤 노력과 행동을 의식적으로 하는 경우가 많기 때문이다. 법교육에 대한 기본 인식 가운데 하나인 우화형은 바로 이런 생각을 바탕으로 하고 있다.

따라서 우화형 법교육의 이론적 근거는 현실과는 동떨어진 막연한 기대와 부러움 그리고 무비판적 수용이라고 할 수 있다. 법에 대한 무비판적 신뢰와 수용, 기대와 부러움을 심어주어 준법 의식을 기르겠다는 발상이 학교교육의 방식으로는 지나치게 비현실적이라는 점에 문제가 있다. 하지만 사실적인 법 지식의 암기와 이해를 중요시하는 학교교육 풍토에서는 대단히 널리 사용되는 교육 방식이기도 하다. 또 현실적으로 필요한 경우가 있다는 점을 전면적으로 부인하기도 어렵다. 이런 관점에 의하면 교사는 전달자의 입장에서 법이 가져다줄지 모르는 미지의 세계, 즉 이론적·이상적 모습에 관한 내용 지식을 학습자에게 전달함으로써 법에 대한 무비판적 존경과 신뢰감을 불러일으키고, 이를 기초

2) 이 글에서는 현실에 존재하지 않는 학습 경험을 이용하여 비현실적 결과를 기대하는 법교육 인식관을 지칭하는 emperor's clothes approach를 우화형(寓話型)으로 명명하였다. 벌거벗은 임금님(the emperor's new clothes)은 현실을 애써 모른 척하는 어리석음을 풍자한 안데르센의 우화(寓話)인데, 이처럼 우화형 법교육도 현실적으로 존재할 수 없는 학습 결과를 기대하는 교수–학습관이라는 의미를 내포하고 있다.

로 하여 학습자의 준법 의식이 형성되기를 기대하는 교수－학습관을 취한다.

셋째, 참여형(participatory approach) 법교육 방식이다. 이는 준법 상태와 위법, 불법 상태가 동시에 공존하는 법 현실을 그대로 제공해 줌으로써, 이러한 현실에 대한 반성을 통하여 학습자가 스스로 준법 의식을 형성하는 기회를 제공하는 방법이라 할 수 있다. 앞의 두 방식이 학습자와 유리된 비현실적인 사회 현실로써 학습 경험을 구성하고 있으며 또한 학습자가 법을 무비판적으로 수용하기를 강요하거나 기대하는 방식이라면, 이 방식은 학습자에게 법 현실에 참여하는 학습 경험을 제공하여 준법이 필요함을 깨닫게 하려는 방식이다.

일반적으로 사람들은 일상생활에서 자주 겪는 법적 맥락을 경험해 봄으로써, 법이 필요하다는 생각을 하게 되고 또 이를 기초로 법을 준수해야겠다는 생각을 가질 수도 있다. 왜냐하면 분명히 사람들은 좋은 경험이든 불쾌한 경험이든 간에 일상의 경험을 통해 특정 유형의 행위에 관한 생각을 형성하게 되며, 그렇게 형성된 생각이 그 이후에 발생하는 행위를 촉진하거나 억제하는 등의 영향을 미치기 때문이다. 법교육에 대한 학습 내용관 가운데 하나인 참여형(participatory approach)은 바로 이런 생각을 기본으로 하고 있다. 따라서 참여형은 학습자에게 법에 대한 두려움을 주어서 준법 의식을 강제하거나, 법에 대한 무비판적 존경심을 전달하여 준법 의식을 기대하는 것이 아니라, 학습자에게 일상의 법생활 맥락을 경험하게 해 봄으로써, 그 경험에 대한 생각을 형성하고(개념화) 또 그런 개념화를 바탕으로 나름대로의 일반화와 결론에 이르게 하는 교수－학습관을 취하고 있다.

학습자의 직접적 혹은 간접적 경험을 강조하는 이 학습관에 의하면, 법교육의 학습 내용은 법의 징벌적 모습이나 이상이 실현된 당위적 모습이 아니라, 준법과 위법 그리고 불법이 동시에 존재하는 법 현실이 된다. 교사는 단순한 전달자가 아니라 법적 맥락이 게재된 일상생활 속의 법 현실을 탐색하여 제공하는 연구자, 안내자의 역할을 하며, 학습자는 학습과정에서 정보를 수동적으로 받아들이는 수용자가 아니라 능동적인 참여자의 역할을 하게 된다.

### 2) 법교육의 시작은 일상생활

법교육을 인식하는 세 가지의 기본 관점은, 시민교육을 목적으로 법교육을 실시할 때 학습 내용과 교수－학습방법 그리고 교수자와 학습자의 역할 등에 대한 기본 인식을 제공해 준다. 법교육이 전문가 양성 교육이 아니라 시민교육을 목적으로 한다면, 교수－

학습방법과 학습 내용의 깊이와 범위를 구체적으로 생각해 볼 필요가 있다. 즉, 청소년이나 일반인을 대상으로 법교육을 할 때 어떻게 학습 내용을 구성하며 또 어느 정도의 내용 범위까지 해야 하는가 하는 점이다.

법교육이 시민교육으로서 제 역할을 하려면, 학습자들에게 법 지식을 피상적으로 전달하거나 현실과 동떨어진 당위적 지식을 제공하는 것 이상이 필요하다. 학습자에게 헌법에 규정되어 있는 정부의 형태와 기능에 관한 지식이나 기본권의 종류를 암기하고 이해하는 식의 교육 방법은 학습 효과를 제대로 발휘하기 어렵다. 왜냐하면 그런 방법은 법을 당위적 내용으로 이루어진 자기 완결적 문서처럼 다룸으로써, 학습자들에게 법의 현실적 모습과 일상생활과의 구체적 관련성을 보여주지 못하기 때문이다.

또 법교육의 학습 경험은 우리 사회에서 법이 가지고 있는 본질과 역사 그리고 현대 사회에서 법이 차지하고 있는 의미 등에 대한 학습자의 호기심을 자극할 수 있어야 한다. 법원을 견학하고 경찰의 법 집행 활동을 보여주는 등 다양한 법교육 활동도 학생들의 구체적 일상과 관련성을 가지지 못한다면 효과를 기대하기 어려울 것이다. 법교육에서 지식의 암기를 중시한다고 하여 그 교수－학습방법이 모두 잘못된 것으로 보기 어렵고, 거꾸로 법원 방문처럼 구체적인 활동 중심의 방법이라 하여 모두 효과적인 교수－학습방법이라 단정하기도 어렵다. 학습자들이 자신의 일상생활과 학습 내용의 연관성을 깨닫고 호기심을 가지는 것이 핵심이다. 그렇지 않으면 어떤 교수－학습방법이라도 교수자에게는 시간 낭비일 수 있고, 학습자들은 법 현실에 대해 왜곡된 생각과 태도를 가질 우려가 있다.

법을 현실적으로 생생하게 보여주려면, 학교의 사회과 교사나 학교 이외의 기관에서 법교육을 담당하는 사람은 법을 암기하고 이해해야 할 화석화 된 지식으로만 가르쳐서는 곤란하다. 법을 사회 속에서 살아있는 필수적인 부분으로 또 일상에서 발생하는 갈등을 해결하는 수단으로 가르쳐야 한다. 예를 들면, 교사는 학생들로부터 비현실적인 정답을 끌어내기 위해 가르치기보다는, 우리 사회에서 볼 수 있는 다양한 이해 충돌과 갈등 문제에 호기심을 가질 수 있는 법적 사례와 상황을 제시함으로써, 법과 관련된 가치와 절차에 대한 이해와 평가를 자극할 필요가 있다.

청소년이나 일반인들을 대상으로 시민교육을 목적으로 법교육을 하는 이유는, 그들을 뛰어난 법학자나 유능한 변호사로 만들기 위한 것이 아니다. 더구나 법학을 전공하거나 변호사가 되려는 사람들에게 법학을 입문시키기 위한 예비교육으로 실시하는 것은 더욱 아니다. 이런 교육은 법과 대학이나 기타 전문 법조인 양성 기관과 같은 전문적인 학습

기관에서 이루어져야 한다. 따라서 시민교육으로서의 법교육은 모든 법 내용을 다룰 필요가 없으며, 일반인을 대상으로 전문적인 법학교육을 실시하는 것도 무리다. 이를 모두 다루는 것은 다른 중요한 교육적 관심사에 대한 열정과 관심을 빼앗게 될 뿐 아니라, 현실적으로도 시민교육의 장에서 전문가교육 수준의 법교육 학습 경험을 제공할 수 있는 교수자를 찾기도 어렵다. 법교육은 학습자들에게 자신이 사는 사회의 구조와 가치를 가르치고, 학습자들이 사회문제와 갈등에 대해 비판적이고 합리적으로 사고하도록 하며, 학습자들이 법과 우리 사회의 법체계에 대해 가지고 있을지 모르는 오해와 편견을 극복하며, 자신이 사는 사회의 법체계와 정치과정에 참여하고 기여할 수 있는 태도와 가치를 가지도록 해야 한다.

# Ⅱ. 법교육의 기초

## 1. 법교육의 개념

법교육(law related education)이란 특정한 학습 내용이나 교수 방법을 지칭하는 구체적 개념이기도 하지만, 그보다는 법을 활용한 학습 경험을 이용하여 청소년이나 일반 시민을 대상으로 하여 실시하는 다양한 형태의 교육 활동을 포괄적으로 지칭하는 추상적 개념이기도 하다. 따라서 법교육의 개념을 정의할 때는 교육 대상이나 교육내용, 교수 방법 등이 다른 교육 영역과 어떻게 다른지 하는 특징을 중심으로 규정하는 것이 편리할 수 있다. 먼저 교육 대상의 측면에서 보면, 법교육은 대학에서 법률 전문가를 양성하기 위하여 이루어지는 법률교육(legal education)과는 달리, 초·중등 수준의 각급 학교나 사회교육 기관 또는 단체 등에서 청소년이나 일반 시민을 대상으로 한다는 특징을 가지고 있다. 그리고 학습 내용의 측면에서 보면, 법교육은 법치주의 사회의 구성원으로서 필요한 기본적인 법적 시민자질을 함양하기 위하여 법적 사례나 현상을 학습 내용으로 한다는 점에서 다른 교육 활동과 차별성을 가지고 있다. 또 교수 방법의 측면에서 보면, 법교육은 전문가교육이 아닌 시민교육을 본질로 한다. 따라서 각종 사회문제와 갈등을 우리 사회의 법적 가치에 기초하여 이해하고 판단하며 행동하는 데 필요한 구체적 교수 방법은 대단히 다양하다. 이런 까닭에 법교육에서는 구체적 교수 학습 상황에 효과적인 교수 방법을 기획하여 실행할 수 있는 교사의 역량이 특히 중요하다고 할 수 있다.

따라서 법교육의 개념을 정의한 여러 가지 견해들을 보면, 표현은 다양하나 법교육을 전문가교육이 아닌 시민교육으로 보는 관점에서는 공통적이다. 예를 들면, 우리나라의 법교육지원법 제2조는 법교육을, 청소년 및 일반 국민에게 법에 관한 지식과 기능, 법의 형성과정, 법의 체계, 법의 원리 및 가치 등의 제공을 통하여 민주시민으로서 필요한 법적 이해 능력, 합리적 사고능력, 긍정적 참여의식, 질서 의식, 헌법적 가치관 등을 함양함을 목적으로 하는 법과 관련된 일체의 교육으로 정의하고, 이를 다시 학교에서 교육과정의 일환으로 시행하는 학교 법교육과 평생교육기관에서 시행하는 사회 법교육으로 구분하고 있다. 미국변호사협회(American Bar Association, 이하 ABA)의 청소년 시민교육 특별위원회도 법교육을 "일반적으로 복잡하고 가변적인 현대 사회에서 법과 법적 쟁점에 대해서 효과적으로 대처하는 데 필요한 지식, 태도, 기능, 평가력 등을 개발할 기회를 제공하는 조직된 학습 경험"이라 하였으며, 미국의 법교육법(The Law Related Education Act of 1978)도 법교육을 "일반인에게 법, 법절차, 법제도에 관한 지식과 기술 및 그의 바탕이 되는 근본원리와 가치들을 교육하는 것"이라 하였다.

이 모두 법교육을 전문가교육이 아니라 시민교육으로 인식하고 있다는 의미다. 이와 함께 ABA 청소년 시민교육 특별위원회는 법교육을 학습 경험의 성격이나 강조점에 따라 세 가지 입장으로 나누고 있다. 첫째는 일상생활에 직접적으로 영향을 미치는 각종 생활법, 청소년 관련 법, 소비자법 등을 강조하는 입장이다. 둘째는 자유, 정의, 평등, 재산, 권력, 권위, 사생활의 자유, 책임 등과 같은 법의 기초 개념을 강조하는 입장으로서, 이와 같은 개념들이 일상생활의 맥락 속에서 발생하는 다양한 사회적 쟁점과 어떻게 서로 관련되어 있는지에 주목하는 입장이다. 셋째는 형사재판제도 또는 입법과정과 같이 법의 실현과정에 관심을 가지고 그와 같은 법 실현과정에서 학생들의 참여 경험을 강조하는 입장이다.

이러한 개념적 분류는 법교육에서 어떤 성격의 학습 경험을 강조하는가에 따라 표현을 약간씩 달리 한 것이라고 할 수 있다. 즉, 첫 번째의 입장은 법교육에서 중요한 점은 일상생활 속에서 벌어지는 법적 문제를 해결할 수 있는 능력을 함양하는 것이며, 이를 위하여 구체적인 일상생활과 직접적으로 관계있는 생활법들을 법교육의 학습 경험으로 활용하는 것이 중요하다고 보는 입장이다. 두 번째의 입장은 법교육에서 중요한 점은 법의 기본 개념에 관한 사고력을 형성하는 것이며, 이를 위하여 기본 개념을 내포하고 있는 법적 현상을 탐구하고 분석하는 학습 경험을 중시하는 입장이라 할 수 있다. 세 번째의 입장은 법교육에서 중요한 점은 법적 시민 생활에 대한 참여 능력을 함양하는 것이며, 이를 위하여 다양한 법 실현과정에 필요한 참여 활동을 법교육의 학습 내용으로 중요하게 여기는 입장이라고 할 수 있다.

사실 법교육 개념에 관한 이런 다양한 입장은 서로 배타적인 개념이라기보다는 상호 보완적인 개념이라고 할 수 있다. 즉, 법교육이 구체적인 내용과 방법을 전제한 이론적 개념이 아니라 청소년이나 일반인들의 법적 시민자질을 향상시키기 위한 실천적 개념이기 때문에, 법교육의 구체적 실천 측면이나 교육 형태에 따라 강조점이 달리 표현된 것이다. 따라서 법교육이란 학교나 사회교육기관·단체 등에서 법률 전문가가 아닌 일반인 또는 청소년들에게 일상생활 속에서 부딪히는 다양한 법적 문제 사태에 효과적으로 대처하는 데 필요한 지식, 태도, 가치관 등을 개발할 교육적 경험을 조직적으로 제공함으로써, 준법 의식을 기르는 한편 사회생활에의 능동적인 참여를 유도하기 위해 이루어지는 시민교육의 한 유형이라고 할 수 있다.

## 2. 법교육의 목적

법교육은 학습자들을 법률 전문가 또는 법학자로 육성하는 것을 목적으로 하지는 않는다. 즉, 법교육의 주요 목적이 실체적인 법학 지식 자체를 학습자들에게 전달하는 데 있지 않다는 것이다. 학문적인 법학 지식과 이론교육은 대학과 같은 고등교육 기관이나 법률 전문가를 양성하고자 할 때 필요한 것이고, 청소년이나 일반인을 대상으로 한 시민교육의 일환으로 이루어지는 법교육에서 그렇게 전문적이고 광범위한 법률교육을 할 필요는 없을 것이다. 또 현실적으로도 학교 시민교육을 담당하는 초·중등학교의 교사들에게 전문가 수준의 법률 지식을 요구하는 것도 무리다. 오히려 우리 사회의 바탕에 깔린 법적 가치를 이해하고, 사회문제와 갈등을 좀 더 합리적으로 생각하고 행동할 수 있도록 하는 것이 더 중요할 수 있다. 또 우리 사회의 법과 법질서에 관해 가지고 있을지도 모르는 어떤 잘못된 개념화와 획일적인 사고를 극복하고, 우리 사회가 민주주의 사회로서 제대로 작동하기 위하여 법제도 그리고 정부의 활동 등에 기꺼이 참여하려는 시민적 품성이나 능력 등을 함양하는 것이 더욱 중요하다.

이렇게 법교육의 목적을 전문가교육이 아닌 시민교육의 관점에서 일반적으로 규정할 수는 있지만, 그 구체적인 내용에는 약간씩 차이가 있을 수 있다. 예컨대, 앞에서 설명한 바 있는 우리나라의 법교육지원법은 법교육의 목적을 민주시민으로서 필요한 법적 이해 능력, 합리적 사고능력, 긍정적 참여의식, 질서 의식, 헌법적 가치관 등의 함양으로 규정하고 있다. 또 미국변호사협회(American Bar Association, 1985)는 법교육의 목표를 다음과 같이 3가지로 요약하고 있다. 첫째, 확고한 자기 입장을 가진 문제 해결자 및 반성적 의사결정자가 되는 것(reflective decision-maker). 둘째, 다른 사람의 감정을 이해하고 사회적으로 책임감이 있으며 타인을 생각할 줄 아는 사람이 되는 것(empathy and consideration for other). 셋째, 윤리적·도덕적 문제를 성숙하게 판단할 줄 아는 사람이 되는 것(mature judgements regarding moral problems).

일찍이 Freund(1973)는 미국 사회의 위기를 크게 법 준수의 위기와 학교의 위기로 파악하면서, 특히 학교의 위기는 '생기가 없는 죽은 지식의 꾸러미'를 단순하게 전달하는 데에서 생기는 것으로서, 이는 학교의 시민교육을 담당하는 사회과 교육의 책임이 가장 크다고 준열하게 비판하였다. 이와 관련하여 그는 법교육의 목표를 도덕적 추론 능력(moral reasoning)의 함양, 법 절차의 이해(appreciating legal process), 법 개념의 획득(acquiring legal concepts) 등으로 제시하였다. 또한 Gerlach & Lamprecht(1975)는 법교육의 구체적인 목표로서 법 원칙과 문제의 이해, 학습한 지식의 실생활에의 적용 능력, 법 문제와 상황에 대한 분석력, 긍정적인 법태도의 발달 등으로 정리하였으며, Parker(1989)는 시민교육으로서의 법교육의 목표를, 첫째, 지방과 중앙 정부의 구조와 기능 및 헌법에 나타나 있는 정치 이론이나 논쟁에 관한 지식 형성, 둘째, 공공선의 입장에서 생각하고 활동할 줄 아는 시민적 품성의 함양, 셋째, 공공 문제에 대한 참여적 시민성의 고취 등 세 가지로 제시하였다.

이상과 같은 법교육의 목표에 관한 다양한 논의를 정리해 보면, 법교육은 대체적으로 볼 때 다음과 같은 세 가지의 일반적인 교육목표를 추구하고 있다고 할 수 있다. 첫째, 학습자들에게 우리 사회의 법질서가 법제도 내에서 어떻게 운영되고 있는지에 대한 지식과 이해를 증진시킨다. 둘째, 학습자들에게 일상의 법적 상황을 비판적으로 사고하고 문제를 해결하는 능력을 함양시킨다. 셋째, 학습자에게 법과 법 제도에 관한 가치와 태도를 명료화시킨다.

### 1) 법 지식과 이해의 형성

시민교육으로서의 법교육이 중요하게 여겨야 할 점은, 학습자들이 자신의 일상생활에 필요한 구체적인 권리와 의무에 관한 지식도 중요하지만, 법의 본질과 기능에 대한 이해를 증진시키는 일이다. 일반적으로 사람들은 법을 단편적인 일련의 명령이나 금지 등으로 이해하는 경향이 있다. 왜냐하면 일반인들은 신문이나 TV, 라디오, 인터넷 매체 등을 통해 법적 사건이나 상황을 보고 듣는 경우가 대부분인데, 이런 매체에서 취급하는 주요 내용이 각종 범죄와 그에 대한 처벌을 내용으로 하는 사건, 사고가 주류를 이루고 있기 때문이다. 따라서 자연스럽게 범죄와 처벌 위주의 형사법을 중심으로 법을 인식하고 이해하는 경향이 있다. 그러나 이것은 대단히 잘못된 생각이다. 왜냐하면 금지나 명령, 처벌이 법의 전부도 아니고 더욱이 참모습은 아니기 때문이다.

법은 그것의 규율을 받는 시민을 도와주고 장려하는 것으로서, 마치 우리가 살아 숨쉬는 환경과 같은 것이다. 예를 들면 법은 신용 제도를 가능하게 해주며, 결혼과 이혼을 가능하게 하며, 재산의 이전과 상속을 가능하게 해줌으로써, 개인이 평생에 걸쳐 일상생활을 영위할 수 있는 환경과 같은 역할을 하는 것이다. 다만 이와 같은 법은 눈에 보이지 않게 우리의 생활을 감싸고 있는 환경이기 때문에, 전문가가 아닌 일반인들은 그런 참모습을 쉽사리 인식하지 못하고 있을 따름이다. 따라서 학습자들이 법 지식을 암기하고 이해하는 것도 중요하다. 하지만 법을 합리적인 절차 예컨대 입법과정을 거치면서 계속 변화하는 사회 환경에 적응해 가는 집단지성이라는 시각으로 이해할 수 있도록 하는 것도 그에 못지않게 중요하다. 요컨대 법을 이러한 시각에서 이해할 때만이 비로소 학습자는 법을 단순히 나쁜 짓을 저지른 사람에게 벌을 주거나 처벌을 가하는 수단만이 아니라, 우리의 일상생활을 마치 공기처럼 감싸고 있으면서 우리의 공동생활이 편리하게 이루어질 수 있도록 해주는 도구라는 인식을 할 수 있게 된다.

### 2) 비판적 사고력과 문제 해결력의 함양

법은 수학 공식을 적용하는 것과 달리 구체적 상황에 따라 여러 가지 해석이 있을 수 있고 또 적용의 범위나 내용이 달라질 수 있다. 따라서 법교육의 목표 가운데 빼놓을 수 없는 점은, 학습자들이 일상생활 속에서 겪는 법적 문제 사태를 해결하려고 할 때 관련 법규의 내용을 기계적으로 적용하는 능력보다는, 법을 유용하게 사용할 수 있는 비판적 사고력과 폭넓은 문제 해결력을 함양하는 것이 중요하다. 따라서 이런 능력을 함양하기 위해서, 법교육에서는 학습자들에게 법적 사태의 여러 모습을 보여줄 수 있는 다양한 학습 경험을 제공해 주는 것이 중요하다. 예를 들면 법적 분쟁이나 논쟁과 관련한 개인 또는 집단의 다양한 입장, 학습하고 있는 법적 문제의 원인, 문제를 해결하기 위하여 법이 사용하는 수단들, 분쟁과 관계있는 집단이나 개인이 믿고 있는 가치들, 다양한 해결책 등이다. 즉, 획일적인 교육내용보다는 이런 다양한 학습 경험을 제시함으로써 학생들의 법에 대한 호기심과 비판적 사고력 그리고 폭넓은 문제 해결력을 기를 수 있는 기회를 주는 것이 필요하다.

실생활 상황에서 대부분의 법적 분쟁이나 의문에서 절대적으로 옳거나 절대적으로 잘못된 정답이 있는 경우를 찾기는 어렵다. 그래서 법원은 종종 상호대립 되는 가치들 사이에서 균형을 취하는 문제에 부딪친다. 예컨대 형법상의 사형 제도가 헌법 정신에 위배 되는지 여부에 대한 헌법재판소의 재판에 있어서, 헌법재판소의 9명의 재판관 가운데 5명은 합헌(合憲)이라고 주장하는 반면 나머지 4명은 반대 의견을 내놓았다고 가정해 보자. 여기서 찬성한 사람들의 찬성 이유도 제각각일 수 있고, 반대 의견 역시 결론은 같지만 그 이유는 모두 다를 수 있다. 결론적으로 말하면 법적 문제와 갈등을 학습자로 하여금 그 의견과 이유까지도 탐구해 보도록 하는 것은 대단히 흥미롭고 가치 있는 교육적 경험을 가져주며, 이런 교육적 경험이 학습자의 비판적 사고력과 문제 해결력을 한층 더 성숙하게 만들 수 있다.

### 3) 가치 및 태도의 명료화

법교육을 통해 학습자들이 배워야 하는 것은 법 지식만이 아니다. 우리 사회의 기본적 법 가치 또 그 사회의 시민으로서 필요한 개인의 가치관이나 태도를 길러야 한다. 즉, 학습자들은 법교육 학습 경험의 내용과 그 본질을 통해, 자신의 환경과 가치 그리고 갈등을 확인하고 분석할 수 있어야 한다. 법 사례를 학습자들에게 제시하는 것은 복잡한 사회 문제와 가치 갈등을 검토하고, 그 갈등과 대립으로 표출되고 있는 대안을 확인하여 실현 가능하며 합리적인 해결책을 모색해 볼 수 있는 기회를 제공해 주기 위한 것이다.

법적 분쟁을 포함한 모든 사회적 갈등의 해결책은, 옳고 그름의 정답 형태로 존재하는 게 아니라, 양 극단 사이의 어느 지점에 타협적인 모습으로 존재하는 경우가 대부분이다. 다시 말하면 법적 분쟁은 분명한 악(惡)이 있어서 발생하는 것이 아니라, 개인의 권리와 상대방의 개인적 욕구, 권리와 그에 대한 책임, 자유와 평등 그리고 언론의 자유와 공정 보도의 책임 등과 같이 양쪽 모두 사회적 가치로 인정되기 때문에 발생하는 것이다. 처음부터 선과 악이 명백한 경우에는 법적 분쟁으로 확대되지 않는다. 따라서 법교육은 학습자에게 자신이 옳다고 여기는 가치만이 아니라, 다른 사람이나 사회의 가치도 깊이 생각해 볼 수 있는 교육적 경험을 제공하는 통로가 되어야 한다.

예를 들면, 앞에서 언급한 사형 제도에 관한 헌법재판소의 결정과 그 이유의 사례를 검토해 봄으로써, 학습자들은 사형 제도에 대한 자신의 가치나 감정을 생각해 볼 수도 있을 것이다. 과연 자신의 가치가 사회 일반이 가지고 있는 가치와 유사한가. 다른 사람들은 어떻게 생각하고 있는가. 자신이 그런 가치를 지니는 이유는 무엇인가. 자신이 지니는 가치가 사회 일반의 가치와 일치하는가 또는 상충하는가. 사형 제도에 관한 사회의 감정을 자신의 감정이나 경험과 어떻게 비교할 수 있는가. 자신이 생각하기에는 과연 사형 제도에 관한 헌법재판소의 결정이 우리 사회가 지향·달성하고자 하는 목표로 나아가고 있는가 아니면 거스르고 있는가. 이러한 추론 절차를 거침으로써 학습자들은 비로소 우리 사회의 가치와 관련한 자신의 개인적 가치 및 태도를 파악하고 명료화할 수 있는 학습 경험을 가지게 될 수 있을 것이다.

### 4) 요약

우리의 일상생활에서 법은 없어서는 안 될 물과 공기와 같은 것이다. 따라서 법률 전문가에게만 법이 필요한 게 아니다. 청소년이나 일반인에게도 법교육이 필요한 까닭이다. 로스쿨과 대학, 그리고 변호사 사무실에서 이루어지는 집중적이고 전문적인 법 연구와 실행 과정은 별개로 하더라도, 법교육은 초·중등학교의 학교 시민교육이나 일반인을 대상으로 하는 시민교육에서 중핵적인 부분을 차지해야 한다.

법교육은 법 지식을 화석화된 형태로 전달하는 것에 그치면 안 된다. 법과 관련된 교과목은 창의적이고 건설적인 학습 경험을 주는 교수－학습과정이어야 한다. 법은 우리 일상의 거의 모든 것에 영향을 미친다. 또 양식 있는 학생과 시민이 간과해서는 안 될 사회문제와 논쟁거리 그리고 핵심 가치를 주요 관심사로 하고 있다. 법교육은 학습자들에게 문제가 되는 사안에 대해 절대적인 답을 제공해서는 안 되고 그럴 수도 없다. 법교육은 깊은 탐구와 건설적인 분석을 유도해낼 수 있어야 비로소 시민교육으로서 가치를 인정받을 수 있다.

학교교육이나 사회교육에서 법을 가르쳐야 비로소 우리의 법체계에 대한 이해를 강화할 수 있으며, 또 그렇게 해야 학습자들이 법 현상에 관한 비판적 사고력과 태도, 가치관 등을 형성할 수 있다. 이런 법교육 목표를 달성하려면 먼저 법교육이 다음과 같은 질문에 대답하는 게 필요할 것이다. 법교육에 사용할 수 있는 교육 방법으로 어떤 게 있는가. 법교육을 구성하는 교육과정에서 강조되어야 할 것은 무엇인가. 법교육 프로그램이 따라야 할 지침은 무엇인가. 그와 관련되어야 하는 사람은 누구이며 어떻게 가능한가. 법교육을 하는 데 따른 효과를 어떻게 확인해 볼 수 있는가.

## 3. 법교육의 내용과 방법

### 1) 법교육의 내용

일반인과 청소년을 대상으로 하는 법교육의 내용은 법에 대한 이해를 높이고, 비판적 사고 및 문제 해결력을 개발하며 법적 가치 및 태도를 명료화하는 등 법교육의 일반적 목표를 추구하는 데 효과적인 학습 경험으로 이루어져야 할 것이다. 그렇게 되기 위해서는 법교육의 내용을 이루는 학습 경험이 일상생활을 추상적으로 재구성한 법 지식을 법학적 체계에 따라 해석하는 것으로 구성되어서는 곤란하다. 오히려 추상적으로 원리화된 법 지식이 실제의 일상생활에서 어떻게 나타나는지를 보여주는 것이어야 한다. 다른 학습 영역과 달리 법교육에서 특히 구체적 사례가 중요한 이유도 여기에 있다. 즉, 일상생활 속의 모습과 직결된 문제를 중심으로 하여, 학습자로 하여금 법적 문제와 관련한 종합적 이해와 사고를 가능하게 하는 것이 필요하다. 또한 법적 문제와 관련하여 종합적 이해와 사고를 가능하게 하려면, 구체적으로 법교육의 내용이 개별적인 법 지식을 이해하는 것에 앞서, 첫째, 기본적으로 법이 무엇이며, 둘째, 법이 어떻게 만들어지고 해석되어 적용되는지, 셋째, 법 절차에 관련된 기관 및 행위자 간의 상호관계는 어떠한지 등을 학습자가 이해할 수 있도록 도와주는 것이어야 한다. 이러한 내용을 기초로 할 때, 학습자들은 법이 부여하는 권리의 정당한 사용과 이에 수반하는 의무를 법적 절차에 따라 적절히 행사할 수 있는 시민적 자질을 가질 수 있을 것이다.

이런 법교육의 내용 세 가지 범주는 결국 법의 개념(concept), 법의 과정(process), 법의 체계(system)로 요약될 수 있다. 첫째, 법의 개념에서는 법의 기초적 내용, 적용 범위, 기능 등에 관한 내용이 다루어질 수 있을 것이다. 특히 법의 정당성 여부에 대한 논의가 내용에 포함될 필요가 있다. 왜냐하면 학습자의 비판적 사고력을 함양하기 위해서는 법의 정당성에 대한 논의와 사고과정이 학습 내용으로 활용되어야 하기 때문이다. 둘째, 법의 제정, 해석, 적용을 포함하는 법의 과정에 대한 개략적 내용이 포함되어야 한다. 이때 중요한 것은 법을 주어진 것으로 간주하여 수동적으로 암기하거나 이해하기보다는, 법을 다른 사회제도와 마찬가지로 정치제도, 관습 및 문화의 산물로 인식할 수 있도록 학습 내용을 구성할 필요가 있다. 이 역시 적용될 법의 정당성 문제와 관련하여 학습자의 비판적 사고력을 함양하기 위한 것이다. 셋째, 행위자(법관, 분쟁당사자, 경찰, 검사 등) 또는 기관(입법부, 사법부, 행정부 등)의 성격과 기능 및 그 상호관계를 기본적으로 이해할 수 있는 내용이 포함될 필요가 있다. 이는 법적 문제가 발생할 때 그 문제를 누구에 의해서 어떻게 해결해야 하는가와 같은 실제적 응용력을 학습자들에게 배양시켜 주기 위해 중요하다. 물론 이런 내용은 법교육이 포함해야 할 최소한의 학습 내용만을 예시한 것이다. 구체적인 교육 내용의 요소 및 범위는 필요에 따라 조정될 수 있을 것이다.

법교육 내용을 구성할 때는, 앞에서 제시한 법교육 목표를 달성하기 위해서 다음과 같은 점을 유의해야 한다. 첫째, 교육내용은 학습자의 응용 능력을 고려하여 기본 개념을 강조하되 법의 과정과 유관하게 구성되어야지 개별법의 구체적 내용의 학습에 중점을 두어서는 곤란하다. 왜냐하면 그와 같은 단편적 지식의 유용성은 시간이 지나면 감소할 뿐만 아니라 전문가가 갖추어야 할 전문적 지식의 영역에 속하는 것일 경우가 많기 때문이다. 둘째, 법교육의 내용은 학습 가능성을 고려하여 구성되어야 한다. 법교육 내용의 수준은 학습자들의 이해 능력, 교육 환경 등을 종합적으로 고려하여 결정할 문제이기 때문이다. 특히 시민교육의 일환으로 하는 학교 법교육은 기본적으로 학생들을 대상으로 법률 전문가가 아닌 교사에 의해 실행되는 것이다. 따라서 학교 법교육의 수준과 학습량은 법률 전문가들의 관점에서 판단해서는 안 된다. 셋째, 법교육의 내용에는 논쟁적 문제가 내포되어야 한다. 왜냐하면 일상의 시민적 삶 속에서 발생하는 대부분의 문제 상황에는 법률 지식만 알면 저절로 해결되는 사실문제만 있는 것이 아니라, 가치문제도 동시에 내포되어 있는 경우가 대부분이기 때문이다. 따라서 법교육의 학습 경험은 실생활과 연계된 논쟁적 문제를 다루어줌으로써 학습자들의 흥미와 학습 의욕을 자극할 수 있어야 한다.

### 2) 법교육의 방법

법교육을 어떤 방법으로 하는 게 정답인지 말하기는 어렵다. 하지만 법교육이 전문가 교육이 아니라 시민교육이라는 점을 생각해 보면, 법교육은 다음과 같은 기본적 원리에 기초하여 설계되는 것이 바람직할 것이다. 첫째, 법교육은 학습자들에게 생활 주변의 실제적인 문제에 관한 의사 결정을 내릴 수 있는 학습 경험을 제공할 필요가 있다. 법교육은 법률 전문가를 양성하기 위한 이른바 법학교육과는 근본적으로 목적이나 교육 대상이 다르다. 따라서 교육 방법도 다를 수밖에 없을 것이다. 법교육이 시민교육으로서의 목적, 즉 일상생활 속에서의 법적 문제 해결력을 함양하려면, 구체적인 학습 경험이 생활 맥락 속에서 그러한 시민적 자질이 발휘될 수 있는 성격이어야 한다. 둘째, 법교육은 학습자들이 스스로 의사 결정에 참여하여 자신의 결정을 내릴 수 있는 교수－학습 맥락을 내포해야 한다. 법교육이 법학적 지식을 이해시키거나 전달하는 데 그치거나 사례 분석을 통해 그 속에 있는 법적 원리나 논리를 익히는 데 그쳐서는 시민교육으로서의 효과를 기대하기는 어렵다. 법교육이 시민교육으로서의 역할을 하려면, 학습자가 일상생활 속의 법적 문제 사태 속에서 스스로 문제를 해결할 수 있도록 하는 학습 경험을 제공해 주어야 한다. 셋째, 법교육은 학습자가 법적 문제 사태에 관한 타인의 입장을 이해할 수 있는 상호작용을 촉진시켜야 한다. 바꾸어 말하면 법교육이 종래와 같이 교과서의 내용을 학습자들에게 반복 암기시키는 강의식 수업 형태에 전적으로 의지하는 것이 되어서는 안 되며, 학습자들이 교수－학습의 과정에 적극적으로 참여할 수 있도록 유도하고, 학습자 자신 또는 타인과의 문제와 갈등을 학습자가 스스로 파악할 수 있도록 도와주며, 법 문제에 대한 분석, 종합 및 평가와 같은 지적 능력을 개발해 주는 것이 중요하다.

위에서 제시한 기본 원리에 기초하여 법교육을 한다고 해도 구체적으로 사용할 수 있는 교육 방법은 다양할 수 있다. 예를 들면 모의재판(mock trial), 사례연구법(case study), 역할놀이(role playing), 모의게임(simulation) 외에도 영화나 슬라이드, 화보, 심지어 음악도 사용될 수 있을 것이다. 비록 전부는 아니겠지만, 교사들은 이러한 방법들을 한 번쯤은 사용해 보았을 것이다. 여기서 중요한 것은 교육내용과 교육 방법을 별개의 것으로 분리하여 생각하는 것은 바람직하지 않다. 교육내용에 따라 다양한 교육 방법을 사용함으로써 교육 효과를 높일 수 있기 때문이다. 따라서 법을 가르치는 교사들은 어떤 방법이 더 효과적이고 훌륭한 방법이냐 하는 것보다는, 특정 내용에 관한 수업에 어떤 방법을 사용함으로써 수업을 활기 있게 만들어 학습자들의 흥미와 관심을 높일 수 있는가 하는 점에 관심을 기울일 필요가 있다. 일반적으로 학생들은 학령 수준이 올라갈수록 교사들이 안이하고 천편일률적인 수업을 한다는 불만을 많이 가지고 있으며, 그 결과로 학생들이 상급 학교로 올라갈수록 법에 대한 흥미감은 점점 하락하는 것으로 알려져 있다. 법교육을 어떻게 할 것인가 하는 문제와 관련하여, 앞에서 언급한 논의들은 공통적으로 토론을 통한 학생 참여를 높이는 것이 중요하다는 것을 강조하고 있다. 일반적으로 법교육에서 토론을 통해 학습자의 참여를 높이려면, 먼저 학습 내용의 성격이나 학습과정에 대한 학습자의 참여 또 법교육 학습이 가능할 수 있는 시기 그리고 법교육 내용과 현실의 괴리 문제 등을 고려해 볼 필요가 있다.

### (1) 법교육 내용과 참여의 문제

법교육과정에 학습자의 참여를 촉진시키기 위해서는, 그들이 일상생활을 통하여 경험할 수 있거나 관찰할 수 있는 경험을 다루어주는 것이 중요하다. 그런 내용은 모든 학생의 일상에 풍부하게 내포되어 있다. 왜냐하면 법적 현상이란 법률 전문가들에게만 발생하는 것이 아니라 모든 사람의 일상생활의 대부분이 사실은 법적 현상이기 때문이다. 다만 청소년이나 일반인들은 자기 일상생활의 대부분이 법적 현상이라는 점을 의식하지 않고 살아갈 뿐이다. 예를 들면, 반려견을 길거리에 함부로 풀어 놓아도 되는지에 관한 문제는 초등학교 학생들에게도 쉽게 적용할 수 있는 소재일 것이다. 왜냐하면 누구나 한 번쯤은 길거리에서 반려견을 만난 경험이 있을 것이기 때문에, 그런 상황을 쉽게 상상할 수 있을 것이다. 이 외에도 소비자 보호, 사생활의 자유, 표현의 자유, 도로 교통에 관한 사항 등 많은 소재가 학습자들에게 쉽게 이해될 수 있는 것들이다.

하지만 법교육 뿐만 아니라 다른 교육 영역도 마찬가지지만, 교수-학습과정에서 학습자의 참여는 여러 가지 문제가 따른다. 일반적으로 학습자들이 교수-학습과정에 적극적으로 참여하려는 성향은 약하다. 그러나 교사가 학습자의 참여를 유도하는 적절한 노력을 기울이면, 이런 장애는 점차 극복될 수 있을 것으로 생각된다. 특히 교사는 학습자들이 교수-학습과정에 적극적으로 참여하기를 기대하면서 동시에 자기가 하는 수업이 군더더기 없이 깔끔하게 진행되기를 기대해서는 안 된다. 교사가 학습자의 실수에 대하여 관용적인 태도를 보이지 않는 한, 어떠한 교육내용이나 방법을 사용해도 학습자들은 교수－학습 과정에 적극적으로 참여하기를 주저할 것이다. 또 지적할 것은 학습자들에게 의사결정과 정이나 규칙의 제정 및 정당화 과정을 전부 맡기는 것은 대단히 민감한 사안이라는 점이다. 심지어 어떤 교사는 그것이 자신의 권위를 허물게 될까 우려할지도 모른다. 부모들 역시 그와 같이 느낄 수도 있으며 학생들도 스스로 회의를 가지고 있을지 모른다. 따라서 법교육에 있어서 교사가 가장 중요하게 여겨야 할 점은 학습자의 참여라는 점이다.

### (2) 법교육의 학습 가능성 문제

법교육을 할 때 부딪히는 두 번째의 어려움은 시기의 문제라고 할 수 있다. 어느 발달 단계의 학습자들에게 어떤 방법이 가장 효과적인가 하는 문제를 말한다. 이러한 문제에 관하여는 교육 심리학자들의 도움이 필수적이라고 생각한다. 이들에 의하면 일반적으로 도덕성의 발달에는 단계가 있다.

예컨대 Kohlberg(1958)는 Piaget의 인지 발달론의 영향을 크게 받아, 개인이 도덕적으로 사유하는 능력은 단계적으로 일련의 과정을 따라 발달한다고 주장하였다. 그는 도덕성 발달의 단계를 전관습적 단계, 관습적 단계, 후관습적 단계로 크게 세 가지 유형으로 구분하였는데, 이러한 세 가지 유형의 도덕성 발달 단계들은 다시 각각 2시기로 구분되어 모두 6시기의 도덕성 단계로 구성된다.

제1시기는 체벌과 복종 지향 시기로서, 이 시기의 아동들은 어떤 행동의 옳고 그름에 관한 생각을 할 때, 그 행동의 사회적 가치나 인간적 가치가 아니라 물리적인 결과에 따른 생각을 한다. 이 시기의 아동들이 어떤 행동을 옳다고 생각하는 까닭은 그것이 벌을 받지 않기 때문이지, 그 행동이 중요한 도덕적 가치를 추구하기 때문이 아니다. 따라서 이 시기 아동의 옳음에 관한 생각의 원형은 권력에 순응하여 벌을 받지 않는 것이다. 제2시기는 수단적－상대론자 지향 시기로서 옳은 행동이냐의 여부는 그것이 자기의 필요에 맞거나 때로는 다른 사람의 필요를 만족시키는 수단이 되느냐에 기초하여 이루어진다. 이런 제1시기와 제2시기의 도덕성 발달 단계를 전관습적 단계라고 하는데, 그렇게 부르는 까닭은 이 시기의 아동들은 옳고 그름에 관한 생각을 다른 사람이나 공동체 내의 관계 속에서 하지 못하고 일방적으로 하는 수준에 머물러 있기 때문이다.

제3시기는 착한 소년－소녀 지향 시기로서 옳은 행동이란 다른 사람을 기쁘게 하거나, 돕거나, 그들을 지지하는 행동을 의미한다. 제4시기는 법률과 규범 지향 시기로서 권위, 규범들, 사회 질서를 계속 유지하기를 지향하는 시기를 말한다. 즉, 올바른 행동은 그의 의무를 다하고 권위에 복종하고 사회 질서의 안정을 위해 주어진 사회 질서를 계속 유지하는 행동을 의미하게 된다. 이런 제3시기와 제4시기의 도덕성 발달 단계를 관습적 단계라고 하는데, 그렇게 부르는 까닭은 이 시기의 아동들은 옳고 그름에 관한 생각을 다른 사람이나 공동체 내의 관계 속에서 하기 때문이다.

제5시기는 일반적으로 공리주의적인 바탕 위에서 사회의 계약 또는 규칙의 준수가 도덕적인 것으로 간주되는 시기이다. 제6시기는 보편적·윤리적 원리의 지향 시기로서 옳은 행동인가의 여부는 논리적인 이해, 보편성과 일관성에 따라 자율적으로 선택한 윤리적 원리와 일치하는가에 따라 결정되는 시기이다. 이런 제5시기와 제6시기의 도덕성 발달 단계를 후관습적 단계라고 하는데, 그렇게 부르는 까닭은 이 시기의 옳고 그름에 관한 생각은 현재 주어진 타인 또는 공동체 내의 관계와 질서가 아니라 그것을 초월한 원리와 원칙 속에서 하기 때문이다.

이와 같은 Kohlberg의 주장은, 교육을 통하여 학생들의 도덕적 판단능력을 발달시킬 수 있으므로, 학습 내용을 이루는 구체적 학습 경험도 그러한 성과를 얻을 수 있도록 제공할 필요가 있다. 즉, 법교육은 학생들의 학습 가능성을 고려하여, 현재 단계의 도덕적 판단력에 갈등을 불러일으켜 다음 단계의 도덕적 판단력을 자극할 필요가 있다는 점을 시사한다.

학습자들의 법의식과 관련하여 Damon(1977)도 법적 문제에 관한 판단 단계를 단정적 정의의 단계(positive justice), 권위 지향의 단계(authority orientation), 사회적 규제의 단계(social regulation) 등 세 단계로 구분한 바 있다. Damon에 의하면, 첫째, 초등학교 이전 연령의 아동들은 자기중심적으로 단정하여 옳고 그름을 생각하고 또 자신을 단정적으로 합리화하고 자신의 목적을 달성하려고 하는 한편 부정적 결과를 피하려고 권위에 복종하는 경향을 보인다. 둘째, 초등학교 초기가 되면 아동들은 사회적, 물리적 힘에 근거하여 권위에 복종하는 마음을 체득하지만, 조금 뒤에는 이런 복종 위주의 법의식이 권위의 영향을 받는 사람들의 복지와 권리도 아울러 고려하게 됨에 따라 좀 더 복잡하고 세련되어 간다. 셋째, 초등학교 상급 학년이 되면 사회 규범이 없다면 사회에 혼란이 생길 것이라는 점을 이해하게 됨에 따라 준법 의식이 발달하게 된다. 이와 같은 Damon의 단계론 역시 공식적·비공식적 교육 상황과 관계없이 교육적 개입이 학생들의 법의식 발달 단계를 높여 줄 수 있다는 것을 시사하고 있다. 다만 이러한 교육적 개입의 기본 전제는 학생들에게 그들이 일상생활에서 경험할 수 있는 맥락성이 강한 학습 경험을 제공해 주는 동시에 학생들 사이의 토론을 통한 상호작용을 인정해 주어야 한다는 점이다. 왜냐하면 학생들은 자신들의 일상생활과 관련 있는 학습 경험을 활용하여, 다른 사람들과 활발한 토론을 하면 현재의 자기 생각과 다른 갈등 상황을 경험하게 되고, 그런 갈등 상황이 한 단계 높은 수준의 사고를 경험하게 함으로써 결과적으로 인지 발달을 가져오기 때문이다.

### (3) 법교육의 내용과 현실의 괴리 문제

법교육을 할 때 고려해야 할 또 다른 문제는 불완전한 사회 질서, 즉 법 현실은 언제나 법이 지향하는 당위적 모습과는 다르다는 사실이다. 사회 현상에 관한 모든 의식이 다 그렇기는 하지만, 특히 법의식은 구성원들이 사회 속에서 실제 경험하는 일상생활 속의 법적 맥락에 관한 생각을 반영할 수밖에 없다. 그런데 법은 현실적으로 완전하게 실현된 채로 존재하기 어려운 당위적 개념이기 때문에, 그것의 내용과 관련 있는 법 현실은 언제나 불완전할 수밖에 없다. 그래서 학습자의 입장에서 법교육은 언제나 일정 부분 현실과 동떨어진 법의 '이상적인 상태'만을 배운다는 생각을 하게 마련이며, 그 결과 법교육은 학습자들에게 공허하게 들릴 가능성이 있다. 문제의 핵심은 법질서의 이상과 전제 조건이 사회 현실과 괴리가 있는 경우, 그러한 공허한 수업은 법교육에 대한 학습자의 흥미를 떨어뜨리고, 법에 대한 불신과 냉소적 태도를 증가시키며, 나아가서는 학생들의 법적 무력감과 기피 성향을 오히려 증가시킬 우려가 있다는 점이다. 법교육을 할 때 교사들을 가장 곤혹스럽게 만드는 문제 가운데 하나가 바로 이런 점이라고 할 수 있다. 따라서 청소년이나 일반인을 대상으로 법교육을 할 때는 이런 근본적 문제를 적극적으로 극복하려는 노력을 게을리해서는 안 될 것이다. 만약 법교육에서 이러한 문제가 적극적으로 취급되지 않고 이른바 '죽은 지식의 꾸러미'가 학습자들에게 불쑥 던져지게 된다면 그러한 방식의 법교육은 오히려 학습자들의 법의식을 악화시킬 우려마저 있다. 법의 이상과 현실의 법질서가 괴리되어 있는 현상을 어떻게 취급하는가 하는 문제는 법교육이 직면한 하나의 큰 도전이라고 볼 수 있다.

### (4) 요약

법교육 방법으로 흔히 인용되고 있는 것들은 공통적으로 학습자들의 일상생활 맥락과 연결되는 학습 경험을 활용하되, 학습자들의 토론을 통한 적극적인 참여를 강조하고 있다. 그러나 구체적인 교수-학습방법은 앞에서 기술한 것과 같은 고려 사항들을 충분히 반영하여 설계되어야 한다. 구체적인 상황에 따라 학습자들은 법의 여러 측면에 관해 독자적인 판단을 해야 하고, 학습 토론을 거쳐 자신의 결정을 재검토해야 하거나, 그 결정에 대한 도전을 받아야 하기도 한다. 물론 학습자들은 처음에는 특정 문제에 관해 주저할지도 모르고, 능력 부족인 경우도 있을 수 있다. 이런 경우에는 오히려 수업 진행이 시간을 낭비하며 주제에 관해 손해를 끼치게 되는 경우도 있을 수 있다. 더욱이 교사는 학습 주제를 제시하는 구체적인 교수 방법을 한 가지 방법에 의존하는 경향이 있을 수 있다. 왜냐하면 교사들의 수업 행태나 구체적인 교수－학습 양태는 짧은 시간에 형성되는 것이 아니라, 오랜 시간을 거치면서 가르치는 경험이 축적되어 형성되는 것이기 때문에, 교사들은 자신의 수업 방법과 행태를 스스로 변화시키기가 쉽지 않다고 할 수 있다. 하지만 아무리 훌륭한 수업 방법이라도 학습자들의 흥미를 지속적으로 끌어내기는 어려우며, 또한 학습 내용의 성격과 학습자의 학습 준비 상태 그리고 학습 목표 등에 따라 수업 형태 역시 변화되어야 한다. 결국 한 가지의 방법을 교사가 계속 사용하면 수업은 점점 지루해지고, 분석의 깊이와 넓이는 제한되기 마련이다. 앞에서 법교육의 방법으로서 구조화된 토론, 모의재판, 사례연구법, 역할놀이, 모의게임, 영화나 슬라이드, 화보, 음악 등을 언급하였지만, 그런 방법을 구체적으로 설명하지는 않았다. 왜냐하면 구체적인 교수 방법이 중요한 게 아니라, 오히려 중요한 것은 법교육의 목적을 제대로 인식하는 교사의 정열, 실생활과 연결된 생생한 교육 자료 그리고 이에 흥미와 의욕을 보이는 학습자들이기 때문이다. 아무리 훌륭한 교수－학습방법을 사용하더라도, 이런 요소들이 살아나지 않으면 결국 법교육은 원래의 교육목표를 달성하기 어려울 것이다.

## 4. 효과적 법교육을 위한 유의점

청소년이나 일반 시민들의 법의식을 긍정적이고 합리적으로 형성시키는 것은 우리 사회의 장래를 생각할 때 실로 가볍게 볼 수 없는 중요한 교육 문제라고 할 수 있다. 그런데 청소년들의 법의식 개선은 초·중등학교에서의 법교육 뿐만 아니라, 우리 사회 모두의 공동 책무라는 사실을 인식하는 것이 중요하다. 왜냐하면 청소년들의 법의식은 사회 내의 법 현실로부터 강하게 영향을 받고 있기 때문이다. 우리나라의 초·중등학교 학생들은 일반적으로 법을 일상생활을 편리하게 하며 서로 간의 갈등과 충돌을 예방해 주는 사회적 도구라기보다는, 나쁜 짓을 한 사람을 벌하는 형벌 수단으로 이해하는 경향이 강한 것으로 알려져 있다. 즉, 법의 본질을 공동체 생활의 편의를 도모하기 위한 약속 체계로 인식하기보다는 징벌 수단으로 인식하는 경향이 강하다는 것이다. 또 법에 대한 흥미와 신뢰가 약하고 학년 수준이 올라갈수록 법에 대한 무력감과 기피 성향이 점점 커지는 경향이 있다고 한다. 따라서 법교육이 시민교육의 역할을 제대로 하려면 이런 점들을 고려할 필요가 있다.

### 1) 학습자의 흥미감 고취

시민교육으로서의 법교육은 학습자들에게 단편적인 법지식의 전달에 치중하여 작은 법학자(junior lawyer)를 만들어 내는 게 아니라 학습자들의 흥미를 높여서 법을 친밀하게 여기도록 하는 것이 중요하다. 학습자들에게 우리 사회의 법 제도를 현실적이고 효과적으로 제시하기 위해서, 교사는 학습자들에게 법을 이상적으로 존재하는 것이 아니라 자신의 일상생활과 우리 사회의 시민적 삶 속에 생생하게 살아 있는 것으로 제시해줄 필요가 있다. 또한 교사는 법을 각각의 규제 영역별로 단절된 채 존재하는 것이 아니라 전체 사회의 통합된 부분으로, 또한 개인들 사이의 갈등을 다루는 실효성 있는 수단으로 제시해줄 필요가 있다. 예를 들면, 교사는 학습자들로부터 단편적이고 비현실적인 정답을 끌어내는 방편으로 수업을 할 게 아니라, 학습자들에게 우리 사회에서 일어나는 갈등과 이해관계의 충돌에서 파생되는 많은 법적 사례와 상황을 제시해줌으로써, 법과 관련된 가치와 절차에 대한 학습자들의 이해와 응용력을 증진시키는 것이 바람직할 것이다. 법과 일상생활을 연결하여 학습자의 흥미를 끌어내는 것은 교사들의 많은 노력과 부단한 연구를 필요로 한다. 이런 문제에 관한 교사의 강한 인식과 노력이 부족하면 결국 학생들의 법교육에 대한 흥미는 떨어질 수밖에 없다. 나아가서는 교사의 법교육 수업 방식 자체에 대한 불만과 불신을 조장하여 결국은 학생들의 법적 허무감과 기피 현상을 초래하는 데 일조하게 됨을 간과해서는 안 된다.

### 2) 개방적 학습 분위기

법교육이 학습효과를 제대로 발휘하려면, 무엇보다 공개적이고 자유로운 학습 분위기가 필요하다. 공개적 분위기에서 학습 받은 학생들은 그렇지 못한 학생에 비해서 정치, 사회문제에 대해 긍정적이고 자신감 있는 태도를 더 많이 형성한다는 것을 보여주는 연구결과가 적지 않다. 법교육에 있어서도 학생들은 공개적 분위기에서 법적 문제 및 구체적 법적 사례에 대한 판례를 합리적으로 분석함으로써, 결국 법적 과정에서의 능동적인 참여자가 될 수 있는 자질을 갖게 될 것이다. 교사의 설명과 전달 중심의 전통적인 교육 방법에 따라 시민교육을 받은 학생에 비하여, 구체적 사례를 활용하여 학습자 상호 간의 토론과 토의가 활발한 공개적 분위기에서 교육을 받은 학생들이, 보다 시민으로서의 권리와 의무에 대하여 적극적인 태도를 나타내는 것으로 알려져 있다.

### 3) 법교육과 법 현실의 연계

법교육의 내용은 학습자들에게 곧 법 현실에 대한 간접 경험이다. 따라서 법교육은 현실과 동떨어진 내용, 이른바 '죽은 지식의 덩어리'를 던져 주는 것이어서는 안 된다. 즉, 법교육의 학습 내용을 법이 실현되고 있는 일상생활의 생생한 모습으로 제시하는 것이 아니라, 법전 속에 당위적인 모습으로 존재하는 '원리적인 것', '좋은 것', '이상적인 것'으로 제시해서는 곤란하다. 학습자들이 법교육을 통하여 우리 사회에 대해 제대로 이해하고 비판적인 탐구 과정을 통하여 건강한 법의식을 형성할 수 있으려면, 법이 현실적으로 어떻게 왜곡되어 있는지, 다시 말하면 '좋지 않은 우리 일상의 현실'에 대한 건전하고 합리적인 비판을 할 수 있는 학습 경험을 하는 것이 필요하다. 왜냐하면 그런 비판적인 학습과정이 없다면, 학습자는 일상의 현실에서 늘 볼 수 있는 부정적 법 현실로 인해, 법 자체에 대한 불신과 냉소에 빠질 우려가 있기 때문이다.

법교육은 학습자가 현실적으로 존재하는 법 지식을 수동적으로 수용하기를 기대해서는 안 되며, 오히려 중요한 것은 학습자들이 일상생활 속의 각종 갈등과 분쟁을 해결할 수 있는 가장 좋은 수단이 법이라는 의식을 가지게 하는 것이라고 할 수 있다. 그럼에도 불구하고 학습자가 살아 있는 법 현실을 비판적으로 탐구해 볼 수 있는 참여 중심의 학습 경험을 제공하지 않고, 현실에는 존재하지 않는 당위적인 법 지식을 중심으로 학습 경험을 계속 제공해 버리면 법 자체에 대한 회의나 불신이 싹 틀 가능성 있다. 이는 결국 법에 대한 비판적 사고의 형성을 위해서는 논쟁적인 문제(controversial issues)를 다루는 것이 중요하다는 것을 말한다.

### 4) 교수-학습방법의 다양화

청소년들은 학교에서 교사들의 공식적인 수업을 통해 행동 발달을 학습할 뿐만 아니라, 생활 전반에 통하여 암묵적으로도 많은 것을 배우고 있다고 할 수 있다. 특히 법교육은 사회생활의 전체와 관련된 것이기 때문에 공식적인 수업을 통해서는 학습자들의 법의식을 긍정적으로 형성하는 데 한계가 있다. 앞에서 기술했듯이 교사가 학습 내용을 설명하여 이해시키는 전통적 강의식 수업에 대한 불만과 새로운 수업에 대한 요구는 점점 증가하고 있다. 따라서 지도 방법에는 전통적인 강의식 수업뿐만 아니라 학습자들에게 법 생활을 실천하며 적극적인 참여 기회를 넓혀 줄 수 있는 토론과 역할놀이, 기타 시청각 교육 등 수업 방법을 다양화시킬 필요가 있다. 이를 위하여 법교육에 관한 다양한 교육 프로그램의 개발이 필요하며, 학교와 가정 그리고 전문가 단체와 법교육 전문 연구기관 등과 같은 유관 단체들의 협조가 필요하다.

### 5) 법교육에 대한 교사의 인식 강화

정치·사회적인 현실이 학습자의 법의식에 영향을 준다는 점은 부인하기 어렵다. 즉, 학습자들의 법의식은 공식적인 학교교육으로부터 영향을 받기도 하지만, 그에 못지않게 학교 밖의 사회적인 상황의 영향을 많이 받는 것이 사실이다. 그러나 그렇다고 하여도 법교육의 중요성이 과소평가 되어서는 안 된다. 법교육을 통하여 학습자들의 법의식 개선을 기할 수 있는 실마리를 찾기 위해서는 막연하게 정치·사회적인 현실 탓만을 할 것이 아니라, 법교육에 관한 교사들의 적극적인 의식 전환이 근본적으로 필요하다. 즉, 법교육의 목표를 뚜렷하게 인식하고, 교과서적인 추상적 내용을 학습자들이 생활 주변에서 피부로 느낄 수 있는 일상의 세계로 끌어들이려는 교사의 정열적인 노력, 바로 이 점이 법교육의 출발이라는 사실을 깊이 인식해야 한다.

문제는 법교육의 효과를 발휘하려면 종종 학교의 교육과정이나 교육 방법의 큰 변화가 요구되기 때문에 학교, 교육행정가, 학습자, 부모, 심지어는 교사들로부터도 무관심 내지는 저항에 직면할 우려가 있다는 점이다. 물론 이러한 장애는 민주시민교육을 위하여 극복되어야 하는 것이라 하겠으며, 이 경우 법교육에 대한 교사의 적극적 인식은 법교육의 실효성을 위하여 매우 중요한 요인으로 작용할 것이다.

## 참고문헌


박성혁(2005), "법교육의 본질관에 입각한 '법과 사회' 교육과정 및 교과서 내용 분석 연구", 『시민교육연구』 제37권 1호. pp.55-80.

박성혁 외(2002), "사회과 법 교육 내용의 현상적 특징과 참평가 방안에 관한 연구", 시민교육연구, 제34권 1호.

박성혁(1998), "사회과교육에서의 법 교육 방법에 관한 연구-사례연구법의 적용을 중심으로", 사회와 교육, 제26집. 한국사회과교육학회.

양 건(1986), 『법사회학』, 서울: 민음사.

임희섭(1994), 『한국의 사회변동과 가치관』, 서울: 나남.

최대권(1983), 『법사회학』, 서울대 출판부.

ABA Special Committee on Youth Education for Citizenship(1995), 「*Essentials of Law-Related Education*」, American Bar Association.

Anderson, C. C.(1980), "Promoting Responsible Citizenship through Elementary Law-related Education", *Social Education*, May.

Anderson, C. & Naylor, D. T.(1991), *Law-Related Education and the Preservice Teacher*. ABA Special Committee on Youth Education for Citizenship.

Banks, James A.(1990), *Teaching Strategies for the Social Studies: Inquiry, Valuing, and Decision-Making*, 4th ed., N.Y.: Longman.

Center for Civic Education(1994), *National Standards for Civics and Government*.

Cohn, E. S. & White, S. O.(1990), *Legal Socialization: A Study of Norms and Rules*, New York: Springer-Verlag, Inc.

Damon, W.(1977), *The Social World of the Child*, San Francisco: Jossey-Bass Inc.

Flavell, J.(1985), *Cognitive Development*, Englewood Cliff, New Jersey: Prentice-Hall, Inc.

Friedman, L. M.(1990), *Law and Society: An Instruction*, 박남규(역), 『법과 사회』, 서울: 박영사.

Furnham, A., & Stacey, B.(1991), *Young People's Understanding of Society*, London: Routledge.

Gerlach & Lamprecht(1975), *Teaching about the Law*, Cincinnati: The W. H. Anderson Company.

Hess, R. D. & Torney, J.(1967), *The development of Political Attitudes in Children*, Chicago: Aldine Publishing co.

Howard, D. B.(1987), *"A Modular Approach to Human Rights Teaching"*, Doctoral Dissertation, Columbia University Teachers College.

Howard, R. W.(1987), *Concepts and Schemata*, London: Cassell.

Jhering, R. V, *Der Kampf ums Recht*, 심재우(역), 권리를 위한 투쟁(서울: 박영사, 1990).

Kohlberg, L.(1973), "Moral Development and the New Social Studies", *Social Education*, Vol.37, No.5, May.

Langford, P.(1987), *Concept Development in the Secondary School*, New York: Croom Helm.

Martorella, P. H.(1991), *Teaching Social Studies in Middle and Secondary Schools*, N. Y.: Macmillan.

Massialas, B. G.(1996), *Critical Issues in Teaching Social Studies K−12*, Wadsworth Publishing Company.

Piaget, J.(1976), *Judgement and Reasoning in the Child*, New Jersey: Littlefield, Adams Co.

________(1979), *The Child's Conception of the World*, New Jersey: Littlefield, Adams Co.

Salkind, N, J.(1992), *Theories of Human Development*, 정옥분(역), 『인간 발달의 이론』, 서울: 교육과학사.

Shantz, C. U.(1983), "Children's Understanding of Social Rules and the Social Context" In Serafica, F. C.(Eds), *Social−Cognitive Development in Context*, The Ohio State University Press.

Tapp, J. L. & L. Kohlberg(1971), "Development Senses of Law and Legal Justice," *Journal of Social Issues*, Vol.27.

Tapp, J. L., & F. J. Levine(1974), "Legal Socialization: Strategies for an Ethical Legality", *Stanford Law Review*, Vol.27.

______________________(1977), *Law, Justice and the Individual in Society: Psychology and Legal Issues*, New York: Holt, Rinehart & Winston.

Torney, V. J.(1971), "Socialization of Attitudes toward the Legal System", *Journal of Social Issues*, Vol. 27., No 2.

Turiel, E.(1978), "The Development of Concepts of Social Structure: Social Convention," In Glick, J. et al(Eds), *The Development of Social Understanding*, New York: Gardner Press, Inc., pp.25−108.

________(1980), *Moral Development and Socializatio*n, Boston: Allyn and Bacon, Inc.

________(1983), *The Development of Social Knowledge*, London: Cambridge University Press.

Williamson D.(1997), *Law−Related Education and Juvenile Justice: Promoting Citizenship Among Juvenile Offenders*, Charles C Thomas · Publisher, Ltd.

2부

# 시민교육과 법교육

❖ 목차

2부
시민교육과 법교육

# Ⅰ. 시민교육의 목적과 필요성: 왜 시민교육을 하는가?

학교와 사회에서 민주시민을 기르고자 하는 데 대해 이의를 제기할 사람은 없을 것이다. '민주시민 양성'은 이를 해당 교과의 존재이유로 내세우는 초중등교육의 사회나 윤리 같은 교과뿐만 아니라 우리 교육 전반의 목표이기도 하며, 또한 사회 차원에서 행해져야 하는 일이기도 하다. 민주시민교육이라는 목적에 대해 모두가 공감한다 해도 무엇에 의한(혹은 무엇을 통한, 또는 무엇을 매개로 한) 민주시민 양성인가 하는 질문이 제기되며 이는 교육 내용 및 방법에 관한 논의로 이어진다.

무릇 교육의 목적을 교육 그 자체에서 찾는 입장도 있고 사회·국가적 차원에서 찾는 입장도 있다. 전자는 학습자의 학습경험에 초점을 맞추는 데 비해, 후자는 건전한 국민(시민) 양성, 경쟁력 향상, 세계시민 양성 등을 내세운다. 학교교육 혹은 공교육 나아가 성인교육이 '교육'이라는 낱말을 사용하는 이상 전자의 입장이 주된 요소인 점은 분명하지만, 모든 교육 활동이 교육 그 자체를 목표로 하기는 어렵다. 학교와 사회에서의 교육은 '교육' 이외의 것도 추구한다. 오늘날 '교육 이외의 것'이 지나치게 강조되어 주객이 전도된 느낌을 강하게 주긴 하지만.

그러면 '민주시민 양성'은 어느 쪽인가? '민주시민 양성'이라는 목표는 "가치 있는 삶의 형식으로의 입문"이라는 '교육 자체의 목적'의 요소가 강한가 아니면 사회존속 및 발전을 위한 구성원 양성이라는 사회·국가적 요구가 더 많이 반영되어 있는가? 사회존속 및 발전과 교육 자체의 목적을 엄격하게 구별하기는 어렵다. 가치 있는 삶의 형식이라는 것이 사회존속·발전과 무관하다면 그러한 삶의 형식이 무슨 의미가 있겠는가? 반면에 사회존속·발전이 단순히 특정 시기의 특정 사회 혹은 특정 정체(政體)의 유지·발전을 의미한다면 이는 교육이라기보다는 세뇌에 가까운 것이 될 것이다. 지금 우리가 염두에 두고 있는 사회존속 및 발전(혹은 사회통합, 등)이 무엇인지에 따라 '민주시민 양성'이 교육 그 자체의 목적을 전도시키지 않으면서도 사회적 요구를 충족시킬 수 있을 수도 있고 아닐 수도 있을 것이다.

그리하여 민주시민이 민주사회(입헌민주주의 사회 혹은 민주시민사회 등) 구성원으로서 사회통합을 선도하고 또 그에 기여하는 사람이라고 할 때, 이를 위해서는 사회통합의 기초를 이루는 여러 질서원리를 이해하고 이를 유지·발전시키기 위한 실천적 노력을 기울이는 가치·태도를 지녀야 한다. 사회의 기본적인 질서체계 중 가장 대표적인 것이 법체계라 할 수 있다.

민주시민 양성을 위한 교육은 정치·경제·법·윤리 등의 제반 사회질서 영역에 대해 통합적인 안목을 가질 수 있도록 해야 하며, 그리하여 교육내용은 이들 영역 각각에 대한 개별적 접근의 토대 위에서 통합적 접근을 가능하게 하는 것이어야 할 것이다. 정치교육, 경제교육, 윤리교육 모두 민주시민양성에 필요한 중요한 영역임에 틀림없다. '시민'과 '시민권(citizenship)'이라는 개념 자체가 법적인 차원에서 등장하고 성장해 온 과정을 감안하면 시민교육의 핵심 내지 요체는 법교육이라고 할 수 있을 것이다.

법교육을 포함한 시민교육(citizenship education 혹은 civic education)이 민주주의의 원리를 구현하는 데 필수적인 요소로 인식되고 있으나 실제 교육 현장에서는 여러 문제점들이 제기되고 있다. 학교에서 시민교육 분야는 다른 교과목에 비하여 주요 과목으로 취급되지 않으며 학생들의 관련 지식은 만족스러운 수준이 아니며 정치·법 참여 태도도 매우 낮은 수준으로 나타나고 있다. 교사의 전문성 부족 문제도 시민교육의 장애 요소로 거론되고 있다. 신자유주의 이데올로기에 입각한 시민교육과 비판적 입장의 시민교육의 갈등, 전통문화의 보존과 비판적 계승을 둘러싼 입장의 충돌 등은 우리 시민교육의 현재 상황을 보여주는 사례라 할 것이다. 갈등적인 요소들에도 불구하고 시민교육은 민주주의의 시민 공간으로서, 민주주의의 실천의 장으로서의 가능성을 가지고 있으며 그러한 방향으로 기능을 수행할 수 있도록 교육적 노력이 경주되어야 할 것이다.

이를 위해 먼저 시민교육이 언제 어디서 어떻게 시작되고 전개되어 왔는지 그리고 오늘날 세계의 여러 나라가 어떠한 내용과 방법으로 시민교육을 실시하고 있으며 그 과정에서 제기되는 문제점은 무엇인지 고찰할 필요가 있다.

# Ⅱ. 시민교육의 역사 1: 고전적 기원[1)]

아주 오래 전부터 좋은 시민을 기르는 일 혹은 훌륭한 시민정신을 함양하는 일은 시민교육의 목표가 되어왔다. 훨씬 이전인 고대로부터 오늘에 이르기까지 대부분의 사회에서 교육의 핵심적 측면이 사회 구성원의 자질을 함양하기 위한 '시민'교육이라는 점에는 별 이의가 없다.

시민교육은 어느 사회에서나 실시되고 있지만 그 사회의 성격에 따라 내용과 방법에 차이가 있다. 민주주의 사회일수록 시민교육은 민주적 교육의 원리 하에서 실시되며, 전체주의적이고 권위주의적인 사회일수록 시민교육은 특정 정권이나 권력 집단의 정당성을 확보하기 위한 수단으로 시행되는 경향이 있다. 민주주의 사회에서는 민주적 가치를 존중하고 민주적인 정치참여를 적극적으로 유도하는 방향의 시민교육이 중시되고 있다.

## 1. 시민교육의 탄생

시민교육은 고대 그리스의 상고시대(archaic age, 기원전 8세기~기원전 5세기 중반)에 등장하여 그에 이은 고전시대(classical age)에 번창하였는데, 특히 고전시대에는 저명 사상가들 중 다수가 시민교육을 논의의 주제로 삼았다. 교육과 학문 활동 모두 시민의 지위 향상이 그 배경이 되었다. 즉, 개인들은 시민의 자격에 걸맞게 행동하는 방법을 배울 필요가 있었다. 기원전 8세기가 되면서 그리스의 사회와 정치의 요체는 더 이상 왕국이나 부족이 아니라 폴리스였다. '폴리스(polis)'는 오늘날의 기준으로 보면 소국(micro-state)이었다. 인구도 많고 민주적으로 통치되던 아테네조차도 그 절정기의 인구가 최대한으로 잡아도 시민 및 그 가족의 숫자는 대략 5만 명에 불과했다. 폴리스는 상대적으로 소수이면서 종족적으로 결속력 있는 집단에 의해 지배되며 외부자(외국인과 노예)들이 생업을 떠맡는 계약(compact) 공동체였다. 그리하여 지배집단은 어느 정도의 부 그리고 또한 폴리스의 정부에 참여할 수 있는 여유라는 특권, 간단히 말해 시민이라는 특권을 누렸다.

그렇지만 이처럼 시민이 되는 기회는 그 배후에 두 가지 결정요인이 있다. 하나는 폴리스의 복리(well-being)에 대한 헌신으로, 이는 공적인 사안에 참여하려는 자발성과 욕구를 포함하는데, 여기에는 소극적 요소와 적극적 요소 모두 들어있다. 소극적 요소는 법을 무시하는 독재에 대한 거부이다. 적극적 요소는 공동체의 일을 논의하기 위해 모이

1) Ⅱ, Ⅲ, Ⅳ의 1-3의 내용은 Heater(2004), 김해성 옮김(2007)의 1-3장에서 인용·요약한 것임.

는 습관으로서, 마음 깊은 곳에서 우러나는 시민적 관심을 가리킨다. 두 번째 결정요인은 그리스인들의 추상적 사고능력의 산물이다. 시민의 정치적 충성 대상은 더 이상 족장이나 주인, 왕이 아니라 개념적 실체인 국가였다.

그리스의 폴리스들이 영토와 시민계층 모두 소규모인 상태로 머물렀던 것에 비해(기원전 5세기에 아테네가 제국으로 팽창했던 것은 논외로 하고), 로마는 기원후(AD) 1세기에 이르기까지 영토가 지속적으로 팽창하였고 기원후(AD) 3세기에는 시민권 부여 범위가 획기적으로 확대되었다. 이러한 차이는 시민권의 의미에 대해 그리스와 로마가 지녔던 관념의 차이에 의해 설명된다. 그리스 시민권의 핵심은 참여에 있었으며, 로마 시민권의 핵심은 법적 권리의 소유에 있었다. 사실, 로마 시민권에 있어서도 공적 사안 참여라는 원칙이 없었던 것은 결코 아니지만, 사회적·지리적 현실은 시민권의 실제에 매우 중요한 제약으로 작용하였다. 시민들만이 시민으로서의 완전한 삶을 영위할 수 있었다.

그리스-로마의 시민권에 대해 지나치게 광범위한 일반화를 해서는 곤란한 것과 마찬가지로, 고대에 행해진 시민교육의 형태들에도 차이가 있었다. 이러한 차이는 주로 청소년들이 거쳐야 할 교육적 경험의 목적과 방법에 관한 전적인 합의를 이루지 못한 데 기인한다.

상이한 우선순위 혹은 접근이 주창되고 실행된 영역을 넷으로 생각할 수 있다. 첫째이자 기본적인 것은 시민교육의 목표가 무엇인가 하는 문제이다. 국가의 결속과 안정에 기여하는 것이 시민의 책임이며, 따라서 시민은 이러한 기여를 하는 방법을 배워야 한다. 또한 시민의 의무를 구체적이고 실천적으로 배워야 하는데, 여기에는 시민에게 기대되는 활동은 어떤 것인지를 이해하는 일과 그러한 활동을 효율적으로 이행하는 데 필요한 기능들을 연마하는 일 모두 포함된다. 예비시민들은 또한 그들의 사회적·법적·정치적 권리들도 배워야 한다.

하지만 의무와 권리에 대한 학습의 균형을 맞추는 일은 시민활동의 영역에 관한 문제를 제기하는데, 이는 시민적 관점과 군사적 관점 모두에서 해석될 수 있으며 또 그렇게 해석되었다. 그리스 시민의 주요 기능 중 하나가 자신의 폴리스를 위해 싸우는 것이었기 때문에, 시민교육은, 특히 전기 그리스에 있어서, 일차적으로 중장보병에게 요구되는 기능을 연마하고 용맹하게 싸우려는 의지를 함양하는 것을 의미했다. 하지만, 시민으로서의 자질을 함양하는 일은 군사적 목적뿐만 아니라 시민적 목적도 지녔다. 여러 세대가 지나고 정치의 기술과 구조가 발전함에 따라, 현명한 시민이 되기 위해서는 법과 입법, 정책 그리고 정책결정에 대해 알아야 하게 되었다.

다른 한편, 고대 초기에 있어 시민적 형식의 시민교육은 주로 가족이나 사적 조직에 의해 제공되었다. 이는 우리의 세 번째 관심영역(국가/사적 제도)으로 나아가게 한다. 사적으로 가르치는 사람들(소피스트들, 플라톤, 아리스토텔레스, 키티움의 제논 그리고 퀸틸리아누스 등)은 한정된 제자들에게 교육을 제공하였다. 그 제자들은 이러한 방식의 교육에 비용을 댈 수 있는 부유한 부모를 둔 데다 지적인 능력이 있는 젊은이들이었다. 대부분의 경우에, 법적·정치적 사안에 대한 입문은 가족이나 가까운 친구들에 의해 이루어졌다. 즉, 성인 시민(주로 아버지)들이 초보 시민들을 가르쳤다.

법정이나, 집회 혹은 공공광장 방문은, 교육학적인 용어로 말하자면, 청소년들로 하여금 일상적이고 비구조적인 방식으로 시민권에 들어서게 하였다. 이것, 즉 구조화된 방식으로 가르칠 것인가 아니면 비구조화된 방식으로 가르칠 것인가가 고대사회의 시민교육 접근법들에 대한 네 번째 관심영역이다. 분명히, 스파르타로 대표되는 군사훈련 형태 그리고 아리스토텔레스의 학당 리케이온으로 대표되는 학문적 형태는 이러한 교육과정과 관련하여 요구되는 기능과 이해력을 가르치는 데 적절하도록 구체적인 방식으로 매우 주의 깊게 고안되고 준비된 것들이었다.

## 2. 스파르타와 아테네

국가의 필요에 부응하도록 시민을 양성하기 위한 시민교육의 전 역사를 살펴볼 때, 스파르타의 청소년 훈육은 가장 특별한 경우이다. 이를 제대로 이해하기 위해서는 스파르타가 처했던 여건에 대한 설명이 필요할 것이다.

기원전 8세기 후반에 스파르타는 확장정책을 펴기 시작하여 남부 펠로폰네소스 지역(라코니아 혹은 라케다이모니아 지역)으로 정복을 확대함에 따라 피정복민의 숫자가 모국인의 숫자를 훨씬 초과하게 되었다. 피정복민을 노예상태로 유지하기 위해 스파르타인들은 엘리트 군사계급을 만들어 냈는데, 이들이 스파르타 시민들이었다. 스파르타의 헤게모니를 부과하고 유지하는 과업을 수행하기 위해 스파르타 시민들은 엄격한 훈련을 견뎌내야 했다. 따라서 스파르타 시민계급의 교육, 즉 시민교육은 기원전 6세기 중엽부터 신체적 건강, 군사기술, 철저한 단결, 동료시민들에 대한 충성, 무조건적인 복종 그리고 무엇보다도 폴리스에 대한 전적인 헌신을 계발하는 과정이 되었다. 사실 스파르타는, 모든 폴리스가 그랬던 것처럼, 군사교육으로서의 청소년 교육을 행한 것이다. 다만 다른 폴리스들은 아테네를 필두로 시민교육에서 군사적 요소를 부분적으로 제외한 데 비해, 스파르타는 이를 강화했다. 라케다이모니아 전통 수립기에 정치가이자 입법가였던 리쿠르고스는 사회 · 법 · 정치 · 군사 그리고 교육제도들을 공고히 하였다. 더욱이 그는 시민들은 노동에서 면제되고 농노가 이를 대신하는 귀족주의적인 스파르타 시민체계를 확립한 것으로 간주된다. 노동에서 자유로워진 시민들은 시민적 · 군사적 의무를 수행하도록 되었다.

이 체제는 그 핵심을 이루는 준비과정인 양육 및 훈련(아고게, agogē)과정과 더불어 스파르타를 여타의 폴리스들과 다르도록 만들었다. 그리스와 로마의 시민권이 갖는 결정적인 측면은 아레테(aretē)라는 자질이었다(아레테는 라틴어로는 비르투스(virtus)라고 하는데, 대략 '좋음', '탁월함', 혹은 '시민적 덕성'으로 번역될 수 있다). 하지만, 스파르타인들에게 아레테는 거의 전적으로 '용맹'을 의미했다.

이러한 이상을 성취하기 위해 스파르타 시민계급의 청소년들은 금욕적인 병영생활을 하였는데, 이곳의 엄격하고 가혹한 훈련은 점차 그 폐단이 커졌다. 군사기술 연마에 더해, 청소년들은 인간으로서의 신체적 · 정신적 한계를 왜곡하는 인내심을 기르도록 강요되었기 때문이다(스파르타 시민계급의 남자아이는 누구든지 나중에 자라서 이러한 엄격한 훈련을 감내할 수 없을 것으로 판단되면 공용 쓰레기장에 내던져졌다).

우리는 스파르타의 시민들은 소수의 엘리트에 불과했다는 점을 기억할 필요가 있다. 기원전 5세기에 스파르타 시민들의 숫자는 최대한으로 잡아서 8,000명가량이다. 20세기에 이를 때까지 전체주의 체제가 수백만 명의 대규모 시민들을 보유하는 것은 가능하지 않았다. 시민교육의 맥락에서 보아도, 스파르타 시민계급의 청소년들이 아고게에서 지내는 13년 동안 받았던 매우 엄격한 교육은 곧 매우 엄격한 형태의 시민권을 위해 고안된 것임이 분명하다. 아리스토텔레스의 표현을 빌리면, "입법의 전 체계는 좋음의 단 한 부분 내지 요소(전쟁에 있어서의 좋음)를 육성하기 위한 것이었다."

그리스 폴리스들이 번성했던 상고시대에 시민들이 군사기술을 훈련받을 필요가 있었다는 점은 쉽게 이해될 수 있다. 하지만, 익히 보았듯이, 놀라운 점은 기원전 6세기 중반에 스파르타인들이 예비시민 훈련을 강화했던 것 바로 그 시대에 아테네인들은 그런 훈련을 완화했다는 것이다. 더욱이 아테네가 보다 민주적으로 됨에 따라 교육에 대한 수요가 확대되었으며 교육기관의 확대가 필요해졌다. 결과적으로, 여태까지의 귀족 자제들에 대한 개인교습에 국한된 것에 비해, 다수에 대한 교육의 필요는 학교 설립으로 이어졌다. 더군다나, 교육의 중요성이 점점 더 인정되면서 국가가 더욱 통제를 가하게 되었다. 이제 학교교육은 시민들에게 보편적인 것이 되었으며 국가는 학교에 대한 규제를 부과하였다. 적어도 기본적인 읽기 · 쓰기가 널리 보급되었다는 것은 오스트라시즘(도편추방제) 도입을 보면 알 수 있다. 기원전 6세기 말 민주적 개혁의 핵심인물이었던 클레이스테네스는 이러한 정치적 불신임 제도를 고안했다. 그것은 민회 구성원들이 불신임 대상자의 이름을 도편(질그릇 조각)에 쓸 능력이 있다고 가정하는 것이었다.

그렇다고 해도, 기원전 5세기 말에 이르러 교육에서 혁명적인 변화가 전개되기 시작할 때까지, 아테네인들은 명시적인 시민교육을 거의 경험하지 못했다. 이 시기에 소크라테스는 변증법적 교수법을 시작했고, 소피스트들은 돌아다니면서 강의를 했으며, 신중하고 능숙하게 언변을 구사하는 수사학은 말로 하는 예술로 자리 잡게 되었고, 군사-시민훈련 방식이 확립되었으며, 플라톤과 아리스토텔레스는 자신들의 사상을 교수이론에 적용하였다.

참주정이 쇠퇴하면서 많은 폴리스들에서 정치권력이 보다 광범위하게 배분되기 시작할 즈음에, 그러한 책임을 수행할 권력을 새롭게 부여받은 사람들은 어떤 능력을 지녀야 하는가에 대한 질문이 자연스럽게 제기되었다. 엘리트 시민의 군사적 용맹으로 간주되던 덕성(aretē)이 정치적 지혜라는 덕성에 의해 보완되어야 했는데, 이는 아테네 민중은 말할 것도 없고 귀족층에게도 해당되었다. 그러한 지혜는 어떻게 획득되어야 했을까?

상류층은 가족 중 성인들이 나서서 청소년들에게 국법을 가르치고, 법정과 극장에 데려가며, 공공장소에서 정치적 이념과 사안들을 익히도록 권장했다. 그러나 이는 주먹구구식이었다. 분명 보다 구조화된 교육이 필요했다. 이런 교육을 받을 수 있는 여건에 있는 사람들에게는 소피스트들이 그 필요를 충족시켰다. 소피스트들의 활동은 기원전 5세기 후반부에 활발했다. 그들의 목적은 모든 과목을 가르쳐 학생들의 지적 능력이 요구수준에 도달하게 만드는 것이었다. 하지만 그들은 또한 실제적인 목적, 즉 학생들에게 활용될 수 있는 지식과 이해력 및 지적 기능을 가르치고 향상시키고자 하였다. 이러한 목적을 추구하는 과정에서 그들은 소크라테스와 갈등을 빚게 되었는데, 소크라테스는 그들과는 반대로 아레테의 본질이 군사적 · 정치적 헌신보다는 개인적 도덕에 있으며 교육의 근본적인 목적은 유용성보다는 진리추구에 있다고 주장하였다. 소피스트의 일차적인 관심은 학생들에게 좋은 시민의 품성을 포함한 정치의 기술을 가르치는 데 있었다. 하지만 소크라테스는 사실 그런 것이 가르쳐질 수 있는 것이라는 데 회의적이었다.

지금까지 살펴본 공식적 시민교육(스파르타의 아고게와 소피스트의 가르침)은 전적으로 혹은 일차적으로 도시국가 사회의 엘리트를 위해 고안된 것이었다. 기원전 335년 경 아테네에서는 행정관 리쿠르고스(스파르타의 리쿠르고스와는 동명이인)의 개혁의 일환으로 에페비아(ephēbia) 체제가 정규조직이 되었다. 그곳의 학생 에페보이(ephēboi)는(18~20세의 청년)들은 시민으로서의 의무와 권리를 수행할 수 있도록 준비하는 교육 · 훈련과정을 이수했다. 처음에는 거의 전적으로 군사적인 내용만 다루었는데, 기원전 4세기에는 시민양성의 목적에서 도덕·종교교육이 일부 첨가되었다.

시민교육에 대한 아테네의 이러한 접근 방식 중 어느 것도 충분하고도 균형 잡힌 교육과정을 제공하지는 않았다는 점은 인정해야 할 것이다. 이와는 다른 방식으로, 플라톤과 아리스토텔레스는 이 문제에 관심을 기울였는데, 그들의 입장은 헬레네 시민교육 전통에 대한 각자의 판단을 반영하고 있다.

## 3. 플라톤과 아리스토텔레스

플라톤과 아리스토텔레스 두 사람 모두 기원전 4세기에 아테네가 사회적·정치적으로 쇠락하던 시기에 시민교육에 대해 고민을 하지 않을 수 없었다. 그들은 효과적인 시민교육이 필요한데 그것이 없었던 것이 국가의 위난에 상당 부분 작용했다고 생각했다. 플라톤은 기원전 375년경 자신의 이상국가 계획을 『국가』에서 완성하였다. 그는 기원전 347년에 보다 실용주의적인 시도인 『법률』을 거의 완성해 놓은 채 사망하였다. 『국가』가 엘리트를 대상으로 하는 고등교육에 더 비중을 두었다면, 『법률』은 시민 일반을 위한 기초적인 과정에 좀 더 비중을 두었다. 두 책 모두 당시의 교육현실, 특히 아테네와 스파르타 그리고 크레타의 교육현실을 반영하고 있다. 사실, 그는 스파르타의 교육체제를 매우 동경해서 국가에 의한 공교육 및 공동급식제도를 주장했는데, 절제심과 지적 능력을 배양하는 일은 제쳐둔 채 용기와 군사적 기능 함양을 지나치게 강조한 점은 유감스러워 했다.

플라톤의 교육철학은 파이데이아(paideia, 모든 사람을 위한 교육)의 적절한 목적이 개인의 정신과 품성을 계발하는 것이지, 개인을 가령 운동선수나 사업가로 만드는 것이 아니라는 믿음에 기반을 두고 있다. 플라톤은 인간의 계발은 폴리스의 정치적 틀 안에서만 이루어질 수 있다는 것은 자명한 일이라고 생각했다. 따라서 인격교육과 시민교육은 공생관계에 연결되어 있거나 연결되어야 했다. 그는 이러한 연관을 『법률』에서 분명히 밝히고 있다. 지배하는 시민은 현명하게 정의로우며 또한 적법하게 다스리도록 교육받아야 하며, 지배받는 시민은 자신이 원하는 바가 적법한 것임을 받아들이도록 교육받아야 한다. 즉, 그의 행동이 덕 있는 것이 되어야 한다. 하지만, 소크라테스가 단언했듯이, 덕은 가르칠 수 없다. 그 해법으로 플라톤은 좋음(선)이란 궁극적 진리에 대한 이해로부터 도출되며, 매우 장기간에 걸친 주도면밀한 계획하에 지식과 오성(분별력)을 추구하고 이성의 능력을 연마하는 데 헌신하는 삶을 영위할 때에만 진리를 찾을 수 있다고 주장하였다. 플라톤은 『국가』에서 이러한 처방에 대해 매우 자세히 설명하고 있다. 그에 따르면, 학습과정은 50세에 이르러서야 완료되며, 마지막 15년은 직무수행 경험기간이다. 이들은 플라톤의 시민교육 혹은, 보다 적절히 표현하자면, 정치엘리트 교육과정에서 완벽한 시민들인 '철인－왕'이다.

플라톤은 교육을 국가가 운영해야 한다는 점에 대해 확고했다. 그는 『법률』에서 '교육장관'이라는 직위를 창안했는데, 그에 의하면, 인간의 품성과 행동은 양육의 산물이며, 이 직위는 국가의 최고위 직책 중에서도 가장 중요한 자리이고 시민들 중에서 모든 점에서 최상인 인물이 맡아야 하는 자리이다. 그 자리에 앉는 사람은 학교교육이든 교육과정 외 활동이든 모든 형태의 교육을 담당하게 될 것이다. 『법률』에는 교육이 일차적으로 시민 혹은 공민을 키운다는 목적을 지닌다는 의도가 함축되어 있다.

그리스인들에게 있어 애국적 시민 양성은 일차적으로 군복무를 위한 훈련을 의미했다. 플라톤은 『법률』에서 남녀 청소년 모두 2년간의 에페비아 과정을 이수할 것을 주장하였다. 시민의 단결정신은 여타 형태의 평생교육(이를테면, 단체생활제도 같은)에 의해 매일같이 강화되어야 한다.

아리스토텔레스는 자신의 스승이 '단체생활'에 대해 갖는 열의에 공감하였다. 아리스토텔레스는 젊은이들이 폴리스의 정치문화와 조화롭게 행동하도록 양육되어야 한다고 생각하였다. 또한 그에 의하면, 교육은 시민들을 가능한 한 덕성 있게 만들어야 한다. 덕성은 행복의 전제조건이기 때문에 모든 사람이 덕성을 지니게 되기를 바라며, 덕성에 대한 개인의 자연적 경향(기질)은 좋은 습관과 추론능력 배양에 의해, 즉 교육에 의해 보완되어야 한다.

그러면 시민교육에 대한 아리스토텔레스의 두 가지 지도원리, 즉 정체 적합성과 덕성 함양 이 두 가지의 공존이 지니는 함의는 무엇인가? 젊은이들이 어떻게 하면 좋은 시민이 되기 위한 최선의 교육을 받을 수 있을까? 아리스토텔레스는 기본적으로 비합리적 요소인 습관과 합리적 요소인 추론능력 모두 계발되어야 한다고 주장하면서, 전자는 이성이 (개인에게) 선이라고 가리키는 바에 대한 이해와 일치해야 한다고 주장한다. '선'은 시민으로서의 덕성을 의미한다. 그러한 덕성은 다섯 가지 자질, 즉 절제, 신뢰, 판단력, 타인보호 및 선의지로 이루어진다. 덕성 있게 살라고 하는 정치적 권유, 나쁜 행동을 제지하는 법률, 그리고 시민적 덕성을 가르치고 심어주는 교육, 이 세 가지 조합이 요구된다.

좋은 시민은 현명하고 사려 깊으며 좋은 판단을 내릴 수 있도록 배워야 한다. 이러한 자질들은 모두 공적 업무 참여에 요구되는 조건들이다. 하지만 개인의 모든 시간이 군사훈련이나 생계유지에 할애된다면, 이런 종류의 사고력 교육과 이를 필요로 하는 시민 참여는 거의 불가능하다. 그리하여 아리스토텔레스의 교육계획은, 시민자격에 대한 그의 정의와 마찬가지로, 아테네와 같이 시간을 요하고 육체적으로 힘든 경제활동은 시민이 아닌 노예나 외국인들이 담당하는 사회를 전제한다.

그와 같이 자유로운 시간이 없으면, 전면적이고도 광범위한 국가주도의 시민교육은 가능하지 않을 것이다. 이에 대한 대안으로 초기 로마에서 아버지들이 자기 아들에게 시민으로서의 자질에 대한 기초적인 사항을 가르치던 방식을 들 수 있다.

## 4. 로마

기원전 2세기부터 헬레네 문화가 로마사회에 점차 스며들었고 그 영향이 교육 분야에서도 분명했지만, 시민교육과 관련해서는 두 교육체제 간의 구분이 여전히 존재했다. 특히 세 가지 차이점을 생각할 수 있다. 첫째, 그리스 특히 아테네의 시민권은 본질적으로 정치적인 개념이자 지위로서 시민의 정치적 기능을 정의하는 것이었다. 이에 비해, 로마의 시민권은 일차적으로 법적인 것으로서, 누가 시민이며 법적으로 그의 권리가 무엇인지를 정의하는 것이었다. 둘째, 군사훈련과는 구별되는 시민적 목적으로 여겨진 그리스의 교육은 영혼 내지 인격을 고양하는 데 초점을 맞추었다. 이에 비해 로마의 시민교육은 실용주의적인 것으로서, 주로 법률을 배우고 법률 속에서 살며 법률을 해석하는 것에 관심을 기울였다. 셋째, 스파르타와 크레타의 특별한 경우는 별도로 하고, 그리스인들은 학교교육 제도화의 필요성을 받아들이기에 이르렀다. 이에 비해 로마는 교육은 본질적으로 가족의 책임이라는 신념을, 전적으로는 아니지만 좀 더 확고하게 견지했다.

분명, 가족 위주 교육의 정확한 성격과 유효성은 부모의 적성, 특히 교육적 기능을 담당하고 수행할 아버지의 열의와 능력에 달려 있었다. 예를 들어 키케로는 『법률론(De Legibus)』에서 모든 아동이 12표법(혹은 12동판법)을 암송해야 한다는 점을 언급하고 있다. 아동들에게 이를 암송시킨 것은 조상의 유산을 자랑스럽게 여기는 일이었다. 더욱이 12표법을 계속 암기시킨 것은 로마 시민교육이 법적인 측면에 주안점을 두었음을 반영한다. 하지만 그래도 의구심이 남는다. 문자 그대로 로마 아동 모두가 '12표법'을 배웠을까? 이는 매우 근면한 아버지와 자녀를 상정하는 일이다. 무엇보다도, 학교는 이런 학습환경을 제공하지 않았다. 키케로는, 또 다른 저작 『국가론(De Re Publica)』에서, 이 점을 분명히 밝히고 있다. 그의 주장에 따르면, "우리 국민들은, 자유민을 위한 어떤 교육체제도 가지길 소망했던 적이 없다. 비록 무위로 끝나긴 했지만 그리스인들은 이 문제에 많은 노력을 기울였는데 말이다." 하지만 '3Rs'를 가르치는 학교는 분명 키케로(기원전 43년 사망)가 살던 시대에 존재했다. 공공업무 담당을 위한 교육은 아버지의 책임이었다. 아들은 광장에서 열리는 종교행사와 공공논쟁에 아버지를 따라서 갔다. 공공생활을 하게 될 청소년들에게는 공식적인 교육이 끝나고 성인이 되기 전에 1년의 과도기가 있었다. 이 기간 동안 그들은 티로키니움 포리(tirocinium fori), 즉 광장의 신참자로 불렸다. 아테네의 경우와 비슷하게, 가족 중 유경험자가 이러한 청소년 수련을 맡았다.

그리스의 사상과 실제가 기원전 200년경 로마의 교육에 스며들면서 변화가 일어났는데, 그 중에서도 사설 가정교사의 고용이 늘었다든지 더 많은 학교가 건립되고 수사학을 더 많이 가르치게 된 점이 주목할 만하다. 그리고 불가피하게, 로마제국이 확대됨에 따라 그리스-로마 방식의 교육이 지중해 연안과 서유럽 지역에 퍼져나갔다. 게다가 예전의 로마 전통에 비해 공식적인 교육이 더 많이 수용되게 되었다.

## 5. 고대 세계의 유산

시민교육에 관한 고대사회의 사상과 실제는 철학자들이 사망하고 그리스·로마의 국가들이 쇠망했다고 더불어 사라지지는 않았다. 놀랄 것도 없이, 르네상스와 계몽주의시대의 고전의 부흥은 고전문명에 대해 새롭게 매력을 느끼게 하였다. 또한 고전문명에 대해 갖게 된 커다란 존경심의 일부는 고전적 시민권에 대한 것이었다. 여기에는 네 가지 특기할 만한 예가 있다.

첫 번째 예는 르네상스시대의 이탈리아이다. 볼로냐, 파비아, 밀라노, 베네치아 등의 도시국가들 그리고 가장 전형적인 도시국가인 피렌체에서 당시 최고로 발전한 형태의 시민권을 발견할 수 있다. 또한 브루니(Leonardo Bruni)와 마키아벨리(Niccolò Machiavelli)의 저술에서 시민적 덕성(virtù)에 관한 정치이론을 볼 수 있다. 도시국가들은 각기 시민으로서의 덕성과 애국심을 함양하고자 하였으며, 이러한 목적을 달성하기 위해 활용된 광범위한 교육적 장치들은 여러 측면에서 고대와 유사하다. 도시국가들은 '라틴 도시'의 정통성을 획득하기 위해 자신들이 로마에 기원을 두고 있음을 입증하고 또 강조하고자 하였다. 이에 더해, 교회는 공동체의 조화가 매우 중요하다고 공언하면서 시민을 양성하는 일에 동반자로 참여하게 되었다. 성직자들은 교실에서 그리고 설교하는 자리에서 나아가 지역에서 상연되는 장엄하고도 대중적인 공연과 축제 속에서 그러한 취지를 전파하였다. 아마도 시민을 대상으로 하는 가장 효과적인 선전일 것이다. 일종의 시민종교에 기초한 이들 행사들은 그리스와 로마에서 시민정신을 고취하는 데 동원되었던 전형적인 '시민적' 혹은 '고전적 공화주의적인' 방식이다. 하지만 종교적 요소는 점차 약해졌고, 피렌체 같은 곳에서는 성직자가 아닌 일반 교사들이 이상적인 시민자격(시민권)에 대한 감명을 주고자 스파르타와 아테네 그리고 공화정시대의 로마를 본보기로 삼았다.

두 번째와 세 번째 예는 18세기 후반의 북아메리카와 프랑스의 경우이다. 이들 지역에서는 고대 저술가들에 대한 관심 그리고 고전적인 시민적 덕성과 더불어 공화주의 형태의 정부에 대한 신념이 교육사조의 배경이 되었다.

네 번째 예는 18~19세기 영국에서 볼 수 있다. 영국에서는 사립 고전문법학교(endowed grammar schools)와 사립 중등학교(public schools, 상류층 자제들을 위한 기숙제 대학예비학교, Eaton, Winchester 등. 연구자 주)가 국내 및 식민지 정부와 행정을 장악한 엘리트 시민들을 교육하였다. 19세기에 이르기까지 이들 학교의 교육과정은 거의 고전뿐이었다. 라틴 산문은 키케로의 저술을 교재로 삼았다. 키케로는 시민적 덕성을 철저하게 신봉하는 인물이었다.

요약하자면, 고대 세계는 수백 년 동안 세 가지 주요한 방식으로 시민교육에 영향을 주었다. 고전문학 및 그리스·로마 역사에 대한 연구를 통해 젊은이들은 시민권에 대한 사상, 그리고 스파르타인, 아테네인, 로마인들이 시민의 역할을 수행한 다양한 방식들에 대해 배웠다. 고대의 수사학 기술은 변론술 및 정치적 가능성으로 인해 학교교육과정에 계속 남았으며, 일부 교육이론가와 정치인들은 시민의식이라는 고대의 덕성은 오늘날의 국가를 위해서도 광범위한 교육적 수단에 의해 보존되어야 한다고 주장해 왔다. 구체제(ancien régime)의 절대주의에 의문을 제기하면서 프랑스 혁명으로 절정에 이르렀던 혁명가들은 고전적 전통의 공화주의와 시민권을 매력적인 대안으로 되돌아볼 수 있게 되었다. 변화는 정치적 도전일 뿐만 아니라 교육적 도전이기도 했다.

# Ⅲ. 시민교육의 역사 2: 중세를 넘어 근대로

## 1. 초기 국민국가와 절대왕정기의 시민교육

정치적으로 분열상태에 있던 독일과 이탈리아는 도시국가적 맥락에서 향유되던 지위로서의 시민권이 갖는 고대·중세적 성격을 근대에도 유지했다. 이에 비해 영국 그리고 특히 프랑스는 공고한 국민국가가 되어가고 있었다. 더욱이 이들 국가는 신으로부터 부여받은 권위에 입각한 절대권력을 지닌다고 자부하는 군주들이 통치했다. 하지만 시민권의 개념은 정치사상에 깊게 뿌리박혀 있는 것이어서 이처럼 명백하게 부적합한 권위주의적 환경에서조차 폐기될 수 없었다. 이제 시민권의 개념은 시대에 맞게 각색되어야 하며 이처럼 조정된 시민권 개념에 대한 교육도 이루어져야 했다.

절대왕정은 결코 진정으로 절대적이지 않았다. 절대왕정을 만들고자 했던 군주들의 노력은 정치적 야심을 지녔거나 군주에게 적대적인 신민들의 반항에 부딪혀야 했다. 군주정 체제를 강화하기 위해 중앙집권화된 관료조직이 만들어졌다. 이들 관료조직의 중추는 엘리트 시민으로 간주될 수 있으며, 그 구성원이 되기 위해서는 관료로서의 기능을 수행할 능력을 갖추기 위한 교육이 요구되었다. 더욱이 정치적 관점에서 정확히 말하자면 왕국의 주민들은 주권자인 군주의 '신민'이었음에도 불구하고, 정치이론가들은 군주의 권위를 지지해야 하는 시민집단(citizenry)의 의무를 강조하기 위해 혼란스럽게도 '시민'이라는 고전적 용어를 여전히 종종 사용하고 또 재가공했다. 다시 말해, '시민'으로 하여금 이러한 의무를 이해하도록 하기 위해 교육이 필요하다는 점이 인식되었다.

종교개혁의 결과 종교가 강력한 정치적 힘을 갖게 되면서, 이탈리아 도시국가들에서 그랬던 것처럼, 교회가 이러한 의도를 국민국가 내에 전파하는 수단으로 활용되었다. 게다가, 반란 분위기 조성에 일조한 종교적 논쟁과 갈등이 빚어지던 시대에, 성직자가 국가의 '참된' 종교를 가르치는 일은 그 자체가 군주국가에 대한 충성을 공고히 하기 위한 일종의 시민교육이었다. 종교는 또한 절대왕정의 기반을 허묾으로써 정반대의 역할을 행하기도 하였다. 개신교의 한 교파의 경우 주권은 군주에 속하는 게 아니라 인민에게 속한다고 주장하는 신념을 조성하는 데 기여했기 때문이다.

16, 17세기 유럽의 경우 시민교육의 주요 형태를 실제와 주장 측면에서 세 가지로 구분할 수 있다. 첫째, 원칙적으로 군주와 국가의 안녕을 위해 신민들에 대한 교육이 요청되었다. 둘째, 종교적 맥락에서 이러한 목적들이 단지 권장되기만 한 게 아니라 실제로도 행해졌다. 셋째, 충성스럽고 효율적인 행정가들을 국가에 제공하기 위해 '신사'를 교육하

는 일에 중점이 두어졌다.

16세기 중반에서 17세기 중반에 이르는 불안정한 시기에 정치이론가들 중 선도적인 인물로 보댕(Jean Bodin)과 홉스(Thomas Hobbes)가 있었다. 보댕은 프랑스에서 한 세대에 걸친 종교전쟁이 한창 진행되고 있던 1576년에 『국가론』을 발간했다. 그리고 홉스는 찰스 1세가 처형되고 2년이 지난 1651년에 『리바이어던』을 발간했다. 그리하여 그들의 목적이 불가분의 주권에 기초한 강력한 중앙집권정부를 위한 주장을 펴는 데 있었으며 교육에 대한 그들의 견해가 이런 점을 우선적으로 반영하고 있다는 건 놀라운 일이 아니다.

보댕은 호전성이 난무하는 상황을 비통해하며 폭력의 전염을 종식시키기 위해서는 교육에서 근본적인 변화가 이루어져 한다고 설파하였다. 그는 사교육을 받아서는 사회적 결속의 미덕과 습관을 배우지 못한다고 역설하였다. 이러한 약점을 극복하기 위해 그는 오늘날 공립학교라 일컫는 그런 기관(그 자신은 이를 동일학교 'identical' school라 불렀음)의 설립을 촉구했다.

시민교육에 대한 홉스의 처방은 다음의 두 가지 명제에서 출발한다. 정치체가 안전을 확보할 수 있게 해주는 원칙들은 즉각 식별할 수 있다. 그런 원칙들에 대한 무지는 힘 있고 배운 자들이 자신들의 이기적 이익을 지키기 위해 그것이 폭로되지 않도록 하려는 데 기인한다.

홉스는 '인민'을 위한 7가지 강령을 제시하고 있는데, 그중 넷째 항목을 보면 의무적인 시민교육을 언급하고 있다. 이러한 교육이 어떻게 행해져야 하는가에 대해, 홉스는 훌륭한 시민 양성이라는 의도를 전달하는 주요 통로로 교회를 지목했다.

교회는 그 자체가 종종, 어떤 경우에든 가장 적절한 장치로서 시민교육기관의 기능을 수행하게 되었다. 왜냐하면 종교적 의식이 고양되고 격렬한 논쟁이 지속되던 이 시기에 견실한 신학적 내용이 없는 시민교육은 효과적이지 못했으며 사실 생각조차 할 수 없었기 때문이다. 시민교육의 일환으로 종교수업을 행하였으며 (국가가) 승인한 내용을 전파하기 위해 학교는 물론이고 교회까지 활용하였던 이런 정책의 본보기로 영국을 들 수 있다. 1558년에 엘리자베스 1세가 왕위를 계승하였을 때, 당장의 관심사는 종교를 정착시키고 또한 언니 메리 재위 시절의 광포함을 종식시키는 것이었다. 그녀는 또한 통치를 공고히 하는 데는 교육의 요소가 요구된다는 점을 인식했다. 숱한 칙령과 교회법 그리고 의회제정법을 통해 학교에 대한 왕실의 통제가 상당 부분 확보되었다. 엘리자베스 1세 대신 가톨릭교도인 스코틀랜드의 메리 여왕을 즉위시키려 한 예수회와 그 지지자들의 음모가 예수회 척결을 위한 1585년 법령 제정으로 이어졌는데, 이 법령에는 "영국의 신민이 … 왕국

바깥으로 자기 자녀를 보내는 것을 불법"으로 규정한 조항도 포함되었다. 그리하여 어떤 아동도 '참된' 종교에 대한 교육을 벗어날 수 없었다. 이에 더하여, 엘리자베스 통치기간 동안에는 세속주의·애국주의 성향의 시민교육도 교회에 의해 진흥되었다. 예를 들어, 추밀원은 『영국의 무용담』(백년전쟁에서 엘리자베스 즉위에 이르는 기간에 벌어진 전쟁들의 무용담을 담은 역사책)이 학교에서 읽히도록 주교들에게 권고했다.

이제 이 시기 시민교육의 세 번째 측면, 즉 신사계층 혹은 상류층의 교육으로 눈길을 돌려보자. 정부(중앙정부 관리, 판사와 대법관, 의회의원)에 필요한 인재 대부분이 이 계층 출신이었기 때문에, 이 계층에 속한 사람으로 공적인 활동을 하는 이들은 엘리트 시민으로 간주될 수 있을 것이다. 그리하여 공직자로 키우기 위한 교육이 우리의 관심사가 된다. 그들 중 한 사람인 엘리엇 경(Sir Thomas Elyot)은 1531년에 최초의 영어판 교육론 『통치자라는 우두머리』를 출간했다. 그 책의 주된 목적은 신참 공직자, 즉 '통치자'들에 대한 적절한 기술·도덕교육을 제시하는 데 있었다. 그 저자는 17세 청소년의 경우 플라톤과 키케로의 저작을 통해 도덕철학을 배워야 한다고 권고했다. 1570년에 출간된 애스컴(Roger Ascham)의 『교사론』도 비슷한 목적의 책이었다. 즉, 예비신사들이 "자신이 태어나고 보살핌을 받아온 조국의 이익을 위해" 일생을 살도록 가르치는 교육을 주창하고자 했다.

사실 17세기 후반에 이르기까지 유럽의 많은 국가들에서, 상류층 자제들은 공직을 맡을 '엘리트 시민'이 될 준비를 한다는 목적을 가지고 지리, 역사, 법학 및 정치를 배웠다. 로크가 자신의 『교육론』에서 그같은 필요를 충족시키기 위한 엄격한 교육과정을 역설한 것도 바로 이런 배경에서였다. 엘리트교육에서 요구하는 키케로, 그로티우스, 푸펜도르프의 저작들은 "시민법 일반, 역사, … 등등 신사라면 지속적으로 연마해야 하며 결코 끝나지 않는 내용들"이다. 청년학도들이 읽어야 할 것에는 영국법, 헌정체제(constitution) 및 정부론도 포함된다. 왜냐하면 "청년이 어떤 위치에 있건 간에 (조국의 법은) 필수불가결한 것이어서, 대법관에서 국무장관에 이르기까지, 국법 없이는 직책을 제대로 수행할 수 없기 때문이다." 그는 좀 더 민주적인 형태의 시민권과 시민교육에 대해 어느 정도 생각을 했기에, 그의 논조는 그다지 열광적이지는 않다.

로크의 저작은 당시 교육 분야에서 혁신적인 사고에 대한 관심을 불러일으킨 가장 주목할 만한 작품이었다. 영국 내전의 정치적·종교적·사회적 혼란은 좀 더 덕망 있고 질서정연한 사회를 구축함에 있어 학교가 행할 수 있는 역할에 대해 생각하도록 자극했다.

## 2. 계획의 과잉: 프랑스의 경우

구체제 하의 프랑스에서는 학교교육이 교단에 맡겨져 있었는데, 그중에서도 예수회의 활동이 두드러졌다. 고등법원들은 프랑스 인민의 대표자이자 인민이익의 옹호자를 자처하면서, 예수회가 프랑스의 정치체제를 약화시키는 외래의 방해꾼이라며 적대적인 입장을 취했다. 국왕이 프랑스에서 예수회를 폐지한다는 칙령을 공포하면서 예수회 신부들은 가르치는 일을 할 수 없게 되었으며, 그들이 하던 일을 다른 교단 그리고 일부 평신도 교사들이 맡게 되었다. 교육의 내용이나 실제가 특별히 바뀐 것은 없었지만, 분명 전에 없이 교육관련 출판물이 많이 등장했다.

예수회가 축출되기 전에 시민교육은 콜레주(collège)에 다니는 특권층 자제들에 국한되었는데, 학문적 수준과 대상연령별로 다양하게 존재했던 콜레주에서는 주로 역사를 가르쳤다. 18세기에 정치적 의식을 지녔던 성인들 사이에 지배적인 주제는 스파르타와 로마 공화정이 그 본보기로 이해되는 공화주의적 시민덕성의 개념이었다. 예를 들어, 플루타르코스, 리비우스와 타키투스 그리고 수사학의 대가 키케로의 저작을 통해 고대사를 공부함으로써, 이들은 학생시절에 시민권의 원리원칙들을 체득했을 것으로 생각될 수 있다. 그리고 그런 원리들은 당시의 프랑스에 대한 비판적 이해로 나아갈 수 있었을 것이다. 그렇다 해도 청렴과 공공봉사라는 고전적 이상은 콜레주 학생들이 배워야 할 내용으로 받아들여졌다. 적어도 시민교육의 이들 요소는 고전적 교육과정을 통해 전수되었다.

이제 예수회가 밀려나면서부터 쏟아져 나온 출판물을 보자. 시민교육을 살펴보는 데 있어서 네 명의 인물인 라샬로테, 나바르, 루소 그리고 튀르고가 특히 관심을 가질 대상이다.

1763년에 출간된 『국가교육론』에서 시작하자. 저자인 라샬로테(Louis-René Caradeuc de La Chalotais)는 브르타뉴 고등법원의 선도적 인물로 예수회에 부정적인 성향을 보여 왔던 차에, 예수회 축출로 야기된 교육문제를 담당할 권한을 고등법원으로부터 부여받았다. 논고의 제목을 통해 그는 '국가'교육의 개념을 대중화하였는데, 이는 1760년대 개혁계획의 중심주제가 되었다. 그의 설명에 따르면, "교육은 모름지기 국가에 이바지할 시민을 양성해야 하기 때문에 국가의 헌법·법률과 관련되어야 한다는 것은 자명한 일"이며, 예수회는 바로 이 일에서 실패한 것이다. 이들 종교인은 세계 자체에 대한 지식이 없었기 때문에 "도덕적·정치적 덕성을 가르치는 교육이 전적으로 결여되었으며 이 점이 이런 교육의 최대결함이 되는 것"은 불가피한 일이었다. 라샬로테는 "젊은이들이 자연법과 윤리 그리고 정치의 원리들에 정통해야 한다."고 역설하였다.

나바르 신부(Père Jean Navarre)는 수도회 소속이었는데, 프랑스 최상의 교육체제에 대한 논고로 1763년에 상을 받기도 하였다. 그는 "학생들이 교사들에게서 사회적 존재가 되는 것뿐만 아니라 시민이 되는 것도 배워야 하며, 읽고 쓰기 교육이 정치적 덕성의 경이로움을 키우는 데도 기여해서는 왜 안 되는가? 빈약하고도 결실 없는 그 많은 공부들은 조국에 대한 의무를 공부하는 숭고한 일을 왜 등한시하는가?"라고 주장하였다.

루소(Jean-Jacques Rousseau)에 의하면, 사람은 두 가지 상충하는 정체성(인간과 시민)을 지닌다. 그리하여 교육체계와 관련해서도 두 가지 상충하는 유형인 다수에 대한 공공의 보통교육, 가정에서 이루어지는 사교육이 있다. 분명, 전자는 시민교육을 위한 것인데, 루소의 저작 전반을 고려할 때 그는 이에 대해 기본적으로 세 가지 생각을 가지고 있었다. 첫째는 당시의 교육제도(콜레주)는 이 기능을 수행할 수 없다는 것이었다. 둘째는 국민의 단결정신을 증진시키기 위해 명시적인 교육이 필요하다는 생각이었다. 셋째, 루소는 이 문제(시민교육)에 대해, 그가 특히 『사회계약론』에서 묘사한 것처럼, 이상적인 국가에서는 시민들로 하여금 시민으로서의 덕성과 기능을 수행하도록 하는 교육이 학교에 국한되기보다는 국가의 교육 활동 전반을 통해 이루어질 것이라 생각했다.

교육의 두 가지 유형에 직면하여 개인(혹은 실제로는 부모)은 이상에 가까운 두 가지인 '사회의 부정적인 영향들로부터 보호된 환경 속에서 개인적인 공부를 통해 자아실현을 이루는 것과 리쿠르고스나 플라톤이 말한 것처럼 청년층에 대한 국가의 전면적인 통제를 받아들이는 것' 중에서 하나를 선택해야 한다. 그는 심지어 국가가 청소년들의 교육을 통제할 수 있도록 가족에게서 격리시켰던 스파르타, 크레타 그리고 페르시아의 체제가 권장되어야 한다고 주장하였다. 왜냐하면 이러한 장치를 통해 청년들이 정치적 자유와 안정을 확보하기 위한 루소의 주요 개념인 '일반의지'를 제대로 이해하고 감상할 수 있도록 성장할 것이기 때문이다. 그는 "교육에 의해서 젊은 시민들은 일찌감치 그들의 모든 열정이 조국에 대한 사랑으로 수렴되고 그들의 모든 의지가 일반의지로 수렴되도록 훈련될 것"이라고 단언하였다. 자유로운 기관들이 제대로 기능을 행하는 것과 국민의 의식을 결집하는 것 둘 다 국가가 제공하고 규율하는 교육체제에 의존한다.

그는 이러한 목적을 달성하는 데 네 가지 주요 경로인 정치참여, 공공오락, 시민종교, 검열이 있다고 보았다.

집회에 참여함으로써 시민들은, 절차에 관해 알게 된다는 점에서 그리고 이기적 활동과 구별되는 공동체 의식을 느끼게 된다는 점에서, 자신이 시민으로서 어떻게 행동해야 하는지를 배운다. 이는 발견적 학습으로서의 교육이다. 따라서 참여의 기회가 많으면 많을수록 학습은 더욱 철저해진다. 결과적으로 시민교육의 질은 국가구성의 질에 달려 있다. 하지만 이는 소박한 학습방법이어서 비정치적인 사람의 관심을 자극하는 데는 거의 도움이 되지 않는다. 대부분의 사람들은 웅장한 광경에 마음이 움직일 것이다. 시민은 동료시민들과 결속되어야 한다. 공동체의 놀이보다 나은 방법이 무엇이 있겠는가?

하지만 교육적으로 보다 강력한 잠재력을 지닌 힘이 있는데, 이는 시민들에게 의무감을 불어넣고 그 규칙에 따라 살고자 하는 결의를 강화시키는 것으로 일시적이지 않고 지속적이다. 그 힘은 바로 종교이며, 이는 배타적인 교조적 종교가 아니라 시민종교이다. 그 핵심은 시민적 덕성, 즉 공동체에 대한 개인의 도덕적 헌신이다. 개인의 마음과 정신이 이러한 시민적 필요에 효과적으로 부응할 수 있는 것은 오직 국가가 전수하는 교훈과 교시에 시민들이 몰입함으로써만 가능하다.

루소의 『사회계약론』은 1762년에 발간되었다. 이제 1775년으로 가 보자. 새로 즉위한 루이 16세에게 튀르고(Anne-Robert-Jacques Turgot)가 자치체 구성에 관한 연구보고서를 제출했는데, 그 보고서에는 '개인들과 가족들이 훌륭한 사회구성에 제대로 참여하도록 양성하는 방법에 관하여'라는 제목의 문건이 포함되어 있었다. 이 문건은 공식적인 시민교육이 지극히 중요하다는 신념이 최초이자 가장 분명하게 표현된 것 중의 하나이다. 이 문건은 '인간의 사회적 의무 … 에 대한 교육'의 증진을 주된 기능으로 하는 국민교육평의회가 구성되어야 한다는 제안으로 시작한다. 이러한 기능은 일차적으로 "시민으로서의 의무 그리고 가족과 국가 구성원으로서의 의무에 대한 교과가 다른 모든 교과의 기초가 되며 그들 교과가 국가에 대한 유용성 정도에 따라 편성되는" 교육과정 구상에 부응하는 교과서 발행에 의해 이행될 것이다. 그러한 국민교육체계는 사회계층과 지적 수준에 관계없이 모든 사람이 '정의로운 정신과 순수한 마음을 가진 열정적인 시민'이 되게 만들 것이다.

1776년에 파리 의회와의 충돌로 튀르고는 왕의 총애를 잃고 해고되었으며, 국왕의 운명을 가를 혁명도 10여 년 앞으로 다가왔다. 혁명을 전후하여 국민교육체계 수립계획이 쏟아져 나왔다. 혁명기와 나폴레옹시대에 어떤 계획이 수립되었고 어떤 것이 실제로 이행되었는가? 시대적 중요성 그리고 시민교육이라는 주제를 기준으로 몇 가지 사례만 살펴보자. 미라보, 탈레랑, 콩도르세, 르플르티에, 그리고 부키에가 입안한 계획들이 이에 해당한다.

미라보 백작(Comte de Mirabeau, Honeré-Gabriel Riqueti)은 협력자들과 함께 공교육에 관한 네 편의 연설문을 썼는데, 이들 연설문은 새로운 혁명의 맥락에서 교육문제를 아주 잘 부각시킨 초기 시도 중 하나를 보여준다는 점에서 중요한 의의가 있다. 미라보는 새로운 시대가 폭정에서 자유로의 이행을 반영하도록 교육체계의 전면적인 쇄신을 요청하였다. 훌륭한 새 프랑스 헌법이 견지되기 위해서는 "훌륭한 공교육체계 말고는 다른 수단이 없다. 이것이 뒷받침되면 국가체계는 영원할 것이고, 이것이 없으면 무정부상태와 폭정이 헌정구조를 파괴할 것이다.” 미라보는 자유정체와 국민교육체계 간에 불가분의 관련이 있음을 역설하였다.

얼마 후 탈레랑(Charles-Maurice de Talleyrand)이 의회에 장문의 보고서를 제출하였는데, 미라보와 마찬가지로, 탈레랑도 교육개혁을 정치혁명과 명시적으로 관련지었다. 그는 시민교육을 네 가지 항목으로 구체화하였다. 첫째는 헌법에 대한 지식이고, 둘째는 군사훈련을 통해 헌법을 지키는 방법을 배우는 것이다. 셋째는 어렵긴 하지만, 헌법을 개선하는 방법을 배우는 것이며, 넷째는 헌법이 근거하고 있는 도덕원칙들을 내면화하는 방법을 배우는 것이다. 이 보고서는 별다른 주목을 받지 못하고 퇴출되었다. 그렇긴 하지만, 보고서가 제안했던 원칙과 구조는 혁명 이후 국가체계의 기초가 되었다.

군주정이 폐지되고 1792년에 의회 구성을 위한 선거가 행해지면서 교육개혁 입안에 새로운 추진력이 주어졌다. 그해 초에 이미 콩도르세(Marquis de Condorcet)를 위원장으로 하는 위원회의 보고서가 입법의회에 제출되었다. 이 보고서는 교육에 대한 의회의 초기 구상의 기초가 되었다. 콩도르세에 따르면, 교육체계의 네 가지 원칙이 시민교육이라는 특수한 목적의 근간을 이룬다. 그 원칙들은 이렇다. “모든 시민들 사이에 실질적 평등을 이룩하고, 그리하여 법 앞에서의 진정한 정치적 평등을 실현”해야 한다. 그러한 체계를 제공하는 것은 정부의 의무이며, “모든 교육은 … 가능한 한 정치적 통제로부터 자유로워야 한다.” 젊은 시민들이 헌법을 개선하는 방법을 배워야 한다는 생각에서 탈레랑의 흔적을 볼 수 있다.

시민교육에 대한 콩도르세의 특별한 권고는 두 가지 요건으로 나뉜다. 첫째, 지금까지와 마찬가지로 헌법과 인권선언이 한 벌의 교재를 구성해야 하긴 하지만, 이들 문건에 지고의 가치를 부여하는 것이 교화의 결과로 이루어져서는 안 되며, 영원한 진리에 이르는 길인 이성을 동원한 결과로서 가르쳐져야 한다. 두 번째 요건은 학교졸업으로 끝나지 않는 평생시민교육이다.

콩도르세의 계획을 놓고 의회에서 논쟁이 벌어지는 동안 의원 중 한 사람인 르플르티에(Michel Lepeletier)가 대안적인 계획을 내 놓았지만, 그는 그 계획안이 발간되기 전에 저격당하였다. 그러는 동안에 로베스피에르가 교육에 관심을 갖게 되었고 그가 르플르티에의 계획을 의회에 제출하였다. 그 핵심에는 공교육의 개념이 놓여있다.

사실 혁명기의 의회에 제출된 계획이나 보고서 중 어느 것도 법률이 되지 못했다. 1793년 말에 이르러서야 부키에(Gabriel Bouquier)가 제출한 보고서에서 이런 구분이 이루어졌다. 그 계획은 두 부분, 즉 기초교육이라 할 수 있는 것과 사회화라고 할 수 있는 것으로 나뉘었다. 기초수준에서는 의회의 교육위원회가 제공하는 교과서의 첫 번째 내용은 인간의 권리, 헌법 그리고 영웅적인 혹은 덕망 있는 행위들로 채워져야 했으며, 시대 분위기에 맞게 교사들이 엄선되도록 하고 '법률과 공화주의 도덕에 반하는 교훈이나 격률'을 가르칠 경우 기소되도록 하였다. 기초수준을 마치고 나면 청소년들은 '민주정부의 구성과 관련되는 개념들을 습득'할 필요가 있다.

그러면 프랑스에서 이처럼 무려 50년에 걸쳐 각종 교육적 수단을 통해 시민의식을 향상시키고자 했던 활동이 가져온 결과는 무엇인가?

축제를 통해 성인시민교육을 하고자 했던 시도는 1790~94년을 고비로 서서히 내리막길을 걸었다. 사람들은 장대한 행사들이 교육적 가치가 아니라 오락으로서 장관이기 때문에 그런 행사에 몰려드는 것이다. 또한 젊은이들에게 시민으로서 따라야 할 원칙을 가르치기 위해 학교를 활용하는 것이 같은 내용을 성인들에게 가르치기 위해 대중적 행사를 활용하는 것보다 더 성공적이지도 않았다. 학교와 교사에 관한 규정의 매우 기초적인 수준에서 혁명가들은 끝없이 실패했다. 새로 학교를 짓겠다는 계획은 실현되지 않았다. 그리고 교회에 대한 공격은 학교에서 혼란을 빚었다. 그리고 젊은 세대에게 인권선언과 헌법의 내용을 가르치고 영웅적 행위를 얘기해주기 위해 필요한 학교와 교사가 확보된다고 하더라도, 부모들 중 많은 이는 자기 자녀가 그런 교육을 받아야 한다는 사실이 달갑지가 않았다.

그렇지만 1790년대에 시행된 노력들이 아무런 결실도 얻지 못했다고 단정지어서는 안 된다. 긍정적인 결과가 세 가지 있었다. 가장 전반적인 사항은 시민으로서 활동할 권리 그리고 또 그런 활동에 대한 기대를 내용으로 하는 시민권이라는 혁명적 원칙이 프랑스 정치문화에 주요 요소로 흡수되고 지속되었다는 점이다. 둘째는 구체제 시대에 나타나기 시작한 것으로 교육과 정치의 상호관련에 대한 이해가, 혁명 이후에 성직자들이 학교를 다시 장악했음에도 불구하고, 좌파의 사고 속에 굳게 확립되었다는 점이다. 혁명이 가져온 이들 두 가지 성취는 사실 제3공화국 시절 페리(Jules Ferry)가 교육개혁을 진행할 때 의식적으로 그 기초로 삼았던 내용이다. 제3공화국 시절에 시민교육은 마침내 프랑스의 학교에서 항구적인 현실이 되었다. 그리고 셋째, 특별히 시민교육을 위한 교과서들이 정부 후원 하에 만들어졌고 그리하여 이런 상황을 주도하였다.

## 3. 급진사상의 확산

시민권이라는 용어 그리고 시민으로서의 지위를 누리고 그에 걸맞은 의식을 기르는 데 교육이 필수적이라는 생각은 혁명기 프랑스뿐만 아니라 몇몇 다른 나라에서도 분명히 존재하였다. 독일, 영국 그리고 특히 신생국 미국이 이러한 사고의 강력한 예를 제공한다.

1700년대 초반에서 1800년대 초반에 이르는 기간 동안 독일은 시민교육을 포함하여 교육사상에서 놀랄 만큼 융성을 이뤘다. 독일의 경우 세 단계를 발견할 수 있다. 프랑스 혁명 이전에, 교육의 유효성에 대한 계몽사상 그리고 공공사안에 더 많이 참여하고 영향력을 행사하고 싶어 했던 신흥중산계급의 열망이 이러한 활동을 자극하였다. 이 시기의 교육사조는 레제비츠(F. G. Resewitz)와 바제도(J. B. Basedow)의 저작에 잘 나타나 있다. 레제비츠의 『시민교육』(1773)은 분명 시민교육에 명시적으로 초점을 맞춘 최초의 저작 중 하나이다. 바제도는 교육개혁가로서 독일 전역에 걸쳐 매우 광범위한 영향을 끼쳤다. 두 번째 기간은 불가피하게 프랑스혁명의 사상과 사건들의 영향을 받았다. 이 기간에 등장한 위대한 교육 관련 저작으로 슈테파니(H. Stephani)의 『교육과학 개요』(1797), 보스(C. D. Voss)의 『국가교육론』(1799), 그리고 라데(K. A. von Rade)의 『시민양성을 위한 교육』(1803)을 들 수 있을 것이다. 프랑스 제국주의에 대항한 최후의 독일 요새 프로이센이 나폴레옹에게 패배하였는데, 이 일은 독일의 민족적 정체성에 대한 반성과 애국심 진작 그리고 이러한 감정들을 고취하는 데 필요한 교육의 변화를 불러왔다. 피히테(J. G. Fichte)는 이론 특히 『강연』, 즉 그의 1807~1808년 강연 '독일민족에게 고함'을 통해, 훔볼트(W. von Humbolt)는 1808~1810년 프로이센 교육부장관으로서 이 일을 하였다.

시민권을 다루는 내용에 대해, 다른 사람들은 지리와 역사 그리고 법률을 통한 간접적인 접근을 선호한 데 비해, 보스는 직접 교과목으로 가르쳐야 한다고 보았다. 훔볼트는 프로이센의 쇄신을 고무하는 일은 로마 그리고 특히 그리스 문명을 공부함으로써 매우 효과적으로 수행될 것이라고 주장한 점에서 돋보였다. 레제비츠는 이와 반대되는 견해를 지녔다. 그는 고전과목을 가르치는 중학교(grammar schools)가 시민학교(citizen school)로 전환될 이상적인 미래에 몰두하였다. 그는 또한 비교정부론 교육을 주창하였다.

보스가 권리에 대한 교육을 포함시키긴 했지만, 이 시기에 제기된 주장들의 주된 목적은 의무감과 애국심을 굳건히 하는 데 있었다. 나폴레옹의 중부유럽 장악은 작은 제후국들의 애국주의가 독일민족주의로 바뀌는 데 기여했다. 이러한 과정에서 피히테가 주요한 역할을 행한 인물이었는데, 그는 "시민의 다수가 조국에 대한 이러한 감정을 교육받아야 한다."고 하였다. 이러한 주장은 훔볼트의 경우와 상당한 대비를 이룬다. 필수고전교육의 효과에 대한 훔볼트의 신념은 소수에게만 관련되는 것이었다. 피히테는 널리 보급될 수 있는 교육이 필요하다는 점을 강조하였다. 그는 독일시민들의 마음을 바꾸어 놓고자 하는 명백한 목적으로 감정에 호소하였다.

이들의 사상 중 특별히 관심을 가져야 할 요소가 두 가지가 더 있다. 하나는 이들 중 두 사람 슈테파니와 라데가 자신의 주장에 여성을 포함시키고 있다는 점이다. 라데는 소녀들이 "신체적인 능력부족으로 인해 모든 공적 업무에서 배제되긴 하지만" 시민양성교육을 받아야 한다고 주장하였다. 다른 요소는 시민권의 국가적 차원과 더불어 세계주의적 차원도 고려하고 있다는 점이다. 놀랍게도, 바제도와 슈테파니, 보스, 라데 그리고 잘 알려져 있듯이 피히테까지 이들 모두가 이것이 꽤 중요한 문제가 될 것이라고 생각하였다. 보스는 시민교육에 있어 세계주의적인 긴장이 소기의 애국주의적 효과를 약화시킬 것을 우려하였다. 다른 이들은 시민들이 제대로 교육을 받는다면 조국에 봉사하는 법을 배움으로써 인류에 기여하는 법을 배울 수 있을 것이라고 믿었다. 슈테파니는 개인을 인간과 시민으로 구분하였다. 그리고 그는 개인이, 두 가지 역할에서 획득할 수 있는 지식과 역량을 통해, 시민양성에서 배운 것을 세계시민이 되는 일에 넘겨주게 될 것으로 보았다. 피히테는 시민권과 세계시민권의 종합이라는 관념을 보다 신비주의적 방식으로 해설하였다. 그는 인류역사에서 독일민족이 세계를 인도하여 더 높은 단계의 깨달음에 도달하게 만들 새로운 시대가 도래할 것으로 내다보았다. 그는 "독일 사람만이 애국자가 될 수 있다. 그리고 독일 사람만이 민족을 위해 전체 인류를 품을 수 있다."고 단언하였다. 이 진술이 함축하는 바는 시민교육은 애국심, 국민자격 그리고 세계주의를 모두 포괄해야 한다는 것이다. 하지만 독일이 진보의 철학적 길을 독점함으로써 인류의 문화를 빚는다는 목표에 교육이 몰두할 것을 요구하는 점에서, 피히테의 논지는 나치 시민교육강령의 전조를 보이는 듯하다.

영국의 경우 시민교육 관련 저술은 분명 급진적이었으며 민주적인 양상을 띠었고, 종종 국가의 학교통제에 의구심을 가졌으며 또 상당부분 빈곤층을 위해 구상되었다. 1770년대는 정치의식이 현저하게 고양된 시기였다. 또한 1780년대 초반에는 의회개혁에 대한 요구와 이를 성취하고자 활동하는 기구들이 확산되어 나갔다. 더욱이 시민권 획득이라는 희망의 실현과 교육의 혜택을 받는 일이 연관된 것으로 인식되었다.

하지만, 프랑스의 교육입안자들이 모종의 시민교육 조치를 포함하는 계획을 정부가 이행하도록 설득하는 데 희망을 걸었던 데 비해, 영국의 교육입안자들은 전략 면에서 나누어졌다. 국가교육체계를 지지한 이들 중에 다이어(George Dyer)가 있었다. 그는 빈곤층에 대한 공교육 제공을 주창했을 뿐만 아니라, 부유층과 빈곤층이 같은 지붕 아래서 교육받기를 원했다.

다른 진영(공교육 제공은 국가의 교육 통제를 의미하게 될 것이라는 깊은 의구심을 가진 이들)에는 18세기 후반 시민교육에 관한 사고체계에 기여한 두 명의 저명한 인물들이 있었는데, 프리스틀리(Joseph Priestly)와 고드윈(William Godwin)이 그들이다.

프리스틀리는 그는 18세기의 인민주권 개념과 인간의 완전무결성을 자신의 사상 속에 결합하였다. 그의 책 『능동적인 시민생활을 위한 교양교육과정에 관한 논고』(1765)는 교사로서의 그 자신의 경험에 기초해 있다. 그는 국가의 번영에 관계되는 사안과 관련되는 실생활에 기여하는 교과목들이 초중고 및 대학의 교육과정에 포함되어야 한다고 보았다.

그는 이러한 목적을 달성하기 위해 '시민역사, 그중에서도 시민정책'이라는 큰 주제하에 법률, 정부, 제조업, 통상, 해군구축 등에 관한 이론' 그리고 국가의 부강과 번영에 기여하는 요인들을 주요 내용으로 다룰 것을 권고하고 있다. 그는 이를 구체화하기 위한 세 가지 강좌를 제시한다. 그는 이 중 첫째가 역사일반에 대한 공부이며 이는 '유능한 정치인 그리고 지적이고 유용한 시민을 기르는 데 기여하도록' 가르쳐져야 한다고 주장한다. 그는 이 강좌에서 통상이라는 소주제가 강조될 것이라고 하였다. 두 번째 강좌는 영국의 역사에 할애될 것이며, 세 번째 강좌는 현재의 헌정체제와 법률이 될 것이라고 하였다.

누가 이런 시민교육의 대상이 될 것인가? 프리스틀리는 국가의 운명에 영향을 끼칠 힘을 가진 사람들 그리고 여론 형성에 영향력을 행사하는 사람들, 이른바 '엘리트 시민집단'을 강조한다. 그러면서도 그는 "국민 대부분이 이들 과목을 더 잘 이해할수록 국가가 그런 지식의 혜택을 더 많이 받게 될 수 있을 것"이라고 주장한다.

프리스틀리 그리고 당시의 여타 급진주의들과 달리, 고드윈은 개혁의 실천계획을 제시하기보다는 이론적 원칙을 주장하는 데 보다 관심이 있었다. 그는 쌍을 이루는 두 가지 믿음인 인간은 이성을 구사할 수 있다는 믿음 그리고 정의가 인간사회의 첫 번째 목표라고 하는 믿음에 기초하여 자신의 주장을 구축하였다. 이중 두 번째 것에 대한 그의 생각은 그의 주요 저작 『정치적 정의 탐구』(1793)에 들어있는데, 그 책에서 '국민교육에 관하여'라는 제목의 장을 볼 수 있다.

고드윈은 공교육이 필요하다는 주장에 대해 세 가지 반론을 개진한다. 이들 반론 중 첫째와 셋째는 시민교육과 관련된 것으로 보일 수도 있다. 첫째는 국가가 부과하는 교육은 활기가 없고 구태의연하며 편견을 조장하는 경향이 있다는 것이다. 그는 세 번째 반론에서, 정부가 통제하는 교육은 공립교육기관의 영구화를 위한 교육으로 나아가게 될 것이라고 우려한다. 그의 주장은 개인의 추론능력이 국가가 관장하는 시민교육보다 우월하며 또한 보다 정의로운 상황으로 나아가게 한다는 그의 신념에서 도출된다. 하지만 고드윈이 우려한 바를 범하지 않으면서 국가가 시민교육에 조금만 개입하여 이를 장려하고 또 책임을 지는 것은 가능한가? 나아가 바람직한가? 이것이 분명 미국의 건국인사들 대다수의 목표였다.

## 4. 미국의 건국

1776년에 미국의 식민지 주들이 영국의 지배에 항거하여 봉기했다. 그들은 하노버 왕가와 웨스트민스터 의회로부터의 자유를 원했으며, 공화주의 정체 그리고 상대적으로 민주적인 정부형태를 원했다. 건국인사들은 이러한 내용이 군사적 승리와 헌법 제정만으로는 획득될 수 없는 혁명적 이상이라는 점을 명확히 인식하고 있었다. 새로운 분위기 또한 필수적이었다. 즉, 대중이 애국적으로 생각하고 신생 공화국의 본질 그리고 국가 속에서 자신들이 갖는 역할을 이해할 필요가 있었다. 간단히 말해, '새로운 종류의 인간'이 요구된다는 인식이 있었다. 그러한 도덕적·시민적 품성의 쇄신은 사실 근대혁명의 공통된 특징이었다. 그리고 건국인사들은 해방된 나라 미국이 구현하고 향유하길 바라는 국가의 성격에 대해 전반적으로 생각을 같이 한 것과 마찬가지로, 그들은 그런 목표 달성에 전념하는 교육체계 없이 이런 이상에 접근하는 것은 매우 어렵다는 점에 대해서도 생각을 같이했다. 겉으로만 보면 그 목표는 쉽게 달성될 수 있는 것으로 보였을 수도 있다. 하지만 그렇지 않았다. 18세기 후반의 주요 교육개혁가들인 제퍼슨, 러시, 웹스터 같은 인물들이 맞닥뜨린 분열과 반목 그리고 복잡성은 개혁론의 기세를 꺾어 놓을 정도였다. 시민교육은 젊은이들이 장차 속하게 될 사회가 어느 정도 동질적일 것을 전제하며, 아마도 틀림없이 국가가 이를 책임져야 할 것이다.

17세기 중반 무렵 뉴잉글랜드 지역의 식민지들은 시민의식을 형성하고 있었다. 영국에서 건너온 개신교도들은 공통의 문화적 동질감을 유지하고 있었고, 이는 목사가 해설해 주는 기독교윤리에 의해 도덕적으로 강화되었다. 게다가 시군별로 자체 학교를 만들어야 한다는 신념이 서서히 성장하고 있었다. 1642년에 매사추세츠에서 정부개입의 경향이 시작되었는데, 시군들로 하여금 (유상이긴 하지만) 학교를 설치하도록 요구했다. 가정과 교회, 학교 그리고 시군 당국이 어우러져, 도덕적 내용에 비중을 두긴 했지만, 통일성 있는 교육을 제공하기에 이르렀다.

한 세기가 지나자 이러한 통일성은 13개 식민지 주 전체는 차치하고 뉴잉글랜드에서

조차 와해되었다. 여기에는 몇 가지 원인이 있다. 하나는 주로 스코틀랜드와 아일랜드 그리고 독일에서 건너온 비잉글랜드계 이민 물결이었다. 이미 네덜란드, 스웨덴 그리고 프랑스의 위그노들이 이미 이주해와 있는 상태에서, 그들의 유입은 식민지의 세계주의적 성격을 증대시켰다. 그들은 또한 종교적 다양성도 증대시켰다. 동시에 사회경제적 다양성이 점점 더 뚜렷해졌다. 시군들이 만들어지면서 도시와 촌락의 생활 방식이 더욱 구별되었다. 이에 더해, 북부지방에서 상공업이 급격하게 성장하는 것과는 아주 달리, 또 하나의 미국사회라 할 수 있는 남부지방에서는 17세기 후반부터 캐롤라이나와 조지아가 성장하면서 귀족이나 마찬가지인 노예소유주의 대규모농장에 의거하는 경제가 공고해졌다.

이러한 현상들은 교육에 중대한 영향을 끼쳤다. 도시-농촌분리와 관련된 인구분산은 지역당국이 학교를 설치하도록 했던 초기의 경향을 매우 약화시켰다. 게다가 도시지역과 농촌지역의 경제적 이해관계가 빗나가면서 학교교육에 대한 수요도 서로 달라졌고, 중앙의 속박으로부터 벗어나고자 하는 정도도 상이하게 되었다. 농부들은 자기 자녀들이 일을 하지 않는 것에 분개했으며, 사업가들은 상거래에 관련되는 교육을 원했다. 후자의 경우, 여유자금이 있는 사람들은 자신들의 목적에 어울리는 사립학교를 설립했다. 남부의 대농장소유주들 역시 사회적 우월성을 유지하기 위한 교육을 생각했다. 아주 다양한 사립학교들이 설립됨으로써 이들 상이한 수요들이 충족되었다. 건국인사들의 기본적인 딜레마는, 미국의 구호를 떠올려 보자면, "교육적 다양성(pluribus)에 입각해서 정치적 단합(unum)을 성취할 수 있을까?"하는 것이었다.

워싱턴의 뒤를 이어 대통령이 된 애덤스(John Adams)는 사회의 모든 구성원을 포괄하는 이상을 피력하면서 시민교육은 정체의 유형에 적합해야 한다는 아리스토텔레스의 주장을 인용하기도 하였다. 건국인사들은 고전시대 저자들 그리고 고전시대 공화주의 시민권 개념의 영향을 많이 받았다. 공화정체는 불안정한 경향이 있었다. 미국은 대규모 국가에서의 근대적 공화주의라는 대담한 실험이었다. 따라서 이처럼 새로운 시도를 하는 데서 그와 같은 정치적 약점이 되풀이되지 않게 하기 위해서는 교육이 매우 중요했다.

하지만 갓 탄생한 국가의 근본인 독립선언의 신념에 입각하여 제기되는 자유와 평등이 공화국을 유지하기 위해서는 질서에 대한 확고한 신념 그리고 이타적인 시민적 덕성과 애국심이 필요하다는 것과 어떻게 조화를 이루게 해야 했을까? 그리고 이들 상충하는 이상들이 어떻게 교육의 실제에 녹아들도록 해야 했을까? 설령 젊은이들이 나중에 민주시민으로서의 기본적인 기능들을 수행할 수 있도록 하기 위해 그들을 학교에 다니게 해야 하는 좀 더 단순한 문제가 우선적으로 해결되어야 한다고 할지라도, 지적으로 정직하다면

이 문제는 회피할 수 없을 것이다. 다수의 정치인과 언론인 그리고 학자들이 이 문제에 매달렸는데, 이들 중 대표적인 인물들의 생각들을 간략히 살펴보자.

워싱턴(George Washington)은 시민교육에 대한 신념을 고무하기 위해 대통령으로서의 자기 직책을 활용하였다. 첫 번째 의회 연두교서에서 사려 깊은 준수와 비판적인 신중함 사이에서 균형을 잘 이루어야 한다고 주장한 것은 분명 시민교육 담당자 모두에 대한 현명한 조언이었다. 하지만 워싱턴의 군사적 책임 그리고 그 다음에는 정치적 책임이 그로 하여금 교육에 대해 생각할 여유를 갖지 못하게 했다. 워싱턴보다는 18세기의 마지막 4반세기와 19세기 초에 이르는 동안 시민교육문제를 진지하게 생각했던 다섯 명의 인물들을 살펴보아야 할 것이다. 제퍼슨(Thomas Jefferson), 러시(Benjamin Rush), 웹스터(Noah Webster), 스미스(Samuel Harrison Smith) 그리고 녹스(Samuel Knox)가 그들이다.

제퍼슨은 대통령(1801~09)으로서도 성공적이긴 했지만, 그의 강점은 실천적인 면보다는 지적인 면에 있었다. 교육에 대한 그의 지속적인 관심은 세 가지로 대별될 수 있다. 첫째, 국내외에 걸쳐 광범위하게 지적 교류를 하였는데, 그들 중 해외 인사로 뒤퐁과 프리스틀리가 있었다. 둘째, 그는 자신의 고향 버지니아에서 교육의 기회를 늘리고자 정성을 다했다. 셋째, 그는 시민으로서 교육이 필요하다는 점을 항상 염두에 두었다.

제퍼슨은 민주주의에서는 정치와 교육이 분리 불가능하게 얽혀있다고 아니 그래야 한다고 확신했다. 그가 시민교육 전반에 걸쳐 제기한 주장으로서 매우 널리 알려진 내용은 1779년 버지니아 의회에 제출했다 부결된 교육법안 전문(前文)에서 볼 수 있다. 여기서 그의 핵심 주장 둘을 볼 수 있다. 정치제도는 제아무리 잘 만들어지더라도 교육받은 시민들의 뒷받침 없이는 좋은 정부를 보장할 수 없다는 것이 그 하나이고, 빈곤층까지 학교교육의 혜택을 누릴 수 있게 하기 위해서는 공적인 재정지원이 필수적이라는 것이 다른 하나이다.

40년이 지난 1818년에 제퍼슨은 『록피시 갭 보고서: 버지니아대학 관련 의회보고서』를 집필하였다. 그는 초등교육의 목표를 “이웃과 나라에 대한 자신의 의무를 이해하고 자신에게 맡겨진 기능을 유능하게 수행하도록 한다. 자신의 권리를 알며 이를 질서와 정의에 의거하여 행사한다. 또한 자신이 위임하는 권리를 담당할 수탁자를 분별 있게 선택하며, 성실하고 공정한 판단력을 지니고 그들의 행위에 주의를 기울인다.”고 정의하였다. 또한 조직 면에서 보면 제퍼슨이 특히 선호했던 구상은 자신이 제안한 새로운 행정단위 모든 곳에 초등학교를 설립하는 내용이었다. 그의 구상으로는, 행정단위마다 작은 국가가 되어 그 속에서 아이들은 무상교육을 받게 되며 성인들은 자기 지역의 사무에 참여하게 될 것이었다. 이 계획은 통과되지는 못했다.

그의 생각 중 다른 하나가 채택되었지만, 그가 의도했던 방식으로는 아니었다. 그 내용인 즉 문맹자에게는 투표권이 부여되지 않아야 한다는 것으로, 스페인 카디스 지방의 1812년 자유주의 헌법에 들어있는 유사한 조항에 착안한 것이었다. 제퍼슨은 두 가지 목적이 있었다. 그는 부모들이 자녀를 학교에 보내도록 장려하는 한편 유권자가 적어도 기초교육은 받도록 하고자 했다.

행정단위 구상과 투표권 불인정 구상 모두 무지한 계층이 시민권을 행사하는 것을 막을 정도로 시민교육을 시행하자는 것은 아니었다. 노예소유주이면서 또한 자유와 평등의 옹호자였던 제퍼슨이 투표권 부여를 위해 읽기·쓰기 시험을 제안했다는 것은 역설적인 일이다. 실제로 19세기 후반에 남부지방에서 해방노예들에게 투표권을 인정하지 않기 위해 그런 시험이 시행되었다.

식민지 각 주마다, 그리고 독립 이후에는 각 주마다 투표권을 상이한 방식으로 규정하였다. 일부 주는 매우 민주적이었다. 예를 들어 펜실베이니아 주 헌법은 21세 이상의 납세자로서 그 주에 1년 이상 거주한 사람에게 투표권을 부여하였다. 따라서 제퍼슨이 인민대중의 시민적 능력에 관심을 가졌던 것은 놀랄 일이 아니다. 그럼에도 불구하고 그는 자신이 '엘리트 시민'의 교육적 수요라고 생각했던 바를 소홀히 하지 않았다. 록피시 갭 보고서에서 그는 이런 교육적 요구사항에 대해 "정부의 원리와 구조, 국가 간의 관계를 규율하는 법규, 지방정부의 형태를 정하는 법규, 그리고 개인의 행위에 대한 자의적이고 불필요한 일체의 규제를 배격함으로써 타인의 동등한 권리를 침해하지 않는 어떤 행위도 자유롭게 할 수 있도록 해 줄 건전한 입법정신을 상세히 설명해야 한다."고 결론짓고 있다. 달리 말해, 제퍼슨은 고전적 관점에서 공화국의 관리들이 적절한 시민적 정의감과 책임감을 지니고 자기 직무를 이행하도록 교육받게 하고자 하였다. 록피시 갭 보고서에서 피력된 원대한 목적에도 불구하고, 제퍼슨의 시민교육계획의 핵심사상은 사실 소박하다. 즉, 적절한 사실을 가르침으로써 시민으로서의 태도를 길러야 한다는 것이었다.

러시는 통일성에 관해 제퍼슨과 비슷한 견해를 지녔다. 그는 자유가 동질성에 의거한다고 주장함으로써 사실 제퍼슨보다 더 나아갔다. 독립선언문 서명자의 한 사람이자 저명한 의사였던 러시는 노예제 폐지의 신념을 지닐 정도로 이례적으로 절충적인 인물이었다. 그는 1786년에 『펜실베이니아 공립학교 설립 및 지식보급계획: 공화국에 적합한 교육방식에 대한 고찰을 덧붙임』이라는 논고를 출간했는데, 이 저작에서 그는 제퍼슨의 접근방식과는 사뭇 다르게 유별나게 교화를 중시하는 성향을 보인다. 왜냐하면 그는 고대 스파르타에서 영감을 이끌어내며 이를 매우 중시하고 있기 때문이다. 그는 학생들이 "항구적인 자유는 공화국 이외에서는 있을 수 없다는 점을 배워야" 한다고 주장한다. 즉, 젊은 이들은 자유를 박탈당함으로써 자유라는 지고의 가치를 배워야 한다는 것이다. 이는 오늘날 민주국가의 시민교육에서는 거의 받아들여질 수 없는 역설이다.

그렇지만 러시는, 교육내용의 수준이 천차만별인 각양각색의 학교들에서 시민권의 평등을 가르칠 것을 주장한 점에서, 적어도 위선적인 입장에 빠지지는 않았다. 그는 에둘러 말하지 않고 명료하게 "인민대중을 보다 동질적이게 만들고 그리하여 통일되고 평화로운 정부에 적합한 인재가 되도록 하기 위해 하나의 총괄적이고 통일된 교육체계"를 제안하였다. 사실 이러한 평화로움을 확보하기 위해서는, 학생들은 "당파심의 격정과 신랄함을 배격해야 한다." 러시는 또한 자아로부터 물결을 이루듯 퍼져나가는 동심원 구조에 들어 있는 다중정체성과 충성이라는 고전적 개념을 권고하고 있는데, 이 개념은 나중에 다시금 인정을 받게 되었으며 근래에 또다시 부각되고 있다.

러시의 이 저작은 미국 독립혁명 이후 교육에 관한 최초의 중요한 간행물이다. 두 번째는『미국 청소년교육론』으로, 저명한 미국 사전편찬자 웹스터가 저술한 것이다. 그는 미국의 '학습 개척자', '미국의 교장'으로 불렸다. 지금까지 언급된 대부분의 인물들과 달리, 웹스터는 실제로 교사로 지낸 적이 있으며, 이는 그의 교육관련 저술과 교과서들에 신뢰를 느끼게 하는 부분이다. 그가 쓴 교재들은 주로 초등교육을 위해 고안된 읽기, 철자법 및 문법책이었다. 하지만 그는 시민양성이라는 분명한 목적 하에 내용을 신중하게 선정하였다. 예를 들어, 그의 읽기 책 중 몇몇에서, 그는 '연방제 문답, 미국헌법에 대한 쉽고 간략한 설명'을 제시하였다. 이러한 내용은, 일례로, 널리 사용된 1790년 판『어린이 읽기 보조교재』의 한 부분을 이루고 있다. 그는 여러 권으로 구성된『영문법 원론』에서는 다른 방법을 구사하였다. 그는 이 책의 1787년 판 3부에 '미국 선집'이라는 제목을 붙였는데, 이 중 1/3 이상이 애국주의적인 내용으로 되어 있다. 그는 여기에 부제를 달았는데, "학생들에게 미국의 지리, 역사, 정치를 가르치기 위한 것임"이라고 되어 있다.

당시 웹스터는 새로운 미국 국민을 공화주의 애국자로 만드는 과업에 혼신의 힘을 기울이고 있었으며, 혁명기의 학교 및 교육체계, 교사, 교과서도 청소년들을 이 방향으로 양성하기에는 아주 역부족이라는 점을 깊이 우려하고 있었다. 교육체계와 정치체계 모두 순조롭지 못한 상태에 있었다. 그리하여 그는 출판과 언론을 통해 이런 불합리한 여건을 개선하기 위한 운동을 벌여나갔다. 그리고 그가 쓴 교과서들은 교사들이 입수할 수 있는 교수·학습자료를 혁명적으로 변화시켰다. 그 교과서들은 아동들에게 흥미를 주었으며,

정치적으로는 국가의 요구에 부응하였다. 또한 많이 팔리기도 했고, 19세기 내내 비슷한 여러 분야에 좋은 예가 되었다.

1797년에 미국철학회는 국가교육체계 수립을 위한 계획의 기초를 제공한 논문에 상을 주었는데, 녹스와 스미스가 공동으로 수상하였다. 녹스는 미국이 동질성을 필요로 한다는 근거에서, 다시 말해 상이한 배경을 지닌 청소년들을 결속시키는 우정과 동료애의 유대가 시민으로서의 조화를 가져오는 효과가 있을 것이라는 근거에서, 나중에 공립학교로 불리게 된 것을 주장하였다. 스미스는 한발 더 나아가서 스파르타의 사례를 인용하면서 그런 목적을 위해서는 기숙학교를 설립해야 한다고 역설하였다. 게다가 그는 사회의 하층민들이 초기에는 공화국에서 사는 이득을 인식하지 못하는 어려움이 있다는 점을 염려하였다. 사실 두 사람 모두 어린이들이 헌법을 배워야 한다는 점에 있어서 확고한 입장이었다. 스미스는 자신이 제안하는 중등학교에서는 "미국의 헌법과 기본 법률들을 암기하고 자주 반복"하는 것이 모든 학생의 의무가 되어야 한다고 강조한 데 비해, 녹스는 헌법이 '정선된 도덕문답'의 핵심부분이 되어야 한다고 주장하였다.

18세기 후반에 제시된 기획·주장들의 전반적인 원리와 목표와 더불어 중요한 사항 두 가지가 더 있다.

첫째, 보다 중요한 것은 여자아이들의 시민교육과 관련된 생각들이다. 제퍼슨은, 자신의 행정조직체계를 설명하면서, "모든 자유로운 아동들은, 남자든 여자든 간에, … 무상교육을 받아야 한다."고 주장하였다. 하지만 여성교육의 중요성을 특히 강조한 인물은 러시와 웹스터였다.

이 시점에서 설명을 요하는 또 다른 중요한 사안은 시민교육에 매우 중요한 것으로 간주되어 온 교과내용의 문제이다. 식민지시대에 아동들이 시민이 되기 위해 받은 교육은 4Rs(읽기, 쓰기, 산수, 종교)와 고대사를 그 내용으로 하였다. 제퍼슨은 성서는 본질적으로 아동들이 이해할 수 없다고 생각했기 때문에 학교에서의 종교교육에 반대하였다. 그는 모든 연령수준에서 고대사뿐만 아니라 근대 영국 및 미국의 역사를 가르치는 것을 훨씬 더 신뢰하였다. 웹스터 또한 교육과정에 역사를 포함하는 것을 지지하였다. 하지만, 제퍼슨은 역사과목이 정치적 악을 경계하도록 할 것으로 기대했던 데 비해, 웹스터는 국민적 일체감을 증진시키기 위해 역사를 가르치길 바랐다. 그렇지만 두 사람 모두 폭넓은 교육과정의 유용성을 인정하였다. 웹스터는, 신약성서와 철자법의 중요성을 인정하면서, "윤리학과 법학원론, 통상과 금융, 그리고 정부론 공부가 공화주의 국가의 자유민에게 필요하다."는 점도 주장하였다. 그가 이러한 교육과정에 적합할 것으로 본 사회계층을 염두에 두어야 하겠지만 말이다. 우리는 웹스터 또한 자신의 '연방제 문답'을 통해 '시민론'이라 할 수 있는 내용을 배우게 되기를 기대했다는 점을 앞에서 보았다. 이는 제퍼슨은 권고하지 않았던 방식이다. 그리하여 전통적인 교과목들을 활용하는 것과 별도의 정치과목을 활용하는 것 중 어느 쪽이 더 적절한가를 놓고 처음부터 의견이 나뉘는 것을 보게 된다. 하지만, 건국초기의 인사들은 또 하나의 논쟁적인 문제, 즉 시민교육을 위한 가장 효과적인 교수법에 대해서는 거의 생각하지 않았다. 다만 고전시대의 변론술 교육체계에 매달렸던 프랭클린(Benjamin Franklin)은 예외였다.

건국초기 인사들은 시민교육 분야에서 무엇을 이루었는가? 그들은 민주공화주의 정치제도를 위한 교육적 토대를 찾기 시작했다. 그들은 모든 사람을 대상으로 하는 무상의무교육이 필수적인 기초라는 생각을 하기 시작했다. 제퍼슨은 새롭게 미국에 편입되는 지역에서 좋은 정부를 위해서는 학교가 '필수적으로' 설치되어야 한다고 확신하였다. 또한 시민교육을 위한 교과서를 학교에 제공한 웹스터의 훌륭한 업적을 추가할 수도 있을 것이다. 하지만 그게 전부다. 계획 중 어느 것도 실행되지 못했다. 미국인들의 노력이 프랑스인들의 경우보다 작은 규모에서 이루어지긴 했지만, 효과적인 시민교육을 이행하려던 시도가 대서양 양쪽에서 비슷한 양상으로 실패한 것이다. 이는 어떻게 설명되어야 할까?

미국 독립전쟁의 영향을 이해하는 데서 출발할 수 있을 것이다. 영국에 대한 저항이 승리로 귀결되었다는 바로 그 점이 비록 군대 내에서는 애국적인 자부심을 고양했지만, 혼란과 충돌의 와중에 학교는 관심의 대상이 되지 못하는 아픔을 겪었다. 하지만, 설령 전쟁이 없었다 해도, 시민양성 차원의 교육개혁은 성공했을 것 같지가 않다. 두 가지의 주요 태도범주로 구분할 수 있는 보다 심오하고 덜 우연적인 이유들이 있었다.

하나는 정치지도자들 간에 정책에 관한 합의가 존재하지 않았다는 점이다. 일부는 시민교육을 통해 정치참여가 보장될 수 있을 것이라는 것에 비관적이었다. 법을 어기고 자기이익을 추구하는 경향이 인간본성에 워낙 강하게 자리 잡고 있어서 학교가 이를 물리칠 수 없다는 것이었다. 그리하여 애덤스(John Adams)는, 여타의 긍정적인 인사들과는 대조적으로 비관적인 관점에서, "경험이 보여주듯이, 교육은 … 인간의 열정을 억제하고 견실한 정부를 보존하는 일에 전적으로 부적합하다."고 했다. 젊은이들이 학교교육을 통해 시민의 덕성을 배우고 전체의 이익을 위해 자신의 시민적 자유를 행사하는 법을 배울 수 있을 것이라는 견해는 학교가 시민양성의 역할을 지닌다면 이는 훈육과 질서를 부과하는 것이라고 생각한 사람들의 도전을 받았다. 게다가 또 다른 차원의 견해차가 있었는데, 이는 "학교설치는 연방과 주 혹은 지자체 어느 쪽이 책임질 일인가?"라는 헌법차원의 문제를 둘러싼 것이었다. 전쟁 중에 제정된 주 헌법들에서는 교육이 이미 주의 책무로 되어 있었다. 미국 연방헌법에서 교육시행의 주체에 대한 아무런 언급이 없다는 점에서 이러한 합의가 암묵적으로 인정되었다. 그리하여 국가적 목적을 위한 시민교육을 확보할 조치를 취하지 못한 주가 있다 해도, 중앙정부는 권고 수준에서 나아가 아동들의 학교교육에 존재하는 이러한 격차를 개선할 힘을 거의 가지지 못하게 되어 있었다.

두 번째 범주는 통합과 분별력 그리고 덕성을 함양하는 시민양성 교육을 위해 학교를 설립하는 것에 학부모와 정치인들의 압도적 다수가 적대감을 가지고 있었다는 점과 관련된다. 제퍼슨은 자신의 버지니아 교육계획을 좌절시키는 "무지와 악의, 이기주의, 광신주의, 종교적 · 정치적 · 지역적 고집"을 비통해했다. 이 목록에 교육에 대한 무관심을 추가할 수 있을 것이다. 또한 납세자들 그리고 공립학교 설립을 위해 국민들에게 세금을 부과해야 하는 정치인들의 완강한 반대도 덧붙일 수 있을 것이다.

독립과 혁명 그리고 헌신적인 지도력이라는 요인들이 결합되었음에도 이조차 국가 전체에 걸친 시민교육을 최소 수준 이상으로 창출해 내기에는 역부족이었다는 점을 감안하면, 남북전쟁의 충격이 있기 전의 19세기에 그런 이점도 없이 행해진 노력은 더욱더 찬사를 보낼 만하다. 그런 노력 덕분에 미국은 다른 어떤 나라보다도 앞서 시민교육을 추진한 이득을 누리게 되었다.

지금까지 살펴보았듯이, 19세기 이전의 3세기 동안 시민교육이라는 주제에 대한 사상들이 이례적으로 풍성하게 등장하였다. 이 기간 동안 쏟아져 나온 사상과 권고 그리고 계획들 중 교실에서 결실을 맺은 것은 거의 없지만, 수많은 젊은이들이 학교를 다니게 되고 교육의 정치적 잠재력이 보다 널리 이해되게 되면서, 이 시대의 유산들이 19세기에 들어 매우 유용하게 되었다. 그 유산들을 몇 가지로 구분할 수 있다. 하나는 우리가 '엘리트 시민들'이라 불러온 사람들을 대상으로 한 교육과 관련된다. 근대 이후 국가가 점점 더 커지고 복잡해지면서 사법, 행정, 입법 활동이 급격히 성장하게 되자, 이들 기능을 수행하기 위해 점점 더 많은 인재들이 필요하게 되었고, 그들이 받아야 할 적절한 교육에 대한 고려가 이루어지게 되었다. 엘리엇에서 제퍼슨에 이르기까지 많은 제안들이 즉각 제시되었다. 17세기 중반에서 18세기 후반 사이에 정치영역이 크게 성장하면서, 지배계급이라는 좁은 범위를 넘어 시민양성이라는 교육의 역할을 고찰하게 만드는 관념과 요구 그리고 목표들이 산출되었다. 민주주의, 공화주의, 민족주의 모두 국민 중 더 많은 사람들이 정치의식과 충성심을 더욱더 지니기를 심지어 보다 많이 참여하기를 요구하였다. 개개인을 위해서가 아니라 사회와 국가를 위해 대중교육이 필수적인 것이 되어갔다. 영국 내전시기의 개혁가들에서부터 18세기 급진주의자들에 이르기까지 민주주의를 주창하는 글을 썼다. 프랑스의 개혁안들은 국민의 결속과 공화주의 적응에 초점을 맞추었다. 미국의 경우도 그러했다. 교육의 개인주의적 목적을 거부했던 독일인들은 교육이 국민통합의 요인으로 기여하기를 원했다. 하지만 우리는, 보댕에서 애덤스에 이르기까지, 시민교육은 일차적으로 사회적·정치적 평온과 질서에 관심을 가져야 한다고 경계하는 목소리를 잊어서는 안 된다.

# Ⅳ. 시민교육의 역사 3: 자유민주주의 시민교육의 전개

## 1. 새로운 국면들

혁명의 시대는 시민권의 개념을 혁명적으로 바꿔놓았으며, 그 결과 새로운 교육상의 문제가 제기되게 하였다. 기존의 시민권 개념은 소수의 엘리트가 시민적 행동의 미덕을 갖추고 있다는 가정에 기초해 있었다. 새로운 시민권 개념은 민주적 권리를 부여받은 한편 국민국가에 대한 충성의 의무를 지는 대중에 대한 가정에 기초해 있다. 리젠버그(Peter Riesenberg)는 이러한 새로운 양식의 시민권을 '제2의 시민권'이라 불렀다. 사실 19~20세기 동안 시민권의 발전과정을 세 국면으로 구분할 수 있는데, 이를 각기 서구자유주의, 전체주의 그리고 탈식민지 국면으로 명명할 수 있을 것이다. 여기서는 이들 중 첫째와 셋째 차원에서 이루어진 교육적 대응을 살펴보자.

미국, 독일, 이탈리아 등에서는 국민과 민족통합에 의해, 그리고 아프리카 및 아시아의 많은 지역에서는 탈식민지 독립에 의해 근대 국민국가들의 지리적 규모가 상당한 수준에 이르렀는데, 이는 '국민 형성(nation-building)'의 문제, 즉 올바른 시민권 행사에 필수적인 시민적 단결을 어떻게 이루어낼 것인가 하는 문제를 제기했다. 인구 면에서 보면, 근대 국민국가의 시민(그리고 유권자) 규모는 신뢰에 기초한 조화를 어떻게 이룰 것인가 하는 문제를 제기했다. 고대의 폴리스에서는 시민들이 서로 알고 이해하는 것이 가능했으며, 아리스토텔레스는 이것이 제대로 된 시민권의 절대적인 필수조건이라고 확신했는데, 이제 이것이 불가능하게 되었다. 오늘날 사회과학자들은 공동체 내에 구축된 신뢰의 결합체를 '사회적 자본'이라 부르는데, 이를 통해 시민들은 서로 간에 그리고 정부가 선량한 행동을 할 것으로 믿으며 정부도 마찬가지로 시민들에 대한 신뢰를 가질 수 있다.

국민을 형성하고 사회적 자본의 토대를 구축하는 일은 둘 다 가장 넓은 의미에서 교육적 문제이다. 지금껏 시민대중의 성장과 관련된 보다 특수한 교육적 문제는 유권자의 무지였다. 많은 나라들에서, 정치적인 이해력은 차치하고, 기초적인 문자해독도 못하는 낮은 수준이 문제가 되어왔다. 서구민주주의 국가들의 경우에는 선거권이 점차 확대되면서 이 문제가 점점 더 중요한 관심사가 되었다. 예전에 식민 지배를 받았던 아프리카·아시아 국가들의 경우에는 독립과 보통선거가 동시에 이루어졌는데, 제국주의 식민종주국이 제한된 수준에서 학교를 설치하였던 배경으로 인해, 유권자의 무지가 즉각적인 중요사안이 되었다.

교육과 투표권의 관련은 간단한 문제가 아니다. 이와 관련하여 서로 대비되는 주장들을 세 범주로 구분할 수 있다. 기본적인 대비는, 대체로 좌파와 우파의 정치적 입장이라고 할 수 있는데, 교육받지 못한 국민에게 완전한 시민권을 부여하는 것이 현명한 일인가에 관한 것이다. 좌파는 시민적 권리가 여타 어떤 요인에 근거한 조건적인 적이어서는 안 된다고 주장하였다. 그들은 가장 낮은 계층 그리고 가장 무지한 사람들도 어떤 정책이 자기들의 최상의 이익에 부합하는지 평가할 능력이 있으며, 정말 양심적으로 투표하는 데 필요한 것은 기본적인 지성과 시민적 덕성이 전부라고 주장하였다. 반대편에서는, 특히 무지와 악은 상호 관련된 하층민의 특징이라는 주장이 심심찮게 있어 온 것처럼, 정부를 선택하는 중요한 의무를 교육받지 못한 사람들에게 맡기는 것은 어이없는 일로 여겨져 왔다.

교육받지 못한 사람들에게 선거권을 부여하는 것에 관한 두 번째 범주의 논쟁은 그 사람들이 정치적으로 조작되기 쉽다는 점과 관련되어 있다. 이러한 결과는 관점에 따라 개탄할 일이 될 수도 있고 기뻐할 일이 될 수도 있었을 것이다. 이들 관점은 19세기 프랑스에서 예를 찾을 수 있다. 초등학교 설치를 확대하는 1833년 법률을 입안했던 기조(François Guizot)는 그 법률이 제정되기 17년 전에 “대중의 분별력이 부족할수록 오도되어 딴 길로 가기 쉽다.”고 우려를 표명한 바 있다. 1848년의 혁명기간 동안 치러진 제헌의원 선거는 정치적으로 단순한 농촌지역에서 냉소적인 조작기술이 동원된 명백한 사례를 보여준다. 정부는 공천을 받은 공화파 후보들을 지원하기 위해 초등학교 교사들을 선거운동에 활용하고자 하였다. 교회는 사제들을 동원하였다. 보수적인 시골지역의 투표율을 떨어뜨리기 위해 부활절에 선거를 치르도록 계획되었다. 다수의 교구에서 일찌감치 미사가 거행되었고 이어서 사제들은 신도들을 투표소로 이끌었다. 성직자를 동원하는 것이 교사를 동원하는 것보다 더욱 효과적이었다. 프랑스 시골지역의 시민들은 자신의 이해관계를 생각할 지식이나 확신을 지닐 수 있는 교육을 제대로 받지 못한 상태였다. 관리와 성직자들은 이 점을 알고 있었던 것이다.

이러한 프랑스의 특이한 사례는 보통선거제도 확립 이전에 시민교육이 행해져야 한다는 점을 보여주었는가? 아니면 그 반대인가? 이는 영국의 경우에도 전반적으로 똑같이 적용되며, 특히 1840년대 차티스트 운동가들(chartists)의 마음을 사로잡았다. 정치적 변화가 사회경제적 변화를 이루기 위한 수단으로 인식되었기 때문에 의회개혁을 위한 6개조의 인민헌장(모든 남성에 대한 선거권 부여 포함)이 고안되고 지지를 얻었다는 것은 충분히 있을 수 있는 일이었다. 노동계급 자녀들이 취학기회를 가질 수 있도록 실질적인 개선이 이루어진 것은 이런 변화의 한 부분일 것이다. 하지만 그 운동의 지도자들은 전술 혹은 단계적 실행방안에 있어 일치된 입장을 보이지 않았다.

지난 2세기 동안 청소년들이 유능한 민주시민으로 성장하도록 돕는 교육적 과정을 개발할 힘을 지니는 입지를 구축하는 데 수반되는 이러한 어려움들 속에서도 정치인들과 교육자들은 전진을 해올 수 있었다. 그럼에도 불구하고 그들은 목표 달성을 위한 방법에 있어서 여전히 혼란에 부딪혀왔다. 본질적으로 세 가지 방법이 필수 불가결하였다. 읽기·쓰기가 첫 번째이자 가장 기초가 된다는 것은 말할 나위가 없는데, 이는 모든 저개발 국가들에서 심각한 문제이다. 값싼 라디오가 생산되기 전까지 문맹자들은 한두 다리 건너 정보와 주장들을 접해야 했는데, 이는 시민에게 요구되는 판단력을 기르는 수단으로는 빈약하며 잠재적으로는 위험하기도 하다. 영국의 작가이자 출판가인 골란츠(Victor Gollancz)는 비판적 사고력 함양이 전혀 이루어지지 않는 채 단지 기초교육만 행해지는 것을 '민주주의의 성장통'이라 묘사하였다. 두 번째로, 학생들은 자기 나라의 전통과 제도 그리고 당면 문제들을 배울 필요가 있었다. 읽기·쓰기가 가능해지면, 일반적으로 시민론 수업이 행해져 왔다. 하지만 세 번째로, 내용을 구성하고 또 가르치기에 가장 어려운 범주는 시민의 도덕적 헌신이었다. 읽기·쓰기는 기본 도구를 제공하며, 시민론 수업은 핵심지식을 제공한다. 하지만 이들 과목이 반드시 좋은 시민으로서의 행동을 배양하지는 않는다. 그리하여 몇몇 나라에서는 학교의 기풍이 이러한 요구에 부응하도록 만들기 위한 시도들이 이루어졌다. 이를테면 학생들이 학교운영에 참여할 수 있도록 하는 장치를 마련한다든지 청소년들이 지역사회의 실제 업무를 담당할 기회를 제공한다든지 하였다.

어떤 역사적 기준에 의하더라도, 20세기 말 이후만큼 시민교육에 대한 관심이 증대하고 또 시민교육이 보다 전면적으로 이루어진 적은 없었다. 이러한 현상에 대해 두 가지의 주요한 요인의 결합이 그 설명으로 제시될 수 있을 것이다. 하나는 자유민주주의가 유일하게 효과적인 정치형태가 되었다는 믿음이었다. 이러한 생각은 후쿠야마(Francis Fukuyama)가 1989년에 출간한 논고『역사의 종언?』에 의해 강화되었다. 예전의 권위주의 정체들, 즉 군대를 기반으로 하는 정체들 그리고 가장 극적으로는 공산주의 정체들이 변혁을 겪은 사실이 이러한 논지를 뒷받침하였다. 당연한 결과로, 새롭게 민주화된 나라들은 민주적 시민권의 원리를 배울 필요가 있게 되었다. 또 하나의 요인은, 역설적으로, 자유민주주의 국가의 취약성이었다. 기존의 국가든 새로이 등장한 국가든, 자유민주주의 국가들은 안팎의 세력들과 요구사항들 그리고 이상들로부터 도전을 받았고 수많은 시민들의 냉소주의와 적대감 그리고 이기주의로부터 위협을 받았다. 자유민주주의 정치는 시민권이 번성하도록 하였다. 그러나 시민들이 신민이 되기를 원하지 않는다면, 국민은, 특히 청년층은,

시민이라는 지위의 본질과 소중한 가치에 대해 그리고 어렵게 쟁취한 자유민주주의라는 혜택을 보존하기 위해 올바르게 살 필요가 절실하다는 점에 대해 배워야 했다.

정부와 교육자들이 시민교육을 진지하게 고려하는 나라들이 갑자기 많아져서, 백과사전식으로 순서대로 간략하게 언급하는 방법으로 축약하지 않고서는 각 나라의 진행상황을 서술하기란 거의 불가능한 형편이다. 선택을 하는 일은 어렵다. 앞에서의 논의와 연관을 유지하기 위해서는 프랑스, 영국, 미국이 포함되어야 한다. 그러나 이른바 '서구' 이외의 국가들도 간과되어서는 안 되며, 따라서 예전에 식민지 경험이 있는 아시아와 아프리카 지역 중 일부 국가의 경험에 대해서도 살펴보아야 할 것이다. 그들 나라는 특히 다문화국가의 시민교육이라는 문제를 안고 있다. 국가를 두 집단, 대략 '서구'와 '아프리카-아시아'로 나누는 것은, 이것만 놓고 보면, 국가는 단지 두 개의 범주만 있다는 인상을 줄 수도 있다. 즉, 한편에는 근현대사의 서구 주요 강대국으로 시민교육의 오랜 전통을 지닌 국가들이 있고, 다른 한편에는 (시민권의 개념과 시민교육의 필요를 포함한) 서구적 방식을 도입한 역사가 상대적으로 짧아서 시민교육의 전통이 짧은 아프리카-아시아 국가들이 있다는 인상을 줄 수도 있다. 그러한 인상은 두 개의 중요한 국가범주, 즉 서구의 작은 나라들과 남미국가들을 제외하도록 만들 것이기에 불행한 일이 될 것이다. 따라서, 여기서 이들 국가집단에 대해 간단하게 언급하도록 하자.

첫 번째 범주에서는 네덜란드와 스웨덴이 특히 흥미로운 경우이다. 이들 나라는 모두 상대적으로 일찍부터 공식적인 시민교육을 시작했다.

1857년의 네덜란드 법률은 초등교육의 목표가 "청소년의 이성을 개발하고 그들의 기독교적 그리고 사회적 덕성이 발휘되도록 훈육하는 데 있다."고 선언하였는데, 여기서 기독교 정신이란 비신학적 의미로, 즉 "시민의 결합체가 상호선의의 공통된 감정을 갖도록 … 양성하는 일체의 관념"을 포괄하는 것으로 이해되었다. 입법은 네덜란드보다 늦긴 했지만, 스웨덴에서도 초기의 시민교육은 종교적인 색채를 띠었다. 1918~1919년 기간의 학교개혁에서는 보통선거 도입에 부응하여 시민론이 고학년용 교과목으로 도입되었다.

네덜란드의 경우 정부가 이 분야에 일찍부터 관여하긴 했지만, 그 이후 1963년에 중등교육법이 모든 학교에서 '사회탐구(maatschappojleer)'를 가르치도록 요구할 때까지는 실제로 중앙에서 지도력을 발휘하지 못했다(실제 수업은 1968년에 시작되었다). 그때조차도 이 모호한 용어에 해당하는 교육내용을 해석하는 일은 교사에게 맡겨졌다. 그들의 노력은 1983년에 이르러 짜임새 있는 12세용 및 16세용 '사회와 정치' 과목이 고안되면서 비로소 결실을 맺었다. 이와 대조적으로 스웨덴의 학교위원회들은 정례보고서를 제출하였는데, 그 결과 1948년에 새로운 '시민론(samhällskunskap)' 과목이 도입되었으며, 그 이후 목표와 내용 면에서 주기적으로 구체적인 적용이 이루어졌다. 이들 두 나라에서 정부의 역할이 서로 많이 다르긴 했지만, 20세기 말에 이르기까지 이들 나라 시민교육의 역사는 그 여건이 만족스럽지 못했던 점에 있어서 많은 부분 일치한다. 그 여건들이란 첫째, 시민론 학습의 내용 그리고 이 과목과 인접과목 특히 역사와의 관계에 대해 혼란이 있었다는 점과, 둘째, 의심의 여지 없이 부분적으로 이러한 불확실성으로 인해 교육과정과 교사 측면에서 시민론 과목의 위상이 저조했다는 점이다. 네덜란드의 경우 교사들은 오랫동안 자신들이 무엇을 가르쳐야 하는지에 대해 내부적으로도 합의에 도달하지 못했다. 그리고 스웨덴의 경우, '진보적' 해석 지지자들과 '지배적' 해석 지지자들의 사이가 벌어져 있었다. 즉, 민주적 가치에 초점을 두어야 하는지 아니면 국가적 단합에 초점을 두어야 하는지를 놓고 서로 싸우고 있었다. 다른 많은 나라에서도 시민교육 분야에 종사하는 교사들은 이런 문제들이 낯익은 것들이었을 것이다.

남미에서 자유주의 시민교육이 어떻게 전개되었는지를 간결하게 설명하기란 불가능하다. 여기서는 다만 몇 가지 지표를 제시할 수 있을 뿐이다. 첫째, 많은 남미국가들이 19세기 초에 독립한 이래로 군사정권의 지배를 받아왔으며 매우 빈곤한 상태에 있었기 때문에 최근에 이르기까지 일관성 있는 시민교육이 시행될 수 있었을 것이라고 기대하는 것은 비현실적인 일이었다. 둘째, 1980년대 초반부터 많은 국가들이 자유민주주의 형태의 정부로 뚜렷하게 전환하였고, 그리하여 이제 학교에서 시민교육을 이행하기 위한 더 많은 노력이 있을 것으로 기대할 수 있게 되었다.

남미국가 시민교육의 역사 중 가장 흥미로운 경우는 아마도 콜롬비아에서 찾아볼 수 있을 것이다. 일찍이 19세기 중반에, '선량'하고 공손한 시민을 양성하기 위한 교육이 이미 이루어지고 있었다. 1999년에 콜롬비아의 어느 당국자가 펴낸 자료에 따르면, "가장 강력한 모델은 카레뇨(J. Carreño)의 『시민생활 입문(1812-1874)』이었는데, 그 책은 남미 시민을 위한 최초의 정식 교육모형이었다. … 이 입문서는 아직도 많은 학교에서 사용되고 있으며, 학부모와 교육자들이 이 책으로 가르쳐달라고 요청하는 경우가 비일비재하다." 이런 방식의 도덕교육에 더해 1960년대에서 1980년대 사이에는 정치제도에 대한 기계적 학습이 추가되었다. 1980년대 중반~1990년대 중반에 교육영역의 개혁안이 급하게 마련되었는데, 이는 "시민교육의 핵심은 학교에서 '민주주의를 실행'하는 데 있으며, 학생은 기본적으로 대인관계를 통해 시민의 생활 방식을 습득한다."고 천명한 1994년의 결의안으로 공고해졌다. 이와 동시에 '교육기본법'은 사회과학, 도덕교육 및 윤리를 포함하여 9개의 필수교과를 지정하였다.

콜롬비아의 시민교육 개혁은 좀 더 민주적인 1991년의 새 헌법 도입으로 힘을 얻었다. 무엇보다도 이 지역에서는 정부형태의 변화가 통상적인 일이었다. 하지만, 코스타리카라는 작은 나라는 이에 대한 특별한 예외이다. 코스타리카가 엄격한 권위주의를 거부한 것이 자유주의 시민교육의 발전에 기여하였다. 따라서 그 나라가 민주적인 제도를 갖추게 된 지 10년이 되던 1970년대에 시민의 권리와 의무가 확보된 것은 놀랄 일이 아니다. 더욱이 그 구체적인 내용과 활동은 다른 많은 나라들로 하여금 부끄러움을 느끼게 했을 것이다.

하지만 남미국가들 대다수의 경험을 고려할 때, 이 지역은 역사적으로 권위주의 정부가 워낙 흔했기 때문에, 20세기 후반에 와서도 자유민주주의체제로 이행하는 것이 보통 시민들이 적응하기가 쉽지 않았다. 정치적 무관심이 만연했으며, 그리하여 시민교육에 대한 관심 또한 마찬가지였다.

위에서 살펴본 이들 몇몇 나라의 경우 각각의 교육정책에서 차이가 있긴 하지만, 자유민주주의 시민교육을 창안하고자 하는 이들이 직면한 기본적인 문제들에 있어서는 공통점을 보인다. 이를테면 정치체제는 얼마나 우호적인가? 정부는 학교에 대해 얼마나 지도력을 발휘하는가? 또한 시민교육의 초점은 도덕교육, 사회교육 혹은 정치교육에 두어져야 하는가 아니면 이들 모두가 균형 있게 행해져야 하는가? 그리고 무엇이 기본적인 목표 혹은 목표들이 되어야 하는가?

앞에서 프랑스 혁명가들이 그들의 청소년들로 하여금 시민의 역할을 수행하도록 교육하고자 얼마나 심혈을 기울였는지 보았다. 따라서 그 이후 세대의 프랑스 정치인들과 교육자들이 어떤 진보를 이루었는지를 살펴볼 필요가 있을 것이다.

## 2. 프랑스: 왕정복고에서 제5공화국까지

프랑스 혁명은 대중교육에 어떤 공헌을 하였나? 완전하게 세속적인 체계는 만들어지지 못했으며, 초등교육에 대한 통제권을 둘러싸고 교회와 국가 간에 빚어진 투쟁은 교육정책에 관한 논쟁거리로 남게 되었을 뿐만 아니라 일시적으로는 격렬한 정치논쟁의 원인이 되기도 했다. 종교 간의 투쟁은 암묵적으로 시민교육과 관련되었다. 교회가 가르치는 도덕보다 시민적 도덕을 선호하는 주장은 공화주의 성향의 학자와 정치인들의 열렬한 신봉을 받았으며, 제3공화국 시절에는 전면에 부각되었다.

18세기에 추방되었던 교단들이 은밀히 복귀하면서 긴장이 심화되었다. 더욱이 교육을 둘러싼 교회와 국가 간의 갈등은 나폴레옹 1세의 몰락과 왕정복고 이후 프랑스 정치의 기본적인 결함을 심화시키는 경향이 있었다. 공화파는 왕당파보다 성직자에 대해 반감이 훨씬 더 심했으며, 왕당파는 교회가 다시금 제기되는 혁명의 위협에 대한 버팀목이라고 간주하는 경향이 있었다.

그렇긴 하지만, 상당기간 동안 왕당파뿐만 아니라 공화파도 시민교육에 대한 태도에 있어서는 보수적이고 무관심한 경향을 보였다. 학교 특히 초등학교의 의무는 학생들에게 현상유지를 수용하는 태도를 갖게 하며 유용한 삶을 영위하도록 결정하게 하는 데 있었다. 중산층 출신의 학자 기조(F. Guizot), 성직자 단체 지도자 몽탈랑베르(C. R. F. Momtalembert), 그리고 학교에 대한 교회의 지배력을 약화시키기 위해 1863년에 나폴레옹 3세가 교육부 장관으로 임명한 뒤뤼(V. Duruy)까지 이들은 모두 국가안정을 위한 교육이라는 주제에 있어서는 일치된 모습을 보였다. 이들 세 사람은 모두 학교교육을 통해 학생들이 경제체제를 보호하며 스스로 경제적으로 생산적인 시민으로 자라기를 열망하였다.

여러 차례 언급했듯이, 시민권은 읽고 쓸 줄 아는 능력과 밀접한 관계에 있다. 징병대상자 중 문맹자의 비율이 어느 정도인가가 그 유용한 지표 중 하나이다. 1830년대 프랑스의 경우 그 비율이 50%를 넘었다. 하지만 19세기 말에 이르러 이 수치는 대략 5%로 줄어들었다. 상황이 이렇게 개선된 것은 교육부장관들이 초등학교와 교사의 숫자를 꾸준히 늘린 덕분이었다. 1817년에서 1887년 동안 총인구는 2,900만 명에서 3,800만 명으로 증가하는 데 그쳤지만, 초등학생의 숫자는 866,000명에서 5,526,000명으로 증가하였다. 1890년대에 이르러 도로사정이 개선되고 페리(Jules Ferry)의 무상의무교육 법안이 통과되면서 실제 출석률도 높아졌다.

위에서 살펴본 사항들 중 어느 것도 청소년들이 체계적인 시민교육 같은 것을 받아야 한다는 확신을 전혀 보여주지 못한다. 이처럼 교육정책이 주먹구구식이던 것이 나폴레옹 3세의 대외정책과 관련된 두 가지 사건으로 인해 문제제기를 받게 되었다. 하나는 1859~1860년 피에몬테 주가 주도한 이탈리아 통일문제에 개입하기로 한 이상주의적 결정이었고, 또 하나는 1870년에 프로이센과의 전쟁에 말려든 데서 드러난 순진함이었다.

첫 번째 사건으로 인해 나폴레옹 3세는 교황 비오(Pius) 9세와 충돌하게 되었고, 그 결과 나폴레옹은 프랑스 교육에 대한 교회의 통제와 영향력을 배제하기로 하였다. 이러한 상황변화는 이전보다 일관된 형태의 시민교육을 도입하는 데 유익한 여건을 제공하였다. 하지만 1870년의 프랑스－프로이센 전쟁의 지독한 충격이 없었다면 이러한 방향의 개혁은 여전히 지연되었을 수도 있었다. 6개월도 안 지나서 프랑스군은 궤멸되었고 파리가 포위되었으며 나폴레옹 3세는 자리에서 물러났다. 자부심에 넘치던 국민과 군대에게 이러한 경험은 고통스러운 수치였다. 어떻게 해서 이런 재앙이 닥칠 수 있었던가? 설명이 필요했으며 누군가가 비난을 떠안아야 했다. 퇴폐적인 언론인과 무신론주의 작가들 때문에 프랑스 고유의 성격이 약화되었는가? 아니면, 교사집단에게 문제가 있어 독일의 교사들보다 못한가?

프랑스 학교들에 시민교육을 도입하는 데 결정적으로 작용한 이들 두 전제조건, 즉 프랑스인의 성격이 유약하며 교육도 취약하다는 추정은 개혁을 불가피하게 만든 두 가지의 정부결정을 수반하였다. 하나는 새로 들어선 제3공화국(1871년 수립, 1875년 발효) 지도자들이 남성 유권자의 보통선거를 되살린 일인데, 보통선거는 제2공화국 시절인 1848년에 도입되었다가 제2제정 시절에 손상된 상태였다. 이는 1877년의 선거에서 놀라운 결과를 낳았는데, 이 선거에서 농민계층은 상위 사회계층들에 맞서 공화파가 실질적으로 의회의 다수로 복귀하는 것을 도왔다. 다른 하나의 결정은 1879~1883년 동안 페리를 교육부장관으로 임명한 것이었다. 페리는 근대 프랑스 시민교육의 진정한 선구자였다. 하지만 1877년의 선거결과가 없었다면 그리고 그에 뒤이어 진보적인 정치적 의제가 제기되지 않았다면 그의 개혁이 수용될 가능성은 훨씬 낮았을 것이다.

페리가 생각한 세속국가는 사회적 · 정치적 쇄신을 포함하는 것이어야 했다. 또한 그의 전반적인 목적은 이러한 개선을 공고히 하는 수단으로 학교를 활용하는 것이었다. 페리의 야심은 종교도덕을 정치적 시민도덕으로 대체하는 것이 아니었다. 그는 도덕교육 그리고 모든 논쟁적 문제를 교사가 다루는 일 둘 다 중립적이어야 한다고 생각했다. 세속교육체계 수립이라는 그의 목적은 중립성을 확보하는 것이었다. 자신의 목표를 완전히 실현하는 데 실패했음에도 불구하고, 그는 교육과정에 시민교육을 도입하였고 객관성을 추구한 점에서 여전히 시민교육의 역사 전 과정에서 매우 중요한 인물이다. 물론 전후에 공화주의 의식이 고양된 분위기 속에서 객관성이 가능했기에 공립학교에서 어느 정도 객관적인 시민교육을 할 수 있기도 했다.

1882년에 페리가 시민교육계획 실행에 착수했을 때, 그가 백지상태에서 일을 추진한 것은 아니었다. 시민교육이 이미 어느 정도 진행되고 있었기 때문이다. 1862년에 벌써 시민론 교재가 사용되고 있었던 것을 예로 들 수 있다. 그가 한 일은 좀 더 전면적이고 보다 완벽하며 사회에 덜 초점을 맞춘 교수요목을 고안하고 이를 전국적으로 확립한 것이었다.

1881년에는 초등학교 수업료가 폐지되었고, 1882년에는 6~13세 아동의 취학이 의무사항이 되었으며, 1886년에는 공립학교의 모든 교사들이 성직자가 아닐 것이 요구되었다. 그리하여 그 이후로는 공립초등학교의 모든 학생들(실제로는 중하위계층, 즉 도시노동자계급과

농부의 자녀들)이 세속적 시민교육을 받을 수 있게 되었다. 이와 대조적으로, 보다 부유하고 사회적으로 좀 더 상위에 있는 중류층은 자기 자녀들 특히 남자아이들에게 바칼로레아(baccalauréat, 대학입학자격) 시험을 치르고 그 자격을 취득하면 학문전문분야에 들어갈 수 있는 형태의 교육을 받게 하려는 열망을 지니고 있었다. 그런 과정이 어떤 형태로든 시민교육을 포함하고 있었던 만큼 당시에 고전과 역사 공부를 통해 시민교육이 간접적으로 이루어졌다고 보아야 할 것이다.

페리의 계획이 실제로 이룬 결과는 무엇인가? 그가 그토록 자주 강조했던 중립성은 분명 아니다. 어느 영국 역사가의 서술에 의하면, 프랑스 제3공화국의 교육정책으로 인해 "고등사범학교(école normales)는 성직자를 배척하는 감정이 깊이 주입되고 연마된 교사들을 배출하였다. … 그 결과 급진주의와 사회주의에 동조하는 이들 세속주의 전도사들이 대거 양성되어 도시든 시골이든 프랑스 전역에 걸쳐 강력한 전략적 지위로 퍼져나갔다."

지금껏 살펴본 프랑스 시민교육의 성격은 분명 프랑스가 프로이센과의 전쟁에서 패한 것에 많은 부분 기인한다. 이와 유사하게, 1차 대전 이후부터 2차 대전 이전의 기간에는 1차 대전이 안겨준 시련이 시민교육의 기조에 큰 영향을 끼쳤다. 당시에 6~13세 아동은 의무적으로 학교에 다녀야 했다. 학생들은 12과목을 배웠는데, 이 중 7과목이 '국민' 과목으로 분류될 수 있다. 16세까지 고등중학교에서 공부를 계속하는 학생들을 위한 교육과정 편성도 마찬가지였다. 언어수업이 애국주의적 목적을 위해 활용되었다면, 도덕·시민과목은 자연히 훨씬 더 노골적으로 이런 목적을 위해 활용되었다.

교육과정에서의 이러한 과도한 국민－애국주의 색채에 대한 (교사들 중 일부 급진주의자들의) 반발은 차치하고라도, 교사 개개인이 이를 적절히 조절할 여지도 많지 않았다. 이러한 제약은 부분적으로 정부가 제시한 교수요목이 매우 구체적인 사항까지 지시하고 있던 데 기인했으며, 또 부분적으로는 교과서의 내용과 방식에 기인하였다. 동일한 도덕적 교화라 하더라고 교과서는 이를 그저 전달하는 방식으로 구성되었을 뿐만 아니라 단원들의 구조와 내용도 천편일률적이었다. 게다가, 성인들도 라디오와 신문, 영화 그리고 그중에서도 사람들을 정서적으로 가장 왜곡시키는 수많은 의례와 의식, 기념식 등 끊임없이 애국심을 상기시키는 환경 속에서 살았다.

사실상 애국심과 동의어로 간주된 시민권은 공동체의 일에 실제로 참여하려는 의무감을 청소년들에게 불어넣을 여지를 거의 남기지 않았다. 2차 대전 이후에 이루어진 발전은 프랑스 시민교육이 지닌 이러한 결점이 백일하에 드러나게 했다. 중등학교체계의 운영에 대한 불만은 교육체계가 덜 엘리트주의적으로 되어야 하며 학생－교사관계가 보다 편안해져야 한다는 요구로 이어졌다. 후자의 요구는 1968년 학생소요 기간 동안 파리의 고등학생들에게서 격렬히 제기되었다. 이들 요구는 보다 민주적인 학교에 대한 요구이자 그런 학교를 만드는 데 참여하고자 하는 의지의 표출이었다. 사실, 프랑스 (공립)고등학교(lycée)의 엄격한 형식주의는 1968년 사건의 결과로 상당한 정도로 완화되었다.

하지만 다른 한편, 프랑스 교육의 엄격한 관행들은 다른 방식으로 매우 확고하게 구축된 채로 남아있었다. 1968년 이후 교육부장관 포르(Edgar Faure)는 모든 고등학교에 '사회교육 공간', 즉 학생주도의 활동영역을 마련하라고 촉구했지만 이런 구상에서 얻은 것은 거의 없었다. 사회적 전통들도 습관을 변화시키는 데 기여하지 못했다. 그 결과, 1980년경 프랑스의 시민론 과목은 학생들의 삶에서 훨씬 더 유리되었다.

그러나 사실 이 시기에 프랑스에서는 이미 변화가 진행 중이었다. 1977년에 '시민론 수업'이라는 용어가 '시민교육'으로 바뀌었는데 이는 학교에서의 시민교육 방식이 달라지기 시작했음을 보여주는 신호탄이었다. 1985년에는 교육부장관령으로 시민교육 관련 교과목을 필수과목으로 지정하였으며 이후 구체적인 지침도 마련되었다. 1~10학년의 초중등학교 전 학년에 걸쳐 주당 1시간이 편성되었다.

초등학교 시민론 수업은 교사들에게 "일상적인 사건과 행동을 교육적 사례로 활용하며, 협동을 강조하고, 아동들로 하여금 평등한 권리를 실천하고 국내·국제적 자선행사와 인도주의기구의 활동에 참여하도록 권장"할 것을 요구하는 내용이 포함되었다. 일반중학교 콜레주(collège) 과정용 교수요목에서도 이와 유사한 내용을 볼 수 있다. 사실, 15세 학생용 교수요목에서조차 "시민교육은 공식적으로 배우는 내용만큼 경험도 수반되어야 하기 때문에, 견학, 조사, 다른 교과목과의 연계과제 등이 가능하도록 시간표가 유연하게 편성되어야 한다."는 구절이 들어있다. 학부모와 중앙정부는 지금까지 행해진 것보다 더욱 광범위하고 자유롭게 해석된 시민교육을 더욱 지지하게 되었으며, 이 분야와 관련된 자원봉사단체의 활동도 여기에 덧붙일 수 있을 것이다.

## 3. 영국: 급진주의에서 제국으로, 국가수준 교육과정의 등장

프랑스와 달리, 영국에는 격렬한 종교적인 도전도 없었고 또한 페리의 개혁과 같이 시민교육계획을 시행하도록 밀어붙인 혁명적 자극도 없었다. 프랑스의 교육부장관이 자신의 의지를 밀고 나갈 수 있었던 중앙집권적인 교육통제력도 영국 정부에는 없었다. 19, 20세기 영국의 시민교육은 이웃 나라 프랑스에 비해 사실 혼란스럽고 모호했다. 그럼에도 불구하고 이 명백한 혼란 속에서도 다음과 같은 다섯 가지 요인으로 이루어진 모종의 유형을 찾을 수 있다. 첫째, 바로 위에서 얘기한 것처럼 중앙정부의 지침이 결여되었으며, 그 결과 교사들은 민간부문의 주도에 의존했다. 둘째, 참정권 확대, 청소년들이 정치문제를 이해할 정도로 성숙한가 그리고 적절한 시민교육은 어떤 것인가를 놓고 논쟁이 벌어졌다. 셋째, 학생의 사회적 수준에 따라 상이한 학교교육을 받고 또 상이한 시험을 치르며, 이러한 차이가 기존의 시민교육 방식을 어떻게 결정지어왔는가 하는 문제들이 있다. 넷째, 일부 교사는 전쟁과 평화의 문제에 대해 가르치는 데 관심을 가졌다. 다섯째, 영국의 제국주의적 팽창은 자연스레 영국 청소년들에게 제국의 자부심이 주입되어야 한다는 믿음으로 나아갔는데, 나중에는 예전의 식민지 지역으로부터 수많은 이민이 유입되면서 시민교육이 다양한 문화적 배경을 가진 사람들에게 맞게 조절될 필요가 생겼다.

18세기 말~19세기 초 영국 시민교육의 사상과 실제에서 세 가지의 주요 특징을 찾을 수 있다. 첫째, 학교교육이 지독히도 소홀히 여겨졌다는 점이다. 학교 설치는 산업혁명의 수준을 따라가지 못했고, 교육은 하층민으로 하여금 자신들의 생활수준에 불만을 갖게 만들 수도 있을 거라는 생각이 널리 퍼져있었다. 이런 상황에서 영국 대중을 위한 시민교육이 진전될 기회는 거의 없었다.

다른 한편, 두 번째 특징으로, 계몽주의와 급진주의 전통이 지속되고 있던 이 시기에 브로엄(Lord Brougham) 같은 개혁가들은 매우 다른 견해를 지니고 있었다. 예를 들어, 그의 절친한 벗 밀(James Mill)은 교육이 지니는 지대한 잠재력을 인식하였는데, 그는 특히 정치교육이 교육의 '핵심요소'라 보았다. 그는 사회일반의 정치적 기풍을 개조하는 데 기여할 정치교육을 제공할 수 있는 학교의 잠재력을 확실히 의식하고 있었다. 그의 아들 존 스튜어트 밀은 정치교육이 가져올 좋은 결과에 대한 자기 아버지의 신념을 "모든 국민이 읽기를 배우게 된다면, 그들이 온갖 종류의 의견들을 말과 글로 나타낼 수 있다면, 그리고 참정권을 통해 자신들의 의견을 실현시킬 의원을 선출할 수 있을 것"이라고 기록하고 있다.

세 번째 특징은, 학교가 좀 더 민주적인 정치체제 창조에 기여해야 한다고 생각한 프리스틀리 같은 인물들의 정치적 급진주의 사상이 지속되고 있었다는 점이다. 이런 전통은 특히 차티스트 운동가들에 의해 유지되었는데, 그들은 노동계급은 국가가 제공하는 교육체제에 자신들이 교화되도록 놓아두어서는 안 된다고 생각하였다.

차티스트 운동가들이 의회개혁을 위한 6개조의 인민헌장을 입안하기로 결정한 데에는 1832년의 1차 개정 선거법에 대한 노동계급의 실망이 원인으로 작용하였다. 그들은 열렬하게 선거법 개정 운동을 벌였지만, 막상 법률이 통과되었을 때에는 성인남성의 20%

만이 선거권을 갖는 것으로 드러났다. 관심을 끄는 것은 선거법개정 운동이 벌어졌던 기간(주된 활동기간은 1832~1848년이었음) 전체를 통틀어 볼 때 시민양성을 위한 교육이 운동의 부차적 목표들 중에서 중요한 위치를 차지하고 있었다는 점이다.

'런던 차티스트 운동'의 저명한 지도자 러벳(William Lovett)은 동료운동가 콜린스(John Collins)의 도움을 받아 『차티스트 운동: 인민의 정치 · 사회적 교육과 개선을 위한 계획을 지닌 새로운 인민기구』(1840)란 제목의 책을 썼다. 이 책은 인민 스스로가 구성하는 학교체계를 위한 청사진이자 중류 · 노동계급을 위해 그런 체계를 수립하는 사회적 · 정치적 근거에 대한 주장이다. 남자아이뿐만 아니라 여자아이에 대해서도 3Rs(읽기, 쓰기, 산수)나 고전에 국한되지 않는 전인교육에 강조점이 두어졌다. 이 책에서 제안하는 교육과정은 매우 충실하다. 예비학교(중학교 수준)의 경우, 정규 교과들에서 다루어지지 않는 주제에 대한 짧은 강연이나 설명을 위해 비정규 시간이 할애되도록 되었다. 그런 주제들의 목록에는 '정부, 법률, 권리, 책무의 본질－부의 창출'이 들어있다. 고등학교의 경우, 상류층 자녀들은 역사부터 배우는 데 비해, 하층민 자녀들은 법과 정부의 본질을 포함한 목록에서 선택하도록 되어 있다.

좀 더 관심이 가는 것은 교육과 정치의 관계에 대한 러벳의 견해이다. 그는 정부가 학교에 대해 행사하는 일체의 통제에 반대한 고드윈의 입장을 따르고 있다. 러벳은 (남성의) 보통선거(헌장의 첫 번째 조항)가 보통교육의 확립보다 우선되어야 한다고 믿었다. 하지만 그는 이에 만족하지 않았다. 이상적으로는 정치개혁과 교육개혁이 병행하여 나아가야 한다고 보았다. 러벳은 이에 더해, 정치는 지저분한 일이며 시민의 도덕성을 기르는 대중교육만이 이런 결함을 상쇄할 수 있다고 덧붙인다.

2차 선거법 개정안이 통과된 지 3년이 지난 후 1870년에 포스터교육법(Forster Education Act)이 시행되면서 초등교육에 정부가 전면적으로 개입하였다. 그 이전에는 빈곤층과 부유층 모두 사교육에 의존했다. 시민교육의 관점에서 보면, 이 조치로 인해 노동계급 성인들은 정치적 판단력을 갖출 수 있게 되었고 부유층 자녀들은 엘리트시민으로 양성될 수 있게 되었다.

19세기가 시작될 때부터 노동계급 사람들은 자조교육(self－help education)을 상당한 정도로 조직했다(예를 들어, 주일학교, 야간학교, 기계공 학원 등). 이러한 노력이 전부 시민교육과 관련된 것은 아니었지만, 정치적 의식을 고양시키는 데 영향을 주기에는 충분했다. 게다가 문맹문제에 접근하면서 점점 더 많은 노동계급 사람(특히 남성)이 당시에 쏟아지다시피 발행된 수많은 신문과 책자를 읽음으로써 정치적으로 각성할 수 있게 되었다. 성인과 아동 모두 기존의 학교체계 바깥에서 이런저런 방식으로 이러한 발전의 혜택을 받았다. 그리 오래가진 못했지만 주목할 만한 실험이 1830년대에 전국노동자연맹(NUWC)에 의해 행해졌다. 러벗이 지도자로서 빛을 발했던 이 조직은 의회개혁을 위해 전국에 걸쳐 결성된 조직이었지만, 지역별로 정치문제 토의와 학습을 위한 학급을 편성하도록 요구받았다. 더욱이 그의 주장에 크게 고무된 운동가들이 시민교육에 특별한 기여를 했는데, 이는 영국에서 거의 유례를 찾을 수 없는 일이다. 그들은 노동자들이 스스로를 교육할 광범위한 기회를 창출했으며, 차티스트 운동의 핵심적인 정치적 목적에 비추어 볼 때 그런 교육의 정치적 내용도 없지 않았다. 19세기 전체에 걸쳐 이질적인 단체들이 성장하면서 이런 일들을 계속해 나갔으며, 마침내 1903년에 '노동자교육연합'으로 결합되었다.

1870년대 이전에 하층민 자녀들이 학교교육을 받을 수 있었던 것은 두 종교단체 덕분이었다. 1833년에 정부는 이들 단체에 매년 교부금을 지급하기로 결정했다. 1839년에는 교부금을 관리하기 위해 추밀원 특별위원회가 구성되었고, 학교운영을 감독하기 위해 국왕 직속의 장학관이 임명되었다. 여기서 관심을 끄는 것은 교부금과 장학체계 그리고 시민교육의 관계이다. 1859년에 추밀원 부의장, 즉 교육부장관이 된 로우(Robert Lowe)는 1862년에 '개정 교육법'을 발의했는데, 이 법안은 학생들의 3Rs(읽기, 쓰기, 산수)능력을 검사하고 이들 기본기능의 실력수준에 따라 학교에 교부금을 제공하는 것을 골자로 했다. 하지만 시험공부에 매달리다보니 도덕과 역사 수업(아주 약간 시민교육을 다루는 영역)에는 결과적으로 교부금이 지원되지 않았다. 장학관이었던 아놀드(Matthew Arnold)는 이를 개탄했다. 그는 또한 읽기수업조차 매우 과장되게 보고되어 학생들이 거의 이해하지 못하는 실정이라고 지적했다.

다른 한편, 애초에 빈곤층 교육을 위해 설립되었던 사립중학교들이 19세기 말에 이르러서는 빅토리아시대의 특권층 자제들을 교육하는 곳이 되어가고 있었다. 19세기의 맥락에서는 시민자질 교육이 사회 최상층 자제들이 공직에 복무하도록 교육하는 것으로 해석될 수도 있다는 점을 다시금 인정하자. 고전과 품성형성 과목이 지니는 수월성은 곧잘 인정되어 왔지만, 여타 과목들을 배제하면서 그리스·라틴 어문학을 가르치는 것은 학생들이 균형 잡힌 교육을 받고 당대의 공공사안들에 주의를 기울이는 사고의 틀을 형성할 기회를 박탈했다.

2차 선거법 개정이 있은 지 3년 후 포스터법이 시행되자 첫째, 그 교육법이 개정 선거법에 대한 대응인가, 그리고 둘째, 기숙학교에서 어떻게 국가가 시민교육에 영향을 행사하는가 하는 물음이 불가피하게 제시되었다.

1867년의 개정 선거법은 유권자의 수를 대략 250만 명이나 증가시켰는데, 이는 거의 성인남성 셋 중 하나에 해당하는 수치였다. 자발적인 초등교육체계에 존재하는 역력한 격차를 줄이고 비효율성을 개선할 국가의 책임을 인정하는 일은 확실히 오랫동안 지체되었다. 개정 선거법이 이를 정당화하는 데 힘을 실었던 것이다.

학생들에게 '읽기 · 쓰기'를 가르쳐야 한다고 한 로우의 언명과 별도로, 기숙학교들은 어떤 의미에서 시민성 함양이라는 자신들의 임무를 준비했던가? 1914년으로 가 보면, 개정 교육법이 초기에 유발했던 부작용에도 불구하고 시민교육 분야에서 모종의 성과가 있었음을 알 수 있다. 런던교육위원회의 적극적인 조치는 눈여겨 볼만하다. 중앙정부(1899년부터 해당 부서는 교육위원회(Board of Education)로 불렸다)는 때때로 교사용 지침서를 발행하기도 했다. 그 중 1914년판을 보면, 초등학교의 목적은 학생들이 '지적으로뿐만 아니라 실제적으로도 일상의 업무를 수행할 능력을 갖추도록' 돕는 것이라고 밝히고 있다. 1910년 판에는 두 가지 교육적인 언급이 들어 있다. 첫째는 '잠재적 교육과정'이라 불리게 된 학교의 '교풍'으로부터 시민들의 습관이 길러져야 한다고 권고하는 내용이다. 둘째는 엄청나게 많은 분량을 할애하여 절제를 강조하는 내용인데, 흥미롭게도 이 항목은 당시 프랑스의 교수요목에도 포함되어 있다. 달리 말해, 보통의 시민은 건강한 근로자가 되도록 배워야 한다는 것이었다. 이와 더불어 애국심과 시민의식 고취 나아가 제국주의적 긍지의 고취를 위해 역사를 가르쳐야 한다는 주장이 제기되었지만, 공립학교의 역사교육이나 제국주의 의식 함양은 별다른 진척이 없었다.

그렇지만 이미 이 시기 이전에 사립중학교들은 학생들에게 제국주의 의식을 불어넣는 선전운동을 행하고 있었다. 선전운동으로서 간주되기보다는, 식민지 신민들보다 인종적 · 종교적 · 행정적으로 우월한 데서 오는 영국의 제국적 운명에 대한 진리로 간주되었다. 수많은 운동이 무성하게 펼쳐졌고 이들 운동단체는 계층을 망라해서 대중성을 확보했다. 어떤 연구자는 1901~1920년 기간 동안 소년 · 청년의 40%가 이들 운동단체 중 한두 곳에 소속되었다고 평가한 바 있다. 또 다른 평가에 의하면 1900~1980년 기간 동안 청년층의 60%가 일정 시기에 제복을 착용하는 단체에 가입한 경험이 있다. 두 번째 경우의 비율에는 보이스카우트나 걸스카우트에 소속되었던 약 1,300만 명이 포함된다.

청소년단체들은 본질적으로 훌륭한 시민자질이 건전한 생활 그리고 제국에 대한 긍지에 있다고 해석함으로써 학교에서 전수되어오던 이들 요소를 강화하였다. 하지만 1960~70년대에 와서는 두 가지 요소 모두 전적으로 시대에 뒤떨어진 것이 되었다. 이제는 민주적 참여를 위해 필요한 것이 된 적극적인 사회 · 정치적 분별력은 '건전한 생활'을 가르치는 수업을 통해서는 가르쳐질 수 없게 되었다. 그리고 '제국에 대한 긍지' 아래에 놓여있는 인종적 기만은 영연방 지역에서 이주해 오는 사람들(어떤 정의관이나 도덕관에서 보더라도 열등한 사람들로 대해질 수 없는)이 늘어남으로써 새롭게 요구되는 시민권 형식과 잘 맞지 않게 되었다. 이제 이렇게 질문해야 한다. 1차 대전 이후 시민교육의 실제에 있어 지배적인 태도는 어떤 것이었나?

1918년의 4차 선거법 개정은 21세 이상의 모든 남성 그리고 30세 이상의 모든 여성에게 투표권을 부여하였다. 하지만 이 조치는 시민교육에 대한 공식적인 태도에는 별다른 변화를 가져오지 못했다. 즉, 사회적 순응과 정치적 충성은 여전히 당시의 질서 그대로 남아있었다.

1938년의 중등교육 관련 스펜스(Spens) 보고서는 시민권을 직접 가르치는 것에서 거리를 두었으며, 그보다는 16세 이하의 학생들에 대한 시민교육의 목적으로 특히 근세사를 활용할 것을 주장했다. 5년 후의 노우드(Norwood) 보고서는 "미성숙한 학생들로 하여금 성인의 경험을 내포하는 사안들에 관심을 갖게 하려고 시도해서는 해로운 결과만 초래될 것이다. 관심을 갖도록 강제한다는 점에서 학생들에게 직접 해가 되고, 학생이 바람직하지 못한 반응을 보일 경우를 감안하면 장기적으로 교육의 목적에 해가 된다."고 단언한다.

그 다음 해에 교사양성에 관한 맥네어(McNair) 보고서가 간행되었는데, 조심스럽게 양면적인 입장을 보였다. 한편으로는 각급학교에 특별히 사회봉사와 정부기구를 공부한 교사들이 어느 정도 있는 게 바람직하다고 하면서, 다른 한편으로는 "시민권은 도덕적 반성의 습관 그리고 높은 의무감과 별도의 근거를 갖는 게 아니다."라고 단언함으로써 시민권의 성격을 엄격히 제한하는 입장을 보였다.

1930~1950년대 영국에서 시민교육이라는 주제를 둘러싸고 존재했던 난점들은 시민교육협회(Association for Education in Citizenship, AEC)의 역사에 고스란히 남아있다. AEC는 1934년 사이먼 경(Sir Ernest Simon)과 허백 여사(Mrs Eva Hubback)가 "시민권 공부와 훈련을 촉진하기 위해" 설립하였다. 시민권을 직접 그리고 일반적으로 가르치기 위해 AEC가 내놓은 해결책은 두 가지 경로로 도달하게끔 되어 있었다. 하나는 어떻게 시민권이 수용가능하면서도 효율적으로 '직접' 가르쳐질 수 있는지 출판물을 통해 보여주는 것이었다. 두 번째 경로는 정치인들 그리고 여타의 유력 인사들에게 자신들의 구상이 가치 있으면서도 실천가능하다고 설득하고자 하는 목표를 지닌 압력집단으로서 행동하는 것이었다.

하지만, 매우 유망한 여건에서 동원된 이들 전문가의 활동조차 공무원의 의구심과 타성을 극복할 수는 없었다. 게다가, AEC의 이사회 자체에도 (위에서 본) 노우드 박사(Dr

Cyril Norwood)를 위시하여 숨어 있는 트로이목마들이 다수 있었다. 이에 더해, AEC가 좌파적 정치색을 띤다는 비판에 대처하기 위해 자타가 공인하는 보수인사들을 영입했는데, 공직자의 보수화를 극복하려 했던 시도가 스스로의 계획을 실제로는 파괴한 것으로 볼 수 있다.

1962~1972년의 기간은 1930~1940년대와 비교할 때 유사한 부분도 많고 또 구체적으로 살펴보면 흥미로운 차이점도 많이 드러난다. 이러한 비교는 네 가지 항목으로 구분해서 하는 것이 유용할 것이다.

첫째, 각 시기마다 정치적 정당화 작업이 존재하였다. 1930~1940년대에는 전체주의의 도전에 대응하기 위해 정당화가 수반되었다. 나중에 1970년에 가서는 선거권 연령을 21세에서 18세로 극적으로 낮추는 일이 벌어졌는데, 이는 새로운 선거시대의 개막을 알리는 것으로 보였다. 둘째, 시민교육을 둘러싼 논쟁은 국가주도교육에 있어서의 기대 혹은 계획된 변화를 배경으로 하여 이루어졌다. 1930~1940년대의 주된 관심사는 모든 학생들에게 중등교육을 제공하는 것이었다. 1960년대에는 학교를 졸업하는 연령을 16세로 높이는 데 주된 관심이 두어졌고 이는 1972~1973년에 실행되었다. 의무교육연한 종료시점에 근접한 학생들조차 너무 미성숙해서 시민교육을 받기에 부적합하다는 주장은 이제, 특히 최연소 졸업자조차 투표권연령에 겨우 두 살 미달하게 되는 수준에 이르자, 눈에 띄게 약해졌다. 비교의 세 번째 요소는 정부당국이 간행한 출판물이다. 1960~1970년대 저자들은 1930~1940년대 저자들과는 전혀 다른 관점의 세계에 살고 있었다. 그들은 문명사회 구성원들이라면 법의 지배, 소수견해 존중, 표현의 자유, 신뢰와 책임 그리고 (국민의) 동의에 의한 정부 같은 이념들을 이해해야 하며 또 배워야 한다고 주장하였다. 학교졸업연령이 상향조정되었을 즈음에, 정치협회(Politics Association)가 설립되었는데, 이를 AEC와 비교하는 것이 네 번째 비교요소이다. 학문적 차원이 아니라 대중적 수준에서 정치를 가르치는 일의 위상과 효율을 높이기 위해 전문가단체를 만드는 게 협회의 계획이었다. 1969년에 설립된 이 협회는 정치적 교양이 널리 보급되고 개선될 필요가 있다는 의식을 고양하는 데 성공하였다.

시민교육 일반에 관한 주류 논쟁으로 돌아가 보면, 1980년대 후반 들어 시민교육에 대한 관심이 증대되었다. 정치적 측면에서 볼 때 좌파에 비해 우파가 시민교육을 학교에 맡기기가 더욱 어려웠기 때문에, 1988년에 보수당이 당의 색채를 새롭게 하기 위해 갑작스레 '능동적 시민권' 개념을 채택한 것은 아주 획기적인 사건이었다. 애초에 교육과 관련된 것은 아니었지만, 책임 있는 시민권은 일정한 지식과 분별력 그리고 도덕적 신념을 요구하며 이는 18세 이전에 최선을 다해 배워야 하는 것이라는 점을 부인하기는 어려웠다. 사실, 보수당의 일시적 유행은 지속되지 못했지만 시민권의 개념은 다시금 살아났다. 보수당이 '능동적 시민권'의 기치를 내걸었던 그 해에, 하원의장은 '능동적 시민권을 장려하고 계발하며 인식할 최상의 방도'를 모색하기 위한 위원회를 발족시켰다. 그 위원회의 보고서에는 학교에서 시민권을 가르치는 데 대한 권고들이 포함되어 있었다. 이 권고사항들은 국가교육과정위원회(National Curriculum Council, NCC)로 보내졌는데 NCC는, 영국 역사상 처음이자 그동안 고수해오던 전통과는 사뭇 다르게, 모든 공립학교에 공통적으로 적용될 교육과정을 편성하는 일을 지원하기 위해 설립된 기구였다. 1988년 교육개혁법에는 국가수준의 교육과정이 편성되어야 한다는 규정이 포함되었다. 그에 더해 1989년에 교육과정의 윤곽이 잡히면서, 부차적인 형태이긴 하지만, 시민권 관련 내용이 포함되어야 한다는 조항이 만들어졌다. 중등학교 수준에서 시민권 관련 내용이 필수과목이 되어 AEC의 목표가 달성되기까지는 또다시 시간이 좀 걸렸다.

1997년에 노동당이 집권하면서 교육노동부장관이 된 블런킷(David Blunkett)은 시민교육을 학교의 주요 교과목으로 편성하기로 결정하고 크릭(Bernard Crick)을 단장으로 한 시민권자문단을 구성하였다. 자문단은 학교에서의 효과적인 시민교육에 대한 권고를 제공하고, 민주주의의 본질과 참여의 실제, 시민으로서 개개인이 지니는 의무와 책임 그리고 권리, 공동체 활동이 개인과 사회에 대해 갖는 가치 등을 시민교육의 내용에 포함하고자 하였다. 여러 면에서 분위기가 좋아서 이러한 구상은 성공적으로 진행되었다. 앞서 보았듯이, 이미 보수당이 '능동적 시민권'이라는 기치를 내걸었던 배경이 있었고, 범죄에 대해 보다 많은 국민들이 관심을 갖게 되었으며, 유권자들의 투표율이 낮은 데 대해 정치인과 학자들 그리고 언론매체들이 더욱 관심을 갖게 되었다. 자문단이 11~16세 대상으로 제시한 교수요목의 기본구조는 도덕·사회적 책임, 공동체 참여 그리고 정치적 판단력의 세 부분으로 이루어져 있다. 조금 달리 표현하자면, 현명한 시민이 되는 데 필요한 지식과 분별력, 탐구와 의사소통 기능의 개발, 참여하고 책임 있게 행동하는 기능의 학습이라 할 수 있다. 영국 헌정체제에 대한 판에 박힌 학습에서 한참 더 나아가는 것이다. 게다가, '공동체 활동'과 '민주주의 참여'를 포함시킨 것은 "이들 개념이 정치교육에서 더 나아가 시민교육으로 확대되게 만들었다."는 함의를 지닌다.

이러한 기본구조로부터 15~16개의 구체적인 주제 그리고 그 주제들을 학습하는 접근법이 도출된다. 학습주제에는 법적, 정치적, 종교적, 사회경제적 제도와 체제들이 두루 포함되며, 지역적, 국가적 그리고 전지구적 차원에서 다루어진다. 시민권 관련 내용이 11

세 이하 및 16세 이상 수준에서도 교과목으로 채택되긴 했지만, 11~16세라는 핵심 연령층에 대해 2002년 이후 법정 필수과목으로 지정되었다는 점이 매우 중요하다. "잉글랜드(스코틀랜드, 웨일즈, 북아일랜드의 경우는 여전히 아니지만)는 유럽(사실 미국과 구 영연방까지 포함해서)에서 시민권이 마지막까지 국가교육과정에 교과목으로 포함되지 않은 나라"였지만 이제 다른 나라들과 같은 반열에 오르게 되었다. 어떤 점에서는 미국보다 앞서는 측면도 있다.

## 4. 미국의 시민교육[2)]

### 1) 역사 위주의 시민교육

미국의 초창기 시절에는 교육에 대한 사고의 중심에 그 어느 것도 놓여있지 않았다. 그럼에도 불구하고, 국가의 복리는 시민적 덕성, 즉 공공선을 위한 책무를 사적 이익보다 우선시하는 마음가짐을 갖출 역량을 지닌 교육받은 시민들에게 달려 있다는 믿음에 있어 건국인사들 거의 모두가 일치했다는 점은 유념할 만하다.

건국인사들 중 상당수는 자유와 평등, 대중의 동의, 그리고 공공선에 대한 헌신을 위한 보루로서의 교육에 대해 논의하였다. 진보적이든 보수적이든 간에, 혁명세대의 많은 사람들은 국가의 복리는 교육받은 시민들에 달려있을 뿐만 아니라 학교, 특히 무상 보통교육을 하는 공립학교가 민주공화국의 모든 구성원에게 요구되는 시민적 가치와 지식 그리고 책무를 시민들에게 교육하는 최선의 길이라는 신념을 계속해서 주장하였다. 그들 대부분은 시민교육의 주된 요소가 문자해독능력 그리고 애국적 · 도덕적 가치의 고취라는 점에 동의하였다.

많은 건국인사들이 교육이 국가의 복리에 중요하다고 확신하였지만, 어떤 종류의 교육이 시민들로 하여금 더 나은 정치적 판단을 내리도록 준비시킬 것이며 그리하여 더 나은 시민이 되게 할 것인지에 대해서는 의견일치가 거의 이루어지지 않았다. 19세기에 보급되었던 교과서들이 지침으로 간주될 수 있다면, 역사수업은 개신교의 보조도구여야 하며 정부론 수업은 연방주의의 정통성을 위한 보조도구여야 한다는 생각이 광범위하게 받아들여졌던 것으로 보인다. 그러던 것이 19세기 말에 이르러 바뀌기 시작했다.

19세기 말과 20세기 초에 이르러 중등학교 역사교육은 전문가단체와 학술단체의 영향을 점차 더 많이 받게 되었다. 그들 단체의 위원회에서 간행한 보고서들은 수십 년 동안

2) 이 부분의 논의는 Butts(1988), 김해성 옮김(2007)의 1-2장에서 인용 · 요약한 것임.

교과서 집필과 교수법적 관심에 도움을 주었다. 역사교과서 및 교육과정에 보다 엄격한 학문적 지식을 도입함으로써 역사교육을 강화·확대(그럼으로써 정부론에 대한 강조를 축소)하려는 노력이 특히 유의할 만하였다. 1892년 '매디슨 협의회'에서 여러 제안들이 채택되었는데, 이 제안들은 '전미교육협회(NEA) 10인 위원회'가 전체 중등교육과정의 전반적인 재검토를 하는 과정에서 한 부분을 이루게 되었다. 1893년에 간행된 '10인 위원회' 보고서는 1894년에 다시 간행되었다.

사실, 이들 교과에 대한 보고서를 작성했던 '매디슨 협의회'는 중등학교에서 정부론은 전반적으로 역사적으로 접근되어야 한다고 권고하면서 정부론 및 헌법 수업을 대부분 역사에 넘겨주었다. 역사적 관점이 우선시된 이유는 매디슨 협의회의 구성을 보면 부분적으로 알 수 있다. 구성원 중 네 명이 역사학자였고 다른 세 명의 구성원은 정치학과 정치경제학 대표였으며 또 다른 세 명은 중등학교 교장이었다.

협의회의 주된 경향은, 정부론 및 헌법을 역사의 한 부분으로 배우도록 하는 쪽으로 기울어 있었을 뿐 아니라, 정부론 내에서도 주변의 지역기구에 대한 보고서 작성이라든지 지방정부(가능하면 주정부까지) 참관, 지방법원 및 시의회 견학, 모의 마을회의 및 의회 참가 등을 강조하는 쪽이었음이 분명해 보인다. 어쨌든, 헌법의 토대가 되는 전거나 원리들을 체계적이고 지속적으로 공부하는 것은 매디슨 협의회나 10인 위원회의 논제에서 상위 항목이 되지 못했다.

그런데 1960년대 및 70년대 초에 여러 가지 영향들이 이상하게 어우러져, 학교교육과정 전반 특히 사회교과의 목적인 시민양성의 임무를 퇴색시키는 데 일조하였다. 역사와 사회과학 분야에서 전문적인 조사연구가 중시되었고, 그 영향으로 교사들도 정치적 판단력을 기르기 위해 역사를 공부해야 한다는 생각을 버리게 되었다. 베트남전과 워터게이트 사건에 대한 항의와 대학가의 소요사태가 번져가면서 이런 분위기는 최고조에 이르렀다. 이들 사태는 교육이 '시민적 덕성'처럼 국수주의적인 혹은 고루하게 여겨지는 내용을 함양하려는 것을 거부할 뿐만 아니라 과거사를 공부하는 것은 현실에 부적합하다면서 무관심해지는 경향을 초래하였다. 1960년대와 1970년대의 '신사회과(new social studies)'는, 반역사적이지는 않다 해도, 대체로 탈역사적이었으며 교육의 시민양성 임무에 대체로 무관심했다.

이제 1970년대 중반으로 가보자. 교육학자들 특히 사회교과교육학자들은 시민교육이 미국사회 보편교육의 기본적인 목적이라고 지난 반세기 그 어느 때보다 훨씬 강력하게 다시 주장하기 시작했다. 교육의 시민양성 임무가 이처럼 되살아나는 조짐들은 분명해 보이지만, 다음과 같은 성가신 문제들은 쉽사리 사라지지 않을 것이다. 즉, 이러한 부흥에서 역사교육이 중요 요소가 될 것인가, 아니면 시민론/정부론과 법교육, 도덕·윤리교육, 그리고 여타 사회과학 및 인문학의 분과학문 쪽에 중심이 두어질 것인가?

1970년대~80년대 동안 시민교육에 대한 의견들이 수렴되어 왔으며 사회교과 안팎에서 교육전문가들의 합의가 점차 광범위하게 형성되어 왔다. 1975년 전미사회교과교육협의회(NCSS) 집행위원회는 시민교육이 다시금 사회교과의 주된 초점이 되어야 한다고 결의하였다. 1977년에 바·바스·셔미스는 "수십 년간의 불일치를 겪은 지금, 사회교과의 주요하고도 지배적인 목적은 시민교육이라는 데 전반적인 의견일치가 이루어져 있다."고 단언하였다. 1979년에 12개 교육관련 학회(NCSS 포함) 연합운영위원회는 "교육자들은 교육의 최고 목표가 국내문제와 세계문제 모두에 참여할 역량을 지닌 식견 있고 사려 깊은 시민들을 기르는 것이라는 데 동의한다."고 천명한 『교육의 핵심사항들』을 승인하였다. NCSS 사회교과 교육과정 지침 1979년 개정판에 의하면, "사회교과교육의 기본적인 목표는 젊은이들로 하여금 점점 상호의존적으로 되어가는 세계 속에서 인정 있고 합리적이며 참여적인 시민들이 되도록 준비시키는 것이다."

역사를 교육과정의 중심에 놓자고 하는 사람들이 시민적 가치를 얼마나 많이 강조할지는 분명치 않다. 수월성 운동을 이끄는 사람들은 흔히 '사회교과'보다는 역사, 시민론, 지리라고 부르는 것을 선호한다. 이는 시민적 가치는 시민론이나 정부론에서 담당하고, 역사는 인문학 공부에 적합한 지적·문화적 소양 계발을 목적으로 하는 광범위한 문명서술에 주된 관심을 기울여야 한다고 시사하는 것으로 보인다.

이상과 같은 흐름과 별도로 헌법을 가르치고자 하는 움직임 또한 강약을 오가며 계속되어 왔다.

### 2) 헌법 위주의 시민교육

미국 헌법제정 200주년 위원회 출범(1985)을 전후하여 수행되었던 많고도 다양한 기획들 중 최초이자 매우 중요한 것으로 미국역사학회와 미국정치학회가 공동으로 후원한 '프로젝트 87'을 들 수 있다. 그 첫 번째 단계는 몇 차례 학술회의를 개최하고 또한 헌법의 다양한 측면에 대한 학술연구에 연구비를 교부하는 것이었다. 각급 학교에서의 헌법교육을 다루는 두 번째 단계는 1980년에 시작되었다. 중등학교 헌법교육에 관한 첫 번째 간행물이 1981년에 발간되었고, 이어서 고등학교 미국사, 정부론, 시민론 과목을 위한 학습보조자료로 고안된 64개의 『헌법수업』으로 이루어진 책자가 1983년에 준비되고 1985년에 발간되었다.

1985년 이후 매우 많은 간행물이 발간되었으며, 이들 중 다수가 학교에서의 헌법 교수·학습 개선을 목적으로 하였다. 게다가 점점 더 많은 단체들이 헌법관련 학술회의와 연수, 토론회, 전시회 및 교육자료 개발 등의 계획을 제출하였다. 아마도 200주년 위원회의 공동후원 하에 학교에서 수행된 가장 광범위하고 장기적이며 창의적인 기획은 '200주년 기념 헌법·권리장전 전국경연대회'일 것이다. 시민교육원이 개발한 이 대회는 1987~1991년 5년 동안 시행되었다.

이런 기획이 갖는 교육적 효과가 상당하다는 점을 인정하더라도 여기서 유념해야 사항이 있다. '헌법을 가르치고자 하는' 열의는 영욕이 교차하는 긴 역사를 지니고 있으며, 헌법이 창안되고 제정된 이래로 200년 이상의 기간 동인 내내 헌법의 의미에 대해 상이한 의견과 뿌리 깊은 논쟁이 있어왔다. 연방주의자와 반연방주의자, 비준파와 반비준파, 그리고 엄격한 헌법주의와 유연한 헌법주의에서 사법소극주의와 사법적극주의, 헌법의 원래 의도를 주장하는 쪽과 원칙에 입각한 해석을 주장하는 쪽에 이르기까지 다양한 대립이 그 예이다. 이들 상충하는 견해를 교육에서 어떻게 다룰 것인가?

### (1) 성립기(1790년대~1890년대)

일반적으로 미국에서는, 개인과 집단들이 헌법수업이 국민의 단결을 증진시킬 것이라거나 혹은 모종의 위협을 방지하여 사회전반의 안정을 도모하는 경향이 있을 것이라거나 또는 그 자체가 유익하다고 믿을 때, 학교에서 헌법공부를 강화해야 한다는 요청이 제기된다. 최근에 이르기까지 미국사회의 주류 집단들은 학교가 헌법에 대한 논쟁적인 의미나 해석을 가르치는 것을 여간해선 바라지 않는다.

미국 건국 후 처음 일백 년 동안은, 거의 모든 정부론 교재에서 헌법이 가장 중요한 역할을 하였다. 교재들은 헌법을 모든 시민이 충성과 헌신의 의무를 지는 국가적 정통성의 상징으로서 존중하고 심지어는 찬양하는 분위기를 띠었다. 새로운 국가의 정체성의 상징을 수립함에 있어 헌법이 그 역할을 수행하게 되었다.

앞서 보았듯이 (제퍼슨주의자 혹은 공화주의자라 할 수 있는) 녹스와 스미스는 헌법과 주요 법률을 문답식으로 가르칠 것을 주장했다. 이들과 정치적으로는 반대편이랄 수 있는 (이른바 연방주의자인) 윈체스터(E. Winchester)나 웹스터 또한 문답식 헌법교육을 제시하였다. 결국 헌법을 넓게 해석하는 연방주의자들과 엄격하게 해석하는 공화주의자들 간의 차이가, 특히 일련의 질문과 답변을 암기하게 하고 의문이나 논쟁 없이 '진리'를 주입하는 것을 일차적인 목적으로 삼았던 '문답식' 접근법의 견지에서 볼 때, 학교 헌법교육에서 두드러지게 나타났는지는 의문의 여지가 있다.

그 후에 보다 일반적인 접근으로 헌법조항을 하나하나 해설하는 '축조(逐條)식' 방법이 등장하였는데, 이 방법은 수정 이전의 헌법에 규정된 연방정부 3부문의 공식적인 구조를 분명하게 강조하였다. 권력분립 및 견제와 균형에 상대적으로 더 많은 관심이 할애되었으며, 권리장전에는 상대적으로 관심이 적게 할애되었다. 시간이 흐름에 따라 헌법해석에 생겨난 변화를 비판·설명하거나 논쟁적인 문제를 다루고자 하는 시도는 없는 것이나 다름없었다.

남북전쟁의 발발이 합중국 보존에 대한 관심을 상당히 불러일으키긴 했지만, 교과서에서 헌법에 대해 논쟁적으로 가르치는 경우는 여전히 거의 찾아볼 수 없었다. 헌법의 의미에 대한 의견들이 아무리 다양하다 해도, 헌법에 대한 일정 수준의 지식과 굳건한 충성이 대부분의 시민들에게 요구되는 것으로 보였다.

결국 합중국 및 헌법의 본질에 대해 계속된 정치논쟁 그리고 심지어 전쟁에도 불구하고, 적어도 표면상으로는 교실에서의 헌법수업에서는 그런 논쟁이 별로 다루어지지 않았다. 미국인들은 분명 학교가 일반적으로 시민을 양성하기를 원하긴 했지만 특정 정당이나 당파 혹은 단체의 신조를 학생들에게 주입하는 것을 원하지는 않았다.

### (2) 쇠퇴기(1890년대~1920년대)

19세기 말과 20세기 초에 들면서, 학교에서의 헌법교육에 대한 기대는 전문가 및 학술단체의 영향을 점점 더 많이 받게 되었는데, 이들 단체가 작성한 보고서들은 교과서를 만들고 교수법적 관심을 조성하는 데 도움을 주었다. 1880년대와 1890년대에는 학구적인 관심이 많은 교육자들이 중등학교 교육과정을 지배하는 경향이 있었다. 앞에서 보았듯이, 역사공부를 확대하고 강화하려는 노력으로 인해 정부론이 덜 강조되었으며 그리고 헌법 암송도 줄어들게 되었다.

정부론 그리고 특히 헌법 공부의 원래 목적은 시민자격 훈련이었다. 하지만 교육과정이 직업관련 실무교과는 말할 것도 없고 역사와 사회과학 같이 '새로운' 그리고 보다 '현대적인' 교과로 이루어져야 한다는 주장들로 인해, 명시적이고도 공식적인 헌법교육은 사실상 유지되기가 한층 더 어려운 상황이 되었다.

정부론을 역사와 분리하여 독립과목으로 편성해야 한다는 압력이 학계 안팎에서 가해졌지만, 1900년대 초에 정치학, 경제학, 사회학 등 새로운 사회과학 분과에 의해 정부론

과목에 대한 관심이 급증했음에도 불구하고 이러한 압력이 반드시 헌법에 대한 보다 명시적인 관심으로 귀결된 것은 아니었다.

1903년에 미국정치학회가 결성되었는데, 학회는 곧장 초·중등학교에서의 정치학 교육에 관심을 갖게 되었다. 미국정치학회 '중등학교 미국정부론 수업 5인 위원회'의 1908년 보고서는 8학년과 12학년에서 한 학기씩 정부론을 배워야 한다고 주장하였다. 수십 여종의 지역사회 시민론 교과서들이 바로 이 권고사항들을 따르기 시작했다. 게다가, 위원회는 1916년의 보고서에서도 정부론 과목의 표준교육과정이 개편되어야 한다고 계속해서 주장하였다.

고등학교과정에서는 정부조직, 권력분립, 의회, 행정부 등에 관심을 기울여야 한다는 점을 인정하였지만, 주된 목표는 이들 내용을 연방정부뿐만 아니라 주정부 및 지방정부의 기능과도 관련짓는 것이다. 정부론 공부는 형식적이 아니라 기능적이어야 하며, 이는 역사가나 역사수업에 맡겨져서는 안 된다는 것이다. 위원회는 정부론 분야에 보다 독립적이고도 명시적인 과정을 설치할 것을 강력하게 요청하였다. 중학교의 경우에는 지역사회의 복지를 강조하는 지역사회 관련 시민론 과목들이 이에 해당한다. 고등학교의 경우에는 사회과학(역사 제외)을 다루는 1년 과정의 과목이 해당하는데, 과정의 적어도 절반은 지역문제를 보다 강조하는 정부론에 할애되어야 한다고 하였다. 그리하여, 역사와 정치학의 측면에서도 헌법의 비중을 줄이고 여타 주제를 더 많이 다루는 경향을 띠었다. 이러한 입장들은 당시의 교육전문가들에게 커다란 영향을 끼쳤다.

### (3) 보수주의의 물결(1920년대)

이민 급증과 노동계층 성장에 따른 반급진주의 및 반외국인 운동의 두려움과 좌절은 1차 대전의 공포와 불안 그리고 상실감으로 인해 대내적으로뿐만 아니라 대외적으로도 충성과 애국, 희생에 대한 요청으로 이어졌다. 학교에서의 헌법교육을 요구하면서 이를 주 법률로 인정받게 하는 대중운동이 괄목할만한 성공을 거둔 것은 전후의 이러한 상황 속에서였다. 1923년에는 23개 주가 그러한 법률을 가결 혹은 재강조하기에 이르렀고, 1931년까지 43개 주가 그렇게 했다.

이러한 성과를 이루는 데 가장 큰 영향력을 발휘한 두 집단은 협조체제에 있던 전국안전연맹(National Security League, NSL)과 미국변호사협회(American Bar Association, ABA)였다. NSL은 서유럽과 미국에서 민주주의에 대한 독재정치의 위험과 중앙권력의 위협을 일깨우기 위해 1914년에 결성되었다. 1차 대전이 끝나자 NSL은 애국주의를 일깨우는 일에서 학교시민교육을 진흥하는 쪽으로 반향을 전환하였는데, 그들의 활동은 급진주의에 대적하며 특히 주 의회가 헌법교육을 요구하게끔 설득하는 정치운동을 벌이는 데 주력하였다. NSL은 두 개의 법률안 초안을 제출하였는데 20개 이상의 주에서 이를 토대로 매우 유사한 법률제정을 추진했다.

1928년 무렵에 이르기까지 NSL의 헌법교육위원회는 계속해서 그와 같은 입법로비활동을 성공적으로 수행하였다. 연방하원은 그에 부응하여 1925년에 전국의 모든 교육기관이 정규교육과정의 일부로 헌법과목을 편성하도록 요구하는 결의안을 통과시켰다. 의회의 명령을 이행하지 못한 경우에도 제재가 가해진 것은 아니다. 그러나 이들 개정법령 대부분이 아직까지 법령집에 남아 있다. 1920년대는 취학연령층의 모든 이에게 공통의 충성심과 애국심 그리고 미국정신을 고취하도록 헌법이 명시적으로 가르쳐져야 한다는 광범위한 사회적 기대가 형성된 시기였다.

아마도 학교 헌법교육 장려에 훨씬 더 큰 영향력을 발휘한 것은 ABA일 것이다. 원래 애국주의적인 전문가조직은 아니었지만, ABA는 1920년대 초에 헌법이 급진주의를 막고 이민자들의 미국화를 돕는 보루가 되어야 한다는 사회 일각의 요청에 부응하였다. ABA는 헌법교육이 사회주의와 공산주의뿐만 아니라 진보주의와 노동계층 및 대중영합주의의 공격으로부터도 사유재산의 가치를 보호하는 것을 근본적으로 지지할 필요성에 대해 훨씬 더 명시적인 입장을 취했다.

ABA의 '기대 수준'은 매우 높으면서도 매우 명시적이었다. 그 기대 수준에는 학교가 하는 일을 점검하고 학년별로 과목 및 교재의 내용의 개요를 제시하는 것이 포함되었다. 전반적으로, ABA 시민교육 특별위원회는 교재가 예전의 일들을 자세하게 해설하는 방식으로 복귀하고 또한 헌법에 정통한 저자들에 의해 집필되기를 원했다.

### (4) 자유주의의 물결(1930년대~1960년대)

1920년대가 끝나고 뉴딜시대가 열리면서 이르러 정계와 교육계의 분위기는 1920년대 초의 소동에서 뚜렷하게 벗어났다. 게다가 헌법을 가르치라는 의회 명령이 전국의 거의 모든 곳에서 이행되었다. 그러나 다수의 교육계 지도자들의 분위기와 경향은 보다 긴박한 여타의 사회적 쟁점들로 옮겨가기 시작했다. 다수의 교육자들은, 의회가 각급 학교의 교육과정을 통제해야 한다는 생각에 결코 호응하지 않은 채, 헌법교육을 법제화하고자 하는 대다수의 애국단체들의 의도와 동기에 대해 회의적인 시각으로 지켜보았다.

하지만 1930년대 말에 이르러, 유럽에 새로운 전운이 감돌고 1938년 '하원 비미국인

활동 위원회'의 발족 이후 시민적 자유에 대한 경계와 침해가 점증하자, 상당수의 법조인과 교육전문가들이 권리장전을 새로운 시각에서 보기 시작했다. 마치 1920년대의 행보에 대한 보상이라도 하듯이, ABA는 1938년에 권리장전 특별위원회를 창립했다. 신임회장 호건(Frank J. Hogan)은 ABA가 자유국가의 정부에서 중요한 제도와 법률 그리고 이상들을 옹호함으로써 오랫동안 공공에 커다란 봉사를 해 왔지만 이제는 개인의 권리와 자유를 지키는 일에 유의할 때라고 주장하였다. 특위는 1940년의 고비티스 국기경례 사건에서 법률고문을 맡아 패소했는데, 그 후 다시 법률고문을 맡았던 1943년의 바넷 사건에서는 고비티스 판결을 뒤집었다. 그러나 2차 대전이 벌어지면서, 권리장전에 비중을 둔 학교 헌법교육에 힘이 실릴 수도 있었던 상황이 한참 후로 연기되었다.[3)]

1940년대와 1950년대에는 보수주의와 새로워진 자유주의 모두 힘을 얻었는데, 결론적으로는 상당수 교육자들의 목소리가 권리장전에 특별히 비중을 두는 학교 헌법교육을 옹호하는 쪽으로 제기되기 시작했다. 예를 들어, '컬럼비아대 사범대학 시민교육연구실(Citizenship Education Project at Teachers College)'은 헌법과 법률에서 자유의 전제조건들을 상세히 인용해서 기록하였다. 이는 확고한 정치적 지식을 확보할 수 있게 하며 또한 정치적인 내용이 시민교육에 관한 여타의 접근들에서 공통부분이 되게 만드는 매우 유용한 작업이었다.

### (5) 권리장전의 부활(1960년대~1980년대)

헌법적 쟁점과 갈등 그리고 논쟁들은 공공생활의 거의 모든 측면 그리고 사생활의 많은 부분에서 반복적이고도 거세게 제기된다. 연방대법원 및 연방법원은 개인의 권리와 시민적 자유와 관련된 일련의 사건들을 일관된 입장에서 청취하고 판결하는 것으로 보였다. 예전의 시민론 교과서에서 논의한 권력분립이 사실 온건하고 밋밋한 것으로 보였던

---

3) 연구자 주: 미국 펜실베이니아 주의 '여호와의 증인' 신도 고비티스(Walter Gobitis)는 자신의 두 아이가 국기경례 행사에 불참했다는 이유로 퇴학을 당하자 지역 교육위원회를 상대로 연방법원에 소송을 제기하였다. 1심과 2심에서는 고비티스가 승소하였지만, 상고심에서 연방대법원은 8:1로 교육위원회의 손을 들어주었다. 프랭크퍼터(Felix Frankfurter) 대법관이 판결문을 작성하였다.
그로부터 얼마 지나지 않아 웨스트버지니아 주의 '여호와의 증인' 신도 자녀 바넷(Walter Barnette)을 비롯한 세 명의 학생이 국기경례규정을 위반했다는 이유로 퇴학당하자, 학부모가 주 교육위원회를 상대로 소송을 제기한 바넷 사건도 사실상 고비티스 사건과 동일한 사건이다. 고비티스 사건 후에 새로 대법관이 된 러틀리지(Wiley Rutledge)와 잭슨(Robert Jacksoh), 기존 대법관 중 견해를 바꾼 더글러스(Willian O. Douglas), 블랙(Hugo Black) 및 머피(Frank Murphy) 대법관이 뜻을 같이하여 바넷의 손을 들어주었다. 잭슨 대법관이 다수의견 판결문을 작성하였다.
본질적으로 동일한 두 사건에 대한 판결이 3년 만에 번복된 것이다.

것과 비교할 때, 워터게이트 사건과 닉슨 대통령의 사임은 '권력분립'과 관련된 진정한 헌법적 위기를 노정하는 것이었다. 이와 비슷한 불일치의 경우가 1986년~1987년의 이란-콘트라 사건 동안에 표면화하였다.

이 기간의 대부분에 걸쳐 자유주의 활동가들은 학교(그리고 필요하다면 통학)에 있어서의 인종차별철폐, 소수집단 및 여성을 위한 소수자우대조치, 신념과 생활 방식의 다양성 그리고 종교·과학·정치적 사안에 대한 교수-학습의 자유 등을 헌법이 지지하는 것으로 해석될 것이라는 기대를 분명하게 드러냈다. 다른 한편, 이 시기의 끝 무렵으로 가면서 보수적인 움직임도 어느 때보다 분명해졌다. 그리하여 그들은 '통학버스 공동이용 강제'를 통한 인종차별 철폐 시도를 막았으며, 공립학교에서 종교를 가르치고 예배를 볼 수 있게 허용하였고, 진화론과 함께 창조론을 공부하는 것을 허용하거나 심지어 요구하기도 하였으며, 세금공제나 증서교부를 통해 사립종교재단학교에 공적 기금을 제공하기도 하였다. 이러한 사안들 그리고 여타의 사안들에 대한 사법적 해석의 조류를 돌리기 위해 헌법을 다시 개정하거나, 의회의 입법을 통해 법원이 그런 쟁점들을 규율하지 못하게 하거나, 혹은 새로운 제헌회의를 소집해야 한다는 주장들이 다시금 제기되었다.

다시금 등장한 이 모든 정치적 갈등 중에서 두드러지는 것은 최근의 헌법적 논쟁 중 다수는 교육문제 및 공립학교와 직접적인 관련이 있다는 점이다. 이들 갈등은 방금 언급한 것과 같은 문제들뿐만 아니라 부모의 권리, 교사의 권리, 행정가의 권리·책임과 관련한 아동과 학생의 권리, 학교안팎에서의 성 문제, 도서 및 참고자료의 검열 혹은 점검, 청소년 관련 형사·민사재판, 징병 혹은 모병제도 등에까지 걸쳐있다. 이런 전반적인 맥락에서 시민적 자유와 권리를 헌법교육의 핵심으로 강조하는 움직임이 전개되고 있었다.

1960년대 말에 학교교육과정에서 헌법적 개념과 가치들을 강조하려는 노력이 한층 더 강화되었는데, 여기에는 법률·교육·사회과학 학계뿐만 아니라 전문법조인, 판사, 사법기관, 학교체계, 그리고 연방법무부 산하 교정국 및 청소년·비행예방국 등의 정부기관들까지 참여하였다. 그 중에서도 지역, 주, 전국 차원의 변호사협회들이 특히 적극적이었다. 캘리포니아 주 변호사협회는 1969년에 '자유사회의 법(Law in a Free Society Project)'을 창립하였고, ABA는 자워스키(Leon Jaworski)가 회장으로 재임하던 1971년에 '청소년 시민교육 특별위원회'를 발족시켰다. 1970년대 ABA의 지도력이 지녔던 위상과 전망은 1920년대의 노력에 비하면 극적으로 변모해 있었다. 미국 전역에 '법교육(law-related education)'이 급속히 퍼져나갔다. 그것은 비단 헌법교육에 국한된 것은 아니었지만, 사회교과에서 다른 어떤 운동도 헌법적 개념과 의미와 관련될 때만큼 시민의 책무와 책임뿐만 아니라 자유와 권리에까지 그처럼 명시적으로 많은 관심을 기울였던 적은 없었다.

사회교과의 '혁신'이 '신사회과(탐구학습, 의사결정, 학문의 구조 등)' 운동에 의해 주도되긴 했지만, 헌법교육의 핵심으로서의 시민의 자유와 권리에 대한 관심은 점점 더 고조되어 갔다. 그 외에도 1950년대 후반에 등장한 (포드 재단으로부터의 파급효과로 생긴) '국가발전기금', '여성유권자 연맹 캐리 채프먼 캣 기금', 그리고 '시민자유교육재단'의 활약도 포함되어야 할 것이다.

1963년에는 권리장전 수업 진흥을 위한 전국 단위의 행사가 NCSS에 의해 거행되었는데 브레넌(W. J. Brennan, Jr.) 대법관과 더글러스(W. O. Douglas) 대법관을 비롯한 저명한 판사들, 법조인들, 교육자들, 그 외 전반적으로 자유주의적인 신념을 지닌 공인들이 참석했다. 또한 미국법과대학원협회, 미국정치학회, NCSS의 공동노력으로 '권리장전교육 전국회의'가 결성되었다. 이 단체는 교수학습자료를 만들고 세미나를 개최하고 교사교육을 담당하였는데, 컬럼비아대학 및 그 사범대학의 '미국인의 자유 연구교육원'은 전국회의의 직접적인 산물이었다.

그 밖에도 1960년대 중반에는 여러 중요한 사업들이 전개되었다. 콜로라도 주 볼더에서는 권리장전 수업을 위한 학교교육과정 세미나가 개최되었고, 캘리포니아 주 교육위원회는 헌법 및 권리장전에 대한 비판적 연구를 장려하기로 의결하였으며, 로스앤젤레스에는 '기본권 재단'이 설립되었다. 시카고, 디트로이트, 세인트루이스, 뉴욕 등지에서는 관내 학교체계 연구가 추진되었다. 그리고 터프츠, UCLA, 시러큐스, 스탠포드, 컬럼비아, 조지타운 등에서는 대학 차원의 연구가 진행되었다.

사실, 보수주의 운동은 결코 사라지지 않았다. 정치와 종교적 근본주의에 있어 신우파가 지닌 힘은 헌법적 권리와 자유가 낙태, 통학버스 강제배정, 총기규제, 소수자우대조치, 여성의 권리, 창조론과 진화론, 공립학교에서의 예배거행, 교육비 증서 교부 및 사립학교 교육비 세금공제 등의 문제에 적용되는 경우에 논쟁적이고도 근본적으로 상이한 생각들이 1980년대에도 여전히 존재한다는 것을 분명하게 보여준다. 학교에서 헌법을 가르치는 것은 미래에도 과거보다 결코 쉽지는 않겠지만, 예전보다 훨씬 더 중요한 일이 될 수 있다.

학교가 헌법 내용의 형식적·구조적 서술뿐만 아니라 헌법의 역사를 특징짓는 다양한 의미들과 상충하는 해석들도 어느 정도 다루어야 한다는 사실을 일반대중과 교육자 모두 솔직하게 직시해야 한다. 분명, 학교는 헌법 전문가를 양성하고자 할 수는 없지만, 장래의 시민들이 우리의 민주적 헌법질서 근저에 있는 원칙들과 그에 대한 상이한 해석들을 어느 정도 이해할 수 있게 만들고자 해야 한다.

# V. 시민교육의 기초: 법교육의 재조명

## 1. 시민사회에서 법규범의 의의

최근에 법규범교육의 중요성과 필요성이 강조되고 있는 것은 시대적인 배경을 생각해 보면 우연한 일이 아니다. 과거에 법은 통치자의 지배수단으로 기능을 해왔지만 오늘날은 공동체의 새로운 질서를 형성하기 위한 기능이 강조되게 되었다. 식민지시대나 독재정권 하에서 법을 준수한다는 것은 곧 식민지배당국이나 독재정권에 협력하는 것을 의미했고, 법을 어긴다는 것은 그 반대의 의미를 가질 수 있었다. 오랜 동안 식민지와 독재체제의 경험을 가진 우리나라에서는 법을 어기는 행위는 사회적으로 관대히 여겨졌고, 경우에 따라서는 영웅적인 행동으로 받아들여지기도 했다. 이제 더 이상 식민지나 독재가 아닌 민주적인 체제를 갖게 되어 법에 대한 획기적인 가치와 태도의 전환이 요구됨에도 불구하고, 우리의 법의식과 법문화는 아직 법치주의의 이상과는 요원한 거리에 있다. 개개인이 질서를 지키지 않는다거나 법을 어기는 행위는 물론이고, 준법이 예외가 되어버린 이른바 '준법투쟁'은 우리 사회의 법규범의식 수준을 적나라하게 보여준다. 과거에 억제되었던 국민의 다양한 요구가 표출되면서 법질서는 커다란 위협을 받고 있다. 이와 같은 무질서와 법 경시의 풍조 속에서 법치국가의 이상을 실현하기 위해서는 교육을 통해 법의 위기를 극복해야 한다는 것은 당연한 시대적 요청이라 할 수 있다.

그러나 학교교육의 현실을 살펴보면 이런 요청과는 상당한 거리가 있다. 학교에서 법교육이 실시되지 않는 것은 아니지만, 주로 법학개론을 요약한 수준의 것을 학생들에게 주입하는 데 그치고 있다. 규범 일반을 다루는 경우에도 사정은 마찬가지이다. 단지 이러 이러한 규범체계가 있다고 전달하는 데 그치거나 막연히 "이렇게 혹은 저렇게 하라(하지 말라)"고 강요하는 경우가 대부분이다. 게다가 법규범[4]을 다루는 사회과목이 이른바 비주요과목으로 취급되어, 법규범에 대한 학생들의 관심을 유도하기 힘들다. 최근에 와서 법교육의 목적이라든가 방법에 대해서 연구가 이루어지고 있긴 하지만, 그 목적과 내용 및 방법을 결정하는 근본적인 판단의 기준을 어디에 두어야 하는가에 대한 합의는 아직 확립되지 않고 있다.

---

4) 사회규범 중 가장 대표적인 것이 법이라는 점은 분명하다. 그러나 법은 사회구성원의 법철학적 규범문화의 기초 위에서만 성립되고 유지될 수 있다. 그리하여 현실적인 법규와 그 기초로서의 규범 일반을 포괄하는 뜻에서 법규범이라 하였다. 다만 이하에서는 문맥을 감안하여, 법과 법규범을 그리고 법교육과 법규범교육을 혼용하기로 한다.

학교교육이 시민으로서의 자질과 능력을 기르기 위한 것이라고 한다면, 법규범교육의 목표도 여기서 찾아야 한다. 이를 위하여 먼저 법질서에 대해 시민이 담당해야 할 역할이 무엇인지를 분명히 하고 그에 필요한 자질과 능력을 밝히는 것이 필요하다. 학교에서 법규범교육의 과제는 학생들로 하여금 사회적 행위의 주체로서의 책임을 수행할 수 있는 능력과 자질을 갖추게 하는 데 있다. 법규범교육의 실제 교수–학습도 이러한 법교육의 과제를 수행하기에 적합하도록 구성되어야 한다.

건강한 시민사회는 건전한 시민의 바른 시민생활에 의해 보장된다. 바른 시민생활이란 시민사회 구성원으로서의 시민 개인이 그가 속한 사회의 존속과 발전에 기여하는 삶을 가리킨다고 할 수 있다. 사회의 존속과 발전에 기여한다는 것은 1차적으로는 주어진 사회의 법규범을 잘 지키고 다른 사람과 조화롭게 사는 것을 의미한다. 이 점에서 타인과이 조화로운 삶을 우선하는 품성을 갖출 것이 우선적으로 요청된다.

## 2. 법규범 준수를 위한 교육

우리는 일상생활에서 여러 가지 고려를 하게 된다. "내가 이렇게 하는 것은 옳은 일인가?", "친구를 위해 거짓말을 해야 하는가?", "사람은 마땅히 다른 사람을 인격으로 대해야 한다."와 같은 수많은 생각 속에 살고 있다. 또 가난한 사람들을 위해 성금을 낸다든지, 버릇없는 아이들을 보면 나무란다든지 하기도 한다.

이런 생각이나 행동들은 어디에서 비롯되는가? 이에 대해 그것은 일정한 원칙에 따르는 것이라는 관점이 있는가 하면, 품성 혹은 덕성이 드러나는 것이라는 관점이 있다. 전자를 원칙 혹은 의무의 윤리관(ethics of principle or duty)이라고 하면, 후자는 덕성 혹은 존재의 윤리관(ethics of virtue or being)이라고 할 수 있다.

오랜 기간 동안 도덕은 '성격'을 구성하는 어떤 성향이나 성품과 정직, 친절, 양심적임과 같은 '덕성'을 계발하는 것에 관여해 왔다. 우리 사회에서도 "이러저러한 사람이 되라"는 식의 덕(덕성)의 윤리가 전통적인 규범체계를 이루어 왔다고 할 수 있다.

덕성이란 전적으로 천부적인 것은 아니며 그것은 모두가 적어도 부분적으로는 교육과 훈련 혹은 어쩌면 은총에 의해 습득돼야만 한다. 또한 덕성이란 매력이나 수줍음 같은 '성격(character)'의 특성이라기보다는 '인격(personality)'의 특성이다. 그리고 그것은 단지 특정한 방식으로 생각하고 느끼는 성향이 아니라 특정한 종류의 상황에서 특정한 종류의 행위를 행하는 성향을 내포한다. 그것은 지능이나 능력 혹은 기능에 불과한 것은 아니다(Frankena, 1973). 많은 경우에, 도덕이란 우리가 지금까지 생각해 온 바와 같이 일차적으로 규칙이나 원칙에 관련된 것이 아니라 그러한 인격의 성향이나 품성을 계발하는 것과 관련된 것으로 생각되거나 생각되어야 한다고 주장되어 왔다. 플라톤과 아리스토텔레스도 옳거나 의무인 것이 무엇인가라는 식보다는 주로 덕성 혹은 덕스러운 것에 대해 말하고 있는 점에서, 도덕을 이런 식으로 생각한 것으로 보인다(Frankena, 1973).

덕성의 윤리에서는 어떤 덕성을 제시하는가? 고대 그리스에서는 4개의 주요 덕성이 있다고 생각했는데, 그것은 지혜, 용기, 절제, 정의이다. 기독교에서는 전통적으로 일곱 개의 주요 덕성이 제시되었는데, 이는 세 개의 신학적인 덕성인 믿음, 소망, 사랑과 네 개의 인간적인 덕성인 사려, 인내, 절제, 정의이다. 또 많은 사상가들은 선의(benevolence)와 정의(justice)를 주요한 덕성으로 보았다. 사랑, 용기, 절제, 정직, 감사, 사려 등과 같은 일상적인 덕성들은 대체로 선의와 정의라는 두 덕성으로부터 도출될 수 있는 것으로 보인다(Frankena, 1973).

그런데 덕성을 갖고 있다 해도, 앞에서 본 것과 같이 "내가 이렇게 하는 것은 옳은 일인가?", "친구를 위해 거짓말을 해야 하는가?"와 같이 어떤 판단을 내려야 하는 상황에서는 어려움에 처하게 된다. 이러한 어려움을 극복하기 위해서는 언제 어디서나 타당한 보편적인 도덕법칙이 있어야 한다고 주장하는 입장이 곧 원칙 혹은 의무의 윤리이다. 이제 우리는 도덕을 일차적으로 어떤 원칙에 따르는 것으로 해석해야 하는가 아니면 어떤 성향이나 품성을 함양하는 것으로 해석해야 하는가? 이 둘 중에서 반드시 하나를 선택해야 하는가?

원칙의 윤리가 그 원칙에 따라서 행하려는 성향을 계발하지 않고서 어떻게 현실 속에 구현될 수 있겠는가? 칸트의 이른바 정언명령을 아무리 잘 알고 있다 해도 다른 사람을 위하는 마음이 없이 어떻게 좋고 옳은 행동을 할 수 있겠는가? 다른 한편 일정한 방식의 행동이나 삶을 고려하지 않고 품성 그 자체만을 생각할 수 있는가? 정의롭다는 것은 어떤 상황에 비추어 그에 맞는 정의로운 행위, 즉 정의의 원칙(그것이 어떤 것인지는 별개의 문제이다)에 합치하는 행위를 하려는 경향을 내포한다. 즉, 우리가 이를테면 공리의 원칙이나 선의의 원칙 나아가 정의의 원칙과 같은 어떤 원칙에 동의하지 않는 한(물론, 직접 드러내놓고 동의할 수도 있고 자신도 모르는 사이에 동의하고 있을 수도 있다), 어떤 성품이 무엇을 권장하고 가르치는 것인지를 알기 어렵다.

따라서 원칙의 윤리와 덕성의 윤리는, 그들 중에 우리가 선택해야 할 상반된 종류의 윤리가 아니라 동일한 윤리의 상호보완적인 두 측면으로 보아야 할 것이다. 그러나 우리가 이러한 이원적인 윤리관을 채택한다 할지라도, 우리는 여전히 정직한다든지 성실하다든지 하는 것에 우위를 두어야 한다고 생각할 수 있다. 어떤 보상이나 제재의 원칙이 칭찬받거나 비난받을 것이라는 예상과 같은 외면적인 것, 타인에 대한 본능적인 사랑과 같은 우연적인 것이 아니어야 한다면, 우리는 앞에서 말한 바와 같은 성향과 습관의 계발에 힘써야 한다. 도덕이 우리들에게 실제적 의무의 원칙들을 제시할 수 있다 하더라도, 단순히 그 원칙에 합치되는 것만으로 만족할 수는 없다. 왜냐하면 이러한 합치는 전적으로 외면적이거나 도덕과 무관한 고려사항에 의해서 동기가 부여될 수 있으며, 따라서 이러한 다른 고려사항의 희생물이 될 수도 있기 때문이다. 그것은 시련이 닥치는 순간에는 믿을 수가 없다. 이 밖에도 도덕이 우리들에게 제시할 수 있는 것은 대체로 조건부 의무의 법칙이기 때문에, 우리가 조건부 의무의 상충하는 원칙들 간에 선택을 하고 옳고 그름에 대한 우리의 실천규칙들을 수정하고자 하는 결단의 순간에 우리들을 지지해 줄 성향을 우리 스스로 길러야 한다(Frankena, 1973).

이상의 논의에서, 교육의 측면에서는 원칙의 제시보다는 덕성의 계발에 우위를 부여해야 한다고 할 수 있다. 그런데 이것만으로 바람직한 시민을 길러내는 데 충분한가?

## 3. 정당한 법규범 확립을 위한 시민의 역할

시민이 사회의 법규범을 잘 지켜야 한다는 데는 이의가 없을 것이다. 그러나 다른 한편 시민은 자신이 속한 사회의 법규범이 정당한가 하는 의문을 언제든지 가질 수 있으며, 정당한 법규범의 확립과 이행을 요구할 수 있으며 또 그래야 한다.

오늘날 우리가 살고 있는 사회는 평등한 개개인이 각기 정당하게 자신의 이익을 추구하면서 아울러 공동의 이익을 도모하는 시민사회이다. 시민사회는 예전의 전근대적 사회와 달리 주어진 규범을 순종적으로 따르기보다는 일정한 제약의 틀 내에서 각자 자신의 이익을 추구하는 개인들로 이루어진 이익사회의 성격이 강한 만큼, 적극적인 삶의 방식에 관심이 높을 수밖에 없다.

그런데 우리는 각자의 이익 추구가 야기하는 숱한 문제들을 매일같이 겪고 있지 않은가? 시민사회의 출발점이 오히려 시민사회의 존립을 위협하는 지경에 이른 것이다. 개개인의 이익추구에서 비롯되는 이익상충의 문제를 비판하기 위해 흔히 '죄수의 딜레마'를 예로 든다.

그런데 그런 결과가 과연 각자의 이익추구에서 기인하는 것인가? 사실, 각자의 선택이 상호의존적이라는 것을 확실하게 보장하는 것이 서로에게 이득이 된다는 것을 각자가 알아야, 합의를 준수하는 것이 각자에게 이득이 되며, 이를 보장할 수 없는 경우에는 그만큼 각자의 이익추구가 오히려 상호이익 극대화를 가로막게 되는 것 아닌가? 이러한 이익 상충의 상황은 상대편의 행동에 관한 불확실성, 즉 상호불신 때문에 발생한다. 즉, 각자가 자신의 이익을 추구하기 때문이라기보다는 서로 합의할 수 없는 상황적 제약 때문에 최선의 대안에 이르지 못하는 것이다. 결국 상호합의·인지 가능성이 상호이익 극대화 실현의 관건이다(Tilley, 1991; Tullock, 1967).

상호이득을 위해 합리적으로 체결된 합의는 공식적으로는 '법'이라는 형태로 나타난다. 물론 법을 만드는 데 사회구성원 모두가 직접 참여하는 것도 아니며, 또 모두가 직접 참여할 수도 없다. 이러한 이유로 사회구성원의 대표들이 만든 법은 곧 구성원 모두가 만든 법이라는 것이 인정되고 있다. 그리하여 '합의의 자발적 준수'는 좁은 의미로는 곧 준법을 의미하는 것이 될 것이다. 시민사회란 처음부터 자신의 이익을 추구하는 시민 개인들로부터 출발한 사회이며, 법이라는 것은 그러한 시민들이 서로의 이익 상충을 극복하고 공동의 이익을 도모하기 위해 만든 제도적 장치이다.

법제도가 정당하게 만들어지고 공정하고 일관성 있게 운용된다면, 개인의 이익추구는 전혀 비판의 대상이 될 수 없을 것이다. 합의위반자들이 있을 경우에 합리적으로 자기이익을 추구하는 구성원들은, 스스로 합의 준수의 기준을 엄격히 해야 하며 이는 일차적으로 법제도의 엄격한 집행을 의미한다. 이를 강력히 뒷받침해 줄 수 있는 것은 무엇인가? 홉스의 절대군주와 같은 정치적 제도만으로 가능한가? 타인의 합의 위반 성향을 억제하기 위해 홉스의 절대군주로 회귀한다는 것은 또 다른 비용을 부담하게 만들기 때문에, 공식적인 정치적·법적 제도에 대한 의존은 최소한으로 해야 할 것이다.

그런데 합의의 공식적 표현인 법과 제도가 제대로 이행되지 않는 경우에는 어떻게 해야 하는가? 즉, 정치인이나 공직자의 도덕성이나 책임의식이 부족해서 제도 운용에 문제가 있을 때, 그리고 이를 비판해야 할 언론 등의 각종 기관과 사회단체들이 그 역할을 제대로 수행하지 못할 때, 나아가 제도의 허점을 교묘하게 이용하는 합의위반자가 있을 때는 어떻게 대처해야 하는가? 여기서 법제도의 기초로서 사회구성원의 건전한 규범의식이 작용해야 함을 알 수 있다. 달리 말해 정당한 제도의 운용을 보장함과 동시에, 정당하지 못한 제도나 혹은 정당한 제도라 하더라도 그 잘못된 운용을 억제할 수 있기 위해서는, 권력이나 제도, 각종 기관들 그리고 스스로에 대한 감시자로서의 시민들이 적극적으로 참여하는 운동이 필요하다. "남들 다 지키지 않는데 나 혼자 지키면 뭐하나"하고 덩달아 합의를 위반하는 것이 합리적인 것이 아니라, 합의를 지키지 않는 사람을 규제함으로써 합의를 지키는 자신의 이득을 잃지 않는 것이 합리적이라는 뜻이다.

우리가 상정하는 시민사회란 처음부터 자신의 이익을 추구하는 개인들로부터 출발한 사회이다. 이러한 시민사회에서 이타심이나 자비심과 같은 그 자체로서 충분히 가치 있는 것이긴 하지만 전통적인 덕성들을 설파하는 것은 의미를 갖기 어렵다. 그러한 까닭에 보다 장기적인 안목에서 합리적으로 자기이익을 추구하는 것이 권장되어야 할 것이며, 그렇게 함으로써 아울러 공동의 이익도 확보될 수 있을 것이다(황경식, 1993). 물론 개개인이 이를 받아들여 따를 수 있게 하기 위해서는, 다른 사람도 자신과 마찬가지로 자기이익 추구에 대한 일정한 제약을 받아들인다는 보장이 있어야 한다. 그같은 보장은 한편으로는 공정한 법제도의 확립과 운용에 의거해야 할 것이며, 다른 한편으로는 이를 감시하며 뒷받침하기 위해서 개인들의 자발적이고 적극적인 참여가 동반되어야 할 것이다(황경식, 1993).

## 4. 시민의식 함양을 위한 법규범교육

시민의 역할이 법규범의 준수에 그친다면 법교육은 현행 사회규범 특히 현행법규의 정당성을 확신시키는 데 중점이 두어질 것이다. 법률에 대한 시민의 법적 확신이 일치하지 아니하는 경우에 법은 지켜지기 어렵고 그 실효성을 담보하기 어려울 것이기 때문이다. 그러나 법에 대한 시민의 역할이 단순히 법률을 지키는 데 국한되지 않고 법의 발전과 법의 유지와 실현에 대한 책임까지를 요구한다면 법에 대한 무비판적인 복종은 법교육의 목적이 될 수 없다. 법을 제정하는 입법부의 활동이 국민의 참여와 무관하게 이루어지거나 법을 적용하는 법원이나 행정이 국민의 감시와 통제 밖으로 빠져나갈 때 국민은 주권자로서의 지위를 상실하게 되고 더 이상 법의 주인이 아니라 그 하인으로 전락하게 된다.

민주주의가 살아남기 위해서는 국민이 단순한 법질서의 객체가 아니라 주체로서의 역할을 해야 한다는 것이 항상 의식되어야 한다. 이를 위해서는 법적인 규율에 대한 시민의 판단능력이 전제되어야 한다. 시민이 주체로서의 역할을 다하기 위해서는 법규범을 수동적으로 준수하는 데 그쳐서는 안 되며, 법규범에 대한 판단을 할 수 있어야 하며, 나아가 그러한 판단을 실현할 수 있어야 한다. 이는 시민들의 건전한 법의식이 전제될 때에만 가능하게 된다. 법의식은 구체적인 법규범에 대한 사회적인 기능과 영향을 비판적으로 검증함으로써 생기는 내적인 확신이다. 이는 법질서의 타당성과 적합성에 대한 숙고와 토론을 통하여 형성될 수 있다.

법규범에 대한 평가나 입장 표명이 가능하기 위해서는 평가의 대상과 평가의 기준에 대한 명확한 구별이 필요하다. 법규범에 대한 평가를 위해서는 그 평가의 기준이 되는 법규범의 기본전제가 있어야 하며, 그리고 평가의 대상인 법률에 대한 비판적인 접근이 요구된다. 사회적 행위의 주체로서 시민의 역할을 수행하기 위해서는 법규범을 긍정하고 준수하는 데 그칠 것이 아니라 필요한 경우에는 현행 법규범의 타당성에 대한 의문을 제기하고 개정에 대한 의견도 표명할 수 있어야 한다. 이러한 시민적인 자질과 능력의 배양을 위하여 법규범교육은, 기존의 법규범이 역사적인 요인에 의하여 결정된 것이며 변경가능성이 있음을 설명하고, 이를 통하여 기존의 법규범 체계에 대한 비판능력을 갖고 대안을 모색하게 하여 학생들이 장차 수행하여야 할 시민의 역할을 학교에서 준비하도록 하여야 한다.

이러한 반성적인 법교육에 대하여, 인간이 자의적으로 처분할 수 없는 법규범이 있기 때문에 법규범은 반성적인 사고의 대상이 아니라 승인과 준수의 대상이라는 비판이 있을 수 있다. 이와 같은 실증적인 법률관은 법교육의 과제가 반성적인 법의식을 길러주는 데 있다는 것에 대하여 의문을 제기한다. 법실증주의가 관심을 갖는 것은 법원의 판결에 대한 최대의 법적 안정성과 예측가능성을 확보하는 데 있다. 법실증주의적인 법교육은 시민으로 하여금 개인적인 규범관과는 합치하지 않는 법규범에 대해서도 복종하는 것을 도와줄 것이다. 그러나 이러한 결과는 시민이 동시에 법의 발전에 대해서도 책임을 져야 한다는 요구를 충족시키지 못한다. 개인적인 규범관과 현행법의 충돌은 시민으로 하여금 법에 대한 반성적 사고의 동기를 제공한다.[5] 시민은 법정책에 대해서도 책임을 지기 때문에 법에 대한 설명은 법정책적인 문제와 분리되어서는 안 된다. 기존의 법질서에 대해 의문을 제기하는 청소년의 경향은 이러한 법교육에 있어서 미숙한 것으로 무시되어서는 안 된다. 학생들이 제기하는 현행 법질서에 대한 문제제기는 숙고되고 비판적인 토론을 거침으로써 나중의 법정책 관련 활동의 기초가 될 수도 있을 것이다.

반성적인 규범의식 함양을 과제로 하는 법규범교육은 사회에 부합되는 규범을 합리적으로 판단할 수 있는 데 기여해야 한다. 법규범교육은 법규범이 사회생활에 어떠한 영향을 미치는지, 그러한 영향이 바람직한 것인지에 대한 검증을 해야 한다. 법실증주의적 방법에 의하여 교육받은 법률가는 법규범의 배후에 있는 사회적인 의미에 대해서는 애써 눈을 감으려는 경향이 있기 때문에, 의문을 제기하고 사회문제화하는 것은 오히려 비법률가의 몫인 경우가 많다. 법에 대한 시민의 책임은 법을 통하여 어떠한 사회적인 목적이 달성되어야 하는지에 대한 견해를 표명하는 데 있다. 물론 시민에 의한 이러한 논의가 결과의 정당성을 항상 보장해주는 것은 아니지만, 최소한 이를 통하여 권력자에 의하여

5) 삐아제(J. Piaget)와 콜버그(L. Kohlberg)의 인지발달론적 접근, 그리고 이를 법규범교육에 적용한 탭과 레빈(J. L. Tapp & F. J. Levine)의 시도 등이 이러한 입장에 해당한다.

사회의 이상이나 목표가 주어지는 것을 방지하는 기회를 가질 수 있다. 법이 무비판적으로 수용되는 사회는 유연성과 상황대처능력을 상실하게 된다.

시민이 법을 정당한 것으로 확신하고 효과적으로 방어하기 위해서도 법에 대한 독자적인 판단능력이 요구된다. 법에 대한 반성적인 고찰은 법적 무정부상태와는 거리가 멀다. 법에 대해서 의문이 제기되고 비판될 것이 요구되지만 비판적인 검증을 통하여 긍정적인 평가도 가능하게 된다. 시민이 비판적인 반성적 사고를 통하여 법이 타당하고 필요불가결하다고 확신하는 경우에는, 단순히 법의 준수에 그치지 아니하고 법을 지키고 실현시키기 위하여 능동적으로 참여하려는 의식을 갖게 될 것이다.

법은 사회적인 행위를 규율함으로써 그것이 현실적으로 지켜지기를 기대한다. 오늘날의 법규범은 단순히 사회의 질서를 확인하는 데 그치지 않고 적극적으로 국가의 목적을 구현하려는 경우가 많다. 법률로 표현되는 국가의 목적은 실현되어야 할 공동체의 가치질서에 대한 국민적인 합의로부터 나온다. 법규범이 지켜지지 않는다는 것은 국가의 목적과 그 전제가 되는 가치가 실현되지 않고 있음을 의미한다. 따라서 국가가 제대로 기능을 발휘하기 위해서는 법규범의 내용이 국가생활에서 현실이 되어야 한다. 법이 계속적으로 지켜지지 않는 경우에 법은 실효성을 상실하게 된다. 따라서 법교육은 법의 실현을 위한 시민의 과제가 무엇이고 이를 위하여 학교에서는 어떻게 준비하여야 하는지에 대한 대답을 제공하여야 한다. 법의 실현에 대한 책임은 법관에게만 있는 것이 아니라 무엇보다도 자신의 권리를 위해 다투는 시민에게 부여되어 있다. 시민의 법실현 책임을 중요하게 생각하는 법교육은 그 과제를 단순히 법에 대한 지식적인 측면에 한정할 수 없다. 학생들은 권리를 위한 노력의 가능성을 배우는 데 그칠 것이 아니라 그에 필요한 능력과 의지를 갖추어야 한다. 법교육은 시민이 자신의 권리를 행사하고 의무를 이행할 수 있는 능력과 의지 및 태도를 갖게 하는 데 기여해야 한다.

## 참고문헌


김해성(1994), "시민사회의 도덕원칙으로서 합리적 이기주의와 그 가치 · 도덕교육적 함의", 서울대학교 박사학위논문.

______(2006), "법교육 내용구성 개선방안에 관한 연구: 고등학교 '법과 사회'를 중심으로", 『법교육연구』, 1권 1호, pp.19－37.

이돈희(1988), 『도덕교육원론』, 서울: 교육과학사.

황경식(1993), "사회개혁과 시민의식", 『철학과 현실』, 1993 가을(통권 제 18호), 철학문화연구소, pp.36－79.

Butts, R. F.(1988), *The Morality of Democratic Citizenship*, CA.: Calabasas, Center for Civic Education, 김해성(역)(2007), 『민주시민의 도덕』, 서울: 나남.

Carr, D.(1991), *Educating Virtues, Routledge*, 손봉호 · 김해성(역)(1997), 『인성교육론』, 서울: 교육과학사.

Frankena, W. K.(1973), *Ethics*(2nd ed.), Englewood Cliffs, Prentice－Hall.

Gauthier, D. P.(ed.)(1970), *Morality and Rational Self－Interest*, Englewood Cliffs: Prentice－Hall.

________________(1986), *Morals by Agreement, Oxford University Press*, 김형철(역)(1993), 『합의도덕론』, 서울: 철학과 현실사.

Heater, D.(2004), *A History of Education for Citizenship*, Routledge, 김해성(역)(2007), 『시민교육의 역사』, 한울아카데미.

Tilley, J.(1991), "Altruism and The Prisoner's Dilemma", *Australasian Journal of Philosophy*, Vol.69, No.3, pp.264－287.

Tullock, G.(1967), "The Prisoner's Dilemma and Mutual Trust", *Ethics*, Vol.77, No.3, pp.229－230.

3부

# 법교육의 내용요소

## ❖ 목차

3부
법교육의 내용요소

# Ⅰ. 법의 기초

법과 관련하여 잘 알려진 격언 중의 하나는 "사회가 있는 곳에 법이 있다."는 말이다. 이는 사람이 모여 사는 곳이면 반드시 행동을 규율하는 규범이 필요하다는 뜻이다. 이 격언에서 사용되는 '법'은 현대 사회에서 국가 공권력에 의해 강제되는 좁은 의미의 법이나 법률을 뜻하는 것이 아니고, 넓은 의미에서 사회가 존재하면 늘 있는 그리고 있어야 하는 그런 '사회규범'을 뜻하는 말이다. 인간이 사회생활을 하려면 사람과 사람 사이의 관계를 정립해 줄 수 있는 원칙과 질서가 필요하다. 이러한 원칙과 질서를 형성하도록 명시해 놓은 것이 바로 넓은 의미의 법이다.

법이 과연 필요한지를 생각해 보려면, 만약 법이 없다면 세상이 어떻게 될 것인가를 상상하는 것도 좋을 것이다. 만약 법이 없다면 사람들 간 이해관계의 충돌을 해결할 수 없을 것이다. 사람들이 살아가기 위해서는 다른 사람들과 관계를 맺고 서로 교섭해야 한다. 그런 과정에서 사람들은 자신의 이익을 최대한 확보하려고 노력할 것이고, 그러다 보면 서로 간에 이해가 충돌하는 경우도 생길 것이다. 이러한 충돌은 반드시 고의적으로 생기는 것만은 아니고, 많은 경우 서로 다른 관행이나 계약에 대한 해석이나 관점의 차이 때문에 생기기도 하고 또 어떤 경우에는 계약의 문구가 확실하지 않아서 생기기도 한다. 이런 경우 해결할 수 있는 기준과 권위가 있어야 이해의 충돌을 막을 수 있을 것이다. 그렇지 않다면 사람들은 일상적인 거래에서도 서로 다른 의견을 주장하며 시간을 허비해야 할지 모른다. 또 만약 법이 없다면, 사람들이 다른 사람에게 피해를 주는 행위를 할 때 이를 규율할 수 없을 것이다. 다른 사람에게 피해를 주는 반사회적인 행동들은 공권력의 뒷받침을 갖는 법이 아니고서는 제어하기 어려울 것이다.

이런 측면에서 볼 때, 사회는 '법의 지배(rule of law)' 위에서만 유지되고 존속될 수 있다. 법의 지배란 사회의 구성원들이 민주적인 입법과정에 따라 고안한 규범이 있고, 모든 구성원들이 그 규범을 존중하여 따를 때 이루어진다. 이러한 규범을 존중하여 따른다면 사회 구성원들은 서로의 이해관계를 조화롭게 조정하고 규율할 수 있는 슬기로운 방법을 알 수 있게 될 것이다. 즉, 우리의 일상생활에서 법이 필요한 이유는 무엇보다도 이러한 이해와 이익을 조화롭게 조정할 수 있는 수단을 가짐으로써, 그 기초 위에 각자의 삶을 원하는 대로 살아갈 수 있는 자유를 얻기 위해서라고 할 수 있다.

## 1. 법의 의의

법은 관습, 도덕, 종교규범 등과 더불어 사회규범의 일종이다. 사회생활에서 구성원 사이의 갈등, 충돌, 일탈, 범죄 등은 불가피한 현상들이다. 이런 불가피한 현상들을 모두가 용인할 수 있는 객관적인 방법을 사용하여 바람직한 방향으로 사회를 이끌기 위해 생겨난 것이 사회규범이다. 따라서 사회규범은 자연법칙이나 물리법칙이 아니라 인간의 행위를 바람직한 방향으로 이끌어가는 당위법칙이다. 이런 사회규범 중 주로 정치적 과정을 통해 만들어진 헌법과 법률 등은 사회구성원들에게 당위적으로 행동을 할 것을 촉구하는 규범이며, 그런 행동을 강제할 수 있는 강제적인 규범으로서 엄격한 의미의 법이라고 할 수 있다.

### 1) 법의 개념

"법이란 무엇인가"라는 물음은 법의 개념에 대한 물음이다. 이 물음은 법과 법학에서 가장 근본적인 것이라고 할 수 있다. 그러나 그 근본성에도 불구하고 이 물음에 대해 쉽게 대답할 수는 없다. 예를 들어, 오스틴은 법을 '주권자의 명령'으로, 라드브루흐는 법을 '법이념에 봉사하는 현실'로 보았지만, 이에 대한 일반적인 합의는 없는 형편이다. 영국의 법학자 하트는 그 이유로 무엇을 법이라고 할 것인가에 대해서는 표준적인 사례와 함께 경계선상의 사례도 있기 때문이라고 한다. 예를 들어 빛나고 매끄러운 머리를 가진 사람은 분명히 대머리이고 머리카락이 풍부한 사람은 분명히 대머리가 아니지만, 머리 군데군데 머리카락이 있는 사람은 대머리인가 아닌가라는 의문이 생기게 된다는 것이다. 법에서 국제법처럼 확립된 입법기관이 모호하고, 법의 효력을 담보할 수 있는 집행력도 미비한 규범을 과연 법이라고 할 수 있는가 라는 의문이 지속적으로 제기되고 있는 것도 이러한 이유 때문이다. 즉, 이것은 법이고 저것은 법이 아니게끔 하는 아주 명쾌한 구분은 존재하지 않는 것이다. 하지만 법의 개념을 일의적으로 규정하는 것이 불가능하다고 해서 법의 개념을 해명하거나 설명할 수 없는 것은 아니다. 하트도 법을 정의할 수는 없지만 해명할 수는 있다고 주장하면서 법과 법체계의 특징을 설명하면서 법의 개념을 이해시키려고 한다.

이런 맥락에서 법의 특징을 살펴보면 다음과 같다. 먼저 법은 인간사회의 질서를 유지하기 위해 존재하는 사회규범이라는 특징을 가진다(규범성). 인간은 사회적인 동물로서, 사회공동체의 생활을 영위하기 위해 법·관습·도덕·종교와 같은 행동기준으로서 규범을 발전시켰다. 이러한 사회규범들의 하나인 법은 국가공권력에 의해 강행된다는 특징 또한 지닌다(강제성). 그리고 법은 사회의 공동목적을 실현하기 위해 그 사회의 구성원 개인에게 일정한 행위를 요구하거나 금지하는 하나의 행위규범이다(행위규범성). 또한 법은 인간의 존엄과 가치를 보호하고 정의를 실현하기 위해 존재하는 것이다. 따라서 이러한 특징들을 기초로 법이 무엇인지를 정리해 보면, “법이란 사회공동체 구성원들의 권리와 이익을 보호하고 안정적인 사회생활을 유지하기 위해 공동체 구성원들이 지켜야 하는 행위의 준칙이자 국가권력에 의하여 강제될 수 있는 사회규범”이라고 일응 파악할 수 있을 것이다.

법의 개념을 이해하는 데 있어, 법률과의 차이점을 인식하는 것은 중요하다. 근대법의 이상에 따라 법률을 이해하면, 법률은 의회에서 제정한 법규범을 뜻한다. 첫째, 법률은 법규범의 일종이다. 다른 말로 하면, 법률은 법의 한 부분이라고 할 수 있다. 법에는 법률 이외에도 명령, 규칙, 조례 등이 있고, 불문법인 관습법, 판례법 등도 법을 구성한다. 따라서 법은 법률 이상의 규범이다. 둘째, 법률은 의회에서 제정한 법이다. 명령이 대통령이나 정부 각 부, 즉 정부가 제정하는 것인 반면에, 법률은 의회에서 제정한 법이다. 법률의 가장 중요한 의미는 바로 여기에 있다. 서양 근대 이후 민주주의 사상이 널리 퍼지면서, 의회가 새로운 권력기관으로 부상하게 되었다. 의회는 국민의 대표가 모여서 국가의 중요한 사안을 결정하는 자리이기 때문이다. 그런 의회가 행했던 중요한 임무 중의 하나가 국민의 자유, 재산, 생명을 제한할 수 있는 국가 공권력 행사의 요건을 규정한 ‘법률’을 제정하는 것이었다. 왜냐하면 국민의 자유와 재산, 생명과 같은 중요한 가치를 제한할 수도 있는 공권력의 행사는 그러한 가치를 제한당하는 국민의 동의 없이 이루어져서는 안 되기 때문이다. 이 근대법의 이상은 현행 우리나라 법에서도 실현되고 있다. 따라서 국민의 자유와 재산 그리고 생명이라는 기본적 가치를 제한할 수 있는 규범을 법률이 아닌, 명령이나 규칙의 형태로 제정할 수 없다. 그리고 명령이나 규칙의 형태로 국민의 자유, 재산, 생명을 제한하는 것은 오로지 법률에 이미 그 근거가 있고, 법률에 의해 명령이나 규칙에 위임되어 있는 경우에만 가능하다. 우리 헌법 제40조에도 “입법권은 국회에 속한다.”라고 규정하고 있고, 이때의 입법권은 법률을 제정하는 권한이므로, 의회, 즉 국회가 법률을 제정하는 것은 헌법적 원칙이라고 할 수 있다.

### 2) 법의 기능

사회공동체를 유지 발전시키기 위해서 개인, 법인, 국가 등의 행위들을 강제할 수 있는 사회규범인 법은 다음과 같은 기능을 수행한다고 할 수 있다.

첫째는 분쟁의 해결이다. 사회생활을 하는 한 분쟁은 피할 수 없는 것들이다. 분쟁을 해결하기 위해서는 분명하고 확인 가능한 판단 기준이 있어야 하며, 이 기준은 객관적이고 공정해야 한다. 물론 ‘도덕’이나 ‘관습’도 이러한 기준의 역할을 오랫동안 수행해 오기는 하였으나, 이 ‘도덕’과 ‘관습’은 명확한 내용을 확인하기 어려울 뿐 아니라 오늘날의 복잡하고 다양한 분쟁들을 합리적으로 해결하기란 불가능하다. 따라서 객관적인 분쟁 처리 기준으로서 법이 등장하게 되는 것이다.

둘째는 이익조정의 기능이다. 법이 분쟁해결을 한다는 것은 무조건 한쪽을 승자로 다른 한쪽을 패자로 만들고, 이를 강제력을 통해 강압하여 분쟁을 없앤다는 의미는 아니다. 사회생활은 넓게 봐서 이익을 서로 나누고 거래하는 생활이다. 그런 의미에서 이익을 거래하고 나누는 과정에서 서로 충돌이 있을 경우, 이익조정이 필요하다. 다만 분쟁해결이 분쟁의 발생을 전제로 하는 것인데 반해, 이익조정은 분쟁이 발생하기 전에 법을 통해 행해진다는 점에서 차이가 있다.

셋째, 법은 사회의 질서를 유지하는 기능이 있다. 사회의 질서를 유지하는 기능은 법의 분쟁해결 기능 및 이익조정의 기능과 긴밀하게 관련된다. 구성원들 사이의 분쟁이 원만하게 해결되지 않고서는 그 사회의 평화와 질서가 유지되기를 기대할 수 없기 때문이다. 대표적으로 형법은 범죄행위로 인해 사회의 질서가 무너지는 것을 막는 기능을 한다. 형법은 형벌권을 국가가 독점하도록 함으로써, 범죄의 피해자가 사적으로 복수를 함으로써 생길 수 있는 혼란과 무질서도 막는다. 물론 형법만 질서유지 기능을 하는 것은 아니며, 민사법은 경제적 질서를 유지하고, 헌법은 헌정 질서를 유지하는 기능을 담당한다.

넷째, 법은 공익과 공공복리를 추구한다. 법은 공동체 구성원의 합의에서 비롯된 것이기 때문에, 특정 개인이나 소수집단의 이익만을 추구한다는 것은 있을 수 없는 일이다. 따라서 법은 공동체 전반의 이익을 추구한다는 것을 그 기능으로 하며, 또 이런 기능을 실제로 달성해야 한다. 역사적으로도 권력자가 공적인 힘을 남용해 사적 이익을 도모하거나 국가 정책의 목표와 방향을 공동체 구성원들의 뜻과 달리 설정해 더 큰 혼란을 불러일으킨 사례가 적지 않다. 법제도를 통해 공익을 추구하려는 발상은 이러한 문제점들을 극복하고자 했던 과거의 노력과 시행착오의 산물이라고 할 수 있다.

마지막으로 법은 정의와 인권을 수호하는 기능을 한다. 일찍이 근대 시민혁명에서 시민들이 정의와 인권을 법의 형식으로 약속받았던 데서도 볼 수 있듯, 전통적으로 법의 역사는 인권 보장의 역사이기도 했다. 특히 법이 정하고 있는 각종 재판제도와 청원제도 등은 정의와 인권의 수호를 위한 공식적인 절차라고 이해할 수 있다. 공권력에 의한 중대한 인권 침해에서부터 일상적인 거래 관계에서 발생할 수 있는 부당한 금전적 손해에 이르기까지, 시민들은 이러한 공식적 절차에 따라 국가 등 권력기구로부터 정의와 인권을 보장받을 수 있다.

## 2. 법의 이념

법의 이념이란 일반적으로 법이 궁극적으로 지향해야 하는 목적이나 가치를 의미한다. 라드브루흐(G. Radbruch)는 법의 이념을 세 가지 요소, 즉 정의, 합목적성, 법적 안정성으로 구분하였다. 라드브루흐에 따르면, 이런 법이념의 세 가지 요소는 유기적인 관계로 형성되어 있다. 이하에서는 라드브루흐에 따라 법의 이념을 세 가지 요소로 나누어 설명하도록 한다.

### 1) 정의

정의의 핵심은 평등의 사상이다. 평균적 정의는 급부와 반대급부 간의 절대적 평등을 의미하고 배분적 정의는 다수 개인을 취급하는 데 있어서의 비례적 평등을 의미한다. 평균적 정의는 평등한 권리를 가지는 자 사이의 정의이고 따라서 당사자에게 평등한 권리, 평등한 교환능력, 평등한 신분을 부여해주는 배분적 정의의 작용을 전제로 한다. 그러므로 배분적 정의가 정의의 근원적 형식이며 평균적 정의는 정의의 파생적 형식이다. 정의는 개개인을 어떻게 취급할 것인가의 문제를 평등(모든 사람을 평등하게 대우하라)이라는 일반적인 관점에서 다루기 때문에 법률의 형식만을 규정할 수 있고, 그 내용에 대해서는 규율되지 않으므로 다른 원리(합목적성)의 규율을 기다려야 한다.

### 2) 합목적성

합목적성은 법 또는 법체계가 지향해야 하는 목적을 의미하는 것으로 정의와 달리, 구체적인 상황들을 모두 고려해서 판단하게 되는 실질적 가치의 문제이다. 라드브루흐는 경험세계의 전 영역에서 절대적 가치성을 가지는 선은 개인가치, 단체가치, 작품가치의 3가지로 나타난다고 주장한다. 이 가치들 중 첫 번째 지위를 가지는 가치가 어떤 것이냐에 따라 법체계 내에 있는 법의 내용이 정해진다. 이런 목적성의 가치들은 현실 정치에서 정당에 의해 대표되고 표현된다. 따라서 가치 상대주의의 입장에서 정당 활동의 자유를 보장하는 것은 정치과정의 기본이 된다.

### 3) 법적 안정성

라드브루흐에 따르면, 합목적성의 3가지 가치는 그 자체로 어느 하나가 우월한 것은 아니므로 무엇이 합목적성인가 하는 문제는 상대주의적으로 대답될 수밖에 없다. 그러나 법은 공동생활의 질서이기 때문에 각 가치의 다양성에 내맡겨질 수 없으며, 모든 사람의 위에 위치하는 하나의 질서로 되지 않으면 안 된다. 법적 안정성이란 이런 맥락에서 법이 현실적으로 사회공동체 구성원들에 의하여 준수되고 실현될 수 있음을 의미하는 것으로, 이는 법에 의해 사회생활을 안정되게 유지하는 중요한 기능을 수행한다. 어떠한 사실이 계속되는 경우 법적 안정성의 원칙에 따라 그 상태를 인정하여 기정사실화하는 경우도 있다. 소급입법금지,[1] 소멸시효,[2] 취득시효,[3] 공소시효[4] 등도 법적 안정성을 위한 것이다.

---

1) 어떤 행위나 이익을 확보한 이후에 법을 제정하여 그 행위를 처벌하거나 이익을 박탈하는 입법행위를 금지하는 원칙을 의미한다.

2) 소멸시효는 일정 기간이 지난 후에 권리를 행사하지 못하도록 하는 제도이다. 예를 들어 식당 주인은 외상으로 밥을 먹은 사람에게 음식값을 청구할 채권을 가지게 되지만 청구하지 않고 일정기간을 넘길 경우 청구할 수 없다.

3) 취득시효는 일정기간 동안 평온하게 토지 등을 점유하거나 등기부상의 권리자로 토지 등을 점유한 상태를 유지할 경우에 그 토지 등에 대한 권리를 획득하게 되는 제도를 말한다.

4) 공소시효는 일정기간 동안 검사가 기소할 수 없는 상태가 지속될 경우 검사의 공소권을 소멸하게 하는 제도를 말한다.

## 3. 법의 효력

법의 효력이란 사회생활 관계를 규율하는 법의 내용이 현실적으로 사회에 실현될 수 있게 하는 힘을 의미한다. 이는 실질적 효력과 형식적 효력으로 나누어 볼 수 있다. 실질적 효력은 법의 타당성과 실효성에 따라 실현될 수 있다는 것이며, 형식적 효력은 시간, 공간, 사람을 염두에 두고 실현될 수 있다는 것이다.

### 1) 법의 실질적 효력

법의 실질적 효력은 규범이 실현하고자 하는 이념과 현재 사실로서 실현되고 있는 상태가 합치되느냐 하는 것이다. 양자가 서로 합치한다는 것은 법이 타당성과 실효성을 함께 가지고 있음을 의미한다. 타당성이 없는 법은 실효성이 있다고 할지라도 악법에 불과할 것이고, 실효성이 없는 법은 아무리 타당성이 있다고 할지라도 현실을 규제하는 실정법으로서 역할을 다하지 못할 것이다. 그러므로 법의 효력은 타당성과 실효성을 의미한다. 법의 타당성은 법이 구속력을 행사할 수 있는 정당성이나 당위성을 갖게 하는 법의 가치를 말한다. 따라서 법이 타당하다는 것은 법이 그 수범자를 구속할 수 있는 정당한 자격이나 기능을 갖는다는 것을 의미한다. 법의 실효성은 법이 현실적으로 사람들에 의하여 준수되고 실현되는 것을 말하고, 이는 위반행위에 대한 국가권력의 법적 제재를 통해 실현된다.

### 2) 법의 형식적 효력

법의 형식적 효력이란 법의 적용범위를 말하며, 이는 시간적·인적·장소적 요인에 의해 그 효력이 미치는 범위가 일정하게 제한된다. 법의 시간적 효력은 법이 언제부터 언제까지 그 효력을 가지느냐의 문제이고, 법의 인적 효력은 법을 누구에게 적용할 것이냐의 문제이다. 그리고 법의 장소적 효력이란 법이 어떤 지역에 대하여 적용되느냐의 문제이다.

#### (1) 법의 시간적 효력

법은 그 시행일부터 폐지하는 날까지 효력을 가지며, 법이 효력을 갖는 기간 내에 발생한 사항에 대하여서만 적용되는 것이 원칙이다. 따라서 법은 그 시행이전에 발생한 상황에 대하여 소급하여 적용되지 아니한다(법률불소급의 원칙). 하지만 형법 제1조 제2항 "범죄 후 법률의 변경에 의하여 그 행위가 범죄를 구성하지 아니하거나 형이 구법보다

경한 때에는 신법에 의한다."와 같이 예외적으로 소급효를 인정하는 경우도 있다.

### (2) 법의 인적 효력

법이 어떤 사람에게 적용되는지에 대하여는, 자국민에 대하여 자국법을 적용하는 속인주의와 자국의 영역에 발생한 법적 사안에 대하여 자국법을 적용하는 속지주의로 나뉜다. 양자가 충돌하는 경우에는 속지주의를 우선으로 하고 예외적으로 속인주의를 취한다.

### (3) 법의 장소적 효력

한 나라의 법은 원칙적으로 그 국가의 전 영역에 적용된다. 국가의 주권이 미치는 영토, 영해, 영공을 포함한다. 이러한 영역 안에 있는 사람은 내국인, 외국인을 불문하며 모두 그 나라의 법률이 적용된다. 공해상의 선박은 기국법에 따라 국기를 게양한 나라의 영토의 연장으로 본다.

## 4. 법의 해석과 적용

법의 적용이란 사회생활에서 발생하는 구체적인 사건에 대해 그에 대응하는 법을 찾아서 법적 판단을 내리는 과정을 말한다. 법의 적용은 궁극적으로 법원의 재판의 형태로 이루어진다. 법원의 재판은 구체적 사건의 내용을 확정하는 사실 확정의 단계와 그 사건에 관한 법규의 의미나 내용을 확정하는 법 해석의 단계로 이루어지는 것이 일반적이다.

### 1) 사실의 확정

사실의 확정은 사회적 사실을 법적으로 인식하는 것이다. 이는 '증거'에 의하여 '입증'하여야 하나 실제로는 입증이 불가능하거나 곤란한 경우가 있기 때문에 법은 일정한 사실을 '추정'하거나 '의제'한다.

사실의 확정에 있어서 근거가 되는 것을 증거라고 한다. 증거를 일정한 법칙에 따라 주장하는 것을 '입증'이라고 하며, 입증책임은 그 사실의 존부를 주장하는 당사자가 진다. 입증방법에는 당사자가 법원으로 하여금 그 사실관계에 대하여 확신을 갖도록 하는 '증명'과 확신을 갖게 하지는 못할지라도 다만 그러할 것이라는 개연적 심증을 갖게 하는 정도의 입증인 '소명'이 있다.

추정(推定)은 일정한 사실이 명백하지 않은 경우에 입증의 번거로움을 덜기 위하여 그 사실의 존재 또는 부존재를 일단 가정하고 그에 따르는 법적 효과를 인정하는 것이다.

법문에 '추정한다.'라고 규정하는 경우가 그것이다. 추정은 주로 편의상 잠정적으로 사실의 존부를 인정하는 것이므로, 추정된 사실과 다른 사실을 주장하는 자는 반증(反證)을 들어 추정의 효과를 전복시킬 수 있다.

의제(擬制) 또는 간주(看做)라 함은 공익 기타의 이유로 사실의 존재 또는 부존재를 법정책적으로 확정하는 것을 말한다. 법문에 '간주한다.' 또는 '본다.'라고 규정하는 경우가 그것이다. 의제 또는 간주는 추정과는 달리 법 정책적으로 사실의 존부를 확정시키는 것이므로 실제에 있어서 진실에 반하는 결정이라 할지라도 반증을 들어서 그 결과를 전복시킬 수 없다. 사실의 확정에 있어서 추정과 의제를 비교해볼 때 추정보다 의제의 효력이 더 강하다고 할 수 있다.

### 2) 법의 해석

법의 해석이란 넓은 의미로는 주어진 사안에 적합한 법을 발견하고 형성하는 모든 과정을 의미하지만, 좁은 의미로는 법령의 문언이 가진 의미를 사안을 고려하여 구체적으로 확정하는 과정을 의미한다. 그러므로 넓은 의미의 해석에는 좁은 의미의 해석과 법률의 흠결이 있을 때 이를 법관이 보충하는 법형성이 모두 포함된다. 좁은 의미의 법의 해석에는 전통적으로 인정되는 4가지의 해석방법이 있는데, 문리해석, 체계적 해석, 역사적 해석, 목적론적 해석이 그것이다. 우리나라 법원은 법의 해석에 대해 다음과 같이 해석원칙을 제시하고 있다.

"법해석의 목표는 어디까지나 법적 안정성을 저해하지 않는 범위 내에서 구체적 타당성을 찾는 데에 두어야 할 것이다. 그리고 그 과정에서 가능한 한 법률에 사용된 문언의 통상적인 의미에 충실하게 해석하는 것을 원칙으로 하고, 나아가 법률의 입법 취지와 목적, 그 제·개정 연혁, 법질서 전체와의 조화, 다른 법령과의 관계 등을 고려하는 체계적·논리적 해석방법을 추가적으로 동원함으로써, 앞서 본 법해석의 요청에 부응하는 타당한 해석이 되도록 하여야 할 것이다."(대법원 2009.4.23. 선고 2006다81035 판결)

#### (1) 좁은 의미의 해석

① 문리해석은 법규범의 문언의 의미를 밝히는 해석이다. 이는 문법원칙·일반적인 언어사용법·법률가의 전문용어를 고려하여 해석하여야 한다. 여러 해석의 가능성이 있는 경우에는 문리해석은 어떤 것을 선택해야 하는지는 확정할 수 없다. 이를 위하여서는 다른 해석방법(체계적 해석, 역사적 해석, 목적적 해석)에 의존하여야 한다.

② 체계적 해석(논리해석)은 어느 규정을 해석하면서 법규의 다른 관련 규정도 고려하여 전체가 체계적으로 조화를 이룰 수 있도록 하는 해석이다. 이에는 법문의 의미가 너무 협소하기에 그 의미를 확장하여 해석하는 확장해석과, 이와는 반대로 법문의 의미가 너무 넓기에 그 의미를 축소하여 해석하는 축소해석, 법문이 규정하는 표현의 논리적 형식상 당연한 것이라고 해석하는 물론해석 등이 있다.

③ 역사적 해석은 입법 당시의 입법자료, 법률안이 만들어진 맥락 등을 참조하여 입법자의 의사를 탐구하여 법규의 의미를 찾는 해석방법이다.

④ 목적론적 해석은 법의 목적(정신 · 취지)에 따라 법규를 해석하는 방법이다. 목적을 확인하기 위하여는 그 법이 달성하려고 하는 사회적 목적이 무엇인가, 그 법은 어떤 이익을 우위를 두고 있는가, 이 법이 일차적으로 실현시켜야 할 이익은 무엇인가, 이 법은 어떤 원리에서 규정되었는가 하는 점을 검토해야 하고, 가능한 해석들의 효과와 결과도 고려하여야 한다.

### (2) 법형성

해석에 의해서도 사안에 대응하는 법규범을 발견할 수 없는 경우가 있을 수 있다. 이런 경우를 법률의 흠결이라고 한다. 이런 법률의 흠결에 대해 법관이 그 흠결을 보충하는 것을 법형성(판례입법)이라고 하는데, 유추, 목적론적 축소해석, 법률수정, 법에 반하는 법형성 등이 그에 해당한다. 법형성은 이를 통해 타당한 결과를 얻기 위해서 법관이 시행하지만, 그 결과 공권력의 제재를 받게 되는 형사나 조세 등의 법영역에서는 금지된다.

유추는 사안에 대응하는 법규가 없을 때 그 사안과 가장 유사한 규정을 가져와서 적용하는 것을 뜻한다. 목적론적 축소는 유추와 반대로 법규의 의미영역 중 일부를 법관이 임의로 배제하는 방식의 법형성을 의미한다. 예를 들어, 부동산 매수인의 등기청구권을 생각해 보자. 청구권은 채권이므로 부동산 매수인의 등기청구권도 채권에 해당하고 민법 제162조 제1항에 따라 10년의 소멸시효에 걸린다. 그러나 법원은 부동산 매수인의 등기청구권은 청구권이기는 하지만 소멸시효 대상이 아닌 물권적인 것에 가깝다는 이유로, 이를 채권 소멸시효 적용에서 배제시키는 판결을 하였다. 이렇게 법을 적용하는 방식을 목적론적 축소라고 한다.

## 5. 법의 분류

법의 존재 형식을 법원(法源) 또는 법의 연원이라고 한다. 법의 연원은 헌법을 정점으로 하여 입법기관이 제정한 법인 '성문법(또는 제정법)'과 입법기관이 제정하지 않은 법인 '불문법'으로 나눌 수 있다. 성문법으로서는 헌법과 법률이 있으며, 명령이나 자치법규는 의회의 입법은 아니지만, 법률에 의하여 수권을 받아 제정한 법형식이며, 국제법의 법원이 되는 조약 등의 법형식도 있다. 한편 불문법에는 관습법, 판례(법) 그리고 조리가 있다.

### 1) 국내법과 국제법

국내법은 한 국가 내에서 효력을 갖는 법이며, 국제법은 국가 상호간의 권리, 의무를 정한 국가 사이의 관계를 규율하는 법이다. 오늘날에는 개인이나 단체도 국제법의 주체로서 인정되는 경향을 보이고 있어서 국제법의 적용범위는 국가 상호간 뿐 아니라 국가와 개인, 단체의 관계에까지 확장되고 있다. 국제사법(섭외사법)은 개인의 여러 나라에 걸친 법률관계(예컨대 외국인과의 결혼 등)에 적용할 준거법을 정하는 법으로서 '국제'라는 표현에도 불구하고 국내법이다.

### 2) 공법과 사법

국내법은 다시 '공법'과 '사법'으로 분류할 수 있다. 공·사법을 구별하기 위하여 여러 학설이 주장되었지만, 헌법, 행정법, 형법, 민사소송법, 형사소송법은 공법으로, 민법과 상법은 사법으로 분류하는 데에는 대체로 합의가 이루어져 있다. 그 외에 사회의 변화·발전에 따라 자본주의사회의 모순을 해결하고, 모든 국민의 인간다운 생활을 보장하기 위해 국가 또는 일정한 자의 의무를 주된 내용으로 규정한 '사회법'이 제3의 법으로 등장하게 되었는데 노동법, 경제법, 사회보장법, 환경법 등이 그 예에 속한다.

### 3) 실체법과 절차법

국내법의 규정 내용에 따라, 법은 실체법과 절차법으로 구분할 수 있다. 실체법은 직접 법률관계 자체, 즉 권리와 의무에 관하여 규정하는 법이고, 절차법은 법률관계(권리, 의무)를 실현하는 절차를 정하는 법으로서, 실체법이 정하는 내용이 지켜지지 않는 경우 이는 절차법에 의하여 실현되기 때문에 양자는 밀접하게 관련되어 있다. 민법, 형법, 상법이 실체법의 대표적인 예이고, 민사소송법, 형사소송법, 행정소송법 등이 절차법의 대표적인 예이다.

### 4) 일반법과 특별법

법의 효력이 미치는 범위에 따라 법은 일반법과 특별법으로 나누어진다. 일반법은 사람·사항·장소 등에 특별한 제한 없이 일반적으로 적용되는 법이고, 특별법은 일정한 사람·사항·장소에만 적용되는 법이다. 그런데 이러한 구별은 상대적이다. 예컨대 상법은 민법에 대하여서는 특별법이지만 상사특별법에 대하여서는 일반법이다. 법을 일반법과 특별법으로 구별하는 이유는 동일한 사항에 대하여 특별법이 일반법에 우선하여 적용되기 때문이다(특별법 우선의 원칙).

## 기 출 문 제 풀 이

### 1 (92)

법의 형식적 효력이란?

① 법의 내용이 법제화되는 것이다.
② 법의 내용이 실현되는 것이다.
③ 법이 타당성과 실효성에 합치하는 것이다.
④ 법이 시간적 · 장소적 · 인적인 면에서 효력을 갖는 것이다.

**[출제포인트 & 정답]**
법의 형식적 효력: 시간적, 장소적, 대인적 효력 정답 ④

### 2 (92)

법규범을 구조적 성격에 따라 분류한 것은?

① 행위규범, 재판규범, 조직규범
② 근본규범, 자율규범, 강제규범
③ 행위규범, 강제규범, 근본규범
④ 자율규범, 조직규범, 재판규범

**[출제포인트 & 정답]**
법의 강제규범성 정답 ①

### 3 (92)

법적 생활의 안정과 가장 관계가 깊은 것은?

① 속지주의의 원칙 ② 신법 우선의 원칙
③ 상위법 우선의 법칙 ④ 법률 불소급의 원칙

**[출제포인트 & 정답]**
법적 안정성 해당 사례 정답 ④

## 4

(96)

독일의 법철학자 라드브루흐(Radbruch)가 제시한 법의 이념이 아닌 것은?

① 정의 ② 합목적성 ③ 법적 안정성 ④ 국제평화

**[출제포인트 & 정답]**

정의, 합목적성, 법적 안정성

**정답** ④

## 5

(01)

다음을 읽고 물음에 답하시오. [총 5점]

> (나)
> 《민법 제162조》
> ① 채권은 10년간 행사하지 아니하면 소멸시효가 완성한다.
> ② 채권 및 소유권 이외의 재산권은 20년간 행사하지 아니하면 소멸시효가 완성된다.
> 《민법 제245조》
> ① 20년간 소유의 의사로 평온, 공연(公然)하게 부동산을 점유하는 자는 등기함으로써 그 소유를 취득한다.
> ② 부동산의 소유자로서 등기한 자가 10년간 소유의 의사로 평온, 공연하게 선의이며 과실 없이 그 부동산을 점유한 때에는 소유권을 취득한다.

(나)의 법 조항이 추구하는 법 이념이 무엇인지 밝히고, 그 이념을 실현하기 위하여 법이 갖추어야 할 요건을 2가지 쓰시오. [3점]

**[출제포인트 & 정답]**

- 법적 안정성 요건
- 내용의 명확성, 국민의 법의식과 일치, 법이 쉽게 변하지 않아야 함, 법 내용의 실현 가능성

## 6

(07)

독일의 법철학자 라드브루흐(G. Radbruch)가 말한 3대 법 이념 중에서 (가)에 담긴 가치와 가장 가까운 법 이념과, (나)의 내용을 이론적으로 정당화하는 가장 직접적인 근거가 될 수 있는 법 이념을 각각 쓰시오. [2점]

> (가) 모든 국민은 법 앞에 평등하다. 누구든지 성별, 종교, 또는 사회적 신분에 의하여 정치적, 경제적, 사회적, 문화적 생활의 모든 영역에서 차별을 받지 아니한다.
>
> (나) 국민의 모든 자유와 권리는 국가 안전 보장, 질서유지, 또는 공공복리를 위하여 필요한 경우에 한하여 법률로써 제한할 수 있다.

**[출제포인트 & 정답]**

정의의 의미, 합목적성

## 7

(19(A))

다음 글에서 괄호 안의 ㉠과 ㉡에 해당하는 개념을 순서대로 쓰시오. [2점]

> 사회에는 법, 도덕, 관습, 종교규범 등 다양한 규범이 있다. 이 중 법과 도덕은 밀접한 관련이 있다. 양자의 구별을 강조하는 견해에 따르면 양자는 다음 몇 가지 점에서 구별된다. 법은 인간의 외적 행위에 관심을 두고 그것을 규제 대상으로 삼는 규범이다. 이런 점에서 법은 ( ㉠ )을/를 가진다. 반면 도덕은 인간의 내적 심리에 관심을 두고 그것을 규제 대상으로 삼는 규범이다. 그러나 때론 인간의 내적 심리가 법의 규제 대상이 되기도 하고, 인간의 외적 행위가 도덕의 규제 대상이 되기도 한다. 라드브루흐(G. Radbruch)는 이러한 문제를 극복하기 위하여 도덕은 외적 행위에 관심을 두지만 그것이 내적 도덕성과일치할 것을 요구하고, 법은 내적 심리를 고려하지만 그것은 외적 행위와 관련되는 한에서만 문제된다고 하여 법의 ( ㉠ )와/과 도덕의 내면성의 구별을 유지하였다.
>
> 법은 행위가 규범에 합치할 것을 요구한다. 이런 점에서 법은 ( ㉡ )을/를 요구한다. 반면 도덕은 규범에서 나온 의무감이 동기가 되어 한 행위가 규범과 일치할 것을 요구한다. 이런 점에서 도덕은 도덕성을 요구한다. 다시 말하면 법은 법을 준수하는 동기가 의무감에서 비롯된 것이든, 제재의 두려움에서 비롯된 것이든 관계없이 당해 행위가 법에 합치하면 만족한다. 그러나 도덕은 도덕에 합치하는 행위의 동기가 도덕을 준수하여야 한다는 의무감에서 비롯된 것이어야 한다. 이런 측면에서 칸트(I. Kant)는 법은 ( ㉡ )을/를 요구하지만 도덕은 도덕성을 요구한다고 하였다.

**[출제포인트 & 정답]**

- ㅇ 법과 도덕의 비교
- ㅇ ㉠: 외면성, ㉡: 합법성

## 8

(99)

다음은 헌법 내용의 일부이다. 이 내용을 읽고 물음에 답하시오.

> • 제10조　모든 국민은 인간으로서 존엄과 가치를 가지며, 행복을 추구할 권리를 가진다. 국가는 개인이 가지는 불가침의 기본적 인권을 확인하고 이를 보장할 의무를 진다.
> • 제37조 제2항　국민의 자유와 권리는 국가 안정 보장, 질서유지 또는 공공복리를 위하여 필요한 경우에 한하여 법률로써 제한할 수 있으며, ………

8-1. 각 조항의 내용을 뒷받침하는 법사상을 각각 쓰시오.

8-2. 위의 두 법사상의 관계를 40자 이내로 설명하시오.

**[출제포인트 & 정답]**

- ㅇ 과거: 자연법사상과 실정법사상, 현재: 자연법사상과 법실증주의
- ㅇ 실정법을 통한 자연법의 구체적 실현, 실정법의 정당성 판단기준으로서 자연법

## 9

(06)

(가)와 같은 판결과 (나)와 같은 전망의 근거가 되는 ㉠과 ㉡의 법적 성격과 법적 효력을 쓰시오. [3점]

> (가) 2005년 9월 9일 대한민국 대법원은 학교급식에 우리 농산물을 쓰도록 규정한 어느 광역지방자치단체 의회의 조례가 국내산과 수입산의 동등한 경쟁 관계를 명시하고 있는 ㉠ '관세와 무역에 관한 일반 협정(GATT)'에 위배되어 무효라는 판결을 내렸다.
> (나) 다만 ㉡ '세계무역기구(WTO) 농업 협정'은 저소득 계층에게 정부가 자국 농산물을 공급하는 것은 허용하고 있으므로, 향후 조례에서 저소득층 학생에 대한 무상 지원을 규정하는 것은 가능할 것이다.

**[출제포인트 & 정답]**

대한민국헌법 제6조 제1항

헌법에 의하여 체결·공포된 조약과 일반적으로 승인된 국제법규는 국내법과 같은 효력을 가진다.

## 10

(17(A))

**다음 사건에 적용되어야 할 준거법에 대하여 규정하는 우리나라의 법률명을 쓰시오. [2점]**

| 제주도에서 중국인 갑이 일본인 을로부터 중고 카메라를 구입하는 매매계약을 체결하였다. 이 매매계약의 내용과 효력에 관하여 다툼이 발생하여 제주지방법원에 소송이 제기되었다. 제주지방법원에서는 이 소송에서 적용되어야 할 법률이 일본법인지, 중국법인지, 한국법인지 논란이 되었다. |
|---|

**[출제포인트 & 정답]**

국제사법에 대한 이해

## 11

(20(A))

**다음 글에서 괄호 안의 ㉠에 해당하는 용어와 ㉡에 해당하는 사상가의 이름을 순서대로 쓰시오. [2점]**

| 실정법이란 특정한 시대와 사회에서 효력을 가지고 있는 법규범을 말한다. 반면 이와 대비되는 개념인 ( ㉠ )(이)란 인간의 본성이나 사물의 본성 같은 근원적인 것에 근거하여 시대·민족·국가 등을 초월하여 보편타당하게 적용되는 객관적 질서라고 인식된다. 이러한 사상은 고대 그리스로부터 시작되었으며, 중세 스콜라 철학의 대표적 사상가인 ( ㉡ )은/는 일반적으로 법을 영구법, 신법, ( ㉠ ), 인정법으로 구분하였다고 알려져 있다. 그는 영구법은 우주를 위한 신의 계획이자 신의 이성에 해당하는 법이며, 신법은 성서를 통해 밝혀진 신의 법이라고 하였다. 또한 ( ㉠ )은/는 이성적 피조물인 인간이 영구법에 참여할 수 있는 법이며, 인정법은 인간에 의해 만들어진 법이라고 하였다. 한편 ( ㉡ )은/는 부당한 법에 대해 이중적 태도를 보였는바, 부당한 법은 인간의 양심을 구속하지는 않지만, 인간이 반란을 일으킬 권리를 가져서는 안 된다고 하였다. 대표적인 저서로는 『신학대전』, 『대이교도대전』 등이 있다. |
|---|

**[출제포인트 & 정답]**

㉠: 자연법, ㉡ 대표적 자연법 사상가: 토마스 아퀴나스

## 12

(11)

법의 적용은 일반적으로 다음과 같은 삼단논법으로 이루어진다. (나) 단계에 해당되는 사실확정행위의 사례 중 합법적으로 처리된 경우를 〈보기〉에서 고른 것은?

| (가) 대전제: 추상적인 법규의 존재<br>(나) <u>소전제: 구체적으로 발생한 사실(사실의 확정)</u><br>(다) 결　론: 판결(법률적인 판단) |
|---|

〈보기〉

ㄱ. 승용차의 추락 사고로 타고 있던 일가족 4명 중 2명이 현장에서 사망하였다. 담당 공무원은 그 2명을 같은 시각에 사망한 것으로 처리하였다.

ㄴ. 2000년 1월 5일 집을 나가 그해 2월 5일 가출신고 된 남편 A씨를 기다리던 부인 B씨는, 2008년 2월 5일 남편 A씨의 실종선고를 받아, 이를 신고하였더니 담당 공무원은 실종선고 서류가 접수된 날에 A씨가 사망한 것으로 처리하였다.

ㄷ. 김씨와 박씨가 함께 투숙하였던 호텔에 대형 화재가 발생하였다. 진화 후 김씨의 시신은 수습되었으나 박씨의 시신은 끝내 찾지 못하여, 죽은 것이 확실시된다는 관공서의 보고서를 제출하였더니, 담당 공무원은 박씨를 사망한 것으로 처리하였다.

ㄹ. 갑은 자신이 살아 있음에도 실종선고로 인하여 사망으로 처리된 사실을 알고 담당 공무원을 찾아가 주민등록증을 제시하면서, 자신이 실종선고로 사망 처리된 당사자임을 밝히고 생존 사실을 주장하자, 담당 공무원은 갑의 진술을 다 들은 후 갑의 사망 처리를 취소하였다.

① ㄱ, ㄴ　　② ㄱ, ㄷ　　③ ㄴ, ㄷ　　④ ㄴ, ㄹ　　⑤ ㄷ, ㄹ

**[출제포인트 & 정답]**

추정, 간주

**정답** ②

## 13

(13)

**법의 적용에 있어 사실이나 권리를 인정하는 방법 중 밑줄 친 ㉠에 의한 사례를 〈보기〉에서 고른 것은?**

| |
|---|
| 재판에서 사실의 인정은 증거에 의하여야 한다. 왜냐하면 법원의 사실 인정이 자의에 의한 확신이 아니라, 객관적이고 합리적인 증거에 의한 확신이어야 재판의 공정성과 신뢰성이 유지될 수 있기 때문이다. 그러나 경우에 따라서는 입증이 매우 곤란한 경우도 있기 때문에, 법은 증명의 곤란을 완화하기 위하여 다음 두 가지의 예외적 방법을 두고 있다.<br>즉, 일정한 법적 사실에 대한 증명이 확실하지 않은 경우, <u>㉠ 우선 있는 일반적인 전제사실을 토대로 법률효과를 발생시키되 반대의 사실이 있으면 번복하게 하는 방법</u>과 그것이 사실에 부합하는지 여하를 불문하고 효과를 발생하게 하되 당사자가 반대의 사실을 입증하더라도 그것만으로는 번복되지 않게 하는 방법이 있다. |

〈보기〉

ㄱ. 부재자로서 수년간 생사가 불분명하던 갑은 그의 처인 을의 실종선고 청구에 의하여 실종선고를 받아 확정되었다. 이 경우 갑은 실종기간이 만료한 때에 사망한 것으로 법은 인정한다.

ㄴ. 2012년 1월 10일 갑과 을이 혼인을 하여, 2012년 10월 10일 아이를 출산하였다. 그런데 갑이 아이가 자신의 친자식인지 의심하고 있더라도 그 아이는 갑과 을의 친생자로 법은 인정한다.

ㄷ. 갑은 자신의 양수기를 을에게 매도하였지만 자신이 계속하여 사용하고 그 임차료를 을에게 지불한다는 계약을 하였다. 이 경우 갑은 을에게 양수기를 실제로 넘겨주지 않았지만 을은 그 양수기를 넘겨받은 것으로 법은 인정한다.

ㄹ. 맞벌이 부부인 갑과 을이 이혼을 하면서 재산분할을 하던 중, 고가의 분재들이 많아 그것을 두고 서로 자신의 기여도가 높아 자신의 소유재산이라고 다투게 되었다. 이 경우 분재들은 갑과 을이 공동으로 소유하는 재산으로 법은 인정한다.

① ㄱ, ㄴ ② ㄱ, ㄷ ③ ㄴ, ㄷ ④ ㄴ, ㄹ ⑤ ㄷ, ㄹ

**[출제포인트 & 정답]**

- 추정 사례
- 친생자 추정, 부부 재산 중 불명확한 재산 공유 추정 **정답** ④

# Ⅱ. 헌법

## 1. 헌법의 의의

헌법은 국가의 헌정질서를 정하는 법으로서 국민의 기본권 보장과 국가권력의 근거와 한계를 정한다. 근대 시민혁명 이전에 헌법은 단순히 국가의 통치를 위한 것이라고 한다면, 그 이후의 헌법은 기본권의 보장과 권력분립을 핵심으로 하였다. 근대 시민혁명에 의해 성립된 헌법을 입헌주의 헌법이라고 부르는데, 이 헌법은 기본적으로 국민에게 주권이 있고, 주권 실현을 위해 대의제를 마련하고, 대표들의 전횡을 막기 위해 권력분립과 법치주의 등의 기본원리를 도입하였다. 그리고 이 원리들은 국민의 기본권 보장이라는 핵심적인 가치를 위해 기능하도록 헌법을 구성하였다. 이 근대 입헌주의 헌법은 사적자치와 재산권의 절대적 보장, 그리고 형식적 평등에 기초하여 국가는 개인의 자유와 권리를 보장하기 위해 최소한의 안정과 질서유지의 역할을 강조하였다. 그러나 자본주의 경제질서의 발달로 인한 경제공황과 실업, 빈부격차의 심화, 세계대전 등과 같은 문제를 초래하였다. 이런 문제를 해결하기 위해 국가는 실질적인 자유와 평등의 보장을 이념으로 하는 사회국가적(복지국가적) 성격의 헌법을 새롭게 도입하게 되었다. 이런 변화 속에서 입헌주의 헌법 원리는 형식적 개념에서 실질적 개념으로 공고화되었으며, 자연권, 행정국가화 경향, 헌법수호제도, 국제평화주의, 사회적 시장경제질서 원리 등이 강조되었다.

우리나라 헌법은 1948년 7월 12일에 처음으로 제정되어 9번의 개정과정을 거쳤다. 헌법에는 헌법의 기본원리와 기본질서, 국가형태, 기본권 등을 규정하고 있다. 또한 기본권 보장을 위한 국회, 정부, 법원, 헌법재판소 등을 구성하는 방법과 그 역할들을 규정하고 있다.

### 1) 헌법의 의의와 특성

헌법이란 "국가적 공동체의 존재 형태와 기본적 가치질서에 관한 국민적 합의를 법으로 정한 것으로, 국민의 기본권 보장과 통치원리 및 통치 작용을 규정하고 있는 국가의 최고법이며 기본법"이라고 할 수 있다.

헌법이 가지는 특성 혹은 특수한 성질을 헌법의 특질이라고 하는데, 헌법의 특질은 사실(sein)적인 측면과 규범(sollen)적인 측면, 그리고 구조적인 측면에서 살펴볼 수 있다. 헌법의 사실적인 특질에는 정치성, 이념성, 역사성 등이 있다. 헌법은 정치적 선택에 따라 대통령제를 택할 것인가 의원내각제를 택할 것인가, 자유시장경제를 택할 것인가 계획경제를 택할 것인가 하는 헌정체제가 정해지기 때문에 정치와 아주 밀접한 관련을 가진다는 측면에서 정치성을 지닌다. 또한 어느 헌법에나 특유의 이념과 가치질서를 내용으로 하고 있다는 점에서 이념성을 가지고, 보편적이거나 영원불멸한 것이 아니라 그때그때의 역사적 조건과 시대 상황에 따라 영향을 받는다는 점에서 역사성을 지닌다.

헌법의 규범적인 특질에는 최고규범성, 기본권보장규범성, 조직수권규범성, 권력제한규범성, 자기보장규범성, 생활규범성 등이 포함될 수 있다. 헌법은 그 이상의 법이 존재하지 않는 최상급의 법규범이고 법률·명령·규칙 등 하위 법령의 기준이 되며, 법률·명령·규칙은 헌법에 위배되어서는 안 된다는 점에서 최고규범성을 갖는다. 또한 헌법 제10조(모든 국민은 인간으로서의 존엄과 가치를 가지며, 행복을 추구할 권리를 가진다. 국가는 개인이 가지는 불가침의 기본적 인권을 확인하고 이를 보장할 의무를 진다)에서 나타난 것처럼 국민의 자유와 권리를 확인하고 보장하는 기본권보장규범성을 갖는다. 모든 국가기구는 헌법에 의하여 조직되는 것이고, 모든 국가 작용은 헌법에 의거한 것이어야 정당한 것이 된다는 점에서 조직수권규범성이 있고, 이와 동시에 국가권력을 마음대로 행사하거나 남용하는 것을 방지하기 위해서 국가기관의 권한과 활동을 법적으로 한정하고 있으므로 권력제한규범성이 인정될 수 있다. 자기보장규범성이란 헌법은 다른 법률, 명령 등 하위 규범과 달리, 헌법 내용을 직접 강제할 수 있는 방법이 없고 국가권력 상호간의 통제와 권력적 균형을 통해 그 실효성을 유지해야 한다는 특성을 의미한다.

헌법의 구조적인 특질이란 개방성, 미완성성, 추상성 등과 같은 것이다. 헌법은 국가생활전반에 대하여 총체적으로 규정하는 것이기 때문에 다른 법과는 달리 법 규정이 간결하고 미완성인 경우가 적지 않고 또 그 내용이 추상적, 불확정적, 개방적인 경우가 많다. 따라서 이를 헌법해석을 통해서 보완하거나 법률 및 하위 법령을 통해서 구체적으로 규정하게 된다.

### 2) 헌법제정과 개정

헌법의 제정이란 새로운 국가를 건설하거나 혁명으로 기존 체제를 완전히 바꾸는 등의 경우에, 최초로 국가의 법적 기본질서를 마련하는 것을 말한다. 헌법제정을 통해 법적 공동체로서 국가가 창조되고 그 법질서의 기초가 마련된다. 대한민국 건국헌법의 제정은 헌법제정에 해당한다. 헌법의 제정은 헌법제정권력에 의해 이루어진다. 헌법제정권력은 국가의 법질서를 창조하는 최상위의 권력으로 시원적(始原的), 창조적 권력이다. 그리고 헌법제정권력에 의해 국가의 통일성과 법질서의 통일성이 실현된다는 점에서 헌법제정권력은 불가분적 권력이며 불가양적 권력이다. 이러한 점에서 헌법제정권력은 헌법에 의해 만들어진 권력인 헌법개정권력이나 통치권과는 다르며, 헌법제정권력으로부터 헌법개정권력이나 입법권, 행정권, 사법권 등의 통치권이 도출된다.

헌법은 시대의 변화에 따라 헌법현실이 바뀌고 국민들의 생각이나 가치관이 변화하기 때문에 그 내용도 변화하지 않을 수 없다. 헌법은 스스로 예정하고 있는 절차에 의해 변화하는 경우가 보통인데, 이를 헌법개정이라 한다. 헌법개정은 헌법이 규정한 절차에 따라 헌법의 동일성은 유지하면서 헌법조항을 수정, 삭제, 첨가하는 것을 말한다. 그런데 헌법개정절차를 거치면 어느 헌법조항이든지 개정할 수 있는지 아닌지가 문제되는데, 이것이 헌법개정의 한계 문제이다. 이에 대해서는 헌법개정의 한계를 인정하는 부인하는 이론도 있지만, 인간의 존엄을 비롯한 기본권의 핵심 가치와 민주주의, 국민주권, 권력분립, 법치주의 등 헌정질서의 기본원리는 헌법개정절차로도 내용을 변경할 수 없다고 하는 것이 일반적인 견해이다.

우리나라 헌법은 최고규범이고 경성헌법이기 때문에 개정함에 있어 일반 법률보다 가중된 절차가 필요하다. 헌법 128조에서 130조까지 규정된 헌법 개정의 절차는 국회의 의결과 국민투표를 요구하며 그 구체적인 내용은 다음과 같다. "헌법 개정은 국회재적의원 과반수 또는 대통령의 발의로 제안된다. 제안된 헌법개정안은 대통령이 20일 이상의 기간 이를 공고하여야 한다. 국회는 헌법개정안이 공고된 날로부터 60일 이내에 의결하여야 하며, 국회의 의결은 재적의원 3분의 2 이상의 찬성을 얻어야 한다. 헌법개정안은 국회가 의결한 후 30일 이내에 국민투표에 붙여 국회의원선거권자 과반수의 투표와 투표자 과반수의 찬성을 얻어야 한다. 헌법개정안이 제2항의 찬성을 얻은 때에는 헌법 개정은 확정되며, 대통령은 즉시 이를 공포하여야 한다."

### 3) 우리나라 헌법의 제정과 개정의 역사

해방 이후 제정된 대한민국 건국헌법(1948.7.17.)은 국민투표가 아닌 제헌의회의 의결로 제정되었다. 주요 내용을 살펴보면 대통령과 부통령은 국회에서 선출되고 임기는 4년이며, 1차에 중임할 수 있도록 규정하였다. 국무총리 및 국무원과 같은 의원내각제적 요소를 규정하였으며, 단원제 국회를 운영하도록 하였다. 독일의 바이마르 헌법 영향을 받아 자유권뿐만 아니라 사회권을 보장하였다. 또한 헌법위원회가 위헌법률을 심사하고, 탄핵재판소가 탄핵심판을 할 수 있도록 하였다.

우리나라 헌법은 대한민국 건국헌법 이후 총 9차에 걸쳐서 개정되었다.

제1공화국 당시 이승만 대통령은 제1차, 제2차에 걸쳐 헌법을 개정하였다. 발체개헌으로 불리우는 제1차 개헌(1952.7.7.)은 북한과의 전쟁 중에 이뤄졌다. 이 개헌의 주요 내용은 대통령과 부통령의 선출 방식을 국회 선출 방식에서 국민들의 직접 선출 방식으로 바꾸는 것이었다. 또한 국회가 국무원을 불신임할 수 있는 조항을 도입하였다. 제1차 개헌은 국회에서 대통령으로 당선하기 어렵다는 이승만 대통령의 정치적 판단이 반영된 것이었으며, 또한 국민에게 공고하여 국민적 합의 도출 보다는 폭력적 수단을 사용하여 이뤄진 것이었다.

사사오입개헌으로 불리우는 제2차 개헌(1954.11.29.)은 국회의사결정원칙을 위반하고 초대 대통령에 한해 3선을 폐지하는 등 평등원칙에 위반하는 헌법 개정이었다. 정부에서는 1표 부족으로 국회에서 이미 부결 선언된 새로운 개헌안을 정족수 산정에 이른바 사사오입공식을 적용하여 국회의원 정원 203명의 2/3는 135.3333이므로 135명이라고 주장하며 새로운 개헌안을 힘으로 관철하였다. 이렇게 관철된 헌법의 주요 내용은 초대 대통령에 한해 3선 폐지, 자유시장경제요소를 강화하고, 국민발안제와 국민투표제 등이다.

이런 개정을 통해 시행된 1960년 3월 15일 대통령 부정선거가 드러나면서 4월 19일 혁명이 일어났다. 그 결과 이승만 대통령은 하야하고 제3차 개헌(1960.6.15.)이 이뤄졌다. 제3차 개헌은 우리 헌정사에서 최초로 여야 합의에 의해 이뤄진 합헌적 개헌이었다. 국회 주도로 이뤄진 제3차 개헌은 정부형태를 의원내각제로 바꾸고, 이와 관련된 국회양원제, 정당조항, 직업공무원제를 도입하였다. 또한 부정선거를 방지하기 위해 중앙선거관리원회를 헌법기관화하였다. 이런 통치조직뿐만 아니라 기본권을 강화하였다. 이와 같은 제3차 개헌으로 이뤄진 제2공화국은 장면 총리를 중심으로 운영되었다. 제3차 개헌 이후 3.15부정선거 등과 같은 반민주 행위자들을 처벌할 수 있는 소급입법의 근거를 마련하는 제4차 개헌(1960.11.29.)이 이뤄졌다. 이 개헌은 소급입법으로 처벌 또는 참정권과 재산권 등을 제한할 수 있게 하였다.

제2공화국의 정치력 부재로 인한 사회경제적 혼란 속에서 1961년 5월 16일 박정희를 주축으로 군사쿠데타가 발생하였다. 군사쿠데타를 주도했던 군인들은 국가재건최고회의를 구성하여 정권을 장악하고 헌법심의위원회를 구성하여 제5차 개헌(1962.12.26.)을 하였다. 이 개헌은 기존의 헌법절차를 준수하지 않고 국민투표로 확정하였다. 주요 내용으로는 의원내각제를 대통령제로 바꾸고, 인간의 존엄과 가치를 신설하였다. 대통령은 국민직선으로 선출하도록 하고 임기는 4년이며 1차에 한하여 중임할 수 있도록 하였다. 또한 헌법개정에 필수적 국민투표제를 도입하였다.

제5차 개헌을 계기로 시작된 제3공화국에서는 제6차 개헌이 이루어졌다. 3선개헌으로 불리우는 제6차 개헌(1969.10.21.)은 대통령의 재임을 3기까지 가능하도록 하는 것을 주요 내용으로 하였다. 또한 대통령에 대한 탄핵소추 발의와 의결을 더욱 엄격하게 하였다. 이 개헌은 여당 의원들에 의해 기습적으로 이뤄진 반민주적인 개헌이었다.

유신헌법으로 불리우는 제7차 개헌은 대통령의 종신집권을 가능하도록 제4공화국의 헌법이었다. 대통령에게 막강한 권한을 집중시켰다. 그 결과 국회나 법원의 권한은 약화되었다. 국회의 국정감사권이 폐지되고, 국회의 회귀도 단축되었다. 모든 법관에 대한 임면권을 대통령이 행사할 수 있도록 하였다. 통일주체국민회의를 신설하였다. 통일주체국민회의는 국가의 중요 정책을 결정할 뿐만 아니라 대통령 선출, 국회의원정수의 3분의 1을 선출, 헌법개정안의 최종 확정 등과 같은 막강한 기능을 수행하였다.

1979년 10월 26일 사건을 계기로 박정희 대통령의 장기집권이 갑작스럽게 종료되었다. 그 결과 사회적 혼란이 일어난 틈을 타 전두환을 주축으로 하는 군인들이 정부를 장악하고, 국가비상대책위원회를 설치하여 사회를 통제하였다. 국가비상대책위원회 주도로 제8차 개헌이 이뤄졌고, 전두환은 통일주체국민회의에서 대통령으로 선출되면서 제5공화국이 시작되었다. 제8차 개헌의 주요 내용은 대통령에게 강력한 권한을 부여하는 방향으로 이뤄졌다. 비록 대통령 간선제를 규정하였지만 유신헌법과는 달리 임기 7년의 단임제를 도입하고 통일주체국민회의를 폐지하였다. 또한 국회의 국정조사권을 신설하였다. 기본권 측면 역시 행복추구권을 신설하고, 구속적부심을 부활하는 등 유신헌법 등에 비해 강화되었다.

하지만 제5공화국의 지나친 사회통제는 국민적 반감으로 이어졌고, 대통령 직선제를 요구하는 국민들의 목소리가 높아지게 되었다. 그 과정에서 1987년 4월 13일 전두환 정권이 호헌조치를 선언하자 그해 6월 항쟁이 일어났다. 그 결과 대통령 직선제를 수용한다는 6.29선언이 나왔다. 이런 국민들의 저항과 노력으로 제9차 개헌(1987.10.27.)으로 이뤄진 것이 현행 헌법이다. 현행헌법에서는 대통령의 권한을 약화시키고, 국회의 권한과 국민의 기본권을 강화하는 방향으로 이뤄졌다. 대통령 국민 직선제와 5년 단임제를 규정하였다. 또한 대통령의 비상조치권, 국회해산권을 폐지하였다. 국회의 국정감사권을 부활시키고, 헌법적 가치를 보호하기 위해 헌법재판소를 부활하였다. 또한 군의 정치적 개입으로 인한 정치 훼손을 방지하기 위해 군의 정치적 중립 조항을 명시하였다.

## 2. 헌법의 기본원리와 제도

### 1) 헌법의 기본원리

현행 대한민국 헌법은 전문, 본문 130개조, 부칙 6개조로 구성되어 있다. 이 조항들은 헌법의 기본원리에 기초하고 있으며, 이 기본원리를 토대로 헌법의 기본제도가 구축되어 있다. 즉, 헌법의 기본원리는 모든 헌법 규정의 바탕이 되며 가장 중요하게 여겨지는 사상적 원칙을 의미한다. 헌법의 기본원리에는 국민주권주의, 대의제 민주주의, 민주적 기본질서, 법치주의, 사회국가 원리, 문화국가 원리, 혼합경제주의, 평화국가 원리 등이 일반적으로 거론된다.

국민주권주의란 국민이 국가적 의사를 전반적이고 최종적으로 결정할 수 있는 최고의 권력인 주권을 가진다는 것과 모든 국가권력의 정당성 근거가 국민에게 있다는 것을 내용으로 하는 헌법 원리를 말한다. 우리 헌법은 국민주권의 원리를 구현함에 있어 국민의 대표자로 하여금 국민을 대신하여 국가적 의사를 결정하게 하는 대의제 민주주의를 원칙으로 하되, 여기에 국민투표 등의 방식으로 국가의사를 직접 결정하는 직접민주제를 가미하고 있다.

우리 헌법의 정치적 기본질서는 민주적 기본질서이다. 민주주의란 매우 다양한 의미로 정의될 수 있으나 일반적으로 국가의 주권이 국민에게 있고 국민을 위하여 정치를 행하는 제도, 또는 그러한 정치를 지향하는 사상을 뜻하는 것이다. 헌법 제1조 제1항에서는 "대한민국은 민주공화국이다."라고 하고 있으며, 제8조 제4항에서는 "정당의 목적이나 활동이 민주적 기본질서에 위배될 때에는 정부는 헌법재판소에 그 해산을 제소할 수 있고, 정당은 헌법재판소의 심판에 의하여 해산된다."라고 규정하여 민주적 기본질서를 바탕으로 하고 있음을 명확히 하고 있다.

법치주의란 사람에 의한 지배, 자의적 지배가 아닌 법에 의한 지배를 말하는 것으로, 모든 국가적 활동과 국가공동체 생활은 의회가 제정한 법률에 근거를 두어야 한다는 함의를 가진다. 오늘날 법치주의는 법형식에 합치하기만 하면 정당화된다는 형식적 법치주의 대신 법의 형식뿐만 아니라 법의 내용이나 목적이 정의와 기본권보장에 적합하지 않으면 안 된다는 실질적 법치주의를 추구하고 있다.

사회국가 원리란, 모든 국민에게 인간의 존엄에 적합한 기본적 생활 수요를 충족시킴으로써, 이를 바탕으로 문화적인 생활을 영위할 수 있도록 하는 것이 국가의 책임일 뿐만 아니라, 이를 국가에 요구할 수 있는 국민의 권리가 인정되어 있는 사회국가를 실현하려는 헌법의 원리를 뜻한다. 이를 복지국가원리라고 부르기도 한다.

문화국가 원리란 국가로부터 문화 활동의 자유가 보장되고 국가에 의한 문화의 보호, 지원, 조정 등이 이루어지며 적극적인 문화육성을 위해 노력하는 국가의 책무를 함축하는 헌법적인 원리를 말한다.

혼합경제주의는 우리나라 헌법이 경제질서에 대해 취하고 있는 원리로서, 자유와 창의에 의한 시장경제를 원칙으로 하지만 균형 있는 국민경제의 성장 및 안정과 적정한 소득의 분배를 유지하고 시장의 지배와 경제력의 남용을 방지하며 경제의 민주화를 위하여 경제에 관한 규제와 조정을 할 수 있다는 국가의 권한을 인정하는 헌법의 원리이다.

평화국가는 국제협조와 국제평화의 지향을 그 이념적 기반으로 하는 국가를 말한다. 우리나라 헌법은 전문에서 "항구적인 세계평화와 인류공영에 이바지함으로써"라고 하고 있고, 제5조 제1항은 "대한민국은 국제평화의 유지에 노력하고 침략적 전쟁을 부인한다."고 규정함으로써 국제평화주의를 표방하고 있다.

### 2) 헌법의 기본제도

위에서 언급한 헌법의 기본원리는 헌법의 기본제도를 통해 구체적으로 실현된다. 우리나라 헌법의 기본제도로는 정당제도, 선거제도, 직업공무원제도, 지방자치제도 등을 들 수 있다. 이렇게 국가의 기반이 되는 법, 정치, 경제, 사회, 문화적 제도를 헌법의 수준에서 보장하는 것을 기본권 보장과 대비하여 제도적 보장이라고 한다.

오늘날 민주주의는 정당을 매개로 정치과정이 이루어지는 정당민주주의의 형태를 취하고 있다. 정당은 "국민의 이익을 위하여 책임 있는 정치적 주장이나 정책을 추진하고 공직선거의 후보자를 추천, 또는 지지함으로써 국민의 정치적 의사형성에 참여함을 목적으로 하는 국민의 자발적 조직(정당법 제2조)"을 의미한다. 우리 헌법에서도 정당설립과 조직, 활동 및 해산의 자유가 인정되며 복수정당제를 보장하고 있다. 그리고 정당의 목적이나 활동이 민주적 기본질서에 위배될 때, 정부가 헌법재판소에 제소하여 헌법재판소가 정당해산결정을 하는 경우 정당은 강제로 해산된다. 그 이외에는 정당의 자율적 활동은 보장된다.

대의제 민주주의에 있어 선거는 주권자인 국민을 대표하는 공무 담당자를 선임하기 위한 필수적인 조건이 된다. 그러므로 선거제도가 국민의 의사를 공정하게 반영할 수 있도록 구성되는 것은 민주적 정당성 확보를 위해 반드시 필요한 일이다. 이를 위해 우리 헌법 제41조 제1항과 제67조 제1항은 국민의 보통·평등·직접·비밀선거의 원칙을 규정하고 있다.

우리 헌법에 따르면 공무를 담당하는 공무원은 국민 전체에 대한 봉사자이고 특정이익에 봉사하여서는 안 된다. 그리고 이를 위해 직업공무원제도를 두고 있다. 직업공무원제도는 엽관주의에 대비되는 것으로 공무원의 정치적 중립성과 신분을 보장하고 이러한 공무원에 의해 공무를 수행토록 함으로써 공무의 공정성, 효율성, 계속성, 중립성을 보장하기 위한 제도를 말한다.

지방자치제도는 일정한 지역을 단위로 주민이 지방에 관한 사무를 자신들이 선출한 기관을 통하여 처리하는 제도를 말한다. 지방자치는 주민이 자기 지역의 문제를 스스로 결정 · 처리한다는 점에서 풀뿌리민주주의를 보장하고 또 한편으로 중앙정부로부터 지방자치단체의 자치를 보장한다는 점에서 지방분권주의를 실현하는 제도이다. 우리 헌법은 지방자치단체는 주민의 복리에 관한 사무를 처리하고 재산을 관리하며 법령의 범위 안에서 자치에 관한 규정을 제정할 수 있다고 하고, 지방자치단체에 의회를 두고 지방자치단체의 종류와 지방의회의 조직, 권한, 의원선거와 지방자치단체의 장의 선임방법 기타 지방자치단체의 조직과 운영에 관한 사항은 법률로 정하도록 하고 있다.

### 3) 헌법의 수호

헌법의 수호란 정치공동체의 안정과 발전을 위해서 헌법의 규범력 혹은 헌법적 가치질서를 지키는 것을 말한다. 만약 헌법의 규범력 혹은 헌법적 가치질서가 수호되지 못할 경우 자유와 권리는 권력에 의해서 함부로 침해되며 역사적 투쟁을 통해 쟁취한 헌정질서가 파괴될 위험성이 있기 때문이다. 이런 헌법수호는 국가기관에 의해서만 가능한 것이 아니다. 헌법의 최종적 수호자는 주권자인 국민이며 헌법의 수호는 국민의 호헌의지에 의해서 가능할 것이다.

비상시에 헌법을 수호하기 위한 헌법수호제도의 대표적인 경우로 국가긴급권과 저항권이다. 국가긴급권은 전쟁이나 내란, 경제공황 등 평상시의 헌법적 수단으로써는 극복할 수 없는 비상사태가 발생하여 국가의 존립이나 헌법질서의 유지가 위태롭게 된 때 국가의 위기를 극복하기 위하여 특정한 국가기관이 긴급조치를 취할 수 있는 권한을 말한다.

저항권은 헌법적 가치질서를 전면적으로 파괴하려는 자에 대해 다른 구제수단이 없는 경우 예외적이고 최후의 수단으로 저항할 수 있는 국민의 권리인 동시에 헌법수호수단을 말한다. 현재 헌법에는 저항권을 명문으로 규정하고 있지 않지만 자연법상의 권리로 인정할 수 있다. 저항권은 원칙적으로 국민이 행사하는 것이며 헌법가치질서를 위반하는 불법한 공권력행사에 대해 최후의 수단으로 행사되어야 한다. 즉, 국가권력에 의한 헌법침해를 막을 방법이 없는 경우에 보충적으로 행사되어야 한다. 저항권과 유사개념으로 시민불복종권이 있다. 시민불복종은 양심상 부정의하다고 확신하는 법률이나 정책을 개선하기 위해 의식적으로 법을 위반하고 비폭력적인 방법으로 항의하는 공적이고 정치적인 집단행위이다. 이런 시민불복종은 어디까지나 체제 안에서 체제 옹호적인 차원에서 주장되는 것이며 가능한 행위형식이 비폭력에 제한된다는 점에서 저항권과 구별된다.

## 3. 기본권

### 1) 기본권의 의의

인간으로서 당연히 누릴 수 있는 인권이 헌법에서 구현된 것을 기본권이라 한다. 근대 시민혁명 이후 등장한 입헌주의적 헌법 이래 기본권 보장은 헌법의 핵심적 내용이 되었다. 프랑스인권선언 제16조는 이를 “권리의 보장이 확보되지 아니하고 권력의 분립이 규정되지 아니한 사회는 헌법을 가지는 것이 아니다.”라고 표현하고 있다.

#### (1) 기본권의 개념과 특성

인권은 국가와 상관없이 인간이 인간으로서 당연히 누리는 권리를 의미한다. 인권은 인권사상을 바탕으로 하여 인간이 인간이기 때문에 당연히 누리는 인간의 생래적·천부적 권리를 의미하지만 기본권은 헌법이 보장하는 국민의 기본적 권리를 의미하기 때문에 엄밀히 말하면 이 둘은 동일한 개념이 아니라고 할 수 있다. 그러나 각국의 헌법에서 보장하고 있는 기본권은 국가의 간섭으로부터 벗어나서 인간으로서 당연히 누릴 수 있는 인권을 그 중심으로 하고 있을 뿐만 아니라 그 밖의 정치적·경제적·사회적 기본권 등도 인권과 보완관계에 있는 것이기 때문에 인권과 기본권을 동일시하여도 무방하다고 할 수 있다.

기본권은 주관적 공권성, 자연권성, 기본권의 이중적 성격 등의 특성을 가지고 있다. 주관적 공권성이란 기본권이 국민이 국가를 상대로 직접 요구할 수 있는 권리라는 것을 의미한다. 따라서 국민들은 자신의 기본권이 침해된 경우 국가를 상대로 일정한 행동 또는 그러한 행동을 하지 말 것을 요구할 수 있다.

자연권성이란 기본권에는 인간으로서 자연적으로 원래 가지고 있는 권리로서 성격이 있다는 것이다. 이런 맥락에서 헌법의 기본권 보장 규정은 인간이 인간으로서 당연히 가지는 권리를 문서로 재확인한 것에 불과하고 헌법상 규정이 없어도 그러한 이유로 보장받지 못하는 것은 아니다. 우리 헌법 제37조 제1항에서도 “국민의 자유와 권리는 헌법에 열거되지 아니한 이유로 경시되지 아니한다.”라고 규정하고 있다.

기본권의 이중적 성격이란 국민이 국가를 상대로 자신의 이익을 위하여 일정한 행동 혹은 그러한 행동을 하지 말 것을 요구할 수 있는 권리인 주관적 공권뿐만 아니라 객관적으로 국가의 기본적 법질서를 구성하는 요소로서의 성격 또한 지닌다는 것이다. 예를 들어, 헌법상 언론의 자유 보장은 개개인이 자유롭게 의견을 발표할 수 있는 주관적 표현권을 보장한 것이면서, 동시에 자유로운 여론 형성과 여론 존중의 원칙을 객관적으로 확인한 민주국가적 법질서의 구성요소로서의 성격을 지닌다.

### (2) 기본권의 주체와 효력

일반적으로 기본권의 주체는 국민에 한정되는 것으로 보는 것이지만, 인간의 존엄과 가치, 행복추구권, 환경권, 건강권 등 성질상 인간의 권리로 볼 수 있는 기본권과 상호주의 원칙이 적용되는 기본권 등은 외국인에게도 인정된다. 법인의 경우 언론·출판의 자유, 재산권의 보장 등과 같이 성질상 법인이 누릴 수 있는 기본권은 당연히 법인에게도 적용될 수 있다(헌법재판소 1991.6.3. 90헌마56).

기본권은 국가권력의 행사를 구속할 뿐만 아니라 타인에게도 주장할 수 있는 권리이다. 기본권은 역사적으로는 국가기관의 자의적인 횡포로부터 개인의 자유와 권리를 방어하기 위한 국가권력에 대한 방어권으로 발전되어 왔으며 개인들 간의 문제에 적용되는 것이 아니었다. 그러나 오늘날 개인의 자유와 권리가 국가에 의해서만 침해되는 것이 아니라 단체 또는 개인에 의해서도 침해되고 그 수가 증가하는 현실에서 기본권의 적용범위를 사인 간의 법률관계에까지 확장하려는 기본권의 제3자적 효력 혹은 기본권의 대사인적 효력에 관한 문제가 제기되고 있다. 즉, 기본권의 대사인적 효력이란 기본권이 국가뿐만 아니라 사인 상호간의 법률관계에도 그 효력을 미친다는 것을 의미한다. 이에 대한 헌법 규정은 없으며, 기본권의 대사인효를 인정할 수 있는지에 관한 견해도 대립되고 있다. 우리나라에서는 헌법이 보장하고 있는 기본권이 개인들 간에서도 적용되어야 하지만, 기본권규정이 사법상의 일반원칙을 통해 간접적으로 사법관계에 적용되어야 한다는 견해가 다수설이다. 예를 들면 헌법 제17조의 사생활의 자유는 개인 간의 관계에서는 민법 제2조, 제103조, 제750조, 제751조 등을 통하여 간접적으로 적용될 수 있다.

### (3) 기본권의 한계

기본권을 보유하고 있다고 해서 아무런 제약 없이 무한정 행사할 수 있는 것은 아니다. 자유와 권리에는 책임이 따라야 한다. 개인의 기본권의 행사가 때로는 직접적으로 타인의 인권을 침해하는 경우도 있고 때로는 사회의 질서나 국가의 안보를 침해하는 경우도 있다. 이런 경우 기본권의 효력이나 적용범위를 축소하거나 한정하는 것이 타당한데, 이를 기본권의 한계 혹은 제한이라고 한다. 기본권이 제한되는 경우로는 헌법에 규정을 두고 있는 경우, 법률에서 기본권을 제한하는 경우, 그리고 당연히 기본권 자체에 내재하고 있는 한계 등이 있다. 기본권을 제한하는 규정을 헌법에 두는 것을 헌법유보라고 하고, 기본권을 제한하는 규정을 법률에 두는 것을 법률유보라고 한다.

헌법유보는 헌법이 명문의 규정을 가지고 직접 기본권의 제한을 규정하는 것을 말한다. 우리 헌법의 헌법유보 규정에는 대표적으로 헌법 제8조 제4항 "정당의 목적이나 활동이 민주적 기본질서에 위배될 때에는 정부는 헌법재판소에 그 해산을 제소할 수 있고, 정당은 헌법재판소의 심판에 의하여 해산된다.", 제21조 제4항 "언론·출판은 타인의 명예나 권리 또는 공중도덕이나 사회윤리를 침해하여서는 아니 된다. 언론·출판이 타인의 명예나 권리를 침해한 때에는 피해자는 이에 대한 피해의 배상을 청구할 수 있다.", 헌법 제23조 제2항 "재산권의 행사는 공공복리에 적합하도록 하여야 한다." 등이 해당한다.

법률유보란 헌법이 기본권의 제한을 직접 규정하지 않고 법률에 위임하고 있는 경우를 뜻하는 것으로, 그 형태로는 기본권 형성적 법률유보조항과 기본권 제한적 법률유보조항 두 가지가 있다. 헌법 규정을 살펴보면 기본권 형성적 법률유보는 "법률이 정하는 바에 따라"라고 규정하고 있으며, 기본권 제한적 법률유보는 "법률로 제한할 수 있다."라고 규정하고 있다. 예를 들어 헌법 제24조는 "모든 국민은 법률이 정하는 바에 의하여 선거권을 가진다."라고 규정하고 있는데 이는 기본권 형성적 법률유보에 해당한다.

반면 헌법 제37조 제2항은 "국민의 모든 자유와 권리는 국가안전보장·질서유지 또는 공공복리를 위하여 필요한 경우에 한하여 법률로써 제한할 수 있으며, 제한하는 경우에도 자유와 권리의 본질적인 내용을 침해할 수는 없다."라고 규정하고 있는데, 이는 기본권 제한적 법률유보에 해당한다. 헌법 제37조 제2항의 규정에 따라 국가안전보장이나 질서유지 또는 공공복리 등을 이유로 기본권을 제한할 필요가 있는 경우에도 입법자는 헌법이 지향하는 기본권존중의 이념에 비추어 반드시 헌법이 명시한 목적을 위하여 그리고 헌법이 명시한 방법에 따라서 헌법이 명시한 한계 내에서만 기본권을 제한할 수 있다. 헌법에 법률유보 규정이 있다고 해서 법률로써 국민의 기본권을 마음대로 제한해서는 안 된다.

그리고 기본권을 제한하는 법률은 그 내용상 기본권의 본질적인 내용을 침해할 수 없다.

공익적 목적 달성을 위해 법률에 의해서 기본권을 제한하는 경우에 보호하려는 공익과 기본권 사이에는 합리적인 비례관계가 성립해야 한다는 방법상의 한계도 지켜야 한다. 이런 한계가 '과잉금지의 원칙'이다. 과잉금지의 원칙은 공익적 목적을 달성하기 위하여 국민의 기본권을 제한해야 한다면 최소한의 범위 내에서 허용되며, 보호하려는 공익과 제한되는 기본권 사이에는 합리적인 비례관계가 성립되어야 한다는 것을 말한다. 이 원칙의 구체적인 내용으로는 목적의 정당성, 방법의 적정성, 피해의 최소성, 법익의 균형성 등이 있다. 목적의 정당성은 입법 목적이 헌법과 법률의 체계 내에서 정당성을 인정받을 수 있는 것이어야 한다는 의미이다. 방법의 적정성은 입법목적달성을 위한 방법으로 효과적이고 적정한 것인가 하는 의미이다. 침해의 최소성은 기본권 제한조치가 입법목적달성을 위해 적절한 것이라고 하여도 완화된 수단이나 방법을 선택해야 한다는 의미이다. 법익의 균형성은 기본권 제한의 목적인 공익과 침해되는 사익을 비교 형량했을 때 공익이 제한되는 사익에 비하여 더 크거나 적어도 양자 간에 균형이 유지되어야 한다는 것을 의미한다. 헌법재판소는 과잉금지의 원칙을 철저하게 채택하고 있는데, 이 원칙의 구체적인 내용 중에 어느 것 하나라도 헌법에 저촉되면 위헌이 된다.

### 2) 기본권의 내용

#### (1) 인간의 존엄과 가치, 행복추구권

우리나라 헌법 제10조는 "모든 국민은 인간으로서의 존엄과 가치를 가지며, 행복을 추구할 권리를 가진다. 국가는 개인이 가지는 불가침의 기본적 인권을 확인하고 이를 보장할 의무를 진다."라고 규정하고 있다. 이는 모든 인간은 인간으로서의 존엄과 가치를 소유하고 있으며, 모든 인간이 소유하는 인간의 존엄과 가치를 공권력은 물론 개인도 존중해야 한다는 것을 확인하는 조항이다. 이런 인간의 존엄과 가치는 국민의 권리가 아니라 자연인, 즉 인간의 권리이다. 인간의 존엄과 가치는 모든 기본권의 이념적 바탕인 동시에 모든 기본권 보장의 목적이 된다. 자유권, 평등권, 사회적 기본권 등과 같은 모든 기본권은 이러한 인간의 존엄성에서 나오는 것이며, 국가권력은 이의 보장을 궁극적 목적으로 하며 이를 보장할 의무가 있으므로, 입법권, 집행권, 사법권은 모두 인간의 존엄성에 구속된다. 그리고 모든 기본권은 어느 시간과 장소에서 인간의 행복실현의 조건을 의미하는 것이다. 이런 의미에서 행복추구권에는 이러한 기본권이 모두 포괄되어 있으며 개별 기본권은 행복추구권의 구체화라고 할 수 있다.

인간의 존엄과 가치 및 행복추구권에서 도출되지만 헌법에 명시하지 않은 기본권으로 헌법재판소에 의해 인정되는 것들이 있는데, 생명권, 인격권, 일반적 행동자유권, 자기결정권 등이 그 예라고 할 수 있다. 특히, 생명권과 관련하여 사형제도, 낙태, 안락사 등의 쟁점이 논의되고 있는데, 헌법재판소는 그 중 낙태를 위헌으로 판단하였고 연명의료결정은 정당한 자기결정권 행사로 헌법 가치에 합치한다고 결정한 바 있다.

### (2) 평등권

인권의 역사는 특권적 구조와 제도를 해체하는 과정이었다고 해도 과언이 아니다. 우리나라 헌법 제11조도 "모든 국민은 법 앞에 평등하다. 누구든지 성별·종교·또는 사회적 신분에 의하여 정치적·사회적·문화적 생활의 모든 영역에 있어서 차별을 받지 아니한다."라고 규정하고 있다. 헌법재판소는 "평등의 원칙은 국민의 기본권 보장에 관한 우리 헌법의 최고원리로서 국가가 입법을 하거나 법을 해석 및 집행함에 있어 따라야 할 기준인 동시에 국가에 대하여 합리적인 이유 없이 불평등한 대우를 하지 말 것과 평등한 대우를 요구할 수 있는 모든 국민의 권리로서 국민의 기본권 중의 기본권이다(헌법재판소 1989.1.25. 88헌가7)."라고 판시하고 있다.

그러나 헌법에서 말하는 평등이 인간의 획일적·절대적 평등을 의미하는 것은 아니다. 개인의 개성이나 능력 등을 고려하지 않고 모두를 획일적으로 취급하는 것은 오히려 평등에 반할 수 있다. 따라서 합리적 근거가 있는 경우 이에 따라 차이를 두는 것이 평등에 적합한 것이며 합리적 근거가 없는 자의적 차별만이 금지되는 것이다.

### (3) 자유권적 기본권

자유권적 기본권은 국가권력의 침해로부터 개인의 자유를 보호하려는 목적을 가진 기본권으로서 일차적으로는 대국가적 방어권으로 기능하며, 국가의 소극적인 부작위를 요구할 수 있는 권리를 의미한다. 역사적으로 기본권은 자유권적 기본권을 중심으로 발전해 왔다.

영국의 대헌장(Magna Carta, 1215), 권리청원(Petition of Right, 1628), 권리장전(Bill of Rights, 1689) 등에서 자유권이 등장하지만, 이들 자유권이 천부인권으로 등장한 것은 미국의 독립선언이나 프랑스의 인권선언 등에서다. 하지만 개인적 자유에 기초한 근대 자본주의 경제의 발달과정에서 심화된 사회적·경제적 불평등으로 인하여 자본주의 체제 위기적 상황이 발생하자 자유권, 특히 경제적 자유권에 대해서는 일정한 규제가 필요하게 되었다. 그리하여 현대에 이르러서는 경제적 자유권에 대한 사회적 제약성이 강조되고 있으며, 나아가 사회적 기본권이 등장하게 되었다. 그러나 아직도 기본권 중에서 가장 핵심이며 본질은 자유권적 기본권이다. 자유가 보장되지 않는 사회에서 적극적인 사회적 기본권의 보장이란 공허한 구호에 불과하기 때문이다.

자유권은 초국가적인 자연권이면서 소극적·방어적 공권성을 지닐 뿐만 아니라 우리 헌법의 객관적 가치질서로서의 성격도 함께 갖게 된다. 이런 자유권은 우리 헌법 제12조(인신의 자유)부터 제23조(재산권의 보장)에 걸쳐 규정되어 있다. 자유권은 성질상 자연권이라는 점에서 인간의 권리이므로 자연인인 외국인도 그 주체가 될 수 있다. 법인의 경우에는 경제적 자유권, 사생활 자유권, 언론·출판의 자유의 주체가 될 수 있다. 이런 자유권은 모든 국가권력과 사인을 구속하는 효력을 지닌다. 이와 같이 자유권이 자연권이라고 하더라도 해석을 통해 성실상 제한될 수 없는 절대적 기본권으로 인정되지 않는 한 일정한 한계 내에서만 보장되며, 헌법 제37조 제2항의 일반적 법률유보규정에 의해 법률로써 제한할 수 있다.

### 가. 신체의 자유

근대시민혁명 당시 가장 중요하게 주장했던 인권이 재산권의 보장과 더불어 신체의 자유이다. 절대왕권과 국가권력은 체포와 감금을 통해서 원하는 목적을 달성하고자 했다. 하지만 신체의 자유가 보장되지 않으면 그 밖의 다른 자유와 권리를 제대로 누릴 수 없다. 따라서 근대시민들의 신체의 자유를 확보하기 위한 노력은 인권을 위해서 당연한 것이라 할 수 있다.

신체의 자유가 헌법에서 보장된 이후로 국가권력이 개인을 체포하거나 구속하기 위해서는 반드시 법률로 정한 엄격한 절차에 따르도록 하였다. 즉, 국가권력이 경찰권과 형벌권을 발동하여 신체의 자유를 제한하기 위해서는 발동요건과 그 절차가 법률에 정한 것이어야 한다. 이를 위해 헌법 제12조 제1항에서는 "모든 국민은 신체의 자유를 가진다."라는 규정을 두고 있다.

신체의 자유의 내용은 법률에 의하지 아니하고는 체포, 구금, 압수, 수색, 심문당하지 아니하고 법률과 적법절차에 의하지 아니하고는 처벌, 보안처분 또는 강제노역을 받지 않는 것을 의미한다. 이에 따라 실체적 측면에서 죄형법정주의, 일사부재리의 원칙, 연좌제의 금지가 인정되고 절차적으로는 적법절차의 보장, 영장제도, 구속적부심사제도, 변호인의 조력을 받을 권리, 무죄추정의 원칙, 고문금지와 묵비권, 자백의 증거능력과 증명력 제한 등이 인정되고 있다.

죄형법정주의(nulla poena sine lege)란 어떤 행위가 범죄로 처벌되기 위해서는 미리 성문의 법률로 규정되어 있어야 한다는 원칙으로써 "법률이 없으면 범죄 없고 형벌도 없다."는 법언으로 표현된다. 죄형법정주의로부터 형벌법규법률주의(형벌을 부과하려면 범죄와 형벌이 법률로 정해져야 한다, 관습형법 금지), 형벌법규불소급의 원칙(범죄의 성립과 처벌을 행위 시의 법률에 의하여야 하고 사후에 법률을 만들어서 처벌해서는 안 된다), 법규내용명확성의 원칙(범죄와 형벌에 관하여 가능한 한 명확하게 규정되어 누구나 알 수 있도록 해야 한다), 유추해석 금지의 원칙(법률에 없는 사항에 대하여 비슷한 법률로 판단해서는 안 된다) 등을 그 파생원칙으로 한다.

일사부재리의 원칙(이중처벌의 금지)이란 "모든 국민은 … 동일한 범죄에 대하여 거듭 처벌받지 아니한다."라는 헌법 제13조 제1항 후단의 규정과 같이 한번 판결이 확정되면 동일 사건에 대하여 거듭 심판하는 것이 허용되지 아니한다는 원칙을 말한다. 따라서 무죄판결이 있었거나 이미 형벌을 모두 받은 경우 다시 형사책임을 물을 수 없다.

연좌제란 범죄인과 어떤 관계가 있는 자까지 함께 형사책임을 지는 제도를 말한다. 우리나라에서도 조선 후기에 이르기 까지 공공연하게 연좌제가 시행되었는데, 자기책임이 아닌 것으로 인한 불이익을 금지하기 위해 우리 헌법은 헌법 제13조 제3항에서 "모든 국민은 자기의 행위가 아닌 친족의 행위로 인하여 불이익한 처우를 받지 아니한다."는 연좌제금지원칙을 규정하고 있다.

적법절차의 원칙이란 모든 국가작용은 정당한 법률을 근거로 하여야 하고 정당한 절차에 따라 발동되어야 한다는 헌법 원리를 말하는데, 모든 공권력의 행사는 절차상으로 적법성을 갖추어야 할 뿐만 아니라 공권력행사의 근거가 되는 법률의 내용도 합리적이고 정당해야 한다는 원리를 말한다. "누구든지 법률에 의하지 아니하고는 체포·구속·압수·수색 또는 심문을 받지 아니하며, 법률과 적법한 절차에 의하지 아니하고는 처벌·보안처분 또는 강제노역을 받지 아니한다."는 헌법 제12조 제1항 제2문이 적법절차의 원칙을 규정하고 있다.

영장주의란 헌법 제12조 제3항에 규정된 것으로 "체포·구속·압수 또는 수색을 할 때에는 적법한 절차에 따라 검사의 신청에 의하여 법관이 발부한 영장을 제시하여야 한다."는 원칙을 뜻한다. 수사기관이 형사절차상 물리력을 동원하여 신체의 자유를 침해하는 강제처분을 하는 경우에, 중립적인 지위에 있는 법관이 발부한 영장에 의하도록 함으로써 수사기관의 자의적인 권력남용을 방지하고 개인의 인권을 보호하기 위한 것이다.

체포·구속적부심사제도란 헌법 제12조 제6항(누구든지 체포 또는 구속을 당한 때에는 적부의 심사를 법원에 청구할 권리를 가진다)에 규정된 것으로써 체포나 구속된 피의자에 대하여 체포 또는 구속된 피의자나 그 변호인, 가족 등이 관할법원에 체포 또는 구속의 적부 여부의 심사를 청구할 경우 법원이 구속의 적법성과 필요성을 심사하여 그 타당성이 없으면 피의자를 석방하는 제도를 말한다.

헌법 제12조 제5항은 "누구든지 체포 또는 구속의 이유와 변호인의 조력을 받을 권리가 있음을 고지 받지 아니하고는 체포 또는 구속을 당하지 아니한다. 체포 또는 구속을 당한 자의 가족 등 법률이 정하는 자에게는 그 이유와 일시·장소가 지체 없이 통지되어야 한다."라는 규정을 두어 체포, 구속이유 등 고지 및 통지제도를 규정하고 있는데, 이를 미란다원칙이라고 부르기도 한다.

형사 피의자와 피고인은 헌법 제27조 제4항에 의한 무죄추정의 원칙(모든 피의자나 피고인은 무죄의 가능성이 있기 때문에 유죄의 판결이 확정될 때까지 무죄로 추정되며, 그 불이익은 최소한에 그쳐야 하고 가능한 한 시민의 권리가 보장되어야 한다는 원칙), 헌법 제12조 제7항에 의한 자백의 증거능력 및 증명력 제한의 원칙(피고인의 자백이 자의로 진술된 것이 아니라고 인정될 때 또는 정식재판에 있어서 피고인의 자백이 그에게 불리한 유일한 증거일 때에는 이를 유죄의 증거로 삼거나 이를 이유로 처벌할 수 없다), 헌법 제12조 제2항의 고문을 당하지 않을 권리(모든 국민은 고문을 받지 아니하며), 헌법 제12조 제5항 제1문의 체포, 구속이유 등을 고지 받을 권리(누구든지 체포 또는 구속의 이유와 변호인의 조력을 받을 권리가 있음을 고지 받지 아니하고는 체포 또는 구속을 당하지 아니한다), 헌법 제12조 제2항의 묵비권(형사상 자기에게 불리한 진술을 강요당하지 아니한다), 헌법 제12조 제4항의 변호인의 조력을 받을 권리(누구든지 체포 또는 구속을 당한 때에는 즉시 변호인의 조력을 받을 권리를 가진다), 헌법 제12조 제6항의 체포·구속적부심사청구권(누구든지 체포 또는 구속을 당한 때에는 적부의 심사를 법원에 청구할 권리를 가진다), 형사기록 열람·복사 요구권, 신속한 공개재판을 받을 권리, 형사보상청구권 등을 보유한다.

### 나. 거주·이전의 자유

누구나 자기가 원하는 장소를 하나 또는 그 이상을 거주지로 정할 수 있다. 사람은 누구나 자신이 원하는 곳에 사적 공간을 만들고 사회적·경제적 활동을 기본적으로 할 수 있어야 한다. 우리 헌법은 제14조에서 "모든 국민은 거주·이전의 자유를 가진다."는 규정을 두고 있다.

거주·이전의 자유는 국가의 간섭을 받지 않고 자신이 원하는 곳에 주소나 거소를 설정하고, 또 그것을 이전할 자유 및 일단 정한 주소·거소를 그의 의사에 반하여 옮기지 아니할 자유를 말한다. 국내에서의 거주·이전의 자유라 함은 대한민국 영역 안에서 체류지와 거주지를 자유롭게 설정하고 변경할 수 있는 자유를 말하는 것이지만 북한지역으로의 이주는 허용될 수 없다. 국외에서의 거주·이전의 자유에는 해외여행의 자유, 출국의 자유, 입국의 자유, 국외이주의 자유가 인정되며 국적이탈의 자유도 포함된다.

### 다. 직업의 자유

헌법 제15조는 "모든 국민은 직업선택의 자유를 가진다."라고 규정하고 있다. 이 규정과 같이 우리 헌법은 개개인들이 스스로 그들이 적당하다고 판단되는 활동을 직업으로 삼아 생활을 이어갈 수 있는 권리를 보장하고 있다. 직업선택의 자유는 국가의 간섭을 받지 않고 자신이 원하는 직업을 자유로이 선택하고 이를 영위하는 등 직업에 관한 종합적이고 포괄적인 자유를 말한다. 이런 직업선택의 자유에는 직업을 결정할 수 있는 직업결정의 자유, 선택한 직업을 수행할 수 있는 직업수행의 자유, 자신의 직업을 포기하거나 이탈할 수 있는 직업이탈의 자유를 그 내용으로 하고 있다.

하지만 무기의 제조·판매의 금지, 유사의료행위의 금지, 도박·인신매매·매춘·마약거래 등은 모두 직업의 자유가 제한된다. 이런 자유를 허용할 경우 국가안전보장, 질서유지 또는 공공복리 등과 같은 공익을 심각하게 침해하기 때문이다. 즉, 직업선택의 자유는 헌법 제37조 제2항 헌법 제37조 제2항에 따라 국가안전보장·질서유지 또는 공공복리를 위하여 필요한 경우에 제한될 수 있다.

### 라. 주거의 자유

개인의 가장 기본적인 프라이버시 보장을 위해서는 자신의 주거공간을 함부로 침범당하지 않아야 한다. 그래서 우리 헌법 제16조는 "모든 국민은 주거의 자유를 침해받지 아니한다. 주거에 대한 압수나 수색을 할 때에는 검사의 신청에 의하여 법관이 발부한 영장을 제시하여야 한다."라고 규정하여 주거의 자유를 보장하고 있다. 이런 주거의 자유를 보장하기 위해 주거 침입을 범죄로 규율하고, 사무실, 학교, 호텔 등과 같은 주거를 수색할 때 영장을 제시하도록 하고 있다.

주거의 자유에서 의미하는 주거란 자신이 사생활을 영위하고 있는 장소로서 현재 거주여부를 불문한다. 주택이 가장 대표적인 주거일 것이나 이에 한하지 않고 회사의 사무실이나 점포, 일시적으로 체재하는 여관·호텔의 객실, 학교, 공장 등도 포함한다. 여관·호텔의 객실인 경우 입주자나 투숙자가 주거의 자유의 주체가 되고, 회사, 학교, 공장의 경우는 원칙적으로 당해 생활공간의 관리자인 사장, 공장장, 교장이 그 주체가 된다.

### 마. 사생활의 비밀과 자유

자신의 비밀을 타인과 공유하는 것은 소통의 방법이기도 하지만, 비밀은 누군가에게 무기가 되기도 한다. 무기가 된 비밀은 범죄에 악용되거나 불이익을 제공하는 수단으로 누군가의 삶을 파괴할 수 있다. 따라서 사생활의 비밀과 자유는 한 개인의 삶의 영역을 형성하는 데 반드시 필요한 기본권이다.

우리 헌법 제17조는 "모든 국민은 사생활의 비밀과 자유를 침해받지 아니한다."라고 하여 사생활의 비밀과 자유를 보장하고 있다. 이는 인간이 소극적으로는 사생활의 내용, 명예, 신용 등을 침해받지 아니하고, 적극적으로는 자신이 원하는 자유로운 사생활과 사적 활동을 영위할 수 있는 권리를 의미하는 것이다. 법적 성격으로는 인격권의 일종이고, 자연권이며, 자신에 관한 정보의 자율적 관리와 통제를 내용으로 하는 청구권적 성격도 지닌다. 사생활의 비밀은 사생활을 공개당하지 아니할 권리로서, 개인에 관한 난처한 사적 사항의 불가침(침해받지 아니한다), 명예와 신용의 불가침, 인격적 징표(성명, 초상, 이미지 등 본인에게 고유한 것)의 불가침 등을 그 구체적인 내용으로 한다고 볼 수 있고, 사생활의 자유는 사생활의 자유로운 형성을 방해받지 아니할 권리로서 자유로운 사생활의 형성과 유지의 불가침, 평온한 사생활의 유지의 불가침을 들 수 있고, 나아가 더욱 적극적으로 자신에 관한 정보를 보호받기 위하여 자신에 관한 정보를 자율적으로 결정하고 관리할 수 있는 권리인 자기정보관리통제권을 인정하고 있다. 자기정보관리통제권의 구체적인 내용으로는 자기정보열람청구권, 자기정보수정청구권, 자기정보사용중지청구권, 자기정보삭제청구권 등이 인정된다.

### 바. 통신의 자유

헌법 제18조는 "모든 국민은 통신의 비밀을 침해받지 아니한다."라고 하여 통신의 자유를 규정하고 있다. 통신의 자유는 개인이 그 의사나 정보를 우편물이나 전기통신 등의 수단에 의하여 전달 또는 교환하는 경우에 그 내용 등이 본인의 의사에 반하여 공개되지 아니할 자유를 말한다. 헌법상 보장되는 통신의 자유는 합법적이고 정당한 통신만을 그 대상으로 하므로 협박행위 등의 현행범에 대해서 수사기관이 통신 장소, 발신인 등을 탐지하는 것은 통신의 비밀을 침해하는 것은 아니다.

### 사. 재산권 보장

헌법 제23조는 "① 모든 국민의 재산권은 보장된다. 그 내용과 한계는 법률로 정한다. ② 재산권의 행사는 공공복리에 적합하도록 하여야 한다. ③ 공공필요에 의한 재산권의 수용·사용 또는 제한 및 그에 대한 보상은 법률로써 하되, 정당한 보상을 지급하여야 한다."는 규정을 두고 있다. 헌법 제23조의 재산권이라 함은 경제적 가치가 있는 모든 권리를 뜻한다. 근대초기에는 재산권을 자유권과 같은 천부적 인권이라고 생각하여 재산권에 대한 아무런 제한을 인정하지 않았다. 그 결과 생산 수단을 소유한 자들의 횡포가 갈수록 심화되어 가진 자와 가지지 못한 자 간의 대립과 갈등이 빈번히 일어났고, 수많은 사람들이 기본적인 삶조차 영위할 수 없는 지경에 이르렀기 때문에 소유권 절대성은 수정되지 않을 수 없게 되었다. 우리 헌법에서도 헌법 제23조 제2항에 재산권의 행사는 공공복리에 적합해야 한다고 규정함으로써 재산권의 사회적 구속성을 강조하고 있다. 헌법에서의 재산권 보장은 사유재산에 대한 자유로운 처분권을 인정하고 재산권 침해에 대한 주관적 공권을 인정함과 동시에 사유재산제도를 제도로서 보장하고 있으므로, 재산권에 관한 권리와 제도를 동시에 보장하고 있는 것이라고 볼 수 있다.

### 아. 양심의 자유

헌법은 제19조에서 "모든 국민은 양심의 자유를 가진다."라고 하여 양심의 자유를 보장하고 있다. 헌법 제19조의 양심은 세계관, 인생관, 주의, 신조 등은 물론 널리 개인의 인격 형성에 관계되는 내심에 있어서의 가치적, 윤리적 판단까지도 포함하는 것으로 보고 있다. 즉, 헌법이 보호하려는 양심은 어떤 일의 옳고 그름을 판단함에 있어서 그렇게 행동하지 아니하고는 자신의 인격적인 존재가치가 허물어지고 말 것이라는 강력하고 진지한 마음의 소리이지, 막연하고 추상적인 개념으로서의 양심이 아니다(헌법재판소 1998.7.16. 96헌바35, 헌법재판소 1997.3.27. 96헌가11). 이런 점에서 양심은 헌법 제46조 제2항에서는 국회의원의 양심의 따른 직무수행, 헌법 제103조의 법관의 양심에 따른 심판 등에서 의미하는 직업윤리적 양심과 그 의미가 다르다.

양심의 자유를 이루는 내용에는 양심결정 내지 형성의 자유, 양심을 지킬 자유, 양심 실현의 자유 등이 포함된다. 양심을 지킬 자유는 자기의 사상이나 양심을 외부에 표명할 것을 강제받지 않을 자유와 자기의 양심에 반하는 행위를 강요당하지 아니하는 자유를 의미한다. 이에 관하여 사죄광고를 판결로써 강제하는 것은 인격권을 침해하는 것이라는 헌법재판소의 판례가 있으며(헌법재판소 1991.4.1. 89헌마160), 양심적 병역거부, 국기에 대한 경례거부 등도 쟁점이 된다. 양심실현의 자유는 자신의 양심이나 사상을 대외적으로 실현할 수 있는 자유이다.

양심의 자유의 제한에 관해서는 양심이 내면에 머물러 대외적으로 나타나지 않는 이상 제한할 수 없다 할 것이다.

### 자. 종교의 자유

헌법 제20조에서는 "① 모든 국민은 종교의 자유를 가진다. ② 국교는 인정되지 아니하며, 종교와 정치는 분리된다."고 하여 종교의 자유를 보장하고 국교부인과 정교분리의 원칙을 규정하고 있다. 종교의 자유란 자신이 선호하는 종교를 자신이 원하는 방법으로 신봉하는 자유를 말한다. 종교의 자유는 개인의 내면적 작용이므로 내심의 자유인 신앙의 자유를 기본으로 하지만, 같은 신앙을 가진 자들이 공동으로 종교 행사를 열고 단체를 결성하여 선교(포교)하기도 하므로 종교의 자유의 내용으로는 신앙의 자유, 종교적 행사의 자유, 종교적 집회·결사의 자유, 선교의 자유 등을 포괄할 수 있다. 그러나 이와 같은 종교적 활동을 자유롭게 할 수 있는 적극적 자유뿐만 아니라 무신앙의 자유, 종교적 활동을 강요받지 아니할 소극적 자유까지 종교의 자유의 내용으로 할 수 있다. 국교부인의 원칙이라 함은 국가가 특정종교를 국교로 지정하는 것을 금지한다는 국가의 비종교성원칙을 말한다. 정교분리의 원칙이란 국가가 어떠한 종교의 영향도 받지 않고 정치에 대하여 종교는 중립을 유지하며 국가는 모든 종교를 동등하게 처우해야 한다는 것을 의미한다. 종교가 정치에 간섭하거나 종교 단체가 정치활동을 하는 것은 금지되고, 국가도 특정 종교 교육이나 종교 활동을 할 수 없다.

### 차. 학문과 예술의 자유

헌법 제22조 제1항은 "모든 국민은 학문과 예술의 자유를 가진다."라고 하여 학문과 예술의 자유를 보장하고 있다. 학문의 자유라 함은 학문적 활동에 관하여 공권력의 간섭이나 방해를 받지 아니하는 자유를 말한다. 학문의 자유는 대학에 재직하는 교수나 연구소의 연구원뿐만 아니라 모든 국민에게 보장되는 기본적인 인권이다. 학문의 자유의 내용에는 연구의 자유, 연구결과를 발표할 자유, 교수의 자유(강학의 자유라고도 하며 대학이나 그 밖의 고등교육기관에 종사하는 교육자가 자신의 생각대로 자유롭게 가르칠 수 있는 자유를 의미한다), 학문 활동을 위한 집회·결사의 자유, 대학의 자치 등이 포함된다.

예술의 자유란 인간의 창조적 정신활동인 예술 활동을 보장하는 것, 즉 예술의 창작 등 예술 활동을 함에 있어 국가기관에 의한 예술의 침체·왜곡·창조성의 억압이 허용되지 않는 자유를 말한다. 예술의 자유는 전문가인 예술가에게만 인정되는 자유가 아니라 모든 인간에게 보장되는 자유이다. 법인인 예술단체의 경우에도 예술의 자유가 인정된다. 예술의 자유의 내용으로는 예술창작의 자유, 예술표현의 자유, 예술적 집회·결사의 자유 등을 포함한다.

### 카. 언론 · 출판의 자유

헌법 제21조는 "① 모든 국민은 언론·출판의 자유와 집회·결사의 자유를 가진다. ② 언론·출판에 대한 허가나 검열과 집회·결사에 대한 허가는 인정되지 아니한다. ③ 통신·방송의 시설기준과 신문의 기능을 보장하기 위하여 필요한 사항은 법률로 정한다. ④ 언론·출판은 타인의 명예나 권리 또는 공중도덕이나 사회윤리를 침해하여서는 아니된다. 언론·출판이 타인의 명예나 권리를 침해한 때에는 피해자는 이에 대한 피해의 배상을 청구할 수 있다."라고 하여 언론·출판의 자유를 보장하고 있다.

언론·출판의 자유란 자신의 사상 또는 의견을 언어, 문자, 기호 등을 사용해서 불특정 다수인에게 표현할 자유를 의미한다. 민주시민으로서 국정에 참여하고 인간다운 생활을 영위하기 위해서는 개개인의 의사 또는 의견의 형성 및 전달이 불가피한 것이다. 그러나 그러한 사상 또는 의견의 형성이 가능하려면 국가나 사회로부터 필요한 정보를 광범위하게 수집할 수 있어야 하고, 이로써 언론·출판의 자유에 알 권리, 액세스권, 반론권까지 첨가되기에 이르렀다. 언론·출판의 자유의 내용으로는 먼저 의사 표현의 자유(사상 또는 의견의 자유로운 표명과 그것을 전파할 자유), 알 권리, 액세스권, 보도의 자유 등이 있다. 알 권리라 함은 일반 국민 누구나 정치적·사회적 현실에 대한 정보를 자유롭게 알 수 있는 권리, 또는 이러한 정보에 대해 접근할 수 있는 권리 또는 국가에 대하여 보유·관리하고 있는 정보의 공개를 청구할 수 있는 권리를 뜻한다. 액세스권이란 일반국민이 자신의 사상이나 의견을 발표하기 위하여 언론매체에 자유로이 접근하여 그것을 이용할 수 있는 권리를 말한다. 반론권이란 정기간행물이나 방송 등에서 공표된 사실적 주장에 의하여 피해를 입은 자가 발행인이나 방송사업자에게 반론보도문을 게재하거나 반론보도를 방송해줄 것을 청구할 수 있는 권리를 말한다.

언론·출판의 자유가 실질적으로 보장되기 위해서는 국가권력에 의한 강제가 없어야 한다. 사전 검열을 하거나 강제나 압력을 행사하여 보도를 통제하는 것 등이 허용된다면 언론·출판의 자유는 보장될 수 없다. 이런 점에서 헌법 제21조 제2항에서는 언론·출판에 대한 허가나 검열은 인정하지 않고 있다. 이런 언론출판의 자유는 고도의 공공적 가치를 가지므로 최대한으로 보장되어야 하지만 국가안전보장·질서유지 또는 공공복리를 위하여 필요한 경우에 한하여 법률로써 제한될 수 있다. 이 제한에 대한 판단 기준이 '명백·현존 위험이론'이다. 즉, 언론을 규제하기 위해서는 언론이 법률상 금지된 해악을 초래할 명백하고 현존하는 위험을 가지고 있음을 입증해야 한다.

### 파. 집회 · 결사의 자유

헌법은 제21조 제1항에서 "모든 국민은 … 집회 · 결사의 자유를 가진다."라고 하여 집회와 결사의 자유를 보장하고, 제2항에서는 "집회 · 결사에 대한 허가는 인정되지 아니한다."라고 하여 집회 · 결사에 대한 허가제를 금지하고 있다. 집회의 자유에 있어서 집회란 다수인이 공동의 목적을 가지고 일정한 장소에서 일시적으로 회합하는 행위를 말한다. 따라서 도로에 우연히 많은 사람이 모인 경우는 공동의 목적이 없으므로 집회가 아니다. 집회의 자유에는 적극적으로 집회를 개최하는 자유, 집회를 사회 또는 진행하는 자유, 집회에 참가하는 자유 등이 포함된다. 또한 집회에 참가하지 아니할 자유, 집회를 개최하지 아니할 자유도 포함된다. 집회 또는 시위에 관하여 사전허가를 받게 하는 허가제는 헌법 제21조 제2항에 따라 금지된다. 그러나 집회 및 시위에 관한 법률에서는 집회 또는 시위의 중복에 의한 혼란을 예방하기 위하여 사전신고제를 두고 있는데, 이는 사전억제를 위한 것이 아니므로 위헌이 아니다. 건물 안에서 행하는 옥내 집회의 경우에는 신고도 필요하지 않는다. 결사의 자유에 있어서 결사라 함은 다수인이 공동의 목적을 가지고 회합하거나 결합하는 자유를 말한다. 결사의 자유는 단체결성의 자유, 단체존속의 자유, 단체 활동의 자유뿐만 아니라 단체로부터 탈퇴할 자유와 결사에 가입하지 아니할 자유도 인정된다.

## (4) 사회적 기본권

사회적 기본권이란 국민이 인간다운 생활을 확보하기 위하여 일정한 국가적 급부와 배려를 요구할 수 있는 권리를 말한다. 즉, 국가에게는 더불어 사는 공동체적 사회 정의를 실현하기 위하여 국민의 생존을 유지하고 생활수준을 향상시켜 인간다운 생활을 살게 해야 할 의무가 인정되고, 국민은 국가에 대하여 이와 같은 적극적인 배려를 요구할 수 있는 권리를 뜻한다. 따라서 사회적 기본권은 국가의 부작위로 실현되는 자유권적 기본권과는 그 법적 성격을 달리한다.

사회적 기본권의 법적 성격에 대해서는 여러 견해가 있으나, 사회국가를 지향하고 있는 우리 헌법 원리에 비춰볼 때 인간의 최소한의 생존수준에 대해서는 헌법에서 바로 구체적 권리가 나오고 그 수준 이상의 인간다운 삶의 보장에 대해서는 법률에 의하여 구체화된다고 보는 것이 타당할 것이다.

### 가. 인간다운 생활을 할 권리

헌법 제34조 제1항은 "모든 국민은 인간다운 생활을 할 권리를 가진다."라고 하여 인간다운 생활권을 보장하고 있다. 인간다운 생활권은 사회권적 기본권 중에서 가장 기본이 되는 핵심적인 권리로서, 인간다운 생활을 보장하기 위한 수단적 사회권들을 제34조 제2항에서 제36조까지 규정하고 있다. 헌법재판소는 인간다운 생활을 할 권리로부터 최소한의 물질적이니 생활의 유지에 필요한 급부 이상을 요구할 수 있는 권리가 법률 없이 직접 인정된다고는 보기 어려우나 인간의 존엄성에 상응하는 최소한의 물질적인 생활의 유지에 필요한 급부는 상황에 따라서 법률 없이도 국가에 직접 요구할 수 있는 구체적인 권리가 도출될 수 있다고 판단한 바 있다(헌법재판소 1995.7.21. 93헌가14). 인간다운 생활을 보장하기 위한 구체적인 권리로는 사회보장 및 생활보호를 받을 권리를 들 수 있고 이에 따라 사회보험수급권, 공적부조 청구권, 사회보상 청구권, 사회복지 청구권 등이 인정되고 있다.

### 나. 교육을 받을 권리

헌법은 제31조 제1항에서 "모든 국민은 능력에 따라 균등하게 교육을 받을 권리를 가진다."라고 하여 교육을 받을 권리를 규정하고 있다. 교육을 받을 권리란 교육을 받는 것을 국가로부터 방해받지 아니함은 물론 국가가 적극적으로 배려해주도록 요구할 수 있는 권리를 말한다. 교육을 받을 권리는 능력에 따라 교육을 받을 권리이다. 능력에 따른 교육은 정신적·육체적 능력에 상응한 적절한 교육을 말한다. 교육을 받을 권리는 교육의 기회 균등을 내용으로 한다. 교육을 받을 권리에서 교육은 학교교육을 포함한 다양한 종류의 교육을 말한다. 여기에는 평생교육도 포함된다. 헌법은 이런 평생교육을 진흥할 의무를 국가에 부여하고 있다. 또한 의무교육을 규정하고 이 경우에는 무상으로 할 것으로 규정하고 있다.

이런 교육을 받을 권리를 실현하기 위해 교육제도 법정주의를 헌법에 명시하고 있다. 헌법 제31조 제4항에는 교육의 자주성·전문성·정치적 중립성 등과 같은 교육의 기본원칙을 명시하고 있다. 또한 제31조 제6항은 교육에 대한 자의적 규제를 배제하기 위하여 교육제도·교육재정·교원의 법적 지위 등의 법정주의를 규정하고 있다.

### 다. 근로의 권리

헌법 제32조 제1항은 "모든 국민은 근로의 권리를 가진다. 국가는 사회적·경제적 방법으로 근로자의 고용의 증진과 적정임금의 보장에 노력하여야 하며, 법률이 정하는 바에 의하여 최저임금제를 시행하여야 한다."라고 하여 근로의 권리를 규정하고 있다. 근로의 권리라 함은 개인이 특별한 법률의 규정이 없는 한 근로의 종류, 내용, 장소 등을 근로자가 자신의 의사, 능력, 취미에 따라 선택하여 근로관계를 형성하고 타인의 방해를 받음이 없이 근로관계를 계속 유지하며, 근로의 기회를 얻지 못한 경우에는 국가에 대하여 근로의 기회를 제공하여 줄 것을 요구할 수 있는 권리를 말한다. 근로의 권리는 국민의 권리로 표현되어 있기는 하지만 외국인에게도 근로의 권리를 인정하고 있다(서울고법 1993.11.26. 93구16774 판결).

### 라. 근로3권

헌법 제33조는 제1항에서 "근로자는 근로조건의 향상을 위하여 자주적인 단결권·단체교섭권 및 단체행동권을 가진다."라고 규정하여 근로자의 노동3권을 보장하고 있다. 근로3권 내지 노동3권이라 함은 단결권, 단체교섭권, 단체행동권을 의미하는 것으로 노동자들이 인간다운 생활을 확보하기 위한 현실적인 방책으로서, 근로조건의 향상을 위해 자주적 조직체를 결성하고, 그 조직체의 이름으로 교섭을 하며, 그 교섭이 원만하게 이루어지지 아니할 경우에 단체행동을 할 수 있는 권리를 총칭하는 것을 말한다. 그러나 헌법 제33조 제2항과 제3항에서 "② 공무원인 근로자는 법률이 정하는 자에 한하여 단결권·단체교섭권 및 단체행동권을 가진다. ③ 법률이 정하는 주요방위산업체에 종사하는 근로자의 단체행동권은 법률이 정하는 바에 의하여 이를 제한하거나 인정하지 아니할 수 있다."라고 규정함으로써 공무원과 법률이 정하는 주요방위산업체에 종사하는 근로자에 대하여서는 일정부분 근로3권을 제한하고 있다.

### 마. 환경권

헌법 제35조 제1항에서는 "모든 국민은 건강하고 쾌적한 환경에서 생활할 권리를 가지며, 국가와 국민은 환경보전을 위하여 노력하여야 한다."라고 규정하여 환경권의 보장과 더불어 국가와 국민의 환경보전 의무를 규정하고 있다. 환경권이란 건강하고 쾌적한 환경에서 생활할 수 있는 권리를 말한다. 좁은 의미로는 제3자에 대하여 오염되거나 불안한 환경으로부터 건강을 훼손당할 위험에 놓인 사람이 그 원인을 예방 또는 배제하도록 요구할 수 있는 권리를 말한다. 넓은 의미의 환경권은 좁은 의미의 환경권뿐만 아니라 적극적으로 청정한 환경을 보전하고 조성하여 줄 것을 국가에 대하여 요구할 수 있는 권리를 의미한다. 환경권의 구체적인 내용으로는 공해예방청구권, 공해배제청구권, 쾌적한 주거생활권을 들 수 있다.

### 바. 보건권

헌법 제36조는 "① 혼인과 가족생활은 개인의 존엄과 양성의 평등을 기초로 성립되고 유지되어야 하며, 국가는 이를 보장한다. ② 국가는 모성의 보호를 위하여 노력하여야 한다. ③ 모든 국민은 보건에 관하여 국가의 보호를 받는다."라고 하여 혼인·가족생활의 평등, 모성을 보호받을 권리, 보건에 관한 권리를 규정하고 있다. 보건권이라 함은 국민이 자신의 건강에 관하여 국가적 배려를 해줄 것을 요구할 수 있는 권리를 말한다.

### (5) 참정권

민주주의에 의한 정치는 주권자인 국민이 국가기관을 구성하며 국가의사의 형성에 참여하거나 국가권력을 통제 내지 견제하는 것을 말한다. 이와 같이 국민이 국가기관의 구성과 정치공동체의 의사형성과정에 직접 또는 간접으로 참여할 수 있는 권리를 참정권이라고 한다. 즉, 참정권이란 국민이 국가의 구성원으로서 국가권력의 창설과 국가의 권력행사과정에 참여함으로써 자신의 정치적 견해를 국정에 반영할 수 있는 권리를 말한다. 참정권은 국민주권의 표현으로서 정치적 기본권의 핵심이다. 우리 헌법은 헌법 제24조에서 규정하고 있는 선거권과 헌법 제25조의 공무담임권, 헌법개정안과 중요 사안에 대한 국민투표권 등이 있다.

#### 가. 선거권

헌법 제24조는 "모든 국민은 법률이 정하는 바에 의하여 선거권을 가진다."고 하여 선거권을 규정하면서 선거권자의 자격을 법률로써 정하도록 하고 있다. 선거는 유권자의 집합체로서 선거인단이 국민을 대표하는 국가기관구성원을 선임하는 행위를 말하는데 선거권은 이러한 선거에 참여할 수 있는 권리를 뜻한다. 선거권은 개인의 주관적 공권임과 동시에 국가기관구성원의 선임에의 참가라는 공무수행의 측면도 가진다. 우리 헌법상 국민의 선거권은 국회의원선거권, 대통령선거권, 지방의회의원과 단체장선거권을 내용으로 한다.

#### 나. 국민투표권

우리 헌법은 대의제 민주주의를 원칙으로 하지만 예외적으로 일정한 경우 국민은 직접 국가의사결정에 참여하는 직접민주정을 채택하고 있다. 국민투표권은 이처럼 국민이 특정한 국정사안에 대한 국가의사결정에 직접 참여할 수 있는 권리를 의미한다. 국민이 국민투표권을 행사하는 경우로는 현행 헌법상 대통령이 필요하다고 인정하여 외교 국방 통일 기타 국가안위에 관한 중요정책에 대해 국민투표에 붙인 경우(헌법 제72조)와 헌법개정안에 대한 국민투표의 경우(헌법 제130조 제2항)가 있다.

#### 다. 공무담임권

헌법 제25조는 "모든 국민은 법률이 정하는 바에 의하여 공무담임권을 가진다."고 하여 국민의 공무담임권을 규정하고 있다. 공무담임권은 국가기관이나 공공단체의 직무를 담당할 수 있는 권리를 말하며 선거에 의하여 국가기관의 구성원이 될 수 있는 권리인 피선거권보다는 넓은 개념이다. 국민이 공무담임권을 가진다고 하여 누구나 공무를 담당할 수 있다는 것은 아니고 현실적으로 공무를 담당할 수 있기 위해서는 일정한 요건이 필요하다.

### (6) 청구권적 기본권

청구권적 기본권이란 국민이 국가를 상대로 일정한 행위를 적극적으로 요구할 수 있는 주관적 공권을 말한다. 청구권적 기본권은 실체법적 권리를 실현시키기 위해 절차적인 권리라는 점에서 그 특징이 있다. 이런 청구권적 기본권은 자유권, 사회적 기본권, 참정권 등과 다른 특징이 있다. 자유권은 소극적 성질을 지니는 권리이지만, 청구권은 국가에 대한 청구를 내용으로 하는 적극적인 권리이다. 사회적 기본권은 구체적인 입법이 필요한 경우가 많지만, 청구권적 기본권은 헌법규정에 의해서 직접 그 효력이 인정되는 권리이다. 참정권은 능동적 기본권이지만, 청구권적 기본권은 국가에 대해 일정한 행위를 요구할 수 있는 적극적 권리이다.

#### 가. 청원권

헌법 제26조는 "① 모든 국민은 법률이 정하는 바에 의하여 국가기관에 문서로 청원할 권리를 가진다. ② 국가는 청원에 대하여 심사할 의무를 진다."라고 규정하여 청원권을 보장하고 있다. 청원권이란 공권력과의 관계에서 일어나는 여러 가지 이해관계, 의견, 희망 등에 관하여 국가기관에 의견이나 희망을 진술할 수 있는 권리를 말한다. 국가기관은 적법한 청원을 한 모든 국민에게, 청원을 수리할 뿐만 아니라 이를 심사하여 청원자에게 적어도 그 처리결과를 통지하여야 한다.

#### 나. 재판청구권

헌법 제27조는 "① 모든 국민은 헌법과 법률이 정한 법관에 의하여 법률에 의한 재판을 받을 권리를 가진다. ② 군인 또는 군무원이 아닌 국민은 대한민국의 영역 안에서는 중대한 군사상 기밀 · 초병 · 초소 · 유독음식물공급 · 포로 · 군용물에 관한 죄 중 법률이 정한 경우와 비상계엄이 선포된 경우를 제외하고는 군사법원의 재판을 받지 아니한다. ③

모든 국민은 신속한 재판을 받을 권리를 가진다. ④ 형사피고인은 상당한 이유가 없는 한 지체 없이 공개재판을 받을 권리를 가진다. ⑤ 형사피해자는 법률이 정하는 바에 의하여 당해 사건의 재판절차에서 진술할 수 있다."라고 하여 재판청구권을 보장하고 있다. 재판청구권은 재판을 청구할 수 있는 적극적 측면과 더불어 헌법과 법률이 정한 법관이 아닌 자에 의한 재판 및 법률에 의하지 아니한 재판을 받지 아니하는 소극적 측면을 아울러 가지고 있다. 그러므로 재판청구권은 청구권과 자유권이라는 이중적 성격을 가진 권리이다. 헌법재판소는 "재판을 받을 권리란 집행부의 자의적인 판단을 배제하고 사법권의 독립이 보장된 법원에서 신분이 보장된 자격 있는 법관에 의하여 재판을 받을 권리와 적법한 절차에 따르는 공정한 심판을 받을 권리를 포함하는 것이다. 즉, 재판청구권은 재판절차를 규율하는 법률과 재판에서 적용될 실체적 법률이 모두 합헌적이어야 한다는 의미에서 법률에 의한 재판을 받을 권리뿐만 아니라 비밀재판을 배제하고 일반국민의 감시 하에 심리와 판결을 받음으로써 공정한 재판을 받을 권리를 포함한다고 해석할 수 있다."라고 판단한 바 있다(헌법재판소 1994.4.14. 94헌마46).

#### 다. 형사보상청구권

헌법 제28조는 "형사피의자 또는 형사피고인으로서 구금되었던 자가 법률이 정하는 불기소처분을 받거나 무죄판결을 받은 때에는 법률이 정하는 바에 의하여 국가에 정당한 보상을 청구할 수 있다."고 하여 형사보상청구권을 규정하고 있다. 형사보상청구권이란 형사피의자 또는 형사피고인으로서 구금되었던 자가 법률이 정하는 불기소처분을 받거나 확정판결에 의해 무죄를 선고받은 경우에, 국가에 대하여 물질적, 정신적 손실을 청구할 수 있는 기본권을 의미한다. 형사피의자란 죄를 범한 혐의로 수사기관의 수사대상이 되어 있는 자로서 아직 형사소송이 제기되지 않은 자를 말하고 소송이 제기된 후에는 형사피고인이 된다. 구금이란 소송절차의 원만한 수행을 위하여 피고인 또는 피의자를 일정기간 동안 교도소나 구치소에 구치하게 하는 법원의 강제처분을 말한다. 불기소처분이란 검사가 공소를 제기하지 아니하겠다는 종국적 처분을 의미하는 것으로써 불기소의 이유로는 사건이 죄가 되지 않고 범죄의 증명이 없을 때나 처벌이 객관적으로 타당하지 않다고 생각되는 경미한 죄 등이 있다.

#### 라. 국가배상청구권

헌법 제29조는 "① 공무원의 직무상 불법행위로 손해를 받은 국민은 법률이 정하는 바에 의하여 국가 또는 공공단체에 정당한 배상을 청구할 수 있다. 이 경우 공무원 자신의 책임은 면제되지 아니한다."라고 국가배상청구권을 보장하고 있다. 국가배상청구권이란 공무원의 직무상 불법행위로 손해를 입은 국민이 국가 등에 대하여 배상을 청구할 수 있는 권리를 말한다. 국가배상청구권의 법적 성격에 관해서는 청구권적 기본권이며 공권적 청구권이라는 것이 일반적인 견해이다.

헌법 제23조 제3항은 "공공필요에 의한 재산권의 수용·사용 또는 제한 및 그에 대한 보상은 법률로써 하되, 정당한 보상을 지급하여야 한다."라고 하여 손실보상청구권을 보장하고 있다. 손실보상청구권은 공용수용·공용사용·공용제한 등 적법한 공권력의 행사로 말미암아 재산상 특별한 희생을 당한 자가 국가에 대하여 재산적 손실의 전보를 청구할 수 있는 권리를 말한다. 헌법 제29조의 국가배상청구권과 마찬가지로 국가에 대한 청구권적 기본권의 성질을 갖지만, 적법한 공권력의 행사로 말미암아 발생한 재산적 손실을 구제받기 위하여 행사할 수 있는 권리라는 점에서 위법한 공권력의 행사로 인한 손해에 대한 국가배상청구권과는 차이가 있다.

#### 마. 범죄피해자 국가구조청구권

헌법은 제30조에서 "타인의 범죄행위로 인하여 생명·신체에 대한 피해를 받은 국민은 법률이 정하는 바에 의하여 국가로부터 구조를 받을 수 있다."라고 범죄피해자구조청구권을 보장하고 있다. 범죄피해자구조청구권이라 함은 본인에게 귀책사유가 없는 타인의 범죄행위로 말미암아 생명을 잃거나 신체상 피해를 입은 국민이나 그 유족이 가해자로부터 충분한 피해보상을 받지 못한 경우에 국가에 대하여 일정한 보상을 청구할 수 있는 권리를 말한다.

### (7) 국민의 의무

국민은 국가에 대하여 자신의 이익을 위하여 어떤 행동을 요구할 수 있는 각종 권리와 함께 국가에 대하여 부담하는 의무도 가지고 있다. 국민의 기본적 의무는 국민이 국가구성원으로서 부담하는 갖가지 의무 중에서 특히 헌법이 규정하고 있는 의무를 말한다. 이런 의무를 국가는 자의적으로 강제할 수 없다. 헌법을 근거로 법률에 따라 의무를 이행할 수 있도록 할 수 있을 뿐이다.

현행 헌법은 납세의무(제38조), 국방의 의무(제39조 제1항), 교육을 받게 할 의무(헌법 제31조 제2항), 근로의 의무(제32조 제2항), 환경보전의 의무(제35조 제1항) 등을 규정하고 있다. 헌법 제38조는 "모든 국민은 법률이 정하는 바에 의하여 납세의 의무를 진다."라고 하여 국민의 납세의무를 규정하고 있다. 납세의무는 조세평등주의(조세의 부담, 조세법의 해석 · 적용에 있어서 모든 국민을 평등하게 취급해야 한다)와 조세법률주의(과세요건이 법률로 명확히 규정되어 있어야 하고, 그 내용이 헌법 이념에 상응하는 것이어야 한다)에 따라 개인의 재력에 상응한 공정하고 평등한 과세여야 하고 법률에 의한 과세여야 한다. 헌법 제39조는 "① 모든 국민은 법률이 정하는 바에 의하여 국방의 의무를 진다. ② 누구든지 병역의무의 이행으로 인하여 불이익한 처우를 받지 아니한다."라고 하여 국민의 국방의 의무를 규정하고 있다. 국방의 의무라 함은 외국의 침략적 행위로부터 국가의 독립을 유지하고 영토를 보전하기 위해서 부담하는 국가 방위의무를 말한다. 그 밖에도 헌법 제31조 제2항(모든 국민은 그 보호하는 자녀에게 적어도 초등교육과 법률이 정하는 교육을 받게 할 의무를 진다)에 의한 교육을 받게 할 의무, 헌법 제32조 제2항(모든 국민은 근로의 의무를 진다. 국가는 근로의 의무의 내용과 조건을 민주주의원칙에 따라 법률로 정한다)의 근로의 의무, 헌법 제35조 제1항 후단(국가와 국민은 환경보전을 위하여 노력하여야 한다)의 환경보전의무가 있다.

## 4. 국가기구

### 1) 국가기구의 기본 원리

#### (1) 대한민국 국가형태와 구성요소

헌법 제1조 제1항은 "대한민국은 민주공화국이다." 제2항에서는 "대한민국의 주권은 국민에게 있고 모든 권력은 국민으로부터 나온다."라고 규정하고 있다.

대한민국의 국가형태는 민주공화국이다. 민주공화국이란 주권이 국민에게 있고 국민이 선출한 대표자가 국민의 권리와 이익을 위하여 국정을 운영하며, 국가의 원수가 선거에 의하여 선출되며 일정한 임기에 의해 교체되는 국가를 말한다. 국민주권의 원리, 자유민주주의, 권력분립주의, 의회주의와 법치주의 등을 바탕으로 한다.

국가의 구성요소로써 주권, 국민, 영역(영토)을 들 수 있는데 주권이란 국가적 의사를 전반적 · 최종적으로 결정할 수 있는 최고의 권력을 의미하고, 국민이란 국가의 인적 요소 내지 항구적 소속원으로 국가의 통치권에 복종할 의무를 부담하는 개개인의 전체집합을 의미한다(헌법재판소 2000.8.31. 97헌가12). 영역이란 국가의 공간적 존립 기반으로서, 국제법의 제약이 없는 한 원칙적으로 배타적 지배를 할 수 있는 공간을 의미한다. 국가의 영역은 영토, 영해, 영공으로 구성된다. 대한민국 헌법은 제3조에서 "대한민국의 영토는 한반도와 그 부속도서로 한다."는 영토 조항을 두고 있다.

### (2) 국가기구의 구성원리

통치구조의 구성원리로는 국민주권의 원리, 대의제의 원리, 권력분립의 원리, 법치주의의 원리 등이 있다. 국민주권의 원리란 국가적 의사를 전반적이고 최종적으로 결정할 수 있는 최고의 권력인 주권을 국민이 가진다는 것과 모든 국가권력의 정당성의 근거가 국민에게 있다는 것을 내용으로 하는 헌법 원리를 말한다. 대의제의 원리란 주권자인 국민이 국가의사나 국가정책을 직접 결정학지 않고 대표자를 선출하여 그들로 하여금 국민을 대신하여 국가의사나 국가정책 등을 결정하게 하는 원리를 말한다. 권력분립의 원리란 국민의 자유와 권리를 보장하기 위하여 국가권력을 입법권·집행권·사법권으로 분할하고 이들 권력을 각각 다른 국가기관에 분산시킴으로써 특정의 개인이나 집단에게 국가권력이 집중되지 않고 권력상호간의 견제와 균형을 통해 권력적 균형관계가 유지되도록 하는 원리를 말한다. 법치주의란 국가가 국민의 자유와 권리를 제한하거나 국민에게 새로운 의무를 부과하려 할 때에는 반드시 의회가 제정한 법률에 의하거나 그에 근거가 있어야 한다는 원리를 말한다.

### (3) 정부형태

우리 헌법은 대통령제를 기본으로 하면서 의원내각제 요소를 가미하고 있다. 우리 헌법은 대통령제의 원칙과 특징을 다음과 같이 규정하고 있다. 대통령은 국가의 원수이며, 행정권은 대통령을 수반으로 하는 정부에 속한다(헌법 제66조 제1항, 제4항). 대통령은 국민의 보통·평등·직접·비밀선거에 의하여 선출(헌법 제67조 제1항)하게 되므로 국민으로부터 직접 그 대표성을 부여받고 있다. 대통령은 5년의 임기 동안 탄핵소추의 경우를 제외하고는 국회에 대하여 정치적 책임을 지지 아니하며 국회도 대통령에 대하여 불신임 결의를 할 수 없다. 대통령이 국회 해산권을 가지고 있지 아니한다. 대통령은 법률안거부권을(헌법 제53조 제2항) 행사할 수 있다.

한편 현행 헌법에서의 의원내각제의 요소는 다음과 같다. 외형상 의원내각제의 내각과 비슷한 국무회의를 설치하여 집행부의 권한에 속하는 중요정책을 심의하게 하고 있다(헌법 제88조 제1항). 국무총리를 임명함에 있어 국회의 동의를 얻어야 한다(헌법 제86조 제1항). 국무총리는 행정에 관하여 대통령의 명을 받아 행정각부를 통할하고(헌법 제86조 제2항) 국무위원의 임명을 대통령에게 제청하며 국무위원의 해임을 건의할 수 있다(헌법 제87조 제1항, 제3항). 대통령의 국법상 행위에는 국무총리와 관계국무위원의 부서가 있어야 한다(헌법 제82조). 정부도 법률안을 제출할 수 있다(헌법 제52조). 국무총리·국무위원 또는 정부위원은 국회나 그 위원회에 출석하여 발언할 수 있고, 국회나 그 위원회도 이들을 출석시켜 답변을 요구할 수 있다(헌법 제62조 제1항, 제2항).

### 2) 국회

#### (1) 국회의 헌법상 지위

국회는 국민 대표기관, 입법기관, 국정통제기관 등의 지위를 가진다. 국회는 국민의 대표기관이다. 국회는 국민에 의해 선출된 의원으로 구성되며 특정정당이나 계급이 아니라 국민 전체를 대표한다. 국회는 누구의 명령에 구속되지 않고 스스로의 자율적 판단에 따라 국민 전체의 이익을 대표한다. 국회는 입법기관이다. 헌법 제40조는 "입법권은 국회에 속한다."는 규정을 두어 국회가 입법기관임을 명확히 하고 있다. 국회는 국정통제기관이다. 국회는 행정부를 중심으로 시행되는 국정을 감시하고 비판하고 견제할 수 있는 권한을 가진 기관이다.

#### (2) 국회의 권한

국회의 권한은 그 성질이나 내용을 기준으로 할 때, 입법에 관한 권한·재정에 관한 권한·헌법기관구성에 관한 권한·국정통제에 관한 권한·국회내부사항에 관한 권한 등으로 분류할 수 있다. 입법에 관한 권한으로는 헌법개정 의결권한, 법률제정권한, 조약의 체결·비준권한, 국회규칙제정 권한 등이 있다. 재정에 관한 권한으로는 조세법률제정권한, 예산심의 및 확정권, 결산심사권, 재정부담과 관련된 정부행위에 대한 동의권, 긴급재정경제처분명령에 대한 승인권 등이 있다. 헌법기관구성에 관한 권한으로는 대통령선출권, 헌법재판소 재판관이나 중앙선거관리위원의 선출권, 국무총리·대법원장과 대법관·헌법재판소장·감사원장 등의 임명에 대한 동의권 등이 있다. 국정통제에 관한 권한으로는 탄핵소추권, 국무총리와 국무위원의 해임건의권, 국정감사·조사권, 감사원에 대한 감사청구권, 국가긴급권에 대한 승인권과 요구권, 중요정책에 대한 동의권, 일반사면에 대한 동의권, 국무총리·국무위원 등의 국회출석요구 및 질문권 등이 있다. 국회내부사상에 관한 자율권으로는 국회규칙제정, 집회의 자유, 내부조직에 관한 자율권, 질서유지, 의원에 대한 자격심사·사직허가·징계권 등이 있다.

#### (3) 국회의원

국회의 구성원으로서의 국회의원은 국회의 구성원으로서 지위와 국민을 대표하는 지위를 가진다. 또한 정당을 대표하는 지위도 가질 수 있으나 이 지위는 어디까지나 국민대표로서의 지위를 실현하는 한도 내에서 인정될 수 있다. 따라서 만약 국회의원은 자기소속 정당의 정책이나 결정이 국민 전체의 이익에 위배된다고 판단하는 경우 국민 전체의 이익을 우선하여야 한다.

국회의원이 그 직무를 효과적으로 수행할 수 있도록 하기 위한 제도적 장치로서 우리 헌법에서는 면책특권과 불체포특권을 보장하고 있다. 면책특권이란 헌법 제45조에서 보장되는 것으로 국회의원은 국회에서 직무상 행한 발언과 표결에 관하여 국회 밖에서 책임을 지지 아니한다는 것이다. 이를 국회의원의 발언·표결의 자유라고도 한다. 면책특권이 주어지기 위해서는 첫째, 국회에서 직무상 행한 발언과 표결이어야 하고, 의원이 국회 밖에서 한 발언에 대해서는 적용되지 않는다. 여기서 국회라 함은 본회의와 위원회를 모두 포함한다. 그리고 직무와 관계없는 것은 특권에서 제외된다. 둘째, 이 특권은 국회 밖에서 민·형사상의 책임을 추궁당하지 않는 것을 말한다. 그러므로 의원의 발언에 대하여 국회 내에서 책임을 추궁당함은 별론으로 한다. 예컨대, 국회에서 징계를 당하거나 소속 정당에서 징계당하는 것은 이 특권과는 관계없다.

불체포특권이란 헌법 제44조에 의하여 보장되는 것으로 국회의원이 현행범인이 아닌 한 회기 중 국회의 동의 없이 체포 또는 구금되지 않으며, 회기 전에 체포 또는 구금된 경우라도 국회의 요구에 의해 석방될 수 있는 권리를 뜻한다. 현행범인에게 불체포특권이 인정되지 않는 것은 현행범인에 대하여는 형사정의의 실현이 보다 중요하기 때문이다. 불체포특권은 범법행위(犯法行爲)를 한 국회의원에 대하여 소를 제기할 수 있는 권리 자체를 제한하지는 않으므로 범죄수사와 공소제기 등은 진행될 수 있다. 그리고 일시적으로 체포·구금을 유예받는 특권이라는 점에서 영원히 책임이 면제되는 면책특권과 다르다.

### 3) 정부

우리 헌법상 정부의 정점에는 국가원수임과 동시에 행정부의 수반인 대통령이 있고 대통령이 국무총리와 국무위원, 행정각부의 장 등 정부를 조직한다. 그리고 국무총리를 두어 대통령을 보좌하고 대통령의 명을 받아 행정각부를 통할하도록 하고 있다. 대통령과 국무총리의 통할하에 정부의 권한에 속하는 사무를 부문별로 처리하는 행정각부를 두고 있다. 대통령소속의 특별중앙행정기관으로 회계감사와 직무감찰을 담당하는 감사원이 있고 대통령의 자문기관으로는 국가원로자문회의, 국가안전보장회의, 민주평화통일자문회, 국민경제자문회의 등이 있고 정부의 최고정책심의기관으로 국무회의가 있다.

### (1) 대통령

우리 헌법에서는 대통령이 국가원수로서의 지위와 행정부 수반으로서의 지위를 모두 겸하도록 되어 있다. 대통령은 국민에 의하여 직접 선출되는 것이므로 의회와 더불어 국민을 대표하는 기관이며, "대통령은 국가의 원수이며, 외국에 대하여 국가를 대표한다."는 헌법 제66조 제1항의 규정에 따라 대통령을 국가원수인 동시에 외국에 대한 국가대표이다. 국가의 원수라 함은 대외적으로는 국가를 대표하고 대내적으로는 국민의 전체성을 대표할 자격을 가진 국가기관을 의미한다. 또한 "행정권은 대통령을 수반으로 하는 정부에 속한다."라는 헌법 제66조 제4항의 규정에 따라 집행부 최고책임자로서의 지위를 갖는다.

대통령의 권한은 국가긴급권, 헌법기관구성에 관한 권한, 국회와 입법에 관한 권한, 집행에 관한 권한, 사법에 관한 권한 등으로 분류할 수 있다. 국가긴급권으로는 긴급명령권, 긴급재정경제처분권, 긴급재정경제명령권, 계엄선포권, 국민투표부의권 등이 있다. 대통령은 내우·외환·천재·지변 또는 중대한 재정·경제상의 위기에 있어서 국가의 안전보장 또는 공공의 안녕질서를 유지하기 위하여 긴급한 조치가 필요하고 국회의 집회를 기다릴 여유가 없을 때에 한하여 최소한으로 필요한 재정·경제상의 처분을 하거나 이에 관하여 법률의 효력을 가지는 명령을 발할 수 있다. 또한 국가의 안위에 관계되는 중대한 교전상태에 있어서 국가를 보위하기 위하여 긴급한 조치가 필요하고 국회의 집회가 불가능한 때에 한하여 법률의 효력을 가지는 명령을 발할 수 있는 권한이 있는데 이를 국가긴급권이라고 한다. 대통령에게 이와 같은 국가긴급권을 부여한 것은 헌법 제66조 제2항, 제3항이 대통령에게 국가의 독립과 영토의 보전, 국가의 계속성과 헌법 수호의 책임, 조국의 평화적 통일을 위한 사명과 위기적 상황을 극복할 책임 등을 부과하고 있기 때문이다. 국회에 관한 권한으로는 임시회의 집회요구권, 국회 출석 및 발언권 등이 있다. 입법에 관한 권한으로는 헌법개정에 관한 권한, 법률안 제출권, 법률안 거부권, 행정입법에 관한 권한 등이 있다. 집행에 관한 권한으로는 집행에 관한 최고결정권과 최고지휘권, 법률집행권, 국가의 대표 및 외교에 관한 권한, 정부구성권과 공무원임면권, 재정에 관한 권한, 영전수여권 등이 있다. 사법에 관한 권한으로는 위헌정당해산제소권, 사면권 등이 있다. 헌법기관구성에 관한 권한으로는 대법원장과 대법관 임명권, 헌법재판소 소장과 재판관 임명권 등이 있다. 그리고 법률이 정하는 바에 의하여 사면, 감형 또는 복권을 명할 수 있다. 단 일반사면을 명하려면 국회의 동의를 얻어야 한다.

### (2) 행정부

행정부는 대통령을 정점으로 하여 국무총리·국무위원·행정각부·감사원으로 구성되고, 집행에 관한 주요 정책을 심의하는 기구로 국무회의를 설치하고 있으며, 대통령의 자문에 응하기 위한 각종 자문회의를 두고 있다. 국무회의는 대통령, 국무총리와 15인 이상 30인 이하의 국무위원으로 구성되며 대통령이 국무회의의 의장이 되고 국무총리가 부의장이 된다.

국무총리는 대통령을 보좌하며 행정에 관하여 대통령의 명을 받아 행정각부를 통할한다. 국무총리는 대통령이 궐위되거나 사고로 인하여 직무를 수행할 수 없을 때에는 제1차적으로 그 직무를 대행한다. 국무총리는 국무위원 및 행정각부의 장의 임명에 대해 대통령에게 제청할 수 있는 권한이 있다.

국무위원은 대통령, 국무총리와 함께 정부최고정책심의기관인 국무회의를 구성한다. 국무위원은 국무총리의 제청으로 대통령이 임명한다. 국무위원과 국회의원은 겸직이 가능하다. 국무위원은 국무회의의 심의, 의결에 참가할 권한이 있고, 대통령을 보좌하며 대통령의 국법상의 행위에는 관계국무위원의 부서가 있어야 한다. 국무위원은 국회나 그 위원회에 출석하여 국정상황을 보고하거나 의견을 진술하고 질문에 응답할 수 있는 권한이 있으며, 국회나 그 위원회가 국무위원에 대하여 국회출석과 답변을 요구하는 때에는 이에 응해야 할 의무가 있다.

행정각부는 정부의 구성단위로서 대통령과 국무총리의 통할 하에 소관사무를 집행하는 중앙행정관청이다. 행정각부의 장은 국무위원 중에서 국무총리의 제청으로 대통령이 임명한다. 행정각부의 장은 독임제 행정관청으로서 소관사무를 통할하며 소속직원을 지휘, 감독하고 소관사무에 관하여 지방행정의 장을 지휘, 감독한다. 또한 소관사무에 관하여 법률이나 대통령령의 위임을 받아 또는 직권으로 부령을 발할 수 있다.

감사원은 국가의 세입, 세출의 결산, 국가 및 법률이 정한 단체의 회계검사, 행정기관 및 공무원의 직무에 관한 감찰을 담당하는 헌법상의 합의제기관이다. 감사원은 원장을 포함한 5인 이상 11인 이하의 감사위원으로 구성되며, 직무의 독립성을 보장하기 위하여 감사위원회의 의결로 권한을 행사한다. 감사원장은 대통령이 국회의 동의를 얻어 임명하며 감사위원은 원장의 제청으로 대통령이 임명한다.

### 4) 법원

#### (1) 법원의 헌법상 지위와 사법권의 독립

법원은 사법기관으로서 지위를 가진다. 법원은 재판을 담당하는 국가기관이며 그런 점에서 사법권은 법관으로 구성되는 법원에 속한다. 법원은 국민의 기본권 보장기관으로서의 지위를 가진다. 법원은 국가권력이나 사인에 의해 국민의 권리가 침해될 때 최종적으로 엄격한 절차와 중립적 입장에서 국민의 기본권을 보장해주는 역할을 한다.

사법권의 독립이란 공정한 재판을 할 수 있도록 사법권을 입법권과 행정권으로부터 분리·독립시켜, 법관이 누구의 간섭이나 지시를 받지 않고 오로지 헌법과 법률에 의하여 그 양심에 따라 독립하여 재판하는 것을 말한다. 이는 권력분립의 원리를 충실히 이행하고, 공정한 재판을 통하여 국민의 기본권 보장 및 헌법수호를 목적으로는 하는 헌법원리라고 볼 수 있다. 이런 사법권의 독립은 법원의 자율을 위한 법원의 독립과 재판의 독립을 위한 법관의 독립을 그 내용으로 한다. 법원의 독립은 권력분립의 원리에 따라 공정한 재판을 위해 법원이 그 조직·운영 및 기능 면에서 입법부와 집행부 등으로부터 독립해야 한다는 것을 말한다. 법원의 독립을 위해 우리 헌법은 대법원에 규칙제정권을 부여하여 법원의 내부규율과 사무처리가 다른 국가기관의 간섭을 받지 아니하고 법원이 이를 자율적으로 처리할 수 있도록 하고 있다. 법관의 독립은 직무상 독립을 의미하는 것으로 헌법과 법률 및 양심에 따른 재판과 내외부로부터 독립한 심판을 그 내용으로 한다. 이를 위해 법관의 자격과 임기, 인사 등을 헌법에 규정함으로써 법관의 신분을 보장하고 있다.

#### (2) 법원의 조직과 권한

법원은 대법원과 각급법원으로 조직되며,[5] 그 조직은 법률로 정해진다.[6] 법원조직법에 따르면 법원에는 대법원, 고등법원, 특허법원, 지방법원, 가정법원, 행정법원, 회생법원 등이 있다. 대법원은 대법원장과 대법관으로 구성되며, 법률이 정하는 바에 의하여 대법관이 아닌 법관을 둘 수 있다. 헌법 제110조 제1항에서는 "군사재판을 관할하기 위하여 특별법원으로서 군사법원을 둘 수 있다."라고 규정하고 있다.

헌법 제101조 제1항은 "사법권은 법관으로 구성된 법원에 속한다."고 하여 사법권은 원칙적으로 법원의 권한임을 명시하고 있다. 법원은 쟁송재판권(민사, 형사, 행정, 선거재판), 명령·규칙·처분 심사권(명령·규칙 또는 처분이 헌법이나 법률에 위반되는 여부가 재판의 전제가

5) 헌법 제101조 제2항 법원은 최고법원인 대법원과 각급법원으로 조직된다.

6) 헌법 제102조 제3항 대법원과 각급법원의 조직은 법률로 정한다.

된 경우에는 대법원이 이를 최종적으로 심사할 권한), 대법원의 규칙제정권, 법정질서유지권, 사법행정권, 헌법재판소 재판관 및 중앙선거관리위원회 위원 지명권 등을 가진다.

재판의 공정성과 신뢰를 확보하기 위해 헌법에서는 재판의 공개를 명시하고 있다. 헌법 제109조에서 재판의 공개제를 둔 이유는 재판의 심리와 판결을 공개함으로써 재판의 공정성을 확보하고, 소송당자의 인권 확보와 재판에 대한 국민적 신뢰를 확보하기 위함이다. 재판공개대상은 심리와 판결만이며 공판절차준비 등은 공개할 필요가 없다. 다만 국가의 안정보장 또는 안녕질서를 방해하거나 선량한 풍속을 해할 우려가 있는 경우 법원의 결정으로 심리는 공개하지 아니할 수 있다. 하지만 판결은 항상 공개해야 한다.

### 5) 헌법재판소

#### (1) 헌법재판소의 헌법상 지위와 조직

나라마다 헌법적 분쟁을 일반법원이 담당하는 유형과 독립된 헌법재판소가 담당하도록 하는 유형으로 나눌 수 있는데, 미국과 일본 등은 헌법에 관한 재판까지 일반법원에서 담당하고, 독일과 오스트리아 등지에서는 헌법재판소가 따로 설치되어 있다.

우리 헌법은 위헌법률심판, 탄핵심판, 정당해산심판, 권한쟁의심판, 헌법소원심판 등의 헌법재판을 담당하는 기관으로 헌법재판소를 두고 있다. 그리고 헌법재판소는 헌법재판 과정에서 헌법의 진정한 의미를 명확하게 하여 헌법을 수호하는 임무를 수행한다. 나아가 공권력의 행사 또는 불행사에 의해 국민의 기본권이 침해되었을 때 이를 구제해주는 기본권보장기관으로서의 지위를 가진다. 헌법재판소는 법적 분쟁을 사법적으로 해결한다는 점에서는 일반법원과 같지만 정치적 파급효과가 큰 헌법적 분쟁을 대상으로 하며, 헌법을 최종적으로 해석하는 위치에 있다는 점에서 일반법원과 구별된다.

헌법재판소는 9인의 재판관으로 구성되는데, 법관의 자격을 가진 자 중에서 대통령이 추천한 3인, 국회가 선출한 3인, 대법원장이 지명하는 3인을 대통령이 임명한다. 헌법재판소의 장은 국회의 동의를 얻어 재판관 중에서 대통령이 임명한다. 임기는 6년이며, 법률이 정하는 바에 의하여 연임할 수 있다. 재판관은 헌법과 법률에 의하여 그 양심에 따라 독립하여 심판하고, 탄핵 또는 금고이상의 형의 선고에 의하지 아니하고는 파면되지 않는다. 또한 헌법재판소 재판관들은 정치적 중립성을 위해 정당에 가입하거나 정치에 관여할 수 없다.

### (2) 헌법재판소의 권한

헌법재판소의 권한으로는 헌법 제111조에서 제시하고 있는 법원의 제청에 의한 법률의 위헌여부 심판, 탄핵의 심판, 정당의 해산심판, 국가기관 상호간, 국가기관과 지방자치단체 간 및 지방자치단체 상호간의 권한쟁의에 관한 심판, 법률이 정하는 헌법소원에 관한 심판 등을 들 수 있다. 그 밖에 헌법재판소는 법률에 저촉되지 아니하는 범위 안에서 심판에 관한 절차, 내부규율과 사무처리에 관한 규칙을 제정할 수 있다.

#### 가. 위헌법률심판권

위헌법률심판이란 입법을 담당하는 국회가 만든 법률[7)]이 헌법에 위반되는지 아닌지를 심사하고, 헌법에 위반된다고 판단하는 경우에 그 법률의 효력을 잃게 하거나 적용하지 못하게 하는 심판을 말한다. 위헌법률심판은 법률의 위헌 여부가 재판의 전제가 된 경우에 법원의 제청에 의해서만 할 수 있다.

헌법재판소의 판단결정유형은 소송요건이 결여된 각하결정과 실체법적 판단을 하게 되는 합헌결정, 위헌결정, 변형결정[8)] 등이 있다. 위헌결정은 헌법재판소 재판관 9인 중 6인 이상이 법률의 위헌성을 인정하는 경우 채택되는 결정유형이다.

법률에 대한 위헌결정은 각급법원과 국가기관, 지방자치단체를 기속하며 위헌으로 결정된 법률 또는 법률조항은 그 결정이 있는 날로부터 효력을 상실한다. 다만 형벌에 관한 법률조항은 소급하여 효력을 상실한다.

#### 나. 탄핵심판권

대통령, 국무총리, 국무위원, 행정각부의 장, 헌법재판소 재판관, 법관, 중앙선거관리위원회 위원, 감사원장, 감사위원 등이 맡은 직무와 관련하여 헌법이나 법률에 어긋나는 행위를 하였을 경우 국회가 그 공무원을 탄핵하기로 의결하면(탄핵소추), 헌법재판소가 국회의 탄핵소추에 따라 그 공무원을 탄핵할 것인지 여부를 재판하는 것이 탄핵심판이다. 탄핵결정은 헌법재판소 재판관 9인 중 6인 이상의 찬성이 있어야 한다. 탄핵결정은 피청구인을 공직으로부터 파면하는 징계적 효력을 지며, 민·형사상의 책임이 면제되지 않는다. 탄핵결정으로 파면된 자는 결정선고가 있는 날로부터 5년을 경과하지 아니하면 공무

---

7) 위헌법률심판의 대상이 되는 법률에는 의회가 제정한 형식적 의미의 법률 이외에도 실질적 의미의 법률인 긴급명령, 긴급재정·경제명령, 조약도 포함된다.

8) 변형결정의 대표적인 유형이 헌법불합치결정이다. 헌법불합치결정이란 위헌성이 인정되는 법률이라고 하더라도 국회의 입법권에 대한 존중과 위헌결정의 효력을 즉시 발생시킬 때 발생하는 법적 공백으로 인한 혼란을 방지하여 법적 안정성을 유지시키고자 하는 목적에서 이뤄지는 결정형식이다.

원이 될 수 없다(헌법재판소법 제54조).

### 다. 정당해산심판권

정당해산심판이란 어떤 정당의 목적이나 활동이 헌법이 정하는 민주적 기본질서(예컨대 기본권의 존중, 권력분립, 의회제도, 복수정당제, 선거제도, 사유재산제도 등)에 위배되는 경우 정부의 제소에 의하여 그 정당을 해산할 것인지 여부를 심판하는 것이다. 헌법재판소의 정당해산의 결정(재판관 9인 중 6인 이상의 찬성)은 각급 법원은 물론이고 모든 국가기관을 구속한다. 이 결정에 따라 중앙선거관리위원회는 정당법의 규정에 따라 정당해산을 집행한다.

헌법재판소의 해산결정을 받은 정당은 동일하거나 유사한 강령이나 기본정책을 실현하기 위한 대체정당을 창당하지 못한다. 또한 정당의 재산은 법률에 따라 처분되며, 처분되지 못한 잔여재산은 국고에 귀속된다. 또한 해산결정을 받은 정당의 명칭과 동일한 정당 명칭은 다시 사용하지 못한다.

### 라. 권한쟁의심판권

권한쟁의심판이란 국가기관 간 또는 지방자치단체 간에 권한의 존부나 그 범위에 관하여 적극적 또는 소극적 분쟁이 발생한 경우에, 권한의 존부, 내용, 범위 등을 명백히 함으로써 기관 간의 분쟁을 해결하는 제도를 의미한다. 헌법재판소에 따르면 이 제도의 목적은 “국가기관의 권한 의무의 한계를 명확하게 하여 국가기능의 원활한 수행을 도모하고 권력 상호간의 견제와 균형을 유지시켜 헌법질서를 보호”하는 것이다. 이런 권한쟁의 심판은 헌법재판소 재판관 7인 이상의 출석으로 사건을 심리하며 종국심리에 관여한 재판관의 과반수 찬성으로 결정한다. 헌법재판소의 권한쟁의심판의 결정은 모든 국가기관과 지방자치단체를 기속한다.

### 마. 헌법소원심판권

헌법소원이란 국가권력이 헌법상 보장된 국민의 기본권을 침해하는 경우에 기본권이 침해된 국민이 헌법재판소에 자신의 기본권을 침해하는 국가권력의 행위가 헌법에 위반되는지를 가려내어 그 행위의 효력을 없애 줄 것을 요청하는 제도를 의미한다. 헌법소원심판제도는 개인의 주관적 기본권을 보장하는 기능을 수행함과 동시에 위헌적인 공권력 행사를 통제한다는 측면에서 객관적인 헌법질서를 보장하는 기능을 수행한다.

헌법재판소법 제68조는 헌법소원심판의 형태로 권리구제형 헌법소원과 위헌심사형 헌법소원을 인정하고 있다. 권리구제형 헌법소원이란 헌법위반의 법령이나 처분 또는 입법 등 공권력이 헌법상 보장되는 국민의 기본권을 직접, 현실적으로 침해를 하는 경우, 침해를 당한 국민이 헌법재판소에 당해 공권력의 취소나 위헌심사를 청구하여 침해된 기본권을 구제 받을 수 있는 제도를 말한다. 위헌법률심사형 헌법소원이란 헌법재판소법 제41조의 제1항(위헌법률심판)에서 규정하고 있는 법률의 위헌여부심판의 제청신청이 기각(각하)된 경우에 그 신청을 한 당사자가 헌법재판소에 헌법소원심판을 청구하는 것을 뜻한다. 권리구제형 헌법소원과는 달리 위헌법률심판제청인의 권리구제를 위해 헌법재판소법 제68조 제2항에 두고 있는 제도가 위헌법률심사형 헌법소원이다. 이 제도는 우리나라에 특유한 헌법소원유형이다.

권리구제형 헌법소원은 기본권 능력이 있는 자가 공권력의 행사 또는 불행사로 헌법상 보장된 기본권 및 그에 대한 침해가 있을 것, 보충성의 원칙, 권리보호의 이익, 청구기간의 준수, 변호사 강제주의 등을 요건으로 한다.

공권력의 행사 또는 불행사는 원칙적으로 입법권, 집행권, 사법권을 행사하는 모든 국가기관의 작위와 부작위를 대상으로 한다. 다만 법원의 재판은 제외되며, 부작위의 경우에는 공권력의 주체에게 헌법에서 직접 도출되는 작위의무가 있어야 한다. 그리고 이와 같은 공권력이 헌법상 보장된 청구인의 기본권을 직접, 현재 침해하여야 한다.

다른 법률에서 공권력의 행사 또는 불행사를 직접 대상으로 하여 그 효력을 다툴 수 있는 적법한 권리구제절차를 규정하고 있는 경우에는 이 절차를 먼저 거치도록 하는 것이 보충성의 원칙이다. 다만 다른 구체절차가 없는 경우, 이유 있는 착오로 전심절차를 거치지 않은 경우, 전심절차로서 권리가 구제될 가능성이 거의 없거나 불확실한 경우에는 보충성의 예외가 인정된다.

헌법소원심판청구가 적법하기 위해서는 심판이 지속되는 중에 권리보호이익이 존재해야 한다. 만약 심판청구당시에 권리보호이익이 존재하더라도 이후에 권리보호이익이 소멸 또는 제거된 경우에는 심판청구가 부적법하게 된다. 다만 기본권 침해행위가 반복될 위험이 있거나 그러한 분쟁의 해결이 헌법질서의 수호유지를 위해 헌법적 해석이 필요한 중요사항인 경우에는 예외가 인정된다.

청구기간은 그 사유가 있음을 안 날부터 90일 이내에, 그 사유가 있은 날부터 1년 이내에 청구해야 한다(헌법재판소법 제69조). 헌법소원을 제기하는 개인은 변호사를 대리인으로 선임하지 아니하면 심판청구를 하거나 심판수행을 하지 못한다. 만약 선임할 자력이 없을 때에는 헌법재판소에 국선대리인을 선임하여 줄 것을 신청할 수 있다. 헌법소원에 관한 인용결정에는 재판관 9인 중 6인의 찬성을 요한다.

## 기 출 문 제 풀 이

### 1

(94)

〈보기〉에서 헌법개정 없이 실시 가능한 사항을 묶은 것은?

〈보기〉
㉠ 법관 임기의 연장 ㉡ 국회의원 수의 증가 ㉢ 선거권 연령의 조정
㉣ 지방 의회의 폐지 ㉤ 전면적 계획경제의 채택

① ㉠, ㉡ ② ㉡, ㉢ ③ ㉢, ㉣ ④ ㉣, ㉤

**[출제포인트 & 정답]**

헌법에 헌법개정사항과 법률개정사항으로 분리되어 명시되어 있음
예) 헌법 제105조 ① 대법원장의 임기는 6년으로 하며, 중임할 수 없다. ② 대법관의 임기는 6년으로 하며, 법률이 정하는 바에 의하여 연임할 수 있다. ③ 대법원장과 대법관이 아닌 법관의 임기는 10년으로 하며, 법률이 정하는 바에 의하여 연임할 수 있다. 정답 ②

### 2

(96)

다음 판결의 근거가 된 헌법 조항은?

중국 여권을 갖고 입국했으나 중국 주재 북한 대사관에서 발급한 해외 공민권을 가지고 있는 북한 주민은 대한민국 국민으로 보아야 한다.

① 대한민국은 민주공화국이다.
② 모든 국민은 법 앞에 평등하다.
③ 대한민국의 영토는 한반도와 그 부속도서로 한다.
④ 외국인은 국제법과 조약이 정하는 바에 의하여 그 지위가 보장된다.

**[출제포인트 & 정답]**

헌법 제3조 대한민국의 영토는 한반도와 그 부속도서로 한다. 정답 ③

## 3

(14(B))

다음은 교사와 학생의 대화이다. ㉠이 무엇인지 쓰고, ㉡의 내용을 구체적으로 서술하시오. [3점]

> 교사: 우리 헌법은 제1조에서 국민주권 이념에 기초한 민주주의 원리를 채택하고 있습니다. 그런데, 이를 구현하는 방법으로는 국민이 국가의사를 직접 결정하는 직접민주제와 국민이 선출한 대표가 국가의사를 결정하는 대의제가 있습니다.
>
> 학생: 선생님, 그런데 우리나라는 인구가 많아서 모든 국민이 모여 국가의 의사를 직접 결정하는 것이 사실상 불가능하지 않을까요?
>
> 교사: 그래요. 그래서 우리 헌법은 대의제를 채택하여 일상적으로는 국민이 선출한 대표가 국가의 의사를 결정하도록 하면서, 특별한 두 가지 경우에만 ㉠ '이 제도'를 통하여 직접민주제를 구현하고 있어요. 이 두 가지 경우는 헌법 제72조와 제130조에 각각 명시되어 있답니다. 그럼 두 가지 경우는 어떻게 다를까요?
>
> 학생: 우리 헌법의 규정에 따르면 두 가지 경우는 ㉡ 대상에 있어서 차이가 있습니다.

**[출제포인트 & 정답]**

- 헌법 기본원리 중 대의제의 원리 및 대의제 민주주의, 간접민주주의와 직접민주주의, 혼합민주주의 이해
- 헌법 제72조 대통령은 필요하다고 인정할 때에는 외교·국방·통일 기타 국가안위에 관한 중요정책을 국민투표에 붙일 수 있다.
- 헌법 제130조 ② 헌법개정안은 국회가 의결한 후 30일 이내에 국민투표에 붙여 국회의원선거권자 과반수의 투표와 투표자 과반수의 찬성을 얻어야 한다. ③ 헌법개정안이 제2항의 찬성을 얻은 때에는 헌법개정은 확정되며, 대통령은 즉시 이를 공포하여야 한다.

## 4

(09)

다음 기구들과 밀접하게 관련된 우리나라 정치상황을 〈보기〉에서 찾아 바르게 연결한 것은?

> (가) 이 기구는 국회가 구성되고 새 정부가 수립될 때까지 국가의 최고 통치 기관이었다. 국회의 모든 권한을 행사하였고, 계엄 및 해제안 의결 등의 권한까지도 보유하였다. 내각에 통제를 가하고, 대법원장과 대법원 판사에 대한 임명제청권과 법관에 대한 임명승인권을 보유하였다.
>
> (나) 이 기구는 통일에 관한 중요 정책의 결정이나 변경, 토론 없는 무기명투표로 대통령 선출, 국회의원 정수의 3분의 1 선출, 국회의원이 제안한 헌법개정안을 국회 의결 후 최종적으로 확정하는 권한을 가졌다.
>
> (다) 이 기구는 새로운 국회가 구성될 때까지 국회의 권한을 대행한 과도 입법 기구이며, 대통령의 자문 보좌 기관의 역할도 하였다. 그리고 이 기구가 제정한 법률에 대해서는 이의를 제기할 수 없도록 헌법에 규정하였다.

〈보기〉
ㄱ. 정부 형태가 의원내각제에서 대통령제로 변화되었다.
ㄴ. '한국적 민주주의'의 실현을 명분을 대통령의 권한이 대폭 강화되었다.
ㄷ. 4.13호헌 선언에 반대하고 대통령 직선제를 요구하는 시민의 목소리가 높아졌다.
ㄹ. '정의사회구현'이라는 구호 아래 사회 정화 운동이 대대적으로 전개되었다.

| | (가) | (나) | (다) |
|---|---|---|---|
| ① | ㄱ | ㄴ | ㄹ |
| ② | ㄱ | ㄷ | ㄹ |
| ③ | ㄴ | ㄷ | ㄹ |
| ④ | ㄹ | ㄴ | ㄱ |
| ⑤ | ㄹ | ㄷ | ㄱ |

**[출제포인트 & 정답]**

국가재건최고회의(5.16군사쿠데타직후), 통일주체국민회의(유신헌법), 국가보위입법회의(전두환 정권수립을 위한 임시기구)

**정답** ①

## 5

(96)

다음은 헌법 제37조 제2항의 내용이다. 이 조항의 근본 취지로 옳은 것은?

> 국민의 모든 자유와 권리는 국가안전보장, 질서유지 또는 공공복리를 위하여 필요한 경우에 한하여 법률로써 제한할 수 있으며, 제한하는 경우에도 자유와 권리의 본질적인 내용을 침해할 수 없다.

① 법률에 의하여 기본권을 실질적으로 제한하려는 것이다.
② 기본권의 제한을 강화하여 국가 발전과 국민의 행복을 도모하려는 것이다.
③ 기본권 제한의 범위를 정함으로써 기본권을 보다 효과적으로 제한하려는 것이다.
④ 기본권 제한의 한계를 밝힘으로써 필요 이상의 기본권 제한을 막으려는 것이다.

**[출제포인트 & 정답]**

**정답** ④

## 6

(01)

우리나라에서 개발제한구역(그린벨트)을 설정한 목적을 2가지 쓰고, 이 지역 내에서 건축물 건축, 공작물 설치 등의 행위를 제한하는 근거로서 헌법상 재산권 행사 의무의 내용을 쓰시오. [5점]

**[출제포인트 & 정답]**

- 제23조 ① 모든 국민의 재산권은 보장된다. 그 내용과 한계는 법률로 정한다. ② 재산권의 행사는 공공복리에 적합하도록 하여야 한다. ③ 공공필요에 의한 재산권의 수용·사용 또는 제한 및 그에 대한 보상은 법률로써 하되, 정당한 보상을 지급하여야 한다.
- 무분별한 개발 제한, 자연보존 목적

## 7

(08)

(가)는 기본권 제한의 일반원칙과 한계를 규정한 헌법 조문이며, (나)는 관련 헌법재판소 판례이다. 밑줄 친 부분이 의미하는 기본권 제한의 일반원칙이 무엇인지 적고, 이 원칙의 구체적인 내용을 2가지 쓰시오. [3점]

(가) 국민의 모든 자유와 권리는 국가안전보장·질서유지 또는 공공복리를 위하여 <u>필요한 경우에 한하여</u> 법률로써 제한할 수 있으며, 제한하는 경우에도 자유와 권리의 본질적인 내용을 침해할 수 없다. -헌법 제37조 제2항-

(나) 피해자나 그 법정대리인이 '피해 및 가해자'를 안 때에는 불법행위로 인한 손해배상청구권의 소멸시효기간을 단기 3년으로 정한 민법 제766조 제1항이 불법행위로 인한 손해배상청구권이라는 피해자의 재산권을 합리적인 이유 없이 지나치게 제한함으로써 헌법 제37조 제2항의 기본권 제한에 관한 입법적 한계를 일탈하였다고 볼 수 없다. -헌법재판소 2005.5.26. 2004헌바90-

**[출제포인트 & 정답]**

- 원칙: 과잉금지의 원칙
- 원칙의 구체적 내용: ① 목적의 정당성, ② 방법의 적정성, ③ 피해의 최소성, ④ 법의 균형성

## 8

(12(2차))

다음은 〈인간의 생명권〉에 관한 수업의 교수·학습 단계와 교수·학습 자료의 일부이다. 이 내용을 읽고 물음에 답하시오. [35점]

(가) 교수·학습 단계

(1) 초기 인간배아의 생명권과 관련하여 논쟁문제를 제기한다.

(2) 초기 인간배아의 생명권과 관련된 가치문제를 확인한다.

(3) 초기 인간배아의 생명권과 관련된 용어, 개념 그리고 법률 등을 명확하게 한다.

(4) 생명권과 관련된 사실을 확인하고, 경험적으로 증명한다.

(5) 민주적 · 사회적 가치를 기준으로 가치 갈등을 해결한다.
(6) 위와 같은 방법으로 분석하는 과정에서 대안을 모색하고, 그 대안으로부터 결과, 장점, 단점 등을 예측한다.
(7) 여러 개의 대안과 결과 중에서 원하는 가치와 대안을 선택하고, 정당화한다.

(나) 교수 · 학습 자료

최근 생명공학이 발달함에 따라 인간의 생명이 언제부터 시작하는가에 대하여 수정시설, 착상시설 등이 논의되고 있다. 그리고 생명권의 근거와 관련하여 자연법설, 실정헌법설이 대립하고 있다. 또한 생명권은 절대로 제한이 불가능하다는 절대적 기본권설과 헌법 제37조 제2항에 따라 제한이 가능하다는 상대적 기본권설이 대립하고 있다. 이와 같이 수정 후 14일 이내의 초기 인간배아의 생명권과 관련하여 많은 논의가 진행되고 있다.

㉠ 일부 입장에서는 초기 인간배아, 즉 수정 후 14일 이내의 배아로서 아직 자궁에 착상을 하지 않은 배아도 생명권의 주체가 된다고 주장한다. 이 입장에 따르면 초기 인간배아 연구를 연구 목적으로 사용할 경우 초기 인간배아의 생명권 침해 여부가 논란이 될 수 있다. 이에 반하여 인간배아는 단순한 세포군에 불과할 뿐이므로 생명권의 주체가 되지 않는다는 입장이 있다.

기본권 침해 여부의 판단 기준으로 사용되고 있는 과잉금지 원칙을 설명한 후, 밑줄 친 ㉠을 따를 경우 초기 인간배아를 연구 목적으로 사용하는 것이 초기 인간배아의 생명권을 침해하는지 여부를 그 원칙의 각 단계에 따라서 논리적으로 설명하시오. [15점]

**[출제포인트 & 정답]**

- 논리적 설명이 무의미한 문제, 과잉금지원칙은 입법원칙으로 구체적인 내용이 적시되고 입법이나 정책을 평가하는 것임에도 불구하고 구체적인 평가의 대상이 없음. 또한 단계적 설명이라는 표현도 적절하지 않음. 과잉금지의 원칙의 내용 중 한 가지 내용이라도 원칙에 반하는 것이라면 위헌이라는 것이 헌법재판소의 입장임.
- 구체적인 평가대상이 없는 상황에서 배아의 생명권과 연구의 자유가 충돌한다는 가정하에서 기본권 충돌을 해결하는 입장으로만 정리해 본다면 ㉠의 입장에 따른다면 원천적으로 인간배아연구는 목적의 정당성부터 없는 것으로 평가할 수 있고, 나머지 내용은 검토가 무의미함.

## 9

(92)

헌법에 규정되어 있는 기본권 보장을 위한 기본권은?

① 형사보상청구권　　② 보건에 대한 권리
③ 인간다운 생활을 할 권리　　④ 언론 · 출판 · 집회 · 결사의 자유

**[출제포인트 & 정답]**

청구권의 성격 **정답** ①

# 10

(10)

**다음 사례에 대한 법적 판단으로 옳은 것을 〈보기〉에서 모두 고른 것은?**

갑은 친구 을과 절친한 동창 사이인데, 을이 돈을 빌려 간 후 돌려주지 않자 동창회에 나가 수십 명이 모인 자리에서 “을은 주변 사람들에게 해를 끼치고 내 돈을 떼어먹은 사기꾼이다.”라고 하여 을의 명예를 훼손하였다. 을은 갑을 명예훼손죄로 고소하였다.

〈보기〉

ㄱ. 갑에 대하여 유죄가 확정되면, 을은 범죄피해자구조청구를 할 수 있다.

ㄴ. 갑의 표현의 자유와 을의 인격권이 경합하는 기본권의 경합에 해당된다.

ㄷ. 갑의 발언이 허위의 사실이라면 진실의 사실인 경우보다 명예훼손에 대한 법정형이 더 무겁다.

ㄹ. 갑이 명예훼손죄로 형사처벌을 받는 경우, 갑의 명예훼손에 대한 민사상 손해배상책임은 면제된다.

ㅁ. 을이 갑의 행위에 대하여 명예훼손죄로 처벌을 원치 않는다는 명시적 의사를 밝히면, 갑은 명예훼손죄로 처벌받지 않는다.

① ㄱ, ㄴ ② ㄷ, ㅁ ③ ㄱ, ㄴ, ㄹ ④ ㄴ, ㄷ, ㄹ ⑤ ㄷ, ㄹ, ㅁ

**[출제포인트 & 정답]**

◦ 기본권 경합, 청구권의 종류, 친고죄와 반의사불벌죄에 대한 종합적 문제 **정답** ②

# 11

(92)

**현행 헌법에 규정된 내용으로 옳은 것은?**

① 농지의 소작 제도와 임대차 및 위탁 경영은 법률이 정하는 바에 의하여 인정된다.

② 국정의 중요한 사항에 관한 대통령의 자문에 응하기 위하여 국가원로자문회의를 둔다.

③ 국무총리가 직무 집행에 있어서 법률을 위반하면 국회는 탄핵을 결정할 수 있다.

④ 명령이 헌법에 위반되는 여부가 재판의 전제가 된 경우에는, 대법원은 이를 최종적으로 심사할 권한을 가진다.

**[출제포인트 & 정답]**

◦ 제121조 ① 국가는 농지에 관하여 경자유전의 원칙이 달성될 수 있도록 노력하여야 하며, 농지의 소작제도는 금지된다.

◦ 제90조 ① 국정의 중요한 사항에 관한 대통령의 자문에 응하기 위하여 국가원로로 구성되는 국가원로자문회의를

둘 수 있다.

- 제107조 ① 법률이 헌법에 위반되는 여부가 재판의 전제가 된 경우에는 법원은 헌법재판소에 제청하여 그 심판에 의하여 재판한다. ② 명령·규칙 또는 처분이 헌법이나 법률에 위반되는 여부가 재판의 전제가 된 경우에는 대법원은 이를 최종적으로 심사할 권한을 가진다.
- 제65조 ① 대통령·국무총리·국무위원·행정각부의 장·헌법재판소 재판관·법관·중앙선거관리위원회 위원·감사원장·감사위원 기타 법률이 정한 공무원이 그 직무집행에 있어서 헌법이나 법률을 위배한 때에는 국회는 탄핵의 소추를 의결할 수 있다. **정답** ④

## 12

(92)

행복추구권에 대한 설명으로 틀린 것은?

① 쾌적한 환경에서 살 권리도 행복추구권의 한 내용이다.

② 자유권적 기본권의 성격과 사회권적 기본권의 성격을 동시에 갖는다.

③ 행복추구권에 포함된 개개의 기본권을 제약할 경우에는 제한의 기준을 일률적으로 정해야 한다.

④ 우리나라는 제8차 개정 헌법에서 처음으로 명문화하였다.

**[출제포인트 & 정답]**

행복추구권은 포괄적 권리로서 포괄적 자유권이냐, 아니면 사회적 기본권까지 포함하는 권리이냐를 두고 다양한 견해가 있다. 다수견해는 사회적 기본권까지 포괄하는 것으로 볼 수 있으나, 헌법재판소의 경우에는 포괄적 자유권으로 해석하고 있다. 만약 헌법재판소의 입장을 전제로 한다면 ①, ②, ③ 모두 부정확한 지문이다. 이런 점에서 문제 복원이 잘못된 문제로 볼 수 있다. **정답** ④

## 13

(06)

다음 (　　)에 들어갈 차별 요소들 중 2가지만 순서에 관계없이 쓰시오.

- 근대 법치국가는 "모든 국민은 법 앞에 평등하다."라는 원칙을 천명하였다. 그렇지만 그와 같이 보편성을 전제한 규정은, 실제의 다양한 차이를 포착하지 못함으로써 여러 가지 양태의 차별에 대하여 제대로 작동하지 못하는 사례가 빈번하였다. 따라서 현대 국가들은 차이가 차별로 귀결되지 않도록 평등의 개념을 수정하거나, 혹은 법조문 자체에 다양한 차별 요소를 명시함으로써 차별에 대처해 나가고자 한다.
- 대한민국의 현행 '국가인권위원회법' 역시 그러한 경향을 반영하여, '평등권침해의 차별행위'를 "합리적인 이유 없이 성별, 종교, (　　), (　　), 사회적 신분, 출신지역(출생지, 원적지, 본적지, 성년이 되기 전의 주된 거주지역 등을 말한다), 출신국가, 출신민족, 용모 등 신체조건, 기혼·미혼·별거·이혼·사별·재혼·사실혼 등 혼인 여부, 임신 또는 출산, 가족형태 또는 가족상황, 인종, 피부색, 사상 또는 정치적 의견, 형의 효력이 실효된 전과, (　　), 학력, 병력(病歷) 등을 이유로 한" 행위로 정의하고 있다.

**[출제포인트 & 정답]**

- 국가인권위원회법 제2조 참고
- 장애, 나이, 성적(취향)

## 14

(00)

사회과 수업에서 '낙태문제'에 대한 논쟁을 다루려고 한다. 다음은 이 문제에 대한 찬성과 반대 측의 주장이다. 이것을 읽고 물음에 답하시오.

> 갑: 낙태는 태아의 생명을 빼앗는 일입니다. 아직 태어나지 않았다고 해서 태아의 생명을 마음대로 빼앗을 권리는 누구에게도 없습니다. 어떤 경우에도, 어떤 이유로도 낙태는 정당화될 수 없습니다.
>
> 을: 낙태를 무조건 허용한다면 안 되겠지만, 아직 생명이라고 볼 수 없는 임신기간, 가령 한 달 이내의 낙태까지도 금지하는 것은 임산부에 대해 다른 사람들이 지나치게 간섭하는 것 아닐까요? 일정한 기간 내의 낙태는 허용해야 한다고 봅니다.

위의 '낙태 문제'에 대한 주장에서, 각 주장이 근거하고 있는 가치의 원천을 쓰시오.

**[출제포인트 & 정답]**

- 태아의 생명권 대 임부의 자기결정권의 충돌 문제이다. 여전히 강조되는 논쟁문제이다. 해결방안으로는 오랫동안 법익형량에 따라 태아의 생명권을 우선시하는 것이었다. 하지만 점차 불균형의 심각성이 제기되면서 2019년 헌법재판소의 헌법불합치결정으로 낙태죄는 폐지되었다.
- 갑: 태아의 생명권, 을: 임부의 자기결정권

## 15

(94)

우리 국민이 '법률과 적법한 절차'에 의해서만 처분 받을 수 있는 것으로 묶여진 것은?

① 처벌, 보안처분　　② 수색, 보안처분
③ 체포, 강제노역　　④ 구속, 강제노역

**[출제포인트 & 정답]**

제12조 ① 모든 국민은 신체의 자유를 가진다. 누구든지 법률에 의하지 아니하고는 체포·구속·압수·수색 또는 심문을 받지 아니하며, 법률과 적법한 절차에 의하지 아니하고는 처벌·보안처분 또는 강제노역을 받지 아니한다.

**정답** ①

## 16

(01)

우리나라에서 개발제한구역(그린벨트)을 설정한 목적을 2가지 쓰고, 이 지역 내에서 건축물, 공작물 설치 등의 행위를 제한하는 근거로서 헌법상 재산권 행사 의무의 내용을 쓰시오.

**[출제포인트 & 정답]**

- 제23조 ① 모든 국민의 재산권은 보장된다. 그 내용과 한계는 법률로 정한다. ② 재산권의 행사는 공공복리에 적합하도록 하여야 한다. ③ 공공필요에 의한 재산권의 수용·사용 또는 제한 및 그에 대한 보상은 법률로써 하되, 정당한 보상을 지급하여야 한다.
- 목적: 무분별한 도시팽창 방지, 환경보전
- 재산권 행사 의무 내용: 공공복리에 적합하도록 한다.

## 17

(93)

환경권에 관한 설명으로 바르지 못한 것은?

① 환경권은 국민이 쾌적한 환경에서 살 수 있는 권리인 동시에 또 보전해야 되는 의무이기도 하다.
② 우리나라에서는 제5공화국 헌법에서 처음으로 규정되었다.
③ 환경은 자연환경과 생활환경을 모두 포함한다.
④ 환경권은 인류의 생명에 중대한 영향을 주므로 법률로써 제한할 수 없다.

**[출제포인트 & 정답]**

제37조 ② 국민의 모든 자유와 권리는 국가안전보장·질서유지 또는 공공복리를 위하여 필요한 경우에 한하여 법률로써 제한할 수 있으며, 제한하는 경우에도 자유와 권리의 본질적인 내용을 침해할 수 없다. **정답** ④

## 18

(94)

표현의 자유 규제에 관한 합헌성 판단 기준으로 적합하지 않은 것은?

① 이중 기준의 원칙 ② 비교 형량의 원칙
③ 필요한 사전 억제의 원칙 ④ 명백하고 현존하는 위험의 원칙

**[출제포인트 & 정답]**

제21조 ② 언론·출판에 대한 허가나 검열과 집회·결사에 대한 허가는 인정되지 아니한다. **정답** ③

# 19

(96)

교육을 받지 않은 사람에게 선거권을 주지 않는다면 민주선거의 어떤 원칙에 어긋나는가?

① 보통선거 ② 평등선거 ③ 직접선거 ④ 비밀선거

[출제포인트 & 정답]

정답 ①

# 20

(97)

과소비 현상에 대한 토론 학습과정에서 다음과 같은 상반된 주장이 나왔다. 각 주장을 읽고 물음에 답하시오.

〈주장 1〉

우리 경제는 과도한 소비 지출로 인해 인플레이션, 저축률 하락 및 경상 수지 적자가 심화되고 있다. 특히 고소득층의 외국산 고가 사치품 과소비는 국민경제에 많은 해를 끼치고 있다. 정부는 과소비를 억제하기 위해 자동차나 고급 의류 또는 귀금속 등 고급 사치품의 수입과 소비를 강력하게 막아야 한다. 사치품에 대한 고율의 수입 관세와 특별소비세 부과가 해결 방법이다.

〈주장 2〉

고소득자가 자신의 소득 범위 내에서 욕구를 만족시키기 위해 고가의 외제품을 사는 것은 자본주의 경제 체제에서 소비자의 기본 권리인 자유 선택권의 행사에 속한다. 따라서 실정법을 위반 하지 않는 한, 이를 과소비라고 매도해서는 안 된다. 우리가 세계무역기구(WTO)와 경제협력개발기구(OECD)에 가입하고 수입 시장을 개방한 이상, 고가 외제품을 사치품이라는 이유로 수입을 막으려는 것은 무역 자유화 정신에도 어긋난다. 아무리 세금을 많이 부과해도 고소득층의 고급 외제품 소비를 줄이는 데에는 큰 효과가 없을 것이다.

위의 각 주장을 뒷받침할 수 있는 근거를 헌법 규정에서 각각 1가지씩 찾아 전체 50자 이내로 쓰시오. [2점]

[출제포인트 & 정답]

제119조 ① 대한민국의 경제질서는 개인과 기업의 경제상의 자유와 창의를 존중함을 기본으로 한다. ② 국가는 균형있는 국민경제의 성장 및 안정과 적정한 소득의 분배를 유지하고, 시장의 지배와 경제력의 남용을 방지하며, 경제주체 간의 조화를 통한 경제의 민주화를 위하여 경제에 관한 규제와 조정을 할 수 있다.

## 21

(01)

다음의 ①과 관련하여, 특정한 정당이나 후보자에게 유리하도록 선거구를 조작하는 것을 무엇이라 하는지 쓰고, ②와 같이 선거구 간 인구 배분을 고려하는 것은 선거의 4원칙 중 어느 원칙을 반영하는 것인지 '투표의 등가성' 관련하여 설명하시오. [3점]

> 대의제 민주주의의 성공 여부는 국민의 의사가 얼마나 정확히 그리고 효과적으로 정치과정에 반영되는지에 달려 있다. 따라서 선거제도는 대의 정치의 성공 여부를 좌우하는 열쇠가 되고 선거제도의 주요 내용을 이루는 선거구 획정은 국민의 의사가 선거결과에 가능한 바르게 반영될 수 있도록 이루어져야 한다. 이는 일정한 집단의 의사가 정치과정에 반영될 수 없도록 ① 차별적으로 선거구를 획정하는 선거구 조작에 대한 부정(否定)을 의미한다.
> 우리나라에서는 소선거구제로 운영되는 국회의원 선거에 대하여 ② 선거구 간 인구의 균형 · 사회적 · 지리적 · 역사적 · 행정적 연관성 및 생활권 등을 고려하여 국회에서 법률로써 선거구를 결정하도록 되어 있다.

**[출제포인트 & 정답]**

①: 게리맨더링, ②: 평등선거원칙

## 22

(02)

다음은 선거법의 비례 대표 의석 배분 방식에 대해 헌법재판소가 판결한 내용이다. 이 글을 읽고 민주선거의 4대 원칙 중 ( ㉠ )과 ( ㉡ )에 들어갈 말을 각각 쓰시오. [2점]

> 후보자와 정당을 분리시키지 않고 한꺼번에 투표를 해야 하는 1인 1표제 하에서 지역구 정당 후보자들의 득표비율을 기준으로 전국구 의석을 배분하는 비례대표제 배분 방식은 유권자가 지지하는 정당과 후보자가 엇갈릴 경우 절반의 선택권을 박탈하는 결과를 초래한다. …(중략)… 비례대표의원 선출도 정당의 명부 작성 방법에 따라 결정 돼 ( ㉠ )원칙에 위배된다. …(중략)… 유권자가 무소속 후보자에게 투표할 경우 그 유권자는 비례대표 선출에서 배제되는 결과가 돼 정당 후보를 선택한 유권자에 비해 투표 가치가 떨어지게 되므로 ( ㉡ )원칙에도 위배된다.

**[출제포인트 & 정답]**

㉠: 직접선거, ㉡: 평등선거

## 23

(05)

1997년 7월 16일 헌법재판소는 "동성동본인 혈족 사이에서는 혼인하지 못한다."라고 규정하고 있던 민법 제809조 제1항에 대해, 헌법상 보장하고 있는 기본권 중 3가지 조항을 침해한다는 이유로 헌법불합치결정을 내렸다. 근거가 된 기본권 중 2가지만 쓰시오. [3점]

**[출제포인트 & 정답]**

평등권, 행복추구권

## 24

(08)

헌법재판소는 '공직선거 및 선거부정방지법'에 규정된 비례대표 국회의원 의석 배분 방식과 1인 1표제에 대해 (가)와 같은 취지로 위헌결정을 내렸다. (나)의 ㉠과 ㉡이 선거의 기본원칙 중 각각 어떤 원칙에 위배되는지 적고, ㉢이 침해하는 권리의 구체적 내용을 쓰시오. [3점]

(가) "이러한 비례대표제 방식에 의하면, 유권자가 지역구 후보자나 그가 속한 정당 중 어느 한쪽만을 지지할 경우 지역구 후보자를 기준으로 투표하든 정당을 기준으로 투표하든 어느 경우에나 자신의 진정한 의사는 반영시킬 수 없으며, 후보자든 정당이든 절반의 선택권을 박탈당할 수밖에 없을 뿐만 아니라, 신생정당에 대한 국민의 지지도를 제대로 반영할 수 없어 기존의 세력정당에 대한 국민의 실제 지지도를 초과하여 그 세력정당에 의석을 배분하여 주게 되는 바, 이는 …(중략)… 민주주의 원리에 부합하지 않는다." -헌법재판소 2001.7.19. 2000헌마91-

(나) 당시의 선거법 중 1인 1표제 관련 내용과 그에 대한 비판

㉠ 정당명부에 대한 별도의 투표가 있어야 하는데도 별도의 정당투표가 없다.

㉡ 무소속 후보자에 대한 투표가 비례대표 의원 선출에 전혀 기여하지 못한다.

㉢ 유권자가 지지하는 후보자와 정당이 다를 경우 어느 한쪽에 대한 지지를 포기하게 만든다.

**[출제포인트 & 정답]**

- ㉠: 직접선거, ㉡: 평등선거, ㉢: 선거권, 평등권

## 25

(11)

다음은 각각 국민의 기본권에 대한 설명이다. 이에 대한 설명으로 옳은 것은? (다툼이 있는 경우에는 판례에 의함) [2.5점]

(가) 모든 국민이 여러 생활 영역에서 균등한 기회를 보장받을 권리이다.
(나) 모든 국민이 그의 자유 영역에 대해서 국가권력으로부터 침해를 받지 않을 소극적인 권리이다.
(다) 모든 국민이 인간다운 생존을 누리기 위해서 국가의 배려, 시책, 봉사 등을 요구할 수 있는 적극적인 성질을 갖는 권리이다.
(라) 국민이 적극적으로 국가에 대하여 특정한 행위를 요구하거나 국가의 보호를 요청할 수 있는 권리이다.
(마) 모든 국민이 정당 설립, 선거, 공무 담임, 국민투표 등을 통하여 국가권력의 창설과 국가의 권력 행사 과정에 적극적으로 참여함으로써 자신의 정치 소견을 국정에 반영할 수 있는 권리이다.

① 독립유공자와 그 유족에게 서훈의 등급에 따라 부가 연금을 차등 지급하는 것은 (가)를 침해한 것이다.
② (나)의 본질적 침해에 해당되는 것으로 수형자의 서신 검열로 인하여 수형자들의 통신의 비밀이 침해되는 사례를 들 수 있다.
③ 초·중·고 분교를 통폐합하는 지방자치단체의 조례에 의해서 학생들의 통학조건이 나빠지는 등 불편이 따른다면 그것이 법률에 근거한 조례의 제정이라도 (다)를 침해하는 것이다.
④ 평화유지군으로 아프가니스탄에 파견된 부대원이 직무집행과 관련하여 부상한 경우 국가배상청구권을 인정하는 것은 (라)의 보장에 해당된다.
⑤ 주민투표권은 (마)와 관련이 있지만, 헌법이 보장하는 기본권 또는 헌법상 보장되는 주관적 공권으로 볼 수는 없다.

**[출제포인트 & 정답]**

합리적 차별의 판단 기준 및 기본권 침해 여부 판단기준에 대한 헌법재판소의 태도, 기본권의 범주와 구체적 권리, 기본권과 법률상 권리의 구별 등을 묻고 있다. **정답** ⑤

## 26

(93)

국민소환제도와 지방자치제도의 공통적인 목적은?

① 정책 결정권의 분산
② 다수당의 횡포 방지
③ 정치적 효율성의 증대
④ 대의정치제도의 보완

**[출제포인트 & 정답]**

대의정치제도의 한계 **정답** ④

## 27

(13)

**밑줄 친 '이것'이 의미하는 기본권과 이를 실현하는 구체적 원칙이나 권리에 대한 설명으로 옳은 것을 〈보기〉에서 고른 것은?**

| 정신적 자유와 더불어 이것은 헌법 이념의 핵심인 인간의 존엄과 가치를 구현하기 위한 가장 근본적인 자유로서 모든 기본권 보장의 전제조건이다. 이것에 대한 구체적 원칙이나 권리로는 죄형법정주의, 고문의 금지와 묵비권, 구속적부심사제, 자백의 증거능력과 증명력의 제한, 형벌불소급의 원칙, 연좌제 금지 등이 있다. |
|---|

〈보기〉

ㄱ. 형사피고인이 스스로 변호인을 구할 수 없을 때에, 법률이 정하는 바에 의하여 국가가 변호인을 선임해 주는 제도도 이것의 한 표현이다.

ㄴ. 모든 국민은 동일한 범죄에 대하여 거듭 처벌받지 아니함도 이것의 한 표현이며, 여기에서 처벌이라 함은 형벌을 포함한 국가의 일체의 제재나 불이익을 모두 포함한다.

ㄷ. 적법절차의 원칙도 이것의 한 표현이며, 적법절차의 원칙은 헌법조항에 규정된 형사절차뿐만 아니라, 입법절차나 행정절차 등 공권력의 행사와 관련된 모든 절차에도 적용된다.

ㄹ. 체포·구속을 당한 자의 가족 등에게 그 이유와 일시, 장소를 지체없이 통지해야 하는 것은 이것이 아니라 언론·출판의 자유의 내용인 알 권리의 일부이다.

① ㄱ, ㄴ ② ㄱ, ㄷ ③ ㄴ, ㄷ ④ ㄴ, ㄹ ⑤ ㄷ, ㄹ

**[출제포인트 & 정답]**

신체의 자유보장원칙

정답 ④

## 28

(16(A))

**다음 대화에서 ( ) 안에 공통으로 들어갈 용어를 쓰시오. [2점]**

학 생: 선생님, 우리나라의 선거원칙에는 어떤 것이 있나요?

교 사: 우리 헌법은 선거의 기본원칙으로 보통, 평등, 직접, 비밀선거의 원칙을 규정하고 있어요.

학 생: 그러면 평등선거는 무슨 의미인가요?

교 사: 평등선거는 평등의 원칙을 선거에 적용한 것으로서, 불평등선거와 대비되는 개념이에요. 여기에는 두 가지의 내용이 포함되어 있는데, 첫째는 선거인의 ( )이/가 평등해야 한다는 것이고, 둘째는 선거과정에서 선거참여자들에 대한 차별을 금지하고 기회의 균등을 보장하여야 한다는 것이에요.

학 생: 그러면 '1인 1표'의 원칙이 첫 번째의 내용에 해당하는 것인가요?

교 사: 음… '1인 1표'의 원칙도 포함되지만, (    )의 평등은 '1인 1표'뿐만 아니라 1표의 실질적인 성과가치도 평등할 것을 요구해요. 이와 관련하여 선거구 간 인구편차에 의한 (    )의 불평등이 문제되기도 하지요.

**[출제포인트 & 정답]**

ㅇ 평등선거원칙　　ㅇ 표의 가치

## 29

(12)

다음 사례에 대한 설명으로 옳은 것을 〈보기〉에서 고른 것은?

- A사 모바일 콘텐츠 팀장인 갑은 B사가 운영하는 이동 전화망 내 이동 통신 서비스에 음란한 영상을 배포한 행위로 기소되었다. 갑은 형사재판에 적용되는 법률의 조항이 헌법에 위반된다면서 법원에 위헌법률제청신청을 하였으나 기각되어 헌법소원을 청구하고자 한다.
- 을은 우안의 시력이 상실되었으나 좌안은 1.0의 시력을 가지고 있다. 취업을 위해 을이 제1종 운전면허를 취득하려 하였으나 도로교통법시행령 제45조에서 제1종 운전면허 적성 기준으로 양쪽 눈의 시력이 각각 0.5 이상일 것을 규정하고 있어서 운전면허를 취득할 수 없게 되자 해당 조항이 헌법에 위반된다면서 헌법소원을 청구하고자 한다.
- C사와의 부동산 관련 소송에서 패소한 병은 재판장이 자신의 변론 기회를 제대로 주지 않아 패소하게 되었다고 판단하고, 법원의 패소 판결로 인하여 자신의 기본권이 침해되었다면서 헌법소원을 청구하고자 한다.

〈보기〉

ㄱ. 헌법재판소는 갑의 표현의 자유를 제한한 해당 법률조항의 위헌 여부를 심사할 것이다.
ㄴ. 시각장애인만 안마사 자격을 취득할 수 있다는 법률조항이 위헌이라며 헌법소원을 청구한 사례에서 청구인이 평등권 이외에 침해되었다고 주장한 기본권과 을이 침해되었다고 주장한 기본권은 동일한 기본권이다.
ㄷ. 을과 병이 침해되었다고 주장한 기본권은 적극적으로 국가에 대하여 특정한 행위를 요구하거나, 국가의 보호를 요청할 수 있는 권리에 해당한다.
ㄹ. 갑, 을, 병이 청구한 헌법소원은 적법한 청구에 해당하므로 헌법재판소를 인용결정 또는 기각결정을 하게 될 것이다.

① ㄱ, ㄴ　② ㄱ, ㄷ　③ ㄴ, ㄷ　④ ㄴ, ㄹ　⑤ ㄷ, ㄹ

**[출제포인트 & 정답]**

위헌법률심판, 위헌심사형 헌법소원, 권리구제형 헌법소원에 대한 의미 및 결정 방식, 헌법재판소의 위헌 판단 기준

정답 ①

## 30

(08)

**다음 신문 기사를 통해 추론할 수 있는 A국의 통치구조에 대한 설명으로 옳은 것을 〈보기〉에서 고른 것은?**

> oo신문　2008년 10월 00일
>
> ㉠ A 국 집권당인 '갑'당 내부에서 내년으로 예정된 총선을 올해 11월로 앞당겨 실시하자는 의견이 나오고 있다. 요즘처럼 여당 지지율이 높은 상황이라면 ㉡ 조기 총선을 통해 과반 의석을 차지하는 것이 가능하다는 분석 때문이다. 지난 총선에서 과반수 의석 획득에 실패하여 국정 운영에 어려움을 겪을 수밖에 없었던 '갑'당으로서는 지금과 같은 호기를 놓치기 아까울 것이다. 행정부 수반인 ㉢ 총리 OO는 별다른 언급을 하지 않고 있지만 그의 측근으로 알려진 ㉣ 국방부장관△△가 적극적으로 주장하고 있다. 연정 파트너인 '을'당은 이에 대해 적극적인 반대 의사를 표명하고 있어 그 귀추가 주목된다.

> 〈보기〉
>
> ㄱ. ㉠에서는 국가권력에 대한 민주적 정당성 부여가 이원화 되어 있다.
> ㄴ. ㉡은 총리의 법률안 거부권 행사 등과 같은 원인이 있을 경우 가능하다.
> ㄷ. ㉢은 입법부에 대해 법률안을 제출할 수 있다.
> ㄹ. ㉣은 각료로서의 지위뿐만 아니라 의원으로서의 지위도 함께 가지고 있다.

① ㄱ, ㄴ　② ㄱ, ㄷ　③ ㄴ, ㄷ　④ ㄴ, ㄹ　⑤ ㄷ, ㄹ

**[출제포인트 & 정답]**

의원내각제의 특성

정답 ⑤

## 31

(94)

**이원정부제(二元政府制)에 관한 설명으로 잘못된 것은?**

① 내각은 의회에 대하여 책임을 지며, 대통령은 의회를 해산할 수 있다.
② 대통령은 국가긴급권 발동 시에 수상과 국무위원의 부서 없이도 행정권을 행사할 수 있다.
③ 국민주권주의에 충실하지 못할 가능성을 가진 제도이기도 하다.
④ 이탈리아, 스웨덴 등의 국가에서 발달하여 프랑스 제3공화국 정부 형태에서 꽃을 피운 제도이다.

**[출제포인트 & 정답]**

이원정부제의 특성, 이원정부제 채택국가 정답 ④

## 32

(93)

대통령 선거에 관한 우리나라 헌법상의 규정으로 옳은 것은?

① 후보자가 1인일 때에는 그 득표수가 투표자 총수의 3분의 1 이상이 아니면 대통령으로 당선될 수 없다.

② 최고득표자가 2인 이상인 때에는 국회의 제적의원 과반수가 출석한 공개회의에서 다수표를 얻은 자를 당선자로 한다.

③ 대통령으로 선거될 수 있는 자는 국회의원 선거권이 있고 선거일 현재 40세에 달해야 한다.

④ 대통령의 임기가 만료되는 때에는 임기 만료 60일 내지 30일 전에 후임자를 선거한다.

**[출제포인트 & 정답]**

- 제67조 ① 대통령은 국민의 보통 · 평등 · 직접 · 비밀선거에 의하여 선출한다. ② 제1항의 선거에 있어서 최고득표자가 2인 이상인 때에는 국회의 재적의원 과반수가 출석한 공개회의에서 다수표를 얻은 자를 당선자로 한다. ③ 대통령후보자가 1인일 때에는 그 득표수가 선거권자 총수의 3분의 1 이상이 아니면 대통령으로 당선될 수 없다. ④ 대통령으로 선거될 수 있는 자는 국회의원의 피선거권이 있고 선거일 현재 40세에 달하여야 한다. ⑤ 대통령의 선거에 관한 사항은 법률로 정한다.
- 제68조 ① 대통령의 임기가 만료되는 때에는 임기만료 70일 내지 40일전에 후임자를 선거한다. ② 대통령이 궐위된 때 또는 대통령 당선자가 사망하거나 판결 기타의 사유로 그 자격을 상실한 때에는 60일 이내에 후임자를 선거한다. 정답 ②

## 33

(94)

대통령의 긴급명령에 관한 기술 중 바르지 못한 것은?

① 긴급명령권은 국회입법권에 대한 중대한 침해가 된다.

② 긴급명령권은 권력분립원칙에 어긋난다.

③ 긴급명령권으로 헌법의 효력을 일시 정지할 수 있다.

④ 긴급명령권으로 국민의 기본권을 제한할 수도 있다.

**[출제포인트 & 정답]**

긴급명령권은 헌법에 규정된 대통령의 통치행위이자 준법률적 성격을 가지는 입법의 권한으로 헌법을 초월할 수 없는 권한 정답 ③

## 34

(92)

현행 헌법상 밑줄 친 용어의 쓰임이 옳은 것은?

① 정부가 예비비를 설치할 때에는 국회의 승인을 받아야 한다.
② 국회는 대통령에게 계엄 해제를 건의할 수 있다.
③ 국회는 국무총리의 해임을 대통령에게 요구할 수 있다.
④ 대통령이 대법관을 임명할 때에는 국회의 동의를 받아야 한다.

**[출제포인트 & 정답]**

- 제55조 ② 예비비는 총액으로 국회의 의결을 얻어야 한다. 예비비의 지출은 차기국회의 승인을 얻어야 한다.
- 제63조 ① 국회는 국무총리 또는 국무위원의 해임을 대통령에게 건의할 수 있다.
- 제77조 ① 대통령은 전시·사변 또는 이에 준하는 국가비상사태에 있어서 병력으로써 군사상의 필요에 응하거나 공공의 안녕질서를 유지할 필요가 있을 때에는 법률이 정하는 바에 의하여 계엄을 선포할 수 있다. ② 계엄은 비상계엄과 경비계엄으로 한다. ③ 비상계엄이 선포된 때에는 법률이 정하는 바에 의하여 영장제도, 언론·출판·집회·결사의 자유, 정부나 법원의 권한에 관하여 특별한 조치를 할 수 있다. ④ 계엄을 선포한 때에는 대통령은 지체없이 국회에 통고하여야 한다. ⑤ 국회가 재적의원 과반수의 찬성으로 계엄의 해제를 요구한 때에는 대통령은 이를 해제하여야 한다.

**정답** ④

## 35

(94)

〈보기〉의 예산에 관한 설명으로 옳은 것을 모두 고른 것은?

〈보기〉
㉠ 예산은 법률에 의하여 변경될 수 있다.
㉡ 예비비 지출 후에는 차기 국회의 승인을 받아야 한다.
㉢ 예산은 법규범의 일종이라 할 수 있다.
㉣ 대통령은 예산안에 대하여 거부권을 행사할 수 없다.

① ㉠, ㉡　② ㉠, ㉢　③ ㉡, ㉣　④ ㉢, ㉣

**[출제포인트 & 정답]**

- 예산비법률주의
- 제54조 ① 국회는 국가의 예산안을 심의·확정한다. ② 정부는 회계연도마다 예산안을 편성하여 회계연도 개시 90일전까지 국회에 제출하고, 국회는 회계연도 개시 30일 전까지 이를 의결하여야 한다. ③ 새로운 회계연도가 개시될 때까지 예산안이 의결되지 못한 때에는 정부는 국회에서 예산안이 의결될 때까지 다음의 목적을 위한 경비는 전년도 예산에 준하여 집행할 수 있다.
  1. 헌법이나 법률에 의하여 설치된 기관 또는 시설의 유지·운영
  2. 법률상 지출의무의 이행
  3. 이미 예산으로 승인된 사업의 계속

**정답** ③

## 36

(94)

국회와 관련된 설명으로 옳은 것은?

① 국회의장과 국회의원이 위법한 행위를 할 경우 탄핵소추의 대상이 된다.
② 외국과의 조약 체결·비준에 대한 국회의 동의는 입법에 관한 권한에 속한다.
③ 국회에 제출되는 모든 의안을 본회의에서 심의하며 과반수의 찬성으로 의결한다.
④ 우리나라는 신속하고 능률적인 정책 결정을 위해 계속 단원제를 채택하여 왔다.

**[출제포인트 & 정답]**

- 제40조 입법권은 국회에 속한다.
- 제65조 ① 대통령·국무총리·국무위원·행정각부의 장·헌법재판소 재판관·법관·중앙선거관리위원회 위원·감사원장·감사위원 기타 법률이 정한 공무원이 그 직무집행에 있어서 헌법이나 법률을 위배한 때에는 국회는 탄핵의 소추를 의결할 수 있다.
- 제60조 ① 국회는 상호원조 또는 인진보장에 관한 조약, 중요한 국제조직에 관한 조약, 우호통상항해소약, 주권의 제약에 관한 조약, 강화조약, 국가나 국민에게 중대한 재정적 부담을 지우는 조약 또는 입법사항에 관한 조약의 체결·비준에 대한 동의권을 가진다.
- 국회법 제109조(의결정족수) 의사는 헌법이나 이 법에 특별한 규정이 없으면 재적의원 과반수의 출석과 출석의원 과반수의 찬성으로 의결한다.
- 법률안처리과정
  국회의원 발의 또는 정부 제출 ⇒ 상임위원회 심사 ⇒ 법제사법위원회 체계·자구 심사 ⇒ 본회의 심의·의결 ⇒ 대통령 공포·시행
- 단원제의 장점

**정답** ②

## 37

(02)

다음은 입헌주의의 기본 요소 중 하나와 관련된 글이다. [총 4점]

> 오랜 기간에 걸친 경험에 의하면 권력을 장악한 사람은 이것을 남용하려는 경향이 있다. …(중략)… 권력을 남용할 수 없게 하기 위해서는 권력의 억제가 필요하다. …(중략)…왜냐하면 동일한 군주 또는 원로원이 포악한 법률을 제정하여 이를 난폭하게 집행할 우려가 있기 때문이다. …(중략)… 사법권과 입법권이 한 사람의 수중에 장악될 경우에는 시민의 생명과 자유에 대한 권력행사가 자의적으로 이루어질 것이다. 왜냐하면 재판관이 곧 입법자로 될 것이기 때문이다. 그리고 사법권과 집행권이 한 사람의 수중에 장악될 경우에는 재판관은 압제자의 힘을 가질 수가 있을 것이다.
> 이러한 일을 막기 위해서는 헌법에서 각 국가기관들이 고유한 권한을 가지는 한편, ㉠ 서로 견제하여 균형을 이루도록 하는 장치를 마련해야 할 것이다.

37-1. 윗글에 나타난 입헌주의적 기본 요소를 10자 이내로 쓰시오.

37-2. 밑줄 친 ㉠의 견제 방법 중에서 대법원이 정부(대통령과 행정부)를 견제할 수 있도록 우리 헌법이 규정하고 있는 권한을 15자 이내로 쓰시오. [3점]

[출제포인트 & 정답]

- 기본권보장과 권력분립명시
- 명령규칙처분심사권, 행정소송
- 제107조 ② 명령·규칙 또는 처분이 헌법이나 법률에 위반되는 여부가 재판의 전제가 된 경우에는 대법원은 이를 최종적으로 심사할 권한을 가진다. ③ 재판의 전심절차로서 행정심판을 할 수 있다. 행정심판의 절차는 법률로 정하되, 사법절차가 준용되어야 한다.

## 38

(05)

다음 ㉠과 ㉡에 들어갈 권한을 각각 쓰시오. [2점]

| 현행 헌법에 의하면, 대통령·국무총리·국무위원·행정각부의 장·헌법재판소 재판관·법관·중앙선거관리위원회 위원·감사원장·감사위원 기타 법률이 정한 공무원이 그 직무집행에 있어서 헌법이나 법률을 위배한 때에는 국회는 ( ㉠ )을(를) 행사할 수 있고 헌법재판소는 ( ㉡ )을(를) 행사할 수 있다. |
|---|

[출제포인트 & 정답]

- 제65조 ① 대통령·국무총리·국무위원·행정각부의 장·헌법재판소 재판관·법관·중앙선거관리위원회 위원·감사원장·감사위원 기타 법률이 정한 공무원이 그 직무집행에 있어서 헌법이나 법률을 위배한 때에는 국회는 탄핵의 소추를 의결할 수 있다.
- 제111조 ① 헌법재판소는 다음 사항을 관장한다.
  1. 법원의 제청에 의한 법률의 위헌여부 심판 2. 탄핵의 심판 3. 정당의 해산심판
  4. 국가기관 상호간, 국가기관과 지방자치단체간 및 지방자치단체 상호간의 권한쟁의에 관한 심판
  5. 법률이 정하는 헌법소원에 관한 심판
- 탄핵소추, 탄핵심판

## 39

(18(A))

다음 글을 읽고, 밑줄 친 2가지 권한이 무엇인지 쓰시오. [2점]

이 원리는 국가권력을 그 성질에 따라 여러 국가기관에 분산시킴으로써 권력 상호간의 견제와 균형을 통해 국가권력의 남용을 방지하고 국민의 기본권을 보장하기 위한 통치구조상의 조직원리를 말한다. 로크(J. Locke), 몽테스키외(C. Montesquieu) 등에 의하여 이론적으로 완성된 원리로서 절대 권력은 절대적으로 부패한다는 진리에 가까운 공리에 그 이념적 기초를 두고 시작되었으며, 국가권력이나 국가기능의 분리 · 독립을 직접적 내용으로 하지만, 궁극적 목적은 국민의 자유와 권리를 보장하는 데 있다. 우리 헌법은 이 원리에 기초하여 법원이 행정입법을 견제할 수 있도록 2가지 권한을 규정하고 있다.

**[출제포인트 & 정답]**

- 헌법 제107조에 대한 이해와 제시문의 문맥을 고려해야 하는 문제이다.
  제107조 ② 명령 · 규칙 또는 처분이 헌법이나 법률에 위반되는 여부가 재판의 전제가 된 경우에는 대법원은 이를 최종적으로 심사할 권한을 가진다. ③ 재판의 전심절차로서 행정심판을 할 수 있다. 행정심판의 절차는 법률로 정하되, 사법절차가 준용되어야 한다.
- 일반적으로 행정입법은 법규명령과 행정규칙을 포괄하는 의미이다. 밑줄 친 부분의 문맥을 보면 '행정입법'을 견제하는 권한이고, 따라서 명령과 규칙을 묶어서 본다면 행정입법심사권=명령규칙심사권이 된다. 그렇다면 2가지 권한 중 나머지 하나의 권한은 무엇인지가 문제된다. 명령심사권과 규칙심사권으로 나눠 2가지로 생각하고 제시문을 구성했다면 행정입법을 견제하는 권한이라고 묻는 것이 타당할 것이다. 물론 광의의 행정입법을 전제로 했다는 반론이 있을 수도 있다. 그런데 광의의 행정입법에는 준법률적 성격을 가진 긴급명령, 명령 및 규칙 하위에 있는 조례 등이 있고, 이에 대한 규범통제는 다른 제도적 방법에 의해 이뤄진다. 이런 행정입법의 유형을 기준으로 명령심사권, 규칙심사권 2가지로 주장할 수도 있겠다. 이런 논리라고 한다면 헌법재판소의 위헌법률심판도 종류는 최소한 두 가지로 나눠야 한다. 하나는 위헌법률심판이고, 나머지는 위헌준법률심판이 될 것이다. 행정입법에 대한 규범통제라는 관점에서 본다면 '심사권'이 핵심이다. 현재 우리나라의 경우 행정입법에 대한 행정소송에 대한 도입 논의는 활발하게 주장되고 있지만 아직 입법화되어 있지 않다. 그렇다면 명령규칙심사권 이외에 예외적으로 허용되는 행정소송을 정답에 포함시키는 것도 무리가 있다. 하지만 주어진 제시문을 최대한으로 선해한다면 행정소송을 포함시키는 것은 불가피하다.
- 명령 · 규칙처분심사권, 행정소송(처분적 법규명령에 대한 예외적으로 행정소송허용)

## 40

(19(A))

다음 대화를 읽고 〈작성 방법〉에 따라 서술하시오. [4점]

교사: 이번 시간에는 그동안 공부한 헌법의 내용을 정리해 봅시다. 우선 국회의 헌법상 지위와 국회의 기능을 상기해 봅시다. 법률제정권은 국회의 헌법상 지위 중 어떤 지위와 가장 밀접한 관련이 있을까요?

학생: 입법기관으로서 지위와 가장 밀접한 관련이 있습니다.

| |
|---|
| 교사: 네, 그렇습니다. 그렇다면 ㉠ 국회의 국정 조사권과 국정 감사권은 국회의 헌법상 지위 중 어떤 지위와 가장 밀접한 관련이 있을까요? ㉡ 이 지위와 관련하여 헌법은 국무총리 임명 과정에서 국회에 어떤 권한을 부여하고 있나요?<br>학생: ( ㉢ ).<br>교사: 그렇습니다. 이제 시각을 바꿔 시민과 국가기관의 관계에서 생각해 보도록 합시다. 행정부가 특정한 정책을 추진하고 있는데, 다수 시민이 이 정책 추진에 반대한다고 가정해 봅시다. 다수 시민은 어떤 행동을 취할 수 있을까요?<br>학생: 우선 그것에 반대한다는 의사를 표시할 수 있습니다.<br>교사: 네. 우리 헌법은 다수 시민들이 이를 반대한다는 주장을 하기 위하여 자발적으로 한 장소에 모여 일시적인 모임을 할 수 있는 권리를 기본권으로 보호하고 있습니다. 그것이 무엇이지요?<br>학생: ( ㉣ )입니다. 우리 헌법 제21조는 ( ㉣ )외에도 언론 · 출판 · 결사의 자유를 보장하고 있습니다.<br>교사: 네. 언론의 자유는 개별적인 표현을 내용으로 하기 때문에 ( ㉣ )보다 제한을 덜 받습니다. 이를 고려하면 ( ㉣ )이/가 언론의 자유보다 더 큰 제한을 받는 이유를 어떻게 설명할 수 있을까요?<br>학생: ( ㉤ ). |

| |
|---|
| 〈작성 방법〉<br>• 밑줄 친 ㉠과 ㉡에 대한 대답을 괄호 안의 ㉢에 서술할 것.<br>• 괄호 안의 ㉣을 포함하여 괄호 안의 ㉤에 들어갈 내용을 서술할 것. |

**[출제포인트 & 정답]**

국정통제권한, 국회의 동의, 집회의 자유, 다중의 모임으로 인한 사회적 위험 발생가능성

## 41

(93)

〈보기〉에서 현행법상 지방자치단체의 권한에 속하는 것만으로 나열된 것은?

| |
|---|
| 〈보기〉<br>㉠ 규칙 제정권 ㉡ 조례 제정권 ㉢ 재산 관리권 ㉣ 지방자치법 제정권 |

① ㉠, ㉡, ㉢ ② ㉡, ㉢, ㉣ ③ ㉠, ㉢, ㉣ ④ ㉠, ㉡, ㉣

**[출제포인트 & 정답]**

정답 ①

## 42

(93)

우리나라의 정부 형태는 대통령중심제를 원칙으로 하면서 의원내각제적 요소를 가미하고 있다. 의원내각제적 요소라고 할 수 없는 것은?

① 정부가 법률안 제출권을 가지고 있다.
② 국회는 국무총리와 국무위원에 대한 해임건의권을 가진다.
③ 대통령은 국가 원수인 동시에 행정부의 수반이다.
④ 국무총리 · 국무위원의 국회출석발언권이 인정되어 있다.

**[출제포인트 & 정답]**

정답 ③

## 43

(93)

헌법재판소의 권한 중 행정부의 제소가 필요한 것은?

① 탄핵심판 ② 위헌법률심판 ③ 정당해산심판 ④ 헌법소원심판

**[출제포인트 & 정답]**

제8조 ① 정당의 설립은 자유이며, 복수정당제는 보장된다. ② 정당은 그 목적 · 조직과 활동이 민주적이어야 하며, 국민의 정치적 의사형성에 참여하는 데 필요한 조직을 가져야 한다. ③ 정당은 법률이 정하는 바에 의하여 국가의 보호를 받으며, 국가는 법률이 정하는 바에 의하여 정당운영에 필요한 자금을 보조할 수 있다. ④ 정당의 목적이나 활동이 민주적 기본질서에 위배될 때에는 정부는 헌법재판소에 그 해산을 제소할 수 있고, 정당은 헌법재판소의 심판에 의하여 해산된다.

정답 ②

## 44

(96)

헌법재판소의 재판관은 9인이다. 재판관 6인 이상의 찬성으로 결정하는 경우가 아닌 것은?

① 위헌법률심판 ② 정당해산심판 ③ 헌법소원심판 ④ 기관쟁의심판

**[출제포인트 & 정답]**

제113조 ① 헌법재판소에서 법률의 위헌결정, 탄핵의 결정, 정당해산의 결정 또는 헌법소원에 관한 인용결정을 할 때에는 재판관 6인 이상의 찬성이 있어야 한다.

정답 ④

## 45

(92)

"탄핵 또는 금고 이상의 형의 선고에 의하지 아니하고는 파면되지 아니한다."는 헌법규정의 적용을 받지 않는 대상은?

① 법관　② 감사위원　③ 헌법재판관　④ 중앙선거관리위원

**[출제포인트 & 정답]**

헌법 제65조 제1항에 의하면 위 보기의 사람들은 모두 탄핵소추의 대상이 된다. 하지만 탄핵 또는 금고 이상의 형의 선고에 의해서만 파면될 수 있도록 헌법상 규정된 대상은 제106조 제1항의 법관, 제112조 제3항의 헌법재판소 재판관, 제114조 제5항의 중앙선거관리위원 뿐이다.

**정답** ②

## 46

(03)

다음은 1997년 노동관련법안 기습 통과 사건에 관해 헌법재판소가 내린 판결문의 일부이다. 이 판례와 관련된 헌법재판소의 권한을 한 가지만 쓰시오.

> 국회의원의 법률안 심의·표결권은 헌법상의 권한으로서 국회의원 개개인에게 모두 보장된다. 그런데 이 사건 본회의의 개의절차에는 국회법 위반의 흠이 있어 청구인들은 이 사건 본회의에 출석할 기회를 잃었고, 이 사건 법률안의 심의·표결에도 참여하지 못했다. 따라서 피청구인의 행위로 인하여 청구인들의 법률안 심의·의결권이 침해되었음이 명백하다.

**[출제포인트 & 정답]**

- 헌법재판소 1997.7.16. 96헌라2 참조
- 권한쟁의심판

## 47

(00)

다음을 읽고 물음에 답하시오.

> 갑은 1996년 3월 12일 국가 보안법 위반죄로 대법원에서 징역 1년이 확정되어 안양교도소에서 복역한 후 형기 종료로 출소하였다. 갑은 교도소 수감 중이던 1996년 4월 변호사 을에게 편지를 보내려고 교도소에 이를 의뢰하였다. 교도소장 병은 행형법에 따라 갑의 편지를 검열하고 편지발송을 거부하였다. 갑은 병이 (가) 편지를 검열한 행위, (나) 편지 발송을 거부한 행위 및 (다) 편지 검열을 규정한 행형법이 위헌이라고 주장하면서 1996년 12월 5일에 헌법소원심판을 청구하였다. 헌법재판소는 (나) 부분에 관한 심판청구는 ① 필요한 권리구제제도를 거치지 않았다는 이유로, (다) 부분에

관한 심판 청구는 헌법소원대상으로서 직접 관련이 없다는 이유로 각각 각하(却下)하고, (가) 부분에 관한 심판청구는 ② 위헌이 아니라고 하여 기각(棄却)하기로 결정하였다.

47-1. 갑이 (가), (나), (다)가 위헌이라고 주장하는 공통적인 이유는 무엇인지 쓰시오.

47-2. ①의 필요한 권리구제제도란 무엇인지 쓰고, ②에서 위헌이 아니라고 하는 이유는 무엇인지 쓰시오.

**[출제포인트 & 정답]**

- 헌법재판소 1998.8.27. 96헌마398 참조
- 통신의 자유 기본권 침해
- ① 행정심판 또는 행정소송
- ②에서 위헌이 아니라고 하는 이유: 헌법 제37조 제2항을 근거로 통신의 자유를 침해한 적 없다. 교도소의 안전 보장과 질서를 위해 가능하다.

## 48

(09)

다음 글에 나타난 국가기관이 관장하는 심판 대상과 이에 대한 설명으로 옳은 것을 〈보기〉에서 고른 것은?

이 기관은 헌법의 규범력과 실효성을 보장하고, 헌법에서 보장하고 있는 기본권을 실현하며, 국가작용의 합헌성을 보장하여 모든 국가작용이 헌법질서 속에서 행해지도록 함으로써 헌법을 보호하고 실현하는 것을 목표로 지난 20년 동안 그 역할을 충실하게 수행해 왔다는 평가를 받고 있다. 그러나 이러한 긍정적인 평가와는 달리 심판 대상에서 법원의 재판을 제외하고 있기 때문에, 재판이라는 이름으로 국민의 기본권이 침해되는 사태에 대해서는 효과적으로 대응할 수 없다는 비판도 있다.

〈보기〉

ㄱ. 헌법개정안에 대한 국민투표의 절차에 하자가 있음을 이유로 투표효력의 무효심판을 청구한 경우

ㄴ. 공권력의 불행사로 인해 헌법상 보장된 국민의 기본권이 침해되었음을 이유로 헌법소원심판을 청구한 경우

ㄷ. 법관이 그 직무집행에 있어서 헌법을 위비하였음을 이유로 국회가 탄핵의 소추를 의결하여 탄핵심판을 청구한 경우

ㄹ 정당의 활동이 정당법의 규정을 위반하였음을 이유로 정부가 중앙선거관리위원회의 심의를 거쳐 정당해산심판을 청구한 경우

① ㄱ, ㄴ ② ㄱ, ㄷ ③ ㄴ, ㄷ ④ ㄴ, ㄹ ⑤ ㄷ, ㄹ

**[출제포인트 & 정답]**

헌법재판제도의 의의, 헌법재판소 권한 유형 **정답** ③

## 49

(10)

**밑줄 친 이것에 해당하는 설명으로 옳은 것을 〈보기〉에서 고른 것은?**

> 갑은 찜질시설 목욕장을 운영하는 자이다. 보건복지가족부장관이 공중위생관리법 시행규칙을 통하여 22:00부터 05:00까지는 보호자를 동행하지 않은 청소년의 출입을 제한하자, 갑은 공중위생관리법 시행규칙이 자신의 기본권을 침해한다고 생각하면서 헌법재판소에 이것을 청구하였다.

> 〈보기〉
> ㄱ. 갑은 행정소송을 제기한 다음에 헌법재판소에 청구하여야 한다.
> ㄴ. 인용결정을 할 때에는 재판관 6인 이상의 찬성이 있어야 한다.
> ㄷ. 공권력의 행사에 대해서도 청구할 수 있지만, 공권력의 불행사에 대해서도 청구할 수 있다.
> ㄹ. 갑은 물론이고 갑의 친구도 갑의 기본권이 침해되었다고 하여 헌법재판소에 청구할 수 있다.

① ㄱ, ㄴ ② ㄱ, ㄷ ③ ㄴ, ㄷ ④ ㄴ, ㄹ ⑤ ㄷ, ㄹ

**[출제포인트 & 정답]**

권리구제형 헌법소원사건 요건 및 절차 **정답** ③

## 50

(13(2차))

**'법과 정치'과목을 담당하는 김 교사는 이 과목이 갖는 통합적 성격에 관심을 갖고 있으며, 생활과 관련된 사례를 활용한 수업을 준비하고 있다. 다음 물음에 답하시오. [30점]**

> (가) 사회과에서의 통합은 사회과에서 중시하는 핵심 주제, 이슈, 사회문제 또는 개념을 학습하기 위해 두 가지 이상 학문 분야의 지식과 방법론을 결합하는 교육과정 구성 방식을 의미한다. 이상적인 의미의 사회과 통합은 서로 다른 여러 가지 요소들이 일정한 원리에 의해서 질서 있게 결합하여 하나의 통일체를 형성하는 것을 지칭하지만, 실제로 학교교육과정의 차원에서 사회과 통합 교육과정은 그 통합의 정도에 따라 매우 약한 상태의 통합에서부터 매우 강한 상태의 통합에 이르기까지 여러 가지 수준으로 존재할 수 있다.
> (나) ○○대학교 법학과를 졸업한 A는 재학 중 저작권법, 전자상거래법, 특허법 등을 공부하는

과정에서 해킹 방지 방법 연구, 게임프로그램 개발 등에 몰두하여 전산직 공무원이 되기에 충분한 정보통신 실력을 갖추었다고 자부하였다. 그러나 법은 전산직 공무원에게 전산 관련 자격증이나 경력을 요구하고 있어서 A는 당장 전산직 공무원이 될 수는 없다는 사실을 알게 되었다. A는 관련 법령 조항*들이, 법적 자격을 갖추지 못하였지만 실제 실력이 있는 자의 직업선택의 자유를 침해하므로 폐지되어야 한다는 소송을 법원에 제기하였다. 그러나 법원은 관련 법령 조항들의 위헌여부는 법원이 판단할 사항이 아니라는 이유로 소(訴)를 각하(却下)하였고, 이에 A는 관련 법령 조항들에 대하여 헌법재판소에 심판을 청구하여 그 무효를 주장하려고 한다.

* 관련 법령 조항

- 국가공무원법 제26조 "공무원의 임용은 시험성적 · 근무성적, 그 밖의 능력의 실증에 따라 행한다."
- 공무원임용령(대통령령) 제16조 제1항 제2호 "… 같은 종류의 직무에 관한 자격증 소지자를 경력경쟁채용등을 하려는 경우에는 「공무원임용시험령」에서 정하는 임용예정 직급별 자격증 소지자 및 경력기준에 해당하는 사람이어야 한다."
- 공무원임용시험령(대통령령) 제18조 제1항 "별표 5에 규정된 직급의 채용시험과 전직시험에 응시하는 사람은 같은 표에 규정된 자격증을 소지하여야 한다."

⇒ '[별표 5]채용시험 · 전직시험의 응시에 필요한 자격증 분류표'에는 전산 직렬의 공무원이 되기 위한 컴퓨터시스템운용 · 정보통신 · 정보관리 등의 기술사자격증이나 기사자격증이 규정되어 있음.

김 교사는 (나)의 사례를 가지고 우리나라의 규범통제 제도를 위헌법률심판, 권리구제형 헌법소원심판, 위헌심사형(규범통제형)헌법소원심판으로 나누어 설명하였다. (나)에서 A가 청구하려는 심판이 속하는 유형이 이 중 무엇인지 제시하고 그 유형의 개념적 특성을 다른 유형들과 비교하여 설명하시오. [15점]

**[출제포인트 & 정답]**

권리구제형 헌법소원사건

## 51

(14(A))

다음은 '경찰서장 수사기록사본 교부 거부처분에 대한 헌법소원'에 관한 헌법재판소 결정례의 일부를 재구성한 것이다. 헌법소원심판의 여러 청구 요건 중 밑줄 친 ㉠과 직접적인 연관이 있는 요건을 쓰시오. [2점]

> 「공공기관의 정보공개에 관한 법률」 제6조, 제9조, 제18조에 의하여 국민에게 불기소사건기록의 열람, 등사를 청구할 권리 내지 법에 정하여진 절차에 따라 그 허가 여부의 처분을 행할 것을 요구할 수 있는 법규상의 지위가 부여되었다. 그러므로 <u>㉠ 경찰서장의 수사기록사본 교부 거부처분은 행정소송의 대상이 된다 할 것이므로 직접 헌법소원심판의 대상으로 삼을 수 없다.</u>

**[출제포인트 & 정답]**

권리구제형 헌법소원사건 청구 요건, 보충성의 원칙

## 52

(15(A))

다음 사례에서 헌법재판소가 행한 심판은 무엇인지 쓰시오. [2점]

> A 지방자치단체와 B 지방자치단체 사이에서 공유수면(바다)중 일부 해역에 대한 관할권의 귀속에 대하여 다툼이 발생하였다. 이에 대하여 헌법재판소는 지방자치단체의 자치권이 미치는 관할구역의 범위에는 육지는 물론 바다도 포함되고, 국토지리정보원 발행의 국가기본도상의 해상경계선에 비추어 볼 때 이 사건 쟁송해역에 대한 관할권은 청구인 A 지방자치단체에게 있음을 확인하는 결정을 선고하였다.

**[출제포인트 & 정답]**

권한쟁의심판

## 53

(17(A))

다음 밑줄에 해당하는 헌법재판소의 결정의 명칭을 쓰시오. [2점]

- 위헌인 법률조항의 효력을 잠정적으로 유지하거나 일정 기간 그 적용을 중지하는 것을 내용으로 하는 결정이다.
- 헌법재판소는 헌법재판소법에 명문 규정이 없음에도 불구하고 이러한 결정을 하고 있다.
- 헌법재판소는 이러한 결정을 하는 때에는 통상 '법률개선촉구' 결정을 함께 한다.

**[출제포인트 & 정답]**

헌법불합치결정

## 54

(20(A))

다음에서 A형과 B형 헌법소원의 명칭을 순서대로 쓰고, 각 형태의 헌법소원에서 '헌법소원을 청구할 수 있는 경우'와 '청구권자'를 각각 서술하시오. [4점]

헌법 제111조에서 헌법재판소의 권한으로 '법률이 정하는 헌법소원에 관한 심판'을 규정하고 있고, 이에 따라 헌법재판소법에서 2가지 형태의 헌법소원을 규정하고 있다. 아래는 각 형태의 헌법소원 결정 예이다.

[A형 헌법소원의 결정 예]

부부 간 정조의무 및 여성 배우자의 보호는 간통한 배우자를 상대로 한 재판상 이혼청구, 손해배상청구 등 민사상의 제도에 의해 보다 효과적으로 달성될 수 있고, 오히려 간통죄가 유책의 정도가 훨씬 큰 배우자의 이혼수단으로 이용되거나 일시 탈선한 가정주부 등을 공갈하는 수단으로 악용되고 있기도 하다. 결국 심판대상조항은 과잉금지원칙에 위배하여 국민의 성적 자기 결정권 및 사생활의 비밀과 자유를 침해하는 것으로서 헌법에 위반된다(헌법재판소 2015.2.26. 선고 2009헌바17·205, 2010헌바194, 2011헌바4, 2012헌바57·255·411, 2013헌바139·161·267·276·342·365, 2014헌바53·464, 2011헌가31, 2014헌가4(병합) 전원재판부).

[B형 헌법소원의 결정 예]

청구인은 이 사건 임대주택을 매수하면서 전전 소유자가 이미 설정한 근저당권을 인수한 것에 불과하므로, 임대주택법(2008.3.21. 법률 제8966호로 전부개정된 것) 제18조 제1항이 금지하는 저당권이나 가등기담보 등 담보물권을 '설정'하는 행위를 한 자에 해당하지 않는다. 또한 같은 법 제16조 제2항이 임대주택 매각 시 매매계약서에 임대주택의 매수자가 매도인의 임대사업자로서의 지위를 승계하는 뜻을 밝히도록 규정하였다하여, 이를 근거로 실제 근저당권 설정행위를 하지 아니한 청구인을 처벌할 수 있다고 해석하는 것은 죄형법정주의원칙에 반하여 허용되지 아니한다. 그럼에도 불구하고 청구인의 임대주택법위반 혐의를 인정한 이 사건 기소유예처분은 법리오해에 기초하여 이루어진 자의적인 검찰권의 행사로서 청구인의 평등권과 행복추구권을 침해하였다(헌법재판소 2015.3.26. 선고 2014헌마952 전원재판부).

**[출제포인트 & 정답]**

위헌심사형 헌법소원 및 권리구제형 헌법소원의 요건

## 55

(16(A))

**다음 사례에서 갑과 법원이 취할 수 있는 법적 절차를 진행 단계별로 서술하시오. [4점]**

갑은 사기죄로 벌금 500만 원 및 위 벌금을 납입하지 아니하는 경우 5만 원을 1일로 환산한 기간 동안 노역장에 유치한다는 약식명령을 법원으로부터 고지받자, 법원에 정식재판을 청구하여 소송을 제기하였다. 소송이 진행되던 중, 갑은 노역장 유치에 관해 규정하고 있는 형법상의 법률조항들이 벌금을 납부할 경제적 능력이 없는 자들을 벌금을 납부할 경제적 능력이 있는 자들과 차별하고, 노역장 유치자 사이에 있어서도 벌금액의 다과에 따라 1일 환산금액을 다르게 하여 차별하며, 벌금미납자들을 자유형을 선고받은 자들과 동일하게 처우하여 평등원칙에 위반된다고 판단하였다. 이에 갑은 헌법재판소에 위헌법률심판(위헌심사형 헌법소원심판 포함)을 제기하기로 하였다.

**[출제포인트 & 정답]**

갑이 법원에 위헌법률심판제청신청을 했을 때, 법원이 이를 인용하여 헌법재판소에 위헌법률심판제청신청을 한다. 이 신청으로 헌법재판소는 헌법재판소에 위헌법률심판을 개시한다. 만약 갑(甲)의 신청을 법원이 기각할 경우에는 갑(甲)이 헌법재판소에 직접 위헌심사형 헌법소원을 제기할 수 있다.

## 56

(22(B))

헌법재판소의 결정례를 요약한 다음 글을 읽고 〈작성 방법〉에 따라 서술하시오. [4점]

> 통신비밀보호법 제6조 제7항 단서 중 전기통신에 관한 '통신제한조치기간의 연장'에 관한 부분(이하 '이 조항')은 범죄수사를 위하여 통신제한 조치를 받고 있는 자에게 법원의 허가를 통하여 그 통신제한조치기간을 2개월의 범위 내에서 횟수 제한 없이 연장을 받을 수 있도록 하는 근거이다. 갑은 이 조항에 근거하여 총14회(총30개월)에 걸쳐 연장된 통신제한조치에 따라 증거를 수집당한 자이다. 그는 형사소송 계속 중 이 조항이 헌법에 위반된다는 이유로 법원에 ( ㉠ ) 제청신청을 하였다. 법원은 이를 받아들여 이 조항에 대해 ( ㉠ )을/를 제청하였다. …(중략)… 이 조항은 법이 정한 통신제한조치의 허가 요건이 존속하는 경우에 효과적으로 범죄 수사목적을 달성하여 국가안전보장과 질서유지를 도모하기 위한 것으로 그 입법 목적의 정당성이 인정되고, 통신제한조치기간연장은 이 목적을 달성하기 위한 적합한 수단이다. 그러나 통신제한조치기간연장을 허가함에 있어 총연장 기간 또는 총연장 횟수의 제한을 두고, 그 연장기간동안 범죄 혐의를 입증하지 못하는 경우 제한조치를 중단하게 하여도, 제한을 할 필요가 있으면 법원에 새로운 허가를 청구할 수 있으므로, 이로써 수사목적을 달성하는 데 충분하다. 또한 법원이 통신제한조치기간을 연장함에 있어 법 운용자의 남용을 막을 수 있는 최소한의 한계를 설정하지 않았으므로 이 조항은 ( ㉡ )에 위반된다. …(중략)… 그리고 법익균형성 요건도 갖추지 못하여 위헌이다. 결론적으로 이 조항은 국민의 자유권적 기본권 중 ( ㉢ )을/를 침해하여 헌법에 위반되나, 단순위헌결정을 선고하여 당장 효력을 상실시킬 경우 ( ㉣ )하기 때문에 헌법불합치결정을 선고하되 입법자의 개선입법이 있을 때까지 잠정적으로 적용한다.

〈작성 방법〉

- 괄호안의 ㉠에 해당하는 헌법재판의 유형을 쓸 것.
- 과잉금지원칙의 4가지 세부원칙 중 괄호안의 ㉡에 해당하는 것을 쓸 것.
- 괄호안의 ㉢에 해당하는 용어를 쓰고, 괄호안의 ㉣에 들어갈 내용을 "……이/가 사라져……상태가 발생"이라는 문장 구조로 서술할 것.

**[출제포인트 & 정답]**

㉠: 위헌법률심판, ㉡: 피해의 최소성, ㉢: 통신의 자유, ㉣: 시행법률/법적 공백

# Ⅲ. 행정법

## 1. 행정법의 의의와 법치행정의 원리

### 1) 행정법의 의의

국민으로부터 민주적 정당성을 획득한 정부는 국가의 목적과 공익 실현을 위해 여러 가지 정책을 세우고 법치주의에 따라 실행하는 행위를 한다. 예컨대, 의료복지사업, 도로 및 도시계획, 교육정책, 경제정책, 국방, 치안 등 무수히 많은 행위를 한다. 이런 행위를 하기 위해서 국가는 국민의 협조를 필요로 하게 된다. 국민으로부터 각종 세금을 거두고, 4대 보험 등에 가입하도록 하며, 특허나 허가 등을 통해서 일을 하도록 한다. 이와 같은 국민으로부터의 협조는 국민의 재산과 자유를 제한할 수 있다는 점에서 법률에 따라 집행해야 한다. 또한 이런 집행은 국민들로부터 신뢰할 수 있도록, 남용되지 않도록, 그리고 평등하게 이뤄져야 한다. 이런 집행과정에서 국민들의 협조가 제대로 이뤄지지 않을 때에는 민주적 정당성과 공익실현 등을 근거로 국민들의 협력을 강제할 수 있다.

그러나 이런 국가의 권한이 남용되거나 위법한 경우, 혹은 의도하지 않은 경우에도 국민의 자유와 권리를 침해할 수도 있다. 그래서 국민의 자유와 권리를 침해하지 않도록 행정행위의 요건을 법률에 정하고, 국민의 자유와 권리를 침해하는 경우 이를 구제할 수 있는 행정소송제도와 행정구제제도를 마련하는 것이 필요하다. 이를 위해 형성된 행정에 관한 법률들을 총칭해서 행정법이라 한다. 즉, 행정법은 민법이나 형법처럼 일정한 법률의 명칭이 아니다.

행정법이란 행정에 고유한 법으로서 행정에 관한 조직, 작용 및 구제에 관한 국내 공법이라고 말할 수 있다. 행정법은 행정조직법(정부조직법 · 국가공무원법 · 지방공무원법 등)과 행정작용법(식품위생법 · 건축법 등) 및 행정구제법(국가배상법 · 행정심판법 · 행정소송법 등)으로 나눌 수 있다.

### 2) 헌법상 행정법의 기본원리

행정법은 구체화된 헌법으로써 헌법 이념과 사상을 바탕으로 국가행정을 집행하는 것을 목적으로 하고 있기 때문에 헌법상 기본원리인 법치국가의 원리, 민주국가원리, 사회국가원리 또한 행정법의 원리가 된다. 민주국가원리란 자유와 평등, 치자와 피치자의 동일성을 내용으로 하며, 국민 개개인의 자유 위에 모든 국민의 평등을 전제로 하여 국민 개개인이 자기의 가치를 실현해 나가는 것을 보장하고 지원하는 국가원리를 의미한다. 법치국가의 원리란 모든 국가적 활동과 국가공동체 생활은 의회가 제정한 법률에 근거를 두고 법률에 따라 이루어지며 국민이 모든 국가권력의 행사가 법률로써 예측할 수 있고 정의의 이념에 근거하고 정의의 실현을 추구하는 국가원리를 뜻한다. 사회국가 원리란 모든 국민에게 인간의 존엄에 적합한 기본적 생활 수요를 충족시킴으로써, 이를 바탕으로 문화적인 생활을 영위할 수 있도록 하는 것이 국가의 책임일 뿐만 아니라, 이를 국가에 요구할 수 있는 국민의 권리가 인정되어 있는 사회국가를 실현하려는 국가적 원리를 뜻한다.

### 3) 법치행정의 원리

행정법은 주로 국민들의 권리를 제한하거나 의무를 부과하는 규율을 포함하고 있다는 점에서 법치주의가 엄격하게 적용되어 실현된 규범이다. 따라서 헌법적 가치인 법치주의를 실현하기 위한 법이 행정법이며, 그 가치를 실현하는 과정에서 행정법이 준수해야 할 기본원칙을 '법치행정의 원리'라고 한다. 법치행정의 원리란 행정은 법률에 의거하여, 법률이 정하는 바에 따라 행하여져야 한다는 원칙을 뜻하는 것으로 '법률에 의한 행정'이라고도 한다. 이는 권력분립주의를 전제로 하여 자유민주주의사상을 기반으로 성립하는 법치국가에서의 행정에 관한 기초 원리이다. 즉, 국회에서 제정하는 법률을 근거로 하여 행정을 하게 함으로써 국회가 행정에 대하여 우월적 지위를 갖게 하여 행정의 자의(恣意)를 방지하고 국민의 자유와 권리를 보장하려는 데 그 취지가 있다. 행정기본법 제8조에는 "행정작용은 법률에 위반되어서는 아니 되며, 국민의 권리를 제한하거나 의무를 부과하는 경우와 그 밖에 국민생활에 중요한 영향을 미치는 경우에는 법률에 근거하여야 한다."고 규정하고 있다.

### 4) 행정법의 일반원칙

행정법의 일반원칙이란 행정법의 모든 분야에 적용되는 일반적인 원칙을 말한다. 행정은 이러한 행정법의 일반원칙에 구속되며, 전체 행정법질서의 기초를 이루고 있다고 할 수 있다. 이런 행정법의 일반원칙에 위반하는 행정은 위법하게 된다. 행정기본법은 행정법의 일반원칙으로 평등의 원칙(제9조), 비례의 원칙(제10조), 성실의무 및 권한남용금지의 원칙(제11조), 신뢰보호의 원칙(제12조), 부당결부금지의 원칙(제13조)을 규정하고 있다.

평등의 원칙은 "같은 것은 같게 다른 것은 다르게"라는 말로 표현될 수 있는데, 만약 평등하게 다루어야 할 것을 다르게 다루거나 불평등하게 다루어야 할 것을 평등하게 다루는 것은 평등의 원칙에 반한다. 따라서 합리적 이유가 있어서 다르게 취급하는 것은 평등 원칙의 위반이 아니다.

성실의무 및 권리남용금지의 원칙은 원래 민법상 인정된 법의 일반원칙이지만 행정법을 포함한 모든 법의 일반원칙으로 여겨지고 있다. 행정청은 법령 등에 따른 의무를 성실히 수행하여야 하며, 행정권한을 남용하거나 그 권한의 범위를 넘어서는 아니 된다.

비례의 원칙이란 행정작용에 있어서 행정목적과 행정수단 사이에는 합리적인 비례관계가 있어야 한다는 원칙을 말한다. 그 내용으로는 적합성의 원칙(행정목적을 달성하는 데 유효하고 적절할 것), 필요성의 원칙(행정목적을 달성하는 데 필요한 최소한도에 그칠 것), 협의의 비례 원칙(행정작용으로 인한 국민의 이익 침해가 그 행정작용이 의도하는 공익보다 크지 아니할 것)을 포함한다.

신뢰보호의 원칙이란 행정기관의 어떠한 행동(선행 조치)에 의하여 국민이 신뢰를 가지고 행위를 한 경우 그 국민의 신뢰가 보호가치 있는 것이라면 그 신뢰를 보호하여 주어야 한다는 원칙을 뜻한다. 행정기본법은 신뢰보호의 원칙에 대해, 행정청은 공익 또는 제3자의 이익을 현저히 해칠 우려가 있는 경우를 제외하고는 행정에 대한 국민의 정당하고 합리적인 신뢰를 보호하여야 하며, 권한 행사의 기회가 있음에도 불구하고 장기간 권한을 행사하지 아니하여 국민이 그 권한이 행사되지 아니할 것으로 믿을 만한 정당한 사유가 있는 경우에는 그 권한을 행사해서는 아니 된다고 규정하고 있다.

부당결부금지의 원칙이란 행정청은 행정작용을 할 때 상대방에게 해당 행정작용과 실질적인 관련이 없는 의무를 부과해서는 안 된다는 원칙을 말한다. 예를 들면 주택사업계획을 승인해 주면서 그 주택사업과 아무런 관련 없는 토지를 기부하라는 것은 부당결부금지의 원칙에 반하여 위법이다.

## 2. 행정작용

### 1) 행정작용과 행정법관계

행정부가 행하는 집행작용을 행정작용이라 한다. 이와 같은 행정작용은 집행부의 기본적 행위인 집행행위, 즉 행정행위를 하고, 그 이외에도 법률에 따른 구체적인 집행을 위해 행정입법을 제정하고, 국가발전을 위한 다양한 집행계획에 해당하는 행정계획을 수립하고, 공적인 업무를 위해 다양한 행정계약을 체결하고, 공적인 목적 달성과 사회 안정을 위해 행정지도 등을 내용으로 한다. 이와 같은 각종 작용은 일정한 행정절차에 따라 이뤄지도록 한다.

행정은 공적목적 달성을 위하여 다양한 주체들과 법률적 행위를 하며 이를 통해 법률관계를 형성한다. 예컨대 행정상 법률관계에는 행정주체와 국민 간에 맺어지는 법률관계도 있고 행정주체와 공무원 간의 법률관계, 혹은 행정주체 상호간에 맺어지는 법률관계가 있다. 이와 같이 행정주체가 일방 당사자이며 행정활동을 기초로 하여 맺어지는 법률관계를 행정상 법률관계라 부른다.

행정법관계는 행정상 법률관계 중에서 공법이 적용되는 법률관계를 의미한다. 이러한 행정법관계는 공익목적을 달성하기 위하여 행정주체에게 일정한 우월적인 지위가 부여되고 있고 따라서 법률적합성, 공정력, 확정력, 강제력 등을 특질로 한다. 법률적합성이란 어떠한 행정활동이든 법률에 적합하도록 하여야 한다는 뜻이고, 공정력이란 일단 행정행위가 행하여지면 비록 행정행위에 하자가 있다고 하더라도 그 흠이 중대하고 명백하여 아예 무효로 되는 경우를 제외하고는 권한 있는 기관에 의해 취소되기 전까지는 상대방 및 이해관계인에 대해서 일단 유효한 것으로 통용되는 힘을 의미한다. 확정력이란 행정행위가 일단 행하여진 경우에는 하자 있는 행정행위라도 일정한 경우 그 행정행위의 효력을 확정하는 힘이 부여되는데, 이를 존속력 또는 확정력이라고 한다. 강제력이란 행정의 실효성을 확보하기 위해서 일정한 자력집행력과 제재력을 인정하는 것을 말한다.

### 2) 행정행위

행정법관계를 형성하는 주요한 행위를 행정행위라 한다. 일반적으로 행정행위[9]란 행정청이 법률을 근거로 구체적 사실에 관해서 행하는 권력적, 단독적 공법행위[10]를 말한다. 행정행위는 관계자에 대하여 갖는 법적 효과의 성질에 따라 수익적 행위(영업허가 등), 부담적·침익적 행위(영업정지 등), 복효적(이중효과적) 행위(화장장설치허가 등 수익적 행위와 침익적 행위의 성격이 모두 있는 경우)로 구분된다. 그리고 행정의 자유와 구속이란 관점에서 법규에서 정한 바에 따라 행정청이 반드시 일정한 행위를 하거나 하지 말아야 하는 기속행위와 행정청이 합리적으로 판단하여 상황에 적합하게 대처할 수 있도록 행정청에 결정

9) 대부분의 행정행위, 즉 행정처분은 행정소송의 대상이 되고, 헌법소원의 보충성으로 인해 행정소송을 통한 권리구제절차를 거치지 아니하면 헌법소원을 제기할 수 없다.

10) 행정행위에는 음식점 영업허가, 건물철거명령, 어업면허, 사립대학설립인가, 운전면허, 의사면허, 인간문화재지정, 건축허가, 중개업허가, 가스·석유사업허가, 청원경찰면직처분 등이 있다. 또한 준법률행위적 행정행위에 해당하는 확인(교과서 검정, 신체검사), 공증(등기, 선거인명부, 합격증서), 통지(납세독촉) 등과 같은 준법률행위적 행정행위도 있다.

과 선택의 자유를 부여하는 재량행위로도 구분된다.

행정행위는 학문상의 개념이고 실무상으로는 처분, 행정처분이라는 개념이 사용되고 있다. 즉, 행정행위란 행정청이 공익을 위하는 우월한 지위에서 권력적이고 단독적으로 법률에 따라 구체적인 사실에 관해서 법적 의사표시를 하는 것을 의미한다. 따라서 적법한 행정행위는 내용상 구속력·공정력·존속력(확정력)·강제력 등 여러 종류의 효력을 갖는다. 구속력이란 적법하게 성립하여 효력이 발생한 행정행위의 내용에 따라 상대방·제3자·처분청·관계행정청 등을 구속하는 효력을 말한다. 공정력이란 행정행위가 요건을 결여하여 성립상의 하자가 있어도 그 하자가 중대·명백하여 당연무효로 인정되는 경우를 제외하고는 권한 있는 기관에 의하여 취소되기까지는 상대방과 행정청 및 제3자에 대하여 유효한 것으로 통용되는 효력을 말한다. 존속력은 일정한 쟁송기간이 경과하거나 심급을 다 거친 행정행위의 효력에 대해서 더 이상 다툴 수 없게 되는 불가쟁력과 행정청이 스스로 일정한 행정행위를 변경·철회할 수 없는 불가변력을 내용으로 한다. 강제력은 유효하게 성립한 행정행위에 대하여 의무불이행이 있는 경우에 행정청은 법원의 힘을 빌리지 않고 직접 의무자에게 실력을 행사할 수 있는 힘을 의미한다.

위법하거나 부당한 행정행위는 하자 있는 행위가 된다. 행정행위의 하자가 위법인 경우 그 하자가 중대하고 명백한 위법이면 행정행위는 무효로서 처음부터 아무런 효력을 발생하지 아니하고 단순위법이면 행정행위는 일단 유효하며 취소의 대상이 된다. 행정행위에 부당한 하자가 있는 경우에는 취소의 대상이 된다. 위법한 하자에 대해서는 행정심판 또는 행정소송으로 다툴 수 있으나, 부당한 하자에 대해서는 행정심판으로 다툴 수 있을 뿐 행정소송을 제기할 수 없다.

### 3) 행정입법

행정입법이란 행정주체가 일반적·추상적인 규범을 정립하는 작용을 의미한다. 행정입법은 법규명령과 행정규칙을 포함한다. 법규명령이란 행정주체와 국민 간의 관계를 규율하는 법인 반면에 행정규칙은 행정조직 내부에서 적용되기 위하여 제정된 것이다. 즉, 법규명령은 일반적으로 대외적 구속력(국민들에게도 법으로써의 구속력을 끼치는 것)을 가지고 있어서 법규명령에 반하는 행정권 행사는 위법하게 된다. 그러나 행정규칙[11]은 그 자체로

---

11) 행정규칙은 행정 내부의 의사표시에 불과하다는 점에서 원칙적으로 헌법소원의 대상이 될 수 없다. 다만 행정규칙이 직접 대외적 구속력을 지니는 법규명령의 기능을 하는 경우에는 헌법소원의 대상이 된다(헌법재판소 1992.6.26. 91헌마25).

서는 행정기관만을 구속하여 원칙상 대외적 구속력을 갖지 못한다. 판례는 행정규칙의 대외적 구속력을 원칙상 인정하지 않고 있다.

### 4) 행정계획

행정계획[12]이란 행정주체가 일정한 행정활동을 위한 목표를 설정하고, 서로 관련되는 행정수단의 종합·조정을 통하여 목표로 설정된 장래의 일정한 시점에 있어서의 일정한 질서를 구현하기 위한 구상 또는 활동기준 설정행위를 말한다. 행정계획의 예로는 도시관리계획, 경제개발계획 등을 들 수 있다. 행정계획은 행정목표 달성을 위한 장래의 구상 또는 기준을 설정하는 행위이기 때문에 일반 행정결정에서보다 훨씬 더 넓은 재량권이 부여되고 이를 계획재량이라 한다. 그러나 행정계획을 수립함에 있어서 계획재량이 넓게 인정되고 있다고 하여도 관련된 이익을 정당하게 비교·형량하여야 한다는 형량명령에 의하여 통제를 받게 된다.

### 5) 행정계약

행정계약이란 행정주체가 직접 또는 간접으로 행정목적을 수행하기 위하여 사인 또는 다른 행정주체와 체결하는 계약을 의미한다. 행정계약 중에서 공법상 계약이란 공법적 효과의 발생을 목적으로 하는 복수당사자 사이의 서로 반대방향의 의사표시의 합치에 의하여 성립하는 공법행위를 의미한다. 우리나라의 경우 행정이 계약이 아닌 일방적 행위에 의하여 행해지는 경우가 보통이기 때문에 공법상 계약의 방식이 많이 사용되고 있지는 않다. 행정계약은 당사자 사이의 의사의 합치에 의하여 성립되므로 법률의 근거가 필요하지 않다는 것이 일반적인 견해이다. 그러나 협의에 의한 행정이 타당하지 않으며 공권력에 의하여 일방적으로 규율되어야 하는 분야, 예를 들면 조세행정, 경찰행정 등에서는 법률의 근거가 없는 한 행정계약이 인정될 수 없다.

### 6) 행정지도

행정지도란 행정주체가 일정한 행정목적을 실현하기 위하여 사인 등 행정의 상대방에 대하여 일정한 행위를 하게 하거나 하지 말도록 임의적 협력을 유도하는 비권력적 사실행위를 의미한다. 행정지도는 비권력적인 행위이므로 행정지도에 따르지 않는다고 하여도

12) 헌법재판소는 예외적인 경우에 행정계획에 대한 헌법소원을 인정하고 있다. 대표적인 사례가 '서울대학교의 94년도 대학입학고사 주요요강'이었다.

행정지도가 강제되거나 그것만을 근거로 불이익이 주어지지는 않는다. 따라서 위법한 행정지도가 있었다고 해서 개인의 불법행위가 정당화 되는 것은 아니다. 그러나 행정지도가 단순한 행정지도를 넘어 규제적·구속적인 성격을 갖는 것이라면 헌법소원의 대상이 되는 공권력의 행사라고 볼 수 있게 된다.

### 7) 행정절차

행정절차는 행정을 하는 데 거치는 모든 절차를 의미하는 것이지만 좁은 의미로는 행정의사결정을 위한 1차적 결정절차를 의미한다. 행절절차에 관한 일반법으로 우리나라는 행정절차법을 두고 있다. 행정절차법에는 행정청은 당사자에게 의무를 부과하거나 권리를 제한하는 행정을 하는 경우 당사자에게 사전통지하도록 하고 있고, 일정한 경우 행정을 하기 전에 당사자나 이해관계인의 의견을 청취하도록 하고 있다. 그리고 행정청이 어떠한 처분을 하는 때에는 원칙적으로 그 처분의 근거와 이유를 제시하도록 하고 있다.

## 3. 행정의 실효성 확보수단

### 1) 행정의 실효성 확보수단의 의의

정해진 곳에 주차를 자발적으로 하지 않아 도로가 혼잡해진 경우 행정청은 어떻게 해야 할까? 세금을 내지 않는 사람들에 대해서 행정청은 어떤 조치를 취해야 할까? 불법적으로 영업을 하거나 건축물을 개조하는 경우에 행정청은 어떻게 해야 할까? 당연히 행정청은 도로를 단속하고, 세금을 강제로 징수하고, 영업을 폐쇄하고, 건축물을 불법적으로 개조한 사람들에 대한 일정한 조치를 취해야 할 것이다. 이와 같이 행정목적을 달성하기 위해서는 국민에게 명령·금지 등과 같은 행정처분 등을 통해 일정한 의무가 행정객체에게 부과된다. 이런 의무가 부과될 경우 행정객체가 적극적으로 협력을 하지 않으면 행정목적을 달성하기 어려울 것이다. 이런 이유로 마련해 놓은 제도가 행정상 의무이행확보수단이다. 이 수단에는 일단 의무를 이행하도록 하는 방법, 이행하지 않은 것에 대한 제재를 가하는 방법 등이 있다. 즉, 그 의무를 스스로 이행하지 아니하거나 위반하는 경우에 행정주체가 국민의 신체·재산 등에 직접·간접으로 실력을 행사하여 행정목적을 달성하는 것을 행정의 실효성 확보수단 혹은 행정상 의무이행확보수단이라 한다.

전통적으로 행정의 실효성 확보수단은 직접적인 의무이행확보수단인 행정강제와 간접적인 의무이행확보수단인 행정벌로 구분하고, 행정강제는 의무불이행에 대한 의무이행

확보수단으로서의 강제집행과 의무불이행과는 관계없이 목전의 급박한 장해제거를 목적으로 하는 즉시강제로 구분하는 것이 일반적이었다. 이와 같은 전통적인 수단 이외에도 과징금부과, 공급거부, 명단공표 등과 같은 새로운 제재수단이 등장하였다.

### 2) 행정강제

행정강제라 함은 행정목적을 달성하기 위하여 개인의 신체 또는 재산에 실력을 가함으로써 행정상 필요한 상태를 실현시키는 행정청의 작용을 말한다. 이는 행정상 강제집행과 행정상 즉시강제, 행정조사로 다시 나눌 수 있다. 행정상 강제집행은 대집행, 집행벌, 행정상 강제징수, 직접강제 등으로 구분된다.

대집행이란 타인이 대신하여 행할 수 있는 의무의 불이행이 있는 경우 다른 수단으로써 그 이행을 확보하기 곤란하고 그 불이익을 방치함이 심히 공익을 해할 때, 당해 행정청이 불이행된 의무를 스스로 행하거나 제3자로 하여금 이행하게 하고 그 비용을 의무자로부터 징수하는 것을 말한다.[13]

집행벌이란 의무불이행시 일정 금액의 금전적 불이익을 부과함으로써 의무자의 의무이행을 확보하기 위한 강제수단이다.[14]

행정상 강제징수란 사인이 국가 또는 지방자치단체에 대해 부담하고 있는 공법상 금전급부의무를 불이행한 경우에 행정청이 강제적으로 그 의무가 이행된 것과 같은 상태를 실현하는 작용을 말한다.[15]

직접강제란 행정상 의무의 불이행에 대해 직접 의무자의 신체나 재산에 실력을 행사하여 의무이행을 확보하는 수단을 말한다.[16]

### 3) 행정상 즉시강제

행정상 즉시강제란 목전에 급박한 행정상 장해를 제거하기 위해서는 미리 의무를 명할 시간적 여유가 없는 경우나 그 성질상 의무를 명하여서는 행정목적을 달성이 곤란한 때에 행정기관이 직접 개인의 신체나 재산에 실력을 가해 행정상 필요한 상태를 실현시키

---

13) 무허가건물철거의무, 건물의 이전·보수·청소의무, 불법광고판철거의무 등은 대집행의 대상이 되는 의무들이다.

14) 이행강제금부과처분 등이 집행벌에 해당된다.

15) 재산압류, 압류재산 매각 등을 내용으로 하는 체납처분이 대표적인 행정상 강제징수의 사례이다.

16) 강제적인 예방접종, 무허가영업소 강제폐쇄, 촬영금지 구역에서 촬영한 필름 압수, 외국인 강제퇴거, 시위군중 강제해산 등과 같은 사례가 있다.

는 작용을 말한다.[17)]

### 4) 행정조사

행정조사는 적정하고도 효과적인 행정을 위해 행정기관이 행정에 관한 자료·정보를 수집하기 위하여 행하는 사실행위로서의 조사 작용을 말한다.[18)] 이런 행정조사는 즉시강제와 같은 긴급성을 요하지 않는다.

### 5) 행정벌

행정벌은 행정의 상대방인 국민이 행정법상 의무를 위반하는 경우에 행정권이 그 의무위반자에게 가하는 제재로서의 처벌을 말한다. 행정벌은 과거의무위반에 대해 형벌 또는 과태료를 제재수단으로 한다. 이런 제재는 법원이 부과하는 것이 원칙이다.[19)] 하지만 집행벌은 과거의무불이행에 대해 의무이행을 확보하기 위하여 금전부과를 수단으로 한다. 이런 제재는 행정청이 부과한다.

행정벌은 행정형벌과 행정질서벌로 구분할 수 있다. 행정형벌이란 형법에 규정되어 있는 벌이 가해지는 행정벌을 의미한다. 행정질서벌이란 일반사회의 법익에 직접 영향을 미치지는 않으나 행정상의 질서에 장애를 야기할 우려가 있는 의무위반에 대해 과태료를 가하는 제재를 말한다.

## 4. 행정구제제도

### 1) 행정구제제도의 의의

행정청이 행정작용과 행정목적 달성을 위해 각종 수단을 사용하는 과정에서 국민들에게 피해를 줬다면 어떻게 해야 할까? 당연히 공적인 범위를 벗어난 것이거나 개인으로서 참을 수 없는 손해나 손실이 발생했다면 구제청구를 할 수 있어야 한다. 이를 위해서 마련해 놓은 제도가 행정구제제도이다.

행정구제란 행정권의 행사에 의해 침해된 국민의 권익에 대한 구제해 주는 것을 말한

---

17) 통행제한·금지조치, 강제건강진단 및 강제격리, 교통차단, 청소년에 유해한 물건의 수거와 파괴 등과 같은 사례가 있다. 불심검문은 행정조사로 보는 것이 오늘날 다수견해이다.

18) 신체수색, 장부의 열람, 주거·선박·항공기 등에 대한 출입 및 수색, 여론조사, 통계법상의 국세조사 등과 사례가 있다.

19) 행정벌을 반복해서 부과하는 것은 일사부재리원칙에 반하게 된다.

다. 이에 관한 법이 행정구제법이며 이에 관한 제도가 행정구제제도이다. 행정구제는 행정주체의 행정작용으로 자신의 권리나 이익을 침해당한 자가 행정기관이나 법원에 대하여 원상회복, 손해전보 또는 당해 행정작용의 시정을 요구하는 사후구제절차와 위법·부당한 행정작용을 사전에 예방하기 위하여 행하는 행정작용에 대한 사전구제로 나눌 수 있다.

### 2) 사전구제

사전적 구제제도로는 행정절차, 옴부즈만제도, 청원 등이 있다. 청원은 국민이 국가나 지방자치단체에 대해 불만 또는 희망을 진술하고 시정을 구하는 것을 말한다. 청원을 수리한 기관은 심사·치리의무와 결과의 통지의무를 지닌나. 하지만 청원을 반드시 실현해줘야 할 의무는 행정청에 없다. 옴부즈만제도는 스웨덴에서 채택되어 세계 각국으로 일반화된 제도이지만 우리나라는 옴부즈만제도를 인정하고 있지 않다. 옴부즈만제도는 의회에서 옴부즈만을 임명하여 직권이나 국민의 신청에 의해 공공기관의 활동을 감시·감독함으로써 국민의 자유와 권리를 보호하려는 제도이다. 비록 우리나라의 경우 옴부즈만 제도를 인정하고 있지는 않지만 민원처리제도나 고충민원처리제도와 같이 비슷한 기능을 하는 제도를 두고 있다. 행정절차는 이해관계인을 행정과정에 참여시켜 행정의 투명성과 행정운영의 민주적 통제를 기하며, 행정처분에 관한 의견이나 참고자료제출을 인정함으로써 행정의 적정성·타당성·신중성을 확보한다는 점에서 사전구제절차로서의 의의를 지닌다.

### 3) 사후구제

사후구제절차로는 행정상 손실보상, 공무원의 위법한 직무집행행위로 인한 국가배상책임, 그리고 영조물의 설치·관리상의 하자로 인한 국가배상책임이 있다.

#### (1) 행정상 손실보상

행정상 손실보상이란 국가나 지방자치단체가 공공필요에 의한 적법한 권력행사를 통하여 개인의 재산권에 특별한 희생을 가한 경우에 재산권의 보장과 공적 특별부담 앞의 평등이라는 견지에서 개인에게 조절적인 보상을 해주는 제도를 의미한다. 행정상 손해배상은 개인주의에 입각한 도의적 과실책임주의에 기초하는 것이라면, 행정상 손실보상은 단체주의에 입각한 사회적 공평부담사상과 무과실책임주의에 기초하는 것이다. 행정상 손실보상제도의 헌법적 근거로는 “공공필요에 의한 재산권의 수용·사용 또는 제한 및 그에 대한 보상은 법률로써 하되, 정당한 보상을 지급하여야 한다.”라는 헌법 제23조 제3항의 규정을 근거로 들 수 있고 법률상 근거로는 공익사업을 위한 토지 등의 취득 및 보상에 관한 법률, 하천법 등 개별법에서 공공필요에 의한 재산권침해에 대한 보상이 규정되고 있다. 보상기준은 정당한 보상이며, 보상내용은 재산적 손해에 한정된다. 예를 들어 공공의 이익을 위하여 도로를 건설하기 위해서 A의 토지가 수용되어 A의 토지재산권이 침해된 경우, 국가는 이에 상응하는 정당한 보상을 해주어야 할 의무를 지닌다.

### (2) 행정상 손해배상

공무원의 위법한 직무집행행위로 인한 국가배상책임, 그리고 영조물의 설치·관리상의 하자로 인한 국가배상책임은 행정상 손해배상에 해당한다. 행정상 손해배상은 위법한 국가작용으로 인하여 발생한 손해의 배상을 가리키므로 적법한 국가작용으로 인하여 발생한 손실의 보상제도인 손실보상과는 구별된다. 그러나 오늘날에는 가해행위의 적법 여부 혹은 과실 여부를 묻지 않는 위험책임이 등장하였기 때문에 이러한 구별은 상대화되고 있다. 손해배상의 보상기준은 가해행위와 상당인과관계에 있는 모든 손해이다. 따라서 재산상·정신적 손해가 보상내용이 된다.

국가배상법 제2조는 “국가나 지방자치단체는 공무원 또는 공무를 위탁받은 사인(이하 “공무원”이라 한다)이 직무를 집행하면서 고의 또는 과실로 법령을 위반하여 타인에게 손해를 입히거나, 「자동차손해배상 보장법」에 따라 손해배상의 책임이 있을 때에는 이 법에 따라 그 손해를 배상하여야 한다.”라고 규정하고 있다. 따라서 공무 수행의 일환으로 운전 중이던 공무원의 잘못으로 자동차 사고가 난 경우 개인은 국가를 상대로 국가배상청구소송을 제기할 수 있다.

국가배상법 제5조 제1항은 “도로·하천, 그 밖의 공공의 영조물(營造物)의 설치나 관리에 하자(瑕疵)가 있기 때문에 타인에게 손해를 발생하게 하였을 때에는 국가나 지방자치단체는 그 손해를 배상하여야 한다.”고 규정하고 있다. 예를 들어 지방자치단체가 관리하는 도로 지하에 매설되어 있는 상수도관에 균열이 생겨 그 틈으로 새어 나온 물이 도로 위까지 유출되어 노면이 결빙되었고, 이로 인하여 사고가 발생한 것이라면 도로는 안전성에 결함이 있는 상태로써 설치·관리상의 하자가 있다고 인정되고 따라서 손해를 본 개인은 지방자치단체를 상대로 국가배상청구소송을 할 수 있다.

### 4) 행정쟁송

행정쟁송이란 행정법 관계에 있어서의 분쟁을 당사자의 청구에 의하여 심판하는 절차를 말한다. 즉, 행정법관계에서 위법 또는 부당한 행정작용으로 인하여 권리·이익을 침해당한 자가 일정한 국가기관에 이의를 제기하여 그 행정작용의 위법이나 부당을 시정토록 하는 제도를 말한다. 오늘날 행정쟁송은 행정소송과 행정심판을 총칭하는 개념으로 사용된다. 행정심판과 행정소송은 심판기관에 의해 구별되는 개념인데, 행정심판은 행정기관이 심판하는 행정쟁송절차를 말하고 행정소송은 법원이 심판하는 행정쟁송 절차를 의미한다. 이와 같은 행정쟁송제도를 거친 후에도 구제가 충분하지 않을 경우에는 헌법재판소에 헌법소원심판을 청구할 수 있다. 이런 과정을 거쳐야 하는 이유는 헌법소원심판의 보충적 성격 때문이다. 하지만 행정쟁송제도를 통해 구제가 불가능한 상황인 경우에는 바로 헌법소원심판을 청구할 수도 있다.

#### (1) 행정심판

행정심판이라 함은 행정청의 위법·부당한 처분 또는 부작위에 대한 불복에 대하여 행정기관이 심판하는 것을 말한다. 넓은 의미의 행정심판에는 행정기관이 재결청이 되는 행정쟁송뿐만 아니라 행정절차도 포함된다. 반면에 협의의 행정심판이란 행정기관이 재결청이 되어 행하는 행정쟁송을 말한다. 일반적으로 행정심판이라고 할 때는 좁은 의미의 행정심판을 말한다. 행정심판이 존재하는 이유는 법원으로 가기 전에 행정청에게 먼저 반성의 기회를 주어 행정처분의 하자를 자율적으로 시정할 수 있게 하고, 전문성이 부족한 법원의 부담을 경감하고 분쟁해결에 있어 시간 및 비용을 절약하게 해주며 행정소송보다 간편하고 신속하며 비용도 거의 들지 않기 때문에 국민의 권익구제에 도움이 될 수 있고, 행정소송에서는 가릴 수 없는 처분의 부당(법에 위반된 것은 아니고 단순한 재량위반행위, 합목적적이지 않은 행위를 부당이라고 한다)도 심판의 대상으로 할 수 있기 때문이다.

행정심판의 유형으로는 항고심판(취소심판, 부효등 확인심판, 의무이행심판), 당사자심판(재결신청) 등이 있다. 항고심판은 일반적으로 협의의 행정심판으로 불리기도 한다. 취소심판은 행정청의 위법 또는 부당한 처분의 취소 또는 변경을 구하는 심판을 말한다. 무효등 확인심판은 행정청의 처분의 효력 유무 또는 존재 여부에 대하여 확인을 구하는 심판을 말한다. 의무이행심판은 행정청의 위법 또는 부당한 거부처분이나 부작위가 있는 경우에 일정한 처분을 하도록 하는 심판을 말한다.[20] 당사자심판이란 공권력 행사를 전제로 하지

20) 행정소송은 의무이행소송을 인정하지 않는다.

않고, 행정법관계의 형성 또는 존부에 관해 다툼이 있는 경우, 당사자의 신청에 의하여 처음으로 행정기관이 그 법률관계에 대하여 유권적인 판정을 요구하는 이의신청을 말한다.

### (2) 행정소송

행정소송이란 행정법규의 적용과 관련하여 위법하게 권리·이익이 침해당한 자가 소송을 제기하고 법원이 이에 대하여 심리·판단을 행하는 정식쟁송을 말한다. 행정소송은 항고소송, 당사자소송, 기관소송, 민중소송의 네 가지로 규정되어 있다.

항고소송은 행정청의 위법한 처분 등에 대해 취소나 변경을 구하는 소송으로 취소소송, 무효등확인소송, 부작위위법확인소송 등을 내용으로 한다. 취소소송은 행정청의 위법한 처분 등에 대해 취소 또는 변경을 구하는 소송을 말한다. 예를 들어 국가인권위원회의 성희롱 시정조치권고 등은 행정처분으로 볼 수 있어 취소소송의 대상이 될 수 있다. 무효등확인소송은 행정청의 처분이나 재결의 효력 유무 또는 존재 여부의 확인을 구하는 소송을 말한다. 예를 들어 조례가 만약 직접 국민의 구체적인 권리·의무나 법적 이익에 영향을 미친다면 그 조례는 행정처분에 해당하고, 이런 조례에 대한 무효등확인소송을 제기할 수 있다. 부작위위법확인소송은 행정청의 부작위가 위법한지 여부를 확인하는 소송을 말한다.[21] 당사자소송은 행정청의 처분 등을 원인으로 하는 법률관계에 관한 소송과 그 밖에 공법상 법률관계에 관한 소송으로서 그 법률관계의 한쪽 당사자를 피고로 하는 소송을 말한다.[22] 민중소송은 국가 또는 공공단체의 기관이 법률에 위반되는 행위를 한 경우에 직접 자기의 법률상 이익과 관계없이 그 시정을 구하기 위하여 제기하는 소송이다. 기관소송이란 국가나 공공단체의 기관 상호간에 권한의 존부 또는 그 행사에 관한 다툼이 있을 때에 제기하는 소송을 말한다. 다만 헌법재판소의 관장사항인 권한쟁의심판 사항은 행정소송으로서의 기관소송에서 제외된다. 기관소송의 대표적인 사례는 지방자치법[23] 또는 지방자치교육에 관한 법률상의 기관소송[24] 등이 있다.

행정소송인 취소소송 등을 제기하기 전에 반드시 행정심판을 거치도록 하는 행정심판

---

21) 판례에 따르면 법령의 제정여부나 행정청의 거부처분은 부작위위법확인소송의 대상이 되지 않는다.

22) 국가배상청구나 부당이득반환청구소송은 실질적으로 당사자소송에 해당하지만 판례는 민사소송으로 처리한다. 그리고 공법상 신분·지위 등의 확인청구소송이나 공법상 금전지급청구소송 등은 대표적인 당사자소송의 사례이다.

23) 지방자치단체의 장은 재의요구한 사항이나 지방의회에서 재의결된 사항이 법령에 위반된다고 판단되는 대에는 재의결된 날로부터 20일 이내에 대법원에 소를 제기할 수 있다(지방자치법 제172조).

24) 시·도의회 또는 교육위원회의 의결에 대하여 교육감이 대법원에 제소할 수 있다(지방자치교육에 관한 법률 제28조).

전치주의를 채택했던 구 행정소송법과는 달리, 현행 행정소송법은 행정심판을 원칙적으로 임의적인 절차로 하고 있고, 다만 다른 개별 법률에서 취소소송 등을 제기하기 전에 필요적으로 행정심판을 거치도록 규정한 경우에 한하여 행정심판을 필요적 전치절차로 규정하고 있다(행정소송법 제18조 제1항). 행정심판의 제기가 필수적이지 않은 경우에는 행정소송 제기 후 행정심판을 제기할 수도 있고, 행정심판 제기 후 행정소송을 제기할 수도 있고, 행정심판과 행정소송을 동시에 제기할 수도 있다.

## 기 출 문 제 풀 이

### 1

(93)

〈보기〉의 글이 설명하는 행정법관계의 특징은?

〈보기〉
행정행위는 비록 위법 · 부당한 하자가 있더라도 그것이 명백하여 당연무효가 아닌 이상, 권한 있는 기관에 의해 취소되기까지는 일단 구속력이 있는 것으로 본다.

① 강제력 ② 확정력 ③ 제재력 ④ 공정력

**[출제포인트 & 정답]**
행정법관계의 특수성 **정답** ④

### 2

(93)

행정질서벌에 속하는 것은?

① 구류 ② 과태료 ③ 벌금 ④ 자격 정지

**[출제포인트 & 정답]**
행정벌: 행정형벌, 행정질서벌 **정답** ②

### 3

(08)

(가)와 (나)에 해당하는 행정강제의 방법을 쓰고, 둘의 차이점을 2줄 이내로 쓰시오. [4점]

(가) 무허가 불법건축물을 일정 기한 내에 철거하지 않을 경우에는 행정청이 직접 혹은 제3자를 통해 대신 이행한다는 내용을 문서로 알리는 등의 절차를 밟는다. 그리고 이에 필요한 비용은 국세징수법의 예에 의하여 징수할 수 있다.

(나) 시 · 도지사 또는 시장 · 군수 · 구청장은 당해 공무원으로 하여금 제1군 전염병 환자 등이 있다고 인정되는 거택, 선박 기타 장소에 들어가 필요한 조사, 진찰을 행하게 할 수 있으며 진찰의 결과 제1군 전염병 환자 등으로 인정될 때에는 이를 동행하여 치료 또는 격리시킬 수 있다. 이 경우에 당해 공무원은 그 권한을 증명하는 증표를 관계인에게 제시하여야 한다.

**[출제포인트 & 정답]**

- (가): 대집행, (나): 행정조사
- (가)와 (나)의 차이점: 대집행은 의무이행을 전제로 의무불이행이 있을 때 행하는 것이고, 행정조사는 의무이행을 전제로 하지 않는다.

## 4

(92)

행정구제제도에 대한 설명으로 옳지 않은 것은?

① 적법한 행정행위로 인한 손실을 전보하는 것이 손실보상제도이다.
② 행정청의 부작위에 대하여는 행정심판을 제기할 수 없다.
③ 위법한 행정작용을 시정해 주는 제도가 행정쟁송제도이다.
④ 행정쟁송제도에는 행징심판제도와 행징소송제도가 있다.

**[출제포인트 & 정답]**

사후적 행정구제제도: 행정쟁송제도, 손실보상과 손해배상 **정답** ②

## 5

(94)

행정구제에 관한 기술 중 옳지 못한 것은?

① 행정소송은 2심제이며, 고등법원이 1심 법원이다.
② 행정구제에는 손해전보제도와 행정소송제도가 있다.
③ 행정소송은 부당한 행정처분이 있을 경우 제기할 수 있다.
④ 행정심판에는 취소심판, 확인심판, 의무이행심판의 3종류가 있다.

**[출제포인트 & 정답]**

사후적 행정구제제도: 행정쟁송제도, 손실보상과 손해배상 **정답** ④

## 6

(10)

다음 사례에 대한 법적 판단으로 옳은 것을 〈보기〉에서 고른 것은? [1.5점]

| 갑은 △△하천의 물이 유입되는 인근 호수에서 양식업을 하는 자로서 고급 어종을 양식하고 있었다. 도지사는 공공의 이익과 양식업자의 이익을 보호하기 위하여 △△하천구역을 야영 및 취사가 금지되는 지역으로 지정하였다. 그러나 △△하천의 관리자인 도지사가 하천관리의무를 태만히 하여 △△하천구역에 취사객이 늘어 △△하천이 오염되었고, △△하천의 오염으로 인하여 갑이 양식하는 양식어종이 폐사하고 더 이상 양식업을 할 수 없게 되었다. |
|---|

〈보기〉
ㄱ. 갑은 도를 상대로 국가배상법상의 손해배상청구소송을 제기할 수 있다.
ㄴ. 도의 손해배상책임이 인정되기 위해서는 △△하천관리의 태만으로 인한 수질오염과 어류 폐사 사이에 인과관계가 있어야 한다.
ㄷ. 도지사의 하천관리의무 위반에 고의가 있으면 도의 손해배상책임이 인정되나, 과실이 있는 경우에는 손해배상책임이 인정되지 않는다.
ㄹ. 갑은 환경분쟁조정위원회의 조정을 거쳐야만 취사객들을 상대로 민법상 손해배상을 청구할 수 있다.

① ㄱ, ㄴ　② ㄱ, ㄷ　③ ㄴ, ㄷ　④ ㄴ, ㄹ　⑤ ㄷ, ㄹ

**[출제포인트 & 정답]**

- 국가배상법 제2조(배상책임) ① 국가나 지방자치단체는 공무원 또는 공무를 위탁받은 사인(이하 "공무원"이라 한다)이 직무를 집행하면서 고의 또는 과실로 법령을 위반하여 타인에게 손해를 입히거나, 「자동차손해배상 보장법」에 따라 손해배상의 책임이 있을 때에는 이 법에 따라 그 손해를 배상하여야 한다. 다만, 군인·군무원·경찰공무원 또는 예비군대원이 전투·훈련 등 직무 집행과 관련하여 전사(戰死)·순직(殉職)하거나 공상(公傷)을 입은 경우에 본인이나 그 유족이 다른 법령에 따라 재해보상금·유족연금·상이연금 등의 보상을 지급받을 수 있을 때에는 이 법 및 「민법」에 따른 손해배상을 청구할 수 없다. 〈개정 2009.10.21., 2016.5.29.〉 ② 제1항 본문의 경우에 공무원에게 고의 또는 중대한 과실이 있으면 국가나 지방자치단체는 그 공무원에게 구상(求償)할 수 있다. [전문개정 2008.3.14.]
- 국가배상법 제5조(공공시설 등의 하자로 인한 책임) ① 도로·하천, 그 밖의 공공의 영조물(營造物)의 설치나 관리에 하자(瑕疵)가 있기 때문에 타인에게 손해를 발생하게 하였을 때에는 국가나 지방자치단체는 그 손해를 배상하여야 한다. 이 경우 제2조 제1항 단서, 제3조 및 제3조의2를 준용한다. ② 제1항을 적용할 때 손해의 원인에 대하여 책임을 질 자가 따로 있으면 국가나 지방자치단체는 그 자에게 구상할 수 있다. [전문개정 2008.3.14.]

정답 ①

## 7

(02)

다음 글을 읽고 물음에 답하시오. [총 5점]

가) 공립학교 교사인 김○○는 국정교과서인 ◇◇교과서의 내용이 마음에 들지 않았다. 그래서 자신이 책을 만들어 수업시간에 교재로 사용하였다. 그러나 초·중등교육법 제29조 제1항 "학교에서는 국가가 저작권을 가지고 있거나 교육인적자원부장관이 검정 또는 인정한 교과용 도서를 사용하여야 한다."라는 조항 위반으로 '3월의 정직 처분'을 받았다. 이에 불복하여 행정소송을 제기하였다. 재판 도중 김○○는 위의 초·중등교육법 제29조 제1항이 헌법상 보장되는 교사의 교육의 자유를 침해하는 위헌 조항이라고 재판부에 신청하였고, 재판부는 이를 받아들여 헌법재판소에 위헌심판을 제청하였다.
나) 다수 재판관은 이 법률조항이 합헌이라고 판단하였다. 그러나 1명의 재판관은 소수의견으로 다음과 같이 판시하였다. "초·중·고등학교의 교과서에 관하여 교사의 저작 및 선택권을 완전히 배제하고, 중앙정부가 이를 독점하도록 규정한 초·중등교육법 제29조 제1항은 정부로 하여금 정권의

지배 이데올로기를 독점적으로 교화하여 청소년을 편협하고 보수적으로 의식화시킬 수 있는 기회를 부여하는 것이다. 그러므로 교육의 자유를 규정한 ㉠ 헌법 제31조 제4항을 위반하는 위헌이다."라고 반대의견을 내었다. (헌법재판소 1992.11.12. 89헌마88 사건에서 발췌요약)

7-1. 행정소송의 1심 법원은 어디인지 쓰시오. [2점]

7-2. ㉠에 들어있는 내용 중, 위 글과 관계된 구체적인 내용을 세 가지만 쓰시오.

**[출제포인트 & 정답]**

- 사법권은 법관으로 구성된 법원에 속하고, 대법원은 명령 · 규칙 또는 처분이 헌법이나 법률에 위반되는 여부가 재판의 전제가 되는 경우에는 이를 최종적으로 심사할 권한을 가짐(헌법 제107조 제2항)에 따라서 행정소송도 민사 · 형사소송과 함께 대법원을 최고법원으로 하는 일반법원의 권한에 속함을 명시하고 있음. 다만, 행정사건의 특수성을 고려하여 재판의 전심절차로서 행정심판을 할 수 있다고 규정하고 있음(헌법 제107조 제3항). 헌법과 법원조직법 제3조 제6호 및 각급법원의 설치와 관할 구역에 관한 법률에 근거하여 서울행정법원이 설치되었음.
- 헌법 제31조 ① 모든 국민은 능력에 따라 균등하게 교육을 받을 권리를 가진다. ② 모든 국민은 그 보호하는 자녀에게 적어도 초등교육과 법률이 정하는 교육을 받게 할 의무를 진다. ③ 의무교육은 무상으로 한다. ④ 교육의 자주성 · 전문성 · 정치적 중립성 및 대학의 자율성은 법률이 정하는 바에 의하여 보장된다. ⑤ 국가는 평생교육을 진흥하여야 한다. ⑥ 학교교육 및 평생교육을 포함한 교육제도와 그 운영, 교육재정 및 교원의 지위에 관한 기본적인 사항은 법률로 정한다.
- 교육의 자주성, 전문성, 정치적 중립성, 교육제도 법률주의

# 8

(07)

다음 글의 ㉠, ㉡, ㉢에 들어갈 내용을 쓰시오. [3점]

우리나라의 현행 행정쟁송제도에 따르면, 행정청의 위법한 부작위로 인해 권리나 이익을 침해당한 국민은 '행정심판'을 제기할 수도 있고 '행정소송'을 제기할 수도 있다. 그런데 행정심판에서는 일정한 처분을 하도록 할 수 있지만, 행정소송에서는 그 부작위가 위법하다는 것을 확인할 수 있을 뿐이다. 일반적으로 소송은 권리구제의 최후 수단이자 가장 강력한 수단이지만, 행정청의 부작위에 대한 행정소송은 행정심판에 견주어 권리구제를 충분히 하지 못한다는 면이 있는데, 이는 행정소송 제도가 헌법상 국가 통치기관들 간의 관계를 규제하는 ( ㉠ )의 원칙(원리)의 제약을 받기 때문이다. 이 원칙은 헌법이 추구하는 최고의 궁극적 목적인 ( ㉡ )을(를) 위한 수단으로서 필수적인 제도적 장치라고 여겨지므로, 이 원칙의 제약으로 말미암아 행정소송의 권리구제기능이 어느 정도 제한되는 것도 그 나름대로 정당화될 수 있다. 그러나 행정청의 위법한 부작위에 대한 소송상의 구제가 위법 확인에 그치지만은 않는다. 행정청의 부작위 자체를 소송으로써 문제 삼는다면 그 위법성을 확인받을 수 있을 뿐이지만, 그 부작위로 말미암아 생긴 손해는 따로 ( ㉢ ) 소송을 제기해서 배상받을 수 있다.

**[출제포인트 & 정답]**

- ㉠: 권력분립, ㉡: 기본권 보장
- ㉢: 민사 또는 손해배상청구 복수정답이 가능할 수 있다. 조건이 명확하지 않고 맥락 파악이 어려운 문제라고 할 수 있다. 하지만 만약 손해배상청구를 내용으로 할 경우에는 법논리적 비약이 있다는 점에서 적절하지는 않다. 왜냐하면 손해배상청구소송은 먼저 청구를 하고, 청구가 제대로 받아들여지지 않은 경우에 해야 하는 것이다.

## 9

(09)

다음에서 갑과 을이 제기하려는 행정소송과 행정심판의 종류로 옳은 것은?

> • 국가 공무원인 갑은 비위사실로 면직처분을 받자 면직이 무효라고 주장하면서 여전히 공무원으로서의 권리와 의무를 지니고 있다는 공무원 지위 확인을 구하는 행정소송을 제기하고자 한다.
> • A시에 거주하는 을은 「공공기관의 정보공개에 관한 법률」이 정하는 요건을 갖추어 시장의 예산과 그 집행내역에 대한 정보공개를 청구하였으나 A시는 비공개결정 사실을 을에게 문서로 통지하였다. 을은 비공개결정이 위법 · 부당하다고 보아 행정심판을 제기하고자 한다.

| | 갑 | 을 | | 갑 | 을 |
|---|---|---|---|---|---|
| ① | 취소소송 | 무효등확인심판 | ② | 취소소송 | 부작위위법확인심판 |
| ③ | 당사자소송 | 취소심판 | ④ | 당사자소송 | 부작위위법확인심판 |
| ⑤ | 의무이행소송 | 취소심판 | | | |

**[출제포인트 & 정답]**

항고소송, 항고심판 **정답** ③

## 10

(12)

(가)와 (나) 사례에 대한 법적 판단으로 옳은 것은?

> (가) 갑은 A시에 있는 녹지 지역에 별장을 건축한 계획으로 건축허가 여부에 대해 A시에 서면 문의를 하였더니 A시 건축과장으로부터 건축허가를 해줄 수 있다는 공적인 견해 표명을 받았다. 이에 갑은 별장을 건축하기 위한 건물 설계를 의뢰하는 등 공사 준비를 위한 비용을 지출하였다. 그러나 허가권자인 A시 시장은 해당 토지가 녹지보전지역임을 이유로 갑의 건축허가를 적법하게 거부하였다.
> (나) B시에 위치한 골프장을 소유하고 있던 을은 골프장 증설을 위한 사업계획변경승인을 B시로부터 받고 증설 공사를 진행 중이다. 골프장 건설 현장 근처에 축산업을 하는 병은 사육장 근처에서 진행 중인 골프장 건설 소음으로 인해 피해를 입고 있다.

〈보기〉

ㄱ. (가)에서 A시 건축과장의 답변 과정에서 건축과장의 과실이 있었다면 갑은 손해배상을 청구할 수 있다.

ㄴ. (가)에서 행정행위에 대한 신뢰보호원칙보다 법률 적합성의 원칙이 우선한다면 갑은 취소심판은 청구할 수 있다.

ㄷ. (나)에서 병은 법원에 골프장 공사중지가처분신청을 할 수 있다.

ㄹ. (나)에서 병은 환경분쟁조정위원회에 B시를 당사자로 하여 환경분쟁조정을 신청할 수 있다.

① ㄱ, ㄴ ② ㄱ, ㄷ ③ ㄴ, ㄷ ④ ㄴ, ㄹ ⑤ ㄷ, ㄹ

**[출제포인트 & 정답]**

- 직무상 공무원의 고의과실로 인한 손해에 대해서는 손해배상책임을 질 수 있다.
- 환경분쟁조정의 당사자는 분쟁당사자를 대상으로 한다.
- 행정법의 일반원칙은 법률적합성의 원칙보다 우선할 수 없다.

**정답** ④

## 11

(13)

다음 사례에 대한 법적 판단으로 옳은 것을 〈보기〉에서 고른 것은? [1.5점]

A시 어느 주택가 내에는 어린이들의 놀이터로 사용되어 온 약 10여 평 정도의 공터가 있고 공터의 뒤편에는 암벽이 있다. 그런데 암벽의 일부 중 상층부가 하단부보다 약 1미터 정도 앞으로 튀어나와 있었다. 주민들은 이 암벽이 붕괴의 위험이 있으므로 조치를 해 달라는 민원을 수차례 제기하였으나, A시는 아무런 이유 없이 민원수리를 지체하고 있었다. 그런데 폭우가 쏟아진 다음 날 암벽에 균열이 생기면서 상층부가 붕괴되어 놀이터에서 놀고 있던 갑군이 사망하였다.

〈보기〉

ㄱ. 만일 갑군이 중국인이라면, 중국에서 한국인도 행정상 손해배상을 청구할 수 있어야만 갑군의 부모도 A시에 대하여 손해배상을 청구할 수 있다.

ㄴ. 국가배상법은 임의적 결정전치주의를 취하므로, 배상심의회의 배상신청절차를 거치지 아니하고 바로 법원에 손해배상청구소송을 제기할 수 있다.

ㄷ. 당해 시설을 담당하는 공무원이 특정되어야만 주의의무위반 여부를 판단할 수 있으므로, 사례에서 담당공무원을 특정할 수 없으면 부작위에 의한 손해도 인정할 수 없다.

ㄹ. 형식적 의미의 법령에 명시적으로 공무원의 작위의무가 규정되어 있지 않은 경우에는 위험방지 작위의무를 인정할 수 없다.

① ㄱ, ㄴ ② ㄱ, ㄷ ③ ㄴ, ㄷ ④ ㄴ, ㄹ ⑤ ㄷ, ㄹ

**[출제포인트 & 정답]**

ㅇ 영조물에 대한 책임은 무과실책임
ㅇ 행정법의 법령으로 해결할 수 없는 경우 일반원칙을 적용할 수 있다. **정답** ⑤

## 12

(21(A))

**다음은 법치행정의 원칙에 대한 설명이다. 〈작성 방법〉에 따라 서술하시오. [4점]**

> 법치행정의 원칙이란 국민의 대표 기관인 의회가 제정하는 법률에 따라 행정작용이 이루어져야 하며, 아울러 행정작용에 의해 침해된 국민의 권리를 구제하기 위한 사법심사제도가 보장되어야 한다는 것을 의미한다. 법치행정의 원칙은 법률우위의 원칙 및 ( ㉠ )의 원칙 등을 포함하고 있다. 법률우위의 원칙이란 모든 행정작용은 그를 규율하는 법률에 위배되어서는 안 되는 것을 의미한다. 그 예로 자치사무에 대한 조례제정권의 범위를 규정한 지방자치법 제22조 본문을 들 수 있다. ( ㉠ )의 원칙이란 행정권의 발동에는 법적 근거가 있어야만 한다는 것을 의미한다. 그 예로 주민에게 부담이 되는 조례제정권을 규정한 지방자치법 제22조 단서, 즉 "주민의 권리 제한 또는 의무부과에 관한 사항이나 벌칙을 정할 때에는 법률의 ( ㉡ )이/가 있어야 한다."를 들 수 있다. ㉢ 헌법 제37조에서도 국민의 모든 자유와 권리는 법률로써 제한할 수 있다고 하여 기본권을 제한하는 경우에는 중요 사항으로 인정하여 일반적으로 이 원칙이 적용됨을 규정하고 있다.

〈작성 방법〉
- 괄호 안의 ㉠, ㉡에 해당하는 용어를 순서대로 쓸 것.
- 밑줄 친 ㉢의 헌법상 목적과 한계를 각각 1가지 서술할 것.

**[출제포인트 & 정답]**

㉠: 법률유보, ㉡: 법률의 위임, ㉢: 국가안전보장, 질서유지, 공공복리, 과잉금지의 원칙/본질적 내용 침해 금지

# Ⅳ. 형법과 형사절차

## 1. 형법과 범죄

### 1) 형법과 범죄의 의의

형법이란 범죄와 형벌, 그리고 보안처분의 관계를 규정한 국가법규범의 총체, 즉 어떤 행위가 범죄이고 그 범죄에 대하여 어떤 형벌을 과할 것인가를 규정하는 법규범을 말한다. 이를 범죄행위를 법률요건으로 하고 형벌과 보안처분이라는 법률효과로 하는 법규범의 총체라고도 표현할 수 있다.

형법은 개인, 사회, 국가 등에 관한 법익을 보호하고 사회 안정과 질서를 유지하기 위해 보호적 기능, 보장적 기능을 수행한다. 첫째, 형법의 보호적 기능이란 잠재적 범죄자가 범죄를 저지르지 못하게 하여 국민의 법익을 보호한다. 예를 들면 개인의 생명, 재산 등은 헌법에서 보장되는 고유의 법익이므로 이를 보호하기 위하여 형법에 형벌 혹은 보안처분이라는 보호수단을 규정하는 것이다. 둘째, 보장적 기능이란 형법이 국가의 형벌권의 한계를 명백히 하여 자의적인 형벌로부터 국민의 자유와 권리를 보장하는 기능을 말한다. 일반국민에 대하여는 형법에 규정되어 있는 범죄 외에 어떠한 행위를 하더라도 처벌 받지 아니한다는 것을 보장하는 것이고, 범죄인에 대해서도 형법에 정해진 범위 내에서만 처벌되고 형법에 규정되지 아니한 처벌은 받지 않는다는 점에서 보장적 기능을 가진다.

### 2) 죄형법정주의

형법은 국가 공권력에 의해 개인의 생명과 자유를 제한할 수 있는 형벌을 수반한다는 점에서 법에 의한 통제, 즉 법치주의가 엄격하게 실현될 것을 요청하는 규범이다. 이 요청을 표현한 원칙이 죄형법정주의이다. 죄형법정주의는 “법률 없으면 범죄 없고, 법률 없으면 형벌 없다.”는 뜻으로 어떤 행위를 범죄로 하고 그에 형벌을 부과하려면, 범죄의 구성요건과 함께 이 범죄에 대하여 어떤 종류와 형벌을 과할 것인가를 미리 성문의 법률에 규정되어 있어야 한다는 원칙을 말한다. 이는 국가권력의 자의적인 형벌권행사로부터 시민의 자유와 권리를 보장하기 위한 것으로 근대시민사회의 사상조류인 자유주의, 권력분립, 법치주의를 사상적인 배경으로 한다. 죄형법정주의의 구체적인 내용으로는 법률주의, 소급효금지의 원칙, 명확성의 원칙, 유추해석금지의 원칙, 적정성의 원칙 등이 있다.

법률주의란 범죄와 형벌은 법률에 의하여 규정되어야 한다는 원칙이다. 여기서 법률이란 국회에서 제정한 법률을 의미하는 것으로 명령이나 규칙에 의해서 범죄와 형벌을 규정할 수는 없다. 법률주의에 따르면, 관습형법도 배제된다.

소급효금지의 원칙이란 범죄와 형벌은 행위 시의 법률에 의하여 결정해야 하고, 행위 후에 만들어진 법률로 그 행위를 범죄로 처벌할 수는 없다는 것을 말한다. 소급효금지의 원칙은 법적 안정성과 법률에 대한 예측가능성을 담보하는 법치국가이념에 그 근거가 있다.

명확성의 원칙이란 형법은 그 구성요건과 법적 결과를 명확하게 규정하지 않으면 안 된다는 원칙이다. 형법의 내용이 추상적이고 불명확할 때에는 국가기관의 횡포를 방지할 수 없으며 국민으로서도 어떠한 행위가 형법에서 금지되고 그 행위에 대하여 어떠한 형벌이 과하여지는가를 예측할 수 없게 된다는 이유에 근거한다.

유추적용금지의 원칙도 이와 관련된 것으로 형법을 해석할 때에는 법률에 규정이 없는 사항에 대하여 그것과 유사한 성질을 가지는 사항에 관한 법률을 적용하는 유추적용은 금지된다.

적정성의 원칙이란 자의적인 형벌로부터 국민의 자유와 권리를 보장하는 기능을 수행하기 위해서 형법의 내용이 정당하고 적정한 내용이 될 것을 요구하는 것이다. 즉, 형벌법규의 실질적인 내용이 인간의 존엄과 가치를 근본규범으로 하는 헌법의 체계와 일치하여야 하며, 내용이 적정하여야 한다.

### 3) 형법의 적용

형법의 적용은 어느 시기의 법률을 적용할 것인지, 범죄가 발생한 장소에 따라 어느 나라 형법을 적용할 것인지의 문제이다.

우선 형법의 시간적 적용은 행위시와 재판시 사이에 법률의 변경이 있는 경우, 재판시법과 행위시법 중 어느 법률을 적용할 것인가의 문제이다. 행위시법주의는 소급효금지의 원칙과 죄형법정주의의 원칙을 근거로 구법(행위시법)을 적용하자는 입장이다. 반면에 재판시법주의는 구법보다 신법이 진보적이며, 재판규범이라는 점을 근거로 신법(재판시법)의 소급효를 인정하자는 입장이다. 하지만 형법은 행위를 규율하는 규범이며, 행위자가 행위를 할 때 범죄가 아니었던 것을 비난하기는 어려운 일이다. 이런 측면에서 형법은 제1조 제1항에서 "범죄의 성립과 처벌은 행위 시의 법률에 의한다."라고 규정하여, 행위시법주의를 원칙으로 하고 있다.

다만, 법률의 변경이 생겨 범죄로 되지 않거나 형벌이 가벼워지는 경우에는 새로운 법을 적용할 수 있다. 형법 제1조 제2항은 “범죄 후 법률의 변경에 의하여 그 행위가 범죄를 구성하지 아니하거나 형이 구법보다 경한 때에는 신법에 의한다.”, 형법 제1조 제3항은 “재판 확정 후 법률의 변경에 의하여 그 행위가 범죄를 구성하지 아니하는 때에는 형의 집행을 면제한다.”고 하여 이 경우 재판시법주의의 적용을 규정하고 있다.

형법의 장소적 적용은 한국인이 국내에서 범죄를 행한 경우, 한국인이 외국에서 범죄를 행한 경우, 외국인이 국내에서 범죄를 행한 경우, 외국인 국외에서 범죄를 행한 경우 등에서 어느 나라 형법을 적용할 것인가의 문제이다. 이에 대해 형법 제2조는 대한민국 영역 내에서 죄를 범한 내국인과 외국인 모두에게 우리 형법이 적용된다는 속지주의 원칙을 규정하고 있다. 이런 속지주의의 연장선에서 형법 제4조는 대한민국 영역 외에 있는 대한민국의 선박 또는 항공기 내에서 죄를 범한 외국인에게 형법을 적용하도록 규정하고 있다.

이와 같이 속지주의를 원칙으로 하고 있지만 형법은 속인주의와 보호주의를 보충적으로 인정하고 있다. 형법 제3조는 대한민국 영역 외에서 죄를 범한 내국인에게 우리나라 형법을 적용한다고 규정하고 있다(속인주의). 형법 제5조는 대한민국 영역 외에서 내란의 죄, 외환의 죄, 국기에 관한 죄, 통화에 관한 죄, 유가증권·우표·인지에 관한 죄, 문서에 관한 죄와 인장에 관한 죄 등을 범한 외국인에게 우리나라 형법을 적용할 수 있다고 규정하고 있다(보호주의).

## 2. 범죄의 성립

범죄는 실질적 의미와 형식적 의미로 나눠 살펴볼 수 있다. 실질적 의미의 범죄는 사회에 유해하거나 법익을 침해하는 반사회적 행위를 말하는 것이며, 형식적 의미의 범죄는 형법에 의하여 형벌을 과하는 행위, 즉 구성요건 해당성, 위법성, 책임이라는 요건을 충족한 행위를 말한다. 형법에서의 범죄개념은 형식적 의미의 범죄개념을 의미한다.

범죄가 성립하려면 우선 인간의 행위가 있어야 한다. 따라서 자연재해나 행위라고 평가할 수 없는 인간의 행동은 범죄가 될 수 없다. 그리고 인간의 행위가 범죄가 되려면, 법률에서 정한 행위유형인 구성요건에 해당해야 되고, 위법해야 하며, 행위자에게 책임을 지울 수 있을 정도로 비난 가능해야 한다. 그리고 이 이외에 범죄인을 처벌할 조건이 충족되어야 한다. 이 처벌조건에는 객관적 처벌조건과 인적처벌조각사유 등이 있다.

객관적 처벌조건이란 범죄가 성립된 경우에도 다시 형벌권을 발생시키는 데 필요한 외부적·객관적 사유를 의미하고, 인적처벌조각사유란 이미 성립한 범죄에 관하여 행위당시에 존재하는 행위자의 특별한 신분관계로 인하여 형벌권이 발생하지 않는 경우를 말한다. 예컨대 친족상도례에 있어서 직계혈족, 배우자, 동거친족 등의 신분이 여기에 해당한다. 만약 객관적 처벌조건이 결여되었거나 인적 처벌조각사유가 존재하는 경우에는 불가벌이므로 형면제 판결을 한다.

그리고 범죄자를 기소하여 재판을 받도록 하기 위해 필요한 조건이 있는데, 이를 소추조건이라 한다. 소추조건이란 형사소송을 제기하기 위한 유효조건이기 때문에 흠결 시 공소기각 등으로 형사재판을 종결한다. 이에 해당하는 것으로 친고죄와 반의사불벌죄 등이 있다. 친고죄란 공소제기를 위해서는 피해자나 기타 고소권자의 고소가 있을 것을 요하는 범죄를 말한다. 친고죄를 인정하는 경우는 범죄에 대한 공소제기를 허용하는 것이 오히려 피해자에게 불이익을 초래할 우려가 있는 경우(강간죄 등)와 경미한 범죄인 경우(모욕죄)가 있다. 반의사불벌죄란 피해자의 명시한 의사에 반하여 공소를 제기할 수 없는 범죄를 뜻한다. 피해자의 의사와 관계없이 공소를 제기할 수는 있으나 피해자가 처벌을 희망하지 않는다는 의사를 명백히 한 때에는 처벌할 수 없게 된다. 폭행죄나 명예훼손죄가 여기에 해당한다.

### 1) 구성요건 해당성

구성요건 해당성이란 어떠한 행위가 법률에 규정되어 있는 범죄의 구성요건에 합치하는 것을 의미한다. 형법의 구성요건은 형벌을 과하는 근거가 되는 행위유형을 추상적 · 정형적으로 규정한 것이다. 대부분의 형법 규정에서 "사람의 신체를 상해한 자는", "사람을 살해한 자는", "영리의 목적으로 도박을 개장한 자는" 등과 같이 추상적이고 정형적으로 행위 유형을 정해놓고 있다. 구성요건 해당성이란 구체적인 사건에서 누군가의 행위가 형법에 규정되어 있는 구성요건을 실현하여 그 가벌성의 조건을 충족한 경우를 말한다. 예를 들어 사람을 죽인 A의 행위가 형법 제250조의 "사람을 살해한 자는"이라는 구성요건에 해당하게 되면 구성요건 해당성이 인정된다.

#### (1) 고의

구성요건에 해당하는 행위가 되려면, 고의가 있고 행위와 결과 사이의 인과관계가 있어야 한다. 구성요건에 따라서는 과실이 있어도 처벌하는 경우도 있다. 고의는 범죄실현의 인식과 의욕을 뜻한다. 따라서 죄의 성립요소인 사실을 인식하지 못하였거나 그 실현을 의욕하지 않은 경우에는 그 행위를 처벌할 수 없다. 그런데 실현을 의욕한다고 판단하기에 애매한 경우가 있을 수 있는데, 미필적 고의는 그 예라고 할 수 있다. 판례에 따르면 구성요건의 실현가능성을 인식하고 그 사태를 '용인'하겠다는 정도의 의욕이 있는 경우도 미필적 고의로서 고의에 해당한다고 하고 있다.

#### (2) 인과관계

어떤 행위가 구성요건을 충족하려면 그 행위와 발생한 결과 사이에 인과관계가 존재하여야 한다. 형법은 제17조에서 "어떤 행위라도 죄의 요소되는 위험발생에 연결되지 아니한 때에는 그 결과로 인하여 벌하지 아니한다."라고 규정하고 있다. 판례는 인과관계에 대해 상당인과관계설을 취하는데, 이때 '상당성'은 사람들의 일상적 경험에 비추어 일정한 행위가 있으면 문제되는 결과가 발생한다고 통상적으로 인정될 때를 기준으로 한다.

#### (3) 과실

과실이란 주의의무, 즉 법익이 침해되지 않도록 주의해야 할 의무에 위반하는 것을 말한다. 형법에서는 고의범 처벌이 원칙이나, 예외적으로 법률에 규정이 있는 경우 과실범을 처벌할 수 있다. 형법은 제14조에서 "정상의 주의를 태만함으로 인하여 죄의 성립요소인 사실을 인식하지 못한 행위는 법률에 특별한 규정이 있는 경우에 한하여 처벌한다."고 규정하고 있다.

### 2) 위법성

위법성이란 구성요건에 해당하는 행위가 법질서 전체의 입장에 반하는 것이라는 가치판단을 말한다. 예를 들면 "A가 사람을 죽였다."라는 구체적인 사건에서 A의 행위가 정당방위로 인정된다면 A의 행위는 구성요건에는 해당하지만 위법하지 않은 것으로 평가되어 범죄가 되지 않는다. 일반적으로 구성요건에 해당하는 행위는 일단 위법하다고 추정된다. 그러므로 위법성 단계에서는 주로 위법성조각사유(위법성이 없다고 평가된 사유로 형법에 규정되어 있는 것)의 유무에 대해서 판단하게 된다. 위법성조각사유의 종류로는 정당방위, 긴급피난, 자구행위, 피해자의 승낙, 정당행위 등이 있다.

#### (1) 정당방위

정당방위란 자기 또는 타인의 법익에 대한 현재의 부당한 침해를 방위하기 위한 상당한 이유가 있는 행위를 말한다. 현재의 침해이어야 하므로 과거의 침해나 미래의 침해에 대하여는 정당화되지 않는다. 부당한 침해이어야 하므로 공무원의 공무와 같이 정당한 침해에 대하여는 정당방위를 할 수 없다. 상당한 이유란 방위를 위한 필요한 행위를 의미하지만, 방위의 수단과 정도가 현저히 상당성을 잃은 경우에는 정당방위가 아니라 과잉방위가 된다. 과잉방위는 위법하며, 다만 정황에 의하여 그 형을 감경 또는 면제할 수 있을 뿐이다.

### (2) 긴급피난

긴급피난은 자기 또는 타인의 법익에 대한 현재의 위난을 피하기 위한 행위로서 상당한 이유가 있는 행위를 말한다. 예를 들어, 갑자기 골목길에서 큰 개가 쫓아오는 바람에 남의 집으로 들어간 경우에는 긴급피난이 성립할 가능성이 높다. 정당방위가 부당한 침해를 가하는 사람에게 정당한 침해로서 대항하는 것이지만, 긴급피난은 합법적인 제3자에 대한 침해를 정당화하는 것이기 때문에 다른 피난의 방법이 있는 경우에는 정당화되지 않으며, 최후의 수단으로 취하여진 경우에 한하여 인정된다.

### (3) 자구행위

자구행위란 법정절차에 의하여 청구권을 보전하기가 불가능하거나 또는 현저히 실행곤란을 겪게 되는 것이 예상되는 경우 그 실행곤란을 피하기 위해 스스로 한 행위에 상당성 있는 때에는 예외적으로 위법성을 조각시켜주는 것을 말한다. 예를 들어, 거액의 빚을 갚지 않고 외국으로 도주하려는 채무자를 공항에서 저지하는 행위는 강요죄의 구성요건에 해당하나 자구행위로서 정당화될 가능성이 높다.

### (4) 피해자의 승낙

피해자의 승낙이란 처분할 수 있는 자의 승낙에 의하여 법익을 훼손한 행위는 법률의 특별규정이 없는 한 처벌할 수 없다는 것을 말한다. 피해자의 법익을 침해하고 사후에 승낙을 얻는 것은 인정되지 않으며, 승낙하는 사람이 승낙의 의미를 이해할 수 있는 지적 능력이 있어야 한다.

### (5) 정당행위

정당행위란 법령에 의한 행위, 업무로 인한 행위, 기타 사회상규에 반하지 않아 위법성이 조각되는 행위를 말한다. 법령에 의한 행위의 예로서는 공무원의 직무집행행위를 들 수 있고, 업무로 인한 행위로는 변호사의 변론, 성직자의 종교상의 행위 등을 들 수 있다. 사회상규는 가장 포괄적인 위법성조각사유로서 다른 위법성조각사유에 해당되지 않는 경우 보충적으로 적용하는 규정으로 이해할 수 있다.

### 3) 책임

책임은 행위 및 결과를 행위자에게 귀속시킬 수 있는지에 대한 평가를 말한다. 책임은 행위자가 법에 따라 행위할 수 있었음에도 불구하고 끝까지 범죄를 저지른 것에 대한 비난 가능성에 그 본질이 있다. 따라서 행위자에게 적법하게 행위 할 수 있는 능력이 애초부터 없을 때는 책임도 없다고 하지 않을 수 없다. 일반적으로 구성요건에 해당하고 위법성이 인정되는 행위를 한 사람에게 책임을 묻는 것이 당연하다. 그러나 예외적으로 책임을 묻기 어려운 경우들이 있는데, 책임 단계에서는 이에 대해 평가하게 된다.

#### (1) 책임능력

책임능력이 없는 자를 책임무능력자라고 하는데, 책임무능력자에는 형사미성년자(14세가 되지 아니한 자), 심신장애자 등이 있다. 형사미성년자나 심신장애로 인하여 사물을 변별할 능력이 없거나 의사를 결정할 능력이 없는 사람의 행위는 처벌하지 않는다. 그리고 사물을 변별할 능력이 미약하거나 의사를 결정할 능력이 미약한 사람 행위에 대해서는 형을 감경할 수 있다. 듣거나 말하는 데 모두 장애가 있는 사람의 행위에 대해서는 형을 감경한다. 다만, 위험의 발생을 예견하고 스스로 심신장애를 야기한 사람의 위법한 행위를 원인에 있어서 자유로운 행위라고 하는데, 이런 행위에 대해서는 책임이 조각되거나 감경되지는 않는다.

#### (2) 위법성의 착오

어떤 행위가 법으로 금지되어 있다는 사실을 인식하지 못하는 경우에도 책임이 조각될 수 있는데 이를 위법성의 착오라고 한다. 이런 경우에는 법률을 모르는 경우(법률의 부지), 법률의 효력이 없다고 생각한 경우(효력의 착오), 자신의 행위는 법률이 허용하는 경우라고 생각한 경우(포섭의 착오) 등이 포함된다. 형법 제16조는 "자기의 행위가 법령에 의하여 죄가 되지 아니하는 것으로 오인한 행위는 그 오인에 정당한 이유가 있는 때에 한하여 벌하지 아니한다."고 규정하고 있다.

#### (3) 기대가능성

기대가능성은 행위자가 행위 당시에 범죄행위를 하지 않고 적법행위를 할 것을 기대할 수 있는지 여부에 관한 것으로서, 만약 적법행위를 기대할 수 없는 상황이었다면 책임이 조각될 수 있다. 형법 제12조(강요된 행위)는 "저항할 수 없는 폭력이나 자기 또는 친족의 생명, 신체에 대한 위해를 방어할 방법이 없는 협박에 의하여 강요된 행위는 벌하지 아니한다."고 규정하고 있다.

### 4) 부작위범

범죄구성요건은 일반적으로 일정한 행위를 '금지'하지만, 구성요건에 따라서는 일정한 행위를 '요구'하고 이를 이행하지 않는 경우를 처벌하기도 한다. 예를 들어 퇴거불응죄는 타인의 주거에서 퇴거할 것을 법이 요구하고 있는데, 그 요구를 따르지 않으면 처벌하는 구조를 가지고 있다. 이 경우 금지규범을 어기고 적극적 작위를 함으로써 성립하는 범죄를 작위범, 요구규범을 어기고 소극적 부작위를 하여 성립하는 범죄를 부작위범이라고 한다.

그런데 범죄에 따라서는 작위범의 구성요건을 부작위를 통해서 실현할 수도 있다. 예를 들어 어머니가 갓난아이에게 먹을 것을 주지 않아 아이가 사망한 경우, 그 어머니는 부작위를 했지만 살인죄가 성립할 수 있다. 이 경우 어머니는 갓난아이에게 먹을 것을 주어야 할 '작위의무'가 있고, 법은 이 작위의무를 실현할 것을 요구하고 있는 것이다. 작위의무는 법령에 의한 작위의무, 계약에 의한 작위의무, 선행행위에 의한 작위의무 등으로 구분할 수 있다. 예를 들어 교통사고를 낸 사람은 피해자를 구조할 작위의무가 있는데, 이는 선행행위에 의한 작위의무라고 할 수 있다. 형법 제18조는 "위험의 발생을 방지할 의무가 있거나 자기의 행위로 인하여 위험발생의 원인을 야기한 자가 그 위험발생을 방지하지 아니한 때에는 그 발생된 결과에 의하여 처벌한다."라고 규정하고 있다.

### 5) 미수범

범죄행위가 실현되어 법익을 침해하는 결과를 발생하게 하는 과정은 단계적으로 살펴볼 수 있다. 우선 범죄를 결심하는 단계이다. 이러한 결심은 행위 주체의 심리적 현상이라는 점에서 원칙적으로 형법적 평가의 대상이 아니다. 하지만 범죄 의사가 외부적으로 표현되는 경우에는 법률에 규정한 구성요건에 따라 처벌되는 경우도 있는데, 대표적으로 협박죄가 이에 해당한다. 2단계는 예비·음모단계이다. 범죄를 결심한 이후 이를 실현하기 위해 준비하는 행위가 예비이며, 범죄를 실현하기 위해 2인 이상이 서로 의사를 교환하고 합의하는 것이 음모이다. 따라서 합의를 이루지 않는 한 단순한 범죄의사의 표시와 전달은 음모로 볼 수 없다. 범죄가 실행되지 않은 예비·음모는 법률에 특별한 규정이 있는 경우에 한해서 예외적으로 처벌된다. 범죄의 실행에 착수하여 행위를 종료하지 못하였거나 종료하였더라도 결과가 발생하지 않는 경우가 미수단계이다.

#### (1) 장애미수

장애미수는 행위자가 결과를 실현하고자 했지만 예상하지 못한 장애로 인하여 범죄를 완성하지 못한 경우를 말한다. 원칙적으로 미수는 법률에 특별한 규정이 있을 때 예외적으로 처벌되며, 이때 형은 기수범의 형에 대하여 감경할 수 있다(임의적 감경).

#### (2) 중지미수

중지미수는 행위자가 실행에 착수한 행위를 자의로 중지하거나 결과발생을 방지한 경우를 말한다. 자의에 의한 중지는 일반적으로는 행위수행에 장애가 없는데 중지한 경우를 말한다. 중지미수에 대해서는 형을 감경 또는 면제한다(필요적 감면).

#### (3) 불능미수

불능미수는 죄의 수단이나 대상의 착오로 결과발생이 불가능한 경우를 말하는데, 위험성이 인정되는 경우에는 처벌한다. 그 형은 기수범의 형에 비하여 감경 또는 면제할 수 있다(임의적 감면). 예를 들어, 이미 사망한 사람을 살아 있는 것으로 오인하고 살해하려고 총을 쏜다든가, 설탕물이 사람을 죽일 수 있다고 믿고 이를 통해 사람을 죽이려 한 경우가 이에 해당하는데, 전자는 위험성이 인정되므로 처벌할 수 있고, 후자는 위험성이 없다고 볼 수 있으므로 처벌되지 않을 가능성이 높다.

### 6) 공범

범죄는 단독으로 이뤄지기도 하지만, 여러 명이 범행에 관여하는 경우도 있다. 범죄 실행행위를 한 사람을 정범이라고 하는데, 정범에는 단독으로 범죄를 수행하는 단독정범, 여러 명이 함께 각 역할을 정하여 범죄를 함께 실현하는 공동정범, 직접 하지는 않지만 처벌을 받지 않는 타인을 도구로 이용하여 범죄를 행하는 간접정범 등이 있다. 반면, 범죄를 실행하는 사람은 아니고 타인의 범죄행위를 유도하거나 도움을 주는 형태로 범죄에 관여하는 유형이 있는데, 이 유형이 엄격한 의미에서 공범이라고 할 수 있으며 교사범과 종범(방조범)이 이에 해당한다.

형법은 여러 사람이 범행에 관여하는 유형으로 공동정범, 교사범, 종범에 대해 규정하고 있다. 공동정범은 여러 사람이 범죄를 분업적으로 수행하는 경우로서 범죄에 관여한 각자는 범죄의 일부만을 실행하였어도 범죄 전부에 대해 책임을 진다. 공동정범은 공범형법 제30조는 “2인 이상이 공동하여 죄를 범한 때에는 각자를 그 죄의 정범으로 처벌한다.”고 규정하고 있다.

교사범은 범죄를 범할 의사가 없는 사람에게 범죄 실행의 결의를 가지게 하는 자를 말한다. 교사범은 정범과 동일한 형으로 처벌한다. 그리고 교사를 받은 자가 범죄의 실행을 승낙하고 실행의 착수에 이르지 않은 때에는 교사자와 피교사자를 음모 또는 예비에 준하여 처벌한다.

종범은 방조범이라고도 하는데, 이미 범죄실행을 결심하고 있는 자의 결심을 강화시켜 주거나 범죄행위를 용이하게 하는 자를 말한다. 종범은 정범의 형보다 감경한다.

## 3. 형사제재

형사제재란 범죄에 대하여 부과하는 국가 공권력에 의한 제재로서 형벌과 보안처분이 이에 해당한다.

### 1) 형벌

형벌은 국가가 범죄에 대한 법률상의 효과로서 범죄자에 대하여 과하는 법익의 박탈을 말한다. 형벌은 형의 양정에 의해서 정해진다. 형의 양정이란 형법에 규정된 형벌의 종류와 범위 내에서 법관이 구체적인 행위자에 대하여 선고할 형벌의 종류와 양을 정하는 것을 말한다. 형의 양정은 형법에 규정된 형을 구체적 사실에 적용하여 범위를 정하고 그 범위 안에서 범인과 범행 등에 관련된 모든 정황 등을 고려하여 형의 양을 정해 선고하는 과정을 통해 이뤄진다. 현행 형법에서 형벌의 종류로는 생명형인 사형, 자유형인 징역, 금고, 구류, 재산형인 벌금, 구류, 과료, 몰수, 명예형인 자격상실, 자격정지 등이 있다.

#### (1) 사형

사형은 사람의 생명을 박탈하는 형벌이다. 일반적으로 교수(絞首)의 방법으로 생명을 박탈하게 되며, 예외적으로 군형법에 따른 사형집행은 총살로 시행한다. 사형에 대해서는 많은 찬반 논쟁이 있으며, 우리나라는 10년 이상 사형을 집행하지 않고 있어서 ‘실질적 사형폐지국가’로 분류되고 있다.

### (2) 자유형

자유형은 가장 대표적인 형벌이며, 범죄인의 자유를 박탈하는 형벌이다. 징역은 수형자를 교도소 내에 구치하여 정역(定役)에 복무, 즉 근로하도록 하는 형벌이다. 징역에는 무기형과 유기형이 있는데, 무기형은 종신형이고 유기형은 1월 이상 30년 이하의 기간 동안 구치한다. 여러 개의 범죄를 저지름으로써 형을 가중하는 경우에는 50년이 상한으로 되어 있다.

금고는 수형자를 교도소 내에 구치하여 자유를 박탈하는 형벌로서 징역과 다르게 근로를 하지 않는다. 기간은 징역과 같다. 구류는 수형자를 교도소 내에 구치하지만, 그 기간이 1일 이상 30일 미만의 단기간으로 되어 있는 점이 금고와 다르다. 보통 경범죄처벌법 위반행위에 대한 제재로 활용되고 있다.

### (3) 재산형

재산형으로는 벌금과 과료 두 가지가 있다. 벌금은 5만 원 이상이고, 과료는 2천 원 이상 5만 원 미만의 재산을 박탈한다. 벌금은 판결 확정일로부터 30일 이내에 납부하여야 하며, 납부하지 않는 때에는 노역장에 유치하여 근로하도록 하여 벌금에 갈음하게 하고 있다.

### (4) 명예형

명예형이란 국민으로서 누리는 일정한 자격을 박탈하여, 특정한 권한을 행사하지 못하게 하거나 특정한 지위에 취임하지 못하게 하는 제재를 말하며, 자격상실과 자격정지의 두 종류가 있다. 자격상실은 사형이나 무기형이 선고되는 경우 수반되는 형벌로, 공무원이 되는 자격, 공법상의 선거권과 피선거권 등 여러 지위와 자격이 박탈된다. 자격정지는 일정한 기간 동안 자격상실의 대상이 되는 지위와 자격이 박탈되는 형벌이고, 자격상실과 같이 수반되는 형벌이 아니라, 독자적으로 선고하는 형벌이다.

## 2) 보안처분

보안처분은 행위자의 행위에서 위험성이 발견되어 이에 대한 사회방위를 위해 행해지는 형벌 이외의 형사제재이다. 형벌이 책임을 전제로 하여 부과되는 데 비해, 보안처분은 사회적 위험성을 전제로 하여 부과되며, 형벌이 과거 범죄에 대한 회고적 제재인 데 비해, 보안처분은 장래 사회복귀와 사회적 위험성의 제거를 위한 전망적 성격의 제재라는 점에서 차이가 있다.

현재 시행되는 보안처분으로 「치료감호등에 관한 법률」의 치료감호와 「보호관찰 등에 관한 법률」의 보호관찰, 「소년법」의 소년에 대한 보호처분, 「성매매알선 등 행위의 처벌에 관한 법률」의 보호처분 등이 있다. 치료감호는 심신장애자와 중독자를 치료감호시설에 수용하여 치료하는 처분이고, 보호관찰이란 보호관찰을 조건으로 선고유예, 집행유예, 가석방된 자, 보호처분을 받은 자 등을 시설이 아닌 사회에서 지도·감독하는 처분이다.

### 3) 형벌의 선고와 집행

재판을 통해 범죄가 확정되면, 법원은 형벌의 종류와 양을 정하여 선고하게 된다. 그러나 형벌을 선고하여 집행하는 것이 반드시 형사정책적으로 타당한 것은 아니다. 그래서 형법은 형벌을 선고하는 것을 유예하는 선고유예와 형을 선고하지만 그 집행을 유예하는 집행유예 제도를 두고 있다.

선고유예란 경미한 범죄인에 대하여 일정 기간 형의 선고를 유예하고 유예기간 동안 문제가 없이 기간이 경과된 경우 면소된 것으로 간주하는 제도를 말한다. 집행유예란 일단 유죄를 선고하지만 정상을 참작할 만한 사유가 있을 때 일정 기간 형의 집행을 유예하는 제도이다. 집행유예 기간 동안 집행유예 결정이 취소, 실효되지 않고 유예기간을 경과하면 형의 선고의 효력을 상실하게 된다.

선고유예나 집행유예와 달리 자유형을 집행하는 중에 수형자를 석방하는 제도가 가석방이다. 이에 따르면 자유형을 집행 받는 사람이 상당히 뉘우치고 반성하고 있다고 인정되는 경우 형기가 만료하기 전에 조건부로 수형자를 석방할 수 있으며, 이후 일정한 기간을 경과하면 형의 집행을 종료한 것으로 간주한다.

## 4. 형사절차와 인권

### 1) 형사절차의 의의

국가 형벌권은 국민의 생명, 자유, 재산, 명예를 박탈하는 것이기 때문에, 자의적으로 행사되어서는 안 되고 일정한 절차를 통하여 실현되어야 한다. 이 절차가 형사절차이다. 형사절차는 수사, 기소, 재판 등으로 이루어진다. 먼저 수사를 통해서 사건의 진상을 규명하여 범죄인을 발견하면, 재판에 회부하는 기소가 이루어지고, 재판을 통해 법이 정한 형벌의 종류와 범위 내에서 적정한 형벌을 부과하게 된다. 이런 절차가 갖추어지지 않으면 무고한 사람에게 형벌을 가할 위험성이 있으며, 범죄인에 대하여도 부당한 형벌을 가할 가능성이 높을 것이다.

이런 측면에서 형사절차의 이념으로 '진실발견'과 '인권보장'이 요구된다. 먼저 죄를 지은 사람이 벌을 받아야 한다는 것은 정의의 요청이므로 누가 범죄인인지를 밝히는 진실발견은 형사절차의 당연한 이념이 된다. 그러나 형사절차에서 국가 공권력이 진실발견만을 추구한다면, 무고한 사람의 처벌을 피하기 어려울 것이다. 즉, 무고한 자가 정의라는 이름의 칼에 희생되지 않게 하는 역할도 형사절차가 수행해야 한다. "열 사람의 범죄인을 놓치는 한이 있더라도 무고한 한 사람을 처벌해서는 안 된다."라는 법언은 인권보장을 위한 국가 형벌권 행사의 한계를 잘 나타내고 있다.

### (1) 수사

형사절차의 시작은 수사이다. 수사는 범죄 혐의 유무를 밝히기 위해 피의자를 확보하고 증거를 수집·보전하는 과정을 의미한다. 수사는 검사와 사법경찰관(경무관, 총경, 경정, 경감, 경위)이 시행하며, 사법경찰리(경사, 경장, 순경)는 수사의 보조자가 된다. 이때 검사와 사법경찰관은 수사, 공소제기 및 공소유지에 관하여 서로 협력하여야 한다. 수사는 수사대상자의 동의를 얻어서 진행하는 임의수사가 원칙이지만, 수사과정에서 피의자의 신병과 증거의 확보를 위하여 체포, 구속, 압수, 수색 등의 강제처분을 하는 강제수사도 많이 진행된다. 이 강제수사에서 피의자의 인권침해가 가장 많이 일어나게 되므로, 법은 인권침해를 방지하기 위한 여러 제도를 두고 있다.

### (2) 기소

수사는 검사가 당해 사건을 재판에 회부하는 공소제기(기소)로 종결되는 것이 보통이지만, 그 외 불기소처분(사건이 죄가 되지 않거나, 피의자에게 혐의가 없거나, 공소권이 없는 경우)이나 기소유예 등으로 종결되기도 한다. 피의자가 소재불명 등의 상태에 있는 경우에는 기소중지처분을 하는데 이는 수사의 종결처분은 아니고 수사 중지처분이라고 할 수 있다.

### (3) 재판

공소가 제기되면 법원에서 당해 사건에 대해 재판을 하게 된다. 이때 피의자는 피고인으로 신분이 전환되며, 검사와 더불어 당사자로서 지위를 갖게 된다, 검사는 원고가 되어 피고인을 공격(탄핵)하는 역할을 수행한다. 재판절차에서 피고인이 자백을 하지 않는 경우에는 검사는 증거를 통해서 범죄를 입증하게 되고, 피고인은 이에 대하여 방어권을 행사하여 방어를 하게 된다. 법원은 이러한 공격과 방어를 통해서 유죄 혹은 무죄의 심증을 형성하게 되고, 심증이 형성되면 변론을 종결하고 선고를 내린다. 선고에 대해 불복(이의제기)할 경우에는 상소를 제기할 수 있으며, 상소의 제기 없이 상소기간을 도과하면 재판은 확정된다.

### 2) 인권보장을 위한 기본 원칙

형사절차에서 인권보장은 중요한 이념이다. 이를 보장하기 위해 헌법과 법률에서는 중요한 기본 원칙들을 선언하고 있다.

#### (1) 무죄추정의 원칙

무죄추정의 원칙이란 형사절차에서 피의자 또는 피고인은 유죄의 판결이 확정될 때까지는 무죄로 추정된다는 원칙을 말한다. 헌법 제27조 제4항에서는 "형사피고인은 유죄의 판결이 확정될 때까지는 무죄로 추정된다."라고 규정하고 있다. 무죄추정의 원칙은 수사절차에서부터 재판절차에 이르기까지 형사절차를 구체적으로 지배하는 원칙으로 작용하며 여러 제도를 통해 구체적으로 구현되고 있다.

먼저 피의자나 피고인은 무죄로 추정되기 때문에, 수사와 재판은 이들이 자유로운 상태에서 이루어져야 한다. 그래서 수사에 있어서 임의수사가 원칙이며 강제수사는 예외가 된다. 비록 강제수사를 하는 경우에도 엄격하게 법률에 정한 요건에 기속되어 필요한 최소한에 그쳐야 한다. 그리고 피고인은 무죄로 추정되므로 범죄사실의 증명이 없으면 무죄를 선고해야 한다. 피고인에 대한 유죄의 입증책임은 검사가 진다. 범죄사실의 증명은 '합리적인 의심을 허용하지 않는 정도(beyond reasonable doubt)'로 엄격하게 입증이 되어야 하며, '의심스러운 경우에는 피고인의 이익(in dubio pro reo)'으로 재판하여야 한다.

#### (2) 진술거부권

진술거부권은 묵비권이라고도 하는데, 피의자와 피고인에게 수사기관이나 법원에 대해 진술할 의무를 지우지 않는 것을 내용으로 한다. 헌법은 제12조 제2항에서 "모든 국민은 형사상 자기에게 불리한 진술을 강요당하지 아니한다."고 규정하고 있다.

피고인에 대한 입증은 검사의 역할인데, 피고인에게 진술 의무를 지운다면 검사에게 일방적으로 유리한 결과가 되기 때문에 진술거부권을 인정하여 양 당사자가 재판에서 대등하게 공격하고 방어하도록 한 것이다. 피의자도 수사에 협조할 의무는 없으며, 앞으로 피의자가 되어 소송의 당사자가 될 수 있으므로 피고인에게 인정되는 것과 동일한 진술거부권을 인정받는다.

사법기관은 피의자에게 진술거부권이 있음을 고지해야 하고, 이러한 고지 없이 진술거부권을 침해하여 얻은 진술은 증거능력을 갖지 못하게 된다. 그리고 진술거부권을 행사하였다고 하여 형벌 기타의 제재를 당한다든가 유죄의 추정을 받는다면 진술거부권은 무의미한 권리로 전락하게 될 것이므로 진술거부권 행사로 인한 불이익 추정은 금지된다.

#### (3) 변호인의 조력을 받을 권리

변호인의 조력을 받을 권리는 피의자나 피고인에게 변호인의 조력을 받을 수 있도록 보장하는 것을 내용으로 하며, 수사 및 소추기관과 피의자나 피고인을 대등하게 만들어주는 장치로 기능한다. 헌법 제12조 제4항은 "누구든지 체포 또는 구속을 당한 때에는 즉시 변호인의 조력을 받을 권리를 가진다."고 하여 이를 선언하고 있다.

형사소송법은 수사기관의 피의자신문 과정에서 변호인의 도움을 받을 권리를 실질적으로 보장하기 위하여 변호인의 피의자신문참여권을 명문으로 규정(제243조의2)하고 있으며, 구속적부심 및 구속 전 피의자심문 시 피의자에게 변호인이 없는 때에는 판사는 직권으로 변호인을 선정하여야 한다고 규정하여 공소제기 전 국선변호인 선정 범위를 확대하였다. 그리고 구속된 피고인뿐 아니라 피의자에 대해서도 공판과 수사절차에서 전면적인 국선변호가 인정된다.

그런데 피의자나 피고인이 언제, 어느 단계에서 변호인선임권이 있는지를 알지 못한다면 이 권리는 유효하게 행사될 수 없을 것이므로, 변호인선임권은 체포, 구속 시 피의자에게 고지하도록 하고 있다. 미란다 원칙이라고도 하는 변호인선임권 고지의무는 변호인선임권을 실질적으로 행사하게 하는 중요한 제도가 되며, 피의자에게 고지하지 않고 피의자의 진술을 얻은 때에는 이 진술은 위법수집증거로서 증거능력을 인정받지 못한다.

### 3) 인신구속과 인권

강제수사는 인권을 침해할 가능성이 높기 때문에 예외적으로 진행되어야 한다. 특히 인신구속을 동반하는, 체포나 구속의 경우에는 이를 남용하지 않도록 적절한 인권 보장 수단을 두는 것이 필요하다. 우리 법은 이에 대해 영장주의, 구속 전 피의자 심문제도, 체포, 구속적부심사제도, 접견교통권 등을 두고 있다.

#### (1) 영장주의

영장주의란 인신구속을 하기 위하여는 법관이 발부한 영장에 의하여야 한다는 원칙을 말한다. 검사는 수사의 지휘자이면서 형사재판에서 원고의 역할을 하기 때문에, 이에 대한 견제로서 검사의 신청에 의해 법관이 영장을 발부한 경우에만 인신구속을 할 수 있도록 하고 있다. 피의자를 체포한 경우 48시간 이내에 법관에게 구속영장을 청구하지 않은 경우에는 석방하여야 한다.

### (2) 구속 전 피의자 심문제도

흔히 구속영장실질심사제라고도 불리는 구속 전 피의자 심문제도는 법관이 영장을 발부할 때 필수적으로 피의자 심문절차를 거치도록 하는 제도를 말한다. 이는 구속이 남용되고 있다는 지적에 따라 이를 통제하기 위하여 마련된 제도라고 할 수 있다. 체포를 거치지 않고 구속되는 피의자에 대한 구속 전 피의자심문의 경우, 법관이 피의자를 심문하기 위해 구인장(拘引狀)을 발부한다.

### (3) 체포, 구속적부심사제도

체포, 구속적부심사제도는 일단 체포, 구속된 경우에도 그 체포, 구속이 위법, 부당한 경우 또는 사정변경이 있어 체포, 구속을 할 필요가 없는 경우에는 체포, 구속의 적부심사를 법관에게 청구할 수 있도록 한 제도이다. 법관이 심사하여 구속이 부적법하다든가 부당한 경우에 구속된 피의자를 석방하게 된다.

### (4) 접견교통권

접견교통권은 체포 또는 구속된 피의자가 변호인, 가족, 친지 등 타인과 접견하고 서류 또는 물건을 수수하며 의사의 진료를 받을 수 있는 권리를 말한다. 변호인과의 접견교통권은 제한 없이 보장되며, 접견교통 시 방해나 감시를 받지 않을 권리를 포함한다. 따라서 변호인과의 접견에 있어 교도관이나 경찰관의 입회나 감시는 허용되지 않는다. 다만, 비변호인과의 접견교통권은 증거인멸 방지, 피의자 안전보호를 위하여 법률에 의하거나 법원 또는 수사기관의 결정에 의하여 제한될 수 있다.

## 기 출 문 제 풀 이

### 1

(92)

죄형법정주의에서 파생된 원칙이 아닌 것은?

① 자력구제금지의 원칙 ② 유추해석금지의 원칙
③ 관습법 적용금지의 원칙 ④ 절대적 부정기형금지의 원칙

**[출제포인트 & 정답]**

- 죄형법정주의 파생원칙: 법률주의, 유추해석금지의 원칙, 명확성의 원칙, 소급효금지의 원칙, 적절성의 원칙
- ④의 경우에는 명확성의 원칙을 바꾸는 것이 적절하다. **정답** ①

### 2

(18(B))

다음 글을 읽고, 〈작성 방법〉에 따라 서술하시오. [4점]

- ( ㉠ )은/는 어떤 행위를 범죄로 처벌하려면 범죄와 형벌이 반드시 법률로 정해져 있어야 한다는 것으로 국가의 과도한 형벌권의 행사로부터 시민의 자유와 권리를 보호하려는 근대인권 사상의 요청으로 등장한 원리이다.
- ( ㉠ )의 파생원칙 중 하나인 ( ㉡ )금지의 원칙은 법률에 규정이 없는 사항에 대하여 그것과 유사한 성질을 가지는 사항에 관한 법률을 적용해서는 안 된다는 것을 의미한다.

〈작성 방법〉
- 괄호 안의 ㉠에 공통으로 들어갈 용어를 제시할 것.
- 괄호 안의 ㉡에 들어갈 용어를 쓰고, 괄호 안의 ㉡이 형법에서 원칙적으로 금지되는 이유와 사법에서 허용되는 이유를 각각 1가지 서술할 것.

**[출제포인트 & 정답]**

- ㉠: 죄형법정주의, ㉡: 유추해석
- 인권보장을 위해 형법에서는 유추해석금지, 사법의 경우에는 법률이나 계약의 흠결을 보충 내지는 보완의 필요성

으로 인정함. 사적인 관계를 형성하는 계약에 대한 해석의 필요성, 법률의 흠결을 보완하기 위한 필요성 등 사적인 관계가 복잡하고 다양하기 때문에 이 관계를 형성하고 조정하기 위해서는 계약이나 법률에 대해 유추해석을 통한 적용이 필요가 경우가 현실적으로 많음. 다만 평가의 공정성을 조건을 위해 조건을 제시해서 문제를 더 명확하게 제시해야 할 필요성이 있음.

## 3

(19(B))

다음 글을 읽고 〈작성 방법〉에 따라 서술하시오. [4점]

- "법률이 없으면 범죄도 없고 형벌도 없다."라는 말로 대표되는 ( ㉠ )은/는 이미 제정된 정의로운 법률에 의하지 아니하고는 처벌되지 아니한다는 원칙이다. ( ㉠ )은/는 몇 가지 파생원칙을 그 내용으로 하는데 소급효금지의 원칙 또는 소급입법금지의 원칙이 그 하나이다. 소급효금지의 원칙이란 범죄와 형벌은 행위 당시의 법률에 의하여 결정되어야 한다는 원칙이다. 따라서 형벌법규는 그 시행 이후에 이루어진 행위에 대해서만 적용되고, 시행 이전에 이루어진 행위에 대해서는 적용되어서는 안 된다. 우리 헌법 제13조 제1항과 형법 제1조 제1항은 소급효금지의 원칙을 규정하고 있다.
- 헌법 제13조 ① 모든 국민은 행위시의 법률에 의하여 범죄를 구성하지 아니하는 행위로 소추되지 아니하며, 동일한 범죄에 대하여 거듭 처벌받지 아니한다.
- 형법 제1조(범죄의 성립과 처벌)
  ① 범죄의 성립과 처벌은 행위 시의 법률에 의한다.
  ② 범죄 후 법률의 변경에 의하여 그 행위가 범죄를 구성하지 아니하거나 형이 구법보다 경(輕)한 때에는 신법에 의한다.

〈작성 방법〉
- 괄호 안의 ㉠이 궁극적으로 추구하는 목적을 "…… (으)로부터 …… 을/를 보장한다."라는 문장구조로 서술할 것.
- 괄호 안의 ㉠이 궁극적으로 추구하는 목적에 비추어 보았을 때 형법 제1조 제2항이 신법의 소급효를 인정하는 구체적인 이유를 서술할 것.

**[출제포인트 & 정답]**

- 죄형법정주의의 궁극적 목적은 국가의 자의적인 형벌권 행사로부터 개인의 자유를 보장하기 위함이다.
- 형법의 효력을 소급하여도 개인의 자유와 권리를 침해할 염려가 없기 때문이다.

## 4

(93)

다음 행위 중 위법성이 조각되지 않는 경우는?

① 집안에 침입한 강도를 잡아 놓고 구타하였다.
② 흉기를 들고 달려드는 정신병자를 폭행하였다.
③ 의사가 환자의 썩어가는 다리를 절단하였다.
④ 불량배에게 쫓기어 주인의 허락 없이 남의 집에 뛰어들었다.

**[출제포인트 & 정답]**

- 과잉방위는 책임이 조각될 수 있음
- ③의 경우에는 최근 구성요건해당성이 없는 것으로 보는 것이 통설적 견해임

**정답** ①

## 5

(94)

어른이 어린이를 시켜서 타인의 물건을 도둑질하였을 경우, 그에 해당하는 것은?

① 간접정범 ② 종범 ③ 교사범 ④ 공동정범

**[출제포인트 & 정답]**

제34조(간접정범, 특수한 교사, 방조에 대한 형의 가중) ① 어느 행위로 인하여 처벌되지 아니하는 자 또는 과실범으로 처벌되는 자를 교사 또는 방조하여 범죄행위의 결과를 발생하게 한 자는 교사 또는 방조의 예에 의하여 처벌한다. ② 자기의 지휘, 감독을 받는 자를 교사 또는 방조하여 전항의 결과를 발생하게 한 자는 교사인 때에는 정범에 정한 형의 장기 또는 다액에 그 2분의 1까지 가중하고 방조인 때에는 정범의 형으로 처벌한다.

**정답** ①

## 6

(95)

긴급피난은 자기 또는 타인의 법익에 대한 현재의 위난을 피하기 위하여 상당한 이유가 있는 행위를 말한다. 긴급피난은 범죄로 성립하지 않는다. 그 이유는?

① 위법성이 없으므로
② 책임성이 없으므로
③ 구성요건에 해당하지 않으므로
④ 사회적으로 비난할 수 없으므로

**[출제포인트 & 정답]**

위법성조각사유란 구성요건에 해당하지만 실질적으로 위법이 아니라고 인정할 만한 특별한 사유를 말한다. 즉, 형식상 범죄 또는 불법 행위의 조건을 갖추었지만 실질적으로는 범죄 또는 위법으로 인정하지 않는 사유이다.

**정답** ①

## 7
(96)

**형법상 책임성조각(阻却)사유에 해당되지 않는 것은?**

① 강요된 행위 ② 심신장애자 ③ 형사미성년자 ④ 원인에 있어 자유로운 행위

**[출제포인트 & 정답]**

범죄의 성립요건의 하나인 책임의 성립을 조각하는 사유로, 면책사유라고도 한다. 예컨대 책임고의 및 과실이 없는 경우, 책임무능력, 위법성인식의 결여, 기대가능성 없는 경우이다. **정답** ④

## 8
(05)

**다음 글에서 ㉠에 들어갈 법률 용어와 그 의미를 쓰시오.**

| 형법과 성폭력범죄의 처벌 및 피해자보호 등에 관한 법률에 의해 규율되는 성폭력범죄 중 몇몇 범죄는 ( ㉠ )(으)로 되어 있다. 이에 대해 개인의 사생활과 명예보호를 위해 필요하다는 견해가 있는가 하면, 그로 인해 성폭력범죄가 은폐되므로 삭제하거나, 피해자가 처벌을 원하지 않으면 처벌할 수 없는 반의사불벌죄로 두는 것이 바람직하다는 견해도 있다. |
|---|

**[출제포인트 & 정답]**

㉠ 친고죄: 피해자 기타 고소권자의 고소가 있어야 공소제기를 할 수 있는 범죄

## 9
(08)

**(가)의 희준과 (나)의 정일의 행위는 각각 어떤 범죄에 해당하는지 적고, 피해자가 처벌을 원치 않는다는 의사를 분명하게 밝힐 경우가 희준과 정일의 행위는 각각 공소제기 대상이 되는지 여부와 그 이유를 쓰시오.**

(가) 콧수염을 기르는 영호는 이발관에 갔다. 영호는 이발사 희준에게 "보기 좋게 이발해 주세요." 라고 말하고는 이내 잠이 들었다. 콧수염까지 면도해 달라는 것으로 생각한 희준은 영호의 콧수염까지 깨끗이 깎았다. 잠에서 깨어난 영호는 깜짝 놀랐다.

(나) 정일은 병수 때문에 일이 잘못되었다고 생각하고는 병수를 식당으로 불러내었다. 정일은 밤 10시경부터 그 다음 날 새벽 2시 반경까지 병수를 계속하여 겁주다가 손바닥으로 병수의 얼굴과 목덜미를 여러 차례 때렸다. 이에 병수는 극도의 공포감을 이기지 못하고 기절하였다가 정일이 불러온 119 구급차 안에서야 겨우 정신을 차리고 인근 병원에 이송되었다.

• 범죄의 종류: 희준____________________, 정일____________________

• 공소제기 대상 여부와 이유: 희준____________________

정일____________________

**[출제포인트 & 정답]**

- ㅇ 학설이나 판례에 따라 정답이 달라질 수 있음. (가)와 (나) 모두 상해로 보는 입장에서 정답을 제시함
- ㅇ 범죄의 종류 - 희준: 업무상과실치상
  정일: 상해죄
- ㅇ 공소제기 대상 여부와 이유 - 희준: 공소제기 가능
  정일: 공소제기 가능

## 10

(96)

형사소송절차에 관련된 설명으로 옳은 것은?

① 검사에 의하여 재판에 회부되어 기소된 사람을 '피의자'라고 한다.

② 기소된 사람이 석방되기를 원하면 '구속적부심'을 청구해야 한다.

③ 죄는 인정하지만 피의자의 연령, 성행, 환경, 범죄 동기 등을 참작하여 검사가 기소하지 않는 것을 '기소유예'라고 한다.

④ 입건이 되어 각 수사 기관에 비치되어 있는 사건부에 이름이 오르게 되면 그 사람은 형사 소송법상 '피고인'이 된다.

**[출제포인트 & 정답]**

형사피의자와 피고인의 구별, 구속적부심 청구시기와 청구권자, 불기소처분으로서 기소유예 **정답** ③

## 11

(03)

다음은 형사소송절차를 요약한 것이다. 물음에 답하시오.

| ① 범죄의 발생 → ② 피의자에 대한 수사, 영장 발부 → ③ 구속적부심 청구 → ④ 검사의 피의자 기소 → ⑤ 변호인 선임 → ⑥ 법정 심리 → ⑦ 보석 신청 → ⑧ 증거 조사 → ⑨ 변론 종결 후 검사 구형 → ⑩ 재판부의 판결 → ⑪ 1심에 불복 시 고등법원에 항소 → ⑫ 2심에 불복 시 대법원에 상고 |
|---|

11-1. ②의 단계에서 범죄 수사로 인한 인권 침해를 방지하기 위하여 헌법이 규정하고 있는 피의자의 권리를 세 가지만 쓰시오.

11-2. ⑥부터 ⑩까지의 단계에서 소송 당사자의 인권을 보장하기 위해 지켜져야 하는 재판의 원칙을 두 가지만 쓰시오.

**[출제포인트 & 정답]**

- 구속영장실질심사, 변호인의 조력을 받을 권리, 진술거부권
- 증거재판주의, 공개재판주의

## 12

(09)

다음 사례에 대한 설명으로 옳은 것은?

> 2008년 8월 9일 갑(19세 10월)은 친구인 을(20세 2월)과 병(20세 6월)에게 원한관계에 있는 A를 살해해 달라고 부탁하였다. 이에 을과 병은 A를 살해하기로 하였으나 범행장소에 함께 있던 을은 A가 살려 달라고 애원하자 자신의 행동을 뉘우치며 그 자리를 떠났다. 한편 A를 살해한 후 도주한 혐의를 받고 있는 병은 살인의 범죄 사실로 기소되어 국민참여재판에 회부되었고, 배심원은 병에 대하여 유죄로 평결하였다. 그리고 친구 집에서 숨어 지내던 갑은 11월 9일 경찰에 의해 체포되었다.

① 교사범인 갑의 형은 정범인 병의 형보다 감경한다.
② 을은 살인죄의 중지미수범에 해당한다.
③ 검사는 갑을 지방법원 소년부에 송치할 수도 있고 공소제기를 할 수도 있다.
④ 법원은 병에 대하여 가석방이 허가되지 않는 무기징역을 선고할 수 있다.
⑤ 병에 대하여 배심원이 유죄로 평결했더라도 법원은 증거불충분을 이유로 무죄를 선고할 수 있다.

**[출제포인트 & 정답]**

- 제31조(교사범) ① 타인을 교사하여 죄를 범하게 한 자는 죄를 실행한 자와 동일한 형으로 처벌한다. ② 교사를 받은 자가 범죄의 실행을 승낙하고 실행의 착수에 이르지 아니한 때에는 교사자와 피교사자를 음모 또는 예비에 준하여 처벌한다. ③ 교사를 받은 자가 범죄의 실행을 승낙하지 아니한 때에도 교사자에 대하여는 전항과 같다.
- 공동정범의 중지미수 성립요건: 범행중단, 결과방지
- 국민참여재판에서 배심원 평결의 권고적 효력을 가짐

**정답** ⑤

## 13

(11)

다음은 '범죄의 성립요건 3요소'를 설명한 것이다. 각 요소에 부합하는 사례 중 알맞은 것은 〈보기〉에서 고른 것은?

| 범죄란 '범죄의 구성요건에 해당하는 위법하고 유책한 행위'를 말한다. 즉, 범죄가 성립하기 위해서는 구성요건해당성과 위법성 그리고 책임성이 있어야한다. (가) 구성요건해당성은 구체적인 사실이 법규상 특정한 범죄 형태로서 기술되어 있는 요소에 일치하는 것이고, (나) 위법성을 법의 당위요구에 반하는 행위에 부정적 가치판단이며, (다) 책임성은 당해 행위를 한 행위자에 대해 비난 가능성을 의미한다. |
|---|

〈보기〉

ㄱ. 갑은 을로부터 어린 딸의 생명에 대한 위해(危害)를 피할 수 없는 협박을 받아 회사의 기밀 문서를 절취한 경우, (다)를 조각하는 '강요된 행위'로서 무죄이다.

ㄴ. 갑이 을 소유의 자동차를 절취하여 을의 친구인 병을 그 차에 감금시키자 병이 그 차의 창문을 부수고 탈출한 경우, 병의 자동차 창문 손괴행위는 (나)를 조각하는 '정당방위'로서 무적이다.

ㄷ. 갑은 을을 살해할 의사로 음료수에 치사량의 독약을 혼입하면서 만일 을이 아닌 가족이 마시게 되더라도 할 수 없다고 생각하고 있었던 바, 을의 장남이 마시고 사망한 경우, (가)에 해당하는 '미필적 고의'에 의한 살인적이다.

ㄹ. 갑 교사는 체벌이 교육상 필요가 있었고 다른 교육적 수단으로는 교정이 도저히 불가능하여 불가피하게 체벌을 하였다. 그 체벌이 방법과 정도가 사회 관념상 비난받지 아니할 객관적 타당성을 확보하였다면, (나)를 조각하는 '피해자의 승낙'으로 무죄이다.

① ㄱ, ㄴ ② ㄱ, ㄷ ③ ㄴ, ㄷ ④ ㄴ, ㄹ ⑤ ㄷ, ㄹ

**[출제포인트 & 정답]**

책임조각사유, 위법성조각사유의 유형 **정답** ②

## 14

(11(2차))

다음은 범죄 관련 사례를 조사해 오라는 숙제에 관한 철수와 영희의 대화 내용이다. (가), (나), (다)의 대화에서 밑줄 친 부분의 논거를 범죄성립단계와 관련하여 각각 구체적으로 제시하시오. 그리고 (라)의 철수 대답에서 '정당방위'를 개념학습 모형 중 원형(prototype) 모형으로 가르칠 때, 그 과정을 단계별로 서술하시오. (단, (라)에 제시된 내용의 사례를 인용해서는 안 됨)

(가) 철수: 우리 아버지는 회사원인데, 어제 퇴근 무렵 00은행 앞을 지나가다가 다른 사람의 지갑을 몰래 훔쳐 달아나려는 A를 발견하고 현장에서부터 A를 추격하여 결국 붙잡았어. 그런

데 이 과정에서 도망하려는 A를 폭행하고 경찰관에게 인도하기까지 강제로 A를 붙들고 계셨대. 우리 아버지가 혹시 처벌받으면 어쩌지? (대법원 1999.1.26. 선고 98도3029 판결)
영희: 걱정 마. 너희 아버지는 폭행죄나 체포 · 감금죄가 성립되지 않아.

(나) 영희: 우리 할아버지는 지금 돌아가셨지만, 1960년대에 어선 △△호의 기관장으로 동해에서 명태잡이를 하다가, 선원들과 같이 북한 함정에 의해 납북되셨었대. 그때 원산제철공장 등을 관람하면서 북한을 찬양하는 감상문을 제출하게 되었다고 들었어. 하지만 할아버지는 순전히 공작지도원의 지시에 따라 쓴 것이고, 쓰지 않으면 생명에 위협을 받고 가족에게로 귀환을 시켜주지 않을 것이라고 생각되어 시키는 대로 하신거래.(대법원 1967.10.4. 선고 67도1115 판결)
철수: 분명히 너희 할아버지도 국가보안법 위반죄로 처벌받지 않으셨을거야.

(다) 철수: 우리 형은 만화작가 지망생이야. 우리 형에게 만화그리기를 가르치는 선생님께서는 □□일간지에 '△△만화'라는 제목으로 매일 만화를 게재하고 있었는데, 그 만화 제작이 아동복지법 제18조 제11호에 의해서 금지되어 '아동의 덕성을 심히 해할 우려가 있는 도서, 간행물, 광고물, 기타의 내용물을 제작하는 행위'에 해당되어 형사고발을 당하게 되었대. 하지만 난 그 이야기를 들었을 때 '아동의 덕성을 심하게 해할 우려'가 있는 내용이 어떤 내용의 만화를 의미하는 것인지 잘 알 수가 없었어.(헌법재판소 2002.2.28. 99헌가8)
영희: 너희 형의 선생님은 공소제기되지 않을 거야. 아동복지법 제18조 제11호는 이미 2002년도에 위헌판결을 받았거든.

(라) 영희: 나는 지난 주 일요일에 집에서 '단지 그대가 여자라는 이유만으로'라는 영화를 보았어. 영화 내용 중, 심야에 혼자 귀가 중인 여자 B에게 C와 D가 함께 뒤에서 달려들어 어두운 골목길로 끌고 들어가서 반항하는 B의 옆구리를 무릎으로 차고 억지로 키스를 하려고 했어. 그러자 B가 자신을 지키려는 일념에서 엉겁결에 C의 혀를 깨물어 설절단상을 입히는 장면이 나왔어. 하필이면 그때 엄마의 심부름으로 그 다음 장면을 보지 못했지만, B가 처벌받았을까봐 자꾸만 생각이 나.(대법원 1989.8.8. 선고 89도358 판결)
철수: 그건 걱정하지 않아도 돼. B는 중상해죄의 구성요선에는 해당하지만 정당방위가 성립한대. 그래서 범죄가 성립되지 않아.

**[출제포인트 & 정답]**

범죄가 성립하기 위해서는 구성요건에 해당해야 하고, 위법성이 성립해야하며, 책임이 행위자에게 있어야 한다.
(가)에서 영희가 철수의 아버지가 폭행죄나 체포 · 감금죄가 성립하지 않는다고 한 것은 위법성이 성립하지 않기 때문이다. 일반인의 현행범 체포와 관련해서 현행법에서는 정당행위로 처벌하지 않는다고 규정하고 있다. 철수의 아버지는 현행범을 발견하고 추적하여 붙들고 있었다. 철수의 아버지는 사법경찰관의 권한이 없기 때문에 폭행죄나 체포 · 감금죄의 구성요건에 해당한다. 하지만 현행범을 붙잡아 경찰관에게 인도한 행위를 처벌한다면 타당하지 않다. 따라서 현행법에 따라 철수의 아버지는 정당행위로서 위법성이 조각되어 폭행죄나 체포 · 감금죄가 성립하지 않는다.
(나)에서 영희의 할아버지는 합법적인 행위를 할 기대가능성이 없어 책임이 조각되어 범죄가 성립하지 않는다. 영희의 할아버지는 북한에 피납되어 생명의 위협을 받고 어쩔 수 없이 북한을 찬양하게 되었다. 이 같이 북한을 찬양한 행위는 구성요건에 해당하고 위법성이 존재하지만, 일반적으로 사람들에게 기대할 수 없는 상황이라 할 것이다. 따라서 영희의 할아버지는 책임이 조각되어 국가보안법 위반죄가 성립하지 않는다.
(다)에서 철수 형에게 적용될 아동복지법 제18조 제11호의 경우에는 죄형법정주의에 반하는 법률이다. 아동복지법 제18조 제11호에서 제시하고 있는 구성요건은 그 내용이 불명확하여 다의적으로 해석될 여지가 있다. 이와 같은 내용이 불명확한 법률의 경우에는 죄형법정주의 원칙에 반하는 것이다. 또한 이 같은 이유로 위헌판결을 받은 법률조항이다. 따라서 아동복지법 제18조 제11호를 철수의 형에게 적용할 수 없으므로 철수의 형에게는 범죄가 성립하지 않는다.
(라)의 철수 대답에서 '정당방위'를 원형모형에 따라 가르칠 때 다음과 같은 과정을 거치게 될 것이다.
1단계는 정당방위와 관련된 다양한 사례들을 제시하고, 정당방위 개념에 속하는지 여부를 질문한다.
2단계에서는 다음과 같은 정당방위의 원형을 제시한다.
'주차위반으로 인해 이웃집 주민과 다툼을 벌이던 아버지가 이웃집 주민의 차에 의해서 치일 위험에 직면한 것을 보고 이웃집 주민의 머리를 당겨서 다치게 한 경우'
3단계에서는 태풍을 피해 어장을 훼손한 선박의 선장 행위와 같은 긴급피난 등의 사례와 같은 비예를 제시한다.
4단계에서는 정당방위의 속성으로 현재, 불법 부당한 침해, 침해에 대응하는 행위 등과 같은 정당방위의 속성을 제시한다.
5단계에서는 현재 불법 부당한 침해에 대응한 행위라는 정당방위의 개념을 제시하고, 그 개념을 분석해 본다.
6단계에서는 정당방위와 관련된 것을 살펴보고, 새로운 사례를 확인해 본다.
7단계에서는 새로운 사례 등을 제시하면서 개념에 대한 이해 여부를 평가해 본다.

# 15

(12)

## 밑줄 친 ㉠~㉤을 갑이 집으로 돌아올 수 있는 빠른 순서에 따라 옳게 배열한 것은?

> 갑은 호프집에서 술에 취한 손님 을이 동료 병에게 포크로 위협하면서 시비를 걸자 을을 힘껏 밀쳐 넘어뜨렸는데, 넘어진 을은 중상을 입고 병원에 입원하였다. 갑은 호프집 주인의 신고로 출동한 경찰에 의해 현행범으로 체포되어 다음날 구속영장이 청구되었다. 갑의 부인은 남편이 집으로 돌아올 수 있는 형사절차상 방법들을 알아보니 ㉠ 보석제도, ㉡ 가석방제도, ㉢ 구속적부심제도, ㉣ 영장실질심사제도, ㉤ 무죄판결 등이 있다는 것을 알게 되었다.

① ㉠-㉢-㉣-㉤-㉡　② ㉢-㉣-㉠-㉡-㉤　③ ㉢-㉣-㉡-㉤-㉠
④ ㉣-㉠-㉢-㉡-㉤　⑤ ㉣-㉢-㉠-㉤-㉡

**[출제포인트 & 정답]**

형사피의자, 형사피고인 석방제도

**정답** ⑤

## 16

(13)

다음 (가)~(다)에 대한 설명으로 옳은 것을 〈보기〉에서 고른 것은?

(가) 형식적인 의미에서 범죄란, 형벌법규에 의하여 형벌이 가해지는 행위라고 말할 수 있다.
(나) 즉, 구성요건에 해당하며, 위법하고 책임 있는 행위를 말한다.
(다) 실질적 의미에서 범죄는 형벌법규를 떠나서 일정한 가치판단에 의할 때, 형벌에 의한 대응이 필요하다고 여겨지는 사회적인 유해행위를 말한다.

〈보기〉

ㄱ. (가)의 형식적인 의미에서 범죄는 죄형법정주의를 전제로 하며, 법률주의, 명확성의 원칙, 유추해석금지원칙, 소급효금지원칙 등을 내용으로 한다. 이 원칙들은 모든 수범자에게 공통적으로 적용되어야 하므로, 법규를 행위자에게 유리하게 해석하거나 형을 감경하는 해석은 금지된다.
ㄴ. (나)의 경우에, 구성요건에 해당하며 위법하지만 책임이 없는 행위에 대하여 고의범은 성립할 수 없으나 과실범은 성립할 수 있다.
ㄷ. (나)의 경우에, 구성요건에는 해당하지만 위법하지 아니한 행위는 형법 규정에 모두 포함되어 있으므로 초법규적 위법성조각사유는 우리 형법상 인정되지 않는다.
ㄹ. (다)의 실질적 의미의 범죄 개념상, 비록 도덕률에 반하더라도 본질적으로 개인의 사생활에 속하고 사회유해성이 없거나 법익에 대한 명백한 침해가 없는 경우에는 국가권력이 개입해서는 안 된다는 사생활에 대한 비범죄화 경향이 현대 형법의 추세이다.

① ㄱ, ㄴ　② ㄱ, ㄷ　③ ㄴ, ㄷ　④ ㄴ, ㄹ　⑤ ㄷ, ㄹ

**[출제포인트 & 정답]**

- 형식적 의미의 범죄는 성문법인 형벌 규정화된 범죄에 한해서만 형벌을 과하는 것을 의미한다. 이른바, 죄형법정주의를 전제로 하는 범죄개념이다.
- 다음 형법 제20조는 초법규적 위법성조각사유를 포함하고 있다. 제20조(정당행위) 법령에 의한 행위 또는 업무로 인한 행위 기타 사회상규에 위배되지 아니하는 행위는 벌하지 아니한다.

**정답** ⑤

## 17

(14(A))

다음 자료의 〈사례〉에 근거하여, 〈사례〉에 대한 법적 분석〉의 (　　)안에 들어갈 법적 용어를 쓰시오. [2점]

〈사례〉

- 갑은 회사에서 현금출납을 담당하고 있었다. 갑의 5살 아들을 납치한 을은, 갑이 관리하고 있는 회사의 현금 50억 원을 빼돌려 자신에게 달라고 하고 이를 따르지 않을 경우 갑의 아들을 해치겠다고 협박하였다. 갑은 고민 끝에 회사의 현금 50억 원을 횡령하여 건네주었다.

• 을은 외국에서 귀국하려는 갑에게 마약을 밀반입하지 않으면 인질로 잡고 있는 갑의 가족을 살해하겠다고 협박하였다. 갑은 어쩔 수 없이 마약을 밀반입하였다.

〈사례에 대한 법적 분석〉

위의 〈사례〉에서 갑의 행위는 우리 형법에 규정된 '강요된 행위'에 해당하기 때문에 벌하지 않는다. 이와 같이 강요된 행위를 벌하지 않는 이유는 적법 행위에 대한 ( )이/가 없어 책임이 조각되기 때문이다.

**[출제포인트 & 정답]**

- 형법 제12조(강요된 행위) 저항할 수 없는 폭력이나 자기 또는 친족의 생명, 신체에 대한 위해를 방어할 방법이 없는 협박에 의하여 강요된 행위는 벌하지 아니한다.
- 기대가능성

## 18

(15(B))

**다음 사실관계에서 甲의 강도죄, 乙의 폭행죄, 丙의 감금죄, 丁의 상해죄가 성립되지 않는다면, 각각 그 이유와 함께 범죄성립요건 중 무엇이 충족되지 않는지를 서술하시오. [5점]**

아들 甲(12세)과 단 둘이 살고 있던 A는 맹장염에 걸렸으나 수술비가 없었다. 치료비를 구하려고 동분서주하던 甲은 돈 가방을 가지고 은행에서 나오는 乙(60세)을 발견하고, 가방을 빼앗으려 하였다. 乙은 甲에게 가방을 빼앗기지 않으려고 하는 과정에서 甲을 폭행하였다. 乙의 폭행에도 불구하고 甲은 가방을 빼앗아 달아났다. 근처에서 이를 지켜보던 丙(30세)이 甲을 추적하여 붙잡아 창고에 가두었다가, 출동한 경찰에 바로 인계하였다.

한편, 옆집에 살던 수의사 丁은 A가 즉시 수술을 받지 않으면 생명이 위급해질 수 있는 상태인 것을 발견하였다. 丁은 A의 동의 없이 A의 배를 절개하여 맹장염이 발생한 부분을 제거하였으며, A는 수술 부위에 흉터가 남았으나 생명은 건졌다.

**[출제포인트 & 정답]**

- 갑(甲)은 책임조각, 을(乙)은 정당방위로서 위법성조각, 정(丁)은 피해자의 추정적 승낙으로 위법성조각. 그런데 추정적 승낙은 긴급피난으로 보는 것이 다수견해임.
- 제24조 (피해자의 승낙)처분할 수 있는 자의 승낙에 의하여 그 법익을 훼손한 행위는 법률에 특별한 규정이 없는 한 벌하지 아니 한다.
- 기대가능성

## 19

(17(A))

다음 〈사례〉에서 갑, 을은 각각 살인죄의 어떤 종류의 미수에 해당하는지를 판단하고 기수범과 비교하여 어떻게 처벌되는지를 〈보기〉의 밑줄과 같은 형식으로 서술하시오. [4점]

〈사례〉
(가) 갑이 설탕을 청산가리로 오인하고, A를 살해하려고 A에게 설탕을 먹인 경우
(나) 을이 B를 살해하려고 흉기를 휘둘렀으나, 급소를 빗나가 B가 죽지 않은 경우

〈보기〉
병이 C를 살해하려고 C에게 총을 겨누었으나, 그 날이 돌아가신 어머니의 제삿날이어서 양심의 가책을 느껴 그만둔 경우
- 병은 살인죄의 중지미수로서, 살인죄 기수범의 형을 감경 또는 면제한다.

**[출제포인트 & 정답]**

- 제25조(미수범) ① 범죄의 실행에 착수하여 행위를 종료하지 못하였거나 결과가 발생하지 아니한 때에는 미수범으로 처벌한다. ② 미수범의 형은 기수범보다 감경할 수 있다.
- 제26조(중지범) 범인이 실행에 착수한 행위를 자의(自意)로 중지하거나 그 행위로 인한 결과의 발생을 자의로 방지한 경우에는 형을 감경하거나 면제한다.
- 제27조(불능범) 실행의 수단 또는 대상의 착오로 인하여 결과의 발생이 불가능하더라도 위험성이 있는 때에는 처벌한다. 단, 형을 감경 또는 면제할 수 있다.

## 20

(18(A))

다음 글을 읽고, 〈작성 방법〉에 따라 서술하시오. [4점]

변호사인 갑은 법정에서 변론의 필요상 을의 명예를 훼손하는 사실을 적시하였다. 뒤늦게 이 소식을 들은 을은 갑에게 명예훼손 사실을 따지기 위해 갑의 사무실을 찾아갔으나 갑의 거부로 인해 만날 수가 없었다. 화가 난 을은 분풀이로 갑 소유의 자동차를 열쇠 꾸러미로 긁고 가버렸다. 다음 날 그 사실을 알게 된 갑은 을을 손괴죄로 고소하였고 자동차 수리비용에 대해서도 을에게 손해배상책임을 묻고자 한다. 갑은 형사재판 진행 중에 별도의 민사소송을 제기하지 않고 물적 피해의 배상까지 받아낼 수 있는 제도를 활용하고자 한다.

〈작성 방법〉
- 갑에게 명예훼손죄가 성립하는지를 판단할 때, 위법성조각 여부를 쓰고, 그 이유를 설명할 것.
- 밑줄 친 제도가 무엇인지 쓰고, 제도 도입의 취지를 설명할 것.

**[출제포인트 & 정답]**

- ㅇ 변호사의 업무상 행위는 정당행위로서 위법성조각
- ㅇ 피해자의 신속한 권리구제 및 소송경제적 취지로 배상명령제도 시행

## 21

(20(B))

판례에 따라 괄호 안의 ㉠과 ㉡에 들어갈 내용을 [사안 1]과 [사안 2]의 '범죄의 성립 여부' 형식으로 순서대로 서술하시오. [4점]

[사안 1]
- 사실관계: 공무원 甲이 무직인 자신의 동생乙을 교사하여, 乙이 뇌물을 받게 하였다.
- 범죄의 성립 여부: 甲은 수뢰죄의 간접정범(또는 교사범)으로 처벌되며, 乙은 수뢰죄의 정범이 되지 않는다.

[사안 2]
- 사실관계: 甲이 친구 乙을 교사하여, 乙로 하여금 甲의 아버지의 재물을 절취하도록 하였다.
- 범죄의 성립 여부: 甲은 절도죄의 교사범이지만 처벌이 조각되며, 乙은 절도죄의 정범으로 처벌된다.

[사안 3]
- 사실관계: 무직인 甲이 공무원乙을 교사하여, 乙이 뇌물을 받도록 하였다.
- 범죄의 성립 여부: ( ㉠ ).

[사안 4]
- 사실관계: 甲이 친구 乙을 교사하여, 乙로 하여금 乙의 아버지의 재물을 절취하도록 하였다.
- 범죄의 성립 여부: ( ㉡ ).

**[출제포인트 & 정답]**

- ㅇ 제33조(공범과 신분) 신분이 있어야 성립되는 범죄에 신분 없는 사람이 가담한 경우에는 그 신분 없는 사람에게도 제30조부터 제32조까지의 규정을 적용한다. 다만, 신분 때문에 형의 경중이 달라지는 경우에 신분이 없는 사람은 무거운 형으로 벌하지 아니한다.
- ㅇ ㉠ 갑(甲)은 뇌물죄의 교사범. ㉡ 을(乙)은 뇌물죄의 정범
- ㅇ 갑(甲)은 절도죄의 간접정범(또는 교사범), 을(乙)은 절도죄의 정범이지만 처벌조각

## 22

(92)

형의 집행유예에 대한 설명으로 잘못된 것은?

① 형의 집행유예기간은 1년 이상 5년 이하이다.

② 3년 이하의 징역 또는 금고의 형을 선고할 경우, 집행유예를 할 수 있다.

③ 집행유예기간 중, 금고 이상의 형의 선고를 받아 그 판결이 확정될 때에는 집행유예의 선고는 그 효력을 잃는다.

④ 집행유예 선고의 실효 또는 취소됨이 없이 집행유예기간을 경과한 때에는 면소된 것으로 간주한다.

**[출제포인트 & 정답]**

제62조(집행유예의 요건) ① 3년 이하의 징역이나 금고 또는 500만 원 이하의 벌금의 형을 선고할 경우에 제51조의 사항을 참작하여 그 정상에 참작할 만한 사유가 있는 때에는 1년 이상 5년 이하의 기간 형의 집행을 유예할 수 있다. 다만, 금고 이상의 형을 선고한 판결이 확정된 때부터 그 집행을 종료하거나 면제된 후 3년까지의 기간에 범한 죄에 대하여 형을 선고하는 경우에는 그러하지 아니하다. 〈개정 2005.7.29., 2016.1.6.〉 ② 형을 병과할 경우에는 그 형의 일부에 대하여 집행을 유예할 수 있다. **정답** ④

## 23

(09)

다음 사례의 (가)~(라)에 들어갈 적절한 단어로 묶인 것은?

> 갑의 상해행위로 인하여 피해를 입은 을은 갑을 상해죄로 고소하였으나 검사는 피의사실을 인정할만한 충분한 증거가 없다는 이유로 불기소처분하였다. 이에 을은 관할 고등법원에 (　(가)　)을(를) 하였고 법원의 공소제기 결정에 따라 검사는 갑을 상해죄로 구속기소하였다. 제1심 공판절차에서 갑은 법원에 (　(나)　)을(를) 청구하였으나 기각되었으며, 지방법원 단독판사는 갑에게 징역 1년을 선고하였다. 갑은 제1심판결의 양형부당을 이유로 (　(다)　)에 (　(라)　)를 제기하였다.

| | (가) | (나) | (다) | (라) |
|---|---|---|---|---|
| ① | 항고 | 보석 | 지방법원 본원 합의부 | 항소 |
| ② | 항고 | 구속적부심사 | 고등법원 | 상고 |
| ③ | 재심신청 | 구속적부심사 | 고등법원 | 항소 |
| ④ | 재심신청 | 보석 | 지방법원 본원 합의부 | 항소 |
| ⑤ | 재심신청 | 구속취소 | 지방법원 본원 합의부 | 항소 |

**[출제포인트 & 정답]**

- 불기소처분에 대한 재정신청, 항고전치주의
- 형사소송법 제260조(재정신청) ① 고소권자로서 고소를 한 자(「형법」 제123조부터 제126조까지의 죄에 대하여는 고발을 한 자를 포함한다. 이하 이 조에서 같다)는 검사로부터 공소를 제기하지 아니한다는 통지를 받은 때에는 그 검사 소속의 지방검찰청 소재지를 관할하는 고등법원(이하 "관할 고등법원"이라 한다)에 그 당부에 관한 재

정을 신청할 수 있다. 다만, 「형법」 제126조의 죄에 대하여는 피공표자의 명시한 의사에 반하여 재정을 신청할 수 없다. 〈개정 2011.7.18.〉 ② 제1항에 따른 재정신청을 하려면 「검찰청법」 제10조에 따른 항고를 거쳐야 한다. 다만, 다음 각 호의 어느 하나에 해당하는 경우에는 그러하지 아니하다.

1. 항고 이후 재기수사가 이루어진 다음에 다시 공소를 제기하지 아니한다는 통지를 받은 경우
2. 항고 신청 후 항고에 대한 처분이 행하여지지 아니하고 3개월이 경과한 경우
3. 검사가 공소시효 만료일 30일 전까지 공소를 제기하지 아니하는 경우

③ 제1항에 따른 재정신청을 하려는 자는 항고기각 결정을 통지받은 날 또는 제2항 각 호의 사유가 발생한 날부터 10일 이내에 지방검찰청검사장 또는 지청장에게 재정신청서를 제출하여야 한다. 다만, 제2항 제3호의 경우에는 공소시효 만료일 전날까지 재정신청서를 제출할 수 있다. ④ 재정신청서에는 재정신청의 대상이 되는 사건의 범죄사실 및 증거 등 재정신청을 이유 있게 하는 사유를 기재하여야 한다.

**정답** ④

## 24

(16(A))

다음 사례에서 갑이 법원에 제기할 수 있는 밑줄 친 제도가 무엇인지 쓰시오. [2점]

> 갑은 절도죄의 혐의로 체포되어 조사를 받던 중, 검사가 신청하고 법관이 발부한 영장에 의하여 구속되었다. 그러나 갑은 자신의 결백과 무죄를 주장하며, 자신이 구속된 것은 법관이 잘못 판단하여 영장을 발부하였기 때문이라고 생각하고 있다. 그래서 갑은 헌법과 형사소송법에서 보장하는 <u>제도</u>를 활용하여 자신에게 발부된 구속영장의 헌법적 정당성을 심사받고자 한다.

**[출제포인트 & 정답]**

구속적부심사제도

## 25

(21년(A))

다음은 형사사법절차에서의 인권 보장에 대한 설명이다. 〈작성 방법〉에 따라 서술하시오. [4점]

> 근대 형법의 기본 원리인 죄형법정주의는 국가 형벌권의 자의적 행사로부터 신체의 안전과 자유를 보호하기 위하여 처벌될 행위와 형벌의 종류를 적정한 법률로써 규정하는 것을 말한다. 형사사법절차에서 인권을 보장하기 위해서는 이러한 기본권 제한의 내용뿐만 아니라 절차도 중요하게 강조되었다. 공권력에 의한 개인의 자유와 권리의 제한은 반드시 법에 정해진 절차에 의한 경우에만 유효하다는 ( ㉠ )의 원칙은 우리나라 헌법 제12조와 제27조에서 규정하고 있다. 이러한 헌법 규정에서 고문을 받지 아니할 권리와 묵비권, 영장제도, ( ㉡ )의 도움을 받을 권리를 고지받을 권리, 체포와 구속에 대한 적부심사제도, 신속한 공개재판을 받을 권리 및 무죄 추정의 원칙 등을 구체적으로 명시하고 있다. 형사사법절차에서 효과적인 인권 보장 수단으로 <u>㉢</u>

수사기관이 피의자의 체포를 목적으로 개인의 자유를 제한할 때 수사기관의 판단에 맡기지 않고 사전에 중립적인 법관의 판단에 따르도록 하는 것을 들 수 있다. 오늘날 ( ㉠ )의 원칙은 모든 공권력 작용의 단계, 즉 사법절차뿐만 아니라 입법절차와 행정절차에도 적용되어야 하는 헌법의 일반원칙으로 인정된다.

〈작성 방법〉
- 괄호 안의 ㉠, ㉡에 해당하는 용어를 순서대로 쓸 것.
- 밑줄 친 ㉢의 예외를 1가지 쓰고, 예외가 인정되어도 석방해야 하는 경우를 1가지 서술할 것.

**[출제포인트 & 정답]**
- ㉠: 적법절차의 원칙, ㉡: 변호인
- 현행범 체포, 48시간 이내에 영장청구를 하지 못한 경우/체포적부심

## 26

(22)

다음 글을 읽고 〈작성 방법〉에 따라 서술하시오. [4점]

교 사: 범죄 성립과 형벌 부과를 위해서는 책임이 전제되어야 한다는 형법 원칙을 책임주의라고 합니다. 그러므로 심신장애로 사물을 변별할 능력이나 의사를 결정할 능력이 없는 사람의 행위는 범죄가 성립하지 않습니다. 그러면 A가 원수를 살해하고 싶지만 용기가 없어 주저하다, 술의 힘을 빌려서 살해하려고 술을 마시고 만취 상태에서 원수를 죽였다면 A를 살인죄로 처벌할 수 있을까요?

학생 갑: 원수를 죽인 실행 행위 당시 심신장애로 사물을 변별할 능력이나 의사를 결정할 능력이 없으므로 ㉠ 처벌할 수 없다고 생각합니다.

학생 을: A의 행위는 반사회적 행위잖아요. 술의 힘을 빌려서 원수를 살해하려는 고의를 가지고 술을 먹은 원인행위 때 그런 능력이 있었으니 처벌할 수 있다고 생각합니다.

학생 병: 저는 A를 처벌해야 한다는 것과 처벌할 수 있다는 것은 다른 차원의 문제라고 생각합니다. 을의 주장은 지난 시간에 배운 범죄 개념에서 ㉡ 실질적 범죄 개념에 따른 주장일 뿐입니다. ㉢ 형식적 범죄 개념에 따르면 ㉣ 실제로 A를 처벌하기 위해서는 현행 형법에 명시적인 규정이 필요하다고 생각합니다.

〈작성 방법〉

- 밑줄 친 ㉠과 같이 갑이 판단하는 이유를 범죄 성립 요건 중 하나를 포함하여 서술할 것.
- 밑줄 친 ㉡에 따르면 범죄가 어떻게 정의되는지 위 글에서 사용된 용어를 포함하여 서술할 것.
- 밑줄 친 ㉢에 따르면 범죄가 어떻게 정의되는지 범죄 성립 요건을 활용하여 서술하고, 밑줄 친 ㉣과 가장 관련이 깊은 형법의 기능을 쓸 것.

**[출제포인트 & 정답]**

- ㅇ 책임능력 결여
- ㅇ 반사회적 행위
- ㅇ 법률에 정해진 구성요건해당성, 위법성, 책임, 보장적 기능

# V. 민법

## 1. 민법의 의의와 기본원리

### 1) 민법의 의의

개인과 개인 간의 법률행위와 법률관계를 다루는 법을 사법(私法)이라 하고 사법 중의 기본법이 민법이다. 민법이 규율하는 사적인 생활관계는 자율성과 책임을 전제로 형성된다. 따라서 민법은 개인의 의사를 가장 중요하게 생각한다. 의사능력을 지닌 개인이라면 누구나 자유롭게 법률행위를 통해서 사적 법률관계를 형성할 수 있다. 다만 법적 분쟁이 발생할 경우 이 분쟁을 해결하기 위한 기준이 필요한데 민법은 그 기준이 된다.

민법은 형식적으로는 "민법"이라는 이름을 가진 법률을 의미하지만, 실질적으로는 사법의 생활관계를 의미하는 법 일반을 의미한다. 실질적 민법에는 형식적 민법(민법전) 이외에 민법부속법령, 민사특별법령이 포함되고, 일반적인 사법의 생활관계를 규율하는 기타 법령이나 관습법도 포함된다. 부동산등기법, 가족관계의 등록 등에 관한 법률 등은 민사부속법령의 예이고, 주택임대차보호법, 할부거래에 관한 법률 등은 민사특별법령의 예이다.

우리 민법전은 제1편 총칙, 제2편 물권, 제3편 채권, 제4편 친족, 제5편 상속으로 구성되어 있다. 총칙편은 민법 전체에 공통적으로 적용되는 규정을 담고 있다. 주로 권리의 주체, 권리의 객체로서의 물건, 법률행위 등을 규율하고 있다. 물권편은 물권, 즉 물건을 직접 지배하는 것을 내용으로 하는 권리를 규율한다. 채권편은 채권, 즉 타인의 행위를 요구하는 것을 내용으로 하는 권리를 규율한다. 친족편은 가족의 기초인 혼인을 중심으로 하여 부부, 부모와 자, 후견 등의 가족관계의 성립과 내용을 규정하고 있다. 상속편은 사람이 사망한 후의 재산관계와 유언 등에 관하여 규정하고 있다.

### 2) 민법의 기본원리

시민사회의 형성과 함께 성립된 근대민법은 개인의 자유와 평등을 강조하며 이런 정신이 시민사회를 유지시키는 전제가 되면서 사적 자치의 원칙, 사유재산권 존중의 원칙, 과실 책임의 원칙으로 구체화되었다. 근대민법의 자유와 평등을 기초로 한 이러한 법질서는 개인을 봉건적인 여러 구속으로부터 해방시키고, 개인의 사회적 · 경제적 활동의 자유를 보장해 줌으로써 자본주의의 기반을 공고히 하였다. 이로 인해 근대사회는 경제적으로 고도의 성장을 이룰 수 있었지만, 그에 따른 반작용으로 격심한 빈부의 격차를 가져오게 되었고 결국은 경제적 강자와 약자라는 대립하는 계급을 만들어 내게 되었다. 이런 사회적 문제를 시정하기 위하여 현대복지국가에서는 민법의 기본원리에 대한 수정을 꾀하게 되었다.

사적자치의 원칙은 개인이 자신의 자유로운 의사결정에 따라 법률관계를 형성할 수 있다는 것을 의미한다. 이런 원칙은 계약체결의 자유, 계약 상대방 선택의 자유, 내용결정의 자유, 계약 방식의 자유 등을 통해 실현된다. 사적자치의 실현이 정당한 것으로 평가받기 위해서는 개인의 자기결정을 관철시킬 수 있는 힘을 가지고 있는 것을 전제로 한다. 하지만 형식적으로 평등하다는 것으로 실질적인 평등을 관철시킬 수 없다는 사실이 근대 민법의 모순점들에서 드러나게 되었다. 따라서 사회적 약자보호와 계약의 공정성 확보를 위해 계약의 자유를 제한할 수 있게 되었다.

사유재산권 존중의 원칙은 소유권의 행사 및 처분을 소유자 개인의 자유에 맡기고 국가나 타인은 이에 간섭할 수 없다는 원칙을 의미한다. 하지만 소유권의 행사도 공공복리의 범위 내에서만 인정되며 그것에 반하는 것은 허용되지 않도록 되었다.

과실 책임의 원칙은 행위자가 위법할 뿐만 아니라 동시에 고의 또는 과실에 의한 행위를 했을 때만 그 결과에 대해 책임을 진다는 원칙이다. 이러한 과실 책임의 원칙을 적용하면 행위자가 행위를 함에 있어 충분한 주의를 한다면 달리 발생한 결과에 대해서는 책임을 지는 일이 없으므로 행위자에게 행위의 자유를 보장해 주게 된다. 다만 현대사회에서는 누구의 책임인지 명확하게 판정할 수 없는 상황이 많이 벌어지기 때문에, 비록 고의나 과실이 있다고 판정되지 않더라도 책임을 지는 경우가 있는데, 이를 무과실 책임이라고 한다. 사회적 위험이나 공해에 관하여 이를 인정하는 경우가 많다.

## 2. 민법의 권리와 법률관계

### 1) 법률관계

민법은 모든 개인 간의 관계에 적용이 될까? 민법은 개인 간의 법률관계에 대해 적용된다. 예를 들어 함께 강의 듣는 친구의 오토바이를 얻어 타고 무료로 매일 강의를 들으러 간 경우와 택시나 교내순환버스를 타고 강의를 들으러 간 경우에 전자는 법률관계로 보기 어렵고 후자는 법률관계라고 할 것이다. 이와 같이 법률관계는 사회 생활관계 중 법에 의하여 규율되는 관계로서 법에 의하여 보호를 받거나 구속을 받는 관계를 의미한다. 따라서 법률관계는 단순한 애정, 예의에 의해 이루어지는 인간관계나 호의에 의하여 어떤 이익을 주고받는 호의관계와 구별된다. 자기 차에 아는 사람을 무료로 태워주는 이른바 호의동승은 호의관계의 예라고 할 수 있는데, 원칙적으로 법률관계가 아니기 때문에 상대방이 호의에 기한 행위를 행하지 않는다고 하더라도 법률적인 제재를 가할 수 없다. 그러나 예외적으로 호의관계에 기해 손해가 발생한 경우에는 법률관계로 전환될 수 있다.

법률관계를 주체, 즉 법률관계의 당사자를 중심으로 파악한다면 당사자 사이의 권리·의무관계로 구체화 된다. 즉, 법률관계가 성립되면 구체적으로 권리와 의무가 발생한다. 권리란 법에 의하여 구체적인 이익을 누릴 수 있는 힘이고, 의무란 법률에 의해 일정한 행위를 해야만 하거나 하지 않아야만 하는 구속을 말한다.

## 2) 권리의 분류

우리 민법의 근간이 되고 있는 근대 민법에 있어서는 개인의 자유로운 인격과 의사가 존중되면서 권리관념이 강하게 인식되고, 따라서 법률관계도 권리의 측면에서 주로 파악하고 있다. 예를 들어 우리 민법도 물권, 채권 등 권리를 중심으로 편성되어 있다.

### (1) 내용에 의한 분류

권리를 내용이 되는 사회적 생활이익을 기준으로 분류하면 인격권, 재산권, 가족권(신분권), 사원권 등으로 분류할 수 있다. 인격권이란 권리자의 인격과 분리할 수 없는 사회생활의 이익을 독점적, 배타적으로 누릴 수 있는 권리를 말한다. 인격권은 권리의 주체와 분리할 수 없다는 의미로 일신전속적인 권리라고 한다. 구체적으로 생명·신체·정신적 자유에 대한 권리를 말하고, 우리 민법은 생명·신체·명예를 침해받은 경우 불법행위에 의한 손해배상을 인정함으로써 소극적으로 인격권을 보호하고 있다. 재산권은 재화나 용역으로부터 받는 사회생활상의 이익을 내용으로 하는 권리이다. 이에는 물권, 채권, 지식재산권 등이 포함된다. 물권은 권리자가 물건을 직접 지배함으로써 이익을 얻는 배타적인 권리이고, 채권은 채권자라는 특정인이 채무자라는 특정인에게 일정한 행위를 요구할 수 있는 권리이다. 지식재산권은 무체재산권이라고도 불리는 것으로 저작·발명 등의 정신적·지능적 창조물을 독점적으로 이용하는 것을 내용으로 하는 권리이다. 가족권(신분권)은 가족관계 내지 친족관계 상의 일정한 지위에 따르는 이익을 누리는 것을 내용으로 하는 권리를 의미한다. 배우자라는 친족관계에 상의 지위에 기해 누리는 배우자의 권리가 그 예이다. 신분권은 신분과 분리할 수 없는 일신전속적인 권리이기 때문에 타인에게 양도하지 못한다. 사원권이란 단체의 구성원이 단체의 구성원이라는 지위에 기하여 향유하는 이익을 말한다.

#### (2) 작용에 의한 분류

권리들을 그 작용, 즉 효력에 따라 분류하자면 지배권, 청구권, 형성권, 항변권 등으로 분류할 수 있다. 지배권은 타인의 방해를 받지 않고 목적물을 직접적·배타적으로 지배할 수 있는 권리를 의미하고, 청구권은 채권자라는 특정인이 채무자라는 특정인에 대하여 일정한 행위를 요구하는 권리를 말한다. 형성권이란 권리자의 일방적 의사표시에 의하여 법률관계를 발생, 변경, 소멸시키는 권리를 말한다. 항변권이란 타인이 청구권을 행사하는 경우에 그 작용을 막아서 그치게 할 수 있는 효력을 가지는 권리이다. 즉, 일정한 사유를 가지고 급부를 거절할 수 있는 권리이다. 이러한 항변권에는 청구권의 행사를 일시적으로 막을 수 있는 연기적 항변권과 영구적으로 막을 수 있는 영구적 항변권이 있다.

### 3) 신의성실과 권리남용금지

법률관계에서 권리자는 마음대로 권리를 행사할 수 있을까? 법률관계에서 권리자와 의무자는 상대방의 정당한 이익을 위하여 행위를 하여야 할 의무를 부담하게 되며, 권리자는 정당하게 권리를 행사해야 한다. 이와 같은 원칙이 신의성실의 원칙과 권리남용금지의 원칙이다. 신의성실의 원칙은 권리의 행사와 의무의 이행은 신의를 좇아 성실히 하여야 한다는 것이다. 이는 법률관계의 당사자는 상대방의 이익을 배려하여 형평에 어긋나거나 신뢰를 저버리는 내용이나 방법으로 권리를 행사하거나 의무를 이행하여서는 안 된다는 원칙을 말한다. 권리남용금지 원칙이란 외형적으로 적법한 권리행사라고 하여도 실질적으로 정당한 권리행사로 볼 수 없는 경우에는 이를 금지한다는 것을 말한다. 권리남용이란 외형적으로는 권리의 행사처럼 보이나, 실질적으로는 권리의 행사가 사회 질서에 위반하여 정당한 권리행사로 인정할 수 없는 경우를 의미한다. 권리가 남용되는 경우에는 권리행사의 효과가 발생하지 않아 권리자가 의욕한대로 권리의 목적을 달성할 수 없게 된다.

## 3. 권리의 주체와 객체

권리의 주체란 권리가 귀속하는 주체를 말한다. 그리고 권리의 주체가 될 수 있는 지위 또는 자격을 권리능력이라고 한다. 민법은 권리의 주체로 원칙적으로 당연히 권리능력이 인정되는 사람(자연인)과 예외적으로 법률의 규정에 의하여 권리능력을 인정하는 법인을 인정하고 있다. 권리의 주체가 이익을 충족하기 위하여 필요로 하는 대상을 권리의 객체라고 한다.

### 1) 사람(자연인)

사람은 생존하는 동안 권리능력을 가진다. 즉, 출생부터 사망 시까지 살아있는 동안 권리능력을 보유한다.

#### (1) 권리능력의 시작

권리능력의 시작은 출생이다. 출생 시기에 대해서는 태아가 모체로부터 완전히 분리되었을 때를 출생시기로 보는 견해(전부노출설)가 통설이다. 따라서 아직 출생하지 않은 태아는 권리능력이 없다. 그러나 출생한 때로부터 권리능력을 취득한다는 원칙을 고수한다면 태아에게 매우 불리한 경우도 생길 수 있다. 그래서 민법은 중요한 법률관계에 한해서 태아가 이미 출생한 것으로 보는 개별적 보호주의 방식으로 태아를 보호하는 규정을 두고 있다. 우리 민법이 중요한 법률관계로 보아 태아에게 권리능력을 인정하는 규정들로는 불법행위에 기한 손해배상의 청구, 상속, 대습상속, 유증, 사인증여, 유류분 등이 있다. 즉, 이 사안에서는 태아도 예외적으로 권리능력을 가지게 된다.

#### (2) 권리능력의 종료

##### 가. 사망

사람은 사망을 하게 되면 권리능력을 상실한다. 민법은 사망 시기의 기준에 관하여 규정하고 있지 않은데, 통상적으로 호흡과 혈액순환이 영구적으로 정지하는 때를 사망이라고 한다. 최근에는 장기이식을 위한 기증의 필요성이 강조되면서 새롭게 뇌사설이 주장되고 있고 「장기등 이식에 관한 법률」에서 뇌사자 기증을 인정하고 있지만, 아직 법률적으로 완전한 근거를 가진 것은 아니다. 사망을 하면 상속, 유언의 효력발생, 잔존배우자의 재혼, 보험금 청구권의 발생, 연금 등이 개시된다.

##### 나. 실종선고 등

그런데 사망의 유무나 시기가 중요한데 이를 증명하기 어려운 경우가 있다. 그 경우에 대비하여 민법은 동시사망의 추정, 인정사망, 실종선고 등 제도를 두고 있다.

민법은 2인 이상이 동일한 위난으로 사망한 경우에는 동시에 사망한 것으로 추정하는 동시사망 추정 제도를 두고 있다. 동시사망으로 추정되는 자 사이에서 상속은 일어나지 않는 것이 원칙이다.

그리고 인정사망제도란 시체의 발견 등 사망의 확증은 없으나 수난, 화재 기타 사변으로 인하여 사망이 확실시되는 경우에 관공서의 보고에 의하여 호적에 사망이 기재를 하여 사망으로 추정하는 제도이다. 실종선고제도는 부재자의 생사불명상태가 일정기간 계속되는 경우에 실종자와 관계있는 잔존자들의 재산상 및 신분상 법률관계를 확정짓기 위하여 법원이 일정한 요건 하에 실종을 선고함으로써 사망으로 간주하는 제도를 말한다.

실종선고의 요건은 부재자가 생사불명일 것, 생사불명의 상태가 일정한 기간 계속될 것(보통실종은 5년, 특별실종은 1년), 이해관계인이나 검사의 청구가 있을 것, 6개월 이상의 기간을 정하여 부재자에 대하여 신고하도록 공고할 것(공시최고) 등이다. 배우자와 이해관계인들이 실종선고를 청구하게 되면 법원은 실종기간 경과 여부를 확인하고 6개월 동안 공시를 한다. 공시기간 동안 실종자의 연락이 없을 경우 법원은 실종선고를 한다. 실종선고가 내려지면 상속이 개시되고, 배우자를 비롯한 자들과의 친족관계도 종료하게 된다. 실종선고는 법원의 결정이므로 취소 역시 신청과 법원의 결정으로 가능하다.

### (3) 행위능력과 제한능력자

#### 가. 의사능력

사람은 모두 권리능력을 가지고 있지만, 권리능력자 모두가 자신의 행위에 의하여 권리를 취득하거나 의무를 부담할 수 있는 법률행위를 할 수 있는 것은 아니다. 자유롭게 법률행위를 하여 권리를 취득하거나 의무를 부담하려면 일정한 의사능력이 있어야 한다. 의사능력이란 자기의 행위의 의미나 결과를 인식·판단하여 정상적인 의사결정을 할 수 있는 정신능력을 말한다. 개인은 자신의 의사에 기해서만 법률관계를 형성할 수 있다는 사적 자치의 원칙에 비춰볼 때 권리의 주체에게 중요한 능력이다. 이러한 의사능력의 존재여부는 구체적인 행위 시마다 개별적으로 판단하게 되고, 의사능력이 결여된 상태에서 한 법률행위는 무효가 된다.

#### 나. 행위능력

하지만 사람마다 의사능력이 달라 이런 의사능력이 있는지 여부를 판단하는 것은 쉽지 않다. 이 때문에 민법은 의사능력을 획일적으로 정하는 제도를 두고 있는데 이를 행위능력제도라고 한다. 즉, 행위능력이란 의사능력을 가진 자가 법률행위를 단독으로 할 수 있는 능력을 말한다. 반대로 완전한 행위능력이 인정되지 않는 사람을 제한능력자라 한다. 민법은 이런 제한능력자를 특별히 보호하는 규정을 두고 있다. 민법이 규정하고 있는 제한능력자로는 미성년자, 피성년후견인, 피한정후견인 등이 있다. 제한능력자의 법률행위는 취소할 수 있고 이러한 취소권은 제한능력자 쪽에서만 가지므로 상대방 보호에는 미흡한 면이 있다. 민법은 상대방보호를 위해 상대방에게 최고권, 철회권, 거절권을 인정하고 일정한 경우에 제한능력자의 취소권을 배제하는 규정을 두고 있다. 예를 들어 제한능력자가 상대방에 대한 적극적인 기망행위를 통해 능력자로 오해하게 했거나 법정대리인의 동의가 있다고 믿게 한 경우에는 제한능력자 쪽에서 취소권을 행사할 수 없도록 하여 상대방을 보호하고 있다.

### 다. 미성년자

미성년자란 우리 민법상 만 19세가 되지 않은 자이다. 미성년자는 행위능력이 없는 제한능력자이다. 다만 미성년자가 혼인을 한 때에는 성년자로 간주된다. 미성년자가 법률행위를 하려면 원칙적으로 법정대리인의 동의를 얻어야 한다. 이를 위반한 경우 미성년자 본인이나 법정대리인이 그 행위를 취소할 수 있다. 미성년자의 법정대리인은 제1차적으로는 친권자이고, 제2차적으로는 후견인이다. 그런데 예외적으로 법률행위를 단독으로 할 수 있는 경우들이 있다. 우선 미성년자가 법정대리인의 동의나 허락을 받아서 단독으로 법률행위를 할 수 있는 경우가 있다. 법정대리인이 범위를 정하여 처분을 허락한 재산이 있는 경우 그러한 재산의 처분행위, 미성년자가 법정대리인으로부터 특정한 영업을 허락받은 경우에 그 영업에 관한 행위, 법정대리인의 허락을 얻어 회사의 무한책임사원이 된 경우 그 사원자격에서 하는 행위가 그런 경우에 해당한다. 또 미성년자가 단순히 권리만을 얻는 행위나 의무만을 면하는 행위는 미성년자에게 유리하고 불리하지 않기 때문에 미성년자가 단독으로 법률행위를 하는 것을 허용한다. 그 대표적인 예가 채무를 면제해주겠다는 채권자의 제안을 승낙하는 경우이다. 이 외에도 대리행위도 단독으로 할 수 있는데, 이는 미성년자가 법률행위를 하지만 미성년자 본인이 아닌 다른 사람에게 그 법률행위의 효과가 주어지므로 미성년자가 유리하거나 불리한 상황이 발생하지 않기 때문이다. 또한 미성년자가 17세 이상이 되면 단독으로 유언행위를 할 수 있고, 근로계약의 체결은 법정대리인의 동의를 얻어 해야 하지만 임금 청구는 언제나 단독으로 가능하다.

### 라. 피성년후견인

피성년후견인은 질병, 장애, 노령, 그 밖의 사유로 인한 정신적 제약으로 사무를 처리할 능력이 '지속적으로 결여된' 사람으로서 일정한 자의 청구에 의하여 가정법원으로부터

성년후견개시의 심판을 받은 사람이다. 피성년후견인은 가정법원이 다르게 정하지 않는 한 유효한 법률행위를 할 수 없으며, 법정대리인인 성년후견인의 동의를 얻지 않고 한 행위이든 동의를 얻는 행위이든 원칙적으로 취소할 수 있다. 다만 피성년후견인은 약혼, 혼인 등 친족법상 행위는 성년후견인의 동의를 얻어 스스로 할 수 있다.

#### 마. 피한정후견인

피한정후견인은 질병, 장애, 노령, 그 밖의 사유로 인한 정신적 제약으로 사무를 처리할 능력이 '부족한' 사람으로서 일정한 자의 청구에 의하여 가정법원으로부터 한정후견개시의 심판을 받은 사람이다. 피한정후견인은 원칙적으로 유효하게 법률행위를 할 수 있지만, 가정법원이 한정후견인의 동의를 받아야 할 행위의 범위를 정할 수 있다. 이렇게 동의를 받도록 정한 법률행위를 피한정후견인이 한정후견인의 동의 없이 한 경우에는 그 법률행위를 취소할 수 있다. 다만, 일용품의 구입 등 일상생활에 필요하고 그 대가가 과도하지 아니한 법률행위는 취소할 수 없다.

### 2) 법인

법인은 사람(자연인)이 아니면서 법에 의해 권리능력이 인정된 것을 의미한다. 민법상 법인은 사단법인과 재단법인으로 구분된다. 사단법인은 일정한 목적을 위하여 결합한 사람의 단체(사단)이고, 재단법인은 일정한 목적에 바쳐진 재산(즉 재단)이 법인으로 된 것이다. 사단법인에는 비영리법인과 영리법인이 있으나, 재단법인은 모두 비영리법인이다. 법인은 법률의 규정에 좇아 정관으로 정한 목적의 범위 내에서 권리와 의무의 주체가 된다. 그리고 법인의 이사 등 대표기관이 직무에 관하여 타인에게 손해를 가한 경우, 법인은 피해자에게 손해배상책임을 부담한다. 법인의 권리능력은 설립등기를 함으로써 취득하고, 청산절차를 종료함으로써 상실하게 된다.

### 3) 권리의 객체

권리는 권리주체가 법에 기초하여 일정한 이익을 향유할 것을 내용으로 한다. 이 이익을 누리기 위해 필요한 일정한 대상을 권리의 객체라고 한다. 물권에 대해서는 물건, 채권에 대해서는 채무자의 행위(급부), 친족권에 있어서는 친족법상의 지위, 상속권에 있어서는 상속재산 등이 권리의 객체이다. 물건이란 유체물 및 전기 기타 관리할 수 있는 자연력을 말한다(민법 제98조). 물건이 되려면 관리할 수 있어야 한다. 관리할 수 없는 것은 배타적 지배가 불가능하여 물권의 객체가 될 수 없다. 유체물은 공간의 일부를 차지하고 사람의 오감으로 느낄 수 있는 형태를 가진 물건을 의미한다. 전기 기타 관리할 수 있는 자연력에는 전기, 열, 빛, 음향, 에너지 등이 있다. 물건의 종류로 민법총칙에서 규정하고 있는 것은 동산·부동산, 주물·종물, 원물·과실 이 세 가지이다.

부동산이란 토지 및 그 정착물을 말한다. 그 정착물로 대표적인 것이 건물과 수목이다. 토지의 정착물은 모두 부동산이지만, 토지와 별개의 부동산이 되는 것이 있는가 하면 토지의 일부에 불과한 것도 있다. 건물은 전자의 예이고, 수목은 후자의 예이다. 동산은 문자 그대로 움직일 수 있는 물건을 의미하며 부동산 이외의 모든 물건을 말한다.

그리고 물건의 소유자가 그 물건의 일상적 사용을 위하여 자신이 소유하고 있는 다른 물건을 그 물건에 부속하게 한 경우에, 그 물건을 주물이라고 하고 주물에 부속시킨 다른 물건을 부속물이라고 한다. 예컨대 주물인 배와 종물인 노의 관계를 들 수 있다. 종물은 주물이 처분될 때 함께 처분되는 것이 원칙이다.

어떤 물건에서 발생하는 경제적 이익을 과실이라고 하고, 수익물을 낳게 하는 것을 원물이라고 한다. 과실은 원물의 사용용법에 따라 자연적으로 발생하는 천연과실과 인위적으로 원물을 사용하게 하여 얻어지는 대가인 법정과실로 나누어진다. 법정과실의 대표적인 예는 차임이다. 천연과실은 그 원물로부터 분리하는 때에 그것을 수취할 권리자에게 속한다.

## 4. 권리의 변동

### 1) 법률요건과 법률사실

법률관계는 항상 그대로 유지되는 것이 아니라 일정한 원인에 의하여 변동한다. 이런 법률관계의 변동이 권리의 변동(발생, 변경, 소멸)이며, 권리의 변동을 야기하는 원인을 법률요건이라고 한다. 이런 법률요건을 이루는 것이 법률사실들이다. 이런 법률사실에는 사건과 행위, 내부의 관념과 의사로 나눌 수 있다. 법률요건으로서 가장 중요한 것은 법률행위이나 이에 한정되는 것은 아니며 준법률행위나 불법행위, 부당이득, 사무관리 등도 법률요건이다. 법률행위는 일정한 법률효과의 발생을 의욕하는 의사표시를 핵심적인 구성요소로 한다. 이런 법률행위에 의하여 일정한 권리의 득실변경이라는 법률효과가 발생한다.

### 2) 법률행위

#### (1) 법률행위와 의사표시

자유롭게 법률관계를 형성할 수 있는 사적자치 원칙의 수단이 법률행위이다. 법률행위는 의사표시를 불가결의 요소로 하는 법률요건이다. 법률행위는 일정한 법률효과를 발생하게 하는 법률요건 중 가장 중요한 것이다. 법률행위에 의해 발생시키고자 하는 법률효과를 법률행위의 목적이라 한다. 예컨대 주택 매매의 목적은 매도인 입장에서는 대금채권을 취득하기 위한 것이고, 매수인의 경우는 주택에 대한 소유권을 취득하기 위한 것이다. 이 경우 주택 매매라는 법률행위가 성립하기 위해서는 주택을 사겠다는 사람이 "주택을 파시죠?"라는 청약의 의사표시와 주택을 팔겠다는 사람이 "주택을 팔겠습니다."라는 승낙의 의사표시가 있어야 한다. 따라서 주택을 파는 사람이나 사는 사람 모두 마음속의 의사와 외부적인 표시가 모두 일치하여야 완전한 법률행위가 될 수 있다.

#### (2) 법률행위의 종류와 목적

법률행위의 종류는 다양하다. 우선 의사표시의 수와 방향에 따라 단독행위, 계약, 합동행위 등으로 나눌 수 있다.

단독행위는 한 개의 의사표시로 성립하는 법률행위로 상대방의 동의나 승낙을 필요로 하지 않는다. 이 행위는 상대방이 있는 경우와 상대방이 없는 경우로 나눌 수 있다. 상대방이 있는 단독행위로는 최고, 동의, 철회, 추인, 취소, 해제, 해지 등과 같은 대부분의 형성권의 행위이다. 상대방이 없는 단독행위로는 유언, 재단법인 설립행위, 소유권의 포기 등이 있다.

계약은 2인 이상의 당사자가 청약과 승낙이라는 서로 대립하는 의사표시를 하고 그 합치로 성립하는 법률행위를 말한다. 예컨대 매매, 증여, 소비대차, 임대차, 사용대차, 임대차, 고용, 위임, 혼인, 입양, 약혼 등을 위한 계약이 있다.

합동행위는 평행적, 구심적으로 방향을 같이 하는 두 개 이상의 의사표시가 합치하여 성립하는 법률행위를 말한다. 예컨대 사단법인 설립행위 등이 있다.

또한 법률효과에 의해 법률행위를 구별한다면 채권행위, 물권행위, 준물권행위 등이 있다. 채권행위는 채권의 발생을 목적으로 하는 행위로서 앞으로의 이행 문제를 남기는 행위이다. 물권행위는 직접 물권의 변동을 일어나게 하는 의사표시로서 앞으로의 이행의 문제를 남기지 않는다. 준물권행위는 물권 이외의 권리를 종국적으로 변동시키고 이행이라는 문제를 남지 않는 법률행위이다. 예컨대 채권 자체를 거래하여 양도하는 행위 등이 있다.

### (3) 법률행위의 요건

#### 가. 성립요건과 효력요건

법률행위가 인정되기 위하여 필요한 최소한의 형식적 요건이 성립요건이다. 법률행위가 성립하기 위해서는 일반적으로 당사자, 목적, 의사표시 등의 요건을 갖추어야 한다. 그리고 성립한 법률행위가 효력을 발생하는 데 필요한 요건이 필요한데 이를 효력요건이라고 한다. 효력요건으로는 첫째, 당사자에게 의사능력과 행위능력이 있어야 한다. 둘째, 법률행위의 목적이 확정할 수 있어야 하고, 실현 가능하여야 하고, 적법하여야 하며, 정당해야 한다. 법률행위의 목적은 확정할 수 있어야 한다. 다만, 법률행위 당시에 확정되어 있지 않더라도 나중에라도 확정할 수 있는 것이면 된다. 법률행위의 목적은 실현가능해야 한다. 세상에 없는 물건을 거래하는 계약과 같이 실현 불가능한 계약은 무효가 된다. 법률행위의 목적은 적법해야 한다. 만약 법률행위의 목적이 강행법규에 위반되는 경우에는 무효이다. 그리고 법률행위의 목적은 선량한 풍속 기타 사회질서에 위반되어서는 안 된다. 예컨대 타인과의 매매 사실을 알면서 팔 것을 요청하는 등 배임행위에 적극 가담하여 매수한 경우는 반사회적 행위로 무효이다.

#### 나. 의사와 표시의 불일치, 하자 있는 의사표시

민법에서 의사와 표시가 일치하는 것이 일반적이지만 그렇지 않을 경우 법률효과를 어떻게 다룰 것인지가 문제된다. 이와 같이 의사와 표시가 일치하지 않은 경우로 진의 아닌 의사표시(비진의표시), 통정허위표시, 착오에 의한 의사표시가 있고, 의사와 표시는 일치하지만 의사형성과정에 문제가 있는 사기와 강박에 의한 의사표시가 있다.

첫째, 진의 아닌 의사표시는 의사와 표시의 불일치를 의사표시자가 스스로 알면서 하는 의사표시를 말한다. 예를 들어 진심이는 농담으로 치돌이에게 스마트폰을 주겠다고 말하고 며칠 후 돌려받을 생각으로 건네주었다. 그런데 치돌이는 이를 진심으로 주는 것으로 믿고 받은 후 이 스마트폰을 순돌이에게 10만 원을 받고 팔았다. 이 경우 진심이는 스마트폰을 돌려받을 수 있을까? 민법은 거래안전을 위하여 표시주의를 원칙으로 한다. 따라서 원칙적으로 표시된 대로 효력이 발생한다. 진심이는 원칙적으로 스마트폰을 돌려받을 수 없다. 그러나 거래의 상대방이 의사표시를 하고 있는 사람이 진의 아닌 의사표시, 즉 생각과는 다른 의사표시를 하고 있다는 것을 알고 있거나 조금만 주의를 했더라면 알 수 있었던 상황이라면 표의자의 진의대로 법률효과를 부여하여도 상대방의 이익을 해하는 경우는 없을 것이다. 이런 점을 감안하여 민법은 상대방의 표의자의 진의 아님을 알았거나 알 수 있었을 경우에는 무효라고 하고 있다.

둘째, 통정허위표시는 상대방과 서로 짜고 진의 아닌 의사표시를 한 것을 말한다. 민법은 이 경우 법률효과를 원칙적으로 무효로 하고 있다. 하지만 거래안전을 감안하여 민법은 당사자 사이에 무효가 된다고 하더라도 선의의 제3자에게는 이 무효를 가지고 대항할 수 없다고 하고 있다. 이때 대항할 수 없다는 것은 무효를 가지고 선의의 제3자에게 주장할 수 없다는 것을 의미한다.

셋째, 착오에 의한 의사표시는 착오 상태에서 한 의사표시로서 생각과 표시가 불일치하는 것을 의사를 표시한 자가 모르는 경우를 말한다. 민법은 착오에 의한 의사표시의 경우, 법률행위의 내용의 중요부분에 착오가 있어야 하고 표시한 자에게 중대한 과실이 없다면 취소할 수 있다고 규정하고 있다. 이때 중요부분의 착오는 법률행위가 목적으로 하는 법률효과의 중요부분에 대한 착오를 말한다. 중대한 과실이란 일반적으로 요구되는 주의를 현저히 결한 경우를 말한다.

넷째, 사기나 강박에 의한 의사표시는 의사와 표시는 일치하지만 상대방의 기망이나 협박이 있어서 의사형성과정에 문제가 있는 것을 말한다. 민법은 이 경우 취소할 수 있도록 하고 있다.

### (4) 무효와 취소

법률행위를 하면 법률효과가 발생하는 것이 원칙이다. 하지만 이미 앞서 살펴본 대로 법률행위의 목적 등이 사회질서에 반할 경우에는 무효가 된다. 무효가 될 경우에는 법률효과가 당연히 생기지 않는다. 따라서 법률행위만 있고 아직 이행을 하지 않은 상태라면 그대로 법률관계는 소멸한다. 그러나 계약을 이미 이행한 상태에서 법률행위가 무효가 되면 법률관계는 소급적으로 소멸된다. 이 경우 이미 이행한 부분은 부당이득에 의하여 반환을 청구할 수 있게 됨이 원칙이다.

무효와 달리 취소는 소급해서 무효가 되는 경우이다. 행위무능력자가 대리인의 동의를 받거나 대리를 통해 법률행위를 한 것이라면 그와 그의 대리인은 취소할 수 있다. 다만 취소가 되기 전까지는 법률효과가 그대로 유지된다. 취소할 경우에는 그 법률효과가 소급해서 소멸한다.

무효와 취소의 공통점은 법률행위의 효력이 소멸하여 그 이전 상태로 돌아간다는 것이다. 이전 상태로 돌아가는 경우는 무효와 취소 이외에도 계약해제를 한 경우에도 마찬가지다. 만약 거래 당사자가 이행한 것이 있는 경우에는 상호간에 돌려주고 받는 원상회복을 통해 거래가 있기 전 상태로 돌아간다.

### (5) 법률행위의 대리

#### 가. 대리행위의 요건과 효과

대리란 타인(대리인)이 본인의 이름으로 의사표시를 하거나 또는 의사표시를 수령함으로써 그 법률효과가 직접 본인에게 생기는 제도를 말한다. 예컨대 대리인 갑(甲)은 본인 을(乙)을 위해 대신 주택를 구입하겠다는 의사표시를 한 경우 이로 인해 발생하는 주택인도청구나 매매대금채무는 본인 을(乙)에게 발생한다.

대리인이 대리인으로서 상대방과 행한 행위, 즉 대리행위가 유효하려면 첫째, 대리인에게 대리권이 있어야 한다. 만약 대리인이 대리인으로서 행위하였지만 대리권이 없는 경우에는 무권대리가 된다. 대리권은 법률의 규정에 의하여 주어지는 경우(법정대리)도 있고, 본인의 의사에 기하여 주어지는 경우(임의대리)도 있다. 둘째, 대리인은 대리행위를 할 때 본인을 위한 것임을 표시하여야 한다. 대리인이 본인을 위한 것임을 표시하지 않고 한 의사표시는 대리인을 위한 것으로 간주된다. 다만 상대방이 대리인으로서 한 것임을 알았거나 알 수 있었을 때에는 그 의사표시는 대리행위로서 효력을 발생한다.

이런 요건이 갖추어지면 대리행위의 효과는 모두 직접 본인에게 귀속한다. 그러나 대리인이 불법행위를 한 경우에는 그 책임이 본인에게 귀속하지 않고 대리인에게 귀속한다.

#### 나. 무권대리

무권대리는 대리권 없이 행한 대리행위를 말하는데, 표현대리와 좁은 의미의 무권대리로 구분할 수 있다.

표현대리는 대리인이 무권대리행위를 한 데에 본인에게도 책임의 일부가 있다고 생각되는 특별한 사정이 있는 경우에 본인에게 책임을 지게 함으로써 상대방 및 거래의 안전을 보호하려는 제도이다. 표현대리에는 첫째, 본인이 제3자에 대하여 어떤 자에게 대리권을 수여하였음을 표시하였는데 실제로는 수여하지 않은 경우, 둘째, 대리인이 대리권의 범위를 넘어서 대리행위를 한 경우, 셋째, 대리인이 과거에는 대리권을 가지고 있었으나 대리행위를 할 때에는 소멸하고 없는 경우 등이 해당한다. 그리고 대리행위의 상대방이 대리행위를 한 자에게 대리권이 없다는 것을 모르고(선의), 모르는 데 과실도 없어야(무과실) 한다. 표현대리가 성립하면, 표현대리의 상대방은 본인에 대하여 무권대리행위의 법률효과를 주장할 수 있다.

이런 표현대리로 볼 수 있는 특별한 사정이 없는 경우를 좁은 의미의 무권대리라고 한다. 이 경우 본인에 대하여 당연히 효과가 발생하지 않는다. 다만, 본인이 원한다면 그것을 추인하여 효과를 발생하게 할 수 있다. 상대방은 상당한 기간을 정하여 본인에게 추인하겠는지 여부에 관하여 확답을 하도록 독촉할 수 있고, 본인이 기간 내에 확답을 하지 않으면 추인을 거절한 것으로 간주된다. 그리고 상대방은 계약 당시에 대리인에게 대리권이 없음을 알지 못한 경우, 즉 선의인 경우에 한하여 본인의 추인이 있을 때까지 그 계약을 철회할 수 있다.

## 5. 소멸시효

민법은 시효제도를 두고 있는데, 이는 일정한 사실상태가 오랫동안 계속된 경우 그 상태가 진실한 권리상태에 합치하는지 여부를 묻지 않고서 그 사실 상태를 그대로 존중해 주는 제도를 말한다. 이런 시효제도에는 권리행사의 사실상태를 근거로 권리를 취득하는 취득시효제도와, 권리불행사의 사실 상태를 근거로 권리의 소멸을 인정하는 것이 소멸시효제도가 있다. 민법이 이와 같은 시효제도를 두고 있는 이유는 일정한 사실상태가 오랫동안 유지되어 있는 경우에 이를 진실한 사실관계로 믿고 수많은 법률관계가 형성될 경우 이를 진실한 권리관계와 다르다고 하여 부인할 경우 사회질서에 혼란을 초래할 수 있기 때문이다.

소멸시효는 권리자가 일정한 기간 동안 그 권리를 행사하지 않는 상태가 지속된 경우 그의 권리를 소멸시키는 제도이다. 소멸시효에 의하여 권리가 소멸하려면 권리가 소멸시효의 목적이 될 수 있는 것이어야 하고, 권리자가 법률상 그의 권리를 행사할 수 있음에도 불구하고 행사하지 않아야 하며, 위의 권리불행사의 상태가 일정한 기간 동안 지속되어야 한다. 민법상 소멸시효가 적용되는 권리는 채권과, 소유권 이외의 재산권이다. 따라서 가족권이나 인격권과 같은 비재산권은 소멸시효에 걸리지 않는다. 소멸시효는 권리를 행사할 수 있는 때로부터 진행한다. 보통의 채권의 소멸시효기간은 10년이고, 5년, 3년, 1년의 단기시효에 걸리는 채권도 있다. 채권 및 소유권 이외의 재산권의 소멸시효기간은 20년이다.

## 6. 물권법

### 1) 물권법과 물권

물권법은 물건에 대한 사람의 지배관계, 즉 물권관계를 규율하는 법이다. 물권이란 특정의 물건을 직접 지배하여 이익을 얻는 배타적인 권리이다. 물권은 배타적인 권리이기 때문에, 서로 양립할 수 없는 물권이 동일한 객체 위에 동시에 성립하지 못한다. 예컨대 땅 소유자는 직접 땅에 과실을 심고 농사를 지을 수도 있지만, 땅 사용을 타인에게 빌려주고 그 사람이 땅을 이용해서 수목을 심을 수 있도록 할 수도 있다. 또한 소유자는 사람들이 자신의 땅과 연결된 도로를 편하게 이용할 수 있도록 통행할 수 있는 권리를 설정해 줄 수도 있다. 자신의 아파트를 임대차로 내놓기도 한다. 또한 자신의 아파트나 토지를 담보로 제공하고 은행에서 돈을 빌릴 수도 있다. 이와 같이 물건을 소유 및 사용하고, 물건의 교환가치를 이용해 돈을 융통하는 경우 등이 모두 물권이다.

### 2) 물권법정주의와 물권의 종류

#### (1) 물권법정주의

물권의 종류와 내용을 법률이 정하는 것에 한하여 인정하는 원칙을 물권법정주의라고 한다. 다만 우리나라는 법률 외에 관습법에 의해서도 물권을 인정할 수 있도록 하고 있다. 민법은 제185조에서 "물권은 법률 또는 관습법에 의하는 외에는 임의로 창설하지 못한다."라고 규정하고 있다. 물권법정주의의 결과로 물권법의 규정들은 대부분 강행규정으로 되어 있다.

#### (2) 물권의 종류

민법이 규정하고 있는 물권은 점유권, 소유권, 지상권, 지역권, 전세권, 유치권, 질권, 저당권의 8가지이다.

점유권은 물건을 지배할 수 있는 법률상의 권원의 유무에 관계없이 사실상 지배하고 있는 상태 그 자체를 보호하는 권리를 말한다. 예컨대 친구에게 노트북을 빌려서 가지고 있는 경우도 점유하고 있는 것이다.

소유권은 물건을 전면적으로 사용, 수익, 처분할 수 있는, 즉 물건이 가지는 사용가치, 교환가치의 전부를 지배할 수 있는 권리이다.

점유권, 소유권을 제외한 나머지 물권은 소유권에 대한 제한 위에서 성립하고 내용도 제한되어 있어 제한물권이라고 불린다. 제한물권은 다시 사용가치를 지배하는 용익물권과 교환가치를 지배하는 담보물권으로 나누어 볼 수 있다. 용익물권은 다시 지상권, 지역권, 전세권 등으로 구분되고, 담보물권은 유치권, 질권, 저당권 등으로 구분된다.

용익물권은 타인 소유의 물건을 일정한 범위에서 사용·수익할 수 있는 물권을 말한다. 이에는 타인의 토지를 사용할 수 있는 물권인 지상권, 타인의 토지를 자기 토지의 편익을 위하여 이용할 수 있는 지역권, 전세금을 지급하고 타인의 부동산을 점유하여 그 부동산의 용도에 따라 사용·수익할 수 있는 전세권 등이 있다.

담보물권은 물건의 교환가치를 이용하는 물권이다. 이런 담보물권에는 물건이나 유가증권에 관한 채권이 있을 경우에 채권을 변제받을 때까지 물건을 유치하여 채무자의 변제를 간접적으로 강제하는 유치권, 채권자가 채권담보로 물건이나 재산권을 받아 유치함으로써 채무자의 변제를 간접적으로 강제하고 만일 채무자가 채무를 변제하지 않을 경우에 그 유치하고 있는 목적물로부터 우선 변제를 받을 권리를 질권, 채무자가 채무의 담보로 제공한 부동산 등 목적물을 채권자가 인도받지 않고서도 채무의 변제가 없는 경우에 그 목적물로부터 우선변제 받을 수 있는 저당권 등이 있다.

물권은 대상이 부동산인가 동산인가에 따라 부동산물권과 동산물권으로 나눌 수 있다. 점유권, 소유권, 지상권, 지역권, 전세권, 유치권, 저당권은 부동산물권이고, 점유권, 소유권, 유치권, 질권은 동산물권이다.

우리나라에서 관습법상의 물권으로 판례에 의하여 인정된 것으로는 분묘기지권과 관습법상의 법정지상권이 있다.

### 3) 물권의 변동

물권의 변동이란 물권의 발생, 변경, 소멸을 통틀어서 일컫는 것이다. 법률행위인 물권행위 및 법률행위가 아닌 법률규정, 판결, 국가의 주권행사 등은 물권변동을 야기하는 원인이다.

#### (1) 공시(公示)의 원칙과 공신(公信)의 원칙

물권은 배타적인 효력이 있어 그 변동을 외부에서 인식할 수 있는 표상이 없다면 거래의 안전에 심각한 문제를 야기할 수 있다. 예컨대 어떤 아파트의 실소유자는 갑(甲)인데 을(乙)이 자신이 실제소유자라 칭하고 정(丁)에게 매도했다면 정(丁)은 권리자가 없는 자로부터 아파트를 취득한 것이 되어 예측하지 못한 손해를 입을 염려가 있다. 따라서 물권의 변동은 외부에서 인식할 수 있는 표상을 갖추어야 하는데 이를 공시의 원칙이라고 한다. 이런 공시의 원칙에 의하여, 민법은 부동산물권에 관하여는 등기를, 그리고 동산물권에 관하여는 점유를 공시방법으로 하고 있다.

이런 공시방법을 갖춘 물건을 믿고 거래한 자는 항상 권리를 취득할 수 있을까? 다시 말하면 거래안전을 위해 진정한 권리관계가 일치하지 않는 공시를 믿고 거래한 자를 보호

할 필요가 있다는 것이 공신의 원칙이다. 이 같은 공신의 원칙을 관철하면 공시방법을 믿고 거래한 자는 보호되지만 진정한 권리자는 보호되지 못하는 문제가 발생한다. 우리 민법은 동산의 경우에는 공신의 원칙을 인정하지만 부동산의 경우에는 인정하지 않고 있다.

### (2) 물권변동의 요건

법률행위, 즉 물권행위에 의하여 부동산물권변동이 일어나려면 물권행위와 등기의 두 가지 요건을 갖추어야 한다. 그리고 목적물의 점유를 넘겨주는 것, 즉 인도는 요건이 아니다. 다만, 법률행위에 의하지 않고 상속, 공용징수, 판결, 경매 기타 법률의 규정 등에 의하여 일어나는 부동산물권변동에는 등기를 요하지 않는다. 그러나 부동산의 점유취득시효는 법률행위에 의하지 않는 부동산물권변동이지만 등기가 필요하다. 즉, 민법상 20년간 소유의 의사로 평온, 공연하게 부동산을 점유하는 자는 등기함으로써 그 소유권을 취득한다.

민법은 동산에 관한 물권의 양도는 그 동산을 인도하여야 효력이 생긴다고 규정하고 있다. 즉, 동산물권변동에도 물권행위와 공시방법으로서의 인도, 즉 점유의 이전이 있어야 한다. 그리고 동산거래에 공신의 원칙이 채용된 결과, 동산의 점유자가 소유자라고 믿고 그에게 동산을 매수한 경우에는 그 매수인이 그 동산의 소유권을 취득하게 되는데, 이를 선의취득이라고 한다. 민법은 "평온, 공연하게 동산을 양수한 자가 선의이며 과실 없이 그 동산을 점유한 경우에는 양도인이 정당한 소유자가 아닌 때에도 즉시 그 동산의 소유권을 취득한다."고 규정하고 있다.

### (3) 물권적 청구권

법률행위와 공시를 통해 획득한 물권을 보유한 사람은 물건을 배타적으로 지배할 수 있는 권리를 지닌다. 이 권리를 보호하기 위하여 물권의 효력으로 인정되는 것이 물권적 청구권이다. 물권적 청구권에는 목적물의 점유를 침탈당하거나 반환을 거부하는 경우에 행사할 수 있는 반환청구권, 점유의 침탈이나 반환거부 이외의 방법으로 물권의 행사가 방해되는 경우에 행사할 수 있는 방해제거청구권, 물권의 침해가 현실적으로 발생하고 있지는 않지만 장래 방해될 염려가 있는 경우에 행사할 수 있는 방해예방청구권 등이 있다. 이런 물권적 청구권은 불법행위와는 달리 침해하는 자의 고의나 과실이 없어도 행사할 수 있다. 한편 물건지배를 침해하는 경우가 불법행위인 경우에 손해배상을 청구할 수 있다.

## 7. 채권법

### 1) 채권의 의의와 효력

채권법은 채권을 보호하고 실현하기 위해서 마련된 법이다. 채권이란 특정인이 다른 특정인에 대하여 일정한 행위(급부)를 청구할 수 있는 권리를 말한다. 이 경우, 상대방에 대하여 일정한 행위를 청구할 수 있는 사람을 채권자라 하고, 상대방의 청구에 대하여 일정한 의무를 부담하는 자를 채무자라고 한다.

채권은 물권과 같이 배타적으로 지배할 수 있는 권리는 아니다. 채권은 사람의 행위를 청구하는 것이기 때문에 당연하다. 하지만 채권도 권리라는 점에서 나름대로 그 사람의 행위를 확보할 수 있는 능력이 없다면 당연히 권리라고 할 수 없다. 이를 채권의 효력이라고 한다. 채권의 효력에는 대내적 효력, 대외적 효력, 책임재산 보전의 효력 등이 있다.

대내적 효력이란 채권자와 채무자라는 당사자 사이에 인정되는 효력이다. 이러한 대내적 효력으로는 채권자가 채무자에게 급부를 청구할 수 있는 청구력, 채무자가 급부한 경우에 채권자가 그 급부를 수령하고 적법하게 보유할 수 있는 급부보유력, 그리고 채무자가 급부를 하지 않는 경우에 채권자가 법원에 이행의 소를 제기하고 그 판결에 기하여 채무자의 재산에 대하여 강제집행을 할 수 있게 하는 소구력과 집행력이 있다.

대외적 효력이란 제3자의 불법한 채권침해에 대한 효력으로서, 제3자가 불법하게 채권을 침해한 경우 채권자가 그 제3자에 대하여 불법행위를 이유로 손해배상을 청구할 수 있고, 또 경우에 따라서는 채권에 기하여 방해배제를 청구할 수 있는 효력이다. 그러나 제3자의 채권침해행위가 언제나 불법행위가 되는 것은 아니고 일반 불법행위의 요건을 모두 갖추어야 한다.

책임재산보전의 효력이란 채무자의 책임재산을 확보하여 강제집행을 준비하는 효력으로, 채권자대위권과 채권자취소권의 행사가 그것이다. 여기서 책임재산이란 채무자의 일반재산으로 채무불이행이 있는 경우에 강제집행의 대상이 되는 재산을 말한다. 채권자대위권은 채권자가 자기의 채권을 보전하기 위하여 그의 채무자에 속하는 권리를 행사하는 권리를 말한다. 즉, 채권자대위권이란 채무자가 채무를 이행하지 않고 있는 경우에 채권자가 자신의 채무자가 다른 사람에게 채권을 가지고 있는 것이 있다면 일정한 경우에 채무자를 대신하여 이 권리를 행사하여 책임재산을 확보할 수 있는 권리이다. 한편 채권자취소권은 채무자가 채권자를 해함을 알면서 행한 법률행위로 채무자의 책임재산이 부당하게 감소되어 채무자의 변제능력이 부족하게 된 경우에 일정한 요건 하에서 채권자가 채무자가 한 이러한 법률행위를 취소하고 일탈한 재산을 회복시킬 수 있는 권리이다.

### 2) 채권의 발생원인

채권은 여러 가지 원인에 의해 발생한다. 민법은 채권의 발생원인으로 네 가지를 규정하고 있다. 계약, 사무관리, 부당이득, 불법행위가 그것이다. 이 중 계약은 법률행위에 의해 채권이 발생하는 경우이고, 나머지는 법률행위가 아닌 법률의 규정에 의해 채권이 발생하는 경우이다.

#### (1) 계약

계약은 그 의미를 넓게 파악할 수도 있고 좁게 파악할 수도 있다. 넓은 의미의 계약은 사법상의 일정한 법률효과의 발생을 목적으로 하는 2인 이상의 당사자의 대립된 의사표시의 합치, 즉 합의에 의하여 성립하는 법률행위를 말한다. 이는 채권계약, 물권계약, 준물권계약, 가족법상의 계약 등을 포함하는 개념이다. 한편 좁은 의미의 계약은 넓은 의미의 계약 중 채권계약, 즉 채권의 발생을 목적으로 하는 계약만을 의미한다. 채권의 발생 원인으로서의 계약은 바로 이 좁은 의미의 계약을 말한다. 우리 민법은 증여, 매매, 교환, 소비대차, 사용대차, 임대차, 고용, 도급, 여행계약, 현상광고, 위임, 임치, 조합, 종신정기금, 화해 등 15가지의 전형적인 계약 유형을 제시하고 있다. 그러나 채권법은 사적 자치의 원칙이 강하게 적용되는 영역이니만큼 민법이 규정하고 있는 이러한 계약 유형은 예시에 불과할 뿐 이와 다른 계약도 당사자들 간에 얼마든지 자유롭게 체결할 수 있으며, 전형계약을 체결하는 경우에도 민법의 규정과 다른 내용으로 계약할 수도 있다.

#### (2) 사무관리

사무관리란 법률상 또는 계약상 아무런 의무가 없는 자가 타인을 위하여 타인의 사무를 처리함으로써 사무를 처리한 자와 사무처리를 받은 자 사이에 발생한 이해관계를 해결하고자 우리 민법이 법률의 규정으로 채권·채무관계를 발생시키는 것이다. 이러한 사무관리의 예로는 장기간 해외여행 중인 이웃집 지붕이 폭풍우로 파손된 경우 이를 수선해 주는 경우를 들 수 있다.

#### (3) 부당이득

부당이득이란 법률상 아무런 원인이 없이 다른 사람의 재산이나 노무로부터 이익을 얻고, 이로 인하여 다른 사람이 손해를 입게 된 경우 이익을 받은 자가 그 이익을 반환하여야 하는 제도를 말한다. 예컨대 채무자가 채무를 변제해 놓고도 이 사실을 기억하지 못해 또 채권자에게 변제를 하는 경우, 채권자가 두 번째로 수령한 것은 이미 채권이 변제로 소멸한 이후의 일이므로 아무런 적법한 원인 없이 채무자의 재산으로부터 이익을 취득하고 채무자에게는 손해를 입히게 된 경우이므로 이때 두 번째 수령한 것은 채무자에게 반환하여야 한다는 것이다.

#### (4) 불법행위

불법행위란 고의나 과실로 위법하게 타인에게 손해를 가하는 행위를 말한다. 타인에게 일부러 상해를 가하는 경우가 그 예이다. 이러한 불법행위가 성립하려면 타인에게 손해를 가하는 행위가 있고, 이러한 손해를 가하는 행위가 가해자의 고의나 과실로 인한 것이고, 가해자에게 이러한 행위의 책임을 물을 수 있도록 가해자가 자기 행위의 책임을 인식할 수 있는 책임능력이 있어야 하며, 또한 이러한 가해행위는 위법한 것이어야 할 뿐 아니라 가해행위로 인해 손해가 발생하였어야 한다. 이 같은 요건이 모두 충족되면 피해자는 불법행위자에 대하여 손해배상청구를 할 수 있다. 가해자는 이러한 손해배상책임과는 별도로 일정한 경우 형사상의 제재를 받을 수도 있다.

### 3) 채무불이행

#### (1) 채무불이행의 의의

채권이 존재하는 경우 채무자는 채무의 내용대로 이를 성실하게 이행하여야 한다. 그런데 채무자가 이 같이 채무의 이행을 하지 않는 경우가 있는데 이를 통틀어 채무불이행이라고 한다. 이러한 채무불이행은 그 불이행의 유형에 따라 이행지체, 이행불능, 불완전이행으로 분류할 수 있다. 이행지체란 채무의 내용대로 이행이 가능함에도 불구하고 약속된 시기, 즉 이행기에 이행을 하고 있지 않는 경우를 말하고, 이행불능이란 채무의 이행기에 이행을 하려고 해도 이행이 불가능한 경우를 말하며, 불완전이행이란 채무자가 이행을 하긴 하였으나 채무의 내용대로 성실히 이행한 것이 아닌 경우를 말한다. 그러나 이러한 이행지체, 이행불능, 불완전이행이 채무자의 고의나 과실에 의한 것이 아니라면 채무불이행이라고 할 수 없다.

#### (2) 채무불이행의 효과

이 같은 채무불이행이 발생한다면 채권자는 애초에 채권계약으로 자신이 의도했던 목적을 이루지 못하게 됨으로써 손해를 보게 된다. 그러므로 채권자를 구제하기 위한 방법들이 필요한데 우리 민법은 이러한 방법으로 손해배상청구, 계약해제, 강제이행 등을 두고 있다. 손해배상은 채무자가 고의나 과실로 채무를 불이행함으로써 입은 손해에 대해 채권자가 채무자에 대하여 금전으로서 배상을 청구할 수 있는 제도이다. 계약해제란 채무불이행이 있을 때 채권자가 채무자에게 채권계약 자체를 소급적으로 소멸시킨다는 의사표시를 할 수 있도록 함으로써 애초에 채권계약이 없었던 것과 같은 상태로 되돌릴 수 있게 하는 방법이다. 한편 강제이행이란 채권자가 국가권력을 빌어 강제로 채권의 내용대로 실현하는 것을 말한다.

### 4) 채권의 소멸

채권의 소멸원인에는 여러 가지가 있는데, 민법은 변제, 대물변제, 공탁, 상계, 경개, 면제, 혼동의 7가지의 채권의 소멸원인을 규정하고 있다. 변제는 채무의 내용인 급부를 실현하는 채무자 기타의 자의 행위를 말하며, 변제가 있으면 채권자는 목적을 달성하고 채권은 소멸한다. 대물변제는, 예를 들어 금전채무를 변제하는 대신 부동산 소유권을 이전하는 것과 같은 방식으로, 본래의 급부에 갈음하여 다른 급부를 실제로 함으로써 채권을 소멸시키는 채권자·채무자 사이의 계약을 말한다. 공탁은 금전 기타의 물건이나 유가증권을 공탁소에 임치하는 것이며, 공탁이 있으면 채권자는 공탁소에 대하여 채권을 취득하고 채무자는 채무를 면한다. 상계는 채권자와 채무자가 서로 같은 종류의 채권과 채무를 가지는 경우에 그 채권과 채무를 대등액에서 소멸시키는 단독행위이다. 경개(更改)는 채권의 목적, 채권자, 채무자 등 채무의 요소를 변경함으로써 구채무를 소멸시키고 신채무를 성립시키는 계약이다. 채무의 면제는 채무를 소멸시키는 채권자의 단독행위이며, 채권과 채무가 동일인에게 귀속하는 사실이 혼동이다.

## 8. 친족법

### 1) 친족

친족은 혈족, 배우자, 인척으로 구성된다. 혈족은 부모와 자, 형제자매, 삼촌과 조카의 관계 등과 같이 직계혈족과 방계혈족을 포함하는 자연혈족과 양부모와 양자 등과 같은 법정혈족을 말한다. 혼인을 통해서 형성되는 친족은 배우자와 인척이다. 배우자는 혼인으로 관계가 발생하며, 사실혼의 배우자는 민법상 배우자가 아니다. 인척은 혈족의 배우자,

배우자의 혈족, 배우자의 혈족의 배우자이다.

친족의 범위는 8촌 이내의 혈족, 4촌 이내의 인척, 배우자이다. 촌수 계산은 공동시조에서 각자에 이르는 세대수는 합산하는 것이다. 직계는 세대마다 +1씩 하면 되고, 방계는 +2씩을 더해 가면 된다. 예컨대 아버지와 나는 직계이며 1세대이며 1촌이다. 하지만 할아버지의 경우에는 할아버지와 아버지, 아버지와 나의 관계를 매개로 형성된다. 따라서 할아버지와 나는 2촌이다. 그럼 숙부는 몇촌일까? 흔히 우리가 삼촌으로 부른다. 아버지와 내가 1촌이고, 아버지와 형제인 숙부는 2촌이다. 따라서 나와 숙부는 1촌과 2촌이 합해져 삼촌이다. 그렇다면 삼촌의 자녀는 나와 몇 촌일까? 우리가 흔히 말하는 사촌이다.

### 2) 혼인(결혼)

#### (1) 약혼

약혼은 남녀가 장차 혼인할 것을 약속하는 계약이다. 미성년자가 약혼하려면 남녀 모두 만 18세가 되어야 하고, 또 부모의 동의를 얻어야 한다. 약혼이 있으면 당사자는 혼인해야 할 의무를 부담하지만, 이행이 없더라도 이를 강제하지 못한다. 그때는 약혼을 해제하고 손해배상을 청구할 수밖에 없다.

#### (2) 혼인의 성립

법적으로 혼인이 유효하게 성립하기 위해서는 실질적 요건과 형식적 요건을 모두 구비해야 한다. 실질적 요건으로서 가장 중요한 것은 혼인하려는 당사자 간의 혼인의사의 합치이고, 이 외에도 실질적 요건으로서 당사자가 모두 18세 이상이여야 하고, 일정한 경우(미성년자나 피성년후견인) 부모나 후견인 등의 동의를 얻어야 하며, 일정한 범위의 근친자(예를 들어, 상대방이 8촌 이내의 혈족이나 시아버지나 시동생, 장모나 처제 등) 사이의 혼인이 아니어야 하며, 법적으로 혼인한 자(중혼)가 아니어야 한다. 그리고 혼인의 형식적 요건은 혼인신고를 말한다.

#### (3) 혼인의 효력

혼인이 성립하면 부부 간에는 배우자라는 친족관계가 발생하고, 서로 동거하고 부양하며 협조할 의무를 부담하게 되며, 혼인의 당사자가 미성년자였다면 혼인으로 인해 성년자로 의제되어 부모의 친권이나 성년인 혼인 상대방에게 종속됨이 없이 독립된 가정생활을 영위할 수 있게 된다. 부부 사이에 혼인 당시의 가지고 있던 재산이나 혼인 후에 새로 취득하는 재산을 누구의 것으로 할 것인가 하는 것이 문제되는데, 이는 우선 부부 간의 약정이 있는 경우에는 이에 따르고 약정이 없거나 불완전한 경우에는 민법 규정에 따르게 된다. 이러한 약정을 부부재산계약이라고 하는데 이것은 혼인하려는 남녀가 혼인하기 전에 미리 체결하여야 하고 혼인 중에 변경하지 못한다. 한편 이러한 부부 간의 재산관계와 관련해 우리 민법은 혼인 전에 자기가 가지고 있던 재산은 자기 것으로 되고, 혼인 후 취득한 재산에 대해서는 자기의 이름으로 취득한 것은 원칙적으로 자기 것으로 되고 누구의 것인지 불분명한 재산은 부부가 공유하는 것으로 추정된다고 함으로써 부부별산제를 규정하고 있다. 또한 부부공동생활비용은 달리 정한 바가 없다면 공동으로 부담함이 원칙이고, 부부의 일방이 부부 공동생활에서 필요한 일상적인 사무를 처리함으로써 발생한 채무에 대해서는 다른 일방도 연대해서 책임을 져야 한다.

### (4) 이혼

민법은 이혼 원인을 묻지 않고 당사자 간의 협의로 이혼을 할 수 있도록 하는 협의이혼과 법에서 정한 일정한 이혼 사유가 있어야만 이혼이 허용되는 재판상 이혼을 규정하고 있다. 이혼을 하게 되면 부부사이의 친족관계가 소멸하고, 재산청산이 이뤄지며, 미성년인 자녀에 대한 부모가 공동으로 행사하는 친권행사에 변경이 생길 수 있다.

협의이혼을 하려는 자는 가정법원에 가서 이혼의사에 대해 확인을 받아 가족관계의 등록 등에 관한 법률이 정한 바에 따라 신고하여야 한다. 가정법원에 확인을 신청한 당사자들은 가정법원이 제공하는 이혼에 대한 안내를 받게 되고 이로부터 짧게는 1개월, 길게는 3개월의 기간이 지난 후에야 비로소 이혼의사의 확인을 받을 수 있게 되는데, 이를 이혼숙려기간 제도라고 한다. 이는 성급한 이혼을 방지하고 이혼에 대한 신중한 판단을 유도하려는 취지이다.

재판상 이혼의 사유로는 배우자가 부정한 행위를 한 경우, 배우자가 악의로 다른 일방을 유기한 경우, 배우자 또는 그 직계존속으로부터 심히 부당한 대우를 받은 경우, 자기의 직계존속이 배우자로부터 심히 부당한 대우를 받은 경우, 배우자의 생사가 3년 이상 분명하지 아니한 경우, 기타 혼인을 계속하기 어려운 중대한 사유가 있는 경우 등이다. 이 경우 혼인 파탄에 주된 책임이 있는 배우자, 즉 유책배우자의 이혼 청구는 원칙적으로 인정되지 않는다. 재판상 이혼을 청구하려는 자는 먼저 가정법원에 조정을 신청하여야 하고, 조정이 성립되지 않는 경우에 소송으로 진행되게 된다. 이혼의 효력 발생 시기도 이혼의 형태에 따라 달라지는데 협의이혼의 경우에는 이혼 신고 시에, 재판상 이혼의 경우에는 이혼 심판 선고 시에 이혼의 효력이 생긴다.

이혼이 성립하면 부부관계와 인척관계가 소멸하게 된다. 또한 미성년인 자녀가 있는 경우에는 친권자와 양육권자를 결정해야 하며, 만약 양육하지 않는 부모의 일방에게는 자녀와 만나고 서신 교환 등을 할 수 있는 면접교섭권이 인정된다. 또한 이혼에 대해 책임이 있는 자에게 다른 일방은 손해배상(위자료)을 청구할 수 있고, 부부가 혼인 중 협력한 재산에 대해 상대방에게 재산을 분할할 수 있는 청구권이 발생한다.

### 3) 부모와 자녀

부모와 자녀의 법률관계는 혼인 중 자녀의 출생, 혼인 외 자녀의 출생, 입양 등에 의해 형성된다. 혼인 중 자녀의 출생, 혼인 외 자녀의 출생 등으로 부모와 자연혈족관계에 있는 자녀를 친생자라고 한다.

#### (1) 친생자

아내가 혼인 중에 임신한 자녀는 남편의 자녀로 추정한다. 그리고 혼인이 성립한 날로부터 200일이 지난 후 또는 혼인관계가 종료한 날로부터 300일 내에 출생한 자녀는 혼인 중에 임신한 것으로 추정한다. 친생자로 추정을 받는 자녀의 경우, 친생부인 소에 의해서만 그 추정이 깨어질 수 있다. 친생부인의 소는 부부의 일방이 다른 일방 또는 자녀를 상대방으로 하여 제기할 수 있다.

혼인 외 출생한 자녀는 생부나 생모가 인지할 수 있다. 인지(認知)는 버려진 자녀와 그의 어머니 및 혼인 외 출생한 자녀와 그 아버지와의 친자관계를 발생하게 하는 생모 또는 생부의의 단독행위이다. 부 또는 모가 임의로 인지하지 않는 때에는 자녀나 직계비속 또는 그 법정대리인은 인지청구의 소를 제기할 수 있는데, 이를 강제인지라고 한다.

#### (2) 양자

양자제도란 친생자 아닌 자를 법률상 혈연관계가 있는 것처럼 의제함으로써 친자관계를 창설하는 것이다. 민법은 보통양자제도와 친양자제도를 두고 있다. 보통양자의 경우에는 입양으로 인해 양자가 양부모와 친자관계가 발생하더라도 친부모와의 친자관계도 계속 유지된다. 그리고 민법은 입양되는 자녀의 복지를 위해서 입양 시에 양자와 친부모와의 친자관계를 단절시키고 양부모의 성과 본을 따르도록 함으로써 양자가 양가에서 완전히 친생자가 되는 친양자제도를 두고 있다. 친양자의 경우 보통양자의 경우보다 입양의 요건이 엄격할 뿐만 아니라 당사자들 간의 합의와 신고만으로 성립하는 보통양자와는 달리 특별히 가정법원의 허가를 받을 것이 요구된다. 이는 친양자의 경우 그 법률적 효과가 강한 만큼 입양의 성립 단계에서부터 법원이 직접 개입하여 신중을 기하고자 하는 것이다. 또한 입양의 해소에 있어서도 보통양자의 경우보다 사유를 제한함으로써 자녀의 복지에 신중을 기하고 있다. 보통양자의 경우 그 관계는 입양의 무효, 입양의 취소, 파양(협의상 파양과 재판상 파양 모두 인정)으로 해소되지만, 친양자관계의 해소는 아주 예외적인 경우만 취소할 수 있게 하고 최소한의 사유에 한해 재판상 파양만을 가능하게 하고 있다.

#### (3) 친권

이런 친자관계에서 미성년인 동안에는 부모의 친권에 복종해야 하고, 부모는 친권으로 미성년인 자녀의 양육을 위해 힘써야 한다. 또한 친자관계가 유지되는 한 자녀는 법정상속인이 될 수 있다. 친권은 부모가 그들의 미성년인 자녀를 보호, 교양할 지위로부터 유래하는 권리와 의무의 총체를 말한다. 이런 친권은 부모가 공동으로 행사하는 것을 원칙으로 한다. 친권은 그 용어 때문에 권리라고 오해하기 쉬우나 권리로서의 측면과 함께 의무로서의 측면도 가지고 있다. 따라서 친권은 단순히 부모의 자에 대한 지배권이 아니며 부모가 친권을 행사함에 있어서는 언제나 자녀의 복리를 최우선적으로 고려하여야 한다. 친권자는 자녀를 보호하고 교양할 권리와 의무가 있을 뿐만 아니라 자녀가 거주할 장소를 지정할 수 있다. 또한 친권자는 미성년인 자녀가 영업을 하고자 하는 경우에 이에 대한 허락권, 친족법상의 대리권, 자녀의 재산에 관한 관리권과 대리권을 가진다. 그러나 이러한 친권도 일정한 경우 제한되는데, 대표적인 경우가 친권자의 이익과 자녀의 이익이 서로 상반되는 사안에 있어 친권자의 대리권이 제한되는 경우이다. 친권관계에서 자녀들은 인지받지 못한 혼인 외 출생자를 제외하고는 법정상속인이 될 수 있다. 아버지로부터 인지를 받지 못한 혼인 외 출생자는 어머니의 법정상속인이 될 수 있으나 아버지의 법정상속인이 될 수는 없다.

## 9. 상속법

### 1) 상속

#### (1) 의의

상속은 사람이 사망한 경우에 그 사망자(피상속인)의 재산법상의 지위가 상속인에게 포괄적으로 승계되는 것이다. 상속은 사망으로 개시되며, 사망에는 실종선고와 인정사망도 포함된다. 상속은 유언자가 상속인을 지정하는 유언상속이 일반적이다. 하지만 유언상속이 없는 경우에는 법률에 정해진 순서에 따라 상속인이 정해진다. 이를 법정상속이라 한다.

### (2) 상속인

법률에 정해진 상속인은 혈족과 배우자이다. 혈족은 법률에 정해진 바에 따라 그 순위가 정해진다. 혈족의 상속 순위는 1순위 직계비속, 2순위는 직계존속, 3순위는 형제자매, 4순위는 4촌 이내의 방계혈족이다. 동일한 순위의 상속인들은 균분하게 상속한다. 1순위인 직계비속은 자녀들을 의미한다. 자녀들은 촌수가 같으면 모두 동순위가 되며 자녀와 손자녀처럼 촌수가 다르면 촌수가 가까운 자녀이 선순위가 된다. 2순위인 직계존속은 부계, 모계, 양가, 생가 등을 불문한다. 예컨대 조부모와 외조부모 등을 불문하고 동순위이며, 친생부모와 양부모 등을 불문하고 동순위의 상속인이 된다. 3순위인 형제자매는 피상속인의 형제자매를 의미한다. 4순위인 4촌 이내의 방계혈족은 3촌과 4촌을 말한다. 예컨대 숙부, 고모, 이모, 조카, 사촌형제들이 된다. 혈족이 아닌 상속인이 배우자이다. 이 배우자는 혼인신고를 한 법률상의 배우자를 말한다. 배우자는 직계비속 또는 직계존속이 있으면 동순위자로 상속을 하고, 이들이 없는 경우에는 단독상속을 하게 된다.

상속인이 된 혈족과 배우자들은 상속권을 가지게 되며, 만약 상속권을 침해받은 경우에는 침해자에 대하여 상속회복청구권을 행사할 수 있다. 상속권을 가지는 상속인이 될 직계비속 또는 형제자매가 상속개시 전에 사망하거나 결격자가 되면 상속을 할 수 없다. 이 경우 그 직계비속이나 배우자가 있는 때에는 그가 사망자나 결격자에 갈음하여 상속인이 된다. 이를 대습상속이라고 한다. 예컨대 갑(甲)의 재산을 상속할 딸이 상속개시 전에 사망하게 될 경우에 그 배우자나 직계비속이 있으면 갑(甲)의 딸을 대신하여 상속하게 된다. 상속결격이 되는 경우는 예컨대 고의로 선순위 및 동순위 상속인들을 살해하거나 살해하려한 경우 등이다.

### (3) 상속분

상속인에게 상속되는 재산에는 물권, 채권 등을 포함한 피상속인의 권리와 채무 등이 포함된다. 상속인들은 이와 같은 상속재산을 상속분에 따라 상속한다. 피상속인이 유언으로 상속분을 지정한 경우가 지정상속분이다. 이런 지정은 상속인들이 반드시 받아야 하는 유류분을 침해할 수는 없다. 따라서 유류분을 침해하여 초과상속한 상속인은 초과부분을 반환해야만 한다. 이런 유언이 없는 경우에는 법정상속분이 적용된다. 이 경우 동순위

상속인들은 균분으로 상속하며, 배우자는 직계비속 또는 직계존속의 상속분에 5할을 가산한 만큼 상속한다. 상속채무의 경우에는 지정과 상관없이 법정상속분에 따라 승계된다. 만일 상속분을 받을 상속인이 아무도 없다면 상속재산은 국고에 귀속된다.

#### (4) 유류분

피상속인은 생전에 재산을 증여하거나 유언에 의하여 사후에도 유증할 수 있다. 이를 무한정 인정하게 되면 상속인이 상속받을 몫이 없어지거나 부당하게 줄어들어 남은 유족들의 생계가 곤란해질 수도 있다. 그래서 민법은 일정한 한도에서 상속인이 반드시 상속받아야 할 몫, 즉 유류분을 확보해 주고 있다. 유류분 제도에 따라 직계비속이나 배우자는 법정상속분의 1/2, 직계존속이나 형제자매는 법정상속분의 1/3을 유류분으로 보장받는다. 이런 상속인들이 만약 유류분을 침해받는다면 유류분 반환 청구권을 행사하여 침해자로부터 돌려받게 된다.

#### (5) 상속의 승인과 포기

부모가 많은 재산을 상속재산으로 남겼다면 문제가 없겠지만 만약 빚만을 남기고 있다면 상속인은 어려움에 처할 수도 있다. 그래서 민법은 상속상황에 따라 상속인에게 상속할 것인지, 말 것인지에 대해 단순승인, 상속포기, 한정승인 등의 선택권을 주고 있다. 민법은 이를 위해 제도를 두고 있다. 단순승인이란 상속인이 피상속인의 재산과 채무 모두 승계하겠다는 것이고, 상속포기는 피상속인의 재산과 채무 모두 승계하지 않겠다는 것이다. 한정승인은 상속받은 재산의 한도 내에서 채무를 갚고, 남는 것이 있으면 상속받고 없으면 빚에 대해서 책임을 지지 않도록 하는 제도이다.

### 2) 유언

유언은 유언자가 사망할 경우 일정한 법률효과를 발생시킬 목적으로 일정한 방식에 따라 하는 상대방 없는 단독행위이다. 유언자는 유언을 통해 재단법인을 설립하거나, 혼인외 출생자에 대해 인지하거나, 미성년인 자녀의 후견인을 지정하거나, 상속인을 지정하거나, 상속재산 분할방법 등을 지정하는 것과 같은 생전의 마지막 의사표시를 한다.

유언은 자유의사로 일정한 방식에 따라 작성되어야 한다. 작성된 유언 내용은 유언자가 사망했을 때 그 효력이 발생한다. 유언자는 살아있는 동안 유언을 언제든지 자유롭게 철회할 수 있다. 만약 유언자가 중요부분에 대해 착오를 하거나 사기·강박에 의해 유언을 했을 경우 취소할 수 있다. 또한 유언은 일정한 방식을 요구하는데 만약 방식이 흠결되었을 경우에는 무효가 된다.

민법에서 정한 유언의 방식은 자필, 녹음, 공정증서, 비밀증서, 구수증서 등이다.

먼저 자필증서에 의한 유언은 유언자가 그 전문과 연월일, 주소, 설명 등을 자서하고 날인하는 것으로 유일하게 증인을 필요로 하지 않는다. 유언의 전문은 반드시 자필로 써야 한다. 만약 타인이나 기계 등을 이용하여 작성된 전문일 경우 그 유언은 무효이다. 녹음에 의한 유언은 유언자가 유언의 취지, 그 성명과 연월일을 구술하고, 이를 청취한 증인이 유언의 정확함과 그 성명을 구술함으로써 성립되는 방식이다.

공정증서에 의한 유언은 유언자가 공증인과 증인 2인이 지켜보는 가운데 구수하고, 공증인이 유언자의 구술을 필기하여 유언자와 증인 앞에서 낭독한 후, 유언자와 증인이 필기의 정확함을 승인한 후 각자 설명 또는 기명날인함으로써 성립한다. 이와 같은 공정증서는 국어에 의해 작성되어야 한다.

비밀증서에 의한 유언은 다양한 방식으로 유언서를 작성하고 서명날인 한 후 봉투 등과 같은 봉서에 넣어 엄봉한 후에 자신의 유언서임을 표시하여 증인 2명에게 제출한 후에 서명날인하고 공증을 받는 작성 방식이다. 구체적으로 살펴보면 유언자가 성명을 기입한 증서를 엄봉, 날인하여 2인 이상의 증인에게 제출하여 자신의 유언서임을 표시한다. 봉서표면에 유언서의 제출연월일을 기재하고, 유언자와 증인이 각자 서명 또는 기명날인한다. 그 표면에 기재된 날로부터 5일 내에 공증인 도는 가정법원 서기에게 제출하여 그 봉인상에 확정일자를 받는다. 이 유언 방식의 경우 유언의 존재는 명확히 해두고 싶지만 그 내용을 비밀로 해두고 싶을 때 장점이 있다.

구수증서에 의한 유언은 질병 기타 급박한 사유로 다른 방식에 의해 유언을 할 수 없는 경우 2인 이상의 증인이 참여하여 그 중 1인이 유언의 취지를 구수하고, 이를 낭독하여 유언자와 증인들로부터 정확함을 승인받은 후에 각자가 서명 또는 기명날인 받은 후에 가정법원에 검인을 신청하는 방식이다. 검인은 급박한 사유가 종료한 날로부터 7일 내에 가정법원에 신청해야 한다.

## 기 출 문 제 풀 이

### 1

(92)

**현대 민법의 최고 원칙은?**

① 공공복리의 원칙
② 신의성실의 원칙
③ 계약자유의 원칙
④ 권리남용금지의 원칙

**[출제포인트 & 정답]**
사적자치의 원칙과 공공복리의 원칙의 조화 **정답** ①

### 2

(92)

**사권(私權)을 권리의 내용에 따라 분류한 것은?**

① 지배권, 청구권, 형성권, 항변권
② 지배권, 항변권, 인격권, 사원권
③ 청구권, 항변권, 재산권, 인격권
④ 신분권, 재산권, 인격권, 사원권

**[출제포인트 & 정답]**
내용에 따른 권리 분류 **정답** ④

### 3

(01)

**다음을 읽고 물음에 답하시오.**

(가)
염색가공업을 하는 '갑'과 원단(原緞)판매업을 하는 '을'은 지난 4월, 향후 1년간 '을'은 '갑'에게 원단을 납품하고 '갑'은 '을'에게 납품 받은 원단의 대금을 매월 말일에 정산하여 지급하기로 계약을 맺고 계속적으로 거래를 하여 왔다. 그런데 처음 3개월간은 계약 내용대로 '갑'이 매월 말일 '을'에게 원단 대금을 잘 지급하다가, 7월과 8월에 납품한 원단에 대해서는 '을'의 수차례에 걸친 지급 요구에도 불구하고 납품 대금을 지급하지 않았다. 이에 '을'은 이미 납품한 7·8월분 원단 대금의 지급을 요구하며 9월부터 원단 납품을 중단하였다. 그러자 '갑'은 '을'이 원단 납품의 의무를 이행하지 않아 영업상 손해를 보았다며 손해배상청구 소송을 제기하였다. 법원은

"사실 관계가 위와 같다면 '을'로서는 '갑'과의 계속적 거래관계에 대한 신뢰가 깨어져 이미 납품한 7 · 8월분 원단 대금을 지급 받을 수 있을지 여부가 불확실한 불안정 상태에 빠졌다고 할 것이다. 따라서 <u>'을'로서는 이미 납품한 7 · 8월분 원단의 대금을 지급 받을 때까지 원단 납품의 의무 이행을 거절할 수 있다."고 판결하였다.</u>

(나)
《민법 제162조》
① 채권은 10년간 행사하지 아니하면 소멸시효가 완성한다.
② 채권 및 소유권 이외의 재산권은 20년간 행사하지 아니하면 소멸시효가 완성된다.
《민법 제245조》
① 20년간 소유의 의사로 평온, 공연(公然)하게 부동산을 점유하는 자는 등기함으로써 그 소유를 취득한다.
② 부동산의 소유자로서 등기한 자가 10년간 소유의 의사로 평온, 공연하게 선의이며 과실 없이 그 부동산을 점유한 때에는 소유권을 취득한다.

(가)의 법원 판결에서 적용된 법의 일반원칙은 무엇인지 밑줄 친 내용을 바탕으로 밝히시오. [2점]

**[출제포인트 & 정답]**
- 민법 제2조(신의성실) ① 권리의 행사와 의무의 이행은 신의에 좇아 성실히 하여야 한다. ② 권리는 남용하지 못한다.
- 신의성실의 원칙(동시이행항변권 주장)

## 4

(03)

다음 사례들을 읽고 물음에 답하시오. [총 3점]

(가) 중국집 종업원인 철수는 오토바이를 타고 음식을 배달하던 중 지나가던 노인을 치게 되었다. 그런데 노인의 아들은 중국집 주인에게 치료비를 청구하였다.
(나) 회사원인 박씨는 폭발물 관리 업무를 담당한다. 그런데 박씨의 부주의로 화재가 발생하여 폭발물이 크게 터지는 사고가 일어났다. 이 사고로 인근 주민들이 다치고 기물이 파손되었는데, 피해 주민들은 회사를 상대로 손해배상청구소송을 제기하였다.
(다) 이씨는 친구 김씨의 개를 잠시 맡아 공원에서 산책을 시키게 되었다. 그런데 산책 도중 갑자기 줄이 풀려 개가 달아나게 되었고, 지나가는 행인을 무는 사고가 발생하였다. 그런데 그 행인은 이씨 대신 김씨에게 배상을 요구하였다.

4-1. 위의 세 가지 사례들에서 나타나는 피해자들의 주장이나 행위는 공통으로 현대 민법의 어떤 기본원칙에 근거한 것인지 쓰시오. [1점]

4-2. 이러한 기본원칙이 등장하게 된 배경을 30자 이내로 쓰시오. [2점]

**[출제포인트 & 정답]**

- 무과실책임(과거에는 상대적 무과실책임이라는 표현이 다수였다. 현재에는 중간책임으로 쓴다. 중간책임은 현재 무과실책임이 아니라 입증책임이 완화되는 경우로 본다는 점에서 위의 사례를 무과실책임으로 물어보는 것은 현재 적절하지 않다). 그리고 (다)의 사례는 중간책임의 사례로 부적절하다.
- 자본주의의 성장으로 인한 과실책임원칙, 엄격한 인과관계입증 원칙을 적용할 경우 피해자의 구제가 어려워지는 상황

## 5

(05)

다음은 대법원 판례의 일부이다. ㉠에 적합한 말을 쓰고, 이 판결은 근대 민법 원리 중 어떤 원리를 수정하는 것인지 쓰시오.

> 의사가 환자를 치료하고 그 치료비를 청구함에 있어서 그 치료행위와 그에 대한 일반 의료수가(醫療酬價) 사이에 현저한 불균형이 존재하고 그와 같은 불균형이 피해 당사자의 궁박, 경솔 또는 무경험에 의하여 이루어진 경우에는 ( ㉠ ) 법률행위에 해당하여 무효이므로 그 지급을 청구할 수 없다.

**[출제포인트 & 정답]**

- ㉠: 불공정
- 계약자유의 원칙 - 수정 → 계약공정의 원칙

## 6

(08)

다음은 법률행위의 무효와 관련된 판례들이다. ㉠, ㉡, ㉢에 들어갈 용어나 내용을 쓰시오.

- 동일인에 대한 대출액한도를 제한한 법령이나 금융기관 내부규정의 적용을 회피하기 위하여 실질적인 주채무자가 실제 대출받고자 하는 채무액에 대하여 제3자를 형식상의 주채무자로 내세우고, 금융기관도 이를 양해하여 제3자에 대하여는 채무자로서의 책임을 지우지 않을 의도하에 제3자에 명의로 대출관계서류를 작성 받은 경우, 제3자는 형식상의 명의만을 빌려 준 자에 불과하고 그 대출계약의 실질적인 당사자는 금융기관과 실질적 주채무자이므로, 제3자 명의로 되어 있는 대출약정은 그 금융기관의 양해하에 그에 따른 채무부담의 의사 없이 형식적으로 이루어진 것에 불과하여 ( ㉠ )에 해당하는 무효의 법률행위이다. -대법원 2001.5.29. 2001다11765-
- 영리를 목적으로 윤락행위를 하도록 권유유인 · 알선 또는 강요하거나 이에 협력하는 것은 ( ㉡ )에 위반되므로 그러한 행위를 하는 자가 영업상 관계있는 윤락행위를 하는 자에 대하여 가지는 채권은 계약의 형식에 관계없이 무효라고 보아야 한다. 한편, ( ㉢ )의 반환청구가 금지되는 사유로 민법 제746조가 규정하는 불법원인이라 함은 그 원인되는 행위가 ㉡에 위반하는 경우를 말하는 것인바, 윤락행위 및 그것을 유인 · 강요하는 행위는 ㉡에 위반되므로, 윤락행위를 한자를 고용 · 모집함에 있어 성매매의 유인 · 강요의 수단으로 이용되는 선불금 등 명목으로 제공한 금품이나 그 밖의 재산상 이익 등은 …(중략)… 그 반환을 청구할 수 없다고 할 것이다. -대법원 2004.9.3. 2004다27488,27495-

- ㉠: ____________________
- ㉡: ____________________
- ㉢: ____________________

**[출제포인트 & 정답]**

㉠: 통정허위의 의사표시, ㉡: 반사회질서, ㉢: 불법원인급여

## 7

(09)

다음은 의사표시의 수와 결합 형태에 따라 법률행위를 분류한 것이다. (가), (나), (다)의 법률행위의 유형과 〈보기〉의 사례들을 옳게 연결한 것은?

(가) 권리주체가 행하는 의사표시만으로 성립하는 법률행위
(나) 여러 명의 당사자가 서로 상대방에 대하여 내용적으로 일치하는 의사표시를 함으로써 성립하는 법률행위
(다) 같은 방향의 여러 의사표시가 합치함으로써 성립하는 법률행위

| 〈보기〉 | | |
|---|---|---|
| ㄱ. 저당권 설정 | ㄴ. 사단법인 설립 | ㄷ. 재단법인 설립 |
| ㄹ. 법정대리인의 동의 | ㅁ. 채무자의 사해(詐害)행위에 대한 채권자의 취소권 행사 | |

| | (가) | (나) | (다) |
|---|---|---|---|
| ① | ㄱ, ㄹ | ㄴ, ㅁ | ㄷ |
| ② | ㄱ ,ㄹ ,ㅁ | ㄴ | ㄷ |
| ③ | ㄷ, ㄹ | ㅁ | ㄱ, ㄴ |
| ④ | ㄷ, ㄹ, ㅁ | ㄱ | ㄴ |
| ⑤ | ㄹ, ㅁ | ㄱ | ㄴ, ㄷ |

**[출제포인트 & 정답]**

정답 ④

# 8

(12)

다음 사례에 관한 법적 판단으로 옳은 것은?

> 금치산자인 갑은 법정대리인의 동의가 없었음에도 불구하고, 동의서를 위조하여 이를 신뢰하는 을에게 자신이 소유하고 있던 X부동산을 2억 원에 매도하였다.
> 을은 갑으로부터 X부동산의 소유권 이전등기를 받은 후 병에게 X부동산을 3억 원에 매도하고, 병 명의로 소유권 이전등기를 하였다.

① 갑이 금치산자이므로 갑과 을 사이의 매매계약은 무효이다.
② 등기의 공신력으로 인하여 병은 X부동산의 소유권을 취득한다.
③ 갑은 동의서를 위조하였으므로 을과 체결한 매매계약을 취소할 수 없다.
④ 갑이 을과 체결한 매매계약을 취소하더라도 이러한 취소의 효력은 병에게 미치지 않는다.
⑤ 갑은 을과 체결한 매매계약을 취소하고 이를 병에게 주장하여 X부동산의 소유권을 회복할 수 있다.

**[출제포인트 & 정답]**

- 민법 제10조(피성년후견인의 행위와 취소) ① 피성년후견인의 법률행위는 취소할 수 있다. ② 제1항에도 불구하고 가정법원은 취소할 수 없는 피성년후견인의 법률행위의 범위를 정할 수 있다. ③ 가정법원은 본인, 배우자, 4촌 이내의 친족, 성년후견인, 성년후견감독인, 검사 또는 지방자치단체의 장의 청구에 의하여 제2항의 범위를 변경할 수 있다. ④ 제1항에도 불구하고 일용품의 구입 등 일상생활에 필요하고 그 대가가 과도하지 아니한 법률행위는 성년후견인이 취소할 수 없다.
- 제17조(제한능력자의 속임수) ① 제한능력자가 속임수로써 자기를 능력자로 믿게 한 경우에는 그 행위를 취소할 수 없다. ② 미성년자나 피한정후견인이 속임수로써 법정대리인의 동의가 있는 것으로 믿게 한 경우에도 제1항과 같다.

정답 ⑤

## 9

(12)

다음 (가), (나)의 법리가 적용될 수 있는 경우를 〈보기〉에서 바르게 연결한 것은?

(가) 보조행위가 유효하여야 독립행위는 유효하게 된다.
(나) 종된 법률행위는 주된 법률행위와 그 법률상 운명을 같이 한다.

〈보기〉
㉠ 혼인이 무효이면 부부재산계약도 유효하지 않게 된다.
㉡ 매매계약이 무효이면 계약금계약도 유효하지 않게 된다.
㉢ 금전소비대차계약이 무효이면 이를 담보하는 저당권 설정계약도 유효하지 않게 된다.
㉣ 허가가 무효이면 이러한 허가를 요건으로 하여 행한 법률행위도 유효하지 않게 된다.
㉤ 법정대리인의 동의가 무효이면 이러한 동의에 기초하여 한 행위무능력자의 법률행위도 유효하지 않게 된다.

| | (가) | (나) | | (가) | (나) |
|---|---|---|---|---|---|
| ① | ㉠ | ㉡ | ② | ㉡ | ㉣ |
| ③ | ㉢ | ㉠ | ④ | ㉣ | ㉤ |
| ⑤ | ㉤ | ㉢ | | | |

**[출제포인트 & 정답]**
독립행위와 보조행위, 주된 행위와 종된 행위 **정답** ⑤

## 10

(16(B))

(   ) 안에 공통으로 들어갈 용어를 쓰고, 그 용어의 법적 개념 정의를 다수설의 입장에서 서술하시오. [4점]

- 민법에서 말하는 법원(法源)의 개념은 민법이 어디에 어떠한 모습으로 규정되어 있는가에 대한 것으로서, 민법의 인식 근거가 되는 법의 존재형식을 의미한다. 가령 민법 제1조에서는 “민사에 관하여 법률에 규정이 없으면 (   )에 의하고(   )이/가 없으면 조리(條理)에 의한다.” 라고 규정하고 있다. 이에 따르면 성문법인 법률이 가장 먼저 적용되고 성문법이 없는 경우에는 불문법인 (   )와/과 조리가 순차적으로 적용된다는 것을 알 수 있다.
- 공동 선조의 후손 중 성년 남자만을 종중*의 구성원으로 하고 여성은 종중의 구성원이 될 수 없다는 것은 우리의 전체 법질서에 부합하지 아니하여 정당성과 합리성이 있다고 할 수 없다. 따라서 종중 구성원의 자격을 성년 남자만으로 제한하는 종래의 (   )은/는 이제 더 이상 법적 효력을 가질 수 없게 되었다.

* 종중: 공동 선조의 후손들에 의하여 선조의 분묘 수호와 제사 및 후손 상호간의 친목을 목적으로 형성되는 자연발생적인 종족 단체

**[출제포인트 & 정답]**

관습법

# 11

(20(B))

(가)는 민법상 권리의 객체에 대한 강의안의 내용이고, (나)는 교수와 학생의 대화이다. 〈작성 방법〉에 따라 서술하시오. [4점]

(가)

권리는 일정한 이익을 누릴 수 있는 법적인 힘이다(권리법력설의 입장). 이 일정한 이익을 권리의 내용 또는 목적이라고 한다. 권리의 내용 또는 목적이 성립하기 위해서는 일정한 대상을 필요로 하며, 이를 권리의 객체라고 한다.

(나)

학 생: 권리의 객체에 대해서 좀 더 자세히 설명해 주십시오.

교 수: 권리의 객체는 권리의 종류에 따라 다릅니다. 가령 물권의 객체는 원칙적으로 물건이고, 채권의 객체는 채무자의 일정한 행위, 즉 급부입니다. 그런데 근대법과 현대법의 토대를 이루는 인격절대주의는 개인 인격에 절대적 가치를 인정하여, 인간을 권리의 주체로 파악할 뿐 물권의 객체로 파악하지 않습니다. 또한 전기 등의 자연력도 경우에 따라 물건이 될 수 있습니다. 한편 물건은 여러 가지로 분류할 수 있는데 동산과 부동산으로도 분류할 수 있습니다.

학 생: 그러면 자연 상태에서의 공기(空氣)는 물건입니까?

교 수: ( ㉠ ).

학 생: 그러면 임시로 심어 놓은 수목(樹木)은 부동산입니까?

교 수: ( ㉡ ).

〈작성 방법〉

- 괄호 안의 ㉠에 물건인지의 여부를 쓰고, 그 근거를 물건의 민법상 정의에 입각하여 서술할 것.
- 괄호 안의 ㉡에 부동산인지의 여부를 쓰고, 그 근거를 부동산의 민법상 정의에 입각하여 서술할 것.

**[출제포인트 & 정답]**

- 제98조(물건의 정의) 본법에서 물건이라 함은 유체물 및 전기 기타 관리할 수 있는 자연력을 말한다.
- 제99조(부동산, 동산) ① 토지 및 그 정착물은 부동산이다. ② 부동산 이외의 물건은 동산이다.
- ㉠: 물건 아님, ㉡: 동산

## 12

(21(A))

다음은 권리의 주체에 대한 설명이다. 밑줄 친 ㉠을 의미하는 용어와 괄호 안의 ㉡에 해당하는 용어를 순서대로 쓰시오. [2점]

> 모든 사람은 연령이나 지적 능력과 상관없이 출생한 순간부터 평등한 권리능력을 가진다. 그런데 권리능력자로서 법률행위의 주체로 될 수 있는 자는 살아 있는 사림, 즉 지연인에 한하지 않는다. 이외에도 ㉠ 법률에서 정한 일정한 요건을 갖춰 권리능력이 인정된 재산과 사람의 집단도 권리능력자이다. 한편 권리능력자가 한 법률행위라고 하여 그것이 모두 유효한 것은 아니다. 법률행위는 의사표시를 불가결한 요소로 하는데, 법률행위를 통해 법률관계를 형성하기 위해서는 유효하게 의사를 표시할 수 있는 능력이 있어야만 한다. 먼저 법률행위 당사자는 의사능력을 갖추고 있어야 하고, 의사무능력자의 법률행위는 무효이다. 또한 행위능력이 있어야 하는데, 행위능력이란 단독으로 유효한 법률행위를 할 수 있는 지위나 자격을 의미한다. 미성년자나 법원에 의해 행위능력이 제한되는 성인인 피성년후견인과 ( ㉡ )은/는 제한능력자로서 단독으로 할 수 있는 법률행위가 제한된다.

**[출제포인트 & 정답]**

㉠: 재단법인, ㉡: 피한정후견인

## 13

(22)

다음 글에서 괄호 안의 ㉠, ㉡에 해당하는 용어를 순서대로 쓰시오 [2점]

> • 2015 개정 사회과 교육과정 중 발췌
> [9사(일사)05-01]에서는 법이 권위적인 통치 수단 및 처벌을 위한 도구라기보다는 분쟁과 갈등을 해결하고, 개인의 ( ㉠ )을/를 보호하기 위한 도구임을 이해한다. 이를 통해 준법생활의 중요성을 인식한다.
> [9사(일사)05-03]에서는 법적 분쟁해결 절차로서 재판의 의미와 기능을 민사재판, 형사재판을 중심으로 파악한다. 또한 ( ㉡ )의 독립, 공개재판주의와 증거재판주의, 심급제도를 중심으로 공

정한 재판을 위한 제도에 대해 탐구한다. …(하략)…
• 민법 제2조 ① ( ㉠ )의 행사와 의무의 이행은 신의에 좇아 성실히 하여야 한다.
• 대한민국 헌법 제101조 ① ( ㉡ )은/는 법관으로 구성된 법원에 속한다.

**[출제포인트 & 정답]**
㉠: 권리, ㉡: 사법권

## 14

(22)

다음 글을 읽고 〈작성 방법〉에 따라 서술하시오. [4점]

개인용 노트북을 물색하던 18세의 갑은 친권자 을의 동의 없이 행위능력자 병으로부터 시가 300만 원인 노트북을 대폭 할인받아 100만 원에 구매하였다. 한 달 후 갑은 을로부터 평소 꿈이었던 컴퓨터 부품 소매점을 운영해도 좋다는 허락을 받았다. 이후 아직 18세인 갑은 컴퓨터 부품 소매점 개업을 준비하던 중 영업에 필요한 컴퓨터 부품을 을의 동의 없이 독자적으로 행위능력자 정으로부터 구매하였다.

교 수: 갑은 경제적으로 매우 유리한 계약을 병과 체결했으니 이 계약은 유효하다고 보아야 할까요?
학 생: 아닙니다. 경제적으로 유리한 매매계약이지만 민법 제5조 제1항 단서에서 말하는 단순히 '( ㉠ ) 행위'에 해당하지 않으므로 갑이 단독으로 유효한 행위를 할 수 있는 경우에 해당하지 않는다고 봐야 합니다.
교 수: 맞습니다. 그러면 민법상 을이 자신의 동의를 얻지 않았다는 이유로 갑과 정 사이의 거래를 취소할 수 있을까요?
학 생: ( ㉡ )

〈작성 방법〉
• 괄호 안의 ㉠에 들어갈 내용을 "…… (이)거나 ……"라는 구조로 서술할 것.
• 괄호 안의 ㉡에 을이 갑과 정 사이의 거래를 취소할 수 있는지 여부를 쓰고 그 근거를 '행위능력'이라는 용어를 포함하여 서술할 것.

**[출제포인트 & 정답]**

제5조(미성년자의 능력) ① 미성년자가 법률행위를 함에는 법정대리인의 동의를 얻어야 한다. 그러나 권리만을 얻거나 의무만을 면하는 행위는 그러하지 아니하다. ② 전항의 규정에 위반한 행위는 취소할 수 있다.
제8조(영업의 허락) ① 미성년자가 법정대리인으로부터 허락을 얻은 특정한 영업에 관하여는 성년자와 동일한 행위능력이 있다. ② 법정대리인은 전항의 허락을 취소 또는 제한할 수 있다. 그러나 선의의 제삼자에게 대항하지 못한다.

## 15

(93)

전당포 주인이 채무변제가 있을 때까지 담보로 잡은 물건을 보관하고, 채무자가 채무를 이행하지 않을 경우 그 물건을 처분하여 우선변제를 받는 권리는?

① 질권 ② 유치권 ③ 저당권 ④ 지역권

**[출제포인트 & 정답]**

제329조(동산질권의 내용) 동산질권자는 채권의 담보로 채무자 또는 제삼자가 제공한 동산을 점유하고 그 동산에 대하여 다른 채권자보다 자기채권의 우선변제를 받을 권리가 있다. **정답** ①

## 16

(94)

〈보기〉에서 부동산에만 성립되는 물권을 모두 고른 것은?

| 〈보기〉 |
|---|
| ㉠ 지상권 ㉡ 질권 ㉢ 유치권 ㉣ 지역권 |

① ㉠, ㉡ ② ㉠, ㉣ ③ ㉡, ㉢ ④ ㉢, ㉣

**[출제포인트 & 정답]**

용익물권(부동산), 저당권(부동산), 유치권(동산이나 부동산) **정답** ②

## 17

(95)

물권(物權)이 직접지배권(直接支配權)이라는 내용 중 타당한 것은?

① 직접지배라는 것은 현실로 물건을 점유하는 것을 말한다.
② 물권은 직접지배권이므로 물건을 사용하고 수익하는 것만을 말한다.
③ 직접지배라는 것은 물건을 통하여 사람을 지배한다는 것이다.
④ 직접지배라는 것은 권리행사에 타인을 매개하지 않는다는 것을 말하며, 처분하는 것도 그 내용이 된다.

**[출제포인트 & 정답]**

직접성, 배타성, 독점성 **정답** ④

## 18

(13)

다음은 물권의 종류이다. (가)~(라)에 대한 설명으로 옳은 것을 〈보기〉에서 고른 것은?

〈보기〉

ㄱ. (가)는 물건을 전면적으로 지배할 수 있는 권리를 말하며, 사실상 지배와 무관한 관념적 지배권이다.

ㄴ. (나)는 물건의 교환가치를 직접 지배하는 권리이며, 채권자 평등의 원칙이 유지되므로 채권자의 지위가 안전하다.

ㄷ. (다)는 타인의 부동산을 점유하여 그 부동산을 용도에 좇아 사용하고 수익을 얻을 수 있는 권리로서, 그것을 공시하는 방법은 등기이다.

ㄹ. (라)는 우선변제적 효력에 의하여 목적물의 교환가치를 직접적 · 배타적으로 지배하는 권리이며, 타인의 소유로 되어 있는 모든 물건에 설정이 가능한 권리이다.

① ㄱ, ㄴ ② ㄱ, ㄷ ③ ㄴ, ㄷ ④ ㄴ, ㄹ ⑤ ㄷ, ㄹ

**[출제포인트 & 정답]**

물권은 본권과 점유권으로 크게 분류되고, 본권은 다시 소유권과 제한물권으로, 제한물권은 용익물권과 담보물권으로 분류된다. **정답** ②

## 19

(11)

**다음은 A와 B의 법적 성질에 대한 설명이다. 이에 대한 설명으로 옳은 것을 〈보기〉에서 고른 것은?**

- A은/는 법률 또는 관습법에 의하는 외에는 임의로 창설하지 못한다. 또한 A은/는 하나의 독립한 물건으로서 서로 상용(相容)할 수 없는 복수의 A가 존재할 수 없는 성질을 지닌다.
- 이에 반해, B은/는 신의성실의 원칙에 따라 당사자 간 특약으로 채권자가 채무자에게 청구할 수 있는 상대적 성질을 지닌다. 따라서 B은/는 A와 달리 공시할 필요가 없으며, 변제함으로써 급부가 실현되는 특징을 가지고 있다.

〈보기〉

ㄱ. B은/는 일반적으로 A에 우선한다.

ㄴ. A의 성질은 배타성을 지니지만, B의 성질은 배타성이 인정되지 않는다.

ㄷ. B은/는 성질상 양도성이 당연히 인정되지만, A은/는 원칙적으로 양도성이 없으나 예외적으로 법률규정에 의해 인정되고 있다.

ㄹ. B의 목적물은 B가 성립할 당시 확정되어 있을 필요는 없으나, A의 목적물은 반드시 현존·특정되어야 하는 성질을 지닌다.

① ㄱ, ㄴ ② ㄱ, ㄷ ③ ㄴ, ㄷ ④ ㄴ, ㄹ ⑤ ㄷ, ㄹ

**[출제포인트 & 정답]**

채권과 물권의 비교

**정답** ④

## 20

(04)

**다음 경우에 '갑'이 취할 수 있는 법적 구제수단으로 '을'의 아파트 증여 행위에 대한 '채권자 취소권'이 있다. '갑'이 이를 행사하기 위하여 필요한 법률적 요건을 아래 내용과 관련지어 2가지만 쓰시오.**

'갑'은 '을'에게 3,000만 원을 빌려 주었다. 그런데 '을'은 변제하기로 한 날에 1,000만 원만 갚고 나머지는 구구한 변명과 함께 갚지 않았다. 그 후에도 '을'은 나머지 돈을 갚기로 여러 차례 약속하였으나, 약속 변제일만 되면 개인적 사정을 말하면서 갚지 않았다. 그런데 '을'은 첫 번째 변제일까지는 자기 소유의 아파트에서 살았지만, 그 후에는 아파트를 인근에 살고 있는 여동생에게 증여하고 자신은 임대아파트로 이사하여 살았다.

**[출제포인트 & 정답]**

채권자 취소권의 요건은 취소채권자의 채권이 존재, 사해행위, 채무자 및 수익자의 이익

## 21

(09)

다음 법조문이 직접 적용되는 사례를 〈보기〉에서 고른 것은?

〈민법 제760조〉

제1항 수인(數人)이 공동의 불법행위로 타인에게 손해를 가한 때에는 연대하여 그 손해를 배상할 책임이 있다.

제2항 공동 아닌 수인의 행위 중 어느 자의 행위가 그 손해를 가한 것인지를 알 수 없는 때에도 전항과 같다.

제3항 교사(敎唆)자 방조자는 공동행위자로 본다.

〈보기〉

ㄱ. 길을 지나던 A는 흉기를 들이대며 돈을 뺏으려는 B로부터 자신을 방어하다가 마침 옆을 지나던 C를 밀쳐서 골절상을 입게 하였다.

ㄴ. 주인 A로부터 건물을 임차한 B는 옥외 간판을 설치하였는데, 간판이 너무 무거워 떨어지는 바람에 건물 앞을 지나던 사람이 부상을 입었다.

ㄷ. 거의 같은 시기에 건축된 A의 건물과 B의 건물이 C의 건물에 대해 전체적으로 수인한도를 초과하는 일조(日照) 침해의 결과를 야기하였다.

ㄹ. A는 친구 B가 맡긴 B의 애완견을 데리고 공원에 갔다가 애완견을 화장실 앞에 두고 잠시 화장실에 다녀온 사이 그 애완견이 다른 사람을 물어 상처를 입혔다.

ㅁ. A의 자동차가 과속으로 달리다 횡단보도상의 B를 치어 B가 넘어진 순간 A의 자동차와 일정 거리를 유지하지 않고 과속으로 뒤따라오던 C의 자동차가 B를 치어 B가 사망하였다.

① ㄱ, ㄴ　② ㄱ, ㄹ　③ ㄴ, ㅁ　④ ㄷ, ㄹ　⑤ ㄷ, ㅁ

**[출제포인트 & 정답]**

고의 및 과실에 의한 공동불법행위 책임　**정답** ⑤

## 22

(12)

다음 사례에 관한 법적 판단으로 옳지 않은 것은?

갑(행위능력자)은 전기 다리미(A회사 제조)를 판매업자인 을로부터 전화로 권유받고 구입하였다. 계약 당시에 갑은 대금을 20% 할인받으면서 어떠한 일이 있어도 계약을 철회하지 않기로 합의하였다. 갑은 을로부터 전기 다리미를 구입한 후 1주일 사용하였는데 전기 다리미의 이상 과열로 인하여 화상을 입었다. 전기 다리미의 보증서에는 "전기 다리미의 사용상 발생하는 손해에 대하여 제조사는 일체의 책임을 지지 않는다."고 기재되어 있다.

① 을은 갑에 대하여 전기 다리미에 대한 하자담보책임을 진다.
② A회사는 갑에 대하여 전기 다리미에 대한 하자담보책임을 지지 않는다.
③ 계약 후 14일 이내이면 갑은 전기 다리미 구입계약을 취소할 수 있다.
④ 갑과 을 사이의 전기 다리미 매매계약에는 '방문판매 등에 관한 법률'이 적용된다.
⑤ A회사는 과실이 없더라도 '제조물책임법'에 따라 갑의 화상에 대한 손해배상책임을 진다.

**[출제포인트 & 정답]**
제조물책임과 하자담보책임 **정답** ③

## 23

(13)

**다음 사례에 대한 법적 판단으로 옳은 것을 〈보기〉에서 고른 것은? [2.5점]**

> 갑은 A마트에서 타이머가 부착된 B사의 녹즙기를 구입하였다. 일주일 정도 사용한 후 타이머에 이상이 생겨 녹즙을 따르는 순간 다시 작동하는 바람에 갑은 녹즙기 칼날에 손을 다쳐 병원에서 치료를 받았다. 며칠 뒤에는 녹즙기를 작동시킨 채 잠시 자리를 비웠더니 타이머가 제대로 작동하지 않아, 과잉작동으로 인한 과열로 녹즙기가 터지면서 곁에 있던 정수기와 전기밥솥이 손상되었다. 사용설명서에는 과잉작동으로 인한 파손에 대한 주의문구는 없고, 단지 '작동 시 위험이 있으니 어린이나 노인은 사용을 자제해 주십시오.'라고만 되어있었다.

〈보기〉
ㄱ. A마트도 물건의 하자에 대하여 담보책임을 지므로, B사와 함께 갑의 부상과 정수기 및 전기밥솥 등에 대한 손해를 배상하여야 한다.
ㄴ. B사의 배상의무는 갑의 생명이나 신체 또는 재산상의 손해에 대한 것으로 제한되고, 결함이 있는 제조물 자체는 A마트로부터 구제받아야 한다.
ㄷ. B사가 만일 녹즙기를 유통시킨 적은 없고, 단지 녹즙기의 도난사고가 있었고, 그 도난된 녹즙기가 결과적으로 유통이 되어 이러한 사고가 발생하였다면, B사는 책임을 면할 수 있다.
ㄹ. B사가 녹즙기를 제조하면서 법령이 정한 기준을 준수하였다는 것이 명확히 입증되고 그것이 결과적으로 소비자에게 손해를 일으킨 경우에는, 사전에 결함이 있다는 것을 알 수 있었더라도 B사는 책임을 면할 수 있다.

① ㄱ, ㄴ ② ㄱ, ㄷ ③ ㄴ, ㄷ ④ ㄴ, ㄹ ⑤ ㄷ, ㄹ

**[출제포인트 & 정답]**
제조물책임과 하자담보책임 **정답** ③

## 24

(14(B))

다음과 같은 경우에 을은 임대보증금 반환을 누구에게 청구할 수 있으며, 우선변제적 효력을 유지하기 위해 어떠한 법적 절차를 밟아야 하고 그 비용은 누가 부담하는지 서술하시오. [3점]

- 갑은 자기 소유의 X주택을 을에게 보증금 1억 원에 임대하였으며, 을은 X주택을 인도받고 주민등록을 이전하고 확정일자를 받았다.
- 갑은 을에게 임대한 X주택을 병에게 증여하고 병 명의로 소유권이전등기를 하였다.
- 병은 X주택을 정에게 매도하고 계약금 및 중도금을 받았으나, 아직 소유권이전등기를 하지 않았다.
- 임대 기간이 만료하였으나, 을은 보증금을 반환받지 못하였다.
- 을은 근무지가 변경되어, X주택에서 퇴거하고자 한다.
- 주택의 소유자가 임차권 등기 신청에 협력하지 않고 있다.

**[출제포인트 & 정답]**

- 병에게 청구
- 임차등기명령제도, 임대인이 비용부담

## 25

(15(B))

다음 사실관계에서 현재 성립된 권리 중 물권만을 골라, 해당 물권의 권리자 및 대상, 물권의 종류를 서술하시오. (단, 점유권은 고려하지 않는다.) [5점]

甲은 X토지를 소유하고 있는데, 乙이 X토지에 지상권을 설정받아 Y주택을 건축하여 丙에게 임대하였다. 丙은 주택임대차보호법상 대항력을 갖추기 위하여 주민등록을 이전하고 확정일자를 받았다. 한편 乙은 丁은행으로부터 1억 원을 대출받으면서, Y주택에 저당권을 설정하여 주었다. 그 후 甲은 X토지를 戊에게 매도하는 계약을 체결하고 매매대금을 모두 받았으나, X토지에 대한 戊명의의 소유권이전등기는 아직 하지 않았다.

**[출제포인트 & 정답]**

갑(甲)의 X토지에 대한 소유권, 을(乙)의 X토지에 대한 지상권, 을(乙)의 Y주택에 대한 소유권, 정(丁)은행의 Y주택에 대한 저당권

## 26

(18(A))

다음은 민법상 손해배상청구권에 대한 강의 장면의 일부이다. (　　) 안에 들어갈 용어를 쓰고, 이 용어의 법적 정의를 서술하시오. [4점]

교 수: 다음 〈사례〉에서 갑과 을은 매매계약을 체결하였는데 을의 과실로 갑에게 손해를 발생시켰습니다. 이 경우에 갑은 자신이 입은 손해를 배상해 달라고 을에게 요구할 수 있는데, 이때 을이 지는 책임을 채무불이행책임이라고 합니다.

〈사례〉

목장을 경영하는 갑은 평소에 자주 거래하던 사료 판매상 을에게 사료를 주문하였다. 이후 약속한 날짜에 을은 갑의 목장으로 사료를 배달하였으나 을의 보관상의 잘못으로 사료 일부가 상하여 사료를 먹은 소 10마리가 죽었다. 갑은 선의·무과실이며 을의 과실은 인정된다.

학 생: 민법상 손해배상청구권의 발생 근거로는 채무불이행책임만 있습니까?

교 수: 민법상의 손해배상청구권의 발생 근거로는 채무불이행책임 말고도 민법 제750조의 (　　)책임이 있습니다. 이는 당사자 사이에 계약이라는 특별한 결합 관계를 전제로 하는 채무불이행책임과는 달리 불특정 다수인 사이에서 문제 되는 일반적 책임이라는 점에서 차이가 있죠. 또한 〈사례〉에서는 담보책임도 문제가 되는데 그것은 다음 시간에 배우도록 하겠습니다.

**[출제포인트 & 정답]**

불법행위

## 27

(19(B))

다음 글을 읽고 〈작성 방법〉에 따라 서술하시오. [4점]

2017년 9월 15일: 갑(임대인)과 을(임차인)은 갑 소유의 X주택에 대하여 임대차기간은 2년, 임차보증금은 2억 원으로 하는 임대차계약을 체결하였다.
2017년 10월 11일: 을은 X주택을 인도받았다.
2017년 10월 16일: 갑은 병으로부터 돈을 빌리고 X주택에 근저당권을 설정해 주었다.
2017년 10월 17일: 을은 X주택으로 주민등록을 이전하고 주택임대차계약서에 확정일자를 받았다.
2018년 11월 20일: X주택에 대한 민사집행법상의 경매절차에서 정은 X주택의 소유권을 취득하였다.

〈작성 방법〉
• 을이 정에게 자신의 임차권을 주장할 수 있는지 여부와 그 이유를 서술할 것.
• 을이 경매의 매각대금으로부터 임차보증금의 배당을 요구하였다면, 을과 병 가운데 누가 우선하여 변제받는지와 그 이유를 서술할 것.

**[출제포인트 & 정답]**
ㅇ 대항력 우선
ㅇ 우선변제적 효력

## 28

(10)

**다음 사례에 대한 법적 판단으로 옳은 것은?**

• A는 B의 사무실에 침입하여 그곳 책상서랍에 넣어둔 차량열쇠를 훔쳐 B 소유의 차량을 운전하였다.
• 한 시간 후, A는 중앙선을 침범하여 운전하다가 맞은편에서 오던 C의 차량과 충돌하였다.
• 그 충격으로 C는 부상을 입고 D가 운영하는 의료기관으로 급히 후송되었다.
• 그러나 C는 위 의료기관 소속 담당의사인 E의 치료를 받던 중 증상이 악화되어 사망하였다.

〈보기〉
ㄱ. B는 사고 차량의 보유자로서 C 유족측에 대해서는 손해배상책임을 진다.
ㄴ. E의 진료상 과실이 인정될 경우에, D는 특별한 사정이 없는 한 C 유족 측에 대하여 직접 손해배상의무를 진다.
ㄷ. E가 환자를 진료함에 있어서 요구되는 주의무는 당시 임상의학분야에서 실천되고 있는 진료행위 수준을 기준으로 한다.
ㄹ. E의 과실로 C의 증상이 악화되어 사망한 경우에는 특별한 사정이 없는 한 A는 C의 사망에 대하여 손해배상책임이 없다.

① ㄱ, ㄴ ② ㄱ, ㄷ ③ ㄴ, ㄷ ④ ㄴ, ㄹ ⑤ ㄷ, ㄹ

**[출제포인트 & 정답]**
공동불법행위책임, 자동차배상법상의 운전자성, 인과관계와 관련된 복합형 문제 **정답** ③

## 29

(21(B))

다음 글을 읽고 〈작성 방법〉에 따라 서술하시오. [4점]

(가) 갑은 자신의 소유 건물에서 직접 점포를 운영하기가 여의치 않자 을과 보증금 1억 원, 차임 월 100만 원으로 하는 임대차계약을 체결하고, 그 후 임차인 을이 점포를 운영하고 있었다. 그런데 어느 날 이 점포의 천장이 붕괴되는 사고가 발생하였다. 이 사고로 점포를 방문한 A가 큰 부상을 입었고, A는 갑과 을을 상대로 손해배상을 청구하는 소송을 제기하였다. 이 사건에서는 천장의 설치 또는 보존상의 하자가 문제되었는데, 재판절차에서 갑과 을은 사고 방지에 필요한 주의의무를 다하여 과실이 없음이 인정되었다.

(나) 이 사건에서 점포 천장에 대한 부실 공사가 인정되었다. 천장 공사는 공사업자인 병과 정이 각각 나누어 맡았었다. 그 누구도 손해배상을 하지 않자 A는 병과 정을 상대로 손해배상을 청구하는 소송을 제기하였다. 재판절차에서 병과 정은 서로 자신에게는 잘못이 없다고 주장하였다. 두 명 가운데 부실 공사에 대한 과실이 있었지만 병과 정 중 정확히 누구에게 있었는지는 밝혀지지 않았다. 법원에서 인정된 A의 총 손해액은 1천만 원이다.

〈작성 방법〉
- (가)에서 갑과 을에게 손해배상책임이 인정되는지 여부 및 그 이유를 서술할 것.
- (나)에서 A가 병에게 청구할 수 있는 최대 금액을 쓰고, 그 이유를 서술할 것

**[출제포인트 & 정답]**

- 공작물책임, 을의 경우는 면책, 갑의 경우는 무과실책임
- 1천만 원, 병과 정은 병에 대해 연대책임을 지기 때문이다.

## 30

(10)

다음 사례에 대한 설명으로 옳은 것을 〈보기〉에서 모두 고른 것은?

- 2006년 5월에 혼인신고를 마친 갑(남편)과 을(아내)은 이듬해 11월 병을 출산하였다. 혼인한 이후 갑은 직장에 다니고, 을은 집에서 병을 돌보며 지냈다.
- 2008년 5월부터 을은 급속도로 컴퓨터 채팅에 빠져들었고, 어느 날 갑은 채팅상의 남자가 을에게 만나자는 전화를 하는 것을 듣게 되었다. 갑은 이를 문제 삼고 을에게 채팅을 중단할 것을 설득하였다.
- 채팅을 할 수 없어 갑갑함을 이기지 못한 을은 2009년에 들어서면서 병을 방 안에 둔 채 밖

에서 문을 잠그고 외출하여 쇼핑을 하는 일이 잦아졌다. 한번은 혼자 남겨진 병이 의자에서 떨어져 크게 다치는 사고가 발생하였다. 그럼에도 불구하고 을의 외출은 계속되었다.

• 참다못한 갑은 을에게 이혼할 것을 요구하였고, 을은 현재 친정에 머물면서 이혼문제에 대하여 고민하고 있다.

〈보기〉

ㄱ. 향후 갑과 을 사이에 이혼합의가 있더라도 이혼신고가 수리되지 않는 한, 이혼의사의 확인만으로 혼인은 해소되지 않는다.

ㄴ. 을의 행위가 재판상 이혼원인인 '배우자 부정한 행위'에 해당한다고 볼 수 없다.

ㄷ. 갑과 을이 협의이혼을 할 경우에 을에게는 재산분할청구권이 인정되지 않는다.

ㄹ. 갑과 을이 이혼하는 경우 갑과을 중 양육자가 아닌 자는 병에 대한 부양의무를 지지 않는다.

ㅁ. 면접교섭권은 부모에게 주어진 고유하고 절대적인 권리이므로, 법원도 병을 직접 양육하지 않는 자에게 병에 대한 면접교섭을 제한하거나 배제할 수 없다.

① ㄱ, ㄴ ② ㄴ, ㄷ ③ ㄷ, ㅁ ④ ㄱ, ㄴ, ㄹ ⑤ ㄷ, ㄹ, ㅁ

**[출제포인트 & 정답]**

- 이혼사유, 이혼효과
- 제837조(이혼과 자의 양육책임) ① 당사자는 그 자의 양육에 관한 사항을 협의에 의하여 정한다. ② 제1항의 협의는 다음의 사항을 포함하여야 한다.
  1. 양육자의 결정 2. 양육비용의 부담 3. 면접교섭권의 행사 여부 및 그 방법
- 제839조의2(재산분할청구권) ① 협의상 이혼한 자의 일방은 다른 일방에 대하여 재산분할을 청구할 수 있다.
- 제840조(재판상 이혼원인) 부부의 일방은 다음 각호의 사유가 있는 경우에는 가정법원에 이혼을 청구할 수 있다.
  1. 배우자에 부정한 행위가 있었을 때
  2. 배우자가 악의로 다른 일방을 유기한 때
  3. 배우자 또는 그 직계존속으로부터 심히 부당한 대우를 받았을 때
  4. 자기의 직계존속이 배우자로부터 심히 부당한 대우를 받았을 때
  5. 배우자의 생사가 3년 이상 분명하지 아니한 때
  6. 기타 혼인을 계속하기 어려운 중대한 사유가 있을 때

**정답** ①

## 31

(11)

다음은 이혼 후의 자녀양육과 이혼 시 재산분할청구권에 관한 설명이다. 양 제도에서 파생되는 법률문제 중 옳은 것을 〈보기〉에서 고른 것은?

> • 자녀양육권에 대하여 이혼 시 당사자는 그 자녀의 양육자 결정, 양육비용 부담 등을 협의에 의하여 정한다. 양육에 따른 협의가 이루어지지 않거나 협의할 수 없는 때에는 가정법원은 직권 또는 당사자의 청구에 따라 결정한다. 한편, 자녀를 직접 양육하지 않는 부모의 일방과 자녀는 상호 면접교섭권을 가진다.
> • 이혼한 일방은 다른 일방에 대하여 재산분할청구권을 행사할 수 있다. 이혼한 당사자가 재산분할에 협의가 되지 않거나 협의할 수 없는 때에는 가정법원이 분할의 액수와 방법을 정한다. 또한, 가정법원은 재산분할청구권의 구체적인 범위를 정할 때에 재산분할청구권이 이혼 후의 부양의 성질을 갖는 것이기 때문에 당사자의 자립가능성도 고려하여 판단한다.

> 〈보기〉
> ㄱ. 협의이혼 시 재산분할의 청구를 할 수 없다.
> ㄴ. 유책배우자도 재산분할청구권을 행사할 수 있다.
> ㄷ. 양육에 관한 사항 외에는 부모의 권리의무 자체에는 변함이 없다.
> ㄹ. 자녀의 양육권 변경에 관하여 당사자 간의 협의를 거치지 아니한 상태에서 부모 중 다른 일방만의 청구에 의한 법원의 심판은 무효이다.

① ㄱ, ㄴ ② ㄱ, ㄷ ③ ㄴ, ㄷ ④ ㄴ, ㄹ ⑤ ㄷ, ㄹ

**[출제포인트 & 정답]**

제843조(준용규정) 재판상 이혼에 따른 손해배상책임에 관하여는 제806조를 준용하고, 재판상 이혼에 따른 자녀의 양육책임 등에 관하여는 제837조를 준용하며, 재판상 이혼에 따른 면접교섭권에 관하여는 제837조의2를 준용하고, 재판상 이혼에 따른 재산분할청구권에 관하여는 제839조의2를 준용하며, 재판상 이혼에 따른 재산분할청구권 보전을 위한 사해행위취소권에 관하여는 제839조의3을 준용한다. **정답** ③

## 32

(07)

어떤 남자가 다음 표에 표시된 바와 같은 유족들과 12억 원의 유산을 남기고 죽었다. 이 유산이 우리나라의 현행 민법에 따라 법정 상속될 경우 각 유족의 상속분을 표의 빈칸에 쓰시오.

| 유족 | 죽은 이와의 관계 | 법정상속분(단위: 억 원) |
|---|---|---|
| (가) | 어머니 | |
| (나) | 친자 | |
| (다) | 양자 | |
| (라) | 사실혼 관계의 아내 | |
| (마) | (라)와의 사이의 태아 | |

**[출제포인트 & 정답]**

- 사실혼관계의 태아인 경우 인지 여부에 따라 상속인이 될 수 있음. 위 문제 상황으로는 상속인이 될 수 없음. 따라서 상속인은 친자와 양자임
- (나): 6억, (다): 6억, (가)(라)(마)는 0원

## 33

(09)

다음 사례들에 대한 설명으로 옳은 것을 〈보기〉에서 고른 것은?

(가) 만 17세인 철수는 만일의 경우에 대비해서 혼자서 유언의 전체 내용과 연월일, 주소, 성명을 직접 쓰고 날인(捺印)해서 유언장을 작성하였다.

(나) 영태는 재산의 절반을 3남매 중 막내인 진철에게 물려주기로 하고, 진철의 아들인 만 21세의 성진이 증인으로 참석한 자리에서 유언의 취지와 본인 성명, 연월일을 말했다. 성진은 이 유언이 정확하다며 자신의 성명을 말하고 전체 내용을 녹음하였다.

(다) 입원 중인 종수가 의식이 불완전하여 말을 못하고 고개만 끄덕일 수 있는 상태에서, 종수의 아내가 쓴 쪽지를 보면서 공증인이 유언 내용의 취지를 말해 주고 "그렇습니까?"라고 묻자 종수는 고개만 끄덕거렸다. 공증인의 사무직원이 유언 내용을 필기하고 이를 공증인이 낭독하여 유언장을 작성하였다.

〈보기〉

ㄱ. (가)에서 철수의 유언은 자필증서에 의한 유언으로 유효하다.

ㄴ. (가)에서 철수가 녹음에 의한 유언을 하기 위해서는 1년 후에 해야 한다.

ㄷ. (나)에서 성진은 영태의 유언과 직접 관련된 자의 아들이어서 증인의 자격이 없다.

ㄹ. (다)에서 종수의 유언은 종수의 진정한 의사에 합치하는 경우에 한하여 유효하다.

① ㄱ, ㄴ　② ㄱ, ㄷ　③ ㄴ, ㄷ　④ ㄴ, ㄹ　⑤ ㄷ, ㄹ

**[출제포인트 & 정답]**

- 제1060조(유언의 요식성) 유언은 본법의 정한 방식에 의하지 아니하면 효력이 생하지 아니 한다.
- 제1061조(유언적령) 만17세에 달하지 못한 자는 유언을 하지 못한다.
- 제1065조(유언의 보통방식) 유언의 방식은 자필증서, 녹음, 공정증서, 비밀증서와 구수증서의 5종으로 한다.

**정답** ②

## 34

(14(A))

**다음과 같은 사실관계에서 갑은 90억 원의 재산을 남기고 사망하였다. 갑의 재산 중 정이 상속받을 수 있는 금액을 쓰시오. [2점]**

| 갑은 을과 혼인하여 그 사이에 딸 A를 두었다. 그 후 갑과 병의 부적절한 관계로 인하여 B가 태어났으나, 갑은 B를 인지하지는 않았다. 을이 갑과 병의 관계를 알게 되어, 갑과 을의 혼인관계는 파탄에 이르게 되었다. 결국 갑은 을이 A의 양육권을 가지는 것으로 합의하고 이혼하였다. 갑은 을과 이혼 후 병과 재혼하였으나, 성격불일치로 6개월 만에 이혼하였다. 갑은 병과 이혼한 후 정과 재혼을 하였다. 정은 갑과 혼인 당시 전남편과의 사이에서 아들 C를 두고 있었다. 갑과 정은 재혼 후에 D를 입양하였으나, D가 범죄를 저지르자 파양을 하였다. 그 후에 갑과 정은 갑의 조카 E를 입양하였고, 갑은 모든 재산을 E에게 상속한다는 유언을 하였다. |
|---|

**[출제포인트 & 정답]**

유류분 청구의 문제이다. 그런데 문제가 되는 것은 B이다. B의 경우는 준정의 요건을 갖추었다면 상속인에 포함된다. B가 포함된다면 유류분 비율이 달라진다. 법률 조문을 기계적으로 적용하면 B가 포함된다. 물론 상황에 따라 포함시킬 수도 있다. 하지만 준정의 요건인 인지도 의사표시라는 점에서 문제에서 명확하게 제시할 필요가 있다. 준정이 성립되지 않았다면 상속인은 A, E, 정이다. 이 경우 정의 상속분은 3/7×1/2×90억이다. 그런데 B가 포함되면 3/9×1/2×90억=15억이다. 오히려 요건을 정확하게 공부한 학생들에게 혼란을 주는 문제이다.

## 35

(17(B))

다음 사안에서 상속인과 그의 상속분이 각각 얼마인지 서술하시오. [5점]

> 갑은 900억 원의 재산을 남기고 고령으로 사망하였다. 사망 당시 갑에게는 이혼한 전처 을과의 사이에서 태어난 아들 B, 갑과 재혼한 부인 병 및 그들 사이에서 태어난 딸 C가 있다. 전처와 사이에서 태어난 장남 A는 10년 전에 교통사고로 사망하였고, A에게는 부인 D, 아들 F가 있다. B에게는 부인 E와 딸 G가 있다. C는 아직 미혼이다. 갑은 별도의 유언을 하지 않았다. 상속을 포기한 사람은 아무도 없으며, 상속재산에 대한 기여분 및 특별 수익은 없다.

〈가계도〉

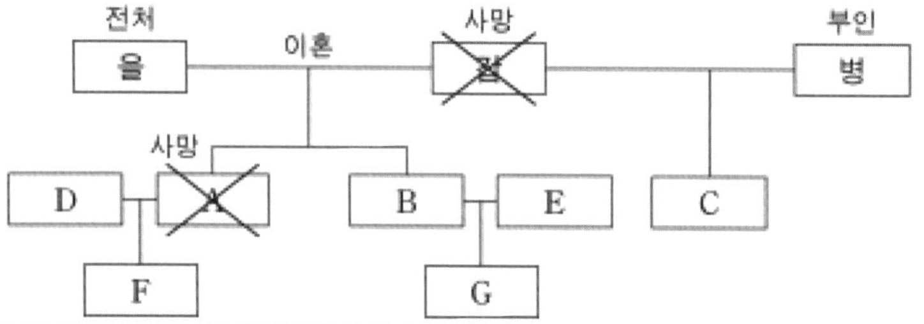


**[출제포인트 & 정답]**

- 대습상속에 대한 이해
- D는 120억, F는 80억, B는 200억, C는 200억, 병은 300억

## VI. 노동법

### 1. 노동법의 의의

#### 1) 사회법

근대에 들어오면서 공적영역은 법치주의가, 사적영역은 사적자치의 원리에 따라 각 영역의 법제도가 운영되었다. 사적자치를 원칙으로 한 자본주의 경제가 고도로 발달하면서 빈부 간의 격차가 커지고, 노동자와 사용자 간의 대립과 갈등이 첨예화되고, 독점자본의 횡포가 심화되는 등의 문제들이 발생하자 이를 시정하기 위한 것이었다. 종전에는 이러한 문제들을 개인 간의 관계로만 보아 전적으로 사법만으로 규율했다. 하지만 사회적 강자와 약자 사이에 나타나는 불균형을 시정하기 위해 국가가 사적영역에 개입할 필요가 있었고, 국가의 사적영역에 대한 개입은 법에 의해 이뤄져야 한다는 점에 따라 탄생한 것이 사회법이다. 사회법은 흔히 공법과 사법의 중간 영역을 규율하는 법이라고 한다. 즉, 개인의 생활관계와 개인과 국가 간의 생활관계를 동시에 규율하는 법이다. 이런 사회법에 속하는 법영역으로 기업의 독과점을 방지하고 공정경쟁을 유도하기 위한 경제법, 노동자와 사용자 사이의 불평등한 관계를 조정하기 위한 노동법, 사회적, 경제적으로 취약한 사람들을 보호하기 위한 국가의 조치를 담은 사회보장법 등이 있다.

#### 2) 노동법의 의의

사용자와의 관계에서 상대적으로 불리한 지위에 있는 노동자들을 보호하려는 이념은 우리 헌법에서도 나타나 있는데 노동기본권이 그것이다. 노동기본권에는 노동자를 개인적인 차원에서 보호하기 위한 근로의 권리와 노동자들의 집단적인 활동을 보장하기 위한 노동3권(단결권 · 단체교섭권 · 단체행동권)이 포함된다. 이런 노동기본권을 보장하기 위한 법을 총칭하여 노동법이라 한다. 노동법은 노동자로서 인간의 존엄성을 확보하고 인간다운 생활을 보장해 주며, 노동력의 재생산을 가능하게 함으로써 노동인격의 완성을 실현하는 데 궁극적 목적이 있는 것이다.

근대 시민법 원리 중 하나는 누구나 자신의 자유로운 의사에 따라 계약을 체결할 수 있다는 것이다. 이 원리는 자본주의 경제 질서 내에서 형식적인 평등과 자유를 보장할 수는 있었으나 실질적으로 평등하고 자유로운 인간의 생활을 확보해주지는 못했다. 자본주의사회에서 재산을 가지지 못한 자는 필연적으로 재산을 가진 타인에게 고용되어 노동을 제공하고 그 대가로 받은 임금으로 생활을 유지할 수밖에 없었다. 그 결과 노동자의 경우 생존을 위해서는 사용자에게 예속되어 그의 지시에 복종할 수밖에 없는 종속적 지위에 놓이게 된다. 이 같은 노사관계에서의 계약이나 교섭은 형식적으로는 양 당사자 간의 자유롭고 평등한 계약에 기초한 것이었지만 실질적으로는 자본을 가진 사용자에게 노동자들이 예속되는 부자유와 불평등을 낳게 했으며, 이것이 점차 고착화되면서 결국 사용자와 노동자라는 사회적인 세력의 불균형을 야기하게 되었다. 노동법은 근대 시민법상의 형식적인 평등과 자유라는 명목 하에 왜곡되어진 이러한 사실상의 부자유와 불평등을 해결하기 위하여 생성된 법이다. 다시 말하면 노동법은 법에 의해 실질적 평등을 추구하고 생존권을 보장하기 위하여 등장하게 된 것이다.

### 3) 노동법의 체제

노동법은 하나의 법률을 가리키는 명칭이 아니라, 근로기준법, 최저임금법, 노동조합 및 노동관계조정법, 남녀고용평등 및 일·가정 양립 지원에 관한 법률, 기간제 및 단시간 근로자 보호 등에 관한 법률, 파견근로자 보호 등에 관한 법률 등 근로관계와 노사관계에 관한 법령을 통칭해서 부르는 표현이다. 노동법은 일반적으로 개별적 노동관계법과 집단적 노동관계법으로 분류할 수 있다. 개별적 노동관계법은 근로자 개인과 사용자 사이의 법률관계를 규율하는 법분야이며, 집단적 노동관계법은 근로자 집단, 즉 노동조합과 사용자 사이의 법률관계를 규율하는 법분야이다. 근로기준법은 대표적인 개별적 노동관계법이고, 노동조합 및 노동관계조정법은 대표적인 집단적 노동관계법이다.

그런데 노동법에서는 노사자치가 중요한 이념으로 인정되기 때문에 자치규범도 중요한 법적 근거가 된다. 자치규범이란 당사자 간의 합의에 의해 형성된 규범을 의미하는데, '근로계약', 사용자가 일방적으로 근로조건에 관하여 정한 '취업규칙', 노동조합과 사용자 사이에 근로조건에 관하여 집단적으로 합의한 '단체협약', 명시적인 합의는 없으나 오랜 기간에 걸쳐 관행으로 형성된 '노동관행', 노동조합과 그 조합원의 관계를 규율하는 '노동조합 규약' 등이 이에 해당한다. 자치규범의 법적 효력에 대해서는 해당 개별 법률에서 명시적인 규정을 두고 있다. 예를 들어 근로기준법 제97조에서는 "취업규칙에서 정한 기준에 미달하는 근로조건을 정한 근로계약은 그 부분에 관하여는 무효로 한다. 이 경우 무효로 된 부분은 취업규칙에 정한 기준에 따른다."라고 규정하고 있다.

## 2. 근로기준법 등 개별적 근로관계

### 1) 근로기준법의 의의

근로기준법은 헌법에 따라 근로조건의 기준을 정함으로써 근로자의 기본적 생활을 보장, 향상시키는 것을 목적으로 한다. 근로조건은 주로 근로계약이 기준이 되지만, 그 외 취업규칙이나 단체협약, 노동관행 등으로 정해질 수도 있다. 근로조건에는 임금, 근로시간, 휴일, 휴가, 재해보상, 해고와 퇴직 등이 포함된다. 근로기준법에 따르면, 근로기준법에서 정하는 근로조건은 최저기준이기 때문에 근로관계당사자는 이 기준을 이유로 근로조건을 저하시킬 수 없으며, 근로조건은 근로자와 사용자가 동등한 지위에서 자유의사에 따라 결정되어야 한다. 근로기준법은 모든 사업장에 적용되지만, 5인 미만의 근로자를 사용하는 경우에는 해고 제한, 퇴직금, 연차유급휴가 등 일부 조항의 적용이 배제된다.

### 2) 근로계약과 취업규칙

일반적으로 근로관계는 근로계약의 체결에 의해 성립한다. 근로자는 사용자에게 노동을 제공하고, 사용자는 이에 대해 임금을 지급할 목적으로 근로계약을 체결한다. 근로계약의 체결은 근로자와 사용자 사이의 명시적인 합의로 성립하는 것이 일반적이지만, 묵시적인 합의에 의해서도 성립할 수 있다. 만약 근로계약의 내용이 근로기준법 등에서 정한 기준에 미치지 못할 경우 이는 무효가 되고, 그 부분은 근로기준법이 정하는 내용으로 대체된다. 근로계약을 체결하는 방식은 자유에 맡겨져 있으므로, 서면이나 구두로 체결할 수 있다. 다만 일정한 사항은 반드시 명시하거나, 서면으로 작성하여야 한다. 예를 들어, 근로기준법 제17조에 따르면, 사용자는 근로계약을 체결할 때에 근로자에게 임금, 소정근로시간, 제55조에 따른 휴일, 제60조에 따른 연차 유급휴가, 그 밖에 대통령령으로 정하는 근로조건을 명시하여야 하고, 특히 임금의 구성항목 · 계산방법 · 지급방법, 소정근로시간, 제55조에 따른 휴일 및 제60조에 따른 연차 유급휴가에 관한 사항이 명시된 서면을 근로자에게 교부해야 한다.

취업규칙은 사용자의 일방적인 의사로 근로자의 복무규율과 근로조건에 관한 준칙의 내용을 정한 문서를 말하는데, 흔히 사규나 징계 등에 관한 규정 등이 이에 해당한다. 근로기준법은 제93조에서 10인 이상 근로자를 사용하는 사용자에 대해 취업규칙의 작성을 의무화하고, 취업규칙을 작성할 때에 반드시 포함하여야 하는 사항들을 제시하고 있다.[25] 또한 취업규칙을 작성하거나 변경하면 이를 고용노동부장관에게 신고하도록 하고 있다. 취업규칙이 법령이나 단체협약에 반하는 경우 고용노동부장관은 그 변경을 명할 수 있다.

### 3) 근로계약 기간

근로기준법 제16조에서 근로계약 기간에 대해 정하고 있으나 그 조항은 현재 효력을 상실하였다. 근로계약 기간은 근로기준법이 아닌 "기간제 및 단시간근로자 보호 등에 관한 법률(이하 기간제법)"에서 정하고 있다. 기간제법은 상시 5인 이상의 근로자를 사용하는 사업장을 적용대상으로 하는데, 이 법에 따르면 근로계약의 기간을 원칙적으로 2년으로 정하고 있다. 다만, 2년의 근로계약이 부당한 해고의 수단으로 남용되지 않도록 하기 위해, 기간제법은 예외적인 상황이 아니면 사용자가 2년을 초과하여 기간제 근로자를 사용하는 경우 그 기간제근로자는 기간의 정함이 없는 근로계약을 체결한 근로자, 즉 정규직 근로자로 간주하도록 하고 있다.

### 4) 임금과 퇴직금

근로기준법은 임금을 사용자가 근로의 대가로 근로자에게 임금, 봉급, 그 밖에 어떠한 명칭으로든지 지급하는 모든 금품으로 정의하고 있다(제2조 제5호). 임금은 기본급, 수당, 수당, 상여금 등 다양하게 불리고 있으나, 근로기준법에 의하면 통상임금과 평균임금으로 구분된다. 근로기준법에 따르면 임금지급에 관하여 통화지급의 원칙, 직접지급의 원칙, 전액지급의 원칙 그리고 정기지급의 원칙을 제시하고 있다. 이에 따라 임금은 매월 1회 이상 일정한 날짜에 통화로 직접 근로자에게 전액을 지급해야 한다. 다만 법령 또는 단체협약에 특별한 규정이 있는 경우에는 임금 일부를 공제하거나 통화 이외의 것으로 지급할 수 있다.

퇴직금은 1년 이상 계속된 근로관계를 종료하는 경우 사용자가 근로자에게 지급하여야 하는 금품이며 임금의 일종이다. 그래서 퇴직금에 대해서도 임금지급에 관한 원칙이 모두 적용된다. 퇴직금의 액수는 계속근로기간 1년에 대하여 평균임금 30일분 이상으로 되어 있다.

---

25) 예를 들어, 업무의 시작과 종료 시각, 휴게시간, 휴일, 휴가 및 교대 근로에 관한 사항, 임금의 결정·계산·지급 방법, 임금의 산정기간·지급시기 및 승급(昇給)에 관한 사항, 퇴직에 관한 사항, 표창과 제재에 관한 사항 등. 근로기준법 제93조(취업규칙의 작성·신고) 참조

## 5) 근로시간

근로시간이란 근로자가 사용자의 지휘·감독 하에 근로계약의 근로를 제공하는 시간을 말하며, 출근할 때부터 퇴근할 때까지의 시간 중 근로에 종사하지 않는 시간을 제외한 시간, 즉 실근로시간이 법적 의미의 근로시간이 된다. 사용자의 실질적 지휘·감독 하에 있다면 작업개시를 위한 준비작업, 휴게시간 등도 근로시간이 될 수 있다.

18세 이상 근로자의 근로시간은 휴게시간을 제외하고 1주 40시간, 1일 8시간을 초과할 수 없고, 15세 이상 18세 미만 근로자, 즉 연소근로자의 근로시간은 1일 7시간, 1주 40시간을 초과할 수 없다. 법정근로시간을 초과하는 연장근로시간은 18세 이상의 근로자에 대해서는 1주 12시간을 초과한 수 없다. 그리고 원칙적 근로시간제도 외에 탄력적 근로시간제, 선택적 근로시간제 등이 운영되고 있다. 예컨대 사업장의 사정을 고려하여 일주일 40시간을 4일 동안 근로를 하고 나머지 3일 동안은 근로하지 않는 방법 등으로 근로시간을 탄력적으로 운영하거나 선택할 수 있다. 또한 근로시간을 오전 9시부터 저녁 6시까지라는 시간 이외에도 다른 시간을 선택할 수도 있다.

휴게시간의 경우 4시간인 경우 30분 이상, 8시간 이상인 경우 1시간 이상을 근로시간 도중에 주어야 한다. 무노동 무임금의 원칙이 작동하므로 일을 하지 않는 휴일에 임금을 지급하지 않는 것이 원칙이지만, 1주일에 평균 1회 이상의 유급휴일을 주어야 한다. 또한 1년간 80퍼센트 이상 출근한 근로자에게 15일의 연차유급휴가를 주어야 한다. 한편 사용자측의 원인으로 휴업을 할 경우 사용자는 휴업기간 동안 근로자에게 평균임금의 100분의 70 이상의 수당을 지급해야 한다.

## 6) 해고

일자리를 잃는 것은 근로자 개인뿐만 아니라 그 가족들에게 많은 고통을 줄 수 있다. 따라서 해고에 있어서 정당한 이유 없이 이뤄지는 부당해고를 하지 못하도록 규정하고 있다. 부당해고가 이뤄진 경우에는 노동위원회에 구제를 신청할 수 있다. 일반적으로 해고는 노동자의 문제점 때문에 이뤄지지만 경영상 이유로 불가피한 해고도 허용하고 있다. 다만 이런 정리해고를 위해서는 해고대상자 선정에 신중해야 하고, 노동조합과의 성실한 협의도 필요하다. 또한 정리해고 대상자를 우선 재고용할 것을 규정하고 있다. 그리고 해고를 할 때는 적어도 30일 전에 예고를 해서 노동자에게 준비할 시간을 줘야 한다. 만약 그렇지 않을 경우에는 30일 동안의 통상임금을 지급해야 한다. 해고를 했을 때 사용자는 14일 이내에 임금, 보상금 그 밖에 일체의 금품 지급을 청산해야 한다.

### 7) 미성년자와 여성 보호

근로기준법은 근로관계에서 미성년자와 모성을 특별하게 보호하고 있다. 미성년자의 경우 근로계약을 체결하기 위해서는 부모의 동의를 얻어 단독으로 근로계약을 체결할 수 있다. 부모가 대리로 근로계약을 체결할 수는 없지만 미성년자를 보호하기 위해 대신해서 근로계약을 해지할 수는 있다. 미성년자는 단독으로 임금을 청구할 수 있으며 사용자는 미성년자에게 직접 임금을 지불해야 한다. 따라서 부모가 임금을 대리 수령할 수 없다. 15세 이상 18세 미만자의 근로시간은 1일 7시간, 1주 40시간을 넘길 수 없다. 또 18세 미만의 미성년자는 오후 10시부터 오전 6시까지는 근로를 할 수 없고, 휴일에도 근로를 해서는 안 된다. 사용자는 18세 미만의 미성년자를 도덕상 또는 보건상 위험한 직종에 고용할 수 없다. 또한 사업주는 18세 미만 근로자를 고용할 경우 사업장에 미성년자의 연령을 증명하는 증명서와 그의 친권자 또는 후견인의 동의서를 비치해야 한다. 만약 15세 미만을 고용할 경우에는 사업장에 노동부장관이 발급한 취직 인허증을 비치해야 한다.

여성을 보호하기 위해서 첫째, 여성근로자가 청구하는 경우 월 1일의 생리휴가를 주어야 한다. 둘째, 임산부를 보호하기 위해 야간·휴일 근로를 원칙적으로 금지하고, 특정시기에 장시간 근로를 금지하고, 쉬운 근무로의 전환을 사업주에게 요청할 수 있도록 하고, 시간 외 근로를 금지하고, 생후 1년 미만의 영아를 둔 여성 근로자는 휴게시간과 별도로 1일 2회 각각 30분 이상의 유급 수유 시간을 청구할 수 있고, 임산부는 보건상·도덕상 해롭거나 위험한 사업에 투입되지 않는다. 셋째, 산전후 휴가 및 급여를 보장한다. 사업주는 임산부에게 산후 휴가 기간을 반드시 45일 이상 확보하여 산전부터 산후 기간 90일의 휴가를 주어야 한다. 이 휴가기간은 강행규정으로 사업주가 기간을 변경할 수 없고, 임산부도 산전후휴가를 포기할 수 없다. 넷째, 육아휴직이다. 1년 이상 계속 근무한 근로자가 생후 1년 미만의 영아 양육을 위해 신청할 수 있는 것이 육아휴직이다.

그리고 근로계약에서 남녀를 차별할 수 없다. 고용에 있어 양성평등을 보장하는 한편, 여성이 직장과 가정생활을 조화롭게 해 나갈 수 있도록 「남녀고용평등 및 일·가정 양립 지원에 관한 법률」을 시행하고 있다. 또한 근로기준법에서도 사용자는 남녀 근로자에게 차별적 대우를 해서는 안 되며, 국적이나 신앙, 사회적 신분 등을 이유로 차별적 처우를 해서는 안 된다고 명시하고 있다. 따라서 사업주는 모집과 채용과정에서 용모, 키, 체중 등의 신체적 조건, 미혼과 기혼 등을 제시하거나 요구할 수 없다. 또한 임금과 복리 후생에서 남녀를 차별해서는 안 되며, 교육·배치 및 승진, 정년·퇴직 및 해고에서 남녀를 차별할 수 없다.

## 3. 노동조합 및 노동관계조정법 등 집단적 근로관계

### 1) 노동조합 및 노동관계조정법의 의의

집단적 근로관계는 근로자집단과 사용자 또는 사용자단체 사이의 근로관계를 의미하는데, 헌법에 규정된 노동3권인 근로자의 자주적인 단결권, 단체교섭권 및 단체행동권을 보장하기 위한 "노동조합 및 노동관계조정법(이하 노동조합법)"에 의해 규율된다. 집단적 근로관계법은 근로자가 자주적으로 형성한 노동조합 등의 결사를 통하여 사용자와 자치적으로 노사관계를 형성할 수 있도록 조성하는 것을 목적으로 한다. 개별적 근로관계에 관한 근로기준법은 근로자와 사용자의 교섭력의 차이가 있다는 것을 감안하여 규율하고 있다면, 집단적 근로관계에 관한 노동조합법은 근로자집단과 사용자의 교섭력이 대등하다는 것을 전제로 제도화되어 있는 것이 특징이다.

### 2) 노동3권

#### (1) 단결권

노동3권 중 하나인 단결권은 근로자가 스스로가 주체가 되어 자주적으로 단결하여 근로조건을 유지 및 개선하고, 근로자의 경제적·사회적 지위의 향상을 도모하기 위하여 사용자와 대등한 교섭권을 가지기 위한 단체를 구성하는 권리이다. 이러한 단결권을 행사하여 조직된 단체 또는 그 연합단체가 바로 노동조합이다. 노동조합법에 따르면 근로자는 자유롭게 스스로 노동조합을 조직하거나 기존의 노동조합에 자유롭게 가입할 수 있다. 그리고 이러한 노동조합은 특별히 허가를 요하거나 하는 것이 아니라 신고에 의해 설립된다.

#### (2) 단체교섭권

단체교섭권은 근로자가 단결권에 기초하여 자주적으로 결성한 단체인 노동조합이 그 조직력을 바탕으로 사용자나 사용자단체와 대등한 지위에서 자주적으로 교섭하는 권리이다. 이러한 노동조합의 단체교섭권을 현실적으로 행사하는 담당자는 노동조합의 대표자 또는 노동조합으로부터 단체교섭의 위임을 받은 사람이다. 단체교섭권은 노동조합만의 권리이다. 즉, 사용자측에는 단체교섭권이 없고 근로자측의 단체교섭 요구에 성실히 응할 의무가 있을 뿐이다. 노동조합이 단체교섭권에 기해 단체교섭을 할 수 있는 사항은 일반적으로는 근로자 및 노동조합의 근로조건·생활조건·활동조건 등 근로자의 근로조건 향상 기타 경제적·사회적 지위 향상과 직접 또는 간접으로 관련된 모든 사항이다. 단, 이는 사용자의 처분·관리 권한 내에 있는 사항이어야 한다. 근로자측이 단체교섭이라는 명목으로 사용자의 권한 밖에 있는 사항으로 사용자가 처리할 수 없는 사항을 요구할 수는 없는 것이다. 근로자와 사용자 양측은 성실하게 교섭에 임하여야 하며 정당한 이유 없이 교섭을 거부하거나 해서는 안 된다. 이러한 양측의 성실한 단체교섭으로 합의가 도출되면 이 합의된 사항들을 단체협약으로 체결하게 된다. 이렇게 체결된 단체협약은 노동조합과 사용자 또는 사용자단체(이하 노동관계 당사자)의 자치적인 노동법규로서의 성격을 가지게 된다.

### (3) 단체행동권

단체행동권은 노동쟁의가 발생한 경우에 쟁의행위 등을 할 수 있는 권리이다. 노동쟁의란 노동관계 당사자 간에 임금·근로시간·복지·해고 기타 대우 등의 근로조건을 결정함에 있어 상호간의 주장의 불일치로 인하여 발생한 분쟁상태를 말한다. 여기서 말하는 주장의 불일치란 노동관계 당사자 간에 합의를 위한 노력을 계속한다고 하더라도 더 이상 자주적 교섭에 의해서는 합의의 여지가 없다고 판단되는 경우이다. 이러한 노동쟁의가 발생하면 노동관계 당사자 일방은 상대방에게 통보하여야 한다. 이는 우리 법이 노동쟁의를 이유로 쟁의행위에 들어가려면 반드시 사전에 조정이나 중재를 거쳐야 한다는 '조정전치주의'를 규정하면서도 이 같은 사전의 조정절차는 노동쟁의 발생 이후 노동관계 당사자 중 일방의 신청이 있는 경우에만 개시되도록 하는 임의주의를 채택하고 있는 데 따른 것으로 노동쟁의가 발생한 경우에 상대 당사자에게 이를 통보함으로써 상대 당사자가 원한다면 사전에 조정절차를 신청할 수 있도록 하기 위한 것이다. 노동쟁의가 임의적 조정전치주의를 거치고 나면 쟁의행위로 나아갈 수 있는데, 쟁의행위란 파업·태업·직장폐쇄 기타 노동관계 당사자가 자신들의 주장을 관철할 목적으로 행하는 행위 또는 이에 대항하는 행위로서 업무의 정상적인 운영을 방해하는 행위를 말한다. 파업이나 태업은 근로자측에서 할 수 있는 대표적인 쟁의행위 형태이고, 직장폐쇄는 사용자측에서 행하는 대표적인 쟁의행위 유형이다. 파업은 근로자가 집단적으로 노동력 제공을 거부해 전혀 일을 하지 않는 것이고, 태업은 근로자들이 일은 하되 의도적으로 작업 능률을 떨어뜨리는 집단행동을 말한다. 직장폐쇄는 사용자가 근로자들이 취업 상태에 있지 못하도록 사업장을 폐쇄하는 것이다. 즉, 근로자측의 파업이 사업자에게 노동력을 전혀 제공하지 않음으로써 경제적 타격을 주는 것이라면 직장폐쇄는 사용자가 근로자측이 제공하는 노동력의 수령을 거부하고 그 결과 임금도 정당하게 지급하지 않을 수 있게 됨으로써 근로자측에 경제적 압력을 가하려는 것이다. 하지만 노동조합법에서는 직장폐쇄의 시기와 관련해 노동조합이 쟁의행위를 개시한 이후에만 할 수 있도록 제한을 두고 있다. 이는 사용자가 근로자의 쟁의행위에 대항해서만 직장폐쇄를 할 수 있게 함으로써 노동관계에 있어 상대적 약자인 근로자가 노동쟁의를 이유로 사용자에 의해 노동 현장으로부터 먼저 축출되어 생존에 위협을 느끼지 않도록 배려하고 있는 것이다.

### 3) 노동쟁의조정

#### (1) 의의

쟁의행위는 노동관계 당사자는 말할 필요도 없고 국민경제뿐만 아니라 지역경제·협력업체 등에도 막대한 손실을 가져오며, 국민의 일상생활에도 많은 불편을 초래한다. 쟁의행위가 노동관계 당사자들의 자주적인 노력에 의하여 예방되고 또한 해결되면 물론 가장 바람직한 일이지만, 그렇지 못할 경우 정부가 개입하여 이를 조정하고 노력하는 것은 이러한 이유로 정당하게 여겨진다. 이에 우리도 노동 당사자 간의 분쟁을 신속·공정하게 해결하기 위하여 노동쟁의조정제도를 법제화하고 있는데, 노동조합법상의 조정, 중재, 긴급조정제도가 그것이다.

#### (2) 조정

조정이란 조정위원회(또는 단독조정인)가 노동관계 당사자의 의견을 청취한 후 조정안을 제시하여 당사자 쌍방에 대하여 이 조정안을 받아들일 것을 권고하는 조정 방법을 말한다. 이 조정안을 받아들일 것인가 말 것인가는 어디까지나 당사자들의 선택이지 강제적이지 않다는 점에는 조정은 노동관계 당사자들의 자주적인 해결원칙을 여전히 강조하고 있다고 할 수 있다. 이러한 조정을 행하는 조정위원회는 조정사건을 의뢰받을 때마다 그때그때 구성이 되고, 공정한 조정을 위해 사용자를 대표하는 자, 근로자를 대표하는 자, 공익을 대표하는 자를 각각 1인씩 하여 3인으로 구성된다. 일정한 경우 조정위원회가 아닌 단독조정인이 조정을 하는 경우가 있는데, 이를 위해서는 노농관계 당사자 양측 모두의 신청이 있거나 양측 모두의 동의를 얻어야 한다. 그리고 이때 단독조정인은 당해 조정사건의 당사자 양측이 합의로 선정한 자가 된다.

### (3) 중재

중재는 노동위원회 내의 중재위원회에 의한 조정제도로서 중재위원회에서 내리는 중재재정이 쟁의행위 당사자들의 수락 여부와는 관계없이 이들을 구속하는 강력한 조정방법이다. 이는 조정안의 구속력이 노동관계 당사자들의 의사에 따라 좌우되는 것과는 달리 관계 당사자가 원하거나 원치 않거나 지켜야 하는 법률적 효력을 지님으로써 당사자의 자주적 해결의 원칙이 적용되지 않는 조정 방법이다. 따라서 중재위원회의 구성에 있어서도 조정위원회와는 차이가 있다. 중재위원회 역시 3인으로 구성되는 점에서는 조정위원회와 동일하지만, 공익을 대표하는 노동위원회의 위원들 중에서 관계 당사자들이 합의로 선정한 자를 노동위원회 위원장이 지명한다는 점이 다르다.

### (4) 긴급조정

긴급조정이란 쟁의행위가 공익사업에 관한 것이거나 그 규모가 크거나 그 성질이 특별한 것으로서 현저히 국민경제를 해하거나 국민의 일상생활을 위태롭게 할 위험이 현존하는 때 노동부장관의 결정에 의하여 중앙노동위원회에서 행하는 조정제도를 말한다. 이는 이미 발생한 쟁의행위 사태가 특별히 중대하다고 여겨지는 경우에 사후에 강제적으로 이에 대처하기 위한 특별한 조정절차이다. 앞서의 조정이나 중재제도는 장래 발생할 쟁의행위에 대한 예방적 조치였다면, 긴급조정제도는 이미 발생한 쟁의행위에 대한 사후적 조치라는 점에서 구별된다. 노동부장관은 긴급조정을 결정했다면 이를 지체 없이 공표하고, 관계 당사자에게도 각각 통고하여야 한다. 그리고 이 통고를 받은 당사자는 쟁의행위를 즉시 중지하여야 하며, 공표일부터 30일이 경과하지 않고서는 다시 쟁의행위를 할 수 없게 된다.

## 4) 부당노동행위

### (1) 의의

헌법과 노동조합법이 근로자의 노동3권을 보장하고 있지만, 현실적으로 이러한 노동3권은 사용자에 의하여 침해받을 가능성이 크다. 그러므로 노동3권의 실질적인 보장을 위해서 노동조합법은 근로자의 단결권이나 단체교섭, 단체행동 등의 자유에 대한 사용자의 침해행위가 있을 때 노동위원회를 통해 근로자의 권리가 구제받을 수 있도록 구제제도를 마련하고 있는데, 이것이 바로 부당노동행위제도이다. 근대 시민법 하에서는 사용자의 노동3권에 대한 방해 행위가 위법하다고 하더라도 불법행위로서 손해배상을 청구하는 방법

외에 달리 방법이 없었다. 그러나 이러한 노동3권은 그 성질상 경제적으로 평가가 곤란하여 실제로 손해배상액을 산정한다는 것은 거의 불가능하기에 불법행위로 인한 손해배상만을 인정해서는 근로자의 권리구제에 취약한 면이 있었다. 이에 사용자의 침해행위 그 자체를 저지할 필요가 생겼고, 이러한 필요에서 생겨난 제도가 부당노동행위제도이다.

### (2) 부당노동행위의 유형

부당노동행위의 유형으로 노동조합법이 인정하고 있는 것으로 불이익취급, 반조합계약, 단체교섭거부, 지배·개입 등이 있다. 불이익취급은 가장 많이 발생되는 부당노동행위의 유형이라고 할 수 있는데, 근로자가 단결권을 행사의 일환으로 노동조합에 가입했다거나 가입하려고 했다는 이유로, 또는 노동조합을 조직하려고 했다거나 노동조합의 업무를 위한 정당한 행위를 한 것을 이유로 해서 사용자가 근로자를 해고하거나 그에게 불이익을 주는 행위이다. 반조합계약 역시 근로자의 자주적인 단결권을 해하는 사용자의 행위이다. 이는 사용자가 근로자와 고용계약을 체결할 때 노동조합에 가입하지 않을 것을 조건으로 하거나 또는 근로자가 이미 노동조합에 가입하고 있는 경우에 탈퇴를 조건으로 하거나 사용자가 지정하는 특정한 노동조합에 가입할 것을 조건으로 하여 계약을 체결하는 것을 말한다. 또한 근로자의 단체교섭권과 관련해서는 정당한 이유 없이 단체교섭을 거부하거나 해태하는 행위가 부당노동행위를 구성하게 된다. 노동조합의 단체교섭의 권리는 노동3권 중에서도 근로조건의 향상을 위한 중추적인 기능을 수행하는 것이므로 이를 이유 없이 거부하지 못하도록 하고 있는 것이다. 여기서 단체교섭의 거부 또는 해태란 처음부터 교섭을 거부하는 경우는 물론 이유 없이 교섭을 중도에 관두는 것, 교섭으로 합의점을 찾았음에도 불구하고 단체협약을 체결하는 것을 거절하는 것, 성실하게 교섭에 임하지 않고 시간만을 연장하는 행위 등을 광범위하게 포함한다. 또 다른 부당노동행위 유형으로는 사용자가 노동조합의 조직이나 운영을 지배하거나 개입하는 행위, 노조의 운영비를 원조하는 행위가 있다. 이 같은 사용자의 행위는 노동조합의 자주성을 실질적으로 해할 가능성이 상당히 크기 때문에 부당노동행위로 보는 것이다.

## 기 출 문 제 풀 이

### 1

(92)

우리나라의 근로기준법에 규정된 내용이 아닌 것은?

① 사용자는 여자와 18세 미만자를 갱내에서 근로시키지 못한다.
② 여자와 18세 미만자는 도덕상 유해하고 위험한 사업에 사용하지 못한다.
③ 친권자 또는 후견인은 미성년자의 근로계약을 대리할 수 있다.
④ 노동부장관의 취직 인허증을 소지하지 않은 13세 미만자는 근로자로 사용하지 못한다.

**[출제포인트 & 정답]**

근로기준법 제64조부터 제72조 참조 **정답** ③

### 2

(04)

다음 글을 읽고 물음에 답하시오.

( ㉠ ) 계약은 사용자가 특정 노동자에게 더 나은 대우를 약속하는 대신, 노동조합에 가입하지 않고 쟁의에도 참가하지 않거나, 특정 조합의 조합원이 되는 것을 조건으로 약정하여 개별적으로 맺는 것이다. 이 계약은 미국에서 노동조합을 혐오하는 사용자들이 노동조합 활동을 억압하기 위해 1900년대 초에 자주 이용하였다. 미국 몇 개의 주법(State Act)에서는 사용자가 이 계약을 체결하는 것을 위법이라 하여 금지하였으나, 연방 최고법원은 1915년 이들 주법이 ( ㉡ )의 원칙을 침해하는 것이라 하여 위헌 규정하였다. 우리나라에서는 이 계약이 헌법상의 <u>노동3권</u>을 침해하는 것으로서, 이 계약의 체결은 사용자의 부당노동행위에 해당된다고 해석되고 있다.

2-1. 위 글의 ( )안에 적합한 용어를 각각 쓰시오.

2-2. 밑줄 친 노동3권을 쓰고, 그 내용을 각각 50자 이내로 쓰시오.

**[출제포인트 & 정답]**

- ㉠: 황견계약, ㉡: 계약자유
- 단결권, 단체교섭권, 단체행동권

## 3

(06)

다음 (가)는 남녀고용평등법의 '목적' 조문으로서, (　　)는 동법에서 육아휴직을 규정한 이유이기도 하다. (나)를 참조하여 (　　)에 들어갈 내용을 쓰시오.

> (가) 남녀고용평등법 제1조(목적)
> 이 법은 헌법의 평등이념에 따라 고용에 있어서 남녀의 평등한 기회 및 대우를 보장하는 한편 모성을 보호하고 (　　　　　　　　　　)과 여성의 직업능력개발 및 고용촉진을 지원함으로써 남녀고용평등 실현을 목적으로 한다.
> (나) 남녀고용평등법 중 육아휴직에 관한 조문의 일부
> 제19조 ① 사업주는 생후 1년 미만의 영아를 가진 근로자가 그 영아의 양육을 위하여 휴직을 신청하는 경우에 허용하여야 한다.
> 제19조 ③ 사업주는 육아휴직을 이유로 해고 그 밖의 불리한 처우를 하여서는 아니되며, 육아휴직기간 동안은 당해근로자를 해고하지 못한다.
> 제20조 ① 국가는 사업주가 근로자에게 육아휴직을 부여한 경우, 당해근로자의 생계비용과 사업주의 고용유지비용의 일부를 지원할 수 있다.

**[출제포인트 & 정답]**

직장 및 가정생활의 양립

## 4

(07)

다음은 우리나라의 현행 노동법 체계에서 인정되는 규범들이다. 이 규범들의 우선적용순서를 기호로 표시하시오. (단, 일반적인 우선 적용 원칙만 고려하고 이른바 '근로자에게 유리한 조건우선의 원칙은 고려하지 말 것)

> ㉠ 법령의 강행규정들　　㉡ 법령의 임의규정들　　㉢ 개별 근로자와 사용자가 맺은 근로계약
> ㉣ 노동조합과 사용자가 맺은 단체협약　　㉤ 사용자가 정한 취업규칙

**[출제포인트 & 정답]**

- 상위법우선의 원칙
- ㉠→㉣→㉤→㉢→㉡

## 5

(11)

**다음은 근로자의 권리 및 의무와 관련된 「근로기준법」의 기본원칙을 일부 발췌한 내용이다. 근로자의 정당한 권리에 관한 사례 중 옳은 것을 〈보기〉에서 고른 것은?**

- 근로조건은 최저기준이므로 근로관계 당사자는 이 기준을 이유로 근로조건을 낮출 수 없다.
- 근로조건은 근로자와 사용자가 동등한 지위에서 자유의사에 따라 결정해야 한다.
- 근로자와 사용자는 각자가 단체협약, 취업규칙과 근로계약을 지키고 성실하게 이행할 의무가 있다.
- 누구든지 법률에 따르지 아니하고는 영리로 다른 사람의 취업에 개입하거나 중간인으로서 이익을 취득하지 못한다.

〈보기〉

ㄱ. 갑은 미성년자로서 음식점의 배달원으로 고용되어 근로하였으나 10개월분 임금을 받지 못하고 있다. 갑은 미성년자이기 때문에 임금청구소송은 직접 할 수 없으므로 법정대리인이 한다.

ㄴ. A사는 근로자 집단의 동의 없이 경영효율성 제고를 위해 호봉제와 연봉제로 이원화된 임금체계를 연봉제 임금체계로 일원화하였다. A사의 근로자인 갑은 졸지에 호봉제에서 연봉제로 전환한 취업규칙 변경은 무효라고 주장하고 있다.

ㄷ. A학원에서 10년간 사회과목 강사로 근무했던 갑은 1년 단위로 매년 2월 1일 반복 체결해 왔던 근로계약갱신을 예고도 없이 갑자기 거절당하자, 퇴직금과 해고예고 수당을 청구하였다. A학원 측은 퇴직금과 30일분 이상의 통상임금을 해고예고 수당으로 지급해야 한다.

ㄹ. 갑은 28세 여성 종업원으로서 근로계약 시 "향후 1년 미만의 유아(乳兒)를 가질 경우라도 1일 1회에 한하여 30분만 유급 수유시간을 준다."고 하였기 때문에 이후, 유아(乳兒)가 있어도 근로기준법상 1일 2회 각각 30분임에도 불구하고, 갑은 어쩔 수 없이 근로계약에 따라야 한다.

① ㄱ, ㄴ　② ㄱ, ㄷ　③ ㄴ, ㄷ　④ ㄴ, ㄹ　⑤ ㄷ, ㄹ

**[출제포인트 & 정답]**

- 근로기준법 제68조(임금의 청구) 미성년자는 독자적으로 임금을 청구할 수 있다.
- 근로기준법 제94조(규칙의 작성, 변경 절차) ① 사용자는 취업규칙의 작성 또는 변경에 관하여 해당 사업 또는 사업장에 근로자의 과반수로 조직된 노동조합이 있는 경우에는 그 노동조합, 근로자의 과반수로 조직된 노동조합이 없는 경우에는 근로자의 과반수의 의견을 들어야 한다. 다만, 취업규칙을 근로자에게 불리하게 변경하는 경우에는 그 동의를 받아야 한다.
- 근로기준법 제26조(해고의 예고) 사용자는 근로자를 해고(경영상 이유에 의한 해고를 포함한다)하려면 적어도 30일 전에 예고를 하여야 하고, 30일 전에 예고를 하지 아니하였을 때에는 30일분 이상의 통상임금을 지급하여야

한다. 다만, 다음 각 호의 어느 하나에 해당하는 경우에는 그러하지 아니하다. 〈개정 2010.6.4., 2019.1.15.〉
1. 근로자가 계속 근로한 기간이 3개월 미만인 경우
2. 천재·사변, 그 밖의 부득이한 사유로 사업을 계속하는 것이 불가능한 경우
3. 근로자가 고의로 사업에 막대한 지장을 초래하거나 재산상 손해를 끼친 경우로서 고용노동부령으로 정하는 사유에 해당하는 경우

- 근로기준법 제75조(육아 시간) 생후 1년 미만의 유아(乳兒)를 가진 여성 근로자가 청구하면 1일 2회 각각 30분 이상의 유급 수유 시간을 주어야 한다. **정답** ③

## 6

(14)

다음 근로자의 상담 내용 중 (     ) 안에 공통으로 들어갈 법적 개념을 쓰시오. [2점]

**[출제포인트 & 정답]**

부당노동행위

## 7

(16(A))

(　　) 안에 공통으로 들어갈 법률 용어를 쓰시오. [2점]

- 근로기준법상 근로자는 직업의 종류와 관계없이 (　　)을/를 목적으로 사업이나 사업장에 근로를 제공하는 자를 말한다. 근로기준법상 (　　)은/는 사용자가 근로의 대가로 근로자에게 봉급이나 그 밖에 어떠한 명칭으로든지 지급하는 일체의 금품을 말한다.
- 근로기준법상 연차유급휴가는 근로자가 1년간 80퍼센트 이상 출근하였을 때 비로소 부여받을 수 있으므로 이는 1년간의 근로에 대한 대가라고 볼 수 있다. 따라서 근로자가 연차유급 휴가를 사용하지 못하게 됨에 따라 사용자에게 청구할 수 있는 연차휴가수당은 (　　)에 해당한다.

**[출제포인트 & 정답]**

- 근로기준법 제2조 확인할 것. 연차유급 휴가 수당은 근로기준법상에 평균임금 내지는 통상임금으로 되어 있음. 법리적으로는 통상임금으로 되어 있음. 평균 또는 통상을 제외한 임금을 생각해서 답을 표기하라는 문제라고 할 수 있음. 오히려 정확하게는 두 번째 괄호 앞에 평균 내지는 통상을 표기해 주는 것이 질문, 제시문 표기상 같은 것이 되리라고 생각한다. 즉, ㉠, ㉡으로 따로 표기해 주어야 문제가 명확해진다.
- 임금

## 8

(18(A))

다음은 고객과 변호사의 상담 내용이다. (　　) 안에 공통으로 들어갈 용어를 쓰시오. [2점]

고　객: 저는 근로자가 100여 명인 자동차 부품 회사의 종업원으로 근무하고 있습니다. 그런데 며칠 전 회사로부터 해고통지를 이메일(e-mail)로 받았습니다. 이메일에 의한 해고통지는 절차상 하자가 있는 것 아닌가요?

변호사: 근로기준법 제27조는 사용자는 근로자를 해고하려면 해고사유와 해고시기를 (　　)(으)로 통지하여야 하며 (　　)에 의하지 아니한 사용자의 해고는 효력이 없다고 하고 있습니다. 그런데 대법원 판례는 이메일의 형식과 작성 경위 등에 비추어 사용자의 해고의사를 명확하게 확인할 수 있고, 이메일에 해고사유와 해고시기에 관한 내용이 구체적으로 기재되어 있으며, 해고에 적절히 대응하는 데 아무런 지장이 없다면, 이메일에 의한 해고통지도 구체적 사안에 따라 (　　)에 의한 해고통지로서 유효하다고 보아야 할 경우가 있다고 하고 있습니다. 따라서 이메일에 의한 해고통지도 유효할 수 있습니다.

**[출제포인트 & 정답]**

제27조(해고사유 등의 서면통지) ① 사용자는 근로자를 해고하려면 해고사유와 해고시기를 서면으로 통지하여야 한다. ② 근로자에 대한 해고는 제1항에 따라 서면으로 통지하여야 효력이 있다. ③ 사용자가 제26조에 따른 해고의 예고를 해고사유와 해고시기를 명시하여 서면으로 한 경우에는 제1항에 따른 통지를 한 것으로 본다. 〈신설 2014.3.24.〉

# 9

(19(A))

다음 글에서 괄호 안의 ㉠과 ㉡에 해당하는 법적 개념을 순서대로 쓰시오. [2점]

> ( ㉠ )(이)란 근로자가 주체가 되어 자주적으로 단결하여 근로조건의 유지·개선 기타 근로자의 경제적·사회적 지위의 향상을 도모함을 목적으로 조직하는 단체 또는 그 연합단체를 말한다. ( ㉠ )은/는 사용자와 근로조건 등에 관한 단체교섭을 수행하여 그 합의의 결과를 서면으로 작성한 단체협약을 체결할 수 있다. 한편 ( ㉡ )(이)란 근로자가 사용자에게 근로를 제공하고 사용자는 이에 대하여 임금을 지급하는 것을 목적으로 체결된 계약이다. 단체협약에 정한 근로조건 기타 근로자의 대우에 관한 기준에 위반하는 ( ㉡ )의 부분은 무효로 한다.

**[출제포인트 & 정답]**

㉠: 노동조합, ㉡: 근로계약

# 10

(22(B))

다음 글에서 괄호 안의 ㉠, ㉡에 해당하는 근로기준법상의 용어를 순서대로 쓰시오 [2점]

> 근로기준법은 법정근로시간의 범위 내에서 근로자와 사용자가 합의한 근로시간을 ( ㉠ )(이)라고 정의하고 있다(동법 제2조 제1항 제8호). 근로자는 합의한 ( ㉠ ) 동안 근로의무를 부담하고, 사용자는 근로의무 이행에 대하여 임금을 지급하게 된다. 또한 근로기준법은 1주 동안의 ( ㉠ )이/가 그 사업장에서 같은 종류의 업무에 종사하는 통상 근로자에 비하여 짧은 근로자를 ( ㉡ )(이)라고 정의하고 있다(동법 제2조 제1항 제9호). ( ㉡ )도 근로자이므로 노동조합법, 근로기준법, 최저임금법 등의 적용을 받는다.

**[출제포인트 & 정답]**

㉠: 근로기준법 제2조, ㉡: 소정근로시간, 단시간 근로자

## 11

(02)

다음과 같은 경우에 박△△씨는 아파트 분야회사와 대표를 상대로 사기죄로 형사고발, 민사상 손해배상, 그리고 행정법상의 법적 조치 등을 취할 수 있을 것이다. 만약 사회법을 통하여 직·간접적으로 피해를 구제받으려고 할 경우 구체적으로 어떤 법이 적용될 수 있을지 한 가지만 쓰시오.

> 박△△씨는 신문 광고를 보고 아파트 분양을 신청하였는데, 당첨이 되어 계약금과 중도금을 지불하였다. 그리고 계약 후 2년이 지나 아파트가 완공되어 잔금을 지불하고 입주해 보니, 분통이 터졌다. 처음 아파트 분양 광고에서는 「다른 아파트와 달리 지하 주차장을 만들어, 세대당 1.5대의 주차시설을 갖추었기 때문에, 주차난을 해결할 수 있을 뿐만 아니라, 대형 쇼핑센터가 있어 생활에 불편함이 없습니다.」라는 신문광고에 매료되어 분양 신청을 했던 것이었다. 그러나 입주해 보니 세대 당 0.9대분의 주차시설과 구멍가게 하나밖에 없었다.

**[출제포인트 & 정답]**

소비자법

## 12

(21(B))

다음은 소비자의 권리에 대한 설명이다. 괄호 안의 ㉠, ㉡에 해당하는 용어를 순서대로 쓰시오. [2점]

> 계약은 일반적으로 청약과 ( ㉠ )에 의해 성립한다. 청약은 상대방에게 도달한 때에 그 효력이 발생하며, 이때부터는 청약자가 마음대로 청약의 효력이 발생하지 않도록 막을 수 없다. 이것을 청약의 구속력이라고 한다. 본래 청약은 그 자체만으로는 계약이 성립하지 않지만, 청약이 있으면 그 상대방은 이를 신뢰하고 계약 체결에 대한 준비를 할 수 있다. 그럼에도 불구하고 청약자가 청약을 마음대로 없었던 것으로 할 수 있다면 거래의 안전을 유지할 수 없고, 상대방에게 부당한 손해를 줄 염려가 있기 때문에 청약의 구속력을 인정하는 것이다. 그러나 할부거래법, 방문판매법, 전자상거래법 등 특수한 소비자 계약을 규율하는 법에서는 소비자를 보호하기 위하여 ( ㉡ )(이)라는 권리를 인정하고 있다. 이는 특수한 방식으로 계약을 체결한 소비자가 충동 구매한 것에 대해 재고할 수 있도록 하고, 구매 의사가 변경된 경우에는 아무런 부담을 갖지 않고 계약을 해소할 수 있도록 하기 위함이다. 다만 이것은 기간의 제한이 있다. 예컨대 할부거래법에 의하면 계약서를 받거나 재화를 공급받은 날로부터 7일 이내에 이 권리를 행사하여야 한다.

**[출제포인트 & 정답]**

승낙, 청약 철회

# Ⅶ. 국제법

## 1. 국제법의 의의와 전개

### 1) 국제법의 시작과 용어

국제법의 시작은 국제관계의 발전과 밀접한 관련을 갖고 있다. 정치적으로 독립되어 있는 공동체들 사이에 교류와 통상 등 일정한 관계가 지속적으로 맺어지게 되면 필연적으로 이러한 관계를 안정화시킬 규범의 필요해지게 되는 것이다. 따라서 넓게 보자면 국제법은 정치공동체들 사이의 접촉이 있는 곳이라면 어느 곳이든, 어느 시점에서든 존재했던 것으로 볼 수도 있다. 다만 그 관계가 밀접하고 복잡한 단계에 이르지 못한 경우에는 체계적으로 규범이 형성되기보다는 관습이나 관행의 수준에 머물러 있는 경우가 많았다. 고대 그리스의 도시국가들 사이나 고대 인도의 힌두 왕국 등 지리적, 경제적 접근성이 높았던 지역에서는 상대적으로 체계적인 관행이 존재했던 것으로 확인되고 있다. 로마시대에는 제국이 지중해 전역으로 확대됨에 따라 법적 관행도 이전 시대에 비해 보편적 경향을 띠게 되었다. 국제법에 해당하는 오랜 표현으로 알려져 있는 만민법(jus gentium)도 이 당시 등장한 것으로 로마제국 내에서 시민들 사이에 통용되던 시민법(jus civil)에 비해 로마시민과 비로마시민 간의 거래에 통용되던 원칙이나 관행을 일컫던 말이었다. 그런데 '만민법'이라는 표현은 정확히 말하자면 국가 간의 관계라기보다 개인 간의 관계를 의미하는 표현이었다.

1780년 벤담은 '도덕과 입법의 원리 서설'을 집필하면서 국가 간의 법적 관계라는 의미로 'international law'라는 표현을 사용했고 이것이 그대로 지금까지 이어져 내려오고 있다. 동양에서는 1864년 중국에서 발간된 책에서 이 용어를 '만국공법'이라는 말로 번역하면서 처음 알려졌고 이후 1873년 일본인 미쯔쿠리가 '국제법'이라는 용어를 사용하면서 현재는 '국제법'이라는 말을 한, 중, 일 모두 공통되게 사용하고 있다.

### 2) 국제법의 역사적 전개

국가의 규모가 확대되고 국가 간의 관계가 비교적 밀접해진 것은 지중해를 중심으로 한 중세 유럽 사회가 형성되면서부터라고 할 수 있다. 그러나 중세 봉건제도하에서의 국가란 오늘날 우리가 생각하는 강력한 주권을 지닌 단일체와 거리가 있었다. 봉건제도의 특성상 왕은 내부적으로 쌍무계약관계의 영주들과 권력을 나누고 있는 상황이었고 대외적으로도 교황 및 신성로마제국황제의 영향력이 직접적으로 작용하고 있었기 때문에 국가는 단일한 실체로서 관계를 형성하기 어려웠다. 한마디로 중세 유럽은 주권이 분산되어 있는 상태였다고 할 수 있다.

본격적으로 국제법이 모습을 드러내기 시작한 것은 16세기에서 17세기 사이 근대국가 체제가 완성되면서부터라고 할 수 있다. 이 시기에 유럽은 신교와 구교 간의 30년에 걸친 종교전쟁으로 피폐해져 가는 상황이었다. 그로티우스는 이러한 전쟁 상황을 타개하고 평화를 이룩하기 위한 규범체계를 구상하여『전쟁과 평화의 법』등 여러 저서를 발표하였다. 이것이 당시 유럽사회에 커다란 반향을 일으키면서 그로티우스는 국제법을 체계화한 대표적인 학자로 알려지게 되었다. 특히 신교와 구교 양측 모두에서 받아들여질 수 있는 규범체계를 만들려는 의도에서 '자연법은 신이 존재하지 않았더라도 존재하였을 것'이라는 태도를 취한 것은 국제법이 자연법의 그늘에 머무르지 않고 현실적인 법적 체계로 발전해 갈 수 있는 계기를 만든 것으로 평가된다. 종교적 이유로 시작된 30년 전쟁은 결국 교착상태에 빠지게 되고 이를 타개하기 위해 각국의 군주들이 모여 종전을 선언한 1648년의 베스트팔렌 조약은 국가가 독립적인 정치단위로 등장하는 상징적 사건이었을 뿐 아니라 복수의 국가 간에 맺어진 조약이었다는 점에서 국제사회의 시발점으로 여겨지고 있다.

이제 이렇게 독립적 지위를 확보한 국가 간의 관계를 어떻게 조율할 것인가는 중요한 정치적 문제로 등장하게 되었고 국제법은 빠르게 발전해갔다. 국가 간의 관계가 더 밀접해지면서 조약과 관습 등을 통한 국제법 체계의 구성은 더욱 활발해져 갔지만 이것은 엄밀히 말하면 유럽국가 간의 관계에 국한된 것이었다. 즉, 당시에 사용되었던 국가 가족(family of nations)이라는 용어에서도 알 수 있듯이 유럽의 각국 간에는 서로를 동등한 주체로 인정하는 추세가 자리잡고 있었으나 유럽과 비유럽국가 간의 관계는 그렇지 못한 경우가 많아 유럽중심주의라는 비판을 받기도 했다. 그러나 제국주의를 계기로 국제관계가 확대되었고 국제법의 필요성을 모든 사람들에게 각인시킨 제1차, 제2차 세계대전을 거치면서 보편적 규범으로서 국제법의 면모가 자리잡게 되었다. 특히 제2차 세계대전 이후 뉘른베르크 등에 설치된 국제군사재판소에서는 세계대전의 전범들에게 '인도에 반하는 죄(crimes against humanity)'와 '평화에 반하는 죄(crimes against peace)' 등을 적용하였다. 이는 국제법이 국가 중심에서 개인의 인권보호로 발전방향을 바꾸는 큰 계기가 되었다.

## 2. 국제법의 형태

### 1) 국제법의 법원

#### (1) 국제법 법원의 의의

법원(法源)은 법의 원천, 즉 법이 어떤 근거를 가지고 있으며 어떠한 형태로 존재하는가에 관한 문제이다. 국제법의 법원에 관해 국제사회에서 공식적으로 합의된 바는 없으나 일반적으로는 1945년 제정된 국제사법재판소 규정 제38조 1항의 내용이 국제법의 법원을 구성하는 것으로 받아들여지고 있다. 그 내용은 다음과 같다.

> **국제사법재판소 규정 제38조**
>
> ① 재판소는 재판소에 회부된 분쟁을 국제법에 따라 재판하는 것을 임무로 하며, 다음을 적용한다.
>
> a. 분쟁국에 의하여 명백히 인정된 법규범의 성격을 갖는 보편적 또는 개별적 국제협약(international conventions)
>
> b. 법으로 인정된 관행으로서 국제관습(international customs)
>
> c. 문명국에 의해서 인정된 법의 일반원칙(general principles of law)
>
> d. 법규범을 결정하는 보조적 수단으로서 제59조의 조건 하에 판례와 여러 나라에서 인정받는 우수한 국제법학자들의 학설(judicial decisions and teachings)

이 조항에서 확인할 수 있는 국제법의 법원은 국가 간의 조약, 국제관습, 법의 일반원칙, 판례와 학설 등이다. 각각의 내용에 대해 보다 자세히 살펴보기로 하자.

#### (2) 조약

조약은 국제법 주체(국가와 국제기구 등)들이 체결한 것으로 국제법의 규율을 받는 국제적 합의이다.[26] 국제사법재판소 규정에 의하면 조약은 "이를 제기하는 국가에 의해 명백히 인정된 법규범을 갖는 보편적 또는 특별한 국제협약"을 의미한다. 중세 이전의 사회에서는 이러한 조약이 일종의 종교적 의무감을 갖게 하여 효력을 발생시킨다고 여겨졌다. 현대 사회에서는 종교적 사고보다는 국가를 통해 조약의 의무를 실현시키는 방법으로 조약의 실효성을 확보한다. 즉, 국가 간의 명시적 합의에 의거한 약속인 만큼 당사자인 국가가 국내법의 제정과 개정 혹은 적절한 조치를 통해 이를 실현할 의무를 갖게 되는 것으로 본다. 중요한 조약들이 국내에서 다시 비준과 동의 등의 절차를 거치는 것은 이러한 실현을 담보하는 하나의 장치라고 볼 수 있다.

조약은 이렇게 당사자들 간의 합의 사실과 합의된 내용 모두를 분명히 보여주고 있으

26) 조약법에 관한 비엔나협약 제2조 1항, 1969.

므로 국제법상 가장 높은 단계의 법원으로 여겨지고 있다. 조약 외에도 협정, 의정서, 헌장, 교환각서 등 다양한 표현들이 사용되고 있으나 국제법상으로는 조약과 동일한 가치를 가진 것으로 받아들여진다. 다만 주로 정치가나 외교관들 사이에서 법적 구속력을 부여하지 않고 단지 상대방의 신의에 기초하여 서로 정책수행상 일정한 약속을 하는 경우가 있는데 이를 신사협정(gentleman's agreement)라 하며 국제법과 별도의 것으로 취급하게 된다. 1991년 우리나라와 북한 사이에 맺어진 '남북기본합의서'의 경우 신사협정의 일종으로 볼 수 있다.

조약의 성립과 효력 등에 대한 국제적 합의의 필요성 때문에 1969년 '조약법에 관한 비엔나협약(United Nations Convention on The Law of Treaties)'이 체결되었다. 이 협약은 서면으로 작성된 조약에 한해, 조약의 성립, 효력, 해석, 변경, 효력 종료 등에 대한 일반적 준칙을 규정함으로써 조약에 관한 광범위한 성문화를 실현하고 있다.

### (3) 국제관습법

국제관습 또는 국제관습법은 국제사회에서 법으로 받아들여지는 일반적인 관행들이라고 할 수 있다. 조약은 가장 명시적이고 직접적인 국제법의 법원으로 역할을 하지만 조약을 체결한 당사국들에만 상대적으로 효력을 갖는다는 한계가 있는 반면 국제관습법은 관행에 참여했는지의 여부와 관계없이 일반적으로 적용된다는 점에서 그 적용범위가 더 넓다고 볼 수 있다.

그렇다면 '법으로 받아들여지는' 관행(usage, practice)이란 어떤 것일까? 먼저 '공통된 관행'이 있어야 한다. 그리고 그 관행에 계속성과 일반성이 있어야 한다. 비슷한 상황에서 같은 관행이 반복적으로 나타나야 하며 그것이 시간이나 공간의 차이에도 불구하고 비교적 일반적인 현상으로 자리를 잡아야 한다는 것이다. 그렇다고 해서 관행이 갖는 시간적 차원이 핵심적이라는 것은 아니다. 왜냐하면 시간적 차원만이 판단의 근거가 될 경우 급변하는 국제사회의 환경에 대응할 수 있는 새로운 국제관습법의 형성은 원천적으로 불가능할 것이기 때문이다. 그래서 광범위하고(extensive), 사실상 동일한(virtually uniform) 행위가 존재할 경우 기간이 짧아도 일반적 관행으로 인정하고 있다.

그리고 국제관습법의 성립요건으로 '법적 확신(opiio juris)'을 들 수 있다. 즉, 국가들이 더 이상 그 관행과 다르게 행동할 수 없다고 느끼거나 그 관행을 반드시 지켜야겠다는 확신을 갖는다면 국제관습법으로 자리 잡았다고 볼 수 있다는 것이다. 이러한 '법적 확신'은 어떻게 확인할 수 있을까? 몇몇의 경우에는 직접 그러한 관행에 맞추어 국내법을 변화시키거나 정책을 수정하는 등의 적극적인 행동을 통해 법적 확신을 보여주는 국가들도 있을 것이다. 그러나 부작위, 즉 어떤 관행이 반복될 때 이에 항의하지 않고 묵인하는 경우도 법적 확신으로서 여겨질 수 있다. 따라서 어떤 관행이 국제법상 합법화되는 것을 막기 위해서는 국가들이 구체적이고 실제적으로 이에 항의하는 행동을 보이는 것이 필요하다.

#### (4) 기타 법원

이외에도 국제재판소법에서는 법의 일반원칙과 판결 및 학자들의 견해를 국제법의 법원으로 제시하고 있다. 법의 일반원칙은 여러 나라들의 국내법들에 대한 비교법적 검토를 통해 공통적으로 발견되는 원칙을 의미하는 것이다. 그러나 서로 상황이 다른 여러 나라들의 국내법을 비교하여 공통요소를 발견한다는 것이 어렵기도 하고 개별 사안에서는 제한적인 의미를 지닐 수밖에 없다는 한계가 있다. 판결이나 학자들의 견해는 그러한 문제가 더욱 심각해서 사실상 예외적인 경우 일부 판결문에서 저명한 학자의 이론이 인용되는 경우를 제외하면 현실적인 국제법규범으로서의 역할은 크지 않은 편이다. 그럼에도 불구하고 국제재판소법에서 이와 같은 법원들을 명시한 것은 어떤 사안에서 관련된 조약이나 국제관습법이 부재할 경우 재판 자체가 불가능해지는 상황이 될 것을 우려하여 그 공백을 보완하고자 하는 의도가 반영된 것이라 할 수 있다.

### 2) 국제인권법

국제법의 영역에서 최근 점차 그 중요성이 부각되고 있는 내용이 국제인권법과 관련된 분야이다. 하지만 인권과 관련된 국제법은 그 주체의 측면에서 근본적인 논쟁거리를 안고 있다. 고전적으로 국제법의 주체는 국가로 인식되어왔으며 개인은 이차적 존재로 제한되었기 때문이다. 그러나 현대에서 개인은 국제관계에서도 중요한 역할을 수행하게 있어서, 개인을 국제법의 단순한 객체로 이해하기는 어렵게 되었다. 그래서 개인에게 국가 수준의 국제법 주체성을 인정하기는 어렵다고 하여도, 제한적 의미의 주체성은 대체로 인정하고 있다. 개인에 관한 국제법적 쟁점으로는 외교적 보호권, 외국인의 보호, 난민의 보호, 개인 인권의 국제적 보호 등을 들 수 있다. 그 중 개인 인권의 국제적 보호에 해당하는 국제법 영역이 국제인권법이다. 국제인권법의 법원으로 대체로 인정되는 것들은 다음과 같다.

### (1) 유엔헌장과 세계인권선언

유엔 성립 이전에도 노예제도 폐지를 위한 국제협약이나 1919년 베르사이유 조약에서 언급된 소수민족의 보호, 국제노동기구의 설립을 통한 노동자의 인권 보호 등 국제법 질서를 통한 인권의 보호는 부분적으로 시도되었으나 대개 특수한 남용 사례를 막거나 특수 집단을 보호하려는 제한적인 목적을 지닌 것들이었다.

그러나 2차 세계대전 후 나치가 저지른 반인륜적 만행이 알려지자 인권문제는 포괄적이고 국제적인 성격을 띠게 되었고 1945년 채택된 유엔헌장에 이러한 인식이 담기게 되었다. 유엔헌장 제55조에는 "유엔은 … 인종, 성, 언어 또는 종교에 의한 차별 없이 모든 사람을 위한 인권과 기본적 자유의 보편적 존중과 준수를 추구한다."라고 밝히고 있으며 이어 제56조에서는 "모든 회원국은 제55조에 제기한 목적을 달성하기 위해 이 기구와 협력하여 공동적 또는 개별적 행동을 취할 것을 서약한다."는 내용이 포함되어 있다. 이어 1945년의 유엔헌장 제55조, 56조를 구체화하기 위해 유엔은 유엔인권위원회(Commission on Human Rights)를 설치하였다. 1948년 유엔인권위원회의 주도 하에 세계인권선언(Universal Declaration of Human Rights)이 채택되었다.

### (2) 유엔인권협약

이후 유엔인권위원회는 세계인권선언을 구체적으로 실현하기 위하여 구속력 있는 조약으로 성립시키려는 노력을 하였다. 그 결과 '경제적 · 사회적 · 문화적 권리에 관한 국제인권규약(International Covenant on Economic, Social and Cultural Rights, A규약)'과 '시민적 · 정치적 권리에 관한 국제인권규약(International Covenant on Civil and Political Rights, B규약)'이 1996년 유엔총회에서 채택되었다.

A규약과 B규약으로 구분한 것은 다음과 같은 이유 때문이다. A규약은 주로 사회권에 관한 내용을 담고 있어 국가의 적극적 역할과 재정지출 등이 필요하여 그 부담이 크기 때문에 점진적으로 실현하고자 하는 전망을 가지고 있다. 반면, B규약은 실현에 거의 경제적 자원이 필요하지 않고 국가가 간섭을 배제하는 것만으로 실현 가능한 내용이므로 즉각 이행할 수 있는 내용을 담고 있다. 그래서 B규약은 이행감독체계로서 '인권위원회(Human Rights Committee)'를 설치하고 '국가 간 고발제도'와 '개인의 국가고발제도'와 같은 구체화된 제도를 도입하고 있으며, B규약을 승인한 국가에게 5년마다 국내인권상황을 정기적으로 보고하도록 한다. 인권위원회는 국가의 보고서를 심사하여 당해 국가에게 의견(comments)을 준다.

이외에도 유럽인권협약, 미주인권협약, 인종차별철폐협약, 여성차별철폐협약 등 지역 단위 혹은 개별 사안에 관련된 다양한 인권협약들이 존재하고 있다.

## 3. 국제법 관계

### 1) 국제법의 주체

국제법에서 법적 행위를 할 수 있는 주체는 누구일까? 19세기까지는 국가만이 유일한 국제법의 법주체였고 개인은 단순히 국제법의 적용을 받는 객체에 불과했다. 20세기에 들어와서 국제기구나 법인, 개인 등이 제한적인 법인격을 지니는 것으로 받아들여지고 있다.

#### (1) 국가

국가는 국제사법재판소에서 주재하는 소송의 주체 및 당사자가 될 수 있는 유일한 주체이다. 국제법상 가장 오래전부터 인정되어온 법주체이며 현재도 국제법은 일반적으로 국가를 그 주체이자 대상으로 상정하고 전개되고 있다. 다만 어느 범위까지를 국가로 인정할 것인가에 대해서는 여러 특수한 경우들이 논란의 대상이 되고 있다. 예를 들어 준국가적 형태를 지니고 있는 교황청이나 역시 도시에 가까운 작은 규모의 국가인 산마리노, 리히텐슈타인 등을 다른 국가들과 동등한 주체로 인정할 것인지는 쉽지 않은 문제이다. 유엔에서 준회원국제도의 도입을 검토하고 있는 것도 이러한 미소국가(micro state)의 문제와 관련된 것이라고 할 수 있다. 유엔 식민해방위원회가 지원하고 있는 민족해방단체의 지위나 망명정부의 지위를 결정하는 것도 논란의 대상이다. 반면 어떤 국가에서 내란이 발생했을 경우 합법정부가 상대편을 국제법상 교전단체(belligerent)로 인정하는 경우가 있다. 이는 내란 및 반란군의 실체를 인정한다는 정치적 부담을 안게 되지만 다른 나라들이 교전단체에 대해 중립의무를 준수하도록 요구할 수 있고 교전단체에 전시법 준수를 요청할 수 있게 된다. 또한 반란단체(insurgency)로 지정할 경우 전쟁 중 포로의 처우에 대한 규정 등을 적용할 수 있게 되고 특히 반란군이 다른 나라의 국경을 침범하거나 손해를 입혔을 경우 이러한 제3국의 손해에 대해 합법정부는 면책을 받을 수 있다는 장점이 있다.

#### (2) 국제기구

국제기구는 크게 정부간기구(GO)와 비정부기구(NGO)로 나누어볼 수 있다. 일반적으로 국제법에서 국제기구라 함은 정부간기구를 가리키는 경우가 많다. 유엔헌장 제104조에서는 "국제기구는 그 회원국의 영토 내에서 그의 기능과 목적수행에 필요한 법적 능력을 향유할 수 있다."고 밝혀 국제기구의 법인격이 국내법상 보장된 것으로 보고 있다. 즉, 국가와 같은 국제법상의 독립적 법인격을 갖추지는 않은 것으로 보는 것이다. 예외적으로 국제기구가 국가들과 조약을 맺는 경우도 있으나 이때는 국제기구의 전문성에 따라 그 목적 및 성격에 맞는 제한되고 상대적인 법인격만을 갖추는 것으로 본다. 즉, 국제보건기구는 보건과 관련된 문제에 한하여 조약을 체결하고 IMF는 금융 및 통화에 관련된 조약만을 체결하는 '전문성의 원칙'에 따르므로 보편적인 법주체인 국가와 그 성격이 다르다는 것이다. 다만 예외적으로 유엔 관련 국제사법재판소의 판결에서는 유엔의 법인격을 인정한 바도 있어[27] 향후 국제기구의 법인격 인정수준이 달라질 가능성도 있는 것으로 보인다.

### 2) 국제법과 국가주권의 관계

국제법은 국가 간의 문제에 관한 것이기 때문에 국내법과 분명한 영역상의 차이를 보일 것으로 예상되기 쉬우나 결국 국가 간의 문제는 국내 상황에 영향을 미치게 되므로 사실상 대부분의 경우에 국제문제는 국내문제와 연관되게 된다. 이 경우 결과적으로 국제법이 대외적으로 독립성을 지닌 국가주권을 침해하는 문제가 발생하게 되어 둘 중 어느 것이 우선시될 것인지의 문제가 발생한다. 이 문제를 생각해보기 위해서는 국제법에서 국가와 국가주권을 어떻게 규정하고 있으며 보다 구체적으로 국제법과 국내법이 충돌할 때 어떤 방식으로 해결되고 있는지 살펴볼 필요가 있을 것이다.

#### (1) 국제법상 국가와 국가주권의 의미

국제법이 다양한 조약이나 관습 등의 형태로 산발적으로 존재하고 있으므로 국제법상 국가의 개념도 이중 유력한 몇몇의 문서들을 검토하는 방법을 택할 수밖에 없다. 유엔 국제법위원회(International Law Committee, ILC)는 국가를 "조직화된 실체이며 국제법 하에서 활동할 완전한 권한을 지닌 법인격자로 단일체"라고 밝히고 있다. 미국법연구소(American Law Institute)에 의하면 국제법상 국가란 "명확한 영토, 영구주민을 가지고 정부의 통제 하에 있으면서 다른 실체와의 관계에 종사하거나 그러한 능력을 갖춘 실체"라고 할 수 있다. 이 규정은 국가의 개념에 대한 가장 고전적인 정의인 몬테비데오 조약의 내용을 보다 구체화한 것이라고 할 수 있는데, 1933년 체결된 국가의 권리와 의문에 관한 몬테비

27) ICJ 1949 Reparation for Injuries in the Service of the United Nations.

데오 조약에서는 국제법상 국가의 구성요소를 "영구주민, 명확한 영토, 정부, 다른 나라와 관계를 맺는 능력"으로 규정하고 있다. 여기에서 '영구주민'은 그 구성원의 실체가 분명한 비교적 안정된 공동체 정도의 의미로 해석되고 있으며 '명확한 영토' 역시 경계가 뚜렷한 국경이 존재해야 한다는 의미라기보다는 해당 지역 내에서 정치적 공동체가 실효적으로 확립되어있는지에 관련된 문제라고 할 수 있다. 또한 '정부'는 해당 영토 내에서 유효하게 권력을 행사하고 타국과 국제관계를 수립하는 것이 가능한지의 여부이며 이때 국제법에서는 국민들이 이 정부의 정통성을 인정하는가는 문제삼지 않고 있다.

국가의 개념에 관한 국제법상의 규정들에서 의외로 여길 수 있는 부분은 이른바 국민국가의 3요소 불리는 '국민, 영토, 주권'의 내용 가운데 '주권'에 관련된 내용이 배제되어 있다는 점이다. '정부의 통제'나 '다른 나라와 관계를 맺는 능력'이라는 표현이 주권과 관련된 내용들이라고 할 수 있겠으나 '대내적 최고성과 대외적 독립성'으로 요약되는 국가 최상의 권위로 알려져 있는 주권의 개념과는 거리가 있다. 원래 주권은 보댕이나 홉스 등의 학자가 국가의 내부구조 분석을 위해 사용한 개념으로 국가 내부에서 최상의 권력을 소유하는 집단을 일컫는 표현이었다. 주권이 '대내적 최고성'을 지닌다는 것이 국내법을 무시하고 그 위에 군림할 수 있다는 의미인지에 대해서도 논란이 있을 수 있지만 국제법적 차원에서는 이러한 주권개념이 국제관계로 확장되었을 때 개별 국가의 의지가 국제법보다 우선한다는 의미로 해석된다면 국제법의 존재 자체를 의심하게 하는 심각한 문제가 발생할 수 있다. 이와 같이 주권 개념은 보편적 질서로서의 국제법과 충돌할 가능성을 지니고 있기 때문에 국제법상 '국가주권'은 단지 '국가는 독립되어 있다.'는 의미로 제한되고 '국가가 법 위에 있다.'는 의미로 해석되지 않도록 주의하여 다루어지고 있다. 결국 문제의 핵심은 국제법적 질서가 얼마나 개별 국가의 문제에 영향을 줄 수 있는가, 또한 각 국가는 국제적 질서와 어느 영역에서 얼마나 무관하게 존재할 수 있는가 하는 정도와 수준의 문제라고 할 수 있다. 국가들이 국제사회에서 공존하며 관계를 맺는 한 외부의 어떠한 영향도 배제하는 '절대적 독립성'이란 존재할 수 없으므로 '주권침해, 주권포기'도 그 표현이 주는 부정적인 인상에도 불구하고 상대적인 수준의 문제로 전환하여 바라보는 유연한 시각이 필요하다. 1923년 상설국제사법재판소 판례에서 "의무를 부과하는 조약체결은 관련 국가의 주권포기로 간주되지 아니한다 … 국제적 약속에 참여하는 권리는 국가주권의 한 속성이다."라고 판시한 것도 이와 같은 시각을 반영한 것으로 볼 수 있다.

### (2) 국제법과 국내법의 관계

유엔 해양법협약에서는 영해의 폭을 직선기선 12해리로 제시하고 있다. 그런데 만약 어떤 나라가 국내법을 통해 영해를 200해리로 확장하여 선언하고 이 수역 안에 들어온 외국 어선을 나포했다면 어떻게 해야 할까? 이렇게 국제법과 국내법이 충돌하는 경우 어느 것을 우선시할 것인지 또는 둘 사이의 관계를 어떻게 설정할 것인지가 중요한 문제가 된다. 이에 관련된 이론적 경향은 크게 이원론과 일원론, 그리고 조정이론으로 나누어 볼 수 있다.

이원론은 국제법과 국내법을 완전히 분리된 별개의 것으로 보는 것이다. 즉, 국제법은 국가가 주체가 되어 국가들의 공동의사를 바탕으로 만들어지는 조정적 성격의 법인 반면 국내법은 개인들이 주체가 되어 국가의 일방의사를 연원으로 하는 종속적 성격의 법이라는 것이다. 이와 같은 구분은 일견 두 법이 지닌 고유의 성격을 인정하는 듯한 태도로 보이나 그 이론적 귀결은 강제적, 규범적 성격을 지니고 있는 국내법과 달리 국제법은 일반적 법규범으로 볼 수 없음을 부각시키고 있는 것으로 결국 국제법에 대해 국내법의 우위를 주장하는 근거로 사용된다. 즉, 앞서의 사례와 같은 국제법과 국내법의 충돌 시 국내법원은 국내법을 우선 적용하게 되고 국제법은 단지 국내법이 이를 적용, 채택, 변형하여 반영하는 경우에만 의미를 갖는다는 것이다. 그러나 서로 이해가 상충하는 두 국가 사이의 문제를 당사국의 국내법을 각기 적용하는 것만으로 해결할 수 있을지는 의문이다.

이에 비해 일원론은 국제법과 국내법이 하나의 일관된 법적 연원으로부터 흘러나온 연속된 체계라고 파악한다. 예를 들어 켈젠은 국제법에 의해 국가들이 형성되고 이 국가들 간의 관행에서 국내법이 유래하는 것이라고 주장하였다. 이렇게 볼 때 결국 국제법이 국내법의 상위규범에 해당하게 되므로 일원론은 국제법 우위론이라고 할 수 있다. 하지만 현실적으로 국제법이 국내법의 직접적인 상위규범으로 기능한다는 주장은 무리한 부분이 있다.

조정이론은 이러한 관점들의 문제를 고려하여 절충한 것으로 두 법체계가 별개의 영역에서 작용하며, 자기 영역에서는 최고의 규범으로 기능한다는 주장이다. 예를 들어 어떤 사건이 발생하였을 경우 그 사건이 국내적으로 다루어질 경우는 국내법을 그대로 적용하면 되나 다른 나라와의 관계에서 문제를 발생시키는 부분에 관해서는 국제법이 적용되어 대외적으로 국가책임이 발생한다는 것이다. 이는 국제법과 충돌하는 국내법을 무효화시키지 않고 양자가 공존할 수 있다는 장점을 지니고 있는 관점이지만 거꾸로 말하자면 현실적으로 국제법이 국내법의 효력을 직접 부인하는 것이 불가능하기 때문에 피치 못하게 타협된 이론이라고 볼 수 있다.

따라서 가장 바람직한 것은 국제법질서의 변화에 발맞추어 국내법이 빠르게 정비되어 일관성을 갖추어나가는 것이다. 국제법이 국내법에 편입되는 대표적인 원천으로 역시 국제조약과 국제관습법을 들 수 있는데 영국의 경우 입헌군주제를 택하고 있기 때문에 조약비준권이 국왕에게 있으므로 별도로 의회에서 국제법에 맞춰 개정한 국내법을 통과시키는 과정이 필요하다. 이에 비해 일본은 영국과 마찬가지로 입헌군주국이면서도 내각이 조약을 체결할 경우 별도의 입법 없이 국내법적 효력을 갖도록 하고 있다. 미국도 원칙적으로 조약이 그대로 국내법으로 편입되며 이 경우 연방헌법이 가장 상위를 차지하고 조약은 법률과 동일한 위지를 차지하는 것으로 보고 있다. 우리나라는 헌법 제6조 제1항에 "헌법에 의하여 체결, 공포된 조약과 일반적으로 승인된 국제법규는 국내법과 같은 효력을 갖는다."라고 명시하여 국제법을 국내법으로 수용함을 분명히 하고 있다. 법 상호간의 관계에 있어서는 미국과 마찬가지로 헌법이 상위에 있고 법률과 국제법이 동등한 지위를 갖는 것으로 본다.

조약과 달리 국제관습법의 경우엔 국내법에 직접 반영하기보다는 국내법과 모순되지 않는 범위 내에서 적용하는 것이 일반적이나 최근 국제법의 지위가 강화되면서 그 적용범위가 확대되는 추세에 있다.

### 3) 국제분쟁의 해결 방식

국가 간의 개별적 조약이나 묵시적 관행의 형태로 존재하는 국제법이 구체적인 의미를 획득하게 되는 것은 대개 국제적 분쟁이 발생했을 경우이다. 따라서 국제분쟁은 국제법의 종합적인 검토와 적용의 장으로 등장하게 된다. 국제분쟁이 발생하게 될 경우 그 해결은 대개 외교절차와 사법재판에 의존하게 된다.

#### (1) 외교적 해결(diplomatic procedure)

##### 가. 교섭(negotiation)

이해관계국이 직접 만나서 대화와 타협을 통해 상호간의 이견을 조정해가는 과정을 말한다. 자율적, 직접적인 해결 방식이기 때문에 비교적 빠른 시간에 실효성 있는 결론에 도달할 수 있다는 장점이 있으나 이해관계가 첨예하게 부딪치는 문제의 경우 대화만으로는 상호 만족할만한 타협에 이르기 어렵고 자칫 의사소통의 오해나 힘의 강약 등 외부적 조건이 강하게 개입할 경우 문제가 더 복잡해지게 될 가능성도 있다. 대개 외무부나 외교관, 대표단, 소관부서 등의 통상적 외교채널을 통해 이루어진다.

#### 나. 주선(good offices)과 중개(mediation)

주선은 통상적 외교채널을 통해 대화가 잘 이루어지지 않을 경우 제3자가 다른 대화채널을 제공하고 교섭을 권유하는 것을 말한다. 주선에서 제3자의 역할은 당사자들을 교섭에 이르게 하는 것에서 끝나는 반면, 중개는 제3자가 직접 교섭의 절차에까지 개입한다는 점에서 차이가 있다. 하지만 어디까지가 교섭 전단계이고 어디부터 교섭의 절차단계인지가 불분명하기 때문에 이 둘은 잘 구분이 되지 않는다는 지적도 있다.

#### 다. 사실심사(inquiry)

국제사회에서의 분쟁은 사실관계에 대한 객관적인 확인만으로 상당부분 해결되는 경우가 많다. 이를 위해서는 분쟁당사자 모두 인정할 수 있는 불편부당한 동시에 전문성을 갖춘 제3자가 사실관계를 조사하고 그 결과를 통보해줄 수 있어야 하는데 이를 '사실심사'라 하며 헤이그협약에 의해 설립된 '사실심사위원회(commission of inquiry)'에서 주로 이와 같은 업무를 담당한다. 또한 1983년 구소련이 우리나라의 KAL007기가 영공을 침범했다는 이유로 미사일을 발사하여 격추한 사건이 발생했을 때 국제민간항공기구(ICAO)가 사실관계의 조사에 나선 것도 이와 같은 사실심사의 사례로 볼 수 있다.

#### 라. 조정(conciliation)

조정은 외교적 해결 가운데 제3자의 역할이 가장 확대된 형태라고 할 수 있다. 즉, 제3자가 분쟁을 직접 조사하고 그 해결방안까지 모색해 분쟁당사자들에게 제시하는 것을 말한다. 다만 이 경우에도 대안을 모색하여 제안하는 것까지가 제3자의 역할일 뿐 이를 강제하거나 직접 집행할 권한을 갖는 것은 아니므로 제시된 안을 당사자들이 받아들일 경우에만 의미가 있을 뿐 구속력은 없다.

### (2) 사법적 해결(adjudication)

#### 가. 중재재판(arbitration)

사법적 해결의 대표적인 방식은 중재재판이다. 중재재판은 사전에 객관화되어 있는 제도나 절차에 따라 재판이 이루어지는 사법재판과 달리 분쟁당사자들의 중재합의서(compromise)를 통해 재판절차가 자유롭게 선택되어 진행되므로 상대적으로 유연한 외연을 지닌다. 그러나 중재재판은 그 결과로서 도출되는 재정이나 판정(awards)이 구속력을 지닌다는 점에 분쟁당사자들이 합의한 상태에서 진행되는 것이므로 외교적 해결보다 좀 더 강력한 절차라고 볼 수 있다. 따라서 각 국가들이 이러한 부담을 가능하면 회피하고자 하는 경향이 증가함에 따라 최근엔 이런 공식적인 절차보다는 외교적 수단에 의한 해결이 선호되고 있다. 하지만 국제경제관계의 발전에 따라 급증하고 있는 국제사회에서의 기업 간, 개인 간의 분쟁을 다루는 국제상사중재 등 민간 영역에서는 그 유연성과 구속력에 주목하여 점차 활성화되어가고 있는 상황이다.

나. 국제사법재판소(International Court of Justice, ICJ)

국제사법재판소는 유엔 산하의 사법기관으로 1946년 설립된 후 2001년에 이르기까지 99개의 소송에서 23개의 권고적 의견을 제시하여 상대적으로 그 활용이 활발하다고 볼 수는 없으나 국제사법재판소의 존재 자체나 판결의 광범위한 영향력을 통해 국제사법의 상징으로 자리 잡고 있는 중요한 기구이다. 국제사법재판소는 당사국들의 동의에 의해 재판소의 권한이 결정되고 당사국의 동의 없이는 재판권 자체가 없다. 또한 1974년의 판례에서 "일단 어느 국가가 장래의 행동을 약속했으면 그것을 따르는지의 문제에 관하여 고려하는 것은 재판소의 기능이 아니다."라고 명시한 것처럼 일단 판결이 내려지더라도 그 집행에는 아무런 역할을 할 수 없기 때문에 재판의 실효성에 대해 의문을 제기하는 사람들도 있다. 그러나 국제사법재판소의 판결은 당사국에 있어서는 국제법의 법원으로 작용하여 준수의 의무감을 부여하게 되며 이와는 별도로 유엔헌장 제94조에서 사건의 일방의 당사자가 판결을 이행하지 않을 경우 다른 당사자가 안전보장이사회에 제소하는 것이 가능하며 이 경우 안전보장이사회는 판결집행 권고 또는 적절한 조치를 취하는 것이 가능하도록 되어 있어 국제법 체계 내에서는 비교적 그 구속력이 강한 분쟁해결 방식이라고 할 수 있다.

4부

# 법교육의 방법과 실제

❖ 목차

4부
법교육의 방법과 실제

# Ⅰ. 법교육의 방법론

## 1. 사례연구법

사례연구법(case method approach)은 구체적인 법적 문제가 내포되어 있는 사례를 심층적으로 분석하여 법적 사실과 쟁점을 명확하게 확인하고, 논쟁점이나 법적 논리 근거와 결론을 분석, 평가해 봄으로써 학생들의 비판적인 사고력을 증진시키고 법적 추론 능력을 향상시키고자 하는 교수·학습방법이다. 사례연구법은 1870년 랭델(Langdell)이 하버드 법대 계약법 강좌에서 처음 도입한 것으로 알려져 있다. 그는 기존의 교과서에 의존하는 전통적 강의에서 벗어나 법적 사례를 학생들이 직접 읽고 분석하여 스스로 해결하게 함으로써 학생들을 수업 상황에 적극적으로 참여시키는 방법을 활용하였다. 사례연구법에서 사례는 단순히 교사가 학생들에게 설명하거나 제시하는 법적 개념이나 원리에 대한 이해를 돕기 위한 보충적 소재로 사용되는 것이 아니라 사례 자체가 수업의 일차적 소재가 된다는 데에 특징이 있다. 학생들은 스스로 수업 상황에 참여하여 스스로의 추론능력을 발휘하고, 쟁점 사항에 대해 스스로의 결론을 이끌어 내게 된다. 이는 법적 개념이나 원리에 대한 이해도를 높일 뿐 아니라 기억이 오래 지속되는 데에도 도움이 되는 것으로 밝혀졌다.

사례연구법이 효과적으로 교수되기 위해서는 생생한 법적 사례, 능력 있는 교사, 학생들의 적극적 참여라는 세 가지 요건이 갖추어져야 한다. 첫째, 사례연구법에 적합한 좋은 사례는 일상생활 속에서 지속적이고 반복적으로 발생하는 문제여야 한다. 일상생활 속에서의 연관성을 찾을 때 학생들은 사례에 친숙함과 흥미를 느끼고 적극적으로 참여할 수 있다. 또한 이때의 사례는 두 가지 이상의 대안이 가능해야 한다. 학생들이 사례 속에 있는 쟁점을 파악하고 이에 대해 비판적으로 사고하고 추론하며, 이를 통해 스스로의 결론을 이끌어 내기 위해서는 다양한 방식으로의 접근이 가능한 것이 바람직하다. 둘째, 사례연구법을 활용한 수업이 원활하게 이루어지기 위해서는 교사의 역량 또한 매우 중요하다. 교사는 학생들의 지적 호기심을 자극할 수 있는 적절한 사례를 선정해 준비해야 할 뿐 아니라 교사 본인이 사례에 대해서 충분히 이해하고 있어야 한다. 사례연구법이 학생들의 자발적 참여를 특징으로 하고 있지만, 이러한 참여가 효과적인 학습으로 이어질 수 있도록 이끌어주는 것은 교사의 몫이기 때문이다. 사례연구법에서는 전통적인 강의식 수업에서 요구되는 교사의 역할과는 다른 차원의 역할이 요구된다고 할 수 있다. 예를 들어, 학생들이 사례 속에 숨어 있는 법적 쟁점에 좀 더 잘 다가갈 수 있도록 적절한 질문을 던지거나, 학생들의 호기심을 자극하는 관련 사례를 제시하는 것, 학생들이 적절한 방향으로 추론할 수 있도록 논의의 방향을 이끌어주는 것이 모두 사례연구법에서 교사에게 요구되는 모습이다. 즉, 사례연구법에서 교사는 개인적인 가치판단을 드러내지 않는 선에서 사례 속 쟁점을 부각시키고, 관련된 논의를 활성화 시킬 수 있도록 조력하는 봉사자로서의 역할을 담당한다고 할 수 있다. 셋째, 아무리 좋은 사례와 뛰어난 역량을 갖춘 교사가 있다고 하더라도 사례연구법을 활용한 수업이 원활하게 진행되기 위해서는 무엇보다 학생들의 적극적인 참여가 필요하다. 사례 속의 법적 쟁점을 분석하고, 이에 대해 비판적으로 사고하며, 나름대로의 합리적 판단을 내리는 일련의 과정은 모두 학생들이 수행해야 하는 활동이기 때문이다.

사례연구법 수업은 크게 5개의 단계로 구성되어 있다. 첫 번째 단계는 '사실(fact)의 확인'이다. 제시된 사례를 분석하여 구체적인 상황 속에서 도대체 무슨 일이 발생하였는지를 확인하는 과정이다. 이는 뒤에 이어질 쟁점 분석의 토대가 된다. 두 번째 단계는 '이슈(issue)의 분석'이다. 앞서 분석한 사실로부터 법적 쟁점 문제를 추출하는 것이다. 일반적으로 사례연구법에서 사용되는 사례의 경우, 헌법상 기본권이 충돌하거나 침해되었는지 여부가 중요한 이슈가 된다. 세 번째 단계는 '논쟁점(argument)의 분석'이다. 이는 법적 쟁점에 대해 서로 대립되는 양측의 입장을 분석하는 과정을 의미한다. 일반적인 경우, 헌법상 기본권이 침해되었다는 입장과 그렇지 않다는 입장으로 나뉜다. 네 번째 단계는 '법적 논리 근거(legal reasoning)의 분석'이다. 서로 대립하는 양측이 각자의 입장을 정당화하는 법적 논리 근거를 분석하는 것이다. 법적 쟁점에 대한 결론은 상반된 양측의 논리 근거

중 어느 쪽을 타당하다고 판단하여 선택할 것인가의 문제이기 때문에, 법적 논리 근거를 분석하는 과정은 결론을 이끌어 내는 데 중요한 역할을 한다. 학생들은 이 과정에서 비판적 사고력과 추론 능력을 함양할 수 있다. 마지막 단계는 '결론(decision)에 대한 평가'이다. 법적 쟁점에 대해 법원에서는 어떤 결정을 내렸는지 확인하고, 이를 학생 및 학급에서의 결정과 비교해 본다. 법원의 결정에 대해 비판적으로 평가하고, 법원이 내린 결정의 근거와 시사점에 대해 분석하는 과정을 통해 학생들의 사고력을 확장할 수 있다. 또한, 수업에서 다룬 사례와 유사한 추가적인 사례를 제시하고 이와 관련된 부가 질문을 학생들에게 제시함으로써 학생들이 현실에서의 다양한 법적 문제로 적용·응용해보는 기회를 제공할 수 있다.

**▮표 4-1 사례연구법 수업의 단계**

| | | |
|---|---|---|
| 1단계 | 사실(fact) 확인 | • 구체적 상황 파악<br>• 도대체 무슨 일이 발생하였는지를 확인 |
| 2단계 | 이슈(issue) 분석 | • 법적 쟁점 문제 추출<br>• 일반적으로 헌법상 기본권의 훼손 여부 판단 |
| 3단계 | 논쟁점(arguement) 분석 | • 대립되는 양측의 입장을 분석 |
| 4단계 | 법적 논리 근거<br>(legal reasoning) 분석 | • 대립되는 양측의 입장이 각자를 정당화하는 법적 논리 분석 |
| 5단계 | 결론(decision)에 대한 평가 | • 결정에 대한 분석 및 확인<br>• 법원의 결정과 학급의 결정 비교<br>• 법원의 결정에 대한 평가, 시사점 분석 |

사례연구는 학생들이 일상생활 속 사례를 체계적으로 분석하고 평가하도록 함으로써 학생들의 비판적 사고력과 추론능력 발달에 기여한다. 또한 전통적 강의식 수업보다 내용에 대한 이해도가 더 높고 기억이 오래 지속될 수 있다. 사례연구는 우리의 삶과 밀접하게 관련된 소재를 활용한다는 점에서 학생들의 흥미와 참여를 이끌어낼 수 있으며, 최근의 이슈를 수업에 활용할 수 있다는 점에서 사회과수업이 생동감 있게 이루어지는 데 기여한다. 하지만 사례연구는 적절한 사례를 선별하고 이에 대해 준비하는 데 많은 노력이 필요하며, 특히 해당 사례에 대한 교사의 폭넓은 법적 이해를 요구한다는 점에서 교사의 적극적인 의지를 필요로 한다. 또한 하나의 사례에서 다룰 수 있는 내용에 제한이 있기 때문에 한 수업에서 많은 내용을 다루기 어렵고, 수업에 대한 준비가 충실히 이루어지지 않을

경우 수업이 산만해지고, 주제가 방대해질 위험성이 있다. 따라서, 이러한 한계를 극복하기 위한 철저한 수업 준비가 필요할 것이다.

## 2. 모의재판

모의재판은 실제 재판의 절차와 형식에 따라 변론, 심리, 선고 등을 연습하여 재판을 해보는 것이다. 모의재판은 법적 절차에 대한 이해력을 향상시킬 뿐 아니라 관련된 법적 지식을 습득하는 데 도움이 된다. 또한 재판에 참여하는 사람들의 역할에 대해 이해하고, 재판에 대한 친밀감을 높일 수 있다. 재판에 참여하는 학생들은 검사, 변호사 등의 역할을 맡아 사건에 대해 분석하고 준비하는 과정에서 자료를 수집하고 정리하는 능력을 키울 수 있고, 재판을 준비하고 토론하는 과정에서 비판적 사고력이 신장될 수 있다. 자신의 논지를 주장하고 상대방을 설득하는 과정에서 논리력을 향상시킬 수 있고, 서로 다른 의견을 조율하는 과정 속에서 양보와 타협의 정신을 기를 수 있다. 또한 실제사법절차와 유사한 과정을 경험하면서 법적 효능감을 높이고, 법적 소외를 극복하는 데 기여할 수 있다.

모의재판은 모의로 실행하는 재판의 종류에 따라 형사재판, 민사재판, 헌법재판, 국제사법 모의재판으로 나눌 수 있다.

형사 모의재판은 학생들이 TV나 신문 등에서 자주 접해 높은 흥미를 보이며, 유무죄로 분명하게 결론이 갈려 명료한 느낌이 있다. 영화나 드라마에 자주 등장해 익숙한 재판 형태이고 개인에게 미치는 영향도 크기 때문에 형사절차를 이해하는 것은 학생들에게 의미 있는 학습 경험이 될 수 있다. 특히 형사절차의 각 과정에서 인권을 보호하는 원칙과 제도들을 학습하는 것은 법이 우리를 보호하기 위해 존재한다는 것을 깨닫는 데 큰 도움이 된다. 하지만, 모의재판 사건을 구성할 때 사실관계를 치밀하게 구성하는 데 어려움이 있고, 자칫하면 학생들이 지엽적인 사실 확인 과정에 매몰될 우려가 있다. 또한 유무죄를 판단하는 과정에서 학생들의 입장이 어느 한쪽으로 쏠릴 경우 흥미가 반감될 수 있고, 논리적 근거가 아닌 감정에 치우친 판단이 내려질 우려도 있다.

민사 모의재판은 형사사건에서의 유무죄처럼 하나의 명료한 결과를 도출하기보다는 상호간의 주장을 검토하고 적절한 책임수준을 결정하고 타협을 추구하는 특성을 지닌다. 따라서 학생들이 하나의 사건이 가지고 있는 다양한 측면을 동시에 고려하여 종합적인 판단을 내릴 수 있도록 한다는 장점이 있다. 하지만 민사사건은 학생들에게 다소 낯선 측면이 있으며, 민사사건의 특성상 사건을 구성하기도 어렵고 적용되는 법률도 까다로운 경우가 많다. 따라서 두 가지 중에서는 주로 형사 모의재판이 많이 사용되는 편이다.

헌법 모의재판은 우리 사회에 변화를 가져온 결정을 소재로 활용할 수 있고 실행 과정에서 헌법이 지향하고 보호하고자 하는 가치가 우리 사회에 어떻게 실현되고 우리 사회를 어떻게 변화시켰는지를 생생하게 확인할 수 있다. 또한 헌법재판소의 결정의 이면에 서로 다른 다양한 입장들이 존재하고 있음을 확인할 수 있고, 다양한 가치의 충돌을 살펴보는 가운데 자신의 입장을 논리적으로 정리할 수 있다는 점에서 교육적 의의가 높다. 헌법재판소의 주요 결정은 TV나 신문 등에서 종종 다루고 있어 학생들의 흥미와 관심을 이끌어내기 쉽다는 장점도 있다. 그러나 헌법재판은 학생들이 전형적으로 떠올리는 민사나 형사재판과는 절차가 달라 익숙하지 않고, 이미 헌법재판소의 판단이 내려진 사안에 대해 학생들의 입장이 한쪽으로 쏠릴 경우 사안에 대한 다각적인 접근이 어려울 수 있다.

국제사법 모의재판은 독도 영유권 문제나 국가 간 환경 분쟁, 인권과 평화 문제와 같은 다양한 주제를 다룰 수 있다. 최근 화제가 된 국가 간 갈등을 다룰 수 있다는 점에서 시의성이 높고, 학생들이 폭넓은 시각으로 쟁점을 바라볼 수 있게끔 한다는 장점이 있다. 그러나 국제사법 모의재판은 재판의 형식이나 절차에 대한 자료를 구하기 어렵고, 일반적인 민사나 형사재판과는 다른 절차를 거쳐 사법절차의 이해라는 목적 달성에 어려움이 있다. 또한 국제적 이슈를 다루고, 적용되는 구체적인 법조항이 없어 모의재판이라기보다는 국제분쟁에 대한 토론의 형태가 될 가능성이 높다.

한편, 모의재판은 그 형식에 따라 크게 대본식 모의재판과 역할놀이식 모의재판으로 나눌 수 있고, 여기에 배심제의 형식을 덧붙일 수 있다.

대본식 모의재판은 이미 만들어진 대본을 가지고, 혹은 학생들이 미리 대본을 만들어서 각기 역할을 나누어 맡아 연기를 하듯이 대본을 읽는 방식이다. 일반적으로 널리 사용되는 모의재판 방식으로 재판의 절차 자체를 이해하는 데 많은 도움이 되고 상대적으로 짧은 준비시간과 노력을 요하면서도 정확한 내용을 담을 수 있기 때문에 효율적이다. 무엇보다 전체 모의재판의 시간을 통제할 수 있고 논의가 엉뚱한 방향으로 흘러가는 것을 막을 수 있기 때문에 실제 수업에 가장 쉽게 적용할 수 있는 현실적인 방법이라고 할 수 있다. 그러나 대본식 모의재판에서는 재판에서 다루는 내용이 대본에 있는 것으로 한정되고 학생들의 역할도 주어진 대본을 읽는 것으로 제한되기 때문에 학생들이 창의력을 발휘하기에 어려움이 있고, 재판 후반부로 갈수록 학생들의 집중력과 흥미가 떨어질 우려가 있다. 대본식 모의재판이 좀 더 효과적으로 이루어지기 위해서는 대본을 선정하거나 작성하는 과정에서 학생들이 적극적으로 참여하고 의견을 개진할 수 있도록 하는 것이 필요하다.

역할놀이식 모의재판은 세부적인 내용을 담은 대본 없이 재판이 진행될 절차만 미리 정한 상태에서 진행하는 모의재판이다. 진행 순서, 발언의 횟수와 방식, 신문과 판결 방식 등만 정한 상태에서 두 팀으로 나뉜 학생들이 각자 자료를 준비해와서 공방을 벌이는 것이다. 이러한 방식은 학생들이 시시각각 변화하는 상황에 따라 즉흥적으로 반응할 수 있어 흥미진진한 수업이 될 수 있고, 모의재판을 준비하는 학생들이 다양한 상황에 대비하여 폭넓게 준비하게 된다는 장점이 있다. 또한 상대방의 논리에 맞서 공방을 주고받는 과정에서 발표능력과 설득능력을 기를 수 있다. 하지만 학생들의 준비도에 따라 토론의 깊이에 큰 편차가 생길 수 있고, 자칫하면 엉뚱한 방향으로 논의가 흘러갈 우려가 있다. 또한 학생들이 감정적으로 충돌하거나 돌발적인 문제상황이 발생할 가능성이 있어 교사의 세심한 준비가 필요하다.

대본식 모의재판과 역할놀이식 모의재판이 공통적으로 가지고 있는 문제는 충분히 많은 수의 학생을 재판과정에 참여시키기 어렵다는 것이다. 최대한 많은 수의 등장인물을 설정한다고 하더라도 다수의 학생은 재판과정을 지켜보기만 하는 구경꾼의 역할을 벗어나기 어렵다. 따라서 보다 많은 학생들의 참여를 이끌어 내고, 수업에 대한 집중도를 높이기 위해서는 배심제의 형식을 결합시키는 방안을 고려해 볼 수 있다. 모의재판에 직접적으로 등장하는 역할을 맡은 학생들 외의 나머지 학생들이 배심원 역할을 맡도록 하는 것이다. 배심원이 된 학생들에게 모의재판의 과정을 지켜보고 이에 대한 판단을 내리는 역할을 수행하도록 함으로써 재판에 대한 지속적 관심을 유도하고, 참여를 이끌어 낼 수 있다. 이때 배심원단이 체계적으로 역할을 수행할 수 있도록 재판을 관찰하면서 사실관계, 사건의 쟁점, 판단의 논리적 근거 등을 평결지에 정리하도록 할 수 있다.

모의재판 수업을 할 때 재판이 이루어지는 절차에 대한 이해 없이 모의재판이 이루어지면 단순한 역할놀이에 그칠 우려가 있다. 모의재판의 교육적 효과를 높이기 위해서는 재판, 법정 구성원의 역할 등에 대한 개략적인 안내를 한 후, 재판과정 중간중간 이를 다시 짚어보도록 하는 것이 필요하다. 또한 법복과 명패를 준비하여 실제 재판처럼 실감나게 시연할 수 있도록 하고, 각각의 역할 앞에 좌석 명패를 두어 진지한 분위기를 살릴 것이 권장된다.

### 3. 판례 활용 수업

판례 활용 수업은 헌법재판소 결정이나 대법원의 판례를 활용해 사건에서 핵심적으로 다루는 법적 내용이 무엇인지, 어떤 가치들이 충돌하는지에 대해 확인해 보는 것이다. 판례는 법원이 특정 소송사건에 대하여서 법을 해석·적용하여 내린 판단을 말하는데, 판례 속에는 우리 법에서 지향하는 가치가 무엇인지, 서로 다른 가치들이 충돌했을 때 이를 어떻게 조화롭게 해결할 것인지에 대한 고민이 담겨 있다.

판례 활용 수업에서는 학생들의 삶과 밀접하게 관련되어 있거나, 사회적으로 큰 의미를 갖는 주요 판례의 사례를 제시하고, 이에 대해 학생들이 판단을 내리는 사람의 입장에서 판단을 내려보도록 한다. 이때의 판단은 학생들 간의 토론이나 발표, 판결문 작성 등 다양한 형태로 이루어질 수 있다. 판단 과정에서 학생들은 사회 쟁점이 단순한 이해관계의 문제가 아니라 다양한 가치의 충돌로 인한 것임을 확인하게 되고, 자신이 지향하는 가치와 그 근거에 대해 성찰해 볼 기회를 가질 수 있다. 즉, 판례 활용 수업은 사회적 이슈가 되는 사안에 대해 학생들이 탐구하고, 자신의 가치를 명료화할 기회를 제공한다. 또한, 자신의 판단과 다른 학생들의 판단, 헌법재판소나 대법원의 판례를 비교해 봄으로써 하나의 쟁점에 대해 다양한 가치가 존재한다는 것을 확인할 수 있다.

판례를 활용한 수업을 할 때 유의할 점은 첫째, 흥미로운 판례를 선정하려는 노력이 필요하다. 학생들이 좀 더 친밀하게 접근할 수 있도록 학생들의 삶과 유기적으로 연결된 사안이나 사회적으로 큰 변화를 가져온 사안을 중심으로 하는 것이 바람직하다. 둘째, 판례의 내용이 옳은 것이고, 이와 반대되거나 다른 의견이 틀린 것이라는 이분법적 사고에 빠지지 않도록 주의해야 한다. 학생들은 헌법재판소나 대법원과 같은 권위 있는 기관의 판단에 동조하기 쉽다. 학생들이 판례에서 주장하는 논리적 근거에 대해 무조건적으로 수용하기보다는 비판적으로 바라볼 수 있도록 교사가 질문이나 추가자료 등을 활용하여 유도하는 것이 필요하다. 셋째, 유사한 사안에 대한 판례의 변화를 통해 법이 고정적, 불변적인 것이 아니라 시대의 흐름에 따라 변화하는 것임을 인지할 수 있도록 하는 것이 필요하다. 학생들은 법을 기존의 질서에 따라 주어진 것으로 생각하기 쉽다. 사회의 변화에 따라, 사람들의 가치의 변화에 따라 법에서 지향하는 가치도 변화하고 있음을 인식할 수 있도록 해야 할 것이다.

## 4. 배심원 토론

배심원 토론은 학생들이 배심원의 입장에서 재판에 참여하여 재판 속 사건에 대해 분석하고, 가치판단을 내리는 활동이다. 재판이 주요 소재로 활용된다는 점에서 모의재판과 유사하지만, 학생들이 판사, 검사, 변호인 등 다양한 역할을 맡는 모의재판과는 달리 배심원 토론에서는 모든 학생이 배심원 역할을 맡아 참여한다는 점에서 차이가 있다. 따라서 일부의 우수 학생만이 아니라 교실 전체 학생들이 토론의 규칙과 절차를 이해하고 토론 능력과 태도를 향상시키는 데 적합하다. 또한 배심원 토론은 토론에 대한 인식, 논리력과 분석력, 의사소통능력, 자료 조사와 준비, 토론의 태도 등에서 긍정적 효과가 있다. 나아가, 2008년부터 우리나라에 도입된 국민참여재판의 의미와 중요성을 이해하도록 하고, 예비배심원인 청소년들이 재판에 적극적으로 참여하여 합리적으로 판단하는 민주시민의식을 기르는 데 기여할 수 있다는 점에서 의의를 가진다.

배심원 토론에서 학생들은 교사가 제시하는 재판의 내용을 토대로 배심원 평결서를 작성한다. 모의재판과 마찬가지로 형사와 민사사건 모두 활용할 수 있지만, 실제 국민참여재판이 형사사건에 국한되어 있다는 점과 학생들의 흥미, 사건 구성 및 수업의 용이성을 고려한다면 형사사건을 활용하는 것이 좀 더 적합하다.

배심원 토론 수업에서는 학생들이 각각 독립된 배심원으로서의 역할을 담당한다. 각 학생들은 평결서와 양형의견서(형사재판의 경우)를 작성해야 하며, 사건에 대한 소개가 모두 끝난 후, 작성한 평결서를 바탕으로 토론을 진행해 학급 전체의 결론을 도출해 내는 과정을 거친다.

배심원 토론 수업에 활용할 사례를 선정할 때에는 학생들의 이해수준과 흥미, 관심을 고려하는 것이 중요하다. 제시된 사례를 중심으로 토론이 준비, 진행되기 때문에 학생들의 이해도를 넘어서거나 학생의 흥미를 이끌어내지 못할 경우 토론 자체가 충실하게 이루어지기 어렵기 때문이다. 또한 학생들의 판단이 어느 한 쪽으로 지나치게 치우치지 않도록 할 필요가 있다. 예를 들어, 형사사건의 경우, 판단에 따라서 유죄라고 볼 수도 있고 무죄라고 볼 수도 있는 사례가 되어야 하는 것이다. 이를 위해서는 피고인이 범죄를 저질렀을 것이라고 생각되는 정황은 존재하지만, 직접적인 증거는 없는 상황들이 적합하다.

또한 배심원 토론 수업을 시작할 때에는 재판의 진행에 대한 간단한 안내와 함께, 국민참여재판제도에 대한 소개와 관련된 실제 사건들을 제시하는 것이 좋다. 무엇보다, 배심원 토론 수업에서는 배심원의 역할과 주의사항에 대해 설명하는 것이 중요하다. 형사사건의 경우, 무죄추정의 원칙과 같은 피고인의 권리를 보호하고 공정한 재판하는 데 필요한 원칙들에 대해 이해하고, 이를 적용하려고 노력하는 것이 필요한 것이다. 이는 교사가 배심원 토론 중간중간 학생들에게 환기시켜야 할 내용이기도 하다.

## 5. 모의선거

모의선거(mock election)란 현재 혹은 미래의 유권자인 학생이 대통령, 국회의원, 지방선거 등의 실제 후보자들을 대상으로 그들의 공약을 평가하고, 실제 선거 절차와 유사하게 선거에 참여해보는 것이다. 아직 선거권이 없다고 하더라도 유권자가 된 것으로 가정하여 여러 가지 기준으로 후보자를 평가하고 투표해 보도록 하는 것이다. 선거에서 투표할 대상을 선택하기 위해 여러 판단 기준을 세우고 판단하는 활동을 수행하여 바람직한 후보자와 유권자의 모습을 구체화할 수 있다. 2019년 18세 이상 국민에게 선거권을 부여하는 공직선거법 개정으로 고등학교에 재학 중인 청소년 중 일부도 투표할 수 있게 되면서 이들이 시민으로서 권리를 행사하고 정치의 주체로 선거와 정치과정에 참여하는 방법에 대해 교육받을 권리가 한층 더 강조되고 있다.

선거에 대한 이해는 단순히 선거제도와 투표 방식에 대해 아는 것에서 그치는 것이 아니라 시민이 주권자로서 선거와 정치과정에 참여하여 주권을 합리적으로 행사하는 과정과 능력을 기르는 것이다. 모의선거는 단순히 모의로 투표행위를 하는 것만이 아니다. 투표라는 최종적인 행위에 도달하기까지의 과정에서 정책 공약을 조사, 비교, 분석하는 것, 투표 이후에는 공약의 이행 정도를 평가하여 계속적 지지 여부를 결정하는 것 등이 모두 포함되는 것이다. 이는 이론적 지식을 가르치는 것만으로는 충족될 수 없으며, 매니페스토 정책 검증, 모의투표 등 주권을 행사하는 활동을 직접 해봄으로써 배우는 체험 중심의 교육이 되어야 함을 의미한다. 청소년의 선거 참여경험은 그 자체가 정치학습의 과정이고 정치의식 형성의 장이기 때문이다.

모의선거는 '민주주의의 꽃'이라고 할 수 있는 선거에 가상으로 참여하는 경험을 제공하여 정치과정에 대한 이해의 폭을 확대하는 데 기여한다. 또한 다양한 기준으로 정당 및 후보자가 제시한 공약을 분석하고 검증함으로써 정보를 수집하고 분석하는 능력을 함양할 수 있고, 정치적 판단력을 함양할 수 있다. 모의선거과정에서 학생들은 자연스럽게 주위 사람들과 선거의 의미, 정당의 정책, 후보자의 공약 등에 대해 논의하는 토의·토론을 경험하게 되고 이를 통해 자연스럽게 민주주의의 원리와 민주적 의사결정에 대해 체화하게 된다. 더 나아가 모의선거는 현재 혹은 미래의 유권자로서 정책선거에 대한 관심을 높이고 주권자로서 선거에 적극적으로 투표할 동기를 부여하는 데도 효과적이다. 이는 선거결과에 대한 민주적 정당성을 부여함으로써 민주주의 사회에서 선거에 참여하는 주권자 역할의 중요성을 인식하는 계기를 제공하고, 선거결과에 대한 지속적인 관심의 필요성을 환기하게 된다.

## 6. 모의입법

많은 국민들이 입법을 국회나 지방의회의 일로 여길 뿐 자신과 관련된 영역으로 생각하지 않는다. 하지만 오늘날 일련의 입법과정은 대의정치의 원리에 따라 정부와 국회의원이 '국민을 대신하여' 이루어지는 것이다. 즉, 입법의 궁극적 주체는 국민이고, 입법과정의 결과인 법령을 준수하는 대상 역시 국민인 것이다. 모의입법은 학생들이 입법의 주체가 된 것으로 가정하여 법안을 제안하고, 이에 대해 심의해 보도록 하는 것이다. 모의입법은 모의법정과 함께 민주주의적 훈련을 배울 수 있는 적절한 방법 중 하나로 널리 활용되어 왔다. 모의입법은 입법이 어떤 과정을 통해 어떻게 이루어지는지에 대해 알아보고 가상의 사례에 대해 직접 입법을 해봄으로써 입법과정에서 고려해야 하는 다양한 가치에 대해 숙고해볼 기회를 제공한다. 법령이나 입법과정에 대한 기본 지식이 없이는 입법에 대한 의견을 제시하는 것이 거의 불가능하거나 효과적이지 않다는 점을 고려할 때, 모의입법은 주권의 한 축인 입법에 적극적으로 참여하는 시민을 길러내는 데 효과적이라고 할 수 있다. 모의입법을 통해 청소년은 입법과정에 민주적 참여가 가능하다는 것을 깨닫고, 참여할 동기를 부여받을 수 있다. 또한 입법과정에서 어떤 가치들이 중요하게 고려되어야 하는가에 대한 정보를 수집하고 스스로 판단하는 능력을 함양할 수 있다. 이는 주권에 대한 이해의 폭을 넓힐 뿐 아니라 입법에 대한 민주적 정당성을 부여하는 데 도움이 되고, 입법과정을 통해 결정된 법과 규칙에 대한 자발적 준수의지를 함양하는 데 기여할 수 있다.

입법은 민주주의의 대원칙인 다수결의 원리가 적용되고 기능하면서도 자유민주주의의 대원칙인 소수자의 존중과 보호의 원리가 적용되고 기능할 수 있어야 한다. 즉, 법을 만드는 과정은 다양한 의견의 수렴과 상호이해 및 설득과정을 거쳐야 하며, 최종의사결정은 다수결원리에 따라야 하는 것이다. 따라서 모의입법 수업을 할 때에도 양적 다수결만을 중요시하기보다는 소수의 의견을 청취하고 이를 충분히 고려하는 질적 다수결이 이루어질 수 있도록 노력할 필요가 있다. 다수의 의사가 반영되지만 소소수의 의사가 존중되는 입법을 경험해 보는 것은 모의입법을 통해 제정된 법안에 대해 존중하고 준수해야 함을 인식하도록 하는 데 중요한 역할을 한다.

모의입법은 학생들을 국회의원이나 지방의회의원으로 가정하고 국가에 필요한 법률안을 제안하고 심의·의결하도록 하는 형태와 학급 내의 규칙을 제안하고 심의·의결하여 적용하는 형태로 나누어볼 수 있다. 전자의 경우, 현재 사회적 이슈가 되는 사안들을 고려하여 학생들이 창의력을 발휘할 수 있다는 장점이 있으나, 모의입법의 결과물이 실질적으로 활용되지 못한다는 한계가 있다. 후자의 경우, 학급 내의 문제에 적용되는 규칙을 제정하기 때문에 모의입법의 결과물이 실질적인 의미를 갖는다는 장점이 있으나, 법안의 내용이 지엽적인 학급 생활로 제한되어 사회적으로 중요시되는 다양한 가치에 대해 고려하기보다는 학급운영의 편의에 대한 논의로 치우칠 우려가 있다.

모의입법 수업을 할 때에는 학생들이 입법의 의미와 중요성에 대해 이해할 수 있도록 사전교육이 제공되는 것이 필요하다. 현대 민주주의 사회에서 입법에의 민주적 참여가 어떤 의미를 갖는지에 대해 알고, 입법과정에서 어떤 절차를 거쳐, 어떤 태도를 가지고 참여해야 하는지에 대해 이해하는 과정이 선행되어야 하는 것이다. 이와 함께, 인터넷을 활용하여 법률/조례의 내용을 직접 찾아보도록 하는 활동이나 국회나 지방의회를 직접 방문하여 의회 운영을 방청하고 방청기를 작성하는 활동을 병행하는 것도 모의입법에 대한 관심을 높이는 데 도움이 된다.

학생들이 국가 또는 지방자치단체에 필요한 법률 또는 조례를 제정하는 모의입법은 학생들이 국회의원 또는 지방의회의원이 된 것으로 가정하고 수업을 진행한다. 우리에게 필요한 법률이나 조례를 제안하고, 구체적인 내용과 실현 방안, 예산 등에 대해 고민한 후, 심의를 통해 의결하는 것이다. 법률 또는 조례를 제정하는 모의입법의 경우, 다음과 같은 단계를 거쳐 이루어진다.

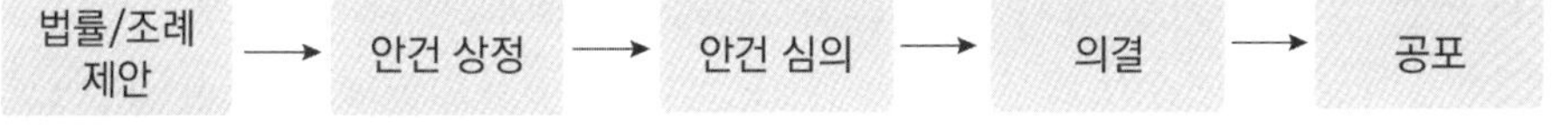


법률/조례 제안 단계에서는 학생들이 필요하다고 생각되는 법률이나 조례에 대해 고민하고, 이를 구체적인 법률 제안서 양식에 맞추어 작성한다. 학생들에게 다소 딱딱하고 어려운 주제일 수 있으므로 개인별 활동으로 하기보다는 모둠별로 협력하여 법률 제안서를 작성하도록 한다. 안건 상정 단계에서는 작성한 법률 제안서를 소개하는 시간을 갖는다. 먼저, 안건의 제안 이유와 취지, 주요 내용에 대해 발표하고, 관련된 질의에 답변하고, 토론하는 시간을 갖는다. 의결 단계에서는 제안된 안건들에 대해 학급 구성원이 찬반 투표를 하고, 채택한다. 마지막으로 공포 단계에서는 의결을 통해 법률/조례가 제정되었음을 선포하고, 회의를 마친다.

학급 규칙을 제정하는 모의입법의 경우, 크게 다음과 같은 단계를 거쳐 이루어진다.

교사·학생 의견 수렴 → 안건 제안 → 내용 심의 → 의결 → 공포

의견 수렴 단계에서는 학급 규칙을 제정하는 학급 회의가 열리기 전, 학급 규칙을 제정한다는 것을 공지하고, 학생들의 의견을 개진할 기회를 제공하고, 안건 제안 단계에서는 제출된 제안서나 구두발표로 제시된 제안의 내용을 토대로 심의할 내용을 확정한다. 내용 심의 단계에서는 제시된 제안들에 대해 자유롭게 토론하는 시간을 갖는데, 이때 학급 구성원 전체가 고르게 토론 기회를 갖도록 하되, 의견 개진 순서나 시간은 미리 정한 약속에 따라 진행하도록 한다. 의결 단계에서는 다수결을 통해 학급 규칙을 채택한다. 채택 기준을 어떻게 할 것인가는 미리 정한 기준에 따르도록 한다. 예를 들어 학생의 2/3 이상의 동의가 있을 때 채택하는 것과 같은 기준을 미리 정해 적용하는 것이다. 마지막 공포 단계에서는 학급 내에 학급 규칙이 제정되었음을 선포하고, 학생들이 모두 볼 수 있는 공간에 게시한다. 학생들이 정해진 학급 규칙을 성실하게 준수할 것을 다짐하는 선서를 과정을 추가하면, 학생들의 책임감을 높이는 데 도움이 된다.

일정한 시간이 지나면, 학생들의 의견에 따라 학급 규칙을 개정할 수도 있다. 예를 들어, 규칙의 내용이 불충분해 추가로 정할 내용이 있거나 규칙의 내용이 부적절하거나 규칙의 내용에 오류가 있는 경우, 학생들의 의견 수렴 절차를 거쳐 학급 규칙을 개정할 수 있다. 학급 규칙의 개정 역시 학급 규칙 제정과 마찬가지의 단계를 통해 이루어진다.

## 7. 작문

법에 대한 작문은 사실확인 – 쟁점정리 – 법적 정당화 논리 검토 – 법적 가치판단이라는 네 가지 요소를 글을 통해 정리해 보도록 하는 것이다. 이는 학생들이 법적 판단을 할 때 어떤 논리적 사고과정을 거치는지 확인하는 데 유용한 수업 방식이다. 법에 대한 작문은 크게 크게 논문식 작문(essay), 서신류 작문(correspondence), 법정문서식 작문(legal writing) 등으로 나눌 수 있다.

논문식 작문은 자신의 주장이나 법적 가치판단을 합리화시키기 위한 글을 근거와 함께 서술하는 것이다. 특별한 형식이 있는 것은 아니라서 비교적 학생들이 자유롭게 접근할 수 있으나 논리적 타당성과 엄밀성이 강조된다는 점에서 여타 작문들과 차이를 가지고 있다. 또한 법적 문제에 대한 판단을 다루는 글이므로 미리 배경이 되는 사실관계나 법적 지식 등이 제공되고 이들이 글 속에서 적절히 드러나야 한다는 점도 차이가 있다. 논문식

작문 수업은 학생들이 형식에 구애받지 않고 쉽게 쓸 수 있고 교사 역시 수업 방식을 다양화할 수 있다는 장점이 있으나 자칫 수업의 방향성이나 법교육 수업으로서 특성을 잃게 될 가능성도 있다. 따라서 글의 주제나 배경이 되는 사건, 글의 형식과 분량, 기대하는 학습결과, 수업 후 평가의 기준 등을 사전에 미리 세밀하게 정해두어야 한다. 특히 채점기준은 미리 제시하지 않을 경우 다양한 결과물들을 처리하는 기준을 세우는 데 애를 먹거나 사후에 만들어진 기준에 대해 학생들이 반발하게 될 가능성도 있으므로 주의해야 한다.

서신류 작문은 학습 주제와 관련 있는 공직자, 언론기관, 다른 시민 등에게 보내는 서신글을 작성하는 것이다. 논문식 작문과의 차이는 특정한 수신자가 존재한다는 것이다. 즉, 수신자에 따라 적절한 글의 유형과 증거, 논지를 동원하는 능력을 기를 수 있으며 이 과정에서 타인에게 자신의 주장을 펼치고 설득하는 경험을 하게 된다. 특히 서신류 작성은 실제로 수신자들에게 발송하여 피드백을 받는 과정을 통해 법적 효능감을 향상시킬 수 있다는 점이 큰 장점이다. 최근에는 인터넷을 이용하여 이메일이나 게시판에 글을 올리는 방식으로 서신류 작성을 해보도록 유도할 수 있으며 이 과정에서 실제 법적 권위체와 직접 접하고 이로부터 반응을 얻어내는 소중한 경험을 할 수 있다.

법관련 작문수업을 대표하는 수업 방식은 구조화된 작문, 즉 '법정문서식 작문'이다. 법정문서식 작문은 판사가 법적 판단을 내리는 과정을 단계화하여 각각 작문해보도록 하는 것이다. 가장 일반적인 방식은 IRAC형 작문이다. 먼저 주어진 사건에서의 핵심적인 쟁점(Issue)을 추출하고 이에 관련된 법적 조항(Rule)을 확인한 후 이를 쟁점에 적용하여 분석(Analysis)하는 단계를 거쳐 결론(Conclusion)에 이르는 사고 순서를 각각 나누어 작문하게 하는 것으로 대개 사건에 관한 설명과 함께 네 개의 칸으로 나누어진 종이를 미리 나누어주고 각각의 칸에 단계별로 내용을 작성하게 하는 방식을 택한다. 실제 판사가 판단을 내리는 과정과 가장 흡사한 방식이지만 그렇기 때문에 법적 조항을 확인하고 적용하는 과정에서 전문적인 법적 지식과 판례에 대한 이해가 필요하다. 따라서 법과대학에서는 수업과 평가의 도구로 활용될 가능성이 높으나 중등 단계의 학생들에게 사용하기는 적합하지 않은 방법이다. 중등 단계의 학생들에게 사용하기 위해서는 미리 관련 법조항들이 제시되고 이에 대한 이해가 선행될 필요가 있을 것이다. 따라서 중등단계에서는 형태를 일부 수정한 FIRC형이 보다 적합한 수업 방식으로 활용될 수 있다. 주어진 사건에 대한 사실관계(Fact)를 확인하고 여기에 포함된 핵심적인 쟁점(Issue)을 파악한 후 논리적 연관에 따라 추론(Reasoning)해보고 이를 통해 결론(Conclusion)을 도출하는 방식으로 학생들이 큰 부담없이 수업에 참여할 수 있다. 이러한 작문수업 방식의 장점은 수업 방식으로도 유용하지만 평가 방식으로 보다 효과적으로 활용될 수 있다는 점이다. 예를 들어 네 개의 단계로 나누어진 작문의 각각의 영역에 핵심적으로 들어가야 할 내용이나 평가요소 등을 미리 포함시켜 둘 경우 객관적인 방법으로 채점을 할 수 있다. 또한 위에 제시된 방법들을 응용한 작문수업도 가능하다. 예를 들어 판사의 입장이 아니라 변호사의 입장이 되어 특정 입장을 옹호하는 글을 써보는 '변론문 쓰기(legal brief)'의 경우 작성 후 역할을 나누어 토론을 벌이게 하는 방식으로 수업을 확장할 수도 있다. 이러한 수업과정을 통해 학생들은 법정에서 이루어지는 판단의 절차와 논리를 이해할 수 있게 되며 자신의 생각을 정리하여 표현하는 방식을 익히게 될 것이다.

## 8. 법률 서식 활용

우리는 일상생활 속에서 다양한 법률 서식을 작성하곤 한다. 법률 서식은 법적 효력이 발생하거나 소멸하는 것과 밀접하게 관련되어 있을 뿐 아니라 법적 분쟁을 사전에 예방하고, 분쟁이 발생했을 때 판단 기준이 되는 중요한 역할을 담당한다. 학생들이 일상생활에서 다루게 될 법률 서식들을 직접 접하는 것은 학생들이 법이 실제로 적용되는 것에 대해 경험할 수 있도록 할 뿐 아니라 문제 해결을 위한 법률 서식 작성의 중요성을 깨닫게 하는 데 도움이 된다.

법률 서식을 활용하는 수업은 크게 법률 서식을 분석하는 것과 법률 서식을 직접 작성하는 것으로 나뉜다. 법률 서식을 분석하는 수업에서는 등기부등본이나 부동산매매계약서, 부동산임대차계약서, 물품구매영수증과 같은 서식을 보면서 관련된 법에 대해 이해하고, 이러한 법이 실생활에서 어떤 역할을 하는지에 대해 살펴본다. 법률 서식을 직접 작성하는 수업에서는 출생신고서, 혼인신고서, 근로계약서, 부동산 임대차 계약서, 교통사고합의서, 금전대차계약서, 차용증 등의 서식을 직접 작성하면서 각 서식이 갖는 의미와 작성 시 유의사항에 대해 살펴본다.

법률 서식을 활용하는 수업은 실생활과 밀접하게 관련된 서식을 활용한다는 점에서 학생들의 흥미를 이끌어낼 수 있고, 실질적으로도 유용하다. 학생들은 법률 서식을 통해 법적 문제해결절차에 대해 이해할 수 있고, 관련된 분쟁이 발생했을 때 서식이 어떻게 활용되는지에 대해서도 학습할 수 있다.

하지만 법률 서식을 활용하는 수업에서 법률 서식은 학습의 소재라는 점에 유의해야 한다. 법률 서식은 법에 대한 이해의 폭을 넓히는 수단으로 활용되는 것이지 법률 서식의 구성요소를 완벽하게 암기하거나 법률 서식을 오차없이 작성하는 것이 목표는 아닌 것이다. 따라서 법률 서식의 지엽적인 내용에 얽매이기보다는 법률 서식을 직접 작성해 봄으로써 법에 대한 거리감을 좁히고, 법률 서식을 작성하는 것이 어떤 의미를 갖는지에 대해 생각해 볼 기회를 제공하는 데 초점을 맞추는 것이 바람직하다.

## 9. 교육연극 활용

교육연극은 연극을 교육의 방법으로 활용하고자 하는 것으로, 교육적 목적을 가지고 있을 뿐 아니라 연극 자체의 형태가 피교육자들의 참여, 토론, 개입 등을 적극적으로 보장하는 형태를 가진 것을 의미한다. 교육연극은 일반 연극에 비하여 연극 행위자와 감상자가 뚜렷이 구분되지 않으며, 준비과정 및 결과 분석과 이해를 통한 교육적 효과를 연극감상 자체를 통한 경험보다 더 중요하게 여긴다는 점에서 차이가 있다.

교육연극의 대표적인 유형으로는 Creative Drama, Drama-in Education, Theatre-in Education이 있다.

'Creative Drama(CD)'는 '즉흥적이고 비공개적이며 과정에 중점을 두는 드라마'로, 기본적인 대사나 대략의 동작선만을 정해두고 나머지 모든 구성을 학생들이 즉흥적으로 상상하고 반응하고 행동하도록 함으로써 참여자의 창의성을 발달시키는 데 목적을 두고 있다. 따라서 이 형태에서는 애초에 다른 사람이 극을 관람하는 것을 전혀 상정하지 않으며 교육효과 역시 지식이나 내용보다는 정서적 차원에 중점을 두고 있다. Creative Drama의 경우 즉흥적 반응과 손쉬운 참여유도를 통해 유치원이나 초등학교 저학년 학생 또는 법교육 수업의 도입부에 효과적으로 활용될 수 있다.

'Drama-in Education(DIE)'은 이보다 좀더 체계화된 형태로 극장에서 공연하지 않고 교육현장에서 교사와 학생 간에 이루어지는 연극작업이다. 즉, 학생들이 스스로 과제나 주제를 선택하고 이를 극화해나가는 과정에서 과제에 대해 더 깊은 이해와 통찰을 할 수 있도록 하는 것이다. 이러한 과정에서 학생들 간에 이루어지는 토론이 과정에 매우 중시되며 교사는 기본적으로 학생들의 연극활동을 돕는 조력자의 역할을 하게 된다. 학생들의 탐구와 토론 능력이 필요하지만 형식적으로는 엄격하지 않은 자율성을 지니고 있기 때문에 초등 고학년이나 중학생 정도의 수준에서 활용될 수 있다.

'Theatre-In Education(TIE)'은 전문극단에 의해 공연이 이루어지고 관객들은 이 극을 관람하면서 동시에 참여하는 방식으로 이루어진다. 이를 위해 출연자는 배우와 교사의 전문적 지식을 동시에 갖추어야 하면 따라서 actor-teacher 혹은 teacher-actor로 부른다.

주로 사회적인 문제나 교과목 상의 내용을 다루는데, 일반적인 연극과 비교하면 관람자가 적극적으로 참여하도록 유도하여 교육적 목적을 달성하도록 한다는 점에서 차이가 있다. 이를 위해 출연자들은 관람자들의 배경이나 특성에 유의하여 교육적 효과를 극대화하도록 주의할 필요가 있고 경우에 따라 극이 진행되기 전에 사전 협의 작업(preliminary workshop)을 하거나 극이 끝난 후 출연자와 관객이 모두 참여하여 극에 나온 내용들이나 그 의미를 되새기고 의견을 나누는 사후 토론(follow-up work)의 과정이 추가되기도 한다.

학령 단계에 따라 보자면 유치원이나 초등 저학년 단계에서는 Creative Drama, 초등 고학년이나 중학교 저학년 단계에서는 DIE, 고등학생 이상의 단계에서는 TIE가 효과적으로 활용될 수 있을 것이다. 아울러 교육 목표에 따라 분류해보면 자아발달, 인성교육 등 정서적 목표를 달성하려 할 경우 Creative Drama, 상대적으로 복잡하고 어려운 교과내용이나 사회적 문제 등 지적 목표를 달성하려 할 경우 TIE가 우선적으로 고려될 수 있을 것이다. 그러나 이 둘은 모두 학교 현장에서 교사가 직접 시도하기엔 어려운 점이 있다. Creative Drama의 경우 즉흥적인 연극을 지도할 능력이 있는 사람이라야 가능할 것이고 TIE는 아예 직업적인 연극배우에 의한 활동을 전제로 하고 있기 때문이다. 따라서 학교의 교실 상황에서 교사가 학생들과 함께 제한된 조건 하에서의 교육 활동을 하려 한다면 중간적 형태인 DIE가 적합한 방법이라고 볼 수 있다.

교육연극은 형식적 유연성을 가지고 있기 때문에 교육연극을 활용한 법교육은 사회적 이슈들을 법교육에 끌어들이는 데 도움을 줄 수 있다. 교육에서 일반적으로 많이 쓰이는 인쇄 매체나 멀티미디어 매체 자료는 한 번 제작되면 내용을 쉽게 바꾸기 어렵고 또 제작 후 배포, 활용되기까지 일정한 시간이 필요하다는 문제가 있다. 즉, 시시각각으로 일어나는 사회적 이슈를 즉각적으로 교육에 반영하는 데 한계가 있는 것이다. 그러나 연극은 대본만 고쳐서 연습하거나 심지어 피교육자들이 스스로 대본을 작성하는 과정을 통해 얼마든지 시의성 있는 주제들을 교육에 끌어들일 수 있다는 점에서 큰 장점을 지니고 있다. 이러한 즉시성은 특히 사회적 이슈에 민감한 법교육에 큰 효과를 가져다 줄 것으로 기대된다. 또한 교육연극을 활용한 법교육은 즉흥적이고 창의적인 교육 방식을 가지고 있어 법교육의 한계로 지적되는 학습에 대한 흥미와 접근성의 문제를 크게 보완해 줄 수 있다. 법이 어렵고 복잡하다는 선입견 때문에 쉽사리 접근하지 못하는 학생들에게 교육연극 기법을 활용한 법교육 수업은 법교육에 관심을 기울이도록 만드는 신선한 자극을 제공할 수 있을 것이다.

## 10. 역할놀이

역할놀이는 문제 상황에 대해 토론하고, 주어진 상황속의 인물들이 할 수 있는 행동을 시연해보는 과정에서 행동과정과 결과에 대해 평가하는 과정을 통해서 행동의 선택에 따라 어떤 결과가 오는지에 대해 이해할 수 있도록 하는 수업 방식이다. 교사들이 학생들에게 통찰력, 영향력, 의사결정력, 상담기술, 문제해결능력, 의사소통기술 등을 길러주고자 할 때 효과적인 학습방법이라고 알려져 있다. 학생들이 직접 역할놀이의 참여자가 되어 다양한 역할을 경험해보고, 그 역할의 입장에서 판단을 내린다는 점에서 학습자중심, 경험중심의 수업 방법이다.

역할놀이는 태도나 가치와 관련된 상황을 학습하는 데 활용될 수 있다. 역할놀이를 통해 평소 경험하기 어려운 상황을 경험해 볼 수 있고, 자신이 한 행동의 결과가 자신뿐 아니라 주변 환경, 사람들의 영향을 받음을 이해할 수 있다. 또한 다양한 역할을 경험하는 과정에서 실생활에 일반화 시킬 수 있는 인간의 행동에 대한 여러 가지 개념들을 학습할 수 있다.

**▮표 4-2 역할놀이 수업의 단계**

| | | | |
|---|---|---|---|
| **상황 설정** | 문제 파악, 상황 설정 | • 문제 확인<br>• 문제 탐색 | • 상황을 명백하게 인지<br>• 역할놀이 상황(장면) 설정 |
| **역할 선정** | 역할 분석, 역할 선정 | • 역할 분석<br>• 각자 역할 확인 | •연기자 선정 |
| **준비 및 연습** | 무대 및 소도구 준비, 연습 | • 연습 계획 세우기<br>• 각자 및 소집단 연습 | • 무대 및 소도구 준비<br>• 관람자 준비 |
| **실연** | 실연 준비, 실연 | • 실연 준비<br>• 관람자의 적극 참여 독려 | • 실연(역할놀이 시작) |
| **정리 및 평가** | 정리, 평가 | • 역할놀이 활동에 대한 정리<br>• 소도구 및 무대 정리 | • 개인 및 소집단에 대한 평가<br>• 차시 학습 예고 |

일반적인 역할놀이는 크게 다섯 단계로 구성된다. 첫 번째 단계는 상황 설정 단계로, 문제를 확인하고 탐색하여 역할놀이 장면을 설정하는 것이다. 두 번째 단계는 역할 선정 단계로, 역할놀이 장면을 분석하여 역할을 나누고, 각자의 역할을 확인하는 것이다. 세 번째 단계는 준비 및 연습 단계로 각자 및 소집단으로 역할놀이를 연습하고, 무대나 소도구를 준비하는 것이다. 네 번째 단계는 실연 단계로 역할놀이를 무대에서 실연하고 관람

하는 것이다. 다섯 번째 단계는 정리 및 평가 단계로 역할놀이 활동에 대해 정리하고 수업을 마무리하는 것이다.

법교육에서 역할놀이는 수업에서 다루는 주제에 대한 상황을 제시하고, 이에 대해 사고할 기회를 제공하는 역할을 담당한다. 역할놀이는 학생들에게 딱딱하고 어렵게 느껴지는 법에 대한 흥미와 관심을 이끌어 낼 수 있고 신체적 활동을 포함한 참여 기회를 제공할 수 있다. 또한 법이 학생들의 생활과 밀접하게 연결되어 있음을 체험하게 할 수 있다. 역할놀이로 다루는 상황은 일상생활과 밀접하게 관련되어 있으면서도 법적 판단이 필요한 상황이다. 학생들이 스스로 역할을 맡거나 혹은 다른 학생이 역할을 맡은 것을 관찰하는 것을 통해 그 상황을 직·간접적으로 경험할 수 있고, 다른 사람의 입장에 공감할 기회를 가질 수 있다.

법교육에서 역할놀이가 효과적으로 활용되기 위해서는 몇 가지 사항에 유의해야 한다. 첫째, 법교육에서의 역할놀이는 법교육의 수업 목표를 좀 더 잘 달성하기 위한 수단으로 활용된다는 점을 기억해야 한다. 연극을 학습하는 것이 아니라 역할놀이를 통해 다른 것(학습목표, 학습내용)을 달성하는 데 목표가 있다는 것에 유의하여 역할놀이 자체에 매몰되지 않도록 유의해야 한다. 이를 위해서는 역할놀이의 주제, 내용, 목적, 주의사항 등을 역할놀이 시작 전에 간단히 소개해 수업의 강조점에 학생들이 집중할 수 있도록 하고, 역할놀이를 마친 후에도 수업의 주요 내용에 대해 교사가 수업을 정리해주는 식의 마무리 작업이 필요하다. 둘째, 역할놀이를 통해 의도한 법교육 수업의 목표를 달성하기 위해서는 무엇보다도 수업 자료 중 문제 상황을 잘 만드는 것이 중요하다. 어떤 문제 상황을 학생들에게 제시하느냐에 따라 학생들이 역할놀이를 잘 수행할 수 있는지, 전달하고자 하는 바가 제대로 전달되는지가 결정된다. 셋째, 학생들에게서 지극히 단순한 수준의 대화들이 나오지 않게 하기 위해서는 학생들이 문제 상황에 관련된 정보를 충분히 알 수 있도록 정보와 자료를 제공하는 것이 필요하다. 또한 관람하는 학생들이 문제 상황에서 도출한 학습 내용을 정리할 수 있도록 준비된 학습지를 나눠주거나 역할놀이 후 간단한 질문을 통해 확인하는 시간을 갖는 것이 필요하다. 법교육에서의 역할놀이는 그 내용이 법적 내용이나 가치의 충돌과 연관되어 있으므로, 학생들이 이러한 법적 내용이나 가치에 대한 기본적인 정보가 없다면, 수업 자체를 이해하지 못하는 문제가 발생할 수 있다. 따라서 지나치게 법률 내용이나 법적 용어에 얽매이기보다는 교사가 추가적으로 설명하거나 정리해 학생들의 학습을 돕는 것이 필요하다.

## 11. 현장학습

기관 탐방을 포함한 현장학습은 법과 관련 있는 기관이나 장소를 방문하여 견학과 탐방, 체험을 통하여 관련 주제를 배우고 익히며 탐구하는 활동을 하는 것을 의미한다. 이 기관들의 탐방을 통해 교과 관련 기관에 대하여 이해를 증진시킬 수 있고, 관람과 체험의 기회를 가짐으로써 학생들에게 관심과 흥미를 불러일으킬 수 있다. 또한 사회과와 관련된 진로 및 봉사활동의 성격도 가지고 있어 다양하고 복합적인 효과를 기대할 수 있다.

현장학습은 학습의 장을 학습자료가 있는 현장으로 옮겨서 학습의 목표를 효율적으로 달성하려는 수업방법의 하나이다. 이때의 현장은 학교 주변을 비롯하여 다양한 공간이 될 수 있다. 하지만 현장학습의 목표가 교육이라는 점을 고려할 때, 교실에서의 학습과 직접적인 관련을 가져야 한다.

현장학습을 위한 현장은 학교의 교실환경과는 여러 가지 다른 점들이 많기 때문에 현장수업을 실시하기 위해서는 특별한 계획과 준비가 필요하며, 교실수업과 다른 특별한 방법과 수업절차가 필요하다. 주의할 점은, 현장학습이 단순한 관광과는 다르다는 것이다. 관광이 수동적인 입장에서 현장을 단순 관찰하는 것이라면, 현장학습은 학생들이 능동적인 입장에서 현장을 관찰, 분석하고 이를 토대로 소기의 교육적 성취를 달성하는 것이다. 따라서 현장학습이 효과적으로 이루어지기 위해서는 현장학습이 이루어지기 전후에 현장학습을 통해 목표하는 내용과 관련된 사전, 사후교육이 있어야 한다.

법교육에서의 현장학습은 법관련 기관을 방문하여 전시물을 관람하고, 주제를 탐구하는 등의 학교 밖 활동을 하는 것이다. 법에 대해 막연하게 어렵게 생각하는 학생들에게 현장학습은 법에 대한 친밀감을 높이고 법과 관련된 구체적인 지식을 습득하는 데 효과적인 방식이다. 법과 관련된 기관에서 어떤 일을 하고 어떻게 사람들의 권리를 보호하는지, 법과 관련된 직역에는 어떤 것들이 있는지에 대해 경험함으로써 법이 우리 생활 속에서 어떤 의미를 갖고 어떻게 작동하고 있는지에 대해 생생하게 확인할 수 있다. 이는 교과서 중심의 학교 법교육의 한계를 극복하는 데 도움이 될 뿐 아니라 실제 현실과의 밀접한 곳이어서 앞으로의 활용가능성이 높고, 지역사회 구성원으로서의 공동체 의식을 함양하는 데에도 도움이 된다.

법과 관련하여 방문할 수 있는 곳으로는 법원, 검찰청, 경찰서, 교도소와 같이 학생들이 사법과 관련하여 쉽게 떠올릴 수 있는 기관이자 상대적으로 전국에 고르게 분포하고 있는 기관이 있다. 이러한 기관들은 평소 별도의 현장학습 프로그램이 아니라면 접근이 쉽지 않은 곳들이기 때문에 교육적 효과도 크게 나타난다. 또한 법무부에서 설립한 솔로

몬 로파크나 경찰박물관, 국회 헌정기념관, 대법원 법원사 전시실, 헌법재판소 전시관 등은 교육적 목적을 가지고 만들어진 전시, 체험 시설들로 도슨트 투어에서부터 체험 교육 프로그램까지 다양한 교육 활동들을 준비해놓고 있기 때문에 더욱 높은 교육효과를 기대할 수 있다.

다만, 현장학습은 이동의 시간과 사전 준비, 기관과의 협력 등이 필요하기 때문에 학급이나 학년 단위의 대규모로 할 때에는 일회성에 그치기 쉽다는 한계를 가지고 있다. 또한 자칫하면 단순한 관광 차원의 방문에 그치게 될 우려도 있다. 현장학습이 효과적 교육 활동으로 작동하기 위해서는 현장학습의 목적이 분명하게 제시되어야 하며, 현장학습을 통해 방문하는 기관이나 장소에 대한 사전·사후교육이 필요하다. 현장에서 어떤 것들을 보고 느끼고 경험할지에 대해 미리 준비한 후 방문하고, 방문한 이후에도 이를 분석하고 정리하는 과정을 거쳐야 하는 것이다. 또한 현장학습과정 중에 학생들이 그 현장에 집중할 수 있도록 이끌어낼 수 있는 자료집이나 활동지, 활동 미션 등이 제시될 필요가 있으며, 학생들이 현장 방문 전부터 후까지의 경험과 자료를 정리할 수 있는 보고서나 포트폴리오를 작성하도록 하는 것도 고려해 볼 수 있다.

## 12. 외부자원인사 활용

'외부자원인사'란 'resource person'을 번역한 용어로서 외부자원인사를 활용한 법교육 수업은 법관련 직업에 종사하거나, 전문적인 지식을 가진 외부강사가 학교 현장에 방문하여 일정한 주제에 대해 강연하거나 협력 수업을 하는 것을 의미한다. 이때 법관련 직역에는 판사, 검사, 변호사 등의 법률 전문직 외에도 경찰, 법무사, 세무사, 법학 및 법교육 전공 교수, 변리사, 관련 기관에 근무하는 공무원 등 다양한 직업군을 활용하는 것이 가능하다.

외부자원인사의 활용은 학생들이 수업현장에서 접하기 어려운 주제나 이슈에 대해서 자세한 이야기를 들을 수 있는 좋은 기회가 될 수 있다. 또한 외부자원인사의 활용은 학생들이 가질 수 있는 '법적 소외감(legal alienation)'을 해소하는 데 기여할 수 있다. 많은 학생들이 법적 접근성이 떨어지고 이것이 법적 기관과 구성원들에 대해 두려움과 거리감을 느끼는 것으로 연결되는데, 판사, 검사, 변호사 혹은 경찰 등 법관련 직역에 종사하는 외부자원인사를 가까이에서 접할 기회를 제공하는 것은 그 자체로 교육적 효과를 기대할 수 있다. 학생들이 외부자원인사와 만나 이야기를 나누고 질의응답을 하는 과정에서 법에 대한 친근감과 흥미 등의 정서적 태도를 발전시킬 수 있는 것이다. 외부자원인사의 활용은 학생들의 흥미와 관심을 유발할 수 있고, 그동안 가지고 있던 궁금증을 해소하는 기회가 될 수 있으며, 법의 역할이나 필요성 등 법에 대한 이해의 폭을 넓히는 데 도움이 된다. 또한 실생활에서의 여러 법적 문제에 대한 대응책이나 해결방안에 대해 이해하고, 법을 통한 문제 해결의 중요성에 대해 인식하도록 하는 데 도움이 된다. 이외에도 학생들에게 롤모델이 될만한 외부자원인사와의 만남이 바람직한 역할모델과의 접촉 기회로 작용함으로써 학생들이 미래를 설계하고 긍정적인 자의식을 갖는 데 기여할 수 있고, 나아가 관련 직업에 관심을 가지고 있는 학생에게는 진로를 탐색할 수 있는 좋은 계기가 될 수 있다.

그러나 외부자원인사 활용은 일회성 행사에 그칠 우려가 있으며, 많은 경우 한 학년 또는 한 학교 전체 학생들이 모두 모여 특강을 듣는 형태로 수업이 이루어지는데, 대규모 인원을 대상으로 이루어지는 수업에서 나타나는 소란과 집중력 저하의 문제가 발생할 가능성이 높다. 무엇보다 외부자원인사가 학교 현장과 학생의 관심사 및 수준에 대한 이해가 부족할 경우, 학생들의 눈높이에 맞지 않는 동떨어진 교육이 될 수 있다는 점에서 철저한 준비가 필요하다.

외부자원인사를 활용하는 법교육에서는 몇 가지 사항에 유의해야 한다. 첫째, 지역사회 인사를 활용한 법교육의 목적을 법전문가들에게 설명하고, 해당 수업의 교육상의 목표에 대해 이해하도록 해야 한다. 수업을 받을 학급이 무엇을 공부하고 있는지, 수업에서 어떤 활동을 할지에 대해 사전에 고지하고 수업의 진행에 대해 협의하는 것이 필요하다. 둘째, 법전문가에게 학생들에 대한 정보를 제공하고, 학생들에게도 법전문가에 대한 정보를 제공해야 한다. 법전문가가 학생들의 학업 성취 수준, 관심사, 기대사항 등에 대해 이해하지 못할 경우, 흥미 있고 의미 있는 수업이 되기 어렵다. 학생들 역시 수업에서 함께 하게 될 법전문가의 직업과 역할에 대해 어느 정도 인식하는 것이 필요하다. 셋째, 학생들에게 수업 전 간단한 사전교육을 하고, 법전문가에게 궁금한 질의사항을 준비해 두도록 한다. 사전에 질문을 수합하는 것은 법전문가가 함께하는 수업에 대한 기대감을 높일 뿐 아니라, 법전문가가 당황하지 않고 양질의 답변을 미리 준비할 수 있도록 하는 데 도움이 된다. 또한 수업 시간을 조절하고 수업의 방향을 잡는 데에도 도움이 된다.

## 13. 계기 수업

계기 수업은 국가가 지정한 사회과 관련 국가 기념일이 도래하면 이와 관련된 내용으로 수업을 진행하는 것을 의미한다. 법관련 계기 수업은 법이 우리 삶에 밀접하게 관련되어 있으며, 국가를 구성하고 국민의 권리를 보장하는 역할을 담당한다는 점을 알릴 수 있는 교육을 실시함으로써 학생들이 법적 소양을 기르고, 긍정적인 법의식을 함양하도록 할 수 있다.

계기 수업은 하나의 기념일을 대상으로 이루어지기 때문에 일회성으로 이루어지지만 일년 단위에서 보면 수시로 이루어진다. 외부 인사를 활용할 수도 있지만 일반적으로 교사가 직접 수업을 담당할 수 있을 것이다.

미국 법교육의 경우 이런 계기 수업을 매우 잘 활용하는 편이다. 5월 1일 법의 날(Law Day)은 물론이고 7월 4일 독립기념일, 9월 17일 헌법의 날(Constitution Day) 등 다양한 계기를 통해 전국적인 단위로 법에 관련된 교육이벤트를 개최하여 국민들의 법의식을 고취하고 있다.

우리나라의 경우 법교육 계기 수업을 할 수 있는 대표적인 기념일로 3.1절과 4.19혁명 기념일, 4월 25일 법의 날, 6.10민주항쟁기념일, 7월 17일 제헌절 등을 들 수 있다. 3.1절은 제헌헌법의 맹아가 된 3.1운동과 임시정부의 수립에 관한 내용을, 4.19와 6.10 민주항쟁 기념일, 7월 17일 제헌절 등은 민주적 헌법 성립의 토대를 마련한 3차, 9차 개헌과 헌법재판소 등에 관한 내용들을, 4월 25일 법의 날에는 전반적인 법관련 내용들을 다룰 수 있다.

## 14. 영상 활용

영상 활용 수업은 영화나 드라마와 같은 영상물을 활용하여 법에 대한 관심과 흥미를 이끌어내고, 법적 쟁점을 제시하는 방법이다. 영상을 활용한 수업은 교사의 강의나 설명에 비해 학생들의 관심과 흥미를 끄는 데 효과적이며, 짧은 시간에 다양한 형태의 정보를 복합적으로 제공할 수 있다는 장점이 있다. 또한 학생들이 영상의 내용에 감정을 충분히 이입하게 된다면 수업 내용에 대한 집중도가 높아질 뿐 아니라 수업 활동에의 적극적인 참여를 이끌어 낼 수 있다. 하지만 이미 제작된 영상을 활용하는 것이기 때문에 수업에 적절한 내용의 영상을 찾기 어렵고, 지나치게 감정이 이입되면 학생들이 학습 내용에 객관적으로 접근하지 못할 우려가 있다. 또한 영상을 관람하는 것이 학생들의 주의집중을 높이는 수단이기는 하나, 자칫하면 오히려 학습 분위기를 산만하게 하거나 학습 내용보다는 영상에 대한 기억만을 남길 가능성이 있다.

따라서 영상 활용 수업을 준비할 때에는 시청할 매체를 선정하는 과정에서부터 교사의 세심한 주의가 필요하다. 또한 영상이 지나치게 길게 제시될 경우 오히려 지루함을 주거나 주제에 대한 집중력을 떨어뜨릴 우려가 있으므로 적절한 분량으로 편집하여 활용해야 한다. 무엇보다, 영상을 관람하는 목표가 무엇인지에 대해 학생들에게 미리 주지시키고, 영상을 통해 보려고 하는 것을 중간중간 짚어주거나 학생들이 활동지 등을 통해서 정리할 수 있도록 해야 한다.

한편, 영상 활용 수업은 모의재판이나 배심원 토의를 위한 사전 교육 자료로도 유용하게 쓰일 수 있다. 영상을 통해 학생들은 재판의 모습이나 과정, 재판에 참여하는 사람들의 역할에 대해 좀 더 명료하게 이해할 수 있고, 모의재판에 대한 기대를 높일 수 있다. 또한, 영상 활용 수업은 작문 수업과도 연계하여 활용될 수 있다. 작문 수업에서 학생들에게 제시되는 사례를 영상의 형태로 제공하는 것이다. 이는 영상 활용 수업이 단순한 감상에 그치지 않도록 보완하는 역할을 할 뿐 아니라, 작문 수업이 지나치게 정적인 것에서 벗어나 학생들이 쉽고 재미있게 접근할 수 있도록 하는 역할을 한다.

## 15. 예술 활용

예술을 활용한 법교육은 법교육에 문학, 미술, 음악 등 다양한 분야의 예술을 접목하는 것이다. 이는 크게 수업에서의 소재나 자료로 예술을 활용하는 것과 수업에서의 활동이나 표현으로 예술을 활용하는 것으로 구분할 수 있다. 수업 소재·자료로 예술을 활용하는 법교육은 예술 작품 자체의 내용이나 내재된 맥락을 바탕으로 법을 이해, 체험, 감상, 사고하는 것으로, 학생들의 관심과 흥미를 이끌어 낼 뿐 아니라 새로운 시각으로 접근할 수 있는 기회를 제공하고 정서적으로 공감할 수 있는 기회를 제공한다. 수업 활동·표현으로 예술을 활용하는 법교육은 법에 대한 이해의 결과를 예술의 형태로 창작, 표현, 소통하는 것으로, 자신이 알고 느끼고 생각한 것을 보다 선명하게 표현하고 다양한 방식으로 다른 사람들과 상호작용할 수 있도록 지원한다.

예술의 활용은 학생들의 재미·흥미의 지속적인 유지 및 학습에의 몰입에 도움이 될 뿐 아니라 학생들의 상상력과 창의력 발현에 기여할 수 있고, 학생들이 반성과 성찰을 할 기회를 가질 수 있게 한다. 법교육은 학생들이 사회를 구성하는 틀로 '법'을 이해하도록 하고, 사회 공동체 구성원으로서 시민의 권리와 책임에 대해 다룬다는 점에서 예술의 활용이 의의를 가질 수 있다. 예술 속에는 그 사회의 법과 정의에 대한 관념이 담겨 있을 뿐 아니라 인간의 사회적 삶의 보편적 구조와 원리가 담겨 있다. 예술을 활용한 법교육은 법에 대한 이해를 심화하는 데 기여할 수 있다. 또한 예술을 활용한 교육은 타자와 타문화에 대한 이해와 소통에 필요한 역량을 배양하는 데 도움이 된다. 학생들은 예술과 법의 접목을 통해 법과 사회, 그리고 개인을 이해하는 데 있어서 다양한 관점과 가능성을 포용하여 유연하게 적용할 수 있게 된다. 더 나아가 예술을 활용하는 것은 법의 필요성과 의미에 대해 스스로 성찰하고 나름대로의 관점과 가치를 형성하는 데 꼭 필요한 상상력과 창의력을 이끌어 내거나 선명하게 드러낼 수 있는 좋은 법교육 방안이라고 할 수 있다.

법교육에서 활용할 예술 작품이나 자료를 선정할 때에는 첫째, 활용되는 작품이나 인지적, 맥락적 적합성을 갖추어야 한다. 학생들이 충분히 자료의 의미를 해석할 수 있도록 학생들의 이해 수준을 넘지 않는 정도의 난이도나 복잡성을 지닌 자료들을 선정해야 하는 것이 필요하다. 둘째, 법교육의 핵심 내용과 연관성이 있어야 한다. 예술 작품이 가지고 있는 고유의 예술적 가치나 학생들의 흥미·관심, 기초 교양 지식으로서의 가치도 중요하지만 기본적으로는 예술 자료 안에 담겨 있는 법적 지식이나 가치가 가장 핵심이 되어야 한다. 셋째, 다양한 예술 양식이 서로 보완적으로 활용될 수 있도록 해야 한다. 한 가지 형태의 예술 자료만을 활용하기보다는 다양한 형태의 예술 자료들을 복합적으로 활용하여 학생들이 다양한 방식으로 정보를 획득하고 폭넓은 경험을 할 수 있도록 하는 것이 필요하다.

# Ⅱ. 세계 법교육의 현황과 전망

## 1. 법교육의 태동 - 미국의 법교육

법학교육은 법이 사회질서 유지의 중요한 수단이 된 이래로 어느 사회에나 존재해왔지만 법전문가를 길러내기 위한 교육이 아닌 일반인에 대한 법교육이 국가적인 차원에서 체계적으로 전개된 것은 그리 흔한 일이 아니다. 특히 '권리'의 차원에서 법을 통한 인권의 실현과 민주주의의 발전을 모색하려는 노력이 본격적으로 이루어진 것은 1950년대 미국에서부터 비롯된 것으로 볼 수 있다.

제2차 세계대전 이후 소련과 함께 세계 최대의 강국으로 성장을 거듭하던 미국은 1950년대 초 광기 어린 반공주의 마녀사냥이라고 할 수 있는 매카시즘으로 인해 큰 충격을 받았다. 상원의원 조셉 매카시의 근거가 부족한 문제제기에 미국 사회 전체가 그렇게까지 흔들리고 많은 사람들에게 상처를 줄 수 있었다는 사실에 놀란 미국인들은 이제까지 자신들이 당연하다고 생각해오던 가치들을 되돌아보기 시작했다. 이러한 사회적 분위기에서 1954년 내려진 미 연방대법원의 브라운 판결(Brown vs Bd. of Ed. 347 U.S. 483, 1954)은 커다란 사회적 반향을 일으켰다. 인종차별의 문제는 미국 사회의 오래된 악습이었지만 그동안은 이를 묵인하거나 무시하고 넘어가는 것이 일반적이었다. 대표적으로 1896년에 내려진 Plessy 판결에서는 흑인과 백인의 학교를 구분하도록 한 정책에 대해 '분리되었으나 평등한 처우(separate but equal)'라며 합헌 판결을 내려 흑백분리와 차별을 공식적으로 인정한 바 있다. 브라운 판결은 이 플레시 판결을 정면으로 뒤집은 것으로 흑백분리가 인종차별이며 즉시 철폐되어야 한다고 밝혀 연방교육법의 개정까지 가져왔다. 이를 실현하기 위해 미국 헌법에서 합의되어 있는 헌법 정신은 무엇이며 어떤 것이 진정한 평등인지를 생각해보는 법교육이 연방정부의 지원 하에 활성화되게 되었다. 이때 연방정부는 획일화된 프로그램이나 내용을 전달하는 것이 아니라 각 지역마다 운영된 다양한 프로그램의 성과를 활성화하여 다시 전국적으로 확산시키는 네트워킹의 방식을 취했다.

이러한 변화의 흐름에 기름을 부은 것이 1957년 소련의 스푸트니크호 발사였다. 미국과 소련의 냉전 대결이 전면화되고 핵위협을 통한 '공포의 균형'이 현실화되고 있던 시점에서 적국이라고 할 수 있는 소련이 미국보다 앞서 우주공간에 인공위성을 쏘아올렸다는 것은 단순한 경쟁심을 넘어 미국 사회 전반의 위기로 인식되었다. 이에 따라 전통적인 시민성 교육에 대한 각성이 요구되기 시작했고 이에 자극받아 일어난 '신사회과운동(new socail studies movement)'에서는 학생의 경험과 흥미를 중시했던 종래의 진보주의 교육사상이 퇴조하고 보다 내용 있는 교육, 심도 있는 교육을 주창하는 학문중심 교육과정이 각광을 받게 되었다. 법교육 역시 '법학'이라는 학문적 배경에 힘입어 내용적으로는 법지식의 중요성의 측면에서, 그리고 방법론에서는 플레시 판결과 브라운 판결 등 사례를 분석하는 '사례연구' 방법의 측면에서 강조되기 시작했다.

특히 미국사회과교육협의회(NCSS)와 시민자유교육재단(Civil Liberties Education Foundation, CLEF)가 공동주관한 윌리엄스타운 회의에서는 법교육을 통한 시민교육이 핵심테마로 다루어졌다. 이 보고서에서는 새로운 시민교육으로서 법교육의 필요성을 제시하고 자유, 정의, 평등과 같은 기본개념의 구조화를 바탕으로 기본권 교육을 강조했다. 특히 연방대법원의 브레넌 판사가 이러한 법교육의 중요성에 공감하고 확산을 주장하면서 법교육은 큰 관심을 받게 되었다.

1960년대를 관통한 반전운동과 민권운동은 미국사회의 혼란과 반성과 시기였다. 이 시기를 통해 인종차별문제, 평등의 문제가 미국 사회의 중대한 의제가 되었으며 헌법적 가치에 대한 관심이 커지게 되었다. 이러한 변화의 끝무렵을 장식한 워터게이트 사건은 정치권의 도덕성에 치명상을 입히게 되었다. 사람들은 정치적, 사회적 불법과 부정의에 대항할 수 있는 해법을 법교육에서 찾으려고 시도하게 되었고 이 시기에 전미변호사협회(American Bar Association, ABA)의 수장을 맡게 된 워터게이트 전담검사 출신인 야보르스키(Jaworski)는 산하에 '청소년 시민성교육 특별위원회(YEFC)'를 창설하여 법교육운동을 주도했다. 전국 최대의 법조인 단체인 ABA가 가세하자 법교육은 금세 큰 힘을 얻게 되었고 전국적으로 법교육을 이끌어가는 민간단체들이 늘어나게 되었다. 예를 들어 지역사회를 중심으로 창설된 '시민권교육센터(Center for Civic Education, CCE)'이나 직접적으로 헌법상의 권리를 핵심테마로 잡은 '기본권재단(Constitutional Rights Foundation, CRF)' 등이 전국적인 네트워크를 형성하게 되었다.

특히 이 시기부터 두각을 나타낸 단체로 Street Law Foundation을 들 수 있다. 애초에 스트릿 로는 1972년 조지타운대학의 'Law Center Project'에서 시작되었다. 로스쿨에 설치된 여러 리걸클리닉(법관련 임상교육프로그램) 중 하나로 청소년을 대상으로한 법교육을 고민하던 4명의 로스쿨 학생들 중 한 명이었던 오브라이언(E. L. O'brien)은 원래 고등학교 교사 경험을 가지고 있었기 때문에 학생들이 법에 큰 흥미를 가지고 있으며 교육의 효과가 높다는 사실도 알고 있었다. 따라서 단순히 학교 수업 프로젝트 수준을 넘어서 체계적으로 법교육을 시도해보려는 생각을 갖게 되어 조지타운대학이 위치한 워싱턴 일대의 공립학교에서 법교육을 시도해보게 되었는데 이 프로그램의 이름을 학문적 차원의 법교육이 아닌 실생활에서 필요한 법을 가르친다는 의미에서 'Street Law'라고 붙이게 되었다. 1975년 이 프로그램에 사용될 교재가 발간되면서 이 교재의 이름도 스트릿 로라고 짓게 되었는데 프로그램의 성과에 고무된 여러 기관들이 지원을 하면서 스트릿 로 프로그램과 교재는 미국 전역으로 보급되게 되었고 그 결과 스트릿 로 교재의 출판과 프로그램 운영을 전담하는 민간기관인 'Street Law Foundation'이 설립되게 되었다. 특히 교재인 『Street Law』는 판을 거듭하면서 현재까지 발간되고 있고 법교육을 대표하는 교과서로 미국은 물론 전세계에 출판되고 있다.[1)]

이러한 민간 차원의 노력에 발맞추어 연방차원에서도 법교육을 뒷받침하려는 노력이 가속화되었다. 이를 위해 법무부 산하에 설치된 기관이 '청소년비행예방국(Office for Juvenile Justice and Delinquency Prevention, OJJDP)'이다. 1974년 청소년 사법과 비행 예방법(the Juvenile Justice and Delinquency Prevention (JJDP) Act (Pub. L. No. 93–415, 42 U.S.C. § 5601 et seq.)이 제정되었고, OJJDP는 이 입법을 통해 비행을 예방하고 청소년 사법 시스템을 개선하려는 지역과 주의 노력을 지원하기 위해 설립되었다. OJJDP는 미국 법무부의 한 분과로서 주, 지역 공동체, 부족 사법관할권(tribal jurisdiction)이 청소년을 위한 효과적인 프로그램을 개발하고 실행하는 것을 지원하고 있다. OJJDP는 청소년 비행과 청소년 대상 범죄에 대한 예방과 대처를 위해 전국적 차원으로 지도하고 조정하며 필요한 자원을 제공하는 한편, 청소년과 그 가족의 필요에 따른 교정과 회복 서비스를 제공하여 청소년 사법 시스템을 개선하려는 주와 커뮤니티의 노력을 지원하고 있다.

미국 법교육의 발전은 1978년 연방차원에서 법교육을 지원하는 '법교육 법(Law–Related Education Act of 1978)'이 제정되는 것으로 열매를 맺게 되었다. 이 법을 통해 각급 학교의 법교육 프로그램 및 법교육 기관들에 대한 광범위한 재정 지원이 가능해졌을 뿐 아니라 조문상에서 법학교육과 다른 법교육의 특성을 명시하고 있다는 점에서 향후 법교육의 방향을 설정하는 데 큰 영향을 주었다.

> 법교육 프로그램이란 법, 법적 절차, 법 시스템, 그리고 법이 기반하고 있는 기본 원리와 가치에 관련된 지식과 기술을 제공하는 것을 가리킨다. 이 프로그램의 목표는 어린이와 청소년 그리고 성인이 보다 교양 있는 시민이 될 수 있도록 하는 데에 있다.
>
> 34 CFR § 241.1

1) 스트릿 로 프로그램 및 교재의 내용은 다음 장에서 보다 자세하게 살펴볼 것이다.

§241.1 What is the Law-Related Education Program
The Law-Related Education Program is designated to provide persons with knowledge and skill pertaining to the law, the legal process, the legal system, and the fundamental principles and values on which these are based. The purpose of the program is to enable children, youth, and adults to become a more informed citizens.(20 U.S.C. 3851) (49 FR 2458-01, 1984 WL 126450 (F.R.)/ PROPOSED RULES/ DEPARTMENT OF EDUCATION/ 34 CFR Part 241/ Law-Related Education Program/ Thursday, January 19, 1984.

즉, 법교육은 원리와 가치에 대한 학습을 통해 일반인들의 시민성을 함양하는 것이라고 밝히고 있는 것이다.

현재 미국의 법교육은 연방-주-민간기관의 상호 네트워크를 통해 이루어지고 있다. 이 가운데 연방차원에서는 주에 기초를 둔 법교육 조직들의 전국적 네트워크와 협력하여 법교육을 확산시키고 있는데 이를 위한 프로그램으로 '정의로운 청소년(Youth for Justice)'라는 재정지원 프로그램을 만들어 핵심적인 법교육 기관들을 지원하고 있다. 대표적인 연방차원의 법교육 기관으로는, 시민교육센터(Center for Civic Education), 전미변호사협회 공공교육과(American Bar Association Division for Public Education), 기본권 재단(Constitutional Rights Foundation), 파이알파델타 공공서비스센터(Phi Alpha Delta Public Service Center), 스트릿 로(Street Law)의 다섯 개를 들 수 있다.

정의로운 청소년 프로젝트의 다섯 개 법교육 조직들은 ① 교육과정과 교수자료를 개발하며 ② 각 주를 대표하는 주와 지역 대표들의 국가적 네트워크를 지원하고 ③ 교육가, 변호사, 청소년 사법 전문가에게 전문적인 훈련을 제공하며 ④ 학생들을 위한 프로그램을 관리하고 ⑤ 교실에서 공동 교수자나 안내자로서 활동할 지역의 자원봉사자에게 예비교육을 시키거나 청소년을 위한 지역활동을 준비한다. '정의로운 청소년' 프로그램에서는 교과과정에 법교육이 포함되어야 하는 이유로, ① 지식 개발 ② 시민으로서 필요한 참여기술과 비판적 사고 개발 ③ 긍정적 태도의 개발 ④ 비행 예방이라는 네 가지를 들고 있다. 특히 청소년 비행예방이라는 측면에서 법교육은 청소년 비행의 위험요소를 개선하고 위험요인을 극복할 수 있는 청소년들의 '회복능력(resiliency)'을 강화하는 것으로 나타났다.

전미변호사협회에서는 법교육의 주제를 정리한 다음과 같은 표준안(National Standard for LRE)를 발표하기도 했다.[2)]

2) 미국에서의 교육과정은 우리나라에서의 교육과정과 그 의미가 다르기 때문에 해석에 주의할 필요가

**▮표 4-3 ABA 법교육 주제 표준안**

| | |
|---|---|
| 법 | • 민주사회에서 그리고 다른 사회에서 법의 역할이 얼마나 중요한가<br>• 법은 어떻게 만들어지고 시행되며 해석되는가<br>• 다양한 법체계와 법문화가 얼마나 비슷하고 얼마나 다른가<br>• 법과 법제도는 역사적으로 어떻게 발달해왔는가<br>• 대립 당사자 법체계 그리고 다른 법체계는 어떤 구조와 기능을 가지고 있는가<br>• 헌법, 형법, 민법, 행정법, 국제법을 포함하여 어떤 형태의 법이 있는가<br>• 법이 현실적으로 그리고 가상적으로 권력, 정의, 자유, 평등과 같은 핵심 개념 및 가치와 어떻게 관련되는가 |
| 권력 | • 사회에서 권력은 어떻게 체계화되고 어떻게 기능하는가<br>• 정부는 어떻게 설립되는가 (목적, 정당성, 한계)<br>• (역사적으로, 동시대적으로, 이상적으로) 여러 형태의 정부 사이에서 어떠한 유사점과 차이점이 있는가<br>• 미국 입헌주의의 주요 개념과 속성은 무엇인가<br>…법의 지배, 국민주권, 연방주의, 권력분립, 다수결과 소수의 권리의 균형, 사회계약과 권리와 책임의 상호성, 제한적인 정부, 통치에 대한 동의, 민주주의와 공화주의, 권리장전(Bill of Rights), 재산권, 대의제와 선거제도, 사회상황, 가치, 공공정책의 변화를 반영하는 헌법 수정의 가능성과 관행<br>• 법이 어떻게 규제를 만들고, 범죄와 규율위반을 처벌하는가<br>• 아메리카 원주민 사회가 미국 정치체계와 어떤 관련성이 있는가 (역사, 주권, 조약, 현시대 상황, 관습) |
| 정의 | • 여러 사회에서 정의의 이상과 실제<br>• 법원 등의 기관의 역할/ 미국 사법체계의 담당자<br>• 분쟁과 갈등을 해결하기 위한 대립 당사자 제도 등의 메커니즘의 역할<br>• 특정 관례, 판결, 사건이 정의의 이상을 달성했거나 달성하지 못했던 방식<br>• (역사적으로 그리고 동시대적으로) 정의 실현이 미국에서 그리고 다른 사회에서 정의 실현이 개인과 집단을 위해서 이상을 동기화해 온 방식<br>• 미국 사법체계의 속성과 가치의 의미<br>…커먼로 전통, 법의 지배, 사법심사, 선례구속의 원칙, 동료 배심원 체계, 민법과 형법의 구별, 적법절차의 원칙, 불리한 진술을 강요받지 않을 권리, 무죄 추정, 잔인하고 이례적인 처벌의 금지, 수사와 체포에 있어서 헌법적 제한 |

있다. 우리나라에서 교육과정은 상당수준의 강제성을 지닌 준법령과 같은 성격을 띠지만 미국의 교육과정은 여러 민간단체나 학회가 제안한 내용을 교육자치단위인 교육구(school district)에서 선택하는 방식이고 선택도 일괄적으로 내용을 수용하는 것이 아니라 필요한 내용을 선별, 재조직화하는 경우가 많다. 예를 들어 여기 제시된 표준안도 각 영역의 순서나 내용요소는 종합적으로 제안된 것일 뿐이며 이 가운데 교육구 혹은 교사가 타당하다고 여겨지는 내용들을 선별하여 재조직하여 수업에 활용한다고 보는 것이 실제 모습에 더 가까울 것이다.

| 자유 | • 개인적 정치적 사회적 경제적 권리를 포함한 인권의 개념<br>• "질서 있는 자유(ordered liberty)"의 원리<br>• 헌법상 기본권<br>…표현의 자유, 언론의 자유, 종교의 자유, 집회의 자유, 청원권, 프라이버시권<br>• 시민의 권리<br>• (역사적으로 그리고 동시대적으로) 자유수호가 미국 그리고 다른 사회에서 개인과 집단을 위해서 이상을 동기화해 온 방식 |
|---|---|
| 평등 | • 여러 인간 사회는 어떻게 그리고 왜 사회적 평등 또는 불평등(계급)의 제도화된 관습을 열망해왔는가<br>• 미국 그리고 다른 사회에서 법은 어떻게 사회적 이상과 조건으로서 평등을 증진하고, 제한하고, 정의하고 있는가<br>• 법의 평등한 보호가 미국 헌법 체계(수정헌법 14조) 하에서 어떻게 확립되었으며, 미국 역사를 통해 어떻게 이 권리가 보장되거나 보장되지 않았는가<br>• 미국 그리고 다른 사회에서 선거권이 어떻게 다른 사회집단으로 확장되어 왔는가<br>• 미국 그리고 다른 사회에서 [적극적 평등실현조치(affirmative action)를 포함하여)] 공공정책이 어떻게 포용성을 장려하거나 금지하는 데 이용되어 왔는가<br>• (역사적으로 그리고 동시대적으로) 미국 그리고 다른 사회에서 사회적 평등이 어떻게 개인과 집단을 위해서 이상을 동기화해 왔는가 |

이러한 교육과정을 바탕으로 주와 학교 단위에서는 여러가지 방식의 법교육을 시도한다. 주 차원에서 법교육을 지원하고 실행하는 주체는 개별 주마다 서로 다르지만 일반적으로 몇가지로 유형화할 수 있다. ① 먼저 대학 내지 로스쿨이 법교육에 관여하는 경우가 있다. ② 다음으로 별도의 법교육 센터가 설립되어 있는 경우가 있다. ③ 또한 법원 역시 법교육에 있어 중요한 역할을 담당한다. ④ 기타 재단이나 컨소시엄 형태도 존재한다. 복수로 존재하는 여러 법교육 담당 기관이 상호 협력하여 법교육을 실시한다. 실제로 학생들의 일상에 밀착하여 법교육을 실시하는 가장 중요한 주체는 법교육 커리큘럼을 가르치는 각급 학교와, 청소년 사법 절차를 진행하는 법원이라고 할 수 있다. 또한 변호사 단체와의 협력도 중요한 요소인데, 변호사 단체의 수익금을 적립하여 법교육을 위한 기금으로 사용하기도 하고, 변호사의 공익활동 내지 자원봉사활동의 하나로 학교에서 법교육 수업을 실시하기도 한다.

미국에서 법교육 프로그램이 학교의 일반적 교과과정에 적용되는 방식은 세 가지로 나누어진다. 먼저 ① 법과 관련한 특별한 행사를 열어 법교육의 기회를 만드는 것이다. 예를 들면, 모의재판 경연대회, 법원 현장학습, 법에 대한 논술·포스터 대회 등이다. 이때 변호사가 교실수업이나 학교활동에 참가할 수 있다. ② 그리고 법교육을 독립된 이수과정으로 하기도 한다. 법과 시민성 과정(law and citizenship course)이 선택과정인 학교도 있고 필수과정인 학교도 있다. ③ 이와는 달리 법교육 수업을 기존 교과과정에 통합하여 진행할 수도 있다. 법교육 수업은 사회과목에 통합되어, 미국역사, 세계사, 정부, 시민 등의 중요한 부분이 된다.

학교 법교육 프로그램으로 주목할 것은 학교현장에서 매 학년마다 여러 학기에 걸쳐 필수과정 혹은 선택과정으로 법과 법절차에 대한 다양한 수업을 제공하는 포괄적인 법교육 프로그램인 로마그넷(Law Magnet) 프로그램이다. 또한 학교에서의 법교육은 안전한 학교를 만들기 위한 폭력 예방 프로그램의 일환으로 실시되기도 한다.

미국의 법교육은 부시 행정부 이래로 지원이 축소되고 교육과정으로의 진입이 지지부진한 상태에서 위축된 모습을 보이고 있기도 하지만 여전히 다양한 민간단체의 활동을 바탕으로 튼튼한 뿌리를 유지하고 있으며 최근엔 동유럽이나 아프리카 등 외국에 법교육을 통한 민주주의를 확산시키는 프로젝트들을 활성화하여 법교육의 확장을 모색하고 있기도 하다.

## 2. 시민법교육으로의 확장 - 캐나다, 영국, 호주의 PLE

법학교육을 의미하는 용어는 'Legal Education'이다. 1950년대 윌리엄스타운에서 촉발된 법교육운동을 주도했던 이시도르 스타(Isidor Starr)는 기존의 법학교육과 차별화된 용어로 'Law Education'이라는 용어를 사용했다. 하지만 여전히 '법 자체'를 가르친다는 뉘앙스가 강하게 풍겨 일반인들 입장에서는 그다지 구분이 되지 않는다는 문제가 있어 1970년대 법교육이 미국 전역으로 확산되는 과정에서는 '원리, 가치, 기술, 의사결정과 시민성 등 법과 관련된 내용 전반을 교육의 대상으로 한다.'는 의미에서 'Law-Related Education, LRE'라는 용어가 일반화되었다. 이 용어는 우리나라에 처음 소개된 이후 '학교법 교육', '생활법 교육', 혹은 띄어쓰기를 사용한 '법 교육' 등 다양하게 번역되어 사용되었으나 최근엔 띄어쓰기를 하지 않고 일반명사화한 '법교육'이라는 명칭으로 통일되어 가고 있는 것으로 보인다.[3] 즉, 현재 우리나라에 일반화된 법교육의 용어와 개념의 정립에는 미국에서의 경험이 큰 영향을 미쳤다고 할 수 있다.

---

3) '법교육'이라는 용어의 일반화에 결정적인 계기를 제공한 것은 2008년 제정된 '법교육 지원법'이라고 할 수 있다. 이 법에서는 띄어쓰기를 하지 않고 '법교육'을 단일한 명사로 사용하고 있을 뿐 아니라 용어 정의의 차원에서 미국 연방 법교육 법에서 밝힌 것과 유사한 정의를 사용하고 있어 '법교육'을 'LRE'과 같은 개념으로 사용하였음을 보여주고 있다.

하지만 최근 주로 서구 국가들을 중심으로 법교육의 경향성이 크게 변화하고 있는 것으로 보인다. 우선 확인되는 변화는 법교육에 관심을 갖는 국가들이 늘어나고 또 적극적으로 대응하려는 모습을 보이고 있다는 점이다. 몇 년 전까지만 해도 법교육이 가장 활발하게 진행되었던 나라는 앞서 언급된 미국, 그리고 니더 작센주나 노르트라인 베스트팔렌 주 등 일부 주를 중심으로 법교육이 강조되었던 독일, 아시아에서는 2000년대 초부터 사법개혁을 추진하는 과정에서 법교육이 논의되었던 일본, 그리고 우리나라 정도였다. 하지만 1999년 시민교육을 법제화한 영국이나 프랑스도 법교육을 강조하는 움직임을 보이고 있고 캐나다와 호주는 다양한 인종으로 구성되어 있는 시민들에 대한 서비스의 차원에서 법교육이 확장되는 모습을 보이고 있다. 또한 일찍부터 법교육의 국제화를 위해 노력해온 미국 등의 노력에 힘입어 동구권 국가들이나 아프리카 등에서도 법교육 관련 단체나 활동들이 자리를 잡기 시작하고 있다. 더욱 주목해야 하는 것은 새로이 법교육이 뿌리를 내리고 있는 국가는 물론 미국에서조차 법교육의 방향성이 바뀌고 있다는 점이다. 기존의 법교육이 주로 학령기에 있는 청소년들을 대상으로 한 미래 세대에 대한 법의식 교육이었다면 최근에는 이미 사회생활을 하고 있는 일반인들을 대상으로 한 법적 소양 교육이 핵심적인 영역으로 부상하고 있다. 이러한 새로운 경향을 일컫는 '시민법교육(Public Legal Education, PLE)'[4]이라는 용어가 폭넓게 사용되고 있는 것이다.

PLE의 등장은 단순히 신조어 하나가 등장한 것이 아니라 예전에 Legal Education이 Law Education으로 바뀌는 것이 그러했듯이 법교육의 개념과 목표, 대상이 크게 변화하는 새로운 흐름이 생기고 있다는 것을 의미한다. 법교육 관련 활동들이 증가하고 발전하면서 80년대 이후 새로운 개념 분화들이 일어나게 되었다. 예를 들어 우리나라보다 지역사회의 유대와 자율성 수준이 높은 국가들에서는 법교육도 지역사회를 단위로 구성되는 경향을 보이게 되는데 이러한 지역 차원의 법교육을 가리키는 말로 '지역공동체 법교육(Community Legal Education, CLE)'이라는 용어가 등장했다. CLE는 주로 호주에서 많이 사용된 개념인데 지역사회의 사람들을 대상으로, 지역사회의 지원과 협력을 통해, 지역에 특수한 주제나 내용, 문제들을 집중적으로 다루는 교육을 말한다. 예를 들어 영국 런던의 Southwark지역에서는 주택임대료를 제때 지급하지 않는 주민들에 대한 퇴거 문제로 몸살을 앓고 있었다. 퇴거율도 높았을 뿐 아니라 그 과정에서 충돌이 생기기도 했고 이를

4) PLE라는 개념 자체가 처음 소개되는 것이기 때문에 PLE의 번역어는 학계에서 아직 일반적 합의를 얻지 못하고 있는 상황이다. 단어의 의미를 그대로 살리자면 '공공법학교육'이 되겠으나 이하에서 소개하고 있는 바와 같이 PLE는 청소년이 아닌 성인들을 대상으로 법적 소양을 함양하여 공공정책과정에 참여하는 시민으로 육성하는 것을 목표로 하고 있기 때문에 '시민법교육'이라고 번역해보았다.

통해 지자체의 비용도 만만치 않은 상황에서 이 지역의 입주민들에게 임대료 지급의 중요성과 미지급 시의 처리과정, 법적 권리 등을 교육하는 프로그램인 Southwark Preventing Possessions Project를 시작했다. 이 프로그램에는 Southwark Law Centre와 Blackfriars Advice Centre 등이 지역의 주택전문 변호사들과 함께 참여했는데 체계적인 교육의 결과 퇴거율이 낮아져 입주민과 지자체의 비용이 크게 감소했을 뿐 아니라 충돌로 인한 사회적 문제도 줄어들어 매우 큰 효과를 나타냈다. 지역사회의 특성에 맞춘 지역공동체 법교육의 성공적인 사례라고 할 수 있다(Law Centres Federation, 2007:19).

CLE는 법을 내용으로 교육이 이루어진다는 점에서는 LRE와 큰 차이가 없어보이지만 이제까지 법교육의 주된 대상이 청소년들이었던 것에서 성인 일반으로 전환된 점이 주목할만한 변화라고 할 수 있다. 이러한 전환에는 여러 가지 이유가 작용한 것으로 보인다.

첫째는 성인들이 법교육을 통해 가장 직접적으로 도움을 받을 수 있는 대상이라는 점이다. 법교육이 궁극적으로는 법의식의 향상을 통한 민주시민의 양성을 목표로 하고 있다고는 하지만 일반인들의 입장에서는 당장 생활 속에서 불이익을 당하지 않기 위한 법적 지식의 습득이 먼저 다가올 수 밖에 없다. 또한 법교육을 시행하는 입장에서도 장기적으로 그 효과가 명확히 측정되기도 어려운 '시민성 함양'이라는 목표보다는 직접적인 만족도와 분쟁 감소 등의 효과가 가시적으로 확인되는 성인을 대상으로 하는 법교육에 매력을 느낄 수밖에 없다.

두 번째로는 우리나라와 달리 미국 등 서구 국가들에서는 법교육이 교육의 영역에서 먼저 다루어지고 체계화되어 법이라는 내용을 끌어들이기보다는 법의 영역에서 필요성을 제기하고 교육적 방법론을 도입하는 방식으로 이루어졌기 때문에 법교육을 주도하는 사람들도 주로 법전문가라는 점이다. 미국의 경우 전미변호사협회나 로스쿨연합회 혹은 주로 변호사 자격을 지니고 있는 사람들로 구성된 민간법교육단체가 법교육을 주도하고 있으며 캐나다나 영국의 경우 법무부, 독일의 경우도 주단위의 법무성, 호주는 법전문가들과 결합한 복지관련 부서에서 법교육이 계획되고 실행되다 보니 법의식에 관련된 문제보다는 법적 내용 자체를 전달하는 교육에 보다 익숙할 수밖에 없고 따라서 청소년보다는 성인들이 더 쉽게 접근할 수 있는 대상이라고 할 수 있다.

하지만 가장 큰 세 번째 요인은 대부분의 국가에 공교육과정에서 법관련 교육과정이 개설되어 있지 않다는 점이다. 우리나라는 개화기 이후 꾸준히 법관련 교육이 강조되어 왔고 1997년 7차 교육과정에서는 '법과 사회'라는 과목으로 독립했다가 현재는 '법과 정치'로 통합되었으나 교과목의 변동에도 불구하고 사회과목의 주요한 영역으로 법이 다루어져 왔다. 정규 교육과정에서 법교육이 다루어진다는 것은 이를 가르칠 교사들이 필요해지고 이들에 대한 대학에서의 예비교사교육(pre-service education)과 연수교육(in-service education)이 필요해진다는 것을 의미한다. 즉, 대학에서 법교육 관련 과정이 설치되고 여기에서 교육을 담당할 교수와 이를 뒷받침할 연구자들이 재생산된다는 의미이므로 법교육의 선순환구조가 만들어질 수 있는 근간이 마련되는 것이다. 그러나 다른 나라들에서는 상대적으로 법교육의 역사가 우리보다 앞서는 경우에도 정규 교과로 법이 자리를 잡은 경우를 찾기 어렵다.[5] 따라서 법교육이 학교 현장에 파고들 여지가 매우 협소하므로 자연스럽게 성인을 대상으로 하는 법교육으로 그 초점이 옮겨가는 것으로 보인다.

앞서 언급한 바와 같이 성인을 대상으로 하는 법교육은 '시민성'보다는 '법적 지식 자체'에 좀더 강조점을 두게 되기 때문에 '정보를 어떻게 전달할 것인가'가 중요한 포인트로 여겨지게 된다. 이런 관점에서 등장한 개념이 '시민법률정보서비스(Public Legal Information, PLI)'라고 할 수 있다. PLI는 말 그대로 정보 자체를 전달하는 것이기 때문에 다양한 방법들이 동원될 수 있다. 예를 들어 일찍부터 CLE를 PLI 개념으로 발전시켜온 호주에서는 법적 정보를 원하는 사람들이 통화할 수 있는 전화정보 서비스라든가 공공도서관 네트워크를 활용해서 법적 지식을 전달하는 PLI 센터의 설치, 혹은 핵심적인 법적 정보들을 요약한 자료들을 가정상비약이나 연장통처럼 세트화해서 제공하는 'Legal Toolkit'을 보급하는 사업들을 벌여왔다(江口勇治 외, 2007:242).

하지만 이러한 PLI 사업은 근본적으로 한계를 지니고 있다. 법적 정보를 쉽게, 빠르게, 많이 전달하면 된다는 단순한 목표를 지니고 있지만 문제는 사람들이 자신에게 어떤 법적 정보가, 언제, 얼마나 필요한지 자체를 판단할만한 소양을 지니고 있지 못하며 애시당초 자신이 부닥친 문제가 법적 문제인지 아닌지조차 잘 모르는 경우가 많다는 것이다. 따라서 PLI를 추진하던 사람들은 PLI가 반드시 이러한 정보를 찾고 활용하기 위한 기본적인 법적 소양을 길러주는 교육적 노력과 결합하지 않으면 안 된다는 것을 깨닫게 되었고 이를 보다 분명히 하기 위해 등장한 용어가 '시민법교육 및 정보서비스(Public Legal Education and Information, PLEI)'이다. 결국 크게 보자면 정보를 제공하는 것 또한 시민들에게 비구조화된 형태로 교육을 하는 것이나 마찬가지이기 때문에 이와 같은 개념들은 최종

5) 이러한 현상은 법전문가들이 교육영역에 들어오는 것에 대한 현장 교원들의 반발, 교육과정이 준법령과 같은 성격을 갖는 우리나라와 달리 국가적 차원에서의 표준적 교육과정 자체가 없거나 폭넓은 자율성을 교육지자체와 교사에게 부여하는 경우, 우리나라의 수능과 같은 전체학생을 대상으로 하는 입시제도가 없기 때문에 교육내용이 각기 상이하게 이루어지는 경우 등 다양한 원인이 있는 것으로 보인다.

적으로는 '시민법교육(Public Legal Education, PLE)'이라는 용어로 대표되게 되었다.

이렇게 PLE가 개념화되자 이제 기존에 사용되던 LRE라는 용어와의 충돌이 문제가 되었다. 따지고 보면 LRE라는 말이 용어 자체에 학생이나 학교를 전제로 하고 있는 것은 아니지만 위에 설명한 것과 같이 시기적으로 맥락적으로 좀 다른 차원에서 PLE라는 용어가 등장하게 되었고 '법의식과 시민성'을 우선시하는 LRE와 '법적 지식과 소양'을 중요하게 여기는 PLE의 목표와 접근 방식에 차이가 있기 때문에 LRE를 '초·중등 혹은 고등교육 등의 '학교 내'에서 이루어지는 일반인들에 대한 법교육'[6]을 의미하는 반면 PLE는 '학교 밖에서 성인을 대상으로 하는 법교육'을 지칭하는 것으로 구분하게 되었다(Cassidy, Wanda, 2000:297-298).

PLE의 개념이 자리잡기 시작한 것은 그리 오래되지 않았다. 대개는 기존의 법교육 또는 법률상담이나 법률구조활동을 벌이던 단체들이 한계를 인식하면서 그 활동범위를 PLE로 확장하고 동시에 시민에 대한 법교육 활동의 의무가 국가에게 있음을 주장하면서 PLE가 하나의 중요한 교육 영역으로 자리잡게 되는 과정을 거치는 것이 일반적이다.

캐나다의 경우가 PLE가 비교적 일찍 시작된 국가에 해당한다. 캐나다 법무부에서는 1980년대 중반부터 일반인들에게 법과 사법제도에 관련된 내용을 알리고 교육하는 활동의 중요성을 인식하여 여러 가지 활동을 벌이기 시작했다. 연방차원에서 처음으로 시작된 PLEI 활동은 1985년 음주운전, 이혼, 아동성학대 등 당시의 중요한 사회문제들에 대한 교육 프로그램을 도입하는 것이었다. 이와 동시에 캐나다 법무부는 정책적 동반자로서 민간차원의 PLEI 기관들을 전국적으로 육성하고 네트워크를 구성하여 프로그램에 참여시켰다.[7]

캐나다의 PLEI 정책은 2009년 큰 변화를 맞이하게 된다. 그 해 12월에 발표된 보고서인 'Policy on Public Legal Education and Information'에서는 법무부 PLEI의 핵심 목표를 캐나다 사법 제도에 대한 접근성, 효율성, 공정성을 제고하는 것으로 설정하고 이를 위해 법적 정보를 평이한 용어로 서술할 것, 언어적 소수집단을 배려하는 법교육을 실시할 것, 오지에 사는 사람들에 대한 지원을 강화할 것, 지방정부의 법교육을 지원할 것, PLEI의 활성화를 통해 사법제도의 효율성을 제고할 것 등을 구체적인 정책방향으로 제시했다. 이 정책은 PLEI 활동을 수행하고 있는 각 지역 대표자들로 구성된 회의에서 만들어졌는데 이 정책을 수행하기 위해 산하에 PLEI Coordination and Resource Unit이 설립되

6) 여기에서 '일반인'이란 로스쿨 등 법전문가를 목표로 하지 않는 사람을 의미한다.

7) 캐나다 법무부 홈페이지(http://www.justice.gc.ca/eng/pi/pb-dgp/prog/plei-pvij.html), 캐나다 법무부에서는 공식문서에서 PLEI라는 표현을 사용하고 있음

어 PLEI 사업을 이끌어나가는 핵심적인 역할을 담당하고 있다(Department of Justice Canada, 2009).

영국은 캐나다에 비해 시작이 좀 늦었지만 매우 체계적이고 꼼꼼한 과정을 통해 PLE가 도입되었다. 영국에서 PLE에 관한 논의가 본격적으로 시작된 것은 2004년이었다. 법률적 조언을 제공하는 기관인 '법률상담 연합회(Advice Services Alliance, ASA)'는 민주시민교육 업무에 주력하던 '시민성 재단(the Citizenship Foundation, CF)'과 인권의 차원에서 시민들의 사법제도에 대한 접근성을 향상시키는 것을 목표로 설립된 자선재단인 '사법 활동 그룹(Legal Action Group, LAG)'과 함께 시민에 대한 법교육이 단지 민간 차원의 노력에 머물러서는 안되는 중요한 활동인 동시에 국가가 공공 서비스와 복지의 차원에서 제공해야 하는 핵심적인 서비스라는 점에 공감하고 이를 체계적으로 추진할 것을 요구하는 의견서인 'Towards an national strategy for public legal education(PLE)'을 제출한다. 이 의견서는 정부 각 기관에 회람되었고 여기서 제시된 의견과 질의, 토론 내용들을 바탕으로 정책방향을 수립한 보고서인 'Public Legal Education: a Proposal for Development'가 이듬해인 2005년 발간된다(ASA et al, 2005).

이 보고서에서는 PLE가 제대로 수행되기 위해서는 이를 중점적으로 추진해나갈 별도의 단체가 필요하다는 의견을 제시하게 되는데 이를 실현하기 위해 2006년 1월에는 기존의 세 단체에 영국 법무부(Departmet of Constitutional Affairs, DCA[8]))가 결합하여 독립적 태스크포스인 'PLE 지원부(Public Legal Education and Support, PLEAS)'를 만들었다. 이 태스크포스를 중심으로 PLE 사업이 진행되었으나 금세 느슨한 연합적 태스크포스로는 효과적인 업무수행에 한계가 있다는 점이 드러났고 이에 독립된 PLE 센터가 만들어져야 하지만 그때까지 한시적으로 PLE사업을 총괄할 조직으로 2008년 'Public Legal Education Network(PLENET)'를 출범시켰다. PLENET은 다양한 연구업무 및 프로그램 운영을 통해 PLE의 필요성을 알리고 지지를 확산시켰으며 그 결과 2012년 독립적인 PLE 활동 단체인 'Law for Life'가 설립되면서 자연스럽게 해산했다.[9)] 따라서 현재 영국의 PLE 활동은 Law for Life를 중심으로 여러 기관과 지방 단체들이 네트워크를 구성하면서 활발하게 이루어지고 있다.

PLE는 법교육을 단순한 교육내용의 일부로 보지 않고 보편적인 사회 서비스이자 복지제도의 일부로 인식하여 사회통합의 기제로 활용하고자 하는 적극적인 노력의 결과라고

---

8) 2006년 당시의 명칭, 정부조직 개편으로 현재는 Ministry of Justice를 공식명칭으로 사용함

9) http://www.lawforlife.org.uk/about-us/

할 수 있다. 또한 PLE를 주도하고 있는 캐나다와 영국의 경우도 오랜 준비기간을 거쳤으나 본격적인 제도화는 이제 막 시도되고 있는 상황이라고 할 수 있다. 현재 법교육 관련 논의가 학교 현장, 청소년 등 일부 영역에 집중되어있는 우리나라의 상황에서는 그 추이를 예의주시하는 한편 우리나라의 법교육도 시민법교육으로의 확장을 모색할 필요가 있을 것으로 보인다.

## 3. 법교육의 선순환구조를 만들다 - 한국의 법교육

우리나라의 법교육은 그 뿌리가 깊다. 국민의 권리보장, 민주주의와 법치라는 근대적 차원에서의 법교육이 시작된 것은 개화기로까지 거슬러 올라갈 수 있다. 구한말 부국자강을 통해 국가적인 어려움을 타파하려고 노력하던 개화기 지식인들은 '신학문'의 도입을 통해 변화의 계기를 만들려 했고 이러한 신학문의 선두에 선 내용들 중 하나가 바로 법률 내용의 교육이었다. 따라서 법관양성소와 같은 법전문인 양성기관이 아닌 원산학사 등 일반 교육기관에서도 법률, 만국공법 같은 과목들이 교육되었으며 이런 흐름은 대한제국 말기까지 꾸준히 이어지다가 일제강점기에 들어 맥이 끊기게 되었다.

해방 이후 부활한 법관련 교육내용들은 교육과정의 부침 속에서 '정치생활'의 일부로 편입되게 되었으며 1955년 제1차 교육과정에서 1996년 제6차 교육과정까지 이러한 흐름은 꾸준히 이어지게 된다.[10] 하지만 이 과정에서도 법교육에 꾸준한 관심을 가지고 연구해온 학자들은 있었다. 특히 1992년을 전후로 이런 학자들이 증가하는 것은 문민정부의 등장으로 인한 민주화 바람과 무관하지 않을 것이다. 6월 민주항쟁에서 이어진 민주화의 흐름이 문민정부의 등장으로 결실을 맺으면서 이제 사회적 관심도 민주-반민주의 구도를 넘어서 성숙된 시민의식을 바탕으로 한 법치와 민주주의의 문제로 확장되었기 때문이다. 박성혁, 허종렬, 최인화 등으로 대표될 수 있는 이른바 '1세대 법교육 학자'들은 주로 미국 및 영국, 독일 등 서구의 선진 법교육 사례를 소개하는 한편 법의식의 문제와 개선방안, 법교육의 독자적인 교수학습방법들을 연구하면서 법교육연구의 기틀을 쌓았다.

특히 1997년 고시된 제7차 교육과정에서 '법과 사회'가 고등학교 선택과목으로 등장하면서 법교육은 탄력을 받게 되었다. 다른 사회과 선택 교과와 비교하여 상대적으로 학습량이 많고 난이도가 높다는 등의 비판을 받았으나 '법과 사회'는 법교육이 독립적인 교과내용으로 자리잡도록 하여 대학 및 학교 현장에 법교육에 대한 관심과 연구가 활성화되는

10) 교육과정에 따른 법교육 내용의 변화는 1부 4장의 내용 참조.

데 크게 기여하였다.

이렇게 법교육의 발전을 위한 여건이 마련된 상황에서 본격적인 추진력을 제공한 것은 법무부였다. 원래 법무부는 수형자에 대한 교정교육을 중심으로 법교육을 실시해왔다. 하지만 사법과정에 대한 신뢰회복을 목표로 2005년부터 법교육연구위원회를 설치하고 범죄예방정책국 산하에 미국의 OJJDP에 비견될 수 있는 '법질서 선진화과'를 신설하여 지속적이고 체계적으로 법교육 사업을 펼쳐왔다. 법교육 학습교재의 개발과 보급, 법교육 프로그램의 개발과 운영, 사이버 법교육 시스템 구축, 법교육 지원시스템 구축, 법교육 유관단체 협력 사업 등이 법무부의 주도하에 이루어졌으며 법무부와 보조를 맞추어 법교육 연구 개발 및 운영 업무를 하는 한국법교육센터도 설립되었다.

대법원의 활동도 주목해 볼만 하다. 대법원은 사법연수원을 통해 방학마다 법교육 교사직무연수 프로그램을 운영하고 있으며 특히 자체적인 제도연구 및 개발과정을 통해 청소년법정 프로그램을 2008년부터 가정법원의 사법절차 가운데 도입하는 획기적인 조치를 취하기도 했다.[11)]

그 외에도 다양한 국가기관들에서 법교육 활동은 이루어지고 있다. 국회의 경우 현장 체험학습을 위주로 한 시민의정연수를 제공하고 있다. 초중고교생의 국회체험교육, 대학(원)생의 의회아카데미, 교사 의정연수, 시민사회단체 의정연수, 일반 시민 국회체험연수 등, 대상에 따라 다양한 프로그램이 운영되고 있다. 그 외에, 홈페이지(http://www.assembly.go.kr)를 통해 일반인을 대상으로 하는 국회의정연수 사이버 과정을 제공하고 있다. 이는 국회의 조직과 기능, 국회의 입법과정, 국회의 예산안·결산 처리과정, 국회 헌정사, 국정감사 및 조사과정의 총 5개의 과목으로 구성되어 있다. 한편 법률지식정보시스템(http://likms.assembly.go.kr)은 법령검색 서비스 및 최근 법률에 대한 정보를 제공하고 있다. 또한 대한법률구조공단에서는 법률상담 및 준법강연을 통해 국민의 법의식 향상을 위해 노력하고 있다. 법의 생활화 및 준법정신의 고취를 위해 전화, 면접, TV, 라디오 등 다양한 매체를 통해 법률상담을 실시하고 있다. 법률상담사례집을 배포하고 준법강연 활동, 생활법률교육을 활동 등, 준법정신을 함양하고 법률분쟁의 사전 예방을 위해 힘쓰고 있다. 또한 홈페이지(www.klac.or.kr)를 통해 상담사례를 게시하고 동영상 강좌나 파산회생종합정보 등을 제공하여 법적 분쟁이 일어났을 때 국민들이 대처하는 방법에 대해 안내하고 있다. 법제처에서는 홈페이지(www.moleg.go.kr)를 통해 일반 국민들을 대상으로 법령해석 서비스를 제공하고 있다. 특히 행정기관 법제업무 담당자 및, 시·도 소속 공무

11) 청소년법정 프로그램은 다음 장인 '법교육 프로그램'에 상술되어 있음

원, 지방의회 직원 등을 대상으로 지방순회법률교육을 실시하고 있다. 청소년보호위원회, 국가인권위원회, 여성가족부 등도 무료법률상담이나 교육 서비스 제공, 각종 법률 서식 제공 등의 활동을 통해 국민들의 법적 지식과 기능 향상에 이바지하고 있다.

민간 영역의 법교육 활동도 느리지만 꾸준히 확대되고 있다. 대한변호사협회에서는 법무부와 연계하여 출장강연(Law Educator)사업을 벌이고 있다. Law Educator사업은 변호사, 교수 등 법률전문가로 법교육 강사진을 구성하여, 초·중등학교와 사회교육 기관에 직접 출장하여 실생활에 필요한 법률지식을 현장감 있는 경험담과 함께 전달하는 것이 주가 된다. 강연 주제로는 일상생활과 법, 사법제도의 이해, 청소년의 건전한 소비생활, 여성 법조인의 길 등이 있다.

이와 비슷한 사례로, 서울지방변호사회는 2002년 초부터 서울특별시교육청과의 공동사업으로 명예교사제도를 운영하고 있다. 명예교사제도는 청소년들의 준법·인권·민주시민의식을 함양할 목적으로 교사와 학부모에게 법률상담을 제공하거나 청소년상담센터에 출장하여 특별상담활동을 시행하는 것이 주요 내용이다.

법전문가단체는 전문상과 사회적 지위에 있어 매우 중요한 민간분야의 활동주체이다. 법교육과 관련하여 잠재력이 매우 강한 집단이라 할 수 있다. 그러나 법전문가단체와 교육계를 협력관계를 이끌어갈 매개체가 부재하여 이러한 잠재력이 제대로 활용되지 못하고 있는 것이 현실이다. 변호사 단체의 지원과 노력이 법교육에 커다란 동력을 제공하고 있는 미국과 일본의 사례를 돌이켜볼 때 우리나라 법교육의 성장을 위해 향후 법전문가단체를 비롯한 민간 영역의 활동이 강화될 필요가 있다.

우리나라의 법교육은 서구 여러 나라에 비해 상대적으로 늦게 도입되었으나 법관련 정규교과의 확립을 바탕으로 '학교-연구자-국가기관-민간'으로 이어지는 선순환구조가 확립되어 다른 어느 나라보다 빨리, 그리고 심도있게 법교육이 발전해가고 있다. 특히 법무부와 법교육학회 등 여러 법교육 관련 기관과 학자들의 노력으로 2008년 제정된 「법교육지원법」은 법교육의 발전을 위한 제도적 기틀을 다졌다는 점에서 커다란 의의를 지니고 있다.

# Ⅲ. 법교육 프로그램

## 1. Street Law - 로스쿨에서의 법교육

68년 학생운동을 정점으로 극에 이른 반전운동, 히피 무브먼트 등으로 사회적 혼란에 대한 피로가 가중되고 여기에 워터게이트 사건으로 사회 지도층의 도덕성에 심각한 타격이 가해진 1970년대 초반 미국 사회에서는 법질서의 회복을 통한 사회적 안정을 바라는 목소리들이 커지게 되었다. 조지타운 로스쿨의 한 수업에서 중등학생들에게 법을 어떻게 가르칠 것인가를 연구했던 'Law Center Project'는 처음엔 단기적인 실험 차원에서 끝날 예정이었으나 시대적 상황과 맞물리고 또 수강생 중 한 명이었던 오브라이언(E.L.O'brien)이 교사 경험을 살려 이 실험적인 프로젝트를 확대하기로 마음먹으면서 워싱턴 지역의 공립 고등학교 16곳에 'Street Law Course'가 설치되게 되었다.

사실 이 프로그램이 쉽게 확산될 수 있었던 데에는 시대적 배경과 함께 로스쿨이 지니고 있었던 딜레마도 큰 몫을 했다. 지역을 기반으로 하는 로스쿨은 재학생들이 공공의 목적에서, 그리고 로스쿨의 지역사회 기여와 밀착이라는 목표를 위해 봉사활동을 의무화하는 경우가 많았으나 문제는 아직 법을 배우는 입장에 있는 학생들이 실제 사건을 다루는 소송지원은 물론 법률상담업무를 하는 것도 힘들었기 때문에 법 영역과 무관한 봉사활동을 하게 되는 경우가 많았다는 것이다. 따라서 지역사회에 밀착하면서 직접적으로는 장래의 고객이기도 한 청소년들에 대한 법교육 봉사활동은 매우 매력적인 봉사활동이었다.

하지만 법전공자인 로스쿨 학생들이 학교 현장에서 교육을 하는 데는 일정한 교육전문성을 지니는 훈련을 받을 필요가 있었다. 이를 위해 로스쿨 내에서는 'Street Law Clinic'을 설치하고 사전에 로스쿨 학생들이 실제 고등학교에 가서 가르쳐야 하는 관련 학습자료 내용 및 교수학습방법, 심리학과 교육학 관련 내용들을 배우도록 했다. 또한 이러한 수업을 위한 교재인 『Street Law』가 1975년 발간되었는데 이 책은 일반인 및 청소년들이 쉽게 법에 접근할 수 있도록 체계적이고 다양한 내용을 담고 있었기 때문에 폭발적인 인기를 얻어 2021년 현재 개정10판까지 이어지며 전세계로 보급되고 있다. 또한 이 책을 이용하여 학교 내에서 자체적으로 법교육 수업을 하는 교사들이 생겨나면서, 스트릿 로는 로스쿨을 통한 법교육과 학교 내에서의 법교육이라는 두 개의 트랙으로 확대되게 되었다. 아울러 교재의 출판 및 프로그램 운영 등 전반적인 활동을 지원하는 비영리단체인 'Street Law'가 출범하여 스트릿 로는 프로그램, 로스쿨 클리닉, 교재, 단체 등을 아우르는 포괄적인 용어가 되었다.

**▌그림 4-1 Street Law 제10판 표지와 목차**

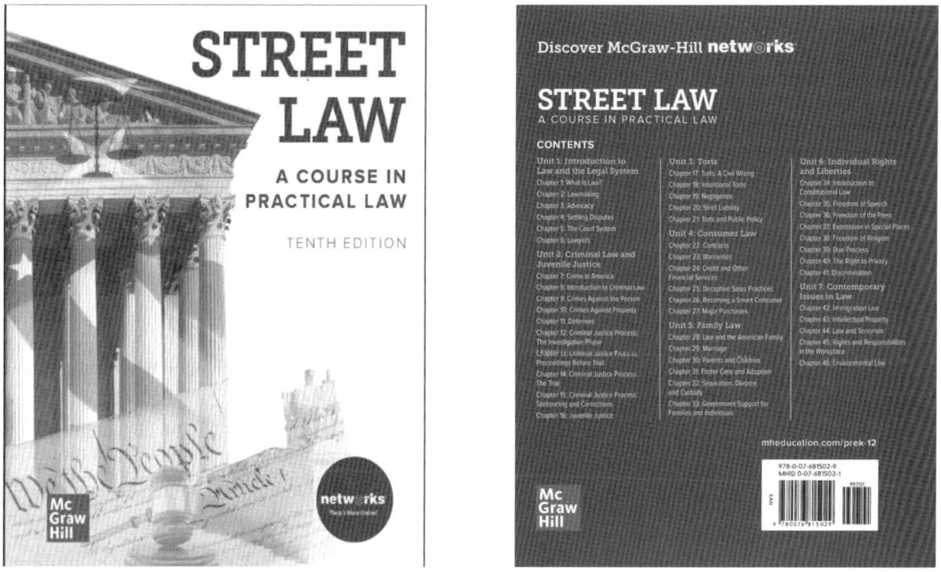


이 프로그램을 통해 조지타운 로스쿨에서만 2006년까지 600명 이상의 학생교사가 18,000명 이상의 학생들을 교육하였으며 미국 내 70여 개 로스쿨에서 클리닉이 개설, 운영되고 있다. 특히 프로그램이 거듭됨에 따라 스트릿 로 프로그램은 교육을 받는 초중등학교의 청소년들 뿐 아니라 봉사활동을 하는 로스쿨 학생들에게 훨씬 유용한 프로그램임이 드러나게 되었다. Bernbaum이 조지타운 로스쿨의 스트릿 로 프로그램의 효과를 연구한 결과, 클리닉에 참여했던 21명의 변호사들은 모두 자신들이 졸업 후 변호사라는 직업을 수행하는 데 스트릿 로의 경험이 크게 도움이 되었다고 답했다. 구체적으로 법교육 봉사활동을 통해 로스쿨 학생들은 법적 개념을 일반 대중이 이해할 수 있는 단어로 표현하는 능력이 향상되어 구두변론 및 의사소통에 익숙하게 되고, 가르치는 과정에서 법적 내용에 대한 이해가 훨씬 높아지며 일반인들의 삶을 이해하고 법조인으로서의 책임감을 갖게되는 계기를 얻게 되었다. 또한 교육 대상자와 지역사회에는 로스쿨 및 법조인에 대한 신뢰와 긍정적 인식이 확산되는 한편 지역사회의 청소년비행이 감소하는 효과가 있어 하버드, UCLA를 비롯한 여러 대학에서 활발하게 프로그램이 운영되고 있다.

우리나라도 구술변론주의, 법정 중심주의로 환경이 변화하면서 법조인의 의사소통 능력이 중요해지고 있을 뿐 아니라 사법연수원생, 로스쿨생 및 변호사의 공익활동이 의무화되어 있는 상황에서 이러한 법교육 봉사활동이 로스쿨을 중심으로 각 지역 변호사단체로 확장될 필요가 있다.

**▮그림 4-2 미국 로스쿨에서 법교육 클리닉을 통한 스트릿 로 프로그램의 운영단계**

**제1단계: 준비 단계**

세미나 / 수업 / 워크숍

현장 체험 전 횟수와 시간·기간을 정하여 법교육 실시 프로그램 오리엔테이션 및 준비교육

**제2단계: 현장 실습 단계**

법교육 현장 투입

초,중,고등학교 / 로펌 연결 / 법교육 단체

기간: 최소 6개월에서 최장 2년간
클리닉 기간이 2년인 경우 2년차에서 보다 심화된 교육이나 1년차에 대한 멘토의 역할로 확대. 따라서 코스웍은 다양하게 설계할 수 있으나 1년 코스로 권장되며 일반적으로 2년 코스가 가장 많이 활용됨.

시간: 학점에 따라 달라짐
예. 6학점의 경우 주당 18시간 정도

감독자: 법학전문대학원 학생들을 관리·감독할 수 있는 사람을 지정하여 평가가 이루어지게 하며 더불어 멘토역할을 수행하도록 한다.

**제3단계: 최종 정리 단계**

최종 정리 세미나 / 수업 / 워크숍

- 클리닉에 대한 전반적 평가 및 반성
- 클리닉의 발전을 위해 각자의 노하우 및 학습지도안 공유

**제4단계: 평가 단계**

중간 평가 및 최종 평가

- 매주 e-mail로 법교육 실습 소감문 작성
- 한달에 한번 클리닉 참석으로 다른 학생들의 교수학습방법 의견 교환 및 토론
- 정기적으로 클리닉 담당 교수는 법학전문대학원 학생들이 일하고 있는 곳으로 가서 평가하는 시간을 가짐
- 클리닉 최종 평가는 그동안의 법교육 실시자료와 더불어 감독자, 교수의 서면평가 뿐만 아니라 최종 활동(예. 모의재판 경연대회) 등으로 평가할 수 있음

## 2. 청소년법정과 학생자치법정

법교육은 미국에서 먼저 시작되었고 주로 정규 교육과정의 법관련 내용들을 중심으로 확장되어온 우리나라와 달리 민간 차원에서의 프로그램들을 중심으로 발전되어 왔다. 그렇다면 미국에서 시도된 수많은 법교육 프로그램 중에 가장 성공적인 것을 꼽는다면 어떤 것이 있을까? 아마도 법교육 연구자들이라면 대부분 '청소년법정 프로그램(Teen Court, Youth Court, Peer Court)'을 들지 않을까 싶다.

미국의 청소년법정은 1980년대 초 오데사에서 처음으로 시작되었다. 물론 이보다 훨씬 이른 시기인 1945년에도 자전거 절도 등의 범죄를 청소년들이 스스로 판결을 내리도록 하는 자치법정의 초기형태가 시도된 적이 있었으나 별다른 반향을 일으키지 못하고 단일한 프로젝트로 마무리되고 말았다. 오데사의 청소년법정에 좀 더 직접적으로 영향을 준 것은 70년대 말 덴버 지역에서 시도된 우회 프로그램이었다. 당시 미국 전역에서 청소년 범죄가 급증하여 심각한 사회문제가 되었다. 그 결과 소년법원의 업무가 과중해지고 사회생활을 시작하기도 전에 전과자가 되어버리는 청소년들이 증가하게 되자 이 문제를 해결하기 위해 기존의 소년사법절차를 대신할 우회 프로그램(diversion program)의 필요성이 제기되었다. 처음에는 경범죄로 체포된 아이들이 교정교육 강의 프로그램에 참석하도록 하여 강의를 들은 후 집으로 돌려보내는 제도를 시행했다. 그러나 학생들에게 상대적으로 부담이 적은 이러한 프로그램을 악용하여 오히려 습관적으로 범죄를 저지르는 학생들이 늘어나자 청소년들이 스스로 책임을 지는 법을 배우는 쪽으로 제도의 방향을 바꾸어야 한다는 목소리가 높아지게 되었다. 덴버지역의 청소년 자치법정은 이런 요구에 따라 시작되었다. 지방검찰이 자금을 지원하여 경범죄로 체포된 초범의 청소년들에게 학생 배심원들이 재판에 참여하여 사건에 대한 판결을 내리는 우회 프로그램을 선택할 기회를 주는 것이었다.

이러한 덴버 프로그램의 방법을 이어받아 확대 실시한 것이 바로 오데사의 청소년법정이었다. 오데사 프로그램 역시 경범죄를 저지른 초범의 청소년들에 한해 정규 소년사법절차와 청소년법정 중 한 가지를 선택할 기회를 주는 것이다. 정규 소년사법절차를 택한다면 유죄를 선고받을 경우 전과자가 될 가능성이 있다. 그러나 청소년법정을 선택할 경우 일단 유죄를 인정해야 하며 이에 대해 전과기록이 남지 않는다는 장점이 있다. 그리고 청소년법정의 판결 결과에 불복할 경우 다시 정규 소년사법절차로 돌아가 다시 재판을 받을 수도 있다. 오데사의 모델에서는 덴버와 달리 외부 인사인 판사가 전체 과정을 감독하면서 청소년들은 변호사, 집행관, 사무관, 배심원으로 역할했다. 이미 피고들이 유죄를 인정한 상태이므로 청소년들의 역할은 사실관계를 확인하고 피고에게 알맞은 처벌의 수위를 조절하는 것이었다. 약 766개의 사건을 처리한 후 이루어진 평가에서 청소년법정의 효과성이 입증하면서 시 의회는 프로그램을 확장하기로 했고 이후 텍사스, 애리조나, 콜로라도, 플로리다 등이 이 제도를 도입하면서 청소년법정은 급속하게 보급되었다. 현재는 미국의 거의 모든 주에서 청소년법정이 시행되고 있다(D.Williamson et al., 1987:225).

청소년법정은 정규 소년사법절차와 달리 청소년 배심원들이 유죄나 무죄를 결정하지 않는다. 청소년법정에 회부되는 대상은 이미 유죄를 인정하고 청소년법정 참가에 동의한 청소년 피고인들이기 때문이다. 따라서 청소년법정의 배심원들은 형벌부과에 대한 권한을 가진다. 하지만 청소년들의 과도한 판단을 하지 않도록 형벌부과에도 제한된 범위가 지정되어 있으며 배심원들이 판결한 내용에 대해 판사의 동의가 있어야 한다. 기본적으로 청소년법정은 정규 소년사법절차의 우회적 절차이므로 최종적인 결정은 소년법원의 판사에게 맡겨져 있는 것이다.

중요한 것은 청소년 피고인들이 다음 청소년법정에서 배심원, 변호사, 검사 등으로 참여하는 의무가 일종의 처벌로 주어진다는 것이다. 따라서 비행 청소년들은 일방적으로 법의 적용을 당하는 입장에서 직접 법을 적용해보는 입장으로 바뀌는 경험을 하게 된다. 이 과정에서 비행 청소년들은 법의 체계와 논리를 이해하게 되고 건전한 청소년들과 상호작용하는 경험을 갖게 된다(Collinas, 1992:16).

미국의 청소년법정은 구체적으로 다음과 같은 과정을 통해 운영되고 있다.

**▮그림 4-3 미국 청소년법정 운영 절차**

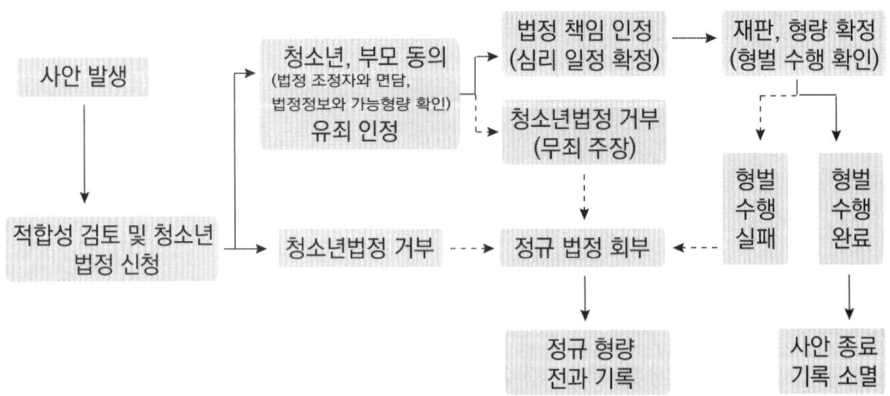


출처: 박성혁 · 이봉민, 2003:37.

미국의 경우 학교나 지역사회 내에서 발생하는 폭력사건이나 기물 파손과 같은 경미한 범죄 사건은 소년법원이나 지역사회가 중심이 되어 운영하는 청소년법정에서 처리하는 경우가 일반적이다. 하지만 청소년법정제도는 사법제도의 대안적 프로그램으로서 청소년이 법을 위반했다고 해서 반드시 거쳐야 하거나 무조건적으로 선택할 수 있는 것은 아니다. 대부분의 경우 청소년이 위반한 사건이 경미해야 하며 초범일 때에만 적용이 가능하도록 그 대상을 한정하고 있다. 또한 위의 그림에서 볼 수 있듯이 학생과 학부모가 청소년법정에서 이루어지는 심리에 동의를 하는 경우에 절차가 진행될 수 있다. 정규법정에 대한 대안으로서 청소년법정 프로그램을 운영하는 것은 가벼운 사안이나 초범에 대한 선도적 의미로서 스스로 해결할 수 있는 기회를 제공하는 것이다. 그리고 청소년법정에서 심리를 통해 형량을 받았다 하더라도 형량을 제대로 수행하지 못했을 경우에는 정규 법정에 회부되어 다시 심리를 받아야 한다.

청소년법정 프로그램은 미국 전역에서 1994년에는 78개에 불과하였으나 2005년 3월에는 1,035개로 빠르게 성장했다. APPA에 의해 운영되고 있는 미국 청소년정책포럼은 2004년 11월에서 2005년 1월까지 청소년법정 프로그램에 대한 국가보고서를 작성했다. 연구결과를 보면 매년 11만 명에서 12만 5천명에 이르는 소년범죄자들이 청소년법정 프로그램을 받는 것으로 나타났다. 그리고 평균적으로 체포된 소년범들의 9%가 정규소년사법제도에서 청소년법정 프로그램으로 우회되고 있다. 매년 10만 명 이상의 새로운 청소년들이 지원자로서 프로그램에 참여하고 있다(Pearson and Jurich, 2005).

청소년법정은 높은 적용성과 효과를 인정받아 기존에 시도된 다양한 법교육 프로그램들 중 가장 폭넓게 확대되어 시행되고 있다. 특히 높은 비행감소효과를 가지고 있는 것으로 확인되고 있는데 이는 청소년법정의 특성에서 비롯된 것으로 보고되고 있다. 청소년법정은 기존의 소년사법제도에 비해 두 가지 커다란 특징을 가지고 있다. 첫 번째는 재판의 거의 전 과정을 청소년들이 직접 운영한다는 점이며 두 번째는 피고인 청소년들이 검사, 변호사, 배심원 등의 역할을 맡아 다시 청소년법정의 구성원으로 활동하게 된다는 점이다. 이러한 두 가지 특징으로 인해 청소년법정은 다음과 같은 효과를 갖게 될 것으로 기대된다.

첫째, 비행 청소년들은 동료 청소년으로부터 판결을 받게 되므로 '동료효과(peer effect)'가 발생하게 된다. 청소년법정 프로그램은 청소년들의 삶에 이러한 동료효과를 이용하려고 한다. 청소년법정 피고인들은 법정에 출두해야만 하고, 그들의 행동을 설명하고, 그들에게 부여된 판결을 완수해야만 하며, 배심원의 의무를 져야만 한다. 정규소년법정과는 달리, 청소년법정의 피고인들은 어른들로부터 "훈계"를 듣지 않으며, 대신 동료들이 참여하는 사법절차를 경험한다. 배심원과 변호사는 동료로서 같은 학교에 다니고 있으며 이웃에 살고 있다. 하지만 그들은 청소년법정에서 권위를 가진다. 같은 동료에 의해 재판받고, 처벌을 받는 경험은 범죄에 대한 경각심을 가지게 하여 범죄를 상습적으로 저지르는 것을 막아준다. 자신도 다른 동료들과 같이 범죄를 저지르지 않아야 한다는 압력을 느끼기 때문이다.

둘째, 청소년법정과정을 통해 비행 청소년들의 책임감이 높아지게 된다. 처벌의 한 방법으로 청소년법정의 구성원이 되어 다른 동료 청소년들의 운명을 결정해야만 할 때, 그에 대한 높은 책임감을 갖게 되는 것이다.

셋째, 이와 같은 과정에서 법체계와 그 운용에 관해 체계적으로 익히고 생각해 볼 기회를 갖게 된다. 특히 언제나 법의 적용을 받던 위치에 있다가 스스로 법을 적용해 보는 입장에 서보는 것은 법의 체계와 관점, 준법의 필요성을 익히는 데 좋은 계기를 제공할 수 있다.

넷째, 긍정적인 상호작용을 통한 태도 변화를 기대할 수 있다. 교육과정에서 청소년들은 삶의 모범이 되는 성인 자원봉사자와 삶에 대해 적극적인 태도를 가진 청소년들과 긍정적인 상호작용을 한다. 이것은 비행 청소년에게 의미 있는 효과를 가져다준다. 성인 자원봉자의 모범적인 모습을 보며 자신의 미래에 대한 비전을 세울 수 있고, 동료 청소년들의 적극적 자세는 비행 청소년의 태도 또한 긍정적으로 바꾸어 줄 수 있다.

다섯째, 청소년법정은 비행 청소년 뿐 아니라 지역사회에서 청소년들이 지역사회의 청소년범죄 문제를 해결하는 데 주도적인 역할을 하고 적극적인 참여를 할 수 있도록 기회를 제공해 준다. 청소년법정 프로그램에서 자원봉사를 지원한 청소년들은 막중한 책임감을 요구하는 역할을 떠맡는다. 이러한 청소년들은 배심원으로서 그들의 동료에 대해 적절한 판결을 내리도록 요구받기도 하고 프로그램 운영자로서 각 단계에서 프로그램을 관리 운영하는 데에도 참여한다. 청소년들에게 그들이 프로그램의 운영에 필요한 중요사항을 결정할 수 있고, 동료를 공정하게 판결할 수 있다고 신뢰와 믿음을 보내주는 것은 청소년들의 자존감과 자신감을 키우는 데 도움을 줄 것이다.

청소년법정은 미국에서 가장 성공한 법교육 프로그램으로 자리를 잡았지만 우리나라의 상황에 직접적으로 적용하기는 어려운 부분이 많다. 따라서 미국의 청소년법정을 우리나라의 상황에 맞추어 정규 형사절차가 아닌 학교 단위에 적용하기 위해 개발한 프로그램이 '학생자치법정' 프로그램이다. 청소년법정을 우리나라의 학교 현장에 적용하려 한다면 어떤 점들이 고려되어야 할 것인가? 가장 큰 문제점은 어떤 사건을 어떤 과정을 통해 재판에 회부할 것인가 하는 점이다. 미국의 청소년법정은 형사사법체계의 일부이므로 기존의 법체계를 위반하는 사건들을 각 사법기관을 통해 회부받으면 된다. 그러나 학교 현장의 교칙은 대개 선언적 의미만을 갖는 경우가 많으므로 청소년법정이 시행되려면 적용되는 상황과 처벌에 대한 세세한 규정과 적용과정에 대한 운영원칙들이 재정비되어야만 한다. 또한 청소, 반성문 등에 제한되어 있는 처벌의 종류를 어떻게 다양화하면서 동시에 긍정적 효과를 갖는 처벌을 개발할 수 있을 것인가도 과제이다. 학생자치법정 프로그램에서는 기존에 학교들에서 활용되고 있던 벌점카드 시스템을 통해 일정 수준 이상의 벌점을 받은 학생들이 학생자치법정에 회부되는 방식으로 재판 전단계의 문제를 해소했다.

또한 '재판 단계'에서 실제로 어떻게 집행부를 구성하고 운용할 것이며 각자의 역할은 무엇인지, 실제 재판의 절차는 어떻게 되며 처벌결과는 어떻게 확인할 것인지에 대해서도 새로운 시스템이 구축되어야 한다. 미국의 청소년법정에서는 판사, 변호사, 성인자원봉사자 등 많은 외부 자원인사들이 청소년법정의 운영에 참여하여 도움을 주고 있다. 그러나 우리나라의 상황에서는 그러한 외부 자원인사의 학교업무 참여가 일반적이지 않으므로 다른 대안들이 모색되어야 한다. 또한 피고인 청소년들도 상대적으로 미국의 청소년법정 대상자들보다 훨씬 사소하고 경미한 질서 위반에 관련된 사항들을 위반한 학생들일 가능성이 높으므로 이에 적합한 재판절차가 마련되어야 한다. 이를 위해 법무부의 주도로 '한국형 학생자치법정 모델'이 개발되어 2007년부터 각급 학교에 보급되었다.

## 3. 또래조정 프로그램

앞서 소개한 청소년법정 프로그램은 기본적으로 사법제도 내에서의 우회교육 프로그램으로 소개된 것이지만 이를 학교 현장에 접목한 학생자치법정 프로그램 또한 청소년법정 못지 않게 높은 교육적 효과를 보였다. 하지만 문제는 일반적인 법정절차보다 학생자치법정이 상대적으로 간소화된 절차와 형식을 사용하고 있음에도 불구하고 중학교 이하, 특히 초등학생들에게 적용하기에는 어렵고 딱딱한 측면이 적지 않다는 것이다. 초등학생들은 교칙 자체가 복잡하지도 않고 교칙 위반행위를 자주 하는 것도 아니며 이를 다루기 위해 스스로 재판절차를 만들어가는 것도 쉽지 않다. 오히려 초등 단계에서는 학교라는 공식적인 기관의 규칙과 개인 간의 문제가 두드러지는 것이 아니라 개인과 개인 간의 갈등을 어떻게 다루어야 하는가 라는 것이 더 중요하고 심각한 문제라고 할 수 있다.[12)]

우리 사회에서는 갈등을 부정적으로 보는 시각이 강한 편이다. '우리'라는 공동체 의식을 강조하는 사회적 전통 하에서 갈등은 있어서는 안 될 일이거나 혹은 빨리 제거되어야 할 대상으로 인식된다. 이런 조급증은 사회에 늘 존재할 수밖에 없는 갈등을 없는 것으로 치부하여 문제의 해결을 더디게 하고 더 큰 문제로 만들어버리거나 나아가 갈등상황을 권력관계나 폭력 등을 이용해 섣불리 봉합하려는 과정에서 더 큰 갈등의 소지를 만들게 된다. 갈등은 시대와 공간을 초월하여 인간의 삶의 한 부분을 이루고 있는 필수 불가결한 것이며 갈등은 존재한다는 것이 문제가 아니라 어떻게 해결해나갈 것인가 하는 점이 중요한 것이다. 즉, 갈등이 더 큰 통합의 디딤돌로 기능할 수 있도록 다소 시간이 걸릴지라도 갈등 당사자들의 대화에 의한 민주적 해결의 과정을 체계적으로 내면화하고 사회의 관행으로 만들어가는 것이 필요한 것이다.

이러한 갈등해결의 능력은 교육을 통해 훈련될 필요가 있다. 특히 청소년기는 자신의 정체성을 찾아가는 과정이며 이로 인해 분쟁은 외부에서만 있는 것이 아니라 자신의 내면 속에서도 발생하게 된다. 이러한 시기적 특성으로 인해 자신의 분노를 다스릴 줄 아는 것이 필요하다. 또한 학생들이 학교에서 생활하는 과정에서 많은 갈등이 일어나지만 그러한 갈등의 원인이 무엇인지 반성적으로 접근하지 못하고 다툼을 계속하거나 불완전한 상태에서 화해를 강요당하기도 한다. 학생들이 자신의 내·외부에서 일어나는 분쟁에 효과적으로 대응하고 스스로 성장할 수 있는 계기를 마련하기 위해 갈등과 분쟁에 반응하고 대처하는 방법과 이에 관련된 긍정적인 경험을 제공할 필요가 있다.

이러한 교육적 목표에 부응하기 위해 연구된 갈등해결교육 모형 가운데 법교육의 차원에서 가장 각광을 받은 모델이 바로 '또래조정 모형'이다. 조정(mediation)은 원래 1970년 후반 미국 사법제도에서 '대안적 분쟁해결 방법(Alternative Dispute Resolution, ADR)'의 하나로 제도화된 것이다. 조정은 제3자가 둘, 혹은 그 이상의 당사자 사이를 매개하여 원만한 합의에 이르도록 돕는 것으로 결정 내용이 강제성을 지니지 않으나 상대방의 입장을 충분히 이해한 상황에서 자율적으로 해결에 이르는 방식이기 때문에 재판이나 공식적 방법을 통한 해결보다 근본적인 차원에서 갈등을 해결할 수 있다.

이와 같은 조정과정을 어른이나 교사의 개입 없이 학생들이 자율적으로 해나가는 것

---

12) 이 문제는 초등 단계에서의 법교육을 고민할 때 매우 문제가 되는 부분이기도 하다. 대개 법교육은 반드시 '법'을 내용으로 다루어야 한다고 생각하기 쉽기 때문에 초등학교 사회과 교과서에는 법교육 관련 내용이 없다고 생각하거나 현재 6학년 교과서에서 다루고 있는 것처럼 직접적으로 법의 의미나 입법부 등을 다루어야 한다고 생각하기 쉽다. 하지만 초등 단계에서는 약속 지키기나 규칙에 대한 태도 등을 다루고 있는 내용 전반이 모두 중요한 법교육의 단계라고 할 수 있으며 오히려 억지로 실정법에 관련된 내용 자체를 다루려고 하는 시도가 학생들이 법을 어렵게 생각하고 기피하도록 만드는 문제를 가져오기도 한다.

이 바로 '또래조정(peer mediation)'이다. 학생들은 조정의 개념과 방법을 학습하는 과정에서 갈등해결을 위한 내부적 요건들을 습득하게 되며 실제로 또래 친구들의 문제를 조정하는 과정에 참여하여 경험을 쌓으면서 실제 생활에서 조정을 익힐 수 있게 된다. 샌프란시스코 교육 재단이 실시한 또래조정 프로그램에는 391명의 분쟁조정 학생들을 통해 1,089명의 학생들이 조정에 참여하여 약 93%의 분쟁들이 성공적으로 해결되었다고 보고되었다(SFED, 2007). 미국 테네시주의 'Peaceable Schools Tennessee' 프로그램에 참여하여 또래조정교육을 받은 중학교 학생들의 경우 훈련 전에는 65%의 학생들이 다툼을 통해 분쟁을 해결하려고 하였으나 훈련 후 77%의 학생들이 분쟁해결 수단으로 커뮤니케이션, 특히 협상이나 조정을 이용하게 되었다. 또한 다른 중학교에서는 또래조정 프로그램 실시 이후 7학년과 8학년생의 정학이 전년도에 비해 60%가 감소하였다는 성과가 보고되기도 했다(Bodine et al., 1994). Johnson 등은 또래조정교육이 학교와 가정의 분쟁을 해결하는 데 미치는 영향을 좀 더 세밀하게 연구했다. 1학년에서 5학년까지 144명의 학생들에게 9시간의 훈련을 시킨 후 이들이 학교와 집에서 9주간에 걸쳐 부딪친 783건의 분쟁에 대한 태도를 연구한 결과 훈련을 받기 전에는 강제, 포기 등 한쪽 당사자의 관계를 무시하는 방식의 해결전략을 택했으나, 훈련을 받은 후 상대방과의 관계를 중시하는 원만한 협상을 통해 문제를 해결하려는 태도를 보였다. 또한 이렇게 학교에서 배운 협상이나 조정의 전략을 가정에서 부모나 형제들과의 분쟁에도 적용하려는 태도를 보여 또래조정교육이 학생들의 생활태도에 근본적인 변화를 가져올 가능성이 있음을 보여주었다(Johnson et al., 1995).

미국에서는 이와 같은 또래조정의 효과와 필요성에 공감한 많은 단체들이 또래조정 프로그램의 확대를 위해 활동하고 있다. 이 단체들은 모두 나름의 또래조정 모형을 제시하고 있으나 기본적인 틀은 대체로 비슷한 유형을 보이고 있다.

테네시 주에서는 주정부 차원에서 "Peaceable Schools Tennessee"라는 프로그램으로 분쟁조정을 위한 교사연수를 실시하고 이를 통해 각 학교에 또래조정 프로그램을 확산시키고 있다. 이 프로그램에서는 또래조정과정과 이를 위한 학습단계를 다음의 6단계로 정리하여 제시하고 있다(江口勇治, 2003:173).

**▌표 4-4 Peaceable Schools Tennessee의 또래조정 모형 단계**

| 단계 | 목표 | 학습 내용 |
|---|---|---|
| step1 | 조정을 통한 분쟁해결에 합의 | 조정에서 분쟁 당사자와 조정자가 차지하는 위치를 배우고 조정과정의 기본 규칙 이해 |
| step2 | 각 당사자의 입장 파악 | 분쟁 당사자들의 관점을 파악하는 방법을 학습 |
| step3 | 이해관계 확인 | 모순 없이 서로에게 이익이 될 수 있는 방법 학습 |
| step4 | 분쟁 당사자 모두가 만족할 수 있는 선택지 개발 | 당사자들의 이익에 부합하는 선택지를 만들기 위하여 분쟁 당사자들의 브레인스토밍을 지원하는 방법 학습 |
| step5 | 대안 평가 | step4에서 나온 선택지를 분쟁 당사자들이 공평하게 평가할 수 있도록 돕는 방법 학습 |
| step6 | 합의 도출 | 분쟁 당사자들이 자신들이 제안한 선택지를 통해 합의행동을 계획할 수 있도록 지원하는 방법 학습 |

Peaceable Schools의 모형에서는 먼저 조정을 통해 갈등 상황을 해결할 것인지에 대해 합의를 도출한다. 분쟁 당사자들이 이에 합의하면 조정자는 각 당사자의 입장을 파악하고 각자의 이해관계를 정확하게 알아낸다. 그리고 분쟁 당사자들이 갈등 상황을 해결하기 위한 해결책들을 내놓으면 조정자가 그것을 확인하며 정리한다. 제시된 여러 가지 대안들의 장단점을 파악하고 분쟁 당사자들이 서로 인정하고 합의할 수 있는 결과를 도출하는 것으로 조정이 마무리된다.

시민법교육 프로그램(the Citizenship Law-Related Education Program, CLREP)에서 운영하는 School Conflict Mediation Model도 이와 비슷하다(CLREP, 2007).

**▌표 4-5 CLREP의 또래조정 모형**

| 단계 | 내용 |
|---|---|
| 1단계 | 조정자가 기본적인 원칙을 설정한다. |
| 2단계 | 조정자가 분쟁 당사자들에게 분쟁의 내용을 설명하고 공격적이지 않은 태도로 자신의 느낌을 표현하도록 요청한다. |
| 3단계 | 각 분쟁 당사자들이 문제에 대해 진술한다. |
| 4단계 | 조정자는 정보를 정리, 요약하고 쟁점을 분명하게 하기 위해 질문을 던진다. |
| 5단계 | 조정자는 분쟁 당사자들이 해결책을 제안하도록 하고 이를 정리한다. 조정자는 해결책을 제공하는 것을 삼간다. |
| 6단계 | 합의가 되면 합의내용을 문서로 작성하고 당사자들이 사인한다. |

CLREP의 모형은 전반적으로 Peaceable Schools의 모형과 유사하나 두 가지 점에서 차이를 보이고 있다. 첫번째는 조정자가 합의를 위한 대안을 제시하면 안 된다는 점을 분명히 한 것이다. 개입되는 사람의 제안이 강제성을 갖는 '중재(arbitration)'와 달리 조정은 어디까지나 두 당사자가 과정을 이끌어가며 조정자는 단지 중간에서 이를 매개하는 역할만을 해야 한다. 또래조정은 또래 상담이 아니며 가장 중요한 것은 조정자가 중립적이라는 사실에 당사자들이 확신을 가져야 한다는 것이다. 특히 별다른 권위를 부여받지 못하는 또래조정자의 경우 편향성의 의심을 받기 더 쉬우므로 자신의 입장을 표명하거나 직접 해결책을 제안하는 것을 자제해야 한다. 두 번째는 합의 사항을 서면으로 약속하도록 한 것이다. 또래조정의 가장 큰 문제는 합의 결과의 이행을 강제할 수 없으며 당사자 이외의 사람이 강제해서도 안 된다는 점이다. 따라서 당사자들의 약속을 문서로 분명하게 기록하고 이에 사인하도록 하는 방식은 스스로 합의를 이행하도록 하는 최소한의 안전장치가 될 수 있다.

다른 또래조정교육 프로그램의 모형들이 비슷한 단계 구성을 보이는 데 반해 플로리다 사범대학의 Working together to resolve conflict 프로그램에서 사용하는 'Take CHARGE!' 모형은 분쟁의 원인이 되는 분노를 다스리는 방법에 대한 교육을 시도한다는 점에서 독특한 접근을 보이고 있다(University of Florida, 2007).

**▮표 4-6 Take CHARGE! 모형**

| 단계 | 내용 |
|---|---|
| 1. **C**heck-See if you're angry | • 분노를 인식한다.<br>• 좌절을 인식한다. |
| 2. **H**old on-Calm down & think | • 진정하고 생각한다. |
| 3. **A**nlyze-Figure out the cause | • 문제를 정리한다.<br>• 원인을 생각해본다. |
| 4. **R**eflect-On Possible Solutions | • 가능한 해결책들을 모색해본다. |
| 5. **G**o for it-Pick a Solution | • 해결책을 선택한다. |
| 6. **E**valuate-See What Happened | • 나의 행동을 반성해본다. |

이 프로그램은 6-8학년 대상으로 개발된 또래조정 모형으로 각 단계의 알파벳 이니셜을 따서 모형의 이름을 기억하기 좋게 만들었다. 프로그램 개발자들은 청소년들의 분쟁조정과정이 결국 개인의 분노를 다루는 문제와 다르지 않다고 보고 또래조정의 한 방법으

로 이 모델을 개발했다. 앞서 언급된 6단계의 모형들이 주로 조정자의 역할에 초점을 맞추어 개발된 교육 프로그램이라면 이 모델은 분쟁 당사자들에 대한 교육 프로그램으로 결합되어 사용될 수 있을 것이다.

이와 같은 또래조정 모형들에서는 공통적으로 다음의 사항들을 유의할 점으로 들고 있다.

첫째, 사건 자체가 또래조정에 적합한 사건인지 그렇지 않은지 판단되어야 한다. 예를 들어 학교 폭력이나 범죄에 해당하는 심각한 문제들은 또래조정에서 다룰 수 없다. 결국 또래조정의 사전 교육단계에서 그러한 판단이 교육되어야 하며 제도적으로는 교사나 학교 당국이 부분적으로 개입할 수밖에 없을 것이다.

둘째, 조정의 의의와 한계에 대해 명확하게 이해시켜야 한다. 또래조정은 참과 거짓을 가리는 과정이 아니라 당장의 분쟁에서 한걸음 떨어져 어떻게 하면 서로 잘 지낼 수 있을 것인지 생각해보는 과정이다. 따라서 학생들이 자신의 이야기를 편하게 하고 자신의 관점이 이해받고 있다고 느끼도록 하는 것이 무엇보다 중요하다.

셋째, 또래조정자의 역할을 확인시켜야 한다. 조정자의 중립 유지는 또래조정의 필수조건이므로 자신의 입장을 표명하거나 해결책을 제안해서는 안 되며 단지 문제를 명확하게 하는 질문을 던지고 양 당사자의 입장을 정리하는 것이 핵심적인 역할이다.

넷째, 이러한 또래조정 모형에 대한 교육은 반드시 지식적인 것과 함께 행동과 경험이 병행되어야 한다는 점이다. 조정은 인지적이고 기계적인 과정이라기보다는 공감과 동의를 이끌어내는 과정이므로 반드시 스스로 조정과정을 이끌고 경험하는 기회를 교육을 통해 제공할 필요가 있다.

그렇다면 이러한 또래조정교육은 우리나라에 어떻게 적용될 수 있을까? 또래조정교육의 내용은 크게 또래조정 참여자에 대한 교육과 또래조정자에 대한 교육으로 나누어 볼 수 있다. 조정 참여자에 대한 교육은 사실상 잠재적으로 또래조정제도를 활용할 가능성이 있는 모든 학생들에 대한 교육으로 주로 또래조정의 개념과 필요성, 조정의 단계와 참여 시의 자세에 대한 내용들을 다루게 된다. 앞서 소개된 Take CHARGE! 프로그램이 이러한 참여자 교육의 일종이라고 할 수 있다. 이에 반해 또래조정자교육은 실제로 조정을 맡아 하게 될 학생들에 대한 교육으로 또래조정 절차 전반에 대한 좀 더 심화된 내용을 다루게 된다. 특히 조정의 각 단계에서 조정자가 맡아야 할 역할과 이를 위한 의사소통 기술, 합의를 이끌어 내고 이를 준수하게 하는 방법 등이 소개된다. 그러나 모든 조정 참여 학생들은 이후 사회생활의 과정에서 스스로 조정자가 될 수 있으며 이를 위한 경험을 제공하는 것이 또래조정교육의 중요한 목표 중 하나이다. 따라서 이렇게 또래조정자에 대한 심화교육을 별도로 고려하는 것은 또래조정을 제도로서 도입할 경우 현실적인 필요에 의해 고려되는 것이며 조정 참여자교육에도 이러한 내용들이 충분히 반영될 수 있어야 한다. 또한 제도적 차원에서는 또래조정을 가르치는 교사들에 대한 교육이 별도의 프로그램으로 고려되기도 한다.

결국 또래조정교육의 내용을 어떻게 할 것인가 하는 문제는 또래조정교육을 우리 교육 현장에 어떠한 형태로 도입할 것인지 충분히 고려하여 결정되어야 한다. 또래조정교육이 우리나라에 도입·적용되는 방식은 크게 세 가지 방향을 고려해 볼 수 있다.

첫 번째는 정규 교과 수업 내용의 일부로 또래조정이 다루어지는 경우이다. 자신과 타인의 이익을 고려하고 인습적 규칙의 중요성을 인지할 수 있어야 한다는 점을 고려해보았을 때 인지발달 단계상 초등학교 고학년에서 중학교 정도의 교육과정에서 다루어지는 것이 적절할 것으로 보이며 주로 사회, 도덕 등의 교과시간에 갈등해결교육의 일부로 활용될 수 있다. 이러한 방식은 가장 많은 학생들에게 표준화된 내용을 전달할 수 있다는 점에서 큰 효과를 기대할 수 있다. 반면 교육과정상 갈등해결교육이 명시되지 않은 상태에서 교사들에게 추가적인 수업부담을 주게 되므로 자발적인 시행을 기대하기 어렵고 본래의 교과교육 내용과 연속성이 떨어지며 많은 시간을 할애하거나 직접 생활 속에서 실행해보는 기회를 갖기 어렵다는 점에서 한계를 갖고 있다. 따라서 교과 수업 중에서 다루어지기 위해서는 교육과정과 연계되어 짧은 차시 안에서 수업이 가능하도록 또래중재수업안이 구성되어 제공될 필요가 있다.

두 번째는 또래조정교육을 일종의 교육 프로그램화하여 제시하는 방식이다. 또래조정교육 내용과 관련된 텍스트북 및 교육 프로그램을 설계하여 각 수요자의 상황에 맞게 제공하는 것으로 실제로 미국 등에서는 또래조정교육의 확산을 위해 가장 일반적으로 사용되는 방식이기도 하다. 우리나라의 경우 초·중등학교에서는 재량활동이나 적응활동 시간, 혹은 클럽활동이나 동아리활동 시간을 활용할 수 있다. 문제는 이 경우 우선 각각의 상황에 맞는 프로그램이 개발되어야 하며 이러한 프로그램을 지도할 전문강사가 필요하다는 점이다. 미국과 같이 민간재단 혹은 대학과 연계된 단체들이 이와 같은 역할을 지원하거나 교육부나 법무부 등 국가기관의 지원 하에 교사 직무연수 등을 통해 프로그램 전문가를 양성하는 방법 등을 고려해 볼 수 있다.

세 번째는 또래조정을 제도로서 도입하는 것이다. 예를 들어 학교, 학급, 기숙사 등의 단위에서 내부 규율 방식의 하나로 또래조정을 도입하고 전 대상 학생들에게는 또래조정의 필요성과 기본 자세를, 조정을 맡을 학생들에게는 조정 방법을 교육하여 운영하는 것이다. 이러한 방식은 학생들이 또래조정의 이론과 실제를 병행하여 체득할 수 있을 뿐 아니라 장기간 반복적으로 생활화될 수 있는 교육 방식이라는 점에서 매우 바람직하다. 다만 기존의 학교 운영 체제와의 조화를 고려해야 하고 성공적인 제도화를 위해서는 교사 및 학교 당국의 또래조정교육에 대한 깊은 이해와 의지가 전제되어야 한다.

교육과학기술부에서는 사회적인 문제가 되고 있는 학교폭력의 근절을 위한 대책 가운데 하나로 2012년부터 또래조정 프로그램을 각급 학교에 도입, 적용하고 있다. 시범학교를 선정하여 반마다 또래조정자를 선정해 또래조정 캠프를 통해 교육과 훈련을 시켜 학교에 배치하겠다는 계획이다. 또래조정 프로그램은 학생자치법정 프로그램과 함께 학교현장에 커다란 변화를 가져온 법교육 프로그램으로 자리매김 되어가고 있다.

## 참고문헌

곽한영(2007), “법교육이 청소년의 법의식에 미치는 영향에 관한 연구－여자비행청소년을 중심으로”, 서울대학교 박사학위 논문.

곽한영(2010), “초기 사회과 교과서에 나타난 법교육의 양상에 관한 연구－교수요목기 공민1교과서를 중심으로”, 법교육연구, 제5권 제2호, pp.1－23.

곽한영(2013), “교육연극 기법을 활용한 법교육 방안 연구”, 법교육연구, 8(2), 1－22.

곽한영(2014), “교육연극으로서 모의재판 수업모형의 재구성”, 법교육연구, 9(1), 1－25.

곽한영(2015), “교육연극을 활용한 법교육 사례 연구－캐나다 BC주 Justice Theatre를 중심으로－”, 법교육연구, 10(3), 1－21.

곽한영(2017), “미국 선거교육 사례연구 -2008년 이후 대통령 선거 시기를 중심으로－”, 법교육연구, 12(3), 1－27.

곽한영(2020), 『법교육 교수학습방법론 강의』, 서울: 박영스토리.

곽한영 · 박성제(2014), “창의적 체험활동을 활용한 법교육 교수학습 방안 연구”, 법교육연구, 9(2), 1－27.

교육부(2002), 『학교생활규정 예시안』.

김세희 · 강민정 · 김자영 · 김영복(2019), “학교 민주시민교육 활성화 방안 연구 -학교 모의선거를 중심으로－”, 서울특별시교육청.

김자영(2012), “ 교과외 활동으로서의 법교육 방안 탐색”, 법교육연구, 7(1), 33－55.

김자영 · 김동진 · 이수진 · 김경래(2020), “모의선거의 교육적 효과성 연구”, 서울특별시교육청.

김주환(2011), “배심원 토론 수업의 교육적 효과”, 교육연구, 50, 73－101.

김창화(1997), “교육연극의 활용 방안에 관한 연구”, 연극교육연구, 1, 7－39.

모경환(2008), “사회과 수업에서의 예술(arts) 활용에 관한 연구”, 시민교육연구, 40(2), 53－74.

박상준(2003), “법교육의 방법으로서 사례중심 토론수업”, 사회과교육, 42(2), 211－230.

박상준(2020), “선거권 연령 조정 및 선거교육의 개선 방안”. 법과인권교육연구, 13(1), 121－140.

박성혁(1992), “초중고생의 법태도 발달과 법교육 개선에 관한 연구”, 서울대학교 석사학위 논문.

박성혁(1998), “사회과교육에서의 법교육 방법에 관한 연구 -사례연구법의 적용을 중심으로－”, 시민교육연구, 26(1), 57－70.

박성혁(2002), “법관련 학습 내용의 성격과 글쓰기 평가에 관한 연구”, 초등사회과교육논총, 4, 75－94.

박성혁(2006), “법교육의 역사와 현황 그리고 발전방향”, 법교육연구, 제1권 1호, pp.53－71.

박성혁 · 권의주(2002), “사회과 법교육 내용의 현상적 특징과 참평가 방안에 관한 연구: 작문평가를 중심으로”, 시민교육연구, 34(1), 113－137.

박성혁 · 이봉민(2003), “청소년 법정제도를 활용한 학생선도프로그램 개선방안에 관한 연구”, 시민교육연구, Vol.35(2).

박용조(2017), “사회과 교과서의 판례 활용 유형 연구 -미국 법교육을 중심으로－”, 법과인권교육연구, 10(3), 123－160.

배화순(2010), “역할놀이 수업이 법적관용성에 미치는 영향”, 서울대학교 대학원 석사학위논문.

법무부(2006), 『모의재판 · 청소년 법정: 우리들이 꾸며가는 법정 이야기』, 법무부.

윤상균(2017), “배심원 토론 수업의 교실 정착 가능성 탐색 -한 중등 교사의 경험과 예비 초등 교사들의 인식을 바탕으로－", 사회과수업연구, 5(1), 13－34.
이기우(1993), "독일과 미국의 법교육", 시민교육연구, 제17권, pp.49－67.
이대성(1999), "모의재판 적용을 통한 법적 기능 신장: 중학교 3학년 학생을 대상으로", 사회과교육연구, 6, 79－114.
전제철(2014), "사회과에서의 인권교육 구체화 방안 -헌법재판소 결정의 활용을 중심으로－", 법교육연구, 9(3), 89－116.
조병진(1998), "연극의 교육적 활용: 그 가능성과 방향", 연극교육연구, 2, 217－244.
진동섭 · 한은정 · 이지혜 · 이영신 · 이승호(2015), "교수－학습에서 예술의 적용과 테크놀로지의 활용에 관한 연구", 한국교원교육연구, 32(2), 227－256.
최윤진 외(1995), 『미국 법교육의 동향과 교육과정에 관한 연구』, 법무부.
허종렬(1991), "미국법교육의 역사와 최근 동향", 사회와 교육, 제15집, pp.89－110.
허종렬 · 박형근 · 고영은(2010), "사회과 법교육 교수학습방법에 관한 연구", 한국초등교육, 20(2), 47－65.
홍완식 · 김승환 · 차현숙(2012), "국회 입법교육 전담기구 설립에 관한 고찰", 유럽헌법연구, 12, 341－368.
황승희 · 황창순(1994), "청소년 모의지방의회활동", 한국청소년연구, 18, 111－122.

江口勇治 외(2007), 곽한영 · 이지현(역). 『세계의 법교육1』.

ABA(2002), "The Promise of Law－Related Education as Delinquency Prevention", *Technical Assistance Bulletin*, 19, 1－12.
ASA, CF and LAG(2004), "Towards a National Strategy for Public Legal Education: A discussion paper"
ASA, CF and LAG(2005), "Public Legal Education: a Proposal for Development"
Balmer et al.(2010), *Knowledge, capability and the experience of rights problems*, plenet.
Bodine, J. R., Crawford, K. D., Schrumpf, F.(1994), *Creating the peaceable school－program guide: A comprehensive program for teaching conflict resolution, creating the peaceable school=student manual*, IL:Research Press.
Cassidy, Wanda(2000), "Law－Related Education: Promoting Awareness, Participation, and Action", in Weaving Connections: *Educating for Peace, Social and Environmental Justice* (Tara Goldstein & David Selby, eds.)
Cadwallader, R.(1994), *Grand Prairie's Teen Court wins top volunteerism award*. Arlington, Fort－Worth Star Telegram, section A.
Collins, J.(1992), "Trial by jury of teen peers", *Insight*, July.
Deborah Williamson et al.(1997), *Law－Related Education and Juvenile Justice: Promoting Citizenship Among Juvenile Offenders*, C. C. Thomas.
DeCecco, J., & Richards, A.(1974). *Growing pains:Uses of school conflict*. New York: Aberdeen.
Department of Justice Canada(2009), *Access to Justice Agreement 2007－2009*.
Department of Justice Canada(2009), *Department of Justice Policy on Public Legal Education and Information*.
Gerlach, R. A. & Lamprecht, L. W.(1975), *Teaching about the Law*. Cincinnatim, Ohio: The W.

H. Anderson Co.

Hawkins et al.(1987), *Delinquent and drugs: What the evidence suggests about prevention and treatment programming*. In Youth at High Risk for Substance Abuse, edited by B. S. Brown and A. R. Mills. Rockville, MD: National Institute on Drug Abuse.

Johnson, D. W., Johnson, R., Dudley, B., Ward, M., Magnuson, D.(1995), "The impact of peer mediation training on the management of school and home conflicts", *American Educational Research Journal*, Vol.32, No.4, pp.829−844.

Knepper, P.(1994), *The Kentucky Guide to Teen/Youth Courts. Highland Heights*, KY: Northern Kentucky University.

Krappman, L., & Oswald, H.(1987), *Negotiation strategies in peer conflicts:A follow−up study in natural settings*. Paper presented at the Society ofr Research in Child Development Convention, Baltimore, MD(ERIC Reproduction Service, ED 282641)

Law Centres Federation(2007), "Equality Though Justice", *Annual Report*, 2006−07.

Pavlic, W.(2012), *Public Legal Education−What is it and Why should we care about it?*, Canada Bar Association.

PLEAS(2007), "Developing capable citizens: the role of public legal education", *the report of the PLEAS Task Force*, July 2007.

plenet(2012), *Public Legal Education−Improving lives*, empowering communities

Rothstein, N.(1985), "Teen cour",. *Corrections Today*, February.

Rothstein, N.(1987), "Teen court: A way to combat teenage crime and chemical abuse", *Juvenile and Family Court Journal*.

S. S. Pearson and S. Jurich(2005), "Youth Court: A Community Solution for Embracing At−Risk Youth", *American Youth Policy Forum*.

Tracy M. Godwin, "Peer Justice and Youth Empowerment: An Implementation Guide for Teen Court Programs", www.ojjdp.ncjrs.org/PUBS/peerhome.htm.

University of Florida(2007), *Take CHARGE! curriculum*, FL: University of Florida

Wilson, J. J.(2000), "Teen Courts: A Focus on Research", *Juvenile Justice Bulletin*, p.2.

웹사이트

CLREP((the Citizenship Law−Related Education Program)

http://www.clrep.org/default.asp?page_name=peerconflict 검색일 − 2007.2.28.

SFED(San Francisco Education Fund)

http://www.sfedfund.org/peerresources/pr_prog_conflict.php 검색일 − 2007.2.28.

## 공저자 약력

### 곽한영

서울대학교 사회교육과 및 동대학원(교육학박사)
한국법교육센터 본부장
이화여자대학교 교육대학원 겸임교수
현) 부산대학교 사범대학 일반사회교육과 교수

### 김자영

서울대학교 사회교육과 및 동대학원(교육학박사)
한국법교육센터 연구원
한국법교육학회 이사
현) 공주교육대학교 사회과교육과 교수

### 김해성

서울대학교 사회교육과 및 동대학원(교육학박사)
한국사회과교육학회 편집위원장
현) 한국법교육학회 부회장
현) 강원대학교 일반사회교육과 교수

### 김현철

서울대학교 법과대학 및 동대학원(법학박사)
현) 이화여자대학교 법학전문대학원 교수
현) 헌법재판소 헌법연구위원
현) 한국법철학회 부회장

### 박성혁

서울대학교 사회교육과 및 동대학원(교육학박사)
한국사회과교육학회 편집위원장
교육부 교육과정 심의위원
현) 한국법교육학회 학회장
현) 서울대학교 사회교육과 교수

### 오승호

부산대학교 사범대학 일반사회교육과 대학원(교육학박사)
부산대학교 사회교육연구소 실장
연세대학교 특임교수
현) 연세대학교, 부산대학교 강사
현) 하제스트 교육연구소 소장

# 법교육학입문

개정판발행　2022년 2월 24일

지은이　곽한영 · 김자영 · 김해성 · 김현철 · 박성혁 · 오승호
펴낸이　노　현

편　집　조보나
기획/마케팅　조정빈
표지디자인　BEN STORY
제　작　고철민 · 조영환

펴낸곳　㈜ 피와이메이트
서울특별시 금천구 가산디지털2로 53 한라시그마밸리 210호(가산동)
등록 2014. 2. 12. 제2018-000080호
전　화　02)733-6771
f a x　02)736-4818
e-mail　pys@pybook.co.kr
homepage　www.pybook.co.kr
ISBN　979-11-6519-241-9　93370



정 가　23,000원

박영스토리는 박영사와 함께하는 브랜드입니다.